中华人民共和国民法典评注系列
朱晓喆 总编

人格权编 朱晓峰 主编

民法典人格权编一般规定评注
（第989条—第1001条）

Zivilgesetzbuch
Kommentar

朱晓峰 著

北京大学出版社
PEKING UNIVERSITY PRESS

图书在版编目(CIP)数据

民法典人格权编：一般规定评注. 第989条－第1001条/朱晓峰著. --北京：北京大学出版社，2024.10.
ISBN 978-7-301-35461-2

Ⅰ.D923.15

中国国家版本馆 CIP 数据核字第 2024YK9115 号

书　　　名	民法典人格权编·一般规定评注
	（第989条—第1001条）
	MINFADIAN RENGEQUANBIAN·YIBAN GUIDING PINGZHU
	（DI JIUBAIBASHIJIU TIAO—DI YIQIANLINGYI TIAO）
著作责任者	朱晓峰　著
责 任 编 辑	任翔宇　方尔埼
标 准 书 号	ISBN 978-7-301-35461-2
出 版 发 行	北京大学出版社
地　　　址	北京市海淀区成府路205号　100871
网　　　址	http://www.pup.cn　http://www.yandayuanzhao.com
电 子 邮 箱	编辑部 yandayuanzhao@pup.cn　总编室 zpup@pup.cn
新 浪 微 博	@北京大学出版社　@北大出版社燕大元照法律图书
电　　　话	邮购部 010-62752015　发行部 010-62750672
	编辑部 010-62117788
印 刷 者	南京爱德印刷有限公司
经 销 者	新华书店
	880 毫米×1230 毫米　A5　18.625 印张　628 千字
	2024 年 10 月第 1 版　2024 年 10 月第 1 次印刷
定　　　价	89.00 元

未经许可，不得以任何方式复制或抄袭本书之部分或全部内容。
版权所有，侵权必究
举报电话：010-62752024　电子邮箱：fd@pup.cn
图书如有印装质量问题，请与出版部联系，电话：010-62756370

中华人民共和国民法典评注系列
编委会

总　　编　朱晓喆
副总编　杨代雄　李　昊　叶名怡
编委会（按姓名拼音顺序）
　　　　　班天可　冯洁语　黄家镇　李　昊　李　宇
　　　　　刘　洋　沈小军　王葆莳　王文胜　汪　洋
　　　　　武　腾　肖　俊　徐同远　严　城　杨代雄
　　　　　姚明斌　叶名怡　赵文杰　朱晓峰　朱晓喆
　　　　　庄加园

各卷主编

总则编	杨代雄
物权编第一分卷（总论、所有权）	庄加园
物权编第二分卷（用益物权）	汪洋、肖俊
物权编第三分卷（担保物权）	李宇
合同编第一分卷（合同通则）	朱晓喆
合同编第二分卷（买卖至赠与）	武腾、刘洋
合同编第三分卷（借款至保理）	姚明斌、徐同远
合同编第四分卷（承揽至技术合同）	王文胜
合同编第五分卷（保管至合伙）	严城、夏庆锋
合同编第六分卷（准合同）	赵文杰
人格权编	朱晓峰
婚姻家庭编	叶名怡
继承编	王葆莳
侵权责任编第一分卷（总则）	李昊
侵权责任编第二分卷（特殊侵权责任）	叶名怡

全体撰稿人名单

（按作者姓名拼音顺序排列）

班天可	复旦大学副教授	王 琦	北京航空航天大学副教授
曹相见	吉林大学教授	王文军	南京航空航天大学教授
曹 宇	内蒙古大学副教授	王文胜	湖南大学教授
冯德淦	华东政法大学讲师	汪 洋	清华大学长聘副教授
冯洁语	南京大学副教授	魏振华	青岛大学讲师
何颖来	外交学院讲师	武 腾	中央财经大学教授
黄家镇	西南政法大学教授	肖 俊	上海交通大学副教授
柯勇敏	中国政法大学讲师	徐建刚	中央财经大学副教授
李 贝	上海交通大学副教授	夏庆锋	安徽大学副教授
李承亮	武汉大学教授	徐博翰	大连海事大学讲师
李建星	上海政法学院教授	徐同远	华东政法大学副教授
李 昊	中南财经政法大学教授	谢 潇	重庆大学副教授
李 敏	中南林业科技大学教授	严 城	浙江财经大学副教授
李 宇	上海财经大学教授	杨代雄	华东政法大学教授
李运杨	华东政法大学副教授	姚明斌	华东政法大学副教授
刘 骏	华东政法大学副教授	叶名怡	上海财经大学教授
刘 洋	上海财经大学副教授	殷秋实	中央财经大学副教授
刘征峰	中南财经政法大学教授	俞彦韬	华东政法大学副研究员
马 强	上海交通大学博士后	曾 见	江苏大学副教授
马强伟	上海财经大学讲师	章 程	浙江大学副教授
缪 宇	中国政法大学副教授	张 弛	华中农业大学副教授
聂卫锋	西安交通大学副教授	赵精武	北京航空航天大学副教授
秦红嫚	浙江理工大学副教授	赵文杰	华东政法大学副教授
申 晨	武汉大学副教授	郑永宽	厦门大学教授
单平基	东南大学教授	朱 涛	重庆大学教授
石 婷	西南政法大学讲师	朱晓峰	中央财经大学教授
沈小军	上海财经大学副教授	朱晓喆	上海财经大学教授
孙维飞	华东政法大学副教授	庄加园	上海交通大学教授
王葆莳	湖南师范大学教授		

目 录

序　言 ·· 001

中国民法典评注：理论基础与愿景使命 ····················· 001

第一章　一般规定

导　论 ·· 003

第九百八十九条　【人格权编的调整范围】 ············· 081

第九百九十条　【人格权的类型】 ·························· 118

第九百九十一条　【人格权不受侵害】 ···················· 275

第九百九十二条　【人格权禁止性规定】 ················· 287

第九百九十三条　【人格要素许可使用】 ················· 301

第九百九十四条　【死者人格利益保护】 ················· 322

第九百九十五条　【人格权请求权】 ······················· 360

第九百九十六条　【违约之诉中的精神损害赔偿】 ···· 386

第九百九十七条　【人格权禁令】 ··························· 414

第九百九十八条　【人格权侵害责任认定】 ············· 448

第九百九十九条 【人格要素的合理使用】·················· 486

第一千条 【消除影响、恢复名誉、赔礼道歉等民事责任的承担】··· 500

第一千零一条 【身份权保护的法律适用】·················· 526

附录一 《民法典人格权编·一般规定评注》
　　　　规范性文件名称缩略语表·················· 537

附录二 "中华人民共和国民法典评注系列"编写指南 ············· 543

序 言

王泽鉴[*]

北京大学出版社"中华人民共和国民法典评注系列"的出版是中国法律图书出版及法律发展的里程碑,并将深远地影响中国民法理论及实务的开展和进步。我阅读了部分评注,深感其的确具有德国注释书的水准,并突显中国本土特色。本评注精选司法实务中的重要判决及稳妥的学说,对现行法、判例与学说进行体系化,充分发挥法释义学功能,尤其兼有法学方法论的思维,包括法律解释、法之续造(如填补法律漏洞、类推适用等)。本评注将引领中国民法学发展的方向、节约论证成本、建立共识并形成通说、促进实践中同案同判的平等原则、维护法秩序的统一性及一贯性。兹归纳本评注三项风格特点如下,以供读者参考:

第一,总体风格。其一,本评注以法律职业共同体必备参考书为目标定位,以服务法律实践适用为导向,侧重对司法裁判的考察,通过对相关案型的整理与归纳,清晰地呈现司法裁判规则的发展与现状。其二,适度展开民法学理分析,对条文所涉及的学说及理论争议问题进行梳理,展现学理脉络,但避免纯粹的学理争论或过于抽象的理论阐释。其三,以条文的解释适用为重心,对立法政策少作批评。但是,在确有法律漏洞之处,亦会借助类推适用、目的性扩张、目的性限缩等方法填补漏洞,减轻法律适用者的论证负担。

第二,体例结构。本评注针对每一条文的评注,分为如下几部分:其一,规范意旨,用以明确法条的规范目的、性质和内在理由等,尤其是某一条文可否直接作为请求权基础,抑或作为辅助性法条。其二,立法历史沿革及比较法例,对立法沿革的梳理可明确某一法律规范在中国法上的变迁,便于了解法律的发展变化,并为历史解释做铺垫。中国属于继受法国家,《民法典》的诸多规则在比较法上有迹可循,适当的比较法介绍,有助

---

[*] 王泽鉴,台湾大学荣誉教授。

于解释适用。其三，构成要件和法律效果，以教义学方法阐释法律条文适用的前提与效果，这是评注的重点。其四，证明责任，本评注既以服务法律实践适用为目的，亦就各条文适用中可能涉及的证明责任承担问题予以适当阐释。

第三，文献与案例索引。在德国，评注习惯将文献索引置于正式内容之前（如 Münchener Kommentar），或夹杂于评注正文段落中（如 Staudinger Kommentar），但此与中文的阅读习惯不甚相符，且使正文内容略显杂乱，本评注选择将文献索引置于相应条文评注末尾，如此更便利评注使用者查阅相关学术文献与司法裁判。

本评注的规划始于《民法典》颁布之前，负责人朱晓喆教授组织五十余人的编写团队，皆为高校民商法领域优秀的中青年学者，且多有留学大陆法系国家的经历，对于民法基础理论具有充分把握，对于评注的文体形式与核心要义具有深刻的认识。加之燕大元照专业的编辑和审核工作，这些足以保证本评注的严谨性与科学性。

期待本评注系列丛书能顺利付梓，谨对所有参与这项历史性任务的同人，表示诚挚的感谢与祝福。

2024 年 6 月 6 日

中国民法典评注:理论基础与愿景使命

(代序)

朱晓喆[*]

> 好的评注像树木一样生长,这需要时间。[1]

一、认真对待法律评注

1. 什么是法律评注

评注的字面含义就是对某种文本进行评论解释。在西方,法律评注(Kommentar)作为一种法律研究和文献编纂方式最早起源于古罗马。罗马共和国建立后颁布《十二铜表法》,此后就有法官和法学家以演绎、类比、对比等方式对其作出解释。公元前200年,Sextus Aelius Paetus Catus最早撰写关于《十二铜表法》的评注,其内容包括三部分,一是对法条的复述,二是对该法条的解释,三是程序形式,该评注的意义在于为法律实践而解释法律,丰富了法律权威文本的内涵。[2] 公元前100年左右,Servius Sulpicius Rufus 及其学生 Aulus Ofilius 编写关于罗马裁判官告示的评注,促进了告示的体系化,告示评注后来也成为罗马法的重要文献。[3] 公元2世纪,法学家盖尤斯编写了解释法律的作品《法学阶梯》,

---

[*] 朱晓喆,上海财经大学法学院教授。

[1] 参见[德]彼得·A.温德尔:《德国评注文化——是为中国之范例?》,李雨泽译,《苏州大学学报(法学版)》2020年第2期,第26页。

[2] Vgl. David Kästle-Lamparter, Welt der Kommentare: Struktur, Funktion und Stellenwert juristischer kommentare in Geschichte und Gegenwart, Mohr Siebeck 2016, S. 20-21. 此外,公元前罗马法学家拉贝奥(Labeo)也撰写过关于《十二铜表法》的评注。Vgl. Waldstein/Rainer, Römische Rechtsgeschichte, 11.Aufl., C. H. Beck 2020, S. 49, 226.

[3] Vgl. David Kästle-Lamparter, Welt der Kommentare: Struktur, Funktion und Stellenwert juristischer kommentare in Geschichte und Gegenwart, Mohr Siebeck 2016, S. 21.

其全称就是《市民法阶梯的四卷评注》[4]。中世纪后期，随着罗马法的复兴以及优士丁尼《学说汇纂》手稿被发现，欧洲的大学里出现一种整理和解释罗马法文献的学术研究，并形成前后相继的注释法学派(Glossatoren)与评论法学派(Kommentatoren)。[5] 这两个学派奠定了近代欧洲法学和法律发展的罗马法基础，但与当代盛行于大陆法系的法律评注关联不大。

我国古代的中华法系也存在官方和民间注解法律的传统。据何勤华教授考证，早在秦汉时期，随着国家颁布成文法典，为贯彻实施法律而兴起一种对成文法进行注释诠解的学术活动，即"律学"。[6] 此时的律文注释内容已经相当丰富，既有对某项法律、法令的历史背景和发展演变的阐述，也有对律文的立法宗旨和含义的总结，还有对法律概念或术语的训诂和解读，总体上呈现出一种较为系统的形态。[7] 有唐一代，刑律包括律、注、疏三个部分，官方编撰的《唐律疏议》将律文与解释汇集于一部刑律之内；注解的目的是克服司法实践中，中央刑部与大理寺之间及地方州、县之间因认识分歧而执法不一的弊病。[8]《唐律疏议》将律学的法律注解传统推向高潮，一直为后世效仿。直至清末西风东渐，变法修律，传统律学赖以生存的土壤不复存在，律学也随之消亡。[9]

当代对法律实践产生重要影响的法律评注观念，始于19世纪德意志帝国统一后的法典编纂以及伴随而生的商法和刑法评注。[10] 在20世纪，特别是在《德国民法典》诞生后，为贯彻实施法律，满足实践需求，

---

[4] 《法学阶梯》的拉丁文全称为 Instituionum iuris civilis commentarii quattuor。相关研究参见徐国栋："代序言"，载《优士丁尼〈法学阶梯〉评注》，北京大学出版社2011年版，第6页。

[5] Vgl. Hans Schlosser, Neuere Europäische Rechtsgeschichte, C. H. Beck 2014, S. 60 ff.

[6] 参见何勤华：《秦汉律学考》，《法学研究》1999年第5期，第125页。

[7] 参见何勤华：《秦汉律学考》，《法学研究》1999年第5期，第130页。

[8] 参见钱大群：《〈唐律疏议〉结构及书名辨析》，《历史研究》2000年第4期，第111页。

[9] 参见陈锐：《中国传统律学新论》，《政法论坛》2018年第6期，第50页。

[10] Vgl. David Kästle－Lamparter, Welt der Kommentare: Struktur, Funktion und Stellenwert juristischer kommentare in Geschichte und Gegenwart, Mohr Siebeck 2016, S. 70 ff.

德国涌现大量著名的法典评注,其范围覆盖所有的法律部类,包括宪法、刑法、民法及诉讼法等。根据评注的规模,大体上可分为简明评注、中型评注和大型评注,而评注的作者既有知名的学者教授,也有司法官员和律师等实务专家。[11] 德国式的法律评注观念和方法,也传播至受其影响的奥地利、瑞士、意大利、日本等大陆法系国家。顺便一提,英美法系虽然没有德国式的法律评注,但存在具有评注功能的法律文献或出版物。[12]

典型的法律评注的首要目的在于服务法律实践,其特点是以解释现行法为中心,回答司法实践中可能出现的一切问题。[13] 大陆法系以法典法为主要法律渊源,法典固然具有统一整合法律、概览法律领域和便利法律适用的优点,但同时因法律语言的抽象性、法典体系的复杂性、法条之间相互参引且缺少适用范例,仅靠法典的条文难以实现准确地理解与适用法律的目的。而勃兴于20世纪的德式法律评注,是以法律条文的文义、规范目的和体系解释为基础,注重发掘和整理司法裁判规则,运用法教义学的写作和叙述方式,完成法条、学理和判例熔于一炉的法律解释作品。用齐默尔曼的话说,典型的法律评注汇集了法律文本、司法判例和法学理论,但不是简单的"材料堆积",而是追求一种独立的整合作品和体

---

[11] 国内对此已有详细的介绍和研究,参见贺剑:《法教义学的巅峰:德国法律评注文化及其中国前景考察》,《中外法学》2017年第2期,第380—383页;王剑一:《德国法律评注的历史演变与现实功能》,《中国应用法学》2017年第1期,第186—192页;卜元石:《德国法律评注文化的特点与成因》,《南京大学学报(哲学·人文科学·社会科学)》2020年第4期,第112—116页。

[12] 以美国为例,Lexis 和 Westlaw 两大出版机构按主题领域编辑出版的联邦法律都附有注解(annotations),包括立法史、学术文献和重要判决,是一种"资料汇编"。示范法(Uniform Laws)在发布时附有解释各个法条含义的评论(comments);法律重述(Restatement)除了评论,还包含引用重要判决和学术文献的注释(note)。这些文献总体上具有与德国式法律评注类似的功能。Vgl. Zimmermann, Privatrechtliche Kommentare im internationalen Vergleich: Verbreitung, Varianz, Verwandtschaft, in: David Kästle-Lamparter/ Jansen/ Zimmermann, Juristische Kommentare: Ein internationaler Vergleich, Mohr Siebeck 2020, S. 489. 贺剑教授也指出,英美法系虽然没有德式法律评注,但通过判例法的积累、法律重述、法律释义书和数据库等法律文献,也能实现类似评注的功能。参见贺剑:《法教义学的巅峰:德国法律评注文化及其中国前景考察》,《中外法学》2017年第2期,第394—395页。

[13] 参见贺剑:《法教义学的巅峰:德国法律评注文化及其中国前景考察》,《中外法学》2017年第2期,第385—386页。

系化的秩序。[14] 而且,在编撰者和出版社的共同努力下,法律评注通常以有条理、有层次的纲目编制的形式呈现其内容,并配有参考文献、案例索引和关键词等。评注的使用者可以便捷地浏览和定位所需查找的问题点,迅速获取规范目的、学理状况及司法裁判等有效信息,使之用于法律适用和法律知识的学习。

2. 法律评注与法学教科书

关于法律评注的功能,德国学者卡斯特—朗帕特在其专著《法律评注的世界》中归纳出十项:解释说明功能、知识和信息存储功能、过滤和简化功能、组织和体系化功能、引导和构建教义功能、具体化和示例功能、传播和协调功能、稳定与合法化功能、弹性化和批评功能以及创新与续造功能。[15] 我国也有研究者指出法律评注的上述功能。[16] 对于法律评注的功能及其意义,无须本序再作赘述。以下笔者将结合国内法律文献的状况,仅就法律评注区别于法学教科书、立法释义书等文献的特点和价值提出若干观察与思考。

一方面,法律评注与部门法教科书或专著同属法教义学作品,但其有教科书不可比拟的实践价值。通常在法典颁布之前,某一领域由于缺乏实证法,法学研究往往不受研究对象和研究范围的拘束,承载学者观点的教科书因其学术权威性,从而深刻地影响司法实践。回顾19世纪德意志伟大的法学家温德沙伊德的《潘德克顿教科书》(„Lehrbuch des Pandektenrechts")的崇高地位,便可窥知。《潘德克顿教科书》将实务人员不能全面掌握的大量渊源和学术观点进行全面整理,并提出解决方案。在德意志没有统一立法的背景下,《潘德克顿教科书》集法律、评论和教科书于一体,以完美的方式呈现符合时代期待的作品。以至于在19世纪最后30年的符腾堡,在没有司法先例的情况下,许多法律争议都是按照这本

---

[14] Vgl. Zimmermann, Privatrechtliche Kommentare im internationalen Vergleich: Verbreitung, Varianz, Verwandtschaft, in: David Kästle-Lamparter/Jansen/Zimmermann, Juristische Kommentare: Ein internationaler Vergleich, Mohr Siebeck, 2020, S. 468.

[15] Vgl. David Kästle-Lamparter, Welt der Kommentare: Struktur, Funktion und Stellenwert juristischer kommentare in Geschichte und Gegenwart, Mohr Siebeck 2016, S. 311 ff.

[16] 参见王剑一:《德国法律评注的历史演变与现实功能》,《中国应用法学》2017年第1期,第193—197页。

教科书处理的。[17] 与此颇为相似,20世纪80年代以来,我国海峡两岸著名民法学者的教科书在实践中也产生重要的影响。但是,在法典化完成后,司法实践奉法典为圭臬,而法律研究者又以获致司法裁判认可的观点为取向,法律实证主义趋势明显。以解释适用法典为目的的法律评注与法典相伴而生,且融入大量的司法裁判观点,因此其地位逐渐跃升。还是以德国民法为例,1900年后,评注与教科书实现功能上的分野,即一边是"对法典的逐条解释",另一边是以大学教学为目的的教义学体系构建。自20世纪80年代以来,大部头的教科书和体系化的法学手册越来越边缘化,甚至难以为继。[18] 总之,教科书以学术性和科学性为主,而法律评注更注重实用性和权威性,在后法典化时代法律知识的传播和实践运用领域,后者显得更有价值。

但另一方面,教科书不拘泥于实证法的范畴,可以从比较法的角度澄清法律制度的历史源流,深入探寻其社会机理,发掘阐释其制度精义,达致一定的理论高度。例如,我国自1986年《民法通则》以来,实证法上从未出现"债法总则"这一一般规定,但民法理论界借鉴德国法系债法总则的体例,不断推陈出新,编写以《债法总论》、《债法总则》为名的这类教材,概括阐述合同、侵权、不当得利及无因管理的共性原理。再如,我国《刑法》对于犯罪构成究竟采取四要件还是三阶层论并未明确,但长久以来这都是中国刑法学的核心理论争议,教科书中对此都有长篇大论。而以实践为导向的法律评注,通常就事论事,围绕法律条文及相关司法裁判展开注解和评释,并不铺陈展开理论争议。即使在法典评注的各编章之前存在介绍制度一般原理的导论或前言(Vorbemerkung),这些内容也不是评注的重点。著名的德国《慕尼黑民法典评注》(第五版)在"编辑指南"中对导论的要求是:"只有从事物的本质看绝对必要时,才允许在单

---

[17] 参见[德]米夏埃尔·马丁内克:《德意志法学之光:巨匠与杰作》,田士永译,法律出版社2016年版,第44—45页。

[18] 参见[德]尼尔斯·扬森:《评注的勃兴与教科书的式微——对二十世纪德国法学文献形式的15项观察》,刘青文译,《南大法学》2022年第1期,第162、172页。对此意见的赞同者,参见 Zimmermann, Privatrechtliche Kommentare im internationalen Vergleich: Verbreitung, Varianz, Verwandtschaft, in: David Kästle-Lamparter/Jansen/Zimmermann, Juristische Kommentare: Ein internationaler Vergleich, Mohr Siebeck, 2020, S. 449。

章或若干条之前编撰前言……那些专著性质的导读性长文是不允许的。"[19] 显然,法律评注的目的不在于追求理论创新,提出作者自己的观点,[20] 重点是如何准确、清晰地阐述现行的法律秩序状态。对于法学理论,评注主要是依据通说回答现行法是什么;在欠缺通说之处,评注可以记录不同的学说或司法裁判,呈现现行法一时的混乱;也可以发表观点,参与通说的形成。[21]

法律评注是法律实践部门适用法律的重要参考文献。编撰者在评注中陈述和表达的法教义学命题或观点,将直接或间接地发生实际影响,其后果体现在民商事领域,就是当事人的私权有无、多少或比例的问题;在刑法领域是犯罪嫌疑人的出罪入罪、罪轻罪重的问题;在行政法领域是行政机关的处罚是否合法合理、是否确认无效或撤销的问题。因此,全体法律人都要认真对待法律评注。评注的编撰者来不得半点马虎,必须对其所采用的理论学说和司法裁判的合理性、真实性、关联性负起责任;遇到疑难或争议问题,必须在权衡考量和穷尽解决路径的基础上,提出可行的方案。法律评注的使用者既要参考和尊重评注,又要对疑难问题保持合理怀疑,不能只是依从编撰者的学术权威而失去公正独立的判断。

3. 法律评注与立法释义书

当前对我国法律实务具有重要影响的还有一类法律解释的文献,大致包括两种。其一,全国人大常委会法制工作委员会或立法部门主要负责人主编的法律释义书,具有代表性的是法律出版社出版的"中华人民共和国法律释义丛书"(以下简称"法律释义丛书")。[22] 其主编和参编

---

[19] [德]弗朗茨·尤尔根·塞克尔:《〈慕尼黑民法典评注〉(第五版)编辑指南》,黄卉译,《中国应用法学》2017年第2期,第176页。

[20] 德国法学家弗卢梅曾批评《慕尼黑民法典评注》(第二版)的问题在于,作者的主观因素过多,代替了说明阐释,优先展示自己的观点,因而像是在评释与专著之间的雌雄同体作品(Zwittergebilde)。Vgl. Werner Flume, Die Problematik der Änderung des Charakters der großen Kommentare: erörtert an Beispielen in der Besprechung der zweiten Auflage des Münchener Kommentars zum Allgemeinen Teil des BGB, JZ 1985, S. 475.

[21] 参见贺剑:《法教义学的巅峰:德国法律评注文化及其中国前景考察》,《中外法学》2017年第2期,第387页。

[22] 例如,黄薇主编:《中华人民共和国民法典释义》(总则编、物权编、合同编、人格权编、婚姻家庭编、继承编、侵权责任编、附则),法律出版社2020年版。

者多是亲历立法的工作人员,释义内容能够体现立法目的和立法中对相关争议的决断(立法解释)。例如,《民法典》第147条关于重大误解可撤销意思表示为何不采用大陆法系传统的"错误"这一术语表达,释义书明确:"经研究,重大误解的概念自民法通则创立以来,实践中一直沿用至今,已经为广大司法实务人员以及人民群众所熟知并掌握,且其内涵经司法解释进一步阐明后已与大陆法系的'错误'的内涵比较接近,在裁判实务中未显不当,可以继续维持民法通则和合同法的规定。"[23] 如果此后的评释者再探讨或争辩该第147条的术语使用不当或文义有待澄清,就显得徒劳。因此,"法律释义丛书"中已有定论的,通常法律适用者遵照执行便是。其二,最高人民法院为贯彻执行《民法典》,研究和颁布关于《民法典》各编的司法解释,继而在此基础上由人民法院出版社出版的民法典或司法解释的"理解与适用"丛书(以下简称"理解与适用丛书")。[24] 由于最高人民法院的司法解释也具有立法性质,对于"司法解释的解释"也具有"立法解释"的意义。相比其他法律评注,上述两个系列丛书分别由最高立法机关、最高司法机关组织编写,在法律实践中具有足够的权威性,可统称为立法释义书。

但上述丛书的短板也很明显。一方面,其精简的篇幅决定了不会竭尽所能回答法律适用中的一切问题。粗略统计关于《民法典》总则部分的释义,"法律释义丛书"中每条释义的篇幅在2000字左右,"理解与适用丛书"中在4000字左右。面对纷繁复杂的民商事法律关系和重要的法教义学问题,这类丛书无法作出全面的回应和解释。另一方面,"法律释义丛书"注重立法解释,缺少司法裁判的视角和内容。众所周知,了解并掌握一个社会或某一领域的法律状态不能只凭借法律条文,而是必须考察各级各地司法裁判对于某一法律适用的态度和结论。正如恩斯特·拉贝尔教授指出:"没有附带判决的法律,犹如没有肌肉的骨架。"[25] 只有

---

[23] 黄薇主编:《中华人民共和国民法典总则编释义》,法律出版社2020年版,第390页。

[24] 参见最高人民法院民法典贯彻实施工作领导小组主编:《中华人民共和国民法典理解与适用》(总则编、物权编、合同编、人格权编、婚姻家庭编继承编、侵权责任编),人民法院出版社2020年版。

[25] Ernst Rabel, Die Aufgabe und Notwendigkeit der Rechtsvergleichung, der Hochschulbuchhandlung Max Hueber, München 1925, S. 4.

司法判例才能丰富法律的血肉,真实反映法律的状况。即使"理解与适用丛书"引入对典型案例的介绍和分析,但数量稀少,如同点缀,缺乏对相关司法裁判状况的完整考察与说明。以上观察也印证了朱庆育教授所说:此类丛书在理论阐述、立法资料抑或司法实践,均是点到即止。[26]

此外,最高人民法院相关部门及各地高级人民法院、中级人民法院整理出版的全国或各地的指导性案例汇编、类案审判指导和司法观点汇编,对于查明法律实务状况具有重要的参考价值。但其大多属于初步加工的产品,缺乏体系化的编排;且案例未经概括提炼,记载事实过多,理论阐述不够到位,难以令人迅速透彻地了解相关法律状况。而法律评注的各条内容将立法目的、理论解释和经整理提炼的司法裁判规则熔于一炉,有时还包括法律沿革和比较法,从而大大提高读者获取信息的效率。特别是在数字化时代,各类法律数据库存储海量的裁判文书,通过评注编撰过程的筛选、过滤和选择,呈现在读者面前的是关联性强、重点突出、更新及时的司法裁判观点,有效降低法律知识在传播和适用中的复杂性。这也是评注应具有的信息过滤功能使然。[27]

从法律实践需求看,一部以解决实务问题为旨趣的法律文献,应尽可能在一定篇幅内概览立法、学说与司法状况的全貌,提供准确、有效的信息,而且便于检索与查询。这些要素在成熟的法律评注里同时具备。以此标准衡量,目前上述国内法律文献均难以符合这个标准。

综上,认真对待法律评注,就是认真对待法律实践的需求,这要求评注的编撰者真诚友好地对待我们的同行,即法律人共同体。

二、法律评注与法教义学

1. 法教义学的"宝藏"之地

法教义学是以解释和适用现行法为目的建立起来的法律原理和知识体系,其研究对象包括制定法、学说及司法裁判。根据阿列克西的观点,法

---

[26] 参见朱庆育:"法律评注是什么(代序)",载朱庆育主编:《中国民法典评注·条文选注(第1册)》,中国民主法制出版社2021年版,第3页。

[27] 关于法律评注的过滤功能,参见王剑一:《德国法律评注的历史演变与现实功能》,《中国应用法学》2017年第1期,第194页。

教义学包括三种活动:其一,对现行有效法律的描述;其二,对这种法律之"概念—体系"的研究;其三,提出解决疑难法律案件的建议。[28] 在这个意义上,可以说部门法学等同于法教义学,即民法学=民法教义学,刑法学=刑法教义学。[29] 法教义学是由一系列关于法律或司法裁判的命题语句构成的一个体系(ein System von Stäzen)。[30] 与关于事实描述的陈述性语句不同(如"这本民法典是红色的"),法教义学的命题语句指向对现行法规范内容的分析和解释,以及必要的法律续造,其引导法律规范的适用,具有"规范性内涵",[31]并产生相应的实践后果,因此它是指导法律适用的说明书。在大陆法系,法教义学的表现形式及载体包括教科书、专著、研究论文、司法裁判以及法律评注等,这些法律文献构成一个关于"法律是什么"以及"法律如何适用"的话语体系。法律评注作为一种载体,其内容和功能与法教义学具有"同构共生"的关系,并大大促进法教义学的发展。

第一,法律评注与法教义学都秉持法律实证主义立场回答"法律是什么",即法源的问题。在大陆法系,"法律"当然是指由国家权威机关制定的成文法,包括宪法、一般法律、行政法规、规章、地方性法规等。但法律肯定不限于国家制定的成文法,习惯、学理、司法裁判规则、社会组织的自治规章或章程以及国际条约等都可以作为广义上的法源。《瑞士民法典》第1条早已宣布"习惯法"与"法理"均可作为司法裁判的规则;我国《民法典》第10条也规定"习惯"作为法源。[32] 于此,需要特别指出,尽管大陆法系

---

[28] 参见[德]罗伯特·阿列克西:《法律论证理论:作为法律证立理论的理性论辩理论》,舒国滢译,商务印书馆2019年版,第308页。

[29] 参见卜元石:《法教义学:建立司法、学术与法学教育良性互动的途径》,载田士永、王洪亮、张双根主编:《中德私法研究》2010年总第6卷,北京大学出版社2010年版,第6页。

[30] 参见[德]尼尔斯·扬森:《民法教义学》,朱晓喆、沈小军译,《苏州大学学报(法学版)》2016年第1期,第99页;[德]罗伯特·阿列克西:《法律论证理论:作为法律证立理论的理性论辩理论》,舒国滢译,商务印书馆2019年版,第313页。

[31] 参见[德]罗伯特·阿列克西:《法律论证理论:作为法律证立理论的理性论辩理论》,舒国滢译,商务印书馆2019年版,第314页。

[32] 关于我国民法法源系统性的论述可参见李敏:《民法法源论》,法律出版社2020年版。关于《民法典》第10条的历史与法理基础的研究,参见汪洋:《私法多元法源的观念、历史与中国实践:〈民法总则〉第10条的理论构造及司法适用》,《中外法学》2018年第1期,第120—149页。

不像英美法系明确采用"遵循先例原则",但法院在典型司法裁判中就某个法律问题作出的决定,对于后续的待决案件将构成裁判先例(Präjudizien),并对法院产生约束力。拉伦茨指出,这种约束力不是裁判先例本身,而是在其中被正确解释或被正确具体化的规范。在德国法中,只要裁判先例,特别是各最高审级法院的裁判先例没有重大的矛盾,天长日久就被视同"现行法",并慢慢形成补充和续造制定法的"法官法"。[33] 在我国,由于最高司法机关确立了案例指导制度,[34] 最高人民法院发布的指导性案例,各级司法机关应当参照,[35] 其作为法源并无问题。而权威司法机关发布的其他典型案例,例如《最高人民法院公报》《人民法院案例选》刊载的案例,在实务中发挥解释法律、填补法律漏洞的功能。[36] 学术界基于"同案同判"法理,认为判例在同类案件中应当予以参照适用。[37] 基于此,评注者要在被评注的法律条文之下,收集、整理和呈现有关的法律渊源(包括司法裁判规则),这对于厘清什么是现行法,确定解决案件问题的大前提即"找法",提高法律的可预期性,具有重要的意义。

第二,法律评注的体例一般是逐条解释法典的每一项法律规定,其内容和论题都是法教义学。通常每一法条的评注内容包括:首先,介绍规范目的;其次,在必要时梳理法律规定的历史沿革或比较法渊源;再次,对于条文展开概念内涵、体系定位、构成要件和法律效果方面的教义学分析,对于完全的法条,须分别阐述其构成要件和法律效果,对于不完全的法条,包括宣示性法条、定义性法条及指示援引性法条等,根据各该法条的

---

[33] 参见[德]卡尔·拉伦茨:《法学方法论(全本·第六版)》,黄家镇译,商务印书馆 2020 年版,第 539 页。

[34] 最高人民法院《关于案例指导工作的规定》(法发[2010]51 号)第 7 条:最高人民法院发布的指导性案例,各级人民法院审判类似案例时应当参照。《最高人民检察院关于案例指导工作的规定》(高检发办字[2019]42 号)第 15 条第 1 款:各级人民检察院应当参照指导性案例办理类似案件,可以引述相关指导性案例进行释法说理,但不得代替法律或者司法解释作为案件处理决定的直接依据。

[35] 参见胡云腾:《关于参照指导性案例的几个问题》,载《人民法院报》2018 年 8 月 1 日,第 5 版。

[36] 参见李敏:《民法法源论》,法律出版社 2020 年版,第 241—247 页。

[37] 参见张骐:《论裁判规则的规范性》,《比较法研究》2020 年第 4 期,第 145—160 页;顾培东:《判例自发性运用现象的生成与效应》,《法学研究》2018 年第 2 期,第 78—79 页。

情况,予以适当的解释和分析;最后,如有必要,对该法条司法适用时的举证责任进行阐述。[38]

第三,法律评注编撰者须运用法律解释和法律续造的方法,解释法律条文的含义、构成要件和法律效果。在有争议之处,编撰者须提出问题和争论,并阐明当下通说是什么,当然,少数说也应当被注意,因为少数说在一段时间之后也可能变成多数说。[39] 特别重要的是,编撰者须提出本评注所支持的观点及理由,以便参阅者获得法律适用中的确信。当然,一般不鼓励在法律评注中进行理论创新,但如果不同意既往的观点,编撰者也可以提出自己的新观点,并加以论证。进而,如果评注的观点得到司法实践的认可,或许可以形成新的通说。此外,评注编撰者一定要运用司法裁判来解释法律。以德国的法律评注为例,在评注中使用学术文献只是为某种法律观点提供支持,相比而言,司法裁判的地位更为重要,因为从评注使用者的角度看,他们其实更关心如何透过司法裁判观察现行法的运行状况。正由于评注结合司法裁判对成文法进行解释,使得评注被认为是一种"活化"现行法的形式,它能够更好地回答法律适用的状况。[40]

尽管法律评注不注重观点创新,但如果遇上法律规范存在"违反立法规划的不完满性"的法律漏洞情形,并将给法律实务带来困难时,评注编撰者必须回应如何解决此类法律漏洞,以减轻法律适用者的论证负担。填补法律漏洞的方法包括类推、目的性扩张、目的性限缩,以及在必要时

---

[38] 关于民法和刑法具体条文评注的内容及结构,参见[德]弗朗茨·尤尔根·塞克尔:《〈慕尼黑民法典评注〉(第五版)编辑指南》,黄卉译,《中国应用法学》2017年第2期,第175—177页;[德]埃里克·希尔根多夫:《法律评注的概念和方法》,刘畅译,载《法理——法哲学、法学方法论与人工智能》(2021年第1辑,总第9辑),商务印书馆2021年版,第44页;[德]赫尔穆特·查致格:《评注项目筹备面临的九个基本问题》,唐志威译,载《法理——法哲学、法学方法论与人工智能》(2021年第1辑,总第9辑),商务印书馆2021年版,第56页。

[39] 参见[德]埃里克·希尔根多夫:《法律评注的概念和方法》,刘畅译,载《法理——法哲学、法学方法论与人工智能》(2021年第1辑,总第9辑),商务印书馆2021年版,第44页。

[40] 参见[德]尼尔斯·扬森:《评注的勃兴与教科书的式微——对二十世纪德国法学文献形式的15项观察》,刘青文译,《南大法学》2022年第1期,第171页。尼尔斯·扬森还指出,"现代法律评注力图揭示这样一个事实:所谓现行法,其实是制定法和司法裁判相融合的产物"。同上文,第160页。

的利益衡量。如卡斯腾·斯密特所说：法律评注不仅仅是法律日常工作的手册，而且适宜作为法律续造的基础（Grundlage der Rechtsfortbildung）。[41] 评注者提出的法律漏洞填补的结论、对现行法的反思及法政策上的考量，可以作为将来完善法律修订或立法的重要参考。

第四，法教义学具有体系化、稳定法律观点、减轻论证负担、传播交流信息、批判和创新等各种功能，[42] 法律评注能够在很大程度上实现这些功能。其一，法律评注围绕法条阐释法律规范的含义，整理司法裁判规则，形成体系化的知识。其二，法教义学确立的实践问题的特定解决方案可以长时间地保留并被复制，而法律评注可以承载这些内容，并基于其权威性，起到稳定法律适用的作用。其三，法律评注可以作为法教义学命题的观点出处或理论来源，减轻法学理论研究或法律实务工作中的论证负担。其四，法律评注围绕法条组织和安排法教义学的内容，方便使用者理解立法，促进法律知识的传播与学习。其五，法教义学并不主张观点的垄断，而是提倡通过理论和实务的检验，促进观点的创新。与此类似，法律评注除了评判、检阅、衡量既有的观点，也应该指明发展的趋势，提出新的、更合理的路径方案。[43]

归纳而言，法教义学贯彻于法律评注的始终，法律评注是法教义学的重要载体或呈现形式。法律评注由于其完整的体例和宽松的篇幅，展现了层次清晰、内容丰富、论证充分的法教义学内容，是法教义学的"宝藏"[44]之地。

2. 法律评注：法教义学的巅峰？

法律评注与法教义学的兴盛具有紧密的联系，但如果说法律评注成

---

[41] Vgl. K. Schmidt, Staub in Staub's Kommentar, 114; David Kästle-Lamparter, Welt der Kommentare: Struktur, Funktion und Stellenwert juristischer kommentare in Geschichte und Gegenwart, Mohr Siebeck 2016, S. 331.

[42] 参见[德]罗伯特·阿列克西：《法律论证理论：作为法律证立理论的理性论辩理论》，舒国滢译，商务印书馆2019年版，第326—333页。

[43] Vgl. Wolfram Henckel, Zum gegenwärtigen Stand der Kommentarliteratur des Bürgerlichen Gesetzbuchs, JZ 1984, S. 967.

[44] 法律评注是法教义学的"宝藏"的说法出自温德尔教授。参见[德]彼得·A. 温德尔：《德国评注文化——是为中国之范例？》，李雨泽译，《苏州大学学报（法学版）》2020年第2期，第26页。

为或达到"法教义学的巅峰"[45]，则略显夸张。在范围上，法律评注肯定不代表法教义学的全部；在研究深度和广度上，法律评注或许不及其他体裁的文献。而且，法教义学本身固有的局限性也决定了法律评注的不足。

近年来，在"法教义学—社科法学"孰为法学研究基本方法的争论中，从实践价值和学术成果的表现看，法教义学在当代中国法学界都占据优势地位。但法教义学者不可自我封闭，认为教义学是法学研究的唯一路径和对象。其实法教义学内含着先天的局限性，主要包括：其一，教义学以立法或司法作为论证的前提，这种内部视角隐含着强烈的法律实证主义，从而容易排斥来自国家权威机关之外的法律渊源。而从比较法看，习惯、法理、私人自治章程、各种协会的行业指引、法院或仲裁机构的裁判，乃至当事人之间的合同，都是广义上的法律，埃里希称之为现实社会中的"活法"（Living Law）。其二，法教义学在构建"概念—体系"的抽象过程中，必然遗漏个别具体的因素或遗忘规则的价值来源，以致沦为冰冷的概念或教条，失却了直观的事物本性及社会目的考量。耶林曾讥讽这种主张"服从概念的统治""从概念中推导出法律"的思维追求的是一种"概念的天国"。[46] 其三，法教义学体系往往是以演绎的方法构建起来的公理式体系，即根据概念范畴的上下位阶关系整理出一个概念或规则抽象程度自上而下的金字塔体系，并期待从中发现任何法律问题的答案。尽管这种理想的体系能够确保法律的安定性和可预期性，但现代法学方法论已经论证，法律作为一门实践学科，其知识体系不可能在逻辑上完全自洽，法律问题的答案不可能全都出自这种体系。[47]

在编撰法律评注时应尽量避免和克服法教义学的弱点。法律评注撰写者一方面充分发挥法教义学在法律解释方面的优势，另一方面应注重对司法裁判经验的归纳总结，通过案例类型化或构建案例群组（Fallgruppen），对抽象的法律概念或一般条款进行具体化，以澄清其内涵，指导法律实践。而且，法律评注还可以根据条文的规范目的和规范领域，展开

---

[45] 此说法来自贺剑教授的论文标题，参见贺剑：《法教义学的巅峰：德国法律评注文化及其中国前景考察》，《中外法学》2017 年第 2 期，第 376—401 页。

[46] 参见[德]鲁道夫·冯·耶林：《对法学的戏谑与认真：给法学读者的礼物》，张焕然译，法律出版社 2023 年版，第 324 页。

[47] 参见[德]卡尔·拉伦茨：《法学方法论（全本·第六版）》，黄家镇译，商务印书馆 2020 年版，第 549—550 页。

"论题式"的研究(详见下文),保持对法律现象的经验总结和一定程度的直观描述,其内容和结论对于司法实务的参考价值更大。

再者,法律评注的对象是实证法,但法教义学与实证法的关系很微妙。通常认为法教义学应以现行实证法为前提,但法教义学的推演和结论,有时恰恰会脱离实证法,甚至批判实证法。法教义学具有独立的权威性和规范性,正如维亚克尔所说,法教义学可以"不依赖制定法而要求获得普遍认可和遵守"[48]。此外,当制定法或法官法与法律原则、原理不相适应的时候,法教义学就开始发挥其批判功能。[49] 法教义学对于更好的理论解释、更好的解决方案都保持开放的态度,会在法学研究与讨论中不断地被修正和改进。

历史地看,法教义学最早诞生于19世纪德国的"法学实证主义"(rechtswissenschaftliche Positivismus)时代。当时的潘德克顿法学家认为法律由法律科学的概念、体系和命题推导出来,不用考虑法律之外的社会因素,而且法律不存在漏洞,有漏洞的只是实证法,这种思想一直影响到《德国民法典》的编纂。[50] 在法典化完成后,由于制定法的权威性更为明白直接,"法律实证主义"(Gesetzespositivismus)才登上历史舞台。即使如此,在法教义学者眼中,必要时还会扯下实证法权威的面纱。[51] 回到问题中,编撰现代法律评注的主要目的是服务法律实践,使读者迅速、

---

[48] Franz Wieacker, Zur praktischen Leistung der Rechtsdogmatik, in: Rüdiger Bubner/Konrad Cramer/Reiner Wiehlr Hrsg., Festschrift für Hans-Georg Gadamer, Bd. II, Mohr Siebeck 1970, S. 319.

[49] Vgl. Rolf Stürner, Das Zivilrecht der Moderne und die Bedeutung der Rechtsdogmatik, JZ 2012, S. 11.

[50] Vgl. Franz Wieacker, Privaterechtgeschichte der Neuzeit, 2. Aufl., Göttingen 1967, S. 431 ff.

[51] 例如,19世纪的耶林认为,实证主义是法学中隐含的"根本之恶","实证主义意味着逃避独立思考,献身于那作为无意志的工具的制定法",应对其保持警戒。参见[德]鲁道夫·冯·耶林:《法学是一门科学吗?》,[德]奥科·贝伦茨编注,李君韬译,法律出版社2010年版,第50页。在"二战"之后,拉德布鲁赫曾疾呼:"实证主义通过'法律就是法律'的信念,已经使德国法学界无力抵抗暴政和犯罪内容的法律","实证主义完全没有能力运用自己的力量来证明法律的有效性"。参见[德]G. 拉德布鲁赫:《法律的不公正和超越法律的公正》,载G. 拉德布鲁赫:《法哲学》,王朴译,法律出版社2005年版,第232页。

准确地了解法源,在法源及权威性问题上,它的立场一定更靠向"法律实证主义",而非"法学实证主义",因为后者还隐含着对现行法的不信任甚至批判。可见,"法教义学的巅峰"的说法或许更适合用来描述法典化之前法学和法学家的地位。

3. 法律评注的其他局限性

除了法教义学自身带来法律评注的问题,还要从形式和内容认清法律评注的局限性。

一方面,法律评注遵循法典的立法体例,逐条注释法律,因而注定不可能在某个法条之下展开阐释某些制度共性的一般原理。例如,侵权、不当得利、无因管理都可归为"法定之债",法定之债与合同之债的区别与联系以及在理论和实践方面的区分意义,教材或专著可对此类问题进行深入研讨,但是在法律评注中则无处安放。又如,民法典中对个别问题的规定,其本质上反映同类问题,但民法典欠缺对一般抽象规则的提炼,法律评注也难以切入。比如我国《民法典》多处规定"催告"[52]行为及其效力,其性质上属"准法律行为",其生效时间、形式、解释及法律效力等问题原则上可参照适用法律行为暨意思表示的规则(《民法典》第134条至第160条),且与"通知"行为具有共性,因而在教义学上特别是在《民法总论》之类的教材中,往往将其归纳综合并置于意思表示与法律行为相关章节进行阐述。但因为《民法典》中没有准法律行为的一般规定,法律评注也无法在具体规定下展开这些内容。即使法律评注在各编章之前有一些对制度原则进行一般介绍的导论或前言,也未必能够展开那些体系层级较低,但又具有基础原理地位的理论问题。在这方面,教材、专著或专题论文更适合研究那些不依循法典体例,且又需要深刻挖掘的体系化问题,法律评注在这方面力有不逮。[53]

另一方面,法教义学虽然是主要的,但并非唯一的法学研究方法。如果把法社会学、法经济学和法政策学的视角或内容引入教义学,将有助于

---

[52] 参见《民法典》第145条、第171条、第384条、第515条、第551条、第563条、第564条、第634条、第642条、第654条、第675条、第740条、第752条、第778条、第806条、第807条、第913条、第916条、第944条、第957条。

[53] 相同观点参见朱庆育:"法律评注是什么(代序)",载朱庆育主编:《中国民法典评注·条文选注(第1册)》,中国民主法制出版社2021年版,第4页。

改善法教义学的论证结构,提升教义学的生产能力。[54] 从法律的外在视角的观察所得,可以内化、转译为法教义学的命题和知识。[55] 类似地,法律评注作为一种文献体裁,也不限于教义学式。尽管典型的法律评注以服务法律实务为目的,但 20 世纪 70 年代后,德国法学界兴起一种"另类评注"(Alternativkommentare),其主张者认为,德国正在从自由法治国向社会法治国过渡,应当把最大限度保障自由和社会公平的秩序作为目标,法律评注应当揭示法律制度的社会、政治和经济的前提,由此应当在评注中引入社会学和经济学的分析。另类评注特别关注所有权、住宅租金、合伙等与社会经济关联性强的领域。[56] 另类评注虽未影响德国法律评注的主流风格,但毕竟是一种教义学之外的创新尝试。此外,近年来由德国多位知名法律史学家共同编撰的《德国民法典历史批判评注》引起学界关注,该评注以《德国民法典》条文规范群形成主题,例如自然人、法人、法律行为、代理、时效等,追溯法律制度的历史渊源,起到澄清和比较的作用,对于今日之法教义学的解释亦具有参考意义。目前该评注已经出版《民法总则》《债法总则》《债法分则》《家庭法》四卷。[57] 可见,即使在法律评注文化兴盛的德国,教义学式评注也并非唯一风格。法教义学式评注承载不了过多的历史、社会、政治及经济内容,它也不宜对立法政策作过多批判,这方面需要"社科法学"及其他法律文献的贡献。

总之,法律评注与法教义学的关系是辩证的。一方面,法律评注承载着法教义学的内容,但应当注意克服法教义学过于抽象、缺少经验归纳和排斥外部视角的弊端;另一方面,法教义学与实证法保持一定距离,作为

---

[54] 参见雷磊:《法教义学之内的社会科学:意义与限度》,《法律科学》2023 年第 4 期,第 14—32 页。

[55] 参见纪海龙:《法教义学:力量与弱点》,《交大法学》2015 年第 2 期,第 97 页。

[56] Vgl. Zöllner, Das Bürgerliche Recht in Spiegel seiner großen Kommentare, JuS 1984, S. 733 ff.; Wolfram Henckel, Zum gegenwärtigen Stand der Kommentarliteratur des Bürgerlichen Gesetzbuchs, JZ 1984, S. 966 ff.

[57] Vgl. Mathias Schmoeckel / Joachim Rückert / Reinhard Zimmermann, Historisch-kritischer Kommentar zum BGB, Mohr Siebeck, Band I 2003; Band II 2007; Band III 2013; Band IV 2018. 相关介绍可参见[德]索尼娅·梅耶:《历史批判性评注——以〈德国民法典〉历史批判评注》为例》,余翛然译,载宋晓主编,《中德法学论坛》2020 年第 1 辑,南京大学出版社 2020 年版,第 231—239 页。

阐释实证法作品的法律评注,即使规模巨大,也无法覆盖法教义学的全部。廓清法教义学与法律评注的关系,有助于合理地定位法律评注的风格、内容与功能。

三、中国民法典评注的前景期待

1. 民法典评注本土化的条件已然具备

从比较法看,德国式的大型法律评注模式在大陆法系很多国家被借鉴和引入。不仅同属德语圈的奥地利和瑞士采用德国评注模式,而且欧洲的荷兰、比利时,南美洲部分国家以及亚洲的日本、韩国都有类似德国的法典评注成果。[58] 法律评注甚至被认为是一个大陆法系国家"立法、司法及学说成熟的标志"[59]。在我国《民法典》颁布之前,讨论民法典评注堪称奢望。即便如此,多年前学术界已经多次召开研讨会,呼吁引进德式法律评注,并就民法评注的可行性展开论证,且付诸实践。[60] 当时从事民法评注工作,至少面临三重本土化的困难:[61] 其一,法源的分散性和动态性。在《民法典》颁布之前,我国民事制定法以单行民事法律为主,辅之以层层叠叠的司法解释,仅选择评注对象就存在困难。其二,裁判的复杂性。上有最高人民法院发布的指导性案例及其机关刊物发布的各类典型案例,下有各地高级人民法院、中级人民法院的典型案例或类案裁判指引,以致法律适用者对引用何种法院裁判作为权威依据存在疑虑。

---

[58] 关于法律评注在世界范围内传播和比较的重要研究,参见 David Kästle-Lamparter/Jansen/Zimmermann, Juristische Kommentare: Ein internationaler Vergleich, Mohr Siebeck 2020。

[59] 韩世远:《法律评注在中国》,《中国法律评论》2017年第5期,第163页。

[60] 参见黄卉:《法律技术抑或法律文化?——关于中德合作编纂中国法律评注的可能性的讨论记录》,载王洪亮等主编:《中德私法研究(11):占有的基本理论》,北京大学出版社2015年版;张双根、朱芒、朱庆育、黄卉:《对话:中国法律评注的现状与未来》,《中国应用法学》2017年第2期,第161—173页;贺剑:《法教义学的巅峰:德国法律评注文化及其中国前景考察》,《中外法学》2017年第2期,第376—401页;韩世远:《法律评注在中国》,《中国法律评论》2017年第5期,第163页。

[61] 此处主要参考姚明斌教授的观点,笔者亦结合自己的观察和理解。参见姚明斌:《论中国民法评注之本土化》,《南京大学学报(哲学·人文科学·社会科学)》2020年第4期,第151—158页。

而且，由于制定法供给不足，司法裁判须进行法律漏洞填补，由此带来规则的不明确。其三，如何界定民法"通说"尚未确立标准。法律评注的重要功能是获致法律适用的明确性和可预期性，评注中采用作为"支配性意见"的通说尤为重要。但在法源、裁判、学理均比较混乱的状态下，确定通说存在障碍。[62]

关于以上三重困难，首先，在《民法典》制定完成后，第一个问题已然解决。尽管最高人民法院持续不断地出台《民法典》各编的司法解释，法源多元问题依然存在，但评注的功能之一就是整理法源，可在《民法典》相关条文之下纳入对于司法解释的评注。而且，司法解释本身也细化法律规则，对于增强法律的明确性大有助益。其次，司法裁判的复杂性并不成为法律评注的障碍。贺剑教授认为，在司法四分五裂之际，往往学说大有可为，法律评注编撰者可以通过案例的甄选、评说与理论的建构参与到法律的发展中，进而形成评注自身特色。[63] 何况，法律评注本身即有筛选和过滤的功能，纳入评注的案例，无论正、负面意义，均可能成为典型案例。最后，"通说"的形成是法律界整体的任务，法学理论文献支持的观点与司法机关在裁判中确认的观点都可能存在分歧。法律评注既可以纳入已经形成的通说，也可以参与讨论，促进通说的形成。综上，在《民法典》时代，从事评注的事业已经不存在障碍。

近年来，由朱庆育、高圣平教授牵头的《中国民法典评注》，包括成板块的"规范集注"[64]和分散的"条文选注"[65]共出版五部，对德式大型的法律评注进行了有益探索，积累了丰富经验。2020年以来，随着我国《民法典》的颁布实施，学术界和实务界中名为评注的作品不断涌现，中

---

[62] 在德国法律评注文化中，对通说的形成更重要的是案例而不是学说（参见贺剑：《法教义学的巅峰：德国法律评注文化及其中国前景考察》，《中外法学》2017年第2期，第387页）。但是，在我国法学研究和法律评注语境中，司法判例的作用和地位远未达到足够权威的程度，须根据不同的场景和需要进行使用（参见姚明斌：《法律评注撰写中的案例运用》，《法律适用（司法案例）》2017年第8期，第45—46页）。

[63] 参见贺剑：《法教义学的巅峰：德国法律评注文化及其中国前景考察》，《中外法学》2017年第2期，第398页。

[64] 参见杨巍：《中国民法典评注·规范集注（第1辑）·诉讼时效·期间计算》，中国民主法制出版社2022年版。

[65] 参见朱庆育、高圣平主编：《中国民法典评注·条文选注（第1—4册）》，中国民主法制出版社2021—2023年版。

国人民大学出版社、中国法制出版社、人民法院出版社分别出版较大规模的民法典评注系列著作。[66] 一些小型民法典评注也纷纷问世。[67] 这些评注文献,为进一步完成大型民法典评注创造了一定的条件。不唯如此,我国有刑法学者已经完成一部中等规模(600多万字)、三卷本的《中国刑法评注》。[68] 这对于推动法律评注事业的发展和促进评注文化的兴盛具有重要的意义,也鼓舞了其他部门法的同行。

2. 法律共同体对民法典评注的期待

在当代中国法律体系中,《民法典》作为一部固根本、稳预期、利长远的基础性法律,在推进全面依法治国、发展社会主义市场经济、推动我国人权事业发展以及推进国家治理体系和治理能力现代化等方面都具有重大意义。准确地理解与适用《民法典》,是法律职业共同体面临的现实任务。尽管《民法典》颁布实施以来,各类关于《民法典》的注释书不断出版,但如上所述,一些注释书由于出版周期短,缺少对司法案例的整理归纳,以及篇幅所限,未能全面反映以《民法典》为中心的私法秩序全貌。法律学术界和实务界对于一套全面的、系列的民法典评注依然存在巨大的需求。笔者认为,当前进行的民法典评注应当满足法律共同体的如下期待:

首先,民法典评注应当架起沟通理论与实务的桥梁,融合法教义学与司法实务,完整描绘法秩序的图景。法律评注可以由理论界的学者或实务界的专家作为编写者,[69] 但不论如何,法律评注绝不仅是关于法律条文的文义、体系、目的解释,而必须结合司法裁判,对于现行法的实际状况进行描述与分析。在我国法律的语境中,撰写评注还须结合最高人民法

---

[66] 例如,王利明主编:《中国民法典释评·总则编》,中国人民大学出版社2020年版;王利明主编:《中国民法典评注·总则编》,人民法院出版社2021年版;孙宪忠、朱广新主编:《民法典评注·物权编》,中国法制出版社2020年版;朱广新、谢鸿飞主编:《民法典评注·合同编》,中国法制出版社2020年版。

[67] 例如,徐涤宇、张家勇主编:《〈中华人民共和国民法典〉评注(精要版)》,中国人民大学出版社2022年版;杨代雄主编:《袖珍民法典评注》,中国民主法制出版社2022年版。

[68] 参见冯军、梁根林、黎宏主编:《中国刑法评注》(全三卷),北京大学出版社2023年版。

[69] 参见卜元石:《德国法律评注文化的特点与成因》,《南京大学学报(哲学·人文科学·社会科学)》2020年第4期,第117—118页。

院、最高人民检察院发布的司法解释及各类审判会议纪要,[70]地方高级人民法院发布的裁判规则指引(指南)或解答[71]乃至各种司法意见。当然,法律评注不能停留于简单地描述和介绍司法现状,而须以法教义学为工具提升实践知识的普遍性。从评注使用者的角度看,法律评注应当鲜活地反映法秩序有机的、发展的样貌。如尼尔斯·扬森教授指出,法律人期望在评注中找到现行法在司法实践中是如何被应用的;评注对法律人有关法律的想象也会产生反向影响,评注借由内容的布局和编排,给法律人关于法律秩序的想象"图景"镶嵌了自身的印记。[72]

其次,民法典评注应当结合"概念—抽象"体系式与论题学式(Topic)两种方法论进行编撰和阐述,使评注使用者可以既全面又有重点地了解某一领域的法律秩序。"概念—抽象"体系是借助概念的种差形成的上下位阶关系,将抽象程度较低的下位概念涵摄在抽象程度较高的上位概念之下,推导出一个从下而上的法律体系,这个体系可以保障法律的概览性、安定性、科学性。[73] 民法典以这种"概念—抽象"体系作为框架,形成总则—分则、人身—财产、物权—债权等结构性的区分。但这种"概念—抽象"体系容易使法律概念及规则的意义空洞化,脱离日常生活经验,并导致法律适用的僵化。为此,现代法学方法论提出类型及类型序列、动态体系论、内部价值体系及论题学等思维方式,以救其弊。[74] 其

---

〔70〕 例如,最高人民法院 2019 年发布的《全国法院民商事审判工作会议纪要》(法〔2019〕254 号,简称"九民纪要")、2020 年发布的《全国法院审理债券纠纷案件座谈会纪要》(法〔2020〕185 号)、2021 年发布的《全国法院涉外商事海事审判工作座谈会会议纪要》(法〔民四〕明传〔2021〕60 号),都在相关领域法律适用中起到重要的作用。

〔71〕 例如,浙江省高级人民法院制定的《浙江法院破产案件管理人管理工作指引》(浙高法〔2023〕99 号),江苏省高级人民法院制定的《侵犯商业秘密民事纠纷案件审理指南》(江苏省高级人民法院审判委员会会议纪要〔2021〕2 号)、《刑事裁判涉财产部分执行若干问题的解答》(苏高法电〔2023〕3 号),上海市高级人民法院制定的《关于审理公司纠纷案件若干问题的解答》(沪高法民二〔2006〕8 号)等。

〔72〕 参见[德]尼尔斯·扬森:《评注的勃兴与教科书的式微——对二十世纪德国法学文献形式的 15 项观察》,刘青文译,《南大法学》2022 年第 1 期,第 171 页。

〔73〕 参见[德]卡尔·拉伦茨:《法学方法论(全本·第六版)》,黄家镇译,商务印书馆 2020 年版,第 549 页。

〔74〕 参见[德]卡尔·拉伦茨:《法学方法论(全本·第六版)》,黄家镇译,商务印书馆 2020 年版,第 577—613 页。

中,论题学是与体系思维相对的"一门问题定向的思维技术",是一种发现问题"前导性的沉思"。[75] 论题学的目的是研究论题并建立论题目录,强调在事物的具体情境中开启对问题的讨论。菲韦格举例说明,民法上有一项规则:在表意人缺乏"表示意思"时,宣告意思表示无效,但须承担信赖赔偿责任。按概念逻辑理解,既然缺乏"表示意思",就没有意思表示,也就没必要宣告无效,但为保护相对人的信赖利益,法律需要这样设计,因此只有通过"利益判断"这个论题才能透彻理解上述规则。[76] 总之,论题学比体系思维更加具象、更接近事物本质。

民法典评注应遵循《民法典》的编纂体系,依法典条文顺序逐条评释,不可随意打乱,重新编排顺序。但我国《民法典》仅1260条,即使辅之以数百条司法解释,在实践中也不敷适用。《民法典》评注可以在不受篇幅限制的前提下,尽量展开与各该条文相关的论题并提出解决方案。举例而言,其一,对抽象一般条款具体化,例如,《民法典》第153条之下归纳并建构违反强制性法律规定、违反公序良俗而无效法律行为的类型;[77] 其二,有些《民法典》条文的适用须结合程序法上的考量,例如第186条关于民事责任竞合,评注者即单列一节讨论"请求权竞合与诉讼标的理论的关系";[78] 其三,《民法典》条文虽未规定,但与其适用有联系或须辨析的问题,例如第1060条关于日常家事代理,须澄清该条规制的情

---

〔75〕 [德]特奥多尔·菲韦格:《论题学与法学——论法学的基础研究》,舒国滢译,法律出版社2012年版,第26、37页。我国学者关于论题学的研究,可参见舒国滢:《寻访法学的问题立场——兼谈"论题学法学"的思考方式》,《法学研究》2005年第3期,第3—20页;徐国栋:《从"地方论"到"论题目录"——真正的"论题学法学"揭秘》,《甘肃社会科学》2015年第4期,第197—203页。

〔76〕 参见[德]特奥多尔·菲韦格:《论题学与法学——论法学的基础研究》,舒国滢译,法律出版社2012年版,第109—110页。

〔77〕 卡纳里斯适切地指出,概括条款的具体化在很大程度上通过类型建构进行,因此需要体系性固定。可见,体系思维与论题思维相互补充。[德]克劳斯-威廉·卡纳里斯:《法学中的体系思维与体系概念》,陈大创译,北京大学出版社2024年版,第159页。

〔78〕 参见叶名怡:《第186条:责任竞合》,载朱庆育主编:《中国民法典评注·条文选注(第1册)》,中国民主法制出版社2021年版,第223—228页。

形与共有人管理共有物、表见代理、户主的区别;[79] 其四,《民法典》条文规范本身指示援引法典内外的其他规定,甚至是公法,那么评注的内容自然应将相关规则集中在该条文之下进行阐述。例如,关于所有权、农村土地承包经营权、建设用地使用权的规则,涉及诸多公法上关于自然资源分配和利用的规则,散见于《土地管理法》《农村土地承包法》《矿产资源法》等;再如,《民法典》第 1254 条为规制建筑物高空抛物问题,于第 3 款明确公安机关调查和查清责任人的职责。于此,不可拘泥于《民法典》为纯粹私法法典的成见,而应将其理解为规范对象、规范领域的完整论题,"下挂"在相关法典条文之下进行阐释。由此,评注使用者才能透过一个或一组条文的法律评注,全面又直观地了解某一特定领域的法律秩序。

再次,民法典评注将在民法教学领域发挥重要的教育作用。我国法学教育体制承袭大陆法系传统,以法学院的理论教育为中心,教师和学生多以教科书为媒介、以课堂讲解方式传授和学习法律知识,辅之以少量的案例教学或实务课程。但是,当下大多数法学教师的感受是,学生即使在考试中获得较高的成绩,但解决实际问题的能力仍然薄弱。问题的原因是多重的,从根本上说,乃是现行法学教育体制以传授知识为主,而忽略技能培养使然。[80] 法律的技能包括法律的理解、适用、分析、归纳和评价等。[81] 何美欢、葛云松教授等都已指出培养法律技能不是通过讲课,而必须是通过大量的"练习",特别是通过判例研读、案例研习课程。[82] 学生从事这些练习,特别是撰写案例研习报告需要优质的参考资料,而民

---

[79] 参见贺剑:《第 1060 条:日常家事代理》,载朱庆育主编:《中国民法典评注·条文选注(第 3 册)》,中国民主法制出版社 2022 年版,第 309—302 页。

[80] 英美法教育向来以法律实践技能著称,而德国法学教育也强调知识与技能并重,如默勒斯教授指出:"法学教学不仅是向学生介绍必要的法律知识,而更要教会其进行法学研究和运用法律的方法。"[德]托马斯·默勒斯:《法律研习的方法:作业、考试和论文写作(第 9 版)》,申柳华等译,北京大学出版社 2019 年版,第 4 页。

[81] 参见何美欢:《理想的专业法学教育》,载《清华法学》第九辑,清华大学出版社 2006 年版,第 114 页。葛云松教授认为法律技能的核心是法律解释的能力。参见葛云松:《法学教育的理想》,《中外法学》2014 年第 2 期,第 297 页。

[82] 参见何美欢:《理想的专业法学教育》,载《清华法学》第九辑,清华大学出版社 2006 年版,第 114 页;葛云松:《法学教育的理想》,《中外法学》2014 年第 2 期,第 307—316 页;朱晓喆:《请求权基础实例研习教学方法论》,《法治研究》2018 年第 1 期,第 34—35 页。

法典评注因汇集了理论与实务的文献和观点,提供了比普通的教科书和学术论文更丰富、更准确的信息资源。而且评注的教义学风格展示了法律论证和说理的技术,学生可以通过阅读评注了解学理通说和司法裁判,获得清晰明确的答案,并模仿和习得法律论证的方法。

最后,民法典评注将有助于构建我国自主的民法学术话语体系。不可否认,法律评注作为一种现象,勃兴于20世纪的德国,影响及于欧洲和东亚。除德国外,举凡大陆法系法治发达国家,均有多种代表性的民法典评注问世。[83] 特别是日本的经验极具参考价值。"二战"之前,日本经历了德国法的理论继受时期,这一时期的学者以德国民法的原理解释日本民法,实务工作者也参考德国法律评注的意见。[84] "二战"之后,日本受美国法影响较大,德国法的影响减弱,并且判例的地位日益重要,自20世纪50年代开始,一系列重要的评注书相继出现。长野史宽认为"二战"后德国法对日本的影响削弱之后,评注才达到鼎盛时期。[85] 与此印证,"二战"后至21世纪,正是日本民法从本土化到建立自信的发展时期。[86] 由日本民法的历史发展规律可知,法律移植国家的继受早期须有一个模仿的过程,及至结合本土社会形成自身的法律秩序和法律学术体系之后,法学研究和司法实务也将摆脱外国法的约束。民法典评注作为一种学术话语的表达形式,因其学术权威性、对司法实务的影响,加上巨量的篇幅和编撰技术的难度,成为大陆法系国家民法学术成熟的标志。可以期待,民法典评注的诞生与繁荣必将促进具有中国特色的民法学术

---

[83] 对大陆法系国家民法典评注的相关介绍,参见娄爱华:《意大利民法典评注的撰写——以三个条文为切入点的观察》,《南京大学学报(哲学·人文科学·社会科学)》2020年第4期,第138—150页;吕琳华:《法律评注的历史源流、方法与范式——法国视角》,《苏州大学学报(法学版)》2020年第2期,第11—17页;[意]恩里科·嘎布里埃利:《恩里科·嘎布里埃利主持的意大利民法典评注》,黄文煌译,《苏州大学学报(法学版)》2020年第2期,第28—32页;程坦:《日本民法评注的方法论演变与结构内容》,《苏州大学学报(法学版)》2020年第2期,第33—44页。

[84] 参见[日]长野史宽:《法律评注在日本的发展与价值——作为法学思维方式映射的文献形式》,张慰译,《南大法学》2022年第4期,第172页。

[85] 参见[日]长野史宽:《法律评注在日本的发展与价值——作为法学思维方式映射的文献形式》,张慰译,《南大法学》2022年第4期,第173页。

[86] 参见朱晔:《日本民法注释的演变对中国的启示》,《南京大学学报(哲学·人文科学·社会科学)》2020年第4期,第130—132页。

话语体系的形成。

3. 法律科技对法律评注的冲击与回应

当代信息科技的发展给各行各业带来天翻地覆的变化,大数据、人工智能、区块链等正深刻影响和重塑着法律行业的方方面面。在法学研究和法律实践中,各类以数据搜集整理与智能分析为基础的法律科技软件推陈出新,并被应用于文献检索和查询、法律咨询和解答、司法系统基础设施数字化、区块链存证以及在线庭审技术等领域。近年来,最高人民法院及各地法院提倡智慧法院建设,很多法院在审判、执行、诉讼服务和社会治理等方面基于司法大数据开发和利用各种软件,提高了司法效率,[87] 有的法院还应用人工智能辅助办案,进行类案检索及智能预测和推送,预防案件结果的偏离。[88] 2022 年年底,生成式人工智能 ChatGPT 问世,基于自然语言处理(NLP)、机器学习和大数据分析等技术,生成式人工智能可以自动解析用户输入的法律问题,并从海量的法律文献和判例中快速提取信息,提供较为准确的法律建议。人工智能在简单、重复的法律事务处理中具有明显优势,起到辅助或替代法律检索和分析的作用。法律科技软件强大的数据获取、集约与处理能力,可能会对法律评注编写的意义与价值带来冲击与挑战。[89] 但从现阶段来看,法律评注仍具有明显优势。

首先,当前法律数据库的功能大多停留于数据的检索和陈列阶段,还

---

[87] 参见孙晓勇:《司法大数据在中国法院的应用与前景展望》,《中国法学》2021 年第 4 期,第 124—137 页。

[88] 例如,江苏法院率先建成"同案不同判预警平台",通过类案推送、量刑推荐、结果偏离预警等功能模块,为司法审判提供智能化的决策辅助(参见大数据在司法审判中的融合应用研究课题组:《限度与深化:大数据在司法审判中的融合应用研究》,《中国应用法学》2021 年第 2 期,第 59 页)。最高人民法院于 2020 年发布《关于统一法律适用加强类案检索的指导意见(试行)》(法发〔2020〕24 号),要求对于拟提交专业法官会议或者审判委员会讨论决定的案件、缺乏明确裁判规则或者尚未形成统一裁判规则的案件、院庭长根据审判监督管理权限要求进行类案检索的案件,应当进行类案检索。

[89] 日本学者长野史宽在研究法律评注现象时指出,法律评注只提到重要的法院判决,因而不太可能成为从业者的信息来源,如今实务工作者都在使用数据库寻找相关判决,法律评注只是作为案例重要性的论据。参见[日]长野史宽:《法律评注在日本的发展与价值——作为法学思维方式映射的文献形式》,张慰译,《南大法学》2022 年第 4 期,第 178 页。

无法做到分析文献内容及观点整合,更不必说形成法学通说或建构案例类型。例如,"中国司法大数据研究院"开发的"法信"(faxin.cn)系统,只是将法律主题的检索结果,包括法律法规、案例库、裁判规则、法律观点、图书及期刊论文分类呈现,但这些内容模块基本处于割裂状态,没有自动形成聚焦于特定问题的体系性知识。法律适用者还须进一步通过文献筛选、阅读、归纳和整理,才能获取准确的法律观点。法律评注不是简单的文献收集和罗列,而是经由评注编撰者对法律素材进行整理分析与专业加工后完成的作品,可以极大节约评注使用者的信息成本。而且,评注的脚注和文献索引列明了重要参考资料,可供使用者延伸阅读和学习。

其次,即便诸如 ChatGPT 之类的人工智能基于海量的语料库训练,可以根据既有文献回答法律问题,并且基于较高的自然语言处理能力,表现出强大的语言理解、意图识别、人机互动能力,但相较法律评注,其在精确性方面仍有所欠缺。原因在于:其一,法律语言特别是专业术语具有理解上的复杂性,法律语句或命题包含着规范目的、权利与责任的分配、价值判断、逻辑推理等丰富的规范性、伦理性内涵,不能被完全转译或复述为计算机语言。因此,通过人工智能检索或生成的法律建议,远不如法律专家对法律规范的解释与回答。其二,对法律问题的解答须结合特定地域内和在不同时期生效的法律渊源,而且法律渊源具有多样性,不同层级规范受上下位阶效力的约束,法律条文之间存在相互限制或扩张等,法律评注的编撰者能够运用专业能力处理这些错综复杂的规范效力问题,但目前人工智能尚无法对此作出准确的分析与判断。其三,包括 ChatGPT 在内的人工智能在本质上是基于过去的数据推测未来的数学模型,是归纳大数据得出的规律性认识。然而,法律实务工作是以解决现在和未来的问题为中心,不能以简单的规律或概率来应对问题。特别是在疑难案件中,法律适用者须根据目的进行法律解释,甚至创造新的规则,这是人工智能无法胜任的。[90] 其四,训练人工智能学习的语料库主要来自网络,这些数据的质量参差不齐、内容真假难辨,在缺乏人工校准与监督时,大语言模型往往会吸收领会其中的错误知识与价值,特别是在有纵深的专业问题上,受制于数据语料的有限性,ChatGPT 之类的技术也无法保证

---

[90] 参见王禄生:《ChatGPT 类技术:法律人工智能的改进者还是颠覆者?》,《政法论坛》2023 年第 4 期,第 58 页。

生成正确答案。[91] 同样是基于既有的法律数据和素材,评注是法律专家运用特有的专业能力编撰而成,能够保障推导和结论的准确性与合理性,因此法律评注相比人工智能具有明显的专业优势。

最后,尽管目前还谈不上人工智能等信息技术完全替代法律评注,但编撰法律评注应当对技术保持开放,善用科技手段。法律评注主要是对现行法及相关学理和实践进行汇总与评释,准确归纳和反映法秩序,因此法律评注的内容大多是重述既有的规则、裁判和法律观点。而处理重复的、庞大的数据正是人工智能的优势,利用好成熟的数据库及人工智能技术,对法律文献进行初步的分类与整理,可以大大提高评注编撰的效率。再者,利用信息技术手段呈现法律评注,可以更有效地发挥其作用。例如,将法律评注转化为可检索查阅的数据库,一方面便于其内容本身的检索,以及通过链接文献索引全文(包括著作、论文、裁判文书等),实现在线延伸阅读;另一方面,联通法律法规数据库、案例数据库、司法大数据库等,利用人工智能抓取最新文献并在评注的相应位置提示,编撰者在线进行更新(未来甚至可能实现自动更新),保证评注的前沿性、时效性,以克服"评注的写作赶不上法律秩序变化的速度"[92]的时滞问题。可以预见,合理应用信息技术,不但法律评注不会被淘汰,而且可使其内容更加完善、应用更为便捷、更新更为高效。

总之,法律科技给法律评注事业带来诸多的挑战,但当前形势下,法律评注在专业分析、信息整合、逻辑推论、知识创造与价值判断等方面,相较人工智能等信息技术还具有一定的优势。与此同时,法律评注的编撰应积极引入信息技术手段,发挥人与机器的特长,共同提升法律适用的统一性和准确性。

四、北京大学出版社"中华人民共和国民法典评注系列":缘起与展望

2019年上半年,也即我国《民法典》出台的前一年,我与北京大学出版社副总编辑蒋浩老师初步商议编撰"中华人民共和国民法典评注系列"的

---

[91] 参见王禄生:《ChatGPT类技术:法律人工智能的改进者还是颠覆者?》,《政法论坛》2023年第4期,第57页。

[92] Wolfram Henckel, Zum gegenwärtigen Stand der Kommentarliteratur des Bürgerlichen Gesetzbuchs, JZ 1984, S. 966.

项目事宜(以下称为"本项目"及"项目组")。当年8月27日,我们邀请了全国17名中青年民法学者相聚于文脉郁郁的安徽滁州琅琊山醉翁亭畔,共同探讨"中华人民共和国民法典评注系列"启动事宜。会后,我作为项目组负责人将会议精神概括为如下几条工作原则:(1)编写"中华人民共和国民法典评注系列"的初步条件已经具备,当前可以启动该项工作,编撰者可根据《民法典》草案,着手研究相关领域的民法原理、司法裁判等问题。(2)"中华人民共和国民法典评注系列"实行各分卷主编负责制,编写主力均是我国知名的中青年民法学者,大多具有大陆法系国家的留学背景,了解民法典评注的特点和功能,可胜任工作,保障评注的质量。写作经验不够丰富的年轻学者,边学习边写作,在研究写作中逐渐锻炼成熟。(3)"中华人民共和国民法典评注系列"的定位是以解决法律实践问题为旨趣,成为法律人共同体必备的一套评注书。在民法典评注中不必进行艰深的基础理论研究。评注编写者可将相关主题作为长期理论深耕领域,通过撰写评注积累的素材、资料,进行专题性研究,作为论文发表,达到效用最大化。(4)北京大学出版社具有出版优势,正在出版我国第一套刑法评注,有经验可供借鉴,出版社将在编辑出版工作方面提供有力保障。而且,"中华人民共和国民法典评注系列"未来还将通过数字化平台,进行线上产品开发。(5)预期于2021年完成"中华人民共和国民法典评注系列"第一版,此后每隔5年左右进行修订,保持评注持久的生命力。

此次会后,项目组发布"'中华人民共和国民法典评注系列'撰写规范(第一版)",并邀请40多位编写者开始准备工作,后续又吸收新的作者加入编写队伍。讵料2020年年初新冠疫情肆虐,《民法典》推迟2个月出台,本项目也推进缓慢。尽管疫情阻断正常的交流,2020年项目组还是开展多次线上线下的研讨活动,特别是在2020年12月27日召开的民法典评注工作会议上,台湾大学王泽鉴教授远程发来指导意见,对本项目提出四点要求:(1)评注尽量形成通说,便利法律的适用;(2)将案例进行系统地梳理和构成,评注将来应能引导判例制度的发展;(3)德国、日本等国的民法通说的见解对我国民法可以适用的,可供吸收借鉴;(4)评注应当用简单的案例来阐释复杂的问题。同时,王泽鉴教授表示期待本评注项目能够对我国民法的解释适用作出长远伟大的贡献。此次会议,还邀请了浙江大学张谷教授给予指导,他提出民法典评注是为法官等实务工作者提供最便捷的解决问题的方案、学术研究要服务实际问题的解决、避免评注"论文化"等意见,特别具有警示和指导意义。

2021年后,项目组陆续完成部分卷册的稿件,有些稿件不成熟,又返稿进行修改。2023年后,部分成熟的卷册完成定稿,开始正式进入出版流程。因出版技术、编排体例、新法修订等问题,项目组负责人与出版社多次沟通,延续至2024年正式出版首本评注。

组织和参与民法典评注的编撰工作,远比想象中困难。首先,评注作为一种作品形式,在现有的学术成果评价体系中只是主编或参编的成果,评价的权重较小。而且,评注以解决实践问题为导向,要求认真严谨的研究态度,论题和表达不可纵情恣意,资料和论证不可马虎草率,因而对于处于职称攀升期的中青年学者而言,负责或参与评注编写,是一项成本和收益不成正比的工作。其次,就编写的具体工作而言,评注内容的轻重拿捏、深浅把握,比较法和立法史的介绍,案例的筛选和整理,学说的选择与评价,都对编撰者提出较高的要求。再次,在多人参与的卷册中,由于各位作者的知识背景、写作风格、切入角度不同,可能出现认识上、表达上的分歧,而对于以统一法律适用为目的的评注来说,这是要避免的。因此,主编的统稿难度较高。最后,在编辑出版方面考虑的因素较多,包括体例统一、结构层次、便利查阅以及未来如何修订等。尽管困难重重,所幸项目组在坚持数年后,今日终于得见初步的成果。

就本项目规模的总体规划,项目负责人曾与各卷主编或参编者进行商议,多数意见认为初版的民法典评注宜达到中等以上规模,才能透彻地展开法条内含的解释。因此,每个条文的字数以1万字左右为宜,重点条文可以达到2~3万字,而全套评注的总体字数预计将达到1500万字左右,分15~20卷出版。而且,随着各卷评注的逐步完成,本项目将拓展在线数据库的建设,以便查阅和检索。希望在各卷主编、参编者以及出版社的共同努力下,早日实现上述目标。

五、结语

法律评注作为一种法律文化现象源远流长,当代对于大陆法系产生深远影响的是以服务法律实践为导向的德国式法律评注,其传播至我国的时间也不过十余年。随着《民法典》的颁布和实施,民法典评注的数量和种类日趋丰富,但评注作品的质量仍有待提高。现阶段,有必要借鉴比较法的理论资源,全面研究法律评注的基础原理,为评注的定位及编撰方法确定一些理论支点。为此,本序对中国民法典评注未来的生长,提出若干方向性的理论观点:

首先,法律评注是基于法典的结构和顺序展开逐条评释的作品,以解释说明现行法及其适用为目的;而法学教科书以阐述基本原理为宗旨,且不受法典体例的限制,适合展开学术性讨论;当前官方出版的立法释义书以说明立法目的为主,但缺少对司法裁判规则的整理和归纳。一部理想的法律评注,应当有机地汇集并整合制定法、法学理论和司法裁判,成体系地反映现行法的状况,以便法律适用者和研习者迅速了解与掌握。

其次,法律评注始终贯穿着法教义学,其对象、内容、方法、功能与法教义学基本保持一致,是法教义学的重要载体。但编撰法律评注应避免法教义学过于抽象、缺少经验、排斥外部视角的弊端。法教义学对实证法保持一定的独立性,而法律评注则须围绕和依赖实证法,因而在观点创新、理论突破方面存在局限性,当然,这更多是留给法学理论作品的任务。

最后,当代编撰中国民法典评注的条件已经基本具备,且已付诸实践。编撰中国民法典评注应当融合法教义学与司法实务,完整描绘法秩序的图景,并注重体系思维与论题思维的互补。中国民法典评注的完成,将对我国民法教学事业和民法学术话语体系的建设起到至关重要的作用。可见,编撰法律评注也是一项参与法秩序形成的光荣事业。

在当今信息科技的发展日新月异的时代,作为一种法律信息的筛选、整理、存储、检索机制的法律评注,或许在不久的将来就会被人工智能取代。在这个意义上说,法律评注的编撰似乎是一项带有机器时代全面来临之前的末世情怀的事业。但至少在现阶段,编撰评注的法律专家在专业分析、知识创新、价值判断等方面具有相对的优势,人与机器可以各展所长,共同有效率地提升法律适用的统一性和准确性。

我们期待,在不久的将来,北京大学出版社"中华人民共和国民法典评注系列"通过传统媒介和在线数据库的同步建设,能够成为一套可供理论界和实务界普遍参考的工具书。或许正如温德尔教授所说的那样,"好的评注像树木一样生长,这需要时间"[93]。

---

[93] [德]彼得·A.温德尔:《德国评注文化——是为中国之范例?》,李雨泽译,《苏州大学学报(法学版)》2020年第2期,第26页。

第四编 人格权

第一章 一般规定

导 论

目 录

一、人格权的本质及其保护模式 …………………………………………… 004
  （一）人格与人格权 ……………………………………………………… 004
  （二）人格权的保护模式 ………………………………………………… 007
二、人格权保护的比较法经验及其在我国的继受与发展 …………………… 008
  （一）人格权保护的比较法经验 ………………………………………… 009
    1. 法国 ………………………………………………………………… 009
    2. 德国 ………………………………………………………………… 011
    3. 日本 ………………………………………………………………… 014
    4. 瑞士 ………………………………………………………………… 017
  （二）《民法典》编纂前我国人格权民法保护模式的选择与嬗变 …… 018
    1. 清政府 ……………………………………………………………… 019
    2. 北洋政府 …………………………………………………………… 019
    3. 南京国民政府 ……………………………………………………… 020
    4. 中华人民共和国 …………………………………………………… 021
三、人格权的法典表达技术 …………………………………………………… 036
  （一）人格权是否独立成编 ……………………………………………… 036
  （二）人格权编调整对象应如何表述 …………………………………… 037
    1. 人格权编调整对象的具体表述 …………………………………… 038
    2. 人格权编调整对象之于其他权利的特点 ………………………… 038
  （三）一般人格权条款应否再次被规定在人格权编 …………………… 039
    1. 学理上的主要争议 ………………………………………………… 039
    2.《民法典》的选择 ………………………………………………… 041
  （四）一般人格权的价值基础应如何表述 ……………………………… 043
    1. 学理上的主要争议 ………………………………………………… 044
    2.《民法典》的具体选择 …………………………………………… 046
四、人格权编基础概念的厘定 ………………………………………………… 047

（一）人格尊严的规范内涵 …………………………………… 047
　　　　1. 我国的传统尊严观念 ……………………………………… 050
　　　　2. 人文—启蒙主义思想中的人格尊严 …………………… 051
　　　　3. 康德思想中的人格尊严 ………………………………… 052
　　　　4. 马克思主义思想中的人格尊严 ………………………… 054
　　（二）人身自由的规范内涵 …………………………………… 055
　　　　1. 人身自由内涵的理论分歧及评析 ……………………… 056
　　　　2. 人身自由规范内涵的厘定途径 ………………………… 058
　　（三）人格权的属性及区别处理 ……………………………… 065
　　　　1. 人格权的享有及其支配性 ……………………………… 065
　　　　2. 人格权的确认及其法定性 ……………………………… 069
　　（四）法人及非法人组织的人格权 …………………………… 070
　　　　1. 法人及非法人组织是否享有人格权 …………………… 070
　　　　2. 法人及非法人组织享有的人格权的范围 ……………… 072
参考文献 ……………………………………………………………… 075
案例索引 ……………………………………………………………… 079

一、人格权的本质及其保护模式

1　　　对人本身的关注与保护，虽然在比较古老的法律实践如古罗马法及我国传统法律中就曾经存在过，但直到近代，人类社会才真正将目光聚焦在个人的以人格尊严、人格自由为价值基础的人格权益的保护上来。特别是在经历了两次世界大战的残酷洗礼及其间发生的对人本身的摧残蹂躏的痛苦经历后，各国才更深刻地领悟到对人格权给予充分的承认与保护的重要意义，由此使人格权的法律保护制度在战争的废墟上得以确立、发展和完善。我国《民法典》人格权编所确立的人格权保护规则，亦受此种保护人格尊严的时代思潮及与之相适应的现代法治实践经验的影响。

　　（一）人格与人格权

2　　　人格权的概念在欧洲大陆具有非常古老的渊源。[1] 这种渊源在学

---

[1] 参见[日]五十岚清：《人格权法》，[日]铃木贤、葛敏译，北京大学出版社2009年版，第1页。

说观念史上首先表现为人格(Persönlichkeit)与人格人(Person)、自然人(Mensch)这三项既有区别又有联系的概念。人格人概念来自拉丁语的persona,原指古希腊剧场中表演使用的面具,后来引申为与社会地位、出身等相联系的社会生活中的角色。[1] 自然人并不天然地就是人格人,[2]要成为人格人就必须享有自然权利并承担自然义务,这样人格人就通过权利能力(Rechtsfaehigkeit)与自然人联系上了。亦即,人格人是具备权利能力的法律主体,具有权利能力的自然人才是法律上的人格人。[3] 与此不同,人格是康德(Kant)基于自然人自由且道德地发展的本质而提出的,是对人格人概念进行革新的结果。康德放弃了原来功能化的人格人概念而将人格作为伦理学上的一个重要范畴。在康德看来,人格是指"具备理性能力的人超脱于自然整体的机械作用的自由与独立性,这种伦理属性使人成为一个尊贵的存在"[4]。康德的伦理性人格概念被后来的德国学说汇纂学派所采用,后者的代表人物如普赫塔(Puchta)即认为,人格是自然人成为主体的属性,是一种能力或力量,即权利能力。[5] 于此的人格与权利能力就重合起来,人格亦不再像人格人一样内含身份、地位等信息,而是一个承载着现代民法所内含的一般法律思想的价值符号,亦即任何自然人皆独立、平等与自由。由此,人格、权利主体、权利能力获得了基本相同的内涵。[6] 我国学者坚持的"人格是人格权的承载者,是人格权存在的前提。人格的产生或消灭,必然导致人格权的产生或消灭。在现代民法上,既没有无人格权的人格,也没有无人

---

[1] 参见周枏:《罗马法原论》(上册),商务印书馆1994年版,第106页。

[2] 对于这个问题学理上存在争议,有观点认为,对罗马人而言,任何生物人都是人格人(persona),奴隶也是,尽管后来通常把自由人称为人格人。另外关于人格人的最初含义为面具的看法也是存在争议的。参见[德]马克斯·卡泽尔、[德]罗尔夫·克努特尔:《罗马私法》,田士永译,法律出版社2018年版,第158—159页。

[3] 参见王锴:《论宪法上的一般人格权及其对民法的影响》,《中国法学》2017年第3期,第104页。

[4] Hans Hattenhauer, Grundbegriffe des Bürgerlichen Rechts: Historisch-dogmatische Einführung, 2. Aufl., Verlag C.H. Beck, 2000, S.12.

[5] Vgl. Georg Friedrich Puchta, Vorlesungen über das heutige römische Recht, Bd. I, 4. Aufl., Bernhard Tauchniß, 1854, S. 56.

[6] 参见杨代雄:《主体意义上的人格与客体意义上的人格——人格的双重内涵及我国民法典的保护模式选择》,《环球法律评论》2008年第4期,第56页。

格的人格权"[1],本质上就是坚持这种主体意义上的人格观念。因此,如果坚持在主体意义上理解和使用人格概念,那么就会得出不得将人格权作为权利来对待的消极结论。[2]

但是,如果全面考察欧洲学说观念史即可发现,将人格与客体联系起来进行理解的理论构造亦早已有之。这种客体意义上的人格概念可以追溯至注释学派的多勒鲁斯(Donellus)那里去,其在对私权进行分类时提出把权利分为支配权和债权的观点。其中,支配权的对象又分为人和物,前者即对自己的人身如生命、身体以及自由等的权利,这种权利与物权、债权相并列。[3] 19世纪的德国学者在此基础上进一步对以人格为客体的权利予以了充分论证。例如,施玛尔茨(Schmalz)将私权的客体区分为人身与人身以外的东西,其中,以人身为客体的权利是自然权利,区别于以物为客体的物权和以某人的给付为客体的债权。[4] 普赫塔亦将人身纳入权利客体的范围,认为作为权利客体的人身包括权利主体之外的人身与包含于权利主体之中的人身,其以此为基础首次明确提出了人格权概念。[5] 基尔克(Gierke)则在前人的基础上对主体意义上的人格与客体意义上的人格展开了充分论证。基尔克将人格的各项具体构成部分如生命、身体、健康等视为人格权的客体,使之区别于作为权利主体的抽象人格亦即权利能力。[6] 这样,主体对人格的某一部分进行支配的权利即为人格权,其属于私权体系;而作为权利主体的抽象人格则是一种受法律保护的、要求被视为人格人的一种资格或能力。[7] 因此,如果承

---

[1] 梁慧星:《民法总论》(第六版),法律出版社2021年版,第93—94页。

[2] 参见[日]五十岚清:《人格权法》,[日]铃木贤、葛敏译,北京大学出版社2009年版,第2页。

[3] 参见[日]五十岚清:《人格权法》,[日]铃木贤、葛敏译,北京大学出版社2009年版,第2页。

[4] Vgl. Theodor von Schmalz, Lehrbuch des teutschen Privatrechts; Landrecht und Lehnrecht, Duncker & Humblot, 1818, S. 35.

[5] Vgl. Georg Friedrich Puchta, Vorlesungen über das heutige römische Recht, Bd. I, 4. Aufl., Bernhard Tauchniß, 1854, S. 100-102.

[6] Vgl. Hans Hattenhauer, Grundbegriffe des Bürgerliche Rechts: Historisch-dogmatische Einführung, 2. Aufl., C.H. Beck, 2000, S. 13-14.

[7] 参见杨代雄:《主体意义上的人格与客体意义上的人格:人格的双重内涵及我国民法典的保护模式选择》,《环球法律评论》2008年第4期,第57页。

认人格的客体属性,那么在民法典中规定人格权自无疑问。

(二)人格权的保护模式

囿于学说观念中对人格主、客体属性的不同认识,近代以来各国的民法典在如何对待人格以及人格权的问题上态度大相径庭。

一方面,各国民法典对于主体意义上的人格普遍予以承认,普遍承认自然人在法律上都具有平等的人格或权利能力。[1] 例如,1804年《法国民法典》第8条规定"所有的法国人都享有民事权利";1811年《奥地利普通民法典》比《法国民法典》走得更远,其第16条规定:"每一个自然人生来就因为理性的缘故而享有天赋的权利,并因此而被视为是人格人。"1863年《萨克逊民法典》与《奥地利普通民法典》一脉相承,其在第30条规定:"每一个自然人都具有权利能力。"1885年的《苏黎世私法法典》第8条也规定:"每一个人通常情形下都能够享有所有民事权利,没有人不能享有权利。"1907年的《瑞士民法典》第11条规定:"每一个人皆享有权利能力;在法律规定的范围之内,自然人都平等享有权利能力与义务能力。"我国1986年的《民法通则》(已失效)第10条也作了相同规定,[2] 该规定被《民法典》第14条继承。

另一方面,由于各国立法者对客体意义上的人格存在着不同理解,导致其在对待人格权的问题上采取了不同立场,主要表现为多元主义模式和一元主义模式。采取人格权多元主义保护模式的典型立法例如《法国民法典》《奥地利民法典》等,立法者并未承认一般人格权或人格权保护的一般条款,对于民法上人格权的确认和保护,需要法官通过一般侵权条款而在个案中采取扩展解释或类推适用机制;与此不同,采取人格权一元主义保护模式的典型立法例如《瑞士民法典》《荷兰民法典》等,则将自然人置于统一的保护范围而对人格权实行更明确和综合的保护,该模式最典型的特征就是承认一般人格权而使人格权概念成为向纷繁复杂之社会充分开放的权利群。[3] 从我国《民法典》将人格权独立成编且在该编第

---

[1] 参见徐国栋:《"权利能力平等、不得放弃、不得剥夺"三错论批判——兼论〈民法典〉第14条的司法解释方向》,《财经法学》2020年第4期,第14页。

[2] 《民法通则》第10条规定:公民的民事权利能力一律平等。

[3] 参见石佳友:《人格权立法的历史演进及其趋势》,《中国政法大学学报》2018年第4期,第140页。

990条第1款、第2款分别规定具体人格权和一般人格权所表达出来的基本立场看,其采取的是一元主义保护模式。

二、人格权保护的比较法经验及其在我国的继受与发展

如前所述,尽管人格权概念在欧洲的学说史上具有古老渊源,但在制定法实践中明确对人格权的保护,却出现得比较晚。在罗马法中,人格权的概念并未出现,对名誉的保护也只是在保护人身不受侵害的侵权行为之诉中逐步得到认可的。[1] 罗马《十二铜表法》第8表第2至4条规定了侵害他人人身的事实构成,具体包括三项:第一,若某人毁伤他人肢体,只要他和受害人没有达成和解,那么就应当同态复仇;第二,若某人用手或棍棒造成他人骨折,如果伤的是自由人,应当支付300阿斯罚金,如果伤的是奴隶,则应支付150阿斯罚金;第三,若某人对他人构成"侵辱",应当支付25阿斯罚金。这项规则被后来的裁判官法规则替代,后者废除了第一项的同态复仇效果和由于货币贬值而不再有意义的固定罚金标准。对于"侵辱"导致的25阿斯罚金的废除与卢奇乌斯·韦拉提乌斯(Lucius Veratius)骑士案有关。韦拉提乌斯是古罗马的贵族,行为放肆,以扇迎面所遇之人的耳光取乐,其后面就跟着他的奴隶,随身携带着钱袋,韦拉提乌斯每扇人一耳光,这个奴隶就立刻支付受害人25阿斯罚金,该金额在后来因货币贬值而变得越来越微不足道。因此,在公元前3世纪末和公元前2世纪初之交时裁判官颁布了一项侵辱谕令,在该项谕令中,侵辱(iniuria)除了被理解为对他人身体的伤害,还被理解为人格侵害,即任何蓄意无视他人人格和因此而抬高自身的行为,如背俗辱骂或聚众在房前用脏话、粗话当众谩骂等,对所有这些行为有一项共同诉讼即侵辱之诉(actio iniuriarum),其指向的是支付罚金,具体金额由法官依据个案具体情形考虑其作为罚金和应具有的抚慰功能而估定。[2] 尽管这项谕令突破了之前盖尤斯(Gaius)等法学家所坚持的自由人本身并不能用金钱来衡量、对自由人本身的伤害

---

[1] 参见[日]五十岚清:《人格权法》,[日]铃木贤、葛敏译,北京大学出版社2009年版,第1页。

[2] 参见[德]马克斯·卡泽尔、[德]罗尔夫·克努特尔:《罗马私法》,田士永译,法律出版社2018年版,第548—549页。

当然也不适用金钱赔偿规则的立场,[1]但其保护的人格利益仅是个别性的,不具有普遍意义,且对这些被承认的具体人格利益的保护方式也比较有限,其承认因人身损害所支出的医疗费及误工费等财产损害属于可赔损害范畴而给予了受害人以金钱赔偿,但自始至终否认因人格利益被侵害而遭受的精神损害的可赔性,在罗马法中并不能找到关于精神损害赔偿的具体制度痕迹。[2]

就此而言,对人格权的承认与保护是近现代以来社会发展与法治进步的产物。一方面,近代以来科学技术的进步,如照相机、针孔摄像技术等的出现以及传播手段、大众传媒的飞速发展,使得人格利益被侵害的可能性显著提高,造成的相应损害也急剧扩大,法律需要对侵害人格利益的各种不法行为及时进行调整;另一方面,社会发展使个人从以前各种身份、阶级的束缚中解放出来,个人自我认同和自主决定的意识得到了根本性的增强,同时整个社会亦因人类经历的多次深重灾难而深刻认识到人格尊严和人格自由的重要性。[3] 在此背景下,各国或是通过修改制定法明确承认人格权以增强对其保护的力度,或是通过司法实践的努力提高对人格权的保护程度,保护人格权由此成为一种全球化的趋势。[4]

(一)人格权保护的比较法经验

1. 法国

1804年的《法国民法典》未对人格权作任何规定,其既没有明确规定"人格权"概念,也没有对人格权的一般保护及具体保护作出任何明确规

---

[1] Gaius Dig. 9, 3, 7 und 9, 1, 3.事实上这种观念普遍存在于古罗马法学家的著作当中,如同为罗马五大法学家的保罗(Paulus)也在相同的道德判断基础上,坚持认为自由是无价的,对于自由的侵害并不能用金钱的形式予以赔偿。Paulus Dig. 50, 17, 106 und 50, 17, 176 §1.

[2] Vgl. Nils Jansen, Die Struktur des Haftungsrechts: Geschichte, Theorie und Dogmatik außervertraglicher Ansprüche auf Schadensersatz, Mohr Siebeck 2003, S. 364.

[3] 参见[日]五十岚清:《人格权法》,[日]铃木贤、葛敏译,北京大学出版社2009年版,第1页。

[4] 参见王泽鉴:《人格权法:法释义学、比较法、案例研究》,北京大学出版社2013年版,第4页。

定,这种状况一直持续了近170年。[1] 从1970年开始,法国立法者逐渐放弃了之前完全无视人格权的基本立场而开始在法典中规定人格权,主要包括:[2]

10　　第一,1970年7月17日第70-643号法律在《法国民法典》第9条新增规定:"任何人均享有私生活受到尊重的权利(第1款)。法官得规定采取诸如讼争物寄托、扣押或其他适于阻止或制止侵害私生活隐私的任何措施,且不影响对受到的损害给予赔偿;如情况紧急,这些措施得依紧急审理程序命令之(第2款)。"该条明确了私生活受尊重权。

11　　第二,1994年7月29日第94-653号法律在《法国民法典》第一卷第一编新增第二章"尊重人的身体",并在该章第16条明确规定"法律应当确保自然人的头等地位,并禁止任何侵犯自然人尊严的行为,从而保证每个人从他的生命开始之时起就受到尊重",在16-1条规定"每一个人均享有其身体受到尊重的权利(第1款)。人的身体不得侵犯(第2款)。人体、人体之组成部分及其所生之物,不得作为财产权利之标的(第3款)",在16-1-1条规定"对人体的尊重,不随人死亡而停止(第1款)。死者的遗体,包括遗体火化后的骨灰,应当受到尊敬、尊严与体面的对待"。该条明确了身体受尊重权。

12　　第三,2000年6月15日第2000-516号法律第91号在《法国民法典》第9-1条规定"任何人均享有无罪推定的权利(第1款)",这就明确了无罪推定权。

13　　第四,2002年3月4日第2002-303号法律第4-1条在《法国民法典》第16-13条明确规定"任何人都不因其遗传特征而受到歧视"。该条明确了遗传基因平等对待权。

14　　第五,2019年9月18日第2019—264号法律授权法令规定,对人的身份通过遗传标记进行鉴别,必须满足法定情形的要求,强化了对人的尊严的保护。

15　　第六,2021年8月2日第2021—1017号法律第16-4条明确规定对人种的完整性的保护,调整关于人体试验、器官移植、基因编辑等内容。

16　　但值得注意的是,立法者在《法国民法典》第9条以下新增的私生活

---

[1] 参见张民安:《法国人格权法》(上),清华大学出版社2016年版,第26页。
[2] 参见《法国民法典》,罗结珍译,北京大学出版社2023年版,第16—21页。

应受尊重的权利、身体权、刑法上的无罪推定等皆属于具体人格权,法国法始终未曾发展出一般人格权概念,迄今为止法国法事实上也没有这项权利存在。[1] 对此,学理上认为,立法者既未在民法典中对姓名权、肖像权、名誉权或声音权等重要具体人格权作出任何规定,亦未在民法典中对人格权的保护作出一般性规定,导致民法典在人格权的法律保护方面存在漏洞。[2] 但事实上,由于《法国民法典》第1382条是一项极具弹性的大的一般性侵权条款,司法实践可以通过该条而将现实生活中各种侵害人格利益的行为如公开他人信件、散布他人性爱照片、无权使用他人姓名等行为纳入侵权法的保护范畴,所以法国的司法实践及学说理论也越来越多地将民法典中关于损害的一般规定即第1382条,看作是人身权和人格利益法律保护的重要渊源,一般人格权理论的形成以及在实践领域的普遍适用就是建立在第1382条的基础之上,[3] 该条已经成为人格权进入民事法律体系的一个通道。[4]

2. 德国

《德国民法典》秉承了自启蒙运动以来关于人之尊严的思想,同时它受到康德伦理思想的深刻影响。康德思想斩断了人格要素同自然法以及自然权利的哲学纽带,[5] 他一方面认为以人为目的的法律应该对人之为人的人格要素以法律保障;另一方面他又坚持人在任何情形下都是目的,以这一绝对前提为基点,他坚决反对人在任何情况下支配自己身体的组成部分,[6] 因此他也反对自杀。[7] 继承康德思想而对《德国民法典》

---

[1] 参见王泽鉴:《人格权法:法释义学、比较法、案例研究》,北京大学出版社2013年版,第25页。

[2] 参见张民安:《法国人格权法》(上),清华大学出版社2016年版,第26页。

[3] 参见[日]五十岚清:《人格权法》,[日]铃木贤、葛敏译,北京大学出版社2009年版,第2页。

[4] 参见[法]加兰-卡瓦尔:《法国法律中的非金钱损失》,载[英]W. V. 霍顿·罗杰斯主编:《比较法视野下的非金钱损失赔偿》,许翠霞译,中国法制出版社2012年版,第121页。

[5] Vgl. Franz Wieacker, Privatrechtsgeschichte der Neuzeit: Unter besonderer Berücksichtigung der deutschen Entwicklung, Vandenhoeck & Ruprecht, 1996, § 351.

[6] 参见[德]康德:《法的形而上学原理——权利的科学》,沈叔平译,商务印书馆1991年版,第86页。

[7] 参见郑保华主编:《康德文集》,改革出版社1997年版,第92页。

的制定有直接影响的萨维尼,也担心在制定法中规定个体对其人格要素的一般权利会导致自杀权的产生,因此其对于将人格权作为权利来认可的主张持消极态度,否认自然人就其人格要素享有如所有权一样的权利,他仅支持在制定法中对人格要素通过具体的保护性条款予以保护。[1] 受此影响,1900年的《德国民法典》对人格的保护采取了较为保守的立场,其关于人格的保护主要有三个条款:

18　　第一,《德国民法典》第12条规定:"他人对权利人使用一个姓名的权利有争议的,或者权利人的利益因他人擅自使用同一姓名而受到侵害的,权利人可以请求他人除去妨害。存在继续妨害之虞的,其可以提起不作为之诉。"该条规定的姓名权实际上是一种具体人格权。[2]

19　　第二,《德国民法典》第823条第1款规定:"因故意或过失而不法侵害他人生命、身体、健康、自由、所有权或其他权利的,应对因此所生之损害负赔偿义务。"该条属于德国侵权法中三项小的一般侵权条款中的一款,其将生命、身体、健康和自由等四项人格法益与所有权并列规定下来予以保护,但这四项人格法益并不具有主观权利的性质,只是和所有权一样具有绝对性。[3] 并且该条的其他权利依据立法者的原初预设,仅是相当于所有权的绝对权如无体财产权,并不包括人格权。[4]

20　　第三,《德国民法典》第253条规定:"对于非为财产损害的损害,仅在法律有规定的情形,始可以请求以金钱赔偿。"第847条又规定:"侵害他人身体、健康或剥夺他人人身自由的,被害人对遭受的非财产损害亦可主张合理的赔偿。"这样把人格利益侵害导致的非财产损害赔偿限制在身体、健康、自由等极有限的具体人格法益范围内,[5] 非财产损害原则上

---

[1] Vgl. Savigny, System des heutigen römischen Rechts, Bd. 1, Berlin, 1840, § 53.

[2] 参见杜景林、卢谌:《德国民法典:全条文注释》(上册),中国政法大学出版社2015年版,第12页。

[3] 参见杜景林、卢谌:《德国民法典:全条文注释》(上册),中国政法大学出版社2015年版,第666—669页。

[4] 参见王泽鉴:《人格权法:法释义学、比较法、案例研究》,北京大学出版社2013年版,第20页。

[5] Vgl. Klaus Vieweg, § 847, im: J. von Staudingers Kommentar zum Bürgerlichen Gesetzbuch mit Einführungsgesetz und Nebengesetzen, Buch 2, Recht der Schuldverhältnisse, § § 840-853, Anne Röthel/Klaus Vieweg Bearb., Dr. Arthur L. Sellier & Walter de Gruyter, 2002, S. 320.

不适用金钱赔偿规则救济。[1]

通过这三个条款可以发现,1900年德国立法者在人格权问题上的保守立场主要表现为三个方面:一是不承认生命、身体、健康、自由等人格法益具有权利的本质,仅承认其与所有权一样具有绝对性而应受侵权法保护;二是没有规定对类似于生命等具有绝对权属性的人格法益给予一般性保护规定;三是将非财产损害的金钱赔偿限制在狭小的范围内,使对人格法益侵害的侵权法救济手段极为有限。[2] 这种保守立场导致的《德国民法典》无法对实践中人格权益被侵害的自然人给予充分救济的缺陷在尤特-普吕施案(Jute-Plüsch-Entscheidung)[3]和俾斯麦案(Bismarck-Entscheidung)[4]中已经存在了,但立法者对此的反应却非常缓慢,其在20世纪70年代虽然有制定保护人格的立法草案,但该草案因反对声音过于激烈而没有通过。直到2002年债法现代化时,立法者才将1900年《德国民法典》第847条的相应内容规定到现行《德国民法典》第253条,扩大了非财产损害赔偿的条件与范围。[5]

德国立法者之所以在人格权保护问题上持消极保守立场,一方面是因为其对传统的坚守,另一方面也与联邦最高法院通过法律续造发展出一般人格权条款、从而基本上解决了实践中保护人格权的难题有关。鉴于第二次世界大战期间纳粹严重侵害人格尊严的残虐暴行的惨痛教训,1945年《德国基本法》第1条第1款规定:"人之尊严不可侵犯。"第2条第1款规定:"人人有自由发展其人格之权利。"联邦最高法院在读者来

---

[1] Vgl. Dieter Medicus, § 253, im: J. von Staudingers Kommentar zum Bürgerlichen Gesetzbuch mit Einführungsgesetz und Nebengesetzen, Buch 2, Recht der Schuldverhältnisse, §§ 243-254, Dieter Medicus/Karsten Schmidt Erläut., J. Schweitzer & Walter de Gruyter, 1983, S. 161 ff.

[2] 参见王泽鉴:《人格权法:法释义学、比较法、案例研究》,北京大学出版社2013年版,第20页。

[3] 在尤特普吕施案中,帝国最高法院通过对第823条第1款"其他权利"类型的解释,承认侵害营业权构成对第823条第1款意义上权益的侵害。案情详见 RG 28.12.1899, RGZ 45, 170。

[4] 在俾斯麦案中,帝国最高法院通过对第823条第1款"其他权利"类型的解释,承认了侵害肖像权构成第823条第1款意义上的权益的侵害,受害人有权主张金钱损害赔偿。案情详见 RG 27.02.1904, RGZ 58, 24。

[5] 参见朱晓峰:《侵权可赔损害类型论》,法律出版社2017年版,第368页。

信案(Leserbriefe-Entscheidung)、骑士案(Herrenreiter-Entscheidung)等案件的审理过程中,通过将《德国基本法》第1条第1款的"人的尊严"和第2条第1款的"人格自由发展"与《德国民法典》第823条第1款的"其他权利"创造性地结合起来,从而推导出了一般人格权,并巧妙地将之隐藏在《德国民法典》的一般侵权条款中,通过侵权法的涵摄规则来为一般人格权的保护提供合法性基础。[1] 鉴于德国司法实践在人格权保护规则的法律续造上的显著特点,学理上特别指出:"德国法关于人格权保护的改造全赖法院造法及学说理论,由数以百计的具体案件以接力赛的方式,建构而成,体现法律生命的开展与实践。"[2]这是很准确的。

3. 日本

日本制定法上对于人格权的承认和保护受到了欧洲大陆民法典人格权立法模式的影响。其中,日本旧民法以《法国民法典》为蓝本,其中亦无关于人格权的规定,而现行民法则是仿照《德国民法典》第一草案,在第709条规定"因故意或过失侵害他人权利者,负因此而产生损害的赔偿责任",同时在第710条规定"不论侵害身体、自由、名誉,还是侵害财产,依据前条规定应负赔偿责任的,也应赔偿财产之外的损害"。[3] 因此,与《德国民法典》一样,《日本民法典》也没有承认身体、自由、名誉等人格法益的权利属性,只是将之纳入了应受一般侵权条款涵摄的范畴。[4]但与德国法不同的是,作为《日本民法典》一般侵权条款的第709条更像是《法国民法典》第1382条一样的大的一般侵权条款,而且第710条一体承认了对侵害人格法益和财产权益所致的非财产损害的金钱赔偿,[5]为人格法益的侵权法救济提供了可能的解释空间。

由于《日本民法典》第709条规定可以纳入一般侵权条款涵摄范畴的必须是权利,因此在民法典生效之后的早期适用中,判例与学说通常将

---

[1] Vgl. Helmut Köhler, BGB Allgemeiner Teil, 32. Aufl., C.H. Beck, 2007, S. 256.

[2] 王泽鉴:《人格权法:法释义学、比较法、案例研究》,北京大学出版社2013年版,第22页。

[3] 参见孙鹏:《"生命的价值"——日本死亡损害赔偿的判例与学说》,《甘肃政法学院学报》2005年第4期,第59页。

[4] 参见[日]五十岚清:《人格权法》,铃木贤、葛敏译,北京大学出版社2009年版,第3页。

[5] 参见于敏:《日本侵权行为法》(第三版),法律出版社2015年版,第560页。

权利侵害要件与故意、过失要件置于同样的位置,严格审视被侵害的利益是否符合权利侵害要件。[1] 因此,每次出现新的需要保护的人格利益时,都需要运用信用权、营业权、贞操权等明确的人格权概念来解决问题。[2] 在判例上,这一现象直到 1925 年的大学汤案件才有改观。在该案中,日本大审法院认为,侵权行为"侵害的对象可以是所有权、地上权、债权、无形财产权、名誉权等所谓的一种具体的权利,也可以是与此同一程度的严格意义上尚未视为权利,却是法律上被保护的一种利益"[3],这就为并非典型权利的人格法益之保护提供了更大空间。

在日本学理上,1930 年年末川博提出违法性说,该说的主要观点是:《日本民法典》第 709 条规定的权利侵害并不是侵权行为成立的本质要件,侵权行为成立的本质要件是违法性,而权利侵害仅是违法性的一种表面现象,即使不存在权利侵害,有违法的利益侵害也成立侵权行为,或者说,"民法设立侵权行为制度赋予受害人以损害赔偿请求权,其宗旨就是给予因故意或者过失的违法行为遭受损害的人平等的保护,不能解释为是承认其中能给予保护者和不能给予保护者具有差别的制度"。[4] 对此,虽然日本学理中尚存在着诸多反对观点,如权利扩大说、违法性要件不要说等,[5]但违法性说在日本始终居于通说地位,并且立法者在 2004 年修改《日本民法典》时在第 709 条增加了"法律上保护之利益",从而将该条修改为"因故意或过失侵害他人权利或法律上保护之利益者,负因此所生之损害赔偿责任",更被认为是将违法性说固定下来了。[6]

对于 2004 年《日本民法典》第 709 条规定的权利和法律上保护之利

---

[1] 参见[日]吉村良一:《日本侵权行为法(第 4 版)》,张挺译,中国人民大学出版社 2013 年版,第 21 页。

[2] 参见[日]五十岚清:《人格权法》,铃木贤、葛敏译,北京大学出版社 2009 年版,第 3 页。

[3] [日]圆谷峻:《判例形成的日本新侵权行为法》,赵莉译,法律出版社 2008 年版,第 63 页。

[4] [日]圆谷峻:《判例形成的日本新侵权行为法》,赵莉译,法律出版社 2008 年版,第 65—66 页。

[5] 对此的详细讨论参见于敏:《日本侵权行为法》(第三版),法律出版社 2015 年版,207—211 页。

[6] 参见[日]圆谷峻:《判例形成的日本新侵权行为法》,赵莉译,法律出版社 2008 年版,第 67—68 页。

益的关系,日本学理上认为前者为绝对权,对其的侵犯本身即具有违法性,后者则属于与绝对权属性不同的其他法益,二者属于不同的法益,属于并列关系,后者无法包含前者。在此意义上,就必须解决债权、名誉权及隐私权等人格权或自己决定权属于前者还是后者的问题。对此,日本学理上提出将《日本民法典》第709条被保护的权利和利益区分为绝对人格权、绝对权与绝对利益,相对人格权、相对权与相对利益的二分说,从而达到对前两者和后两者分开进行评价的目的。[1] 以此为基础,生命、身体、健康是受到最强有力保护的人格利益,对这些人格利益的侵害可以直接判定违法性,阻却违法性的只有违法性阻却事由;对生活上的安宁利益以及自由的侵害原则上应认定为违法,但有可能存在考虑侵害行为的样态而否定其违法性的情形;身份上的利益以及名誉、隐私、姓名、肖像受到侵害的场合,就可能存在因考虑包含侵权行为的样态在内的各种因素而否定违法性的场合;最后是各种新型人格利益,不仅要综合考虑包含侵害行为的样态在内的各种因素,而且关于这些利益是否说得上被侵害,不少场合下还得考虑行为的目的、方法的恰当性等问题。[2]

虽然日本学理上有在《日本民法典》中增加一项以保护人格权为宗旨的一般性规定的呼声,但其始终没有变为实际的立法行动,直到第二次世界大战日本投降之后受到外在政治上的巨大压力,立法者才在《日本民法典》增加第1条之一,从而明确规定:"对于本法,应以个人尊严及两性实质的平等为主旨解释之。"该条遂成为司法实践中法院为随着社会发展而出现的新型人格利益提供保护的正当性论证基础。[3] 例如,法院在判决中运用个人尊严作为判决结果正当性的说明,在"《逆转》案"中有非常充分的体现。在该案中,对于被告在自己的出版物《逆转》中使用原告曾作为某刑事案件被告人被判有罪并服刑的前科事实以及其真实姓名的行为,法院认为:"对于前科这样的事实,有值得法律保护不被公开的利益的场合,同时也有可以允许公开的场合。将与某

---

[1] 参见[日]圆谷峻:《判例形成的日本新侵权行为法》,赵莉译,法律出版社2008年版,第68页。
[2] 参见[日]吉村良一:《日本侵权行为法(第4版)》,张挺译,中国人民大学出版社2013年版,第36页。
[3] 参见[日]五十岚清:《人格权法》,铃木贤、葛敏译,北京大学出版社2009年版,第12页。

人前科有关的事实使用实名在著作物上公开发表,是否构成侵权,不仅要看该人以后的生活状况、案件自身历史及社会的意义,还应对照该著作物的目的、性质等使用实名的意义及必要性来综合判断,其结果,判断不公开与前科相关的事实的法利益处于优先时,应该说有权请求赔偿因公开而遭受的精神痛苦。那么这样的解释,不能认为是对著作权的表述自由的不正当限制。盖表述的自由虽然必须受到尊重,但不是永远优越于其他基本人权的,公布与前科相关的事实即使属于宪法保障的表述的自由的范围,但并非无追究侵权行为责任的余地。"[1]另外,在"耶和华见证人"信徒拒绝输血案中,法院在论证自我决定权时即指出,如果患者认为自己的宗教信仰与其接受输血的行为相悖,并且因此而明确拒绝与信仰相冲突的输血行为,那么这种意思表示属于其人格权的构成部分,法律应予尊重。[2]此处法院对患者自主决定权的解释论证显然体现了《日本民法典》第1条之一要求的对于个人尊严的尊重。

4. 瑞士

对于人格权立法具有划时代作用的是《瑞士民法典》。这部于1907年通过并于1912年起正式施行的民法典,在第28条第1款明确规定:"人格关系受不法侵害者,得请求除去侵害。请求损害赔偿或者精神抚慰金的,仅在法律有特别规定时,才可以提起诉讼。"1982年《瑞士民法典》修正时又将该款的表述修改为"人格受不法侵害者,有权向法院提起诉讼"。可以发现,修改后的第28条第1款以"人格"概念取代了"人格关系"概念,在表述上更为严谨。对于第28条的人格/人格关系与人格权的关系,瑞士学理上的观点认为:前者是指某人仅基于其作为人的存在而享有的利益价值的总和,包括身体完整性、心理完整性、名誉、姓名、隐私领域等,后者是指与相关人格利益相对应并保护此人格利益的那些权利,具体包括身体和心理完整权、名誉权、姓名权等,所有自然人都享有人格权。[3]

由于《瑞士民法典》第28条第1款并没有对受法律保护的人格利益

---

〔1〕 [日]圆谷峻:《判例形成的日本新侵权行为法》,赵莉译,法律出版社2008年版,第97—98页。

〔2〕 参见[日]五十岚清:《人格权法》,铃木贤、葛敏译,北京大学出版社2009年版,第188页。

〔3〕 参见[瑞]贝蒂娜·许莉蔓-高朴、[瑞]耶尔格·施密特:《瑞士民法:基本原则与人法(第二版)》,纪海龙译,中国政法大学出版社2015年版,第292页。

作出明确的界定,这实质上是将该条保护的人格利益范围的确定交予了司法实践和学说理论。对此,鉴于瑞士联邦法院将第28条所涵盖的对象理解为是"任何鉴于个人间关系依照道德将某个人个体化的、值得保护的东西",因此,瑞士学理上一方面认为对于该条保护的内容的列举从来都不可能是完整的,一方面又努力将该条包括的内容予以类型化,主要包括物质性人格权、情感/情绪性人格权及社会性人格权。其中,物质性人格权包括生命权、身体(物理或心理)完整性的权利、行动自由权、性自由权、关于自己尸体的决定权;情感/情绪性人格权包括与近亲属关系相关的人格权、对亲属的追思权、尊重情感生活的权利;社会性人格权包括姓名权、肖像权和声音权、名誉权、私生活受尊重权、在经济上行动与发展的自由权等。[1]

30 在学理上看来,《瑞士民法典》的最大贡献在于为人格权的保护提供了一般规定,[2]具有广阔的涵摄能力而向纷繁复杂的现实生活开放,为现实生活中的具体人提供了更充分的保护。这也意味着,当对人格权的保护存在构成要件与法律后果上的特别规定时,如《瑞士民法典》第28g条规定的反对陈述、第29条和第30条第3款规定的姓名保护、《瑞士债务法》第328条及以下规定的针对劳动者的人格保护、《数据保护法》规定的数据保护、《联邦宪法》《男女平等法》针对性别歧视的保护等,[3]那么自然应当依据特别规定判断人格权侵害责任。

(二)《民法典》编纂前我国人格权民法保护模式的选择与嬗变

31 与比较法上人格权民法保护的实践经验相比,虽然我国法制现代化以来的民法典编纂起步较晚,但对人格及人格权益的关注与保护,却起自法律现代化的起步阶段,并最终形成了自己独有的特色。这一方面固然是受到了比较法上先进立法体例的影响,但最重要的还是立法者基于我国社会发展的现实需求而对于既有实践经验的总结。

---

[1] 参见[瑞]贝蒂娜·许莉蔓-高朴、[瑞]耶尔格·施密特:《瑞士民法:基本原则与人法(第二版)》,纪海龙译,中国政法大学出版社2015年版,第295—300页。

[2] 参见王泽鉴:《人格权法:法释义学、比较法、案例研究》,北京大学出版社2013年版,第22页。

[3] 参见[瑞]贝蒂娜·许莉蔓-高朴、[瑞]耶尔格·施密特:《瑞士民法:基本原则与人法(第二版)》,纪海龙译,中国政法大学出版社2015年版,第295页。

1. 清政府

我国旧有的法制传统重刑轻民,历代以来的重要法典并没有关于人格权民法保护的一般规定。19世纪末,在西方列强坚船利炮的威胁下,清政府开始变法图强。[1] 关于人格权的民法保护,在此背景下进入了立法者的视野中。于1911年完成的《大清民律草案》,虽然立法体例及总则、债编的主要内容基本上是采撷德、日民法典的规定,[2] 但其关于人格权的一般性规定显然仿自《瑞士民法典》第28条第1款。依据《大清民律草案》第51条规定:"人格关系受侵害者,得请求摈除其侵害(第1款)。前项情形以法律特别规定者为限,请求损害赔偿或慰抚金(第2款)。"该条基本上是对《瑞士民法典》第28条第1款的原文照搬。除该一般规定外,《大清民律草案》第52条以下至第55条还对姓名权的享有与保护作了详细规定。第51条结合第52条等采用了一般规定+具体列举保护的立法技术,与当时法典编纂者追求的法典编纂目标即"注重世界最普通之法则,原本后出最精确之法理,求最适于中国民情之法则,期于改进上最有利益之法则"[3]一致,符合新时代对人格权给予充分民法保护的基本理念。但在《大清民律草案》完成后仅两个月就爆发了辛亥革命,清政府随即崩溃,导致这部在当时具有先进性的草案并未被正式颁布施行。

2. 北洋政府

中华民国建立后,历届政府都比较重视法制现代化的工作,如北洋政府即在《大清民律草案》的基础上继续进行清政府未及完成的法典编纂工作,并于1915年和1926年分别完成了《中华民国民律亲属法草案》《中华民国民律草案》的起草。这两部草案的起草者认为,《大清民律草案》"仿于德日,偏重个人利益,未以社会为本位,不足以应时势之要求;多继受外国法,于本国固有法源,未甚措意"[4]等,因此应以该草案为基础,从形式和内容上完善。其中关于人格权民法保护的一般规定,主要见

---

[1] 参见杨鸿烈:《中国法律发达史》,中国政法大学出版社2009年版,第492页。
[2] 参见谢振民编著:《中华民国立法史》(下册),中国政法大学出版社2000年版,第748页。
[3] 杨鸿烈:《中国法律发达史》,中国政法大学出版社2009年版,第506页。
[4] 谢振民编著:《中华民国立法史》(下册),中国政法大学出版社2000年版,第748页。

于《中华民国民律草案》第18条及第262条。第18条规定:"人格权受伤害者,得请求摒除其伤害;前项情形,以法律有特别规定者为限,得请求损害赔偿或慰抚金。"相较于《大清民律草案》第51条第1款,该条最大的修改是将原来的"人格关系"概念修改为"人格权"概念,表达更为准确,其余措辞则未进行根本修改。《中华民国民律草案》第262条规定:"不法侵害他人生命、身体或自由者,若被害人依法令之规定,对于第三人应给付家事上或职业上之劳务者,应向第三人赔偿其相当之金额。"这实质上承认了生命、身体和自由三项人格权被侵害场合的纯粹经济损失的可救济性,尽管相应的赔偿附有相当严格的限制条件。虽然《中华民国民律亲属法草案》和《中华民国民律草案》最终都未正式颁布施行。但在当时的司法实践中,最高审判机关大理院在解释"现行律民事有效部分"、确认民事习惯、引用条理的过程中,经常将这些草案中的有益规则通过其发布的两千余则民事判例、解释例阐释出来,对当时的社会生活产生了实质的影响。而该院于此做出的努力,对后来的《中华民国民法》具有重要的意义。[1]

3. 南京国民政府

北洋政府结束后的南京国民政府依然没有放弃法典化的努力。这种努力的最终成果就是于1929年颁行的《中华民国民法》。该法对于人格权的保护问题采取了综合继受的立场,主要表现为:一方面,该法继续坚持自《大清民律草案》以来并经《中华民国民律草案》进一步确认完善的仿效瑞士人格权保护的基本模式,自始即规定有一个一般性的人格权条款即第18条第1款,该款明确规定"人格权在遭受侵害时,可以向法院提出请求停止侵害",这就为人格权的充分保护提供了一个具有极强涵摄能力的概括性请求权基础;另一方面,该法也和《德国民法典》第823条第1款一样,通过在第192条至195条明确列举受侵权法保护的具体人格法益即生命、身体、健康、自由,为相应的具体人格法益提供侵权法上的保护基础。1999年沿用该法的我国台湾地区"民法"在第195条第1款的基础上增加了名誉、隐私、信用、贞操以及其他人格法益。这就将作为典型权利的各种具体人格权以及因内涵外延并不清晰确定的非典型权利

---

〔1〕 参见张生:《中国近代民法法典化研究:一九○一至一九四九》,中国政法大学出版社2004年版,第114—115页。

(如其他人格利益)都纳入到民法的涵摄范围中。[1]

4. 中华人民共和国

(1)改革开放以前

在我国,自1949年全面废止"六法全书"以后,在相当长的一段历史时期内,关于人格权民法保护的明确规定在制定法上基本付诸阙如。虽然立法者在1954年以后到1964年之间先后开展了两次民法典起草工作,并完成了两部民法典草案的起草,[2]但受制于当时主流社会观念对于人格权民法保护尤其是通过损害赔偿的方式予以保护的方法所持的保守立场,两部草案自始至终都没有出现关于人格权保护的一般规定。[3]

从两部草案的起草背景来看,第一部草案主要受1922年《苏俄民法典》影响,而1922年《苏俄民法典》又受到1900年《德国民法典》的影响,因此第一部草案所使用的概念和体系,基本与《德国民法典》一致。在《德国民法典》的起草过程中,由于法典之父们受康德哲学和萨维尼学说的影响,原则上否认自然人可以就其人格要素享有如所有权一样的权利,这种保守立场最终导致《德国民法典》仅对个别典型人格法益做了列举规定并将之置于一般侵权条款的涵摄范畴,受害人原则上仅得在这些人格法益被侵害而遭受财产损害时主张侵权法上的损害赔偿请求权。[4]对侵害人格法益导致的非财产损害是否可以通过赔偿的方式予以救济,《德国民法典》的起草者们持比较严格保守的立场。其中,第一草案的起草者们认为,损害赔偿法应坚持损害的可计算性以限制法官的自由裁量权,而对非财产损害的赔偿与这种立场相悖,因此不应在民法典中规定。[5]第二草案的起草者在第一草案的基础上还认为,将对非

---

〔1〕 参见王泽鉴:《人格权法:法释义学、比较法、案例研究》,北京大学出版社2013年版,第37页。

〔2〕 参见魏振瀛主编:《民法》(第八版),北京大学出版社、高等教育出版社2021年版,第8页。

〔3〕 参见朱晓峰:《侵权可赔损害类型论》,法律出版社2017年版,第177页。

〔4〕 Vgl. Horst Ehmann, Das Allgemeine Persönlichkeitsrecht: Zur Transformation unmoralischer in unerlaubte Handlungen, Im: 50 Jahre Bundesgerichtshof: Festgabe aus der Wissenschaft, C.H. Beck, 2000, S. 3.

〔5〕 Vgl. Motive zum Entwurfe eines Bürgerlichen Gesetzbuch für das Deutsche Reich: Recht der Schuldverhältnisse, Band 2, Verlag von J. Guttentag, 1888, S. 22 f.

财产损害纳入可赔范围与现代德意志法律和道德上的民族意识相悖,承认非财产损害的可赔性可能导致为获得金钱赔偿而生的各种不道德现象及因不正当的动机而引发的恶意诉讼的爆炸性增长。[1] 因此,《德国民法典》最后对非财产损害的赔偿问题予以了严格限制。

1922年《苏俄民法典》制定时苏联民法理论将《德国民法典》起草者的担忧予以全盘接受,依据当时苏联民法理论对人格权民法保护的主流观点,给予人格以金钱赔偿,等于将人格商品化,这与社会主义的价值观相违背。因为依据社会主义理论中人的基本伦理价值观标准,人的尊严以及人本身被赋予了更深层次的含义。而以往资本主义的价值观则以货币作为通约一切的媒介并反映在法律制度规范当中,就是人的生命以及内在于人的诸人格性要素,蜕变成了可以用交换价值衡量的、类似于商品的存在,这与社会主义价值理念是不相容的。[2]

我国当时的法律实践与理论基本全盘接纳了苏俄民法的这种观点。因此无论法学理论还是司法实践都以反对资本主义价值观为由,拒绝给予受害人因侵害行为所致的肉体或精神痛苦以侵权法上的金钱赔偿。[3] 依据我国当时流行的学术观点,将精神损害纳入侵权可赔损害范畴,与社会主义性质相违背,也不符合社会主义的基本原则,只有否定给予精神损害特别是人格损害以财产赔偿的做法,才能避免马克思早在《资本论》中就反复论证和批判过的资本主义制度下人格、良心、荣誉等都商品化的倾向。[4] 因此1956年完成的第一部民法典草案,即拒绝了将人格损害以及其他的非财产损害纳入侵权可赔损害的范畴,其仅规定了对于财产的损害赔偿责任。而1964年完成的第二部草案因起草时间在中苏关系破裂之后,所以这一部草案既试图摆脱苏联民法的影

---

[1] Vgl. Albrecht Achilles et al., Protokolle der Kommission für die Zweite Lesung des Entwurf des Bürgerlichen Gesetzbuch: Allgemeiner Teil und Recht der Schuldverhältnisse Abschn. 1, Abschn. 2 lit. 1, Band 1, J. Guttentag Verlagsbuchhandlung, 1897, S. 622-623.

[2] See H. Stoll, Consequence of Liability: Remedies, in: International Encyclopedia of Comparative Law: Torts, XI, André Tunc ed., J.C.B. Mohr and Martinus Nijho, 1983, p. 36.

[3] 参见[苏]O. C. 约菲:《损害赔偿的债》,法律出版社1956年版,第85页。

[4] 参见佟柔、赵中孚、郑立主编:《民法概论》,中国人民大学出版社1982年版,第307页。

响,又想与资产阶级民法划清界限,导致其适用的基本概念与主要体系整体性地异于之前其他类型的民法典。[1] 受此影响,这一部草案中完全失去了人格权保护的踪影。

(2)改革开放以后至《民法通则》颁布

20世纪70年代末以后,各项立法工作开始逐步恢复并很快取得了阶段性的成果,最为引人注目的是1982年《宪法》以及1986年《民法通则》(已失效)的颁布。其中,《宪法》第37条明确规定公民人身自由受法律保护,第38条规定公民人格尊严不受侵犯。这两条尤其是第38条因为明确规定了人格尊严,所以被认为是我国宪法上的一般人格权条款。[2] 但对于这一条款与民法一般人格权条款之间的规范关系,学理上存在不同理解。

双重属性说认为,人格权具有双重属性,既是民事权利又是宪法权利。民法上的人格权借助宪法上的基本权利概括条款升华为基本权利,从而具备对抗公权力的防御功能。宪法重申民事权利旨在宣告此种权利的神圣性,若要对之以限制,则必须遵循法律保留原则与比例原则。[3] 而宪法人格权条款与民法人格权条款的这种互动关系,将实质性地促进人格权内容的丰富和发展。[4]

价值基础说认为,宪法上的人格尊严条款既不是一般人格权,亦不是基本权利,而是所有权利的价值基础。[5] 该价值为基本权利和民事权利所共有,其中前者针对国家,后者针对民事主体,两种权利平行共存,基本权利不对民事主体产生规范效力。基于此,一般人格权条款纯属私法范畴,相应的民法典表达应立足于民法本身进行构建而不必受限于宪法

---

[1] 参见梁慧星:《民法总论》(第六版),法律出版社2021年版,第19—20页。
[2] 参见王锴:《论宪法上的一般人格权及其对民法的影响》,《中国法学》2017年第3期,第108—109页;林来梵:《人的尊严与人格尊严——兼论中国宪法第38条的解释方案》,《浙江社会科学》2008年第3期,第47页。
[3] 参见黄忠:《人格权法独立成编的体系效应之辨识》,《现代法学》2013年第1期,第49页。
[4] 参见张红:《〈民法典各分编(草案)〉人格权编评析》,《法学评论》2019年第1期,第107页。
[5] 参见房绍坤、曹相见:《论人格权一般条款的立法表达》,《江汉论坛》2018年第1期,第117页。

规定。[1]

42　　事实上，无论是宪法一般人格权条款，还是民法一般人格权条款，在统一的法秩序或法律体系中，都应遵循法秩序内部体系和外部体系之间的规范关系。构成法秩序外部体系的诸项概念、规则、原则应当以内部体系内涵的一般法律思想或价值基础为指引，前者通过具体法律条款的构造彰显并践行后者内涵的价值基础，由此确保作为外在体系构成部分的抽象概念构筑起来的法律规则，彼此之间契合形式逻辑的要求且能经受得住价值评判而彼此无矛盾之虞，并使法秩序形神合一、内外一致。在此意义上，宪法与民法上的一般人格权条款彼此之间的关系应当从作为二者之共同价值基础的人格尊严处着手进行理解。

43　　另外，从法律适用的角度来看，尽管我国宪法上所承认的基本权利规则并没有直接的第三人效力，但该法明确规定人身自由、人格尊严受法律保护的实践价值依然不可低估：一方面，宪法明确规定人身自由、人格尊严本身就具有权利宣示的作用，它既表明国家对个人权利所持的肯定态度，也为这种权利通过具体制度得到保护提供正当说明；另一方面，宪法具有母法地位，其他法律制度只能对该法所确立的原则予以具体阐述，其不能违背该法的规定与立法意旨。[2] 事实上，正是宪法所确立的对于私权的基本态度，决定了新中国成立后第四部民法草案关于民法人格权的一般保护条款的基本构造和主要内容。尽管该草案最后因立法时机不成熟而被搁置，但以草案总则编为基础的《民法通则》（已失效）却在1986年顺利通过。[3]

44　　和《德国民法典》《法国民法典》一样，《民法通则》（已失效）并没有规定独立的人格权保护一般性条款，而是将人格权纳入一般侵权条款即《民法通则》（已失效）第106条第2款的涵摄范畴。存在不同的是，《民法通则》（已失效）还以专节具体列举了应受民法保护的具体人格权类型。该法第五章"民事权利"第四节"人身权"部分明确列举了生命权、健康权、姓名权、名称权、肖像权、名誉权、荣誉权、婚姻自主权等具体人格权类型。对于作为一般侵权条款的《民法通则》（已失效）第106条第2款

---

[1] 参见张平华、曹相见：《人格权的"上天"与"下凡"——兼论宪法权利与民事权利的关系》，《江淮论坛》2013年第2期，第95页。

[2] 参见程啸：《人格权研究》，中国人民大学出版社2022年版，第143—144页。

[3] 参见梁慧星：《民法总论》（第六版），法律出版社2021年版，第21—22页。

所采的立法体例系属何种,我国学理上存在着较大的分歧。

小的一般侵权条款说认为,尽管《民法通则》(已失效)第106条第2款并未言明应受侵权法保护的利益类型,但从体系解释的角度出发,依据《民法通则》(已失效)第118-120条所保护的权益性质,也可以将第106条第2款保护的权益性质限定在绝对权的范畴之内。[1] 这种解释实质是将该款与《德国民法典》第823条第1款这种小的一般侵权条款等同对待。

大的一般侵权条款说认为,从历史解释的角度出发,立法者立法时并未有意识地区分事实损害和规范损害,因此在这种情形下自然就不存在将该款适用范围仅限制在绝对权性质之权益侵害的领域。对于相对权或其他领域的权益的侵害,典型的如对债权的侵害,当然也可以通过该条被纳入进来。这种解释实质上是将该款的适用范围与《法国民法典》第1382条等所确立的大的一般性条款的适用范围等同起来。[2]

折中说认为,原则上,《民法通则》(已失效)第106条第2款的适用范围仅包括绝对权性质的权益,仅在例外的情形下,才可以将相对权性质的权益类型纳入进来。因此,与第二种观点不同的是,该观点并不承认该款具有一般性地调整绝对权性质之外的其他权益的功能。[3]

当然,由于人格权具有绝对权属性,[4]因此无论其是作为典型权利类型而被明确规定在制定法中,还是因内涵外延并不清晰而未被制定法明确规定,无论是将第106条第2款解释为小的一般侵权条款,还是将之解释为大的一般侵权条款,人格权事实上都可以被纳入到第106条第2款的涵摄范畴。

---

[1] 参见张谷:《作为救济法的侵权法,也是自由保障法——对〈中华人民共和国侵权责任法(草案)〉的几点意见》,《暨南学报(哲学社会科学版)》2009年第2期,第12页。

[2] 参见张新宝、李倩:《纯粹经济损失赔偿规则:理论、实践及立法选择》,《法学论坛》2009年第1期,第5页。

[3] 参见葛云松:《纯粹经济损失的赔偿与一般侵权行为条款》,《中外法学》2009年第5期,第689页。

[4] 参见韩强:《人格权确认与构造的法律依据》,《中国法学》2015年第3期,第138页。

(3)《民法通则》至《侵权责任法》颁布

虽然《民法通则》(已失效)采取列举人格权的具体类型+一般侵权条款的模式对人格权提供一般性的保护,能在确保人格权保护规则的相对确定性的同时又使其向社会现实生活开放,满足对因实践发展而不断显现出来的新型人格权益的保护需求,但这种保护模式也存在显而易见的问题。

第一,在保护范围上,明确列举应受民法保护的人格权的类型,固然可以提高人格权保护规则的确定性和可预见性,但采取决疑式的列举提高了法院因应社会实践之发展而承认或创设新型人格权益的难度,难以迅捷及时地回应现实生活对于制定法提出的需求。例如,在隐私权被承认为典型权利之前,对隐私的民法保护主要是通过名誉权保护规则来完成,由于隐私权与名誉权二者之间的本质区别,隐私被侵害的受害人的诉求很难获得法律上的支持。[1] 最高人民法院在 1988 年《民通意见》(已失效)第 140 条中对于隐私的保护表达了这样的观点,即将宣扬他人隐私并导致不良影响的行为认定为对他人名誉权构成侵害的行为。最高人民法院在《名誉权解释》(法释〔1998〕26 号,已失效)第 8 条亦持同一立场,即侵害隐私,只有在名誉受损的情形下,才能纳入民事法律救济的范畴。但从侵害名誉权的民事责任成立的构成要件看,将对隐私的民法保护纳入到名誉权体系内并不合理。因为名誉权侵害主要涉及以虚假事实或讥诮性批评使受害人社会评价度降低的问题,而侵害隐私则未必涉及受害人社会评价度降低的问题,如在有些情况下隐私被侵害可能仅涉及"受害人心灵的宁静",[2] 甚至在有些情况下隐私被侵害还可能提升受害人的社会知名度,且被侵犯的隐私信息与虚假事实或讥诮性批评相比,本身并非虚假或错误,而是客观存在的。[3] 例如,在肖镇诉陕西《收藏》杂志社侵害隐私权案中,被告未经原告同意而将其住址及邮政编码等私人信息在被告公开发行的杂志上公布,慕名而来者络绎不绝,致使原

---

〔1〕 参见朱晓峰:《比较法视野下隐私保护机制的分歧与效果:以中德比较为例》,《兰州学刊》2016 年第 10 期,第 140 页。

〔2〕 See Thermo v. New England Newspaper Publishing Co., 306 Mass. 54, 57, 27 N. E.2d 753, 755 (1940).

〔3〕 See Time, Inc., a New York Corporation, Appellant-Cross-Appellee, v. Neil Johnston, Appellee-Cross-Appellant., 448 F.2d 378 (4th Cir. 1971).

告宁静之私人生活遭到破坏。[1] 在该案中,原告隐私遭受侵害的事实显然并未导致受害人遭受负面社会评价,如果依据《民通意见》保护隐私的规则处理,则原告被侵害之隐私就无法纳入名誉权的保护范畴,这对原告的法律保护显然是不利的。

第二,在责任成立上,由于《民法通则》(已失效)并未区分人格权益和财产权益的内在差异而径直以一般侵权条款无差别地涵摄包括人身权益和财产权益在内的所有民事权益,只有当这些民事权益被侵犯了且满足了相应的侵权责任成立要件时才能获得法律保护,对于具有绝对权属性的人格利益在法律上的充分实现而言,这可能并不充分。尤其是在这些人格利益有被侵害之虞或不完全符合侵权责任成立要件而有必要通过利益权衡规则决定是否予以保护的情形下,这种不足更为明显。[2]

第三,在责任承担上,对于人格权益遭受侵害的受害人可以主张的损害赔偿类型,《民法通则》(已失效)制定前后学界都存在激烈的争议。其中,对于侵害人格权益导致的财产损失,受害人有权主张通过金钱赔偿的方式获得救济,在理论和实践上并无太大争议。争议的焦点集中在,将非物质性损害,特别是将那些对反映人之为人的基本构成性要素的侵害所产生的精神损害的救济,与金钱赔偿的责任承担方式联系起来,是否会导致人格利益的商业化,并降低人作为法律所欲实现之目的本身的伦理性价值?反对将该等损害与赔偿责任方式联系起来的理论主张,与源自《德国民法典》编纂时反对普遍承认精神损害可予赔偿并经苏联民法继承和绝对化的立场一脉相承。他们将承认受害人被非法侵害时所遭受的肉体与精神上的痛苦可以通过金钱赔偿的方式予以救济的立场视为是资产阶级性质的,并强烈地加以反对。[3] 他们认为:"把人格商品化是与社会主义的崇高思想大相径庭的,资产阶级把人的尊严变成了交换价

---

[1] 参见祝铭山主编:《精神损害赔偿纠纷:典型案例与法律适用》,中国法制出版社2004年版,第267—271页。

[2] 参见王利明:《民法典人格权编草案的亮点及完善》,《中国法律评论》2019年第1期,第96页;王利明:《论人格权请求权与侵权损害赔偿请求权的分离》,《中国法学》2019年第1期,第225页;崔建远:《绝对权请求权抑或侵权责任方式》,《法学》2002年第11期,第40页。

[3] 参见佟柔、赵中孚、郑立主编:《民法概论》,中国人民大学出版社1982年版,第307页。

值,是资本主义腐朽思想的表现。精神损害的金钱赔偿被认为是一切具有价值的资产阶级哲学概念。社会主义体制下人的尊严的更深层次的含义被认为是禁止这种形式的损害赔偿。"[1]对他们来讲,"在社会主义国家里,人是社会上最宝贵的财富,人的生命健康不能用金钱来估价,所以对于人身的损害,只有引起财产上的损失时,行为人才负赔偿责任。如果对人身的侵害没有引起财产上的损失,只能以其他法律责任加以制裁,不负民事责任"。[2] 给予包括侵害物质性人格要素在内的其他非物质性损害以金钱赔偿,都是违背社会主义性质和基本原则的。[3] "只有坚持不用给付财产的手段对人格损害予以补偿,才能避免马克思早在《资本论》中就反复论证和批判过的资本主义制度下人格、良心、荣誉等都商品化了的倾向。"[4]这种普遍反对将非物质性损害纳入侵权可赔损害范畴的理论,实质性地影响了我国《民法通则》(已失效)制定者对于侵害物质性人格要素所导致的精神损害是否属于可赔损害的基本判断。对此在立法上的主要表现包括:一方面,该法并未将侵害诸如生命、身体、健康等在内的物质性人格要素所造成的精神损害纳入侵权可赔损害的范畴;[5]另一方面,对于该法第 120 条规定的赔偿规则是否也适用于精神损害的救济,在理论上存在着较大的争议。[6] 这种限制甚至拒绝给予因人格权益被侵害而遭受精神损害的人以金钱赔偿的立场,与现实生活中具体

---

〔1〕 H. Stoll, Consequence of Liability: Remedies, in: International Encyclopedia of Comparative Law: Torts, Ⅺ, André Tunc ed., J.C.B. Mohr and Martinus Nijho, 1983, p. 36.

〔2〕 于敏:《我国现行法律规定与精神损害赔偿》,载梁慧星主编:《民商法论丛》(第9卷),法律出版社 1998 年版,第 232 页。

〔3〕 参见王利明主编:《民法·侵权行为法》,中国人民大学出版社 1993 年版,第 738 页。

〔4〕 申政武:《论人格权及人格损害的赔偿》,《中国社会科学》1990 年第 2 期,第 51 页。

〔5〕 参见王利明:《人格权法研究》,中国人民大学出版社 2005 年版,第 712—713 页。

〔6〕 对于《民法通则》(已失效)第 120 条"公民的姓名权、肖像权、名誉权、荣誉权受到侵害的,有权要求停止侵害、恢复名誉、消除影响、赔礼道歉,并可以要求赔偿损失。法人的名称权、名誉权、荣誉权受到侵害的,适用前款规定",是否包括了精神损害赔偿,学理上的讨论参见余延满:《我国〈民法通则〉并未规定精神损害赔偿制度——〈民法通则〉第 120 条新解》,《法学评论》1992 年第 3 期,第 25 页。

人的真实需求并不一致。

观察我国司法实务上长期以来的经验,鉴于《民法通则》(已失效)在人格权益保护方面存在的上述问题,为了满足现实生活的需求,对那些不被制定法明确承认的人格权益,主要是由法官在具体案件的审理中,在适用《民法通则》(已失效)规定的一般侵权条款即第106条第2款时,通过运用法律解释方法引入宪法上的基本权利所包含的一般法律思想或价值基础来进行涵摄。[1] 经由裁判者以法律解释或续造的方式来实现制定法漏洞的填补和对具体人格利益的保护,在比较法经验上亦不鲜见。[2] 问题是,此种通过法官自由裁量权的运用来确定个案中的人格权益是否受法律保护以及如何保护的模式,可能存在自由裁量权滥用并威胁法的安定性的风险。[3]

对此,最高人民法院通常以司法解释的方式将实践中发现的内涵外延已经较为清晰的人格利益类型典型权利化并固定下来,希冀在法的安定性与人格利益充分保护的现实需求之间寻得妥适的平衡。其中,该院于2001年发布的《精神损害赔偿解释》(法释〔2001〕7号)的意义尤其重大。该解释第1条通过具体列举+一般规定的方式规定了人格权保护的一般性条款,扩展了人格权益的保护范围。[4] 然而问题是,该解释不恰当地将宪法上的基本权利和作为民法一般人格权价值基础或一般法律思想的人身自由、人格尊严直接规定为具体权利,即人身自由权、人格尊严权。对于人身自由而言,其不管是作为基本权利,还是作为民法上具体人格权的价值基础或一般法律思想,实质上均指向人的行动自由,因此2001年《精神损害赔偿解释》将之明确规定为具体人格权之一的人身自

---

[1] 参见张红:《论一般人格权作为基本权利之保护手段——以对"齐玉苓案"的再检讨为中心》,《法商研究》2009年第4期,第48页;刘志刚:《基本权利影响侵权民事责任的路径分析》,《东北师大学报(哲学社会科学版)》2018年第5期,第74页;张新宝:《我国人格权立法:体系、边界和保护》,《法商研究》2012年第1期,第3页。

[2] Vgl. OGH 18. 10. 1994, JBl, 1995, S. 166.

[3] 参见朱晓峰:《比较法视野下隐私保护机制的分歧与效果:以中德比较为例》,《兰州学刊》2016年第10期,第138页。

[4] 参见王利明:《人格权法》(第三版),中国人民大学出版社2021年版,第64页;程啸:《人格权研究》,中国人民大学出版社2022年版,第144页;唐德华主编,最高人民法院民事审判第一庭编著:《最高人民法院〈关于确定民事侵权精神损害赔偿责任若干问题的解释〉的理解与适用》,人民法院出版社2015年版,第27页。

由权,并不会导致严重问题。但对人格尊严而言,由于作为价值基础或一般法律思想的人格尊严概念本身内涵外延并不确定,[1]导致相应的人格尊严权亦仅是具有典型权利之名而无权利之实。尤为严重的是,人格尊严的权利化会使原本作为一般条款解释基础的基本价值实体化,严重削弱一般人格权的涵摄能力,无益于制定法上漏洞的填补和对现实生活中具体人之人格利益的充分保护。鉴于此,后来的《侵权责任法》(已失效)便未采纳这种做法。

(4)《侵权责任法》至《民法总则》

《侵权责任法》(已失效)并未接受2001年《精神损害赔偿解释》所开创的人格权益保护的一般条款模式,而是继承了源自《民法通则》(已失效)的通过一般侵权条款为人格权益保护提供依据的立场。但从《侵权责任法》(已失效)确立的一般侵权条款看,其与《民法通则》(已失效)第106条第2款之间仍有不同。从表现形式看,《侵权责任法》(已失效)中作为一般侵权条款的第6条第1款规定的"行为人因过错侵害他人民事权益,应当承担侵权责任"与《民法通则》(已失效)第106条第2款的规定并无实质差异。但如果是从体系解释的角度看,要准确理解《侵权责任法》(已失效)第6条第1款所保护的"民事权益"的性质与范围,就不能脱离《侵权责任法》(已失效)的其他条款,尤其是第2条。依据体系解释规则,《侵权责任法》(已失效)中作为一般侵权条款的既非第6条第1款,也非第2条,而应是第6条第1款结合第2条共同构成一般侵权条款。

依据《侵权责任法》(已失效)第6条第1款规定,因过错致他人"民事权益"遭受损害的,行为人皆应承担侵权责任。对"民事权益"的内涵,该法第2条通过列举+概括的模式予以了明确。从该条所采用的立法

---

[1] 关于人格尊严的内涵,学理上存在着激烈的争议。例如,在德国法上,对于《德国基本法》第1条第1款规定的人的尊严的思想来源和内涵外延,存在着基督教神学、人文主义—启蒙主义、康德主义、马克思主义、系统理论及行为主义等思想理论的激烈争议。在中国,对于《宪法》上人格尊严的理解,亦存在来自启蒙主义、康德主义、马克思主义的人格尊严观和我国传统观念中的固有人格尊严观的分歧。中西方对人格尊严的不同理解,亦普遍存在于法学的其他领域。详细探讨参见黄涛:《走向共同体的权利观——近代以来法理学发展的一种考察》,《财经法学》2017年第3期,第112页以下。

技术来看,一方面,该条并未采取区分权利与利益的保护标准,而是一体承认了权利与利益皆为侵权法所保护的对象;[1]另一方面,该条第2款具体列举的民事权利以内涵外延是否清晰为标准而规定了18种具有绝对权属性的民事权利。对于第2款具体列举的典型民事权利,依据权利内容为标准,可以区分为财产权和人身权。[2] 在第2条第2款具体列举的权利遭受非法侵害的情形下,权利人当然有权主张侵权法上的救济。尽管我国学理上对于究竟应如何理解第2条第2款的具体列举与之后的概括规定之间的规范关系存在着分歧,[3]影响到了对《侵权责任法》(已失效)第6条第1款究竟是大的一般侵权条款还是小的一般侵权条款的认识。但对具有绝对权属性的人格权益而言,《侵权责任法》(已失效)第6条结合第2条与《民法通则》(已失效)第106条第2款在对待人格权保护问题的基本立场上并无实质不同。

从司法实践中对人格利益的保护现状来看,由于一般侵权条款具有较强的涵摄能力,因而对于那些随着社会发展而逐渐发展出来但尚未被制定法明确承认的人格利益来说,在满足这些侵权条款规定的涵摄要件时,即能够获得侵权法的保护。贞操权[4]、祭奠权[5]、被

---

[1] 参见王利明:《我国〈侵权责任法〉采纳了违法性要件吗?》,《中外法学》2012年第1期,第5页;梁慧星:《中国侵权责任法解说》,《北方法学》2011年第1期,第5页。

[2] 参见葛云松:《〈侵权责任法〉保护的民事权益》,《中国法学》2010年第3期,第37页。

[3] 相应的讨论参见刘士国:《侵权责任法第二条规定之解析》,《暨南学报(哲学社会科学版)》2010年第3期,第16页;程啸:《侵权责任法》(第二版),法律出版社2015年版,第62页;王利明:《侵权法一般条款的保护范围》,《法学家》2009第3期,第19页;梁慧星:《中国侵权责任法解说》,《北方法学》2011年第1期,第5页;朱庆育:《民法总论》,北京大学出版社2013年版,第499页。

[4] 参见韩某与德某生命权、健康权、身体权纠纷案,北京市朝阳区人民法院(2014)朝民初字第05255号民事判决书;李某某、胡某某一般人格权纠纷案,湖南省岳阳市中级人民法院(2021)湘06民终3012号民事判决书。

[5] 参见王某某与陈某某人格权纠纷案,北京市朝阳区人民法院(2016)京0105民初58339号民事判决书;王某礼诉陈某人格权纠纷案,北京市第三中级人民法院(2017)京03民终7025号民事裁定书;练某龙诉周某祭奠权纠纷案,江苏省东台市人民法院(2017)苏0981民初776号民事判决书。

遗忘权[1]、个人信息权[2]、性自主权[3]等等,实际上都可以通过一般侵权条款而纳入法律评价的范畴。问题是,以一般侵权条款涵摄人格利益,只有当这些人格利益受到侵犯且满足相应的侵权责任成立要件时才能获得法律保护,对于具有绝对权属性的人格利益在法律上的充分实现而言,这可能并不充分。尤其是在这些人格利益有被侵害之虞或不完全符合侵权责任成立要件而需要通过利益权衡规则才能决定是否予以保护的情形下,这种不足更为明显。[4] 另外,将一般侵权条款作为人格权民法保护的一般条款所关注的主要是人格权作为防御性权利的一面,在新时代背景下,这种保护模式过于消极,可能不利于实现对现实生活中具体人的人格权益的现实保护。例如,在"钱锺书书信案"中,被告发布公告称其将公开拍卖钱锺书与友人的私人信件,并在拍卖前举行预展活动,原告即钱锺书先生的夫人杨季康先生提出申请,请求法院发布禁令。[5] 在该案中,由于侵害行为尚未发生,自然无法通过一般侵权条款为人格权益有被侵害之虞的民事主体提供积极充分

---

[1] 参见任某诉北京百度网讯科技有限公司名誉权、姓名权、一般人格权纠纷案,北京市海淀区人民法院(2015)海民初字第17417号民事判决书;任某玉与北京百度网讯科技有限公司名誉权、姓名权、一般人格权纠纷案,北京市第一中级人民法院(2015)一中民终字第09558号民事判决书;郭某与杭州野生动物世界有限公司服务合同纠纷,浙江省杭州市富阳区人民法院(2019)浙0111民初6971号民事判决书。

[2] 参见孙某杰诉鲁山县农村信用合作联社侵犯公民个人信息权案,河南省鲁山县人民法院(2017)豫0423民初3728号民事判决书;庞某鹏诉北京趣拿信息技术有限公司、中国东方航空股份有限公司隐私权纠纷案,北京市第一中级人民法院(2017)京01民终509号民事判决书;卞某、江苏业翔建设工程有限公司财产损害赔偿纠纷案,江苏省盐城市中级人民法院(2021)苏09民终6100号民事判决书。

[3] 参见陶某诉上海黄金海岸金玉兰俱乐部有限公司侵犯人格权纠纷案,上海市卢湾区人民法院(2000)卢民初字第2525号民事判决书;李某琼、胡某一般人格权纠纷案,湖南省岳阳市中级人民法院(2021)湘06民终3012号民事判决书;牛某强奸案,上海市第二中级人民法院(2021)沪02刑终484号刑事裁定书。

[4] 参见王利明:《民法典人格权编草案的亮点及完善》,《中国法律评论》2019年第1期,第96页;王利明:《论人格权请求权与侵权损害赔偿请求权的分离》,《中国法学》2019年第1期,第225页;崔建远:《绝对权请求权抑或侵权责任方式》,《法学》2002年第11期,第40页。

[5] 参见杨季康(笔名杨绛)诉中贸圣佳国际拍卖有限公司、李某强侵害著作权及隐私权纠纷案,北京市高级人民法院(2014)高民终字第1152号民事判决书。

的保护。当然,即使本案中法院可以通过侵害著作权的行为保全措施为原告提供法律上的救济,但通过《著作权法》规定的行为保全制度保护一般性的人格权并不周延,如并非所有人的信件都可以成为著作权法保护的对象。[1] 在此背景下,在一般侵权条款之外承认独立的人格权民法保护的一般条款即显得颇为必要。

事实上,通过独立的一般条款为人格权益提供民法保护的法律实践首先出现在2001年《精神损害赔偿解释》中。尽管对于该解释第1条第1款和第2款所确立的一般性条款的性质与适用规则,在学理和实践中仍有不同认知。实务中有观点认为,该解释第1条第1款第3项的"人格尊严权"为一般人格权条款,其以一般人格权的宪法渊源即《宪法》第38条为基础,将《宪法》上的人格尊严扩展到民事活动的普遍适用范围中。在具体的法律适用中,作为一般人格权的人格尊严权具有补充具体人格权立法不足的功能。亦即言,在涵摄具体的法律事实时,应优先适用具体人格权的规定,而将人格尊严权作为补充条款。[2] 而学理上的观点则认为,将2001年《精神损害赔偿解释》第1条第1款第3项的人格尊严权作为一般人格权条款并不适当,因为将作为一般人格权的人格尊严权与其他具体的人格权类型并列规定,在内在的逻辑构成上存在明显缺陷,不符合既有法律体系关于形式逻辑体系内在统一性的要求。尤为重要的是,将一般人格权条款的价值基础唯一性地限定为人格尊严,将会使一般规则向复杂多变的社会生活开放的广阔涵摄能力大打折扣,与最高人民法院创制一般人格权规则的初衷相悖。[3] 基于这种考虑,学理上认为,2001年《精神损害赔偿解释》第1条第1款前两项与第3项坚持的人格权的保护策略即特别人格权结合一般人格权的结构,在规范性上不如第1条第1款结合第2款即特别人格权结合人格权保护一般条款的形式,人格权立法应采纳后一种形式,即在规定具体人格权的同时,通过人

---

[1] 参见王利明:《论侵害人格权的诉前禁令制度》,《财经法学》2019年第4期,第6页。

[2] 参见唐德华主编,最高人民法院民事审判第一庭编著:《最高人民法院〈关于确定民事侵权精神损害赔偿责任若干问题的解释〉的理解与适用》,人民法院出版社2015年版,第27页。

[3] 参见朱晓峰:《作为一般人格权的人格尊严权——以德国侵权法中的一般人格权为参照》,《清华法学》2014年第1期,第69页。

格权保护的一般条款保护尚未类型化的人格利益,以发挥兜底条款的功能,从而保持人格权的开放性。[1] 亦即,在解释论上应将2001年《精神损害赔偿解释》第1条第1款理解为对具体人格权的规定,将第1条第2款理解为一般人格权条款或者人格权保护的一般性条款。因为"其他人格利益"条款无论是在具体规则设计上,还是体系构造和向社会生活的开放程度上,都更能担当一般人格权规则之大任。[2] 另外,将2001年《精神损害赔偿解释》第1条第1款与第2款之间的规范关系作此理解,不仅符合域外法上的经验,而且更被我国司法实践中的多数法院所认同。[3] 在我国,司法实务中法院在相关判决书中对此的典型表述是:"一般人格权是民事主体所享有的,包括人格平等、人格独立、人格自由和人格尊严等内容的一般人格利益,用以解释和补充具体人格权之不足。[4]

因此,与《侵权责任法》(已失效)不同,《民法总则》(已失效)的第109条和第110条与2001年《精神损害赔偿解释》第1条第1款和第2款的关于人格权益保护的一般人格权条款+具体人格权模式基本上保持了一致。对此,一般条款论者从体系解释的角度出发,认为《民法总则》第109条应当被理解为规定了一般人格权的一般条款,而第110条列举规定了重要的具体人格权类型。在具体适用时,能够纳入具体人格权范畴

---

[1] 参见冉克平:《一般人格权理论的反思与我国人格权立法》,《法学》2009年第8期,第133页。

[2] 参见朱晓峰:《作为一般人格权的人格尊严权——以德国侵权法中的一般人格权为参照》,《清华法学》2014年第1期,第69页。

[3] 在中国裁判文书网上检索生效的裁判文书可以发现,法院对于未被制定法明确承认的人格利益的涵摄主要是通过"其他人格利益"条款而非"人格尊严权"条款完成。相关判决可参见宗某等与董某荣一般人格权纠纷案,北京市第三中级人民法院(2022)京03民终5836号民事判决书;宗某与北京市东郊殡仪馆等人格权纠纷案,北京市朝阳区人民法院(2021)京0105民初64805号民事判决书;杨某武与杨某志等名誉权纠纷案,山东省济南市中级人民法院(2021)鲁01民终4333号民事判决书;贺甲祭奠权纠纷案,湖南省新田县人民法院(2011)新法民一初字第356号民事判决书;王某清、徐某弟侵权责任纠纷案,山东省德州市中级人民法院(2017)鲁14民终1420号民事判决书;樊西玲等与樊武强等一般人格权纠纷案,安徽省淮北市中级人民法院(2018)皖06民终54号民事判决书。

[4] 参见江某某与彭某某一般人格权纠纷案,上海市第一中级人民法院(2014)沪一中民一(民)终字第2315号民事判决书。

的适用第110条,其他的人格利益则交由具有高度抽象概括性的第109条处理。[1] 亦即,作为一般人格权条款的《民法总则》第109条可以作为人格权保护的兜底条款使用,为未来因社会生活发展而出现的新型人格权益的保护提供法律依据。[2] 这样,《民法总则》围绕第109条与第110条而确立起了人格利益保护的一般性条款+具体人格权的基本模式。[3] 与一般条款论观点相近,功能主义论者认为,《民法总则》第109条虽在形式上属一般条款,但在功能上却事实性地创设了民法一般人格权,对此的核心理由在于:第一,体系性地看,《民法总则》第109条处于总则第五章"民事权利"的首要位置,因此其规定和创设的就是民事权利,即民法一般人格权;第二,与单纯的一般条款不同,该条是具有权益创设功能的一般条款,承认当事人对其人格领域具有自我发展和自主决定的能力;第三,民法一般人格权创设的根本动因在于立法者希冀经由该条来解决具体人格权涵摄能力不足的问题,我国法律实践亟须一般人格权条款这种人格利益规范保护的经验;第四,《民法总则》第109条创设的一般人格权规则,可以进一步推动理论研究与法律实践之间的有益互动。此种观点值得肯定。在司法实践中,民法一般人格权于2001年《精神损害赔偿解释》首次得到最高人民法院的明确承认,并且从2008年开始就被法院当作独立的案由而予以适用。[4] 因此,虽然学理上对《民法总则》第109条存在不同的理解,但也在该条已经承认了民法一般人格权的问题上达成了基本共识。[5] 通过该条,可以将社会生活中出现的新型人格权益纳入民法的涵摄范畴,为具体人的充

---

[1] 参见梁慧星:《民法典编纂中的重大争论——兼评全国人大常委会法工委两个民法典人格权编草案》,《甘肃政法学院学报》2018年第3期,第10页;张新宝:《〈中华人民共和国民法总则〉释义》,中国人民大学出版社2017年版,第215页。

[2] 参见王利明:《关于制定民法总则的几点思考》,《法学家》2016年第5期,第6页。

[3] 参见叶金强:《〈民法总则〉"民事权利章"的得与失》,《中外法学》2017年第3期,第648页。

[4] 参见刘召成:《民法一般人格权的创设技术与规范构造》,《法学》2019年第10期,第34页。

[5] 参见梁慧星:《民法总论》(第六版),法律出版社2021年版,第104页;王利明:《人格权法》(第三版),中国人民大学出版社2021年版,第64页;程啸:《人格权研究》,中国人民大学出版社2022年版,第145页。

分实现提供法律上的保护。

三、人格权的法典表达技术

60 　　在法典编纂过程中,对是否应将人格权独立成编及如何具体表述一般人格权条款等问题,存在不同观点。《民法典》人格权编则是在面对和处理这些问题的基础上制定出来的,因此对人格权编具体规则的理解适用应以这些问题的厘清为前提。

　　（一）人格权是否独立成编

61 　　法典编纂中争议最大的问题莫过于人格权是否独立成编。

62 　　支持独立成编的主要理由在于:第一,人格权独立成编是有效应对科技进步和社会发展的需要;第二,人格权独立成编是维护人格尊严、全面保护人格权的需要;第三,人格权独立成编是完善民法典体系的需要;第四,人格权独立成编是完善民法典中人格权规范的需要;第五,人格权独立成编是直接回应审判实践的需要。[1] 在支持者看来,人格权独立成编具有大量的立法经验可供借鉴,其也与《民法通则》(已失效)的立法经验一脉相承且有充分的司法实践依据,因此具有现实可行性。[2]

63 　　反对独立成编的主要理由在于:第一,人格权与人格进而与民事主体紧密相连,不可割裂;第二,人格权规则主要是对人格权作消极保护的规定,这主要应是侵权法来完成的,不是人格权独立一编所能胜任的;第三,作为分编的人格权法如果像物权与债权那样统一使用总则中法律行

---

　　[1] 参见王利明:《论人格权独立成编的理由》,《法学评论》2017 年第 6 期,第 1—9 页。关于支持人格权独立成编的相关详细讨论,参见杨立新:《对否定民法典人格权编立法决策意见的不同见解》,《河南财经政法大学学报》2018 年第 4 期;江平:《人格权立法与民法典编纂体例》,《北京航空航天大学学报(社会科学版)》2018 年第 1 期;孟勤国:《人格权独立成编是中国民法典的不二选择》,《东方法学》2017 年第 6 期;石佳友:《人权与人格权的关系——从人格权的独立成编出发》,《法学评论》2017 年第 6 期;张素华:《人格权法独立成编必须正视的几个基本问题》,《东方法学》2018 年第 2 期。

　　[2] 参见王利明:《论人格权独立成编的理由》,《法学评论》2017 年第 6 期,第 10—11 页。

为、代理、时效等基本规则,也属不妥。[1]

人格权独立成编的支持观点与反对观点主要从政治性和学术性两个层面展开激烈交锋。就政治层面而言,二者的分歧主要体现在三个方面:一是人格权独立成编是否与党中央民法典编纂两步走部署相吻合;二是人格权独立成编是否符合党的十九大报告精神;三是人格权独立成编与乌克兰民法典的关系及是否会引发政治风险。就学术层面而言,二者的分歧体现在如下议题上:一是人格权独立成编是否符合人格权属性;二是人格权独立成编是否有利于人格权保护;三是人格权独立成编是否符合我国人格权的传统立法模式;四是人格权独立成编是否符合域外法制的发展趋势;五是人格权独立成编是否符合民法典编纂科学性与立法技术的要求。[2]

事实上,正如有学者已经正确指出的那样,人格权是否独立成编主要是一个技术性问题,而非一个政治性问题。立法者最后采取了人格权独立成编支持论者的观点,在《民法典》中独立规定了人格权编。该编在法典的七编中居于第四编,在财产法之后,居于人身法之首,共六章五十一个条文。其中,第一章为一般规定,之后五章分别规定了《民法典》第990条第1款列举规定的具体人格权。但是,将人格权独立成编,并不意味着反对人格权独立成编的理由中所指出来的诸多技术性问题已经被解决,在人格权已经独立成编的既成事实基础上,需要对相关规则的具体理解与适用问题展开进一步的研究。

(二)人格权编调整对象应如何表述

在制定法中明确规定调整范围是我国立法模式中的一个特色。[3]

---

〔1〕 参见梁慧星:《中国民法典中不能设置人格权编》,《中州学刊》2016年第2期。关于反对人格权编独立成编的相关详细讨论,参见孙宪忠:《十九大科学立法要求与中国民法典编纂》,《北京航空航天大学学报(社会科学版)》2018年第1期;尹田:《人格权独立成编的再批评》,《比较法研究》2015年第6期;耿林:《人格权及其立法技术》,《东方法学》2017年第6期,105页;柳经纬:《民法典编纂中的人格权立法问题》,《中国政法大学学报》2018年第6期。

〔2〕 详细讨论参见石冠彬:《人格权独立成编争论评述》,《中国政法大学学报》2018年第4期。

〔3〕 参见石佳友:《人格权立法的进步与局限——评〈民法典人格权编草案(三审稿)〉》,《清华法学》2019年第5期,第93页。

但对如何在人格权编规定其调整范围,法典编纂过程中却存在激烈争议,核心分歧主要表现为两个方面。

1. 人格权编调整对象的具体表述

人格权编关于调整对象的具体表述,究竟应采用哪一概念?对此,学理上有观点认为,人格权牵涉的民事关系类型丰富,不是只有被侵害时才能产生相应的法律关系,如姓名的决定、变更与使用,肖像的拥有、再现和公开,隐私的隐瞒、处分与使用等,都是人格权不受侵害情形下产生的占有、支配、使用、处分关系,因此"民事关系"既包括"侵权关系",也包括因肖像权许可使用产生的"合同关系"以及因姓名选取产生的"人格权关系"等,采"民事关系"更具合理性。[1] 在此意义上,法典草案起草者自《民法典各分编草案一审稿》开始即在草案中使用民事关系而未采用人格权关系或侵权关系等概念的基本立场,应予肯定。另外,考虑到《民法典》其他各编在规定调整对象时均采用了"民事关系"概念,因此人格权编亦采用"民事关系"概念,有助于法典外在概念体系的协调一致。

2. 人格权编调整对象之于其他权利的特点

究竟应如何规定才能体现人格权区别于财产权与身份权的特点?与其他各编规定的权利与调整对象不同,人格权是与生俱来的,由法律直接承认即可,而其他民事权利主要是基于特定行为或者事实而于后天取得的,因此前者主要表现为静态享有,而后者主要表现为动态获取。[2] 对人格权的此种特质应如何在规定人格权编调整对象的条款中清晰表达出来,不无疑问。草案起草者在《民法典各分编草案一审稿》第773条规定"本编调整因人格权产生的民事关系",与物权编第1条"因物的归属和利用而产生的民事关系,适用本编"以及合同编第254条"本编调整民事主体之间产生的合同关系"在表述上基本一致,但忽略了人格权的特性,未能突出人格权因与主体本身的内在关系,导致了可能与其他各编的财产权规则体系在构建上出现混淆的情况,如对姓名权、肖像权的许可使用,究竟是人格权编还是合同编的调整对象,尚需进一步明确。在此背景

---

[1] 参见张红:《〈民法典各分编(草案)〉人格权编评析》,《法学评论》2019年第1期,第107页。

[2] 参见石佳友:《人格权立法的进步与局限——评〈民法典人格权编草案(三审稿)〉》,《清华法学》2019年第5期,第93页。

下,《人格权编草案三审稿》即在第773条的表述中明确增加了"享有和保护",从而将第773条的表述修改为"本编调整因人格权的享有和保护产生的民事关系"。[1] 对此,学理上有观点认为,权利是法律赋予特定主体作为或不作为的许可与保障,因此增加"享有和保护"的表述更合理,强调《民法典》人格权编调整因人格权的"享有"与"保护"而产生的民事关系,突出了人格权区别于其他权利的特性。[2] 存在的不足是,人格权在现代社会越来越多地具有积极权能,单纯强调静态的享有与消极的保护,与人格权所处的具体时代背景并不完全吻合,所以应在该条规定的"享有"与"保护"之外再增加"行使",以突出其在传统的防御性功能之外的积极利用功能。[3] 该种观点颇具合理性,应予赞同。但学理上的这种意见并未被嗣后的立法所采纳。《人格权编草案三审稿》关于人格权编调整对象的规定被最后通过的《民法典》第989条所接受。

(三)一般人格权条款应否再次被规定在人格权编

由于《民法总则》(已失效)第109条已经规定了一般人格权,因此,在人格权独立成编的背景下,应该如何安置一般人格权,成为各方关注的焦点。

1. 学理上的主要争议

支持在人格权编再次规定一般人格权条款的观点认为,人格权编的主题是保护人格尊严,虽然《民法总则》(已失效)对该主题已经予以了宣示,但在人格权编规定以人身自由、人格尊严为基础的其他人格权益受法律保护,将会使整个《民法典》人格权编的具体规则构造和内在的一般法律思想全部围绕人格尊严的保护和实现这一主题而展开,更加全面地突出立法者通过《民法典》保护人格尊严的时代主题,充分彰显民法典的人

---

[1] 参见何勤华、李秀清、陈颐编:《新中国民法典草案总览(增订本)续编》,北京大学出版社2020年版,第445页。

[2] 参见石佳友:《人格权立法的进步与局限——评〈民法典人格权编草案(三审稿)〉》,《清华法学》2019年第5期,第93页。

[3] 参见石佳友:《人格权立法的进步与局限——评〈民法典人格权编草案(三审稿)〉》,《清华法学》2019年第5期,第93页。

文主义色彩,更加彰显民事主体的人格和地位。[1]

反对在人格权编中再次规定类似于《民法总则》(已失效)第109条的一般人格权条款的观点则认为,由于《民法总则》(已失效)第109条事实上已经宣告了人身自由、人格尊严作为一般人格权的价值基础,部分学者倡导的在民法典中确立宣告性规则的目的事实上业已实现。[2] 在此背景下,在人格权编中再规定作为价值基础的人身自由、人格尊严,显然会导致内容重复,与立法者强调的科学立法精神不符。[3] 相反,在人格权编的一般人格权条款中删除关于人格尊严等价值基础的重复表述,却可以理顺《民法总则》(已失效)第109条与人格权编人格权保护之一般条款之间的规范关系。具体而言,在解释论上可以将《民法总则》(已失效)第109条作为人格权编人格权保护之一般条款的核心价值基础或一般法律思想渊源,由于《民法总则》(已失效)第109条是宣告性的,因此其并不必然排除自然人基于其他价值基础或一般法律思想而享有的人格利益,由此可以使人格权编的人格权保护之一般条款具备向社会开放的广阔涵摄能力。[4]

折中观点则认为,《民法典》人格权编第990条第2款虽然被部分学者认为是一般人格权条款,但其与《民法总则》(已失效)第109条截然不同。在该观点看来,第109条规定了一般人格权,规定的是权利,[5] 而《民法典》人格权编第990条属于人格权一般条款,符合了学理上否定

---

〔1〕 参见王利明:《民法人格权编(草案室内稿)的亮点及改进思路》,《中国政法大学学报》2018年第4期,第122页;杨立新:《人格权编草案二审稿的最新进展及存在的问题》,《河南社会科学》2019年第7期,第26—27页。

〔2〕 参见孙宪忠:《十九大科学立法要求与中国民法典编纂》,《北京航空航天大学学报(社会科学版)》2018年第1期,第6页;杨立新:《人身自由与人格尊严:从公权利到私权利的转变》,《现代法学》2018年第3期,第3页。

〔3〕 参见李建国:《关于〈中华人民共和国民法总则(草案)〉的说明——2017年3月8日在第十二届全国人民代表大会第五次会议上》,载《民法总则立法背景与观点全集》编写组:《民法总则立法背景与观点全集》,法律出版社2017年版,第6页。

〔4〕 参见朱晓峰:《人格权编一般人格权条款的具体表达》,《吉林大学社会科学学报》2020年第1期,第45页。

〔5〕 参见石佳友:《守成与创新的务实结合:〈中华人民共和国民法人格权编(草案)〉评析》,《比较法研究》2018年第2期,第18页。

一般人格权而改采人格权一般条款的新趋势。[1]

2.《民法典》的选择

学理上对一般人格权的争议主要集中在人格权编应如何表述一般人格权以使其能够与《民法总则》(已失效)第109条兼容,避免法条重复并实现法典内部体系构造的科学性。事实上,民法典颁布之前公布的关于人格权编的五部草案都是围绕这一问题而展开。[2]《民法典各分编征求意见稿》第7条规定:"除本编规定的人格权益外,自然人享有基于人格尊严产生的其他人格权益。"[3]《民法典各分编草案一审稿》对之前的《民法典各分编征求意见稿》做了较大幅度的调整,其在第774条规定:"民事主体的人格权受法律保护(第1款)。除本编规定的人格权外,自然人享有基于人身自由、人格尊严产生的其他人格权益(第2款)。"《人格权编草案二审稿》继续维持了《民法典各分编草案一审稿》第774条的规定。[4]《人格权编草案三审稿》对于第774条第1款做了大幅度调整,详细列举了典型的具体人格权类型,第2款仍维持不变。《民法典草案》[5]及之后的《民法典》未再进行调整。

从立法机关在民法典编纂过程中公布的这些草案来看,其对人格权编一般人格权的具体表达也是举棋不定,数易其稿。依据文义解释和体系解释方法,可以发现,前述第7条、第774条第2款和第990条第2款作为一般人格权的具体表达形式,主要存在如下显著区别:[6]

第一,就相应条款在人格权编具体安放的位置而言,《民法典各分编

---

[1] 参见房绍坤、曹相见:《〈民法典人格权编(草案)〉的贡献与使命》,《山东大学学报(哲学社会科学版)》2019年第6期,第98页。

[2] 参见石佳友:《人格权立法的进步与局限——评〈民法典人格权编草案(三审稿)〉》,《清华法学》2019年第5期,第93页。

[3] 何勤华、李秀清、陈颐编:《新中国民法典草案总览(增订本)续编》,北京大学出版社2020年版,第109页。

[4] 何勤华、李秀清、陈颐编:《新中国民法典草案总览(增订本)续编》,北京大学出版社2020年版,第216、400页。

[5] 参见何勤华、李秀清、陈颐编:《新中国民法典草案总览(增订本)续编》,北京大学出版社2020年版,第445、600页。

[6] 参见朱晓峰:《人格权编一般人格权条款的具体表达》,《吉林大学社会科学学报》2020年第1期,第48页。

征求意见稿》将之安置在具体人格权之后,在民法典的体系构造上,与规定其他具体人格权的条款并列;而后面各审稿则将相应条款的位置提前,与规定具体人格权类型的一般条款即第774条第1款并列,共同置于人格权编的首要位置。

76 　　第二,就相应条款的具体概念使用而言,《民法典各分编征求意见稿》用"其他人格权益"作为被明确列举规定的"人格权益"的补充;而嗣后各审稿则在沿用"其他人格权益"的基础上,以"人格权"概念取代第1款的"人格权益"概念,作为被民法典明确规定的人格权的法典表述。与之前的草案存在显著不同的是,《人格权编草案三审稿》在第774条第1款将具体人格权的类型详细列举出来,与第2款的一般人格权并列以观。

77 　　第三,就一般人格权的价值基础而言,各部草案皆将一般人格权的价值基础明确宣示了出来,存在显著差异的是,《民法典各分编征求意见稿》将一般人格权的价值基础限定为"人格尊严",而之后的各部草案都将价值基础的范围作了扩张,在"人格尊严"的基础上增加了"人身自由"。

78 　　最终获得通过的《民法典》第990条共包括两款,其中作为一般人格权条款的第990条第2款维持了《人格权编草案三审稿》的表述方式,将一般人格权的价值明确予以宣示并限定在人身自由、人格尊严的范畴;将以此为基础而生的纳入一般人格权涵摄范围的内容以"其他人格权益"表述,区别于第990条第1款的具体人格权利;并且将纳入第990条第2款保护范围的其他人格权益的享有者限定为自然人,区别于第990条第1款的权利主体。另外,从《民法典》第990条的整体表述来看,其在第1款列举规定了具体人格权类型,在第2款规定了人格权的一般性条款即一般人格权,形成了区别于多元主义保护模式和一元主义保护模式的折中模式。

79 　　《民法典》关于人格权保护模式的选择,实际上亦遵循了司法实践的前述立场。对于《民法典》第109条,学理上认为其是"总则编第五章的第一个条文,它充分彰显了立法者优先保护人格尊严的价值取向,对于确定民事权益的位阶具有重要的指导意义"[1],并进而认为应当从体系解

---

[1] 王利明:《论民事权益位阶:以〈民法典〉为中心》,《中国法学》2022年第1期,第43页。

释的角度出发,将该条理解为一般人格权条款。[1] 该条之后的第110条列举规定重要的具体人格权,在具体适用时,能纳入具体人格权范畴的适用第110条,其他的人格利益则交由具有高度抽象概括性的第109条处理。[2] 亦即,作为一般人格权条款的《民法典》第109条可以作为人格权保护的兜底条款使用,为未来因为社会发展而出现的新型人格权益的保护提供了依据。[3] 这样,围绕第109条、第110条,《民法典》总则编构建出了人格权益民法保护的一般人格权条款+具体人格权保护模式。[4] 此后,《民法典》人格权编的第990条,则被认为是对《民法典》总则编人格权保护规定的具体展开。[5] 由此,《民法典》确立了完整的人格权保护制度。

(四)一般人格权的价值基础应如何表述

对一般人格权的价值基础应否被明确宣示出来以及如何宣示,我国学理上存在不同的观点。反对将一般人格权价值基础明确宣示出来的观点认为,一般人格权应当具有开放性,若明确将其价值基础宣示出来,即使被宣示的价值本身具有开放性,也可能会因其本身的有限性而影响立法者创设一般人格权,以充分因应错综复杂之时代需求的立法目的的实现。[6] 但该观点并未被相应的法律实践所采纳。从2001年《精神损害赔偿解释》将人格尊严权、人身自由权作为一般人格权对待开始,到《民法总则》(已失效)第109条将人身自由、人格尊严明确规定为其他人格权益受法律保护的价值基础,再到《民法典》的编纂过程,对于是否将人

---

[1] 参见《民法典》第109条:"自然人的人身自由、人格尊严受法律保护。"

[2] 参见张新宝:《〈中华人民共和国民法总则〉释义》,中国人民大学出版社2017年版,第215页。

[3] 参见王利明:《关于制定民法总则的几点思考》,《法学家》2016年第5期,第6页。

[4] 参见叶金强:《〈民法总则〉"民事权利章"的得与失》,《中外法学》2017年第3期,第648页;程啸:《人格权研究》,中国人民大学出版社2022年版,第146—147页。

[5] 参见王利明:《论人格权保护的全面性和方法独特性——以〈民法典〉人格权编为分析对象》,《财经法学》2020年第4期,第4页。

[6] 参见朱晓峰:《民法一般人格权的价值基础与表达方式》,《比较法研究》2019年第2期,第60页。

格尊严作为一般人格权的价值基础予以宣示,学理与实务上并无太多分歧。但对是否要在人格尊严之外将其他价值作为一般人格权的价值基础予以宣示,尤其是要不要将人身自由作为一般人格权的价值基础予以规定,学理与实务上的分歧较大。

1. 学理上的主要争议

在《民法典》之前,尽管学理上不乏批评之声,但我国当时民事法律体系中的一般性制定法如《民法通则》(已失效)《侵权责任法》(已失效)始终没有出现关于自由或者人格自由等更具有一般性意义的概念。[1] 相比较而言,1992年《妇女权益保障法》第34条、1993年《消费者权益保护法》第25条、1994年《国家赔偿法》第3条、1994年《劳动法》第32条、1998年《执业医师法》第40条及2001年《婚姻法》第11条等法律明确规定了自然人的"人身自由"受法律保护。在这些具体的制定法中,人身自由都是作为具体人格权而被规定和保护的。[2] 对此,实践中有法院在判决书中明确表示"人身自由是指身体活动的自由,即可以通过人的自主意志控制肢体行为等物理活动上的自由"[3]。但司法实践并未完全坚守前述制定法的这一立场,最高人民法院2001年发布的《精神损害赔偿解释》第1条第1款第3项即直接规定"人身自由权"并将之与"人格尊严权"并列共同作为一般人格权对待。[4] 《民法总则》(已失效)虽然没有如2001年《精神损害赔偿解释》一样径直规定"人身自由权""人格尊严权",但其将"人身自由"和"人格尊严"并列规定在第109条,并置于第五章"民事权利"章之首。[5] 这实质上是将之前制定法中

---

[1] 对此的批评意见可参见梁慧星:《中国人身权制度》,《中国法学》1989年第5期,第90页。

[2] 参见冉克平:《论人格权法中的人身自由权》,《法学》2012年第3期,第70页。

[3] 雷某、徐某明一般人格权纠纷案,四川省成都市中级人民法院(2018)川01民终15876号民事判决书。

[4] 参见唐德华主编、最高人民法院民事审判第一庭编著:《最高人民法院〈关于确定民事侵权精神损害赔偿责任若干问题的解释〉的理解与适用》,人民法院出版社2015年版,第26页。

[5] 参见石宏主编:《〈中华人民共和国民法总则〉条文说明、立法理由及相关规定》,北京大学出版社2017年版,第257页;李适时主编:《中华人民共和国民法总则释义》,法律出版社2017年版,第337页。

第一章 一般规定

作为具体人格权的人身自由作为一般人格权本身或一般人格权的价值基础对待。[1] 对于因前述法律实践所采的不同立场而引发的冲突,在《民法典》中应如何解决,学理上存在不同意见。

人身自由否定论认为,人身自由是一种具体人格权,若将之作为一般人格权的价值基础,会导致一般人格权的涵摄能力降低,无益于法律创制一般人格权规则之立法目的的实现。[2] 徐国栋教授主编的民法典草案建议稿中即没有明确宣示一般人格权的价值基础。[3]

人身自由肯定论认为,《宪法》第37条以及《民法总则》(已失效)第109条等均已使用人身自由概念作为一般人格权之价值基础的表述,基于现行法秩序之外在概念体系一致性的考虑,人格权编一般人格权之价值基础的概念表述应与之保持一致。

折中论认为,考虑到人身自由概念固有的缺陷以及我国现有法律体系中的制定法传统,人格权编一般人格权的价值基础应予宣示出来,但应当用其他更具有一般性的概念取代人身自由概念,以确保作为一般人格权之价值基础的开放性和价值基础彼此之间的合体系性。

折中论的立场获得了更多的认同。例如,梁慧星教授主编的民法典草案建议稿中,作为一般人格权之价值基础而被宣示出来的是"自由、安全和人格尊严";[4] 王利明教授主持的民法典草案建议稿中则是将一般人格权的价值基础规定为"人格尊严、人格平等和人格自由";[5] 杨立新教授主持的民法典草案建议稿中的一般人格权的价值基础分别是"人格尊严、人格独立、人格自由",其中人格尊严构成价值基础的核心,包括保持和发展人格的自由。[6] 显然,折中论所使用的"自由"概念和"人格自

---

[1] 参见陈甦主编:《民法总则评注》(下册),法律出版社2017年版,第750页。
[2] 参见朱晓峰:《作为一般人格权的人格尊严权——以德国侵权法中的一般人格权为参照》,《清华法学》2014年第1期,第49页。
[3] 参见徐国栋主编:《绿色民法典草案》,社会科学文献出版社2004年版,第83页。
[4] 参见梁慧星主编:《中国民法典草案建议稿附理由:总则编》,法律出版社2013年版,第44页。
[5] 参见王利明主编:《中国民法典学者建议稿及立法理由·人格权篇、婚姻家庭篇、继承篇》,法律出版社2005年版,第18页。
[6] 参见杨立新、扈艳:《〈中华人民共和国人格权法〉建议稿及立法理由书》,《财经法学》2016年第4期,第41页。

由"概念均比肯定论的"人身自由"概念更符合法典外在体系中基础概念彼此之间的逻辑规范要求。

2.《民法典》的具体选择

《民法典各分编征求意见稿》部分接受了否定论的观点,仅在第7条规定了人格尊严为人格权编一般人格权的价值基础,而将人身自由作为具体人格权之一种规定在身体权框架内。[1]但之后草案的各审稿却再次回到了肯定论的立场而改变了《民法典各分编征求意见稿》的规定,重新将人身自由与人格尊严并列,作为一般人格权的价值基础加以规定。[2]尽管在草案审议过程中,仍有全国人大常委会委员认为应当将一般人格权的价值基础修改为"人格平等、人格自由、人格尊严",以提高一般人格权规则的涵摄能力,[3]或者直接规定"民事主体享有人格独立、人格平等、人格尊严和人格自由",[4]并且学理上也有观点认为,人格权是以人格平等为基点,以人身自由、人格尊严为双内核。[5]但是,否定论与折中论的观点均未被最后的《民法典》所接受,《民法典》第990条第2款全盘采纳了肯定论的基本立场。[6]

事实上,在民法典编纂之初,立法者即明确表示:"编纂民法典不是制定全新的民事法律,而是对现行的民事法律规范进行科学整理;也不是简单的法律汇编,而是对已经不适应现实情况的规定进行修改完善,对经济社会生活中出现的新情况、新问题作出针对性的新规定。"[7]这表

---

[1] 参见何勤华、李秀清、陈颐编:《新中国民法典草案总览(增订本)续编》,北京大学出版社2020年版,第186页。

[2] 参见石冠彬主编:《〈中华人民共和国民法典〉立法演进与新旧法对照》,法律出版社2020年版,第367页。

[3] 参见王博勋、田宇:《民法典人格权编草案三审:进一步强化对人格权的保护》,《中国人大》2019年第17期,第42页。

[4] 参见《民法典立法背景与观点全集》编写组编:《民法典立法背景与观点全集》,法律出版社2020年版,第378页。

[5] 参见张平华:《认真对待人格权法律行为》,《政法论坛》2019年第5期,第138页。

[6] 参见黄薇主编:《中华人民共和国民法典人格权编解读》,中国法制出版社2020年版,第17页。

[7] 李建国:《关于〈中华人民共和国民法总则(草案)〉的说明——2017年3月8日在第十二届全国人民代表大会第五次会议上》,载《民法总则立法背景与观点全集》编写组编:《民法总则立法背景与观点全集》,法律出版社2017年版,第3页。

明,我国立法者为此次民法典的编纂设定了两项基本目标:第一项目标是实现对现有法律规则的科学体系化的整理,实现民事立法的科学体系化;第二项目标是对现有民事法律规则予以完善,从而及时回应现实生活对于制定法提出的要求。就此而言,《民法典》第 990 条第 2 款的最后选择,即将我国现行法律体系中本来作为具体人格权的人身自由直接作为一般人格权的价值基础加以规定,可能会导致原本内涵外延相对比较清晰的人身自由概念以及相应的具体法律规则的理解适用出现混乱,因为同一概念既是一般人格权的价值基础,又是具体人格权本身,在理解与适用上难免会出现法律体系自身的背反,显然与第一项目标不完全吻合。因此,在《民法典》全面施行的背景下,如何在具体的理解与适用上区分《民法典》第 109 条以及第 990 条第 2 款在一般人格权价值基础的抽象意义上所使用的人身自由与《妇女权益保障法》第 19 条、《国家赔偿法》第 3 条、《消费者权益保护法》第 27 条、《劳动法》第 32 条等在具体人格权意义上所使用的人身自由,是学说理论与司法实务亟须解决的问题,另外对于该问题的解决也可以间接回应立法者编纂民法典所追求的科学化与体系化的规范目的。

四、人格权编基础概念的厘定

除法典具体表达形式上存在的问题外,关于人格权编各项具体规定所涉之基础概念,尤其是人格尊严、人身自由、人格权、其他人格权益等抽象概念究竟应作如何理解,才更能准确反映立法者的规范意旨,亦是学理与实务关注的重点与难点。

(一)人格尊严的规范内涵

人格尊严概念具有抽象性,其思想渊源历经长久的演变而极为丰富。[1] 对《民法典》第 990 条第 2 款规定的人格尊严概念的规范内涵的解释,应通过厘清其思想渊源来加以实现。另外,由于人格尊严概念的思想渊源丰富,并且各国的具体社会生活背景千差万别,各国法律实践中的

---

[1] 参见王泽鉴:《人格权法:法释义学、比较法、案例研究》,北京大学出版社 2013 年版,第 64 页。

人格尊严概念的思想渊源既有共通之处，亦有显著差异，[1]这就使得人格尊严概念的规范性内涵外延因国别的不同而有所区分，影响以人格尊严为价值基础的具体法律规则的理解与适用。例如，在通奸生子案中，德国法律实践通常认为婚姻中无过错方无权对方违反婚姻义务的行为而主张停止侵害请求权或者排除妨害婚姻请求权，[2]也不得向有过错的第三者主张《德国民法典》第 823 条第 1 款"其他权利"被侵害而生的损害赔偿责任。[3] 在德国联邦最高法院看来，如果于此情形下承认配偶关系中的受害人在这方面存在侵权法上的请求权，就会导致对个人自由包括离婚自由的侵害。[4] 法院认为，丈夫或妻子因婚姻而享有的权利并不完全属于《德国民法典》第 823 条第 1 款"其他权利"结合《德国基本法》第 1 条第 1 款人的尊严和第 2 条第 1 款的人格自由发展而生的一般人格权的保护范畴。[5] 在德国学理上看来，这是因为在婚姻内部的高度人身性形成领域，国家或法院的管控恰恰是无能为力的。其中所产生的问题必须要由配偶双方自己来克服；如果他们无法克服，可能就不得不离婚了。对于还可能产生余留下来的损失这一点，原则上只能归结为普遍生活风险了。[6] 对此，仅在例外情况下，如存在侵犯婚姻物理空间的行为时，无过错方被侵犯的"对婚姻物理空间的权利"才属于以人的尊严为价值基础的一般人格权的调整范畴。[7] 与德国司法实践对此种情形

---

〔1〕 参见郑贤君:《宪法"人格尊严"条款的规范地位之辨》，《中国法学》2012 年第 2 期，第 80 页。

〔2〕 参见[德]迪特尔·施瓦布:《德国家庭法》，王葆莳译，法律出版社 2022 年版，第 78 页。当然，也有少数观点认为，婚姻给予配偶保护婚姻共同体的绝对权。通奸粗暴地侵犯了婚姻无过错方的该项权利，违反忠实义务的婚姻过错方与第三者都负有赔偿由于侵犯婚姻所生损害的义务。Vgl. Eike v. Hippel, Schadensersatz bei Ehestörung, NJW 1965, S. 664.

〔3〕 Vgl. Hein Kötz/Gerhard Wagner, Deliktsrecht, 11. Aufl., Vahlen 2010, S. 72.

〔4〕 Vgl. BGH 21. 3. 1956, NJW 1956, S. 1149; BGH 30. 1. 1957, BGHZ 23, S. 215, 217-222; BGH 3. 11. 1971, BGHZ 57, S. 229, 231-233.

〔5〕 Vgl. Xiaofeng Zhu, Schadensersatz bei Ehebruch in Deutschland und China, Recht als Kultur, No. 12(2016), S. 169.

〔6〕 参见[德]玛丽娜·韦伦霍菲尔:《德国家庭法(第 6 版)》，雷巍巍译，中国人民大学出版社 2023 年版，第 74 页。

〔7〕 Vgl. Hein Kötz/Gerhard Wagner, Deliktsrecht, 11. Aufl., Vahlen 2010, S. 72.

下的人的尊严理解不同,我国法院通常会认为:在双方的婚姻关系存续期间,妻子与丈夫彼此之间负有忠实义务,妻子与他人通奸生子,违背了忠实义务,侵害了丈夫的人格尊严,对于无过错一方主张的精神损害赔偿请求权应予支持。[1] 这就意味着,对于《民法典》第 990 条第 2 款的人格尊严的思想渊源应在中国语境下进一步予以厘清,从而作为以之为基础的一般人格权条款理解适用的规范性指引。

我国宪法学理和民法学理一致同意,无论是《宪法》第 38 条还是《民法通则》(已失效)第 101 条,其对于人格尊严概念的明确承认都是对"文化大革命"中极端不尊重人如戴高帽、架飞机、挂铁牌、剃阴阳头、游街示众等践踏人格尊严行为的反思。[2] 但是,对现行法中人格尊严概念的思想渊源,则存在不同的观点。一般认为,我国现行法律体系中的人格尊严的思想渊源,既包括了对于我国历史上长久以来形成的并在当前社会生活实践中依然存在并发挥作用的朴素尊严观念的继承,[3] 也包括对于源自西方的人格尊严思想的有益成分的吸取。[4] 由于《民法典》第 109 条、990 条第 2 款的人格尊严与《宪法》第 38 条、《民法通则》(已失效)第 101 条一脉相承,于内在法律思想和外在概念体系上存在一致性。因此,对于《民法典》一般人格权条款的人格尊严的思想渊源亦应从相同源头来把握。从我国学说理论与司法实务上普遍运用并关注的对象来看,生发于我国传统社会并在当代生活中仍发挥作用的传统尊严观,源自西方但对当代中国社会生活产生重要影响的人文—启蒙主义思想中的人

---

[1] 参见陈某与张某离婚后损害责任纠纷案,河南省鹤壁市中级人民法院(2018)豫 06 民终 540 号民事判决书;吕某与刘某离婚纠纷案,吉林省白城市中级人民法院(2017)吉 08 民终 960 号民事判决书;刘某甲与何某侵权责任纠纷案,江苏省南通市中级人民法院(2016)苏 06 民终 1891 号民事判决书。

[2] 参见许崇德等编:《宪法》(第三版),中国人民大学出版社 2007 年版,第 222—223 页;王利明:《民法人格权编(草案室内稿)的亮点及改进思路》,《中国政法大学学报》2018 年第 4 期,第 122 页;于文豪:《基本权利》,江苏人民出版社 2016 年版,第 176 页。

[3] 参见朱晓峰:《中国语境下人格尊严的民法保护》,知识产权出版社 2019 年版,第 16 页。

[4] 参见许崇德等编:《宪法》(第三版),中国人民大学出版社 2007 年版,第 222—223 页;王利明:《人格权法中的人格尊严价值及其实现》,《清华法学》2013 年第 5 期,第 7 页。

格尊严观、康德思想中的人格尊严观以及马克思主义理论中的人格尊严观,构成理解和把握包括《民法典》第109条、第990条第2款在内的我国现行法律体系中的人格尊严之基础。

1. 我国的传统尊严观念

关于尊严概念,我国古已有之。[1] 我国传统尊严观认为人的地位崇高,既重视人的独立人格并肯定"贫者不食嗟来之食"的价值,也强调人的独立意志之于人的重要意义,如"匹夫不可夺志",更强调对他人的尊重,如坚持"己所不欲,勿施于人"的行为准则。我国传统的尊严观经由千百年的实践而浸入民族共同生活的一般社会观念中,并对当前的司法实践产生影响。司法实践中法院通常认为的"人格尊严是指作为一个人所应有的最起码的社会地位及应受到社会和他人最起码的尊重"[2],或者"人格尊严是指公民基于自己所处的社会环境、地位、声望、工作环境、家庭关系等各种客观条件而对自己或他人的人格价值或社会价值的认识和尊重"[3]等,这显然与我国传统的尊严观念存在契合点,即人格尊严存在于人际关系当中,与人被社会尊重的状态与程度相关,或者说,"人格尊严是人的主观认识和客观评价的结合,包括自我认识的主观因素,也包括社会和他人评价的客观评价和尊重,这两种因素结合在一起,才构成完整的人格尊严。"[4]而据此判断"人格尊严是否受到侵害,不能仅考虑该自然人的主观自尊感受,更要从客观角度考虑其在通常社会范围内所享有的作为'人'之最基本尊重是否被贬损;若是,则其人格尊严遭受侵害"[5]。因此,对人格尊严是否被侵犯的判断需强调人

---

[1] 参见朱晓峰:《中国语境下人格尊严的民法保护》,知识产权出版社2019年版,第17页。

[2] 张某红与袁某兰一般人格权纠纷案,山东省乳山市人民法院(2018)鲁1083民初2542号民事判决书;卢某梅与宋某一般人格权纠纷案,湖北省襄阳市中级人民法院(2019)鄂06民终2064号民事判决书。

[3] 李某君与周某英一般人格权纠纷案,辽宁省抚顺市中级人民法院(2018)辽04民终2330号民事判决书。

[4] 杨某与王某某一般人格权纠纷案,浙江省嘉兴市中级人民法院(2009)浙嘉民终字第250号民事判决书。

[5] 邵某某与广州网易计算机系统有限公司一般人格权纠纷案,山东省济宁市中级人民法院(2018)鲁08民终1462号民事判决书。

格尊严贬损的严重性,标准是"从客观角度考虑其在通常社会范围内所享有的人之尊严是否被严重贬损"[1],或者"要从客观角度考虑其在通常社会范围内所享有的作为'人'之最基本尊重是否被贬损"[2]。显然,这种实践立场与儒家思想所强调的人际关系中人之尊严的不可侵犯性和不可侮辱性是一致的。

2. 人文—启蒙主义思想中的人格尊严

人文主义—启蒙主义上承古希腊、古罗马哲学思想中关于人之尊严的理性思考,将人从上帝的从属地位中解放出来,从而把关注的焦点集中在人本身上,强调作为独立存在的人的尊严和精神自由。[3] 对此主要表现在两个方面:第一是意志自由,人文主义认为人的尊严来自人的形象并没有被先天地规定下来,而是可以通过道德自律、意志自由来不断进取,从而实现自己的完美;[4]第二是自然平等,启蒙思想家们认为:"每个人在他或她自己的身上都是有价值的——仍用文艺复兴时期的话,叫作人的尊严——其他一切价值的根源和人权的根源就是对此的尊重。"[5]对于人文主义—启蒙主义思想家的贡献,我国当前法学理论也明确承认。我国学理认为,若从法学角度看,现代法律实践中的居于权利保护之核心位置的人格尊严的主要内容,是在17至18世纪从传统到现代社会的转型过程中,由启蒙思想家从自然法理论中发展出来的。[6]人文主义—启蒙主义思想家从人的自然权利、人的自然平等、自然理性等方面对人格尊严所做的论述,为后来的人格尊严理论与实践的深入展开提供了新的视角。事实上,在我国当代的法律实践中,将人格平等与人格尊严联系起来作为理解和适用《民法典》第109条、第990条第2款的正

---

[1] 张某红与袁某兰一般人格权纠纷案,山东省威海市中级人民法院(2018)鲁10民终2423号民事判决书。

[2] 刘某昕与上海吉祥航空股份有限公司一般人格权纠纷案,上海市第一中级人民法院(2017)沪01民终4146号民事判决书。

[3] 参见孟广林:《欧洲文艺复兴史·哲学卷》,人民出版社2008年,第27页。

[4] 参见成海鹰:《人的尊严与人的异化》,《哲学动态》2012年第3期,第78页。

[5] [英]阿伦·布洛克:《西方人文主义传统》,董乐山译,生活·读书·新知三联书店1997年版,第234页。

[6] 参见王利明:《人格权法中的人格尊严价值及其实现》,《清华法学》2013年第5期,第7页。

当性论证依据,已经被我国司法实务普遍接受。一方面,司法实践普遍认为民法上一般人格权的价值基础包括人格尊严、人格平等在内;[1]另一方面,司法实践还认为"公民的人格尊严是平等的"[2],若行为人未将与之交往的自然人"视为平等的、具有人格尊严的民事主体进行对待",即会构成对他人以人格尊严为价值基础的一般人格权的侵犯。[3]甚至还有法院将人格尊严视为自然人的自然权利,认为"自然人的人格尊严即人格权是一项民事基本权利,其与个人的属性终生相随,直至其死亡或消灭"[4]。因此,与作为该基本权利的人格尊严相对的是,"对他人的人格尊重是一个文明社会所有人应当负担的基本义务"[5]。显然,我国当前法律实践中无论将人格尊严作为自然人的自然权利还是将人格尊严与自然平等联系起来理解并适用,实质上都与发轫于人文主义—启蒙主义的人格尊严观存在内在的联系。正是在此意义上,我国学理所承认的现代法律实践中居于权利保护之核心位置的人格尊严的主要内容是由启蒙思想家从自然法理论中发展出来的观点,[6]存在着现实基础。

3. 康德思想中的人格尊严

康德在对以往的关于人之理性的讨论展开批判的基础上,进一步深化了人的尊严与理性的内在关系,巩固了理性作为人格尊严之基础的地位。[7]康德的人的尊严理论体系,主要包括三个方面:第一是人自身的尊

---

[1] 参见江某某与江某某一般人格权纠纷案,上海市第一中级人民法院(2014)沪一中民一(民)终字第2315号民事判决书;郑某荣等与陈某娇名誉权纠纷案,广东省广宁县人民法院(2016)粤1223民初914号民事判决书。

[2] 王某诉钱某娜等侵犯名誉权案,上海市黄浦区人民法院(2003)黄民一(民)初字第620号民事判决书。

[3] 江某某与江某某一般人格权纠纷案,上海市第一中级人民法院(2014)沪一中民一(民)终字第2315号民事判决书。

[4] 参见梁某与王某等排除妨害纠纷上诉案,上海市第一中级人民法院(2018)沪01民终508号民事判决书。

[5] 参见茅某芳与罗某蓬等案,上海市第一中级人民法院(2000)民初字第301号民事判决书。

[6] 参见王利明:《人格权法中的人格尊严价值及其实现》,《清华法学》2013年第5期,第7页。

[7] 参见王福玲:《探析康德尊严思想的历史地位》,《哲学研究》2013年第11期,第83页。

严,康德认为,理性既是人之先天的认识能力,也是人之所以高贵和得享尊严的基础,人因理性而享有尊严;[1]第二是人与人的关系中存在的尊严,康德认为"每个具有理性的东西都须服从这样的规律,不论是谁在任何时候都不应该把自己和他人仅仅当作工具,而应该永远看作自身就是目的"[2];第三是人与国家的关系中存在的尊严,康德认为国家对个人负有这样的义务,即"必须把公民看作是该国的成员,有参与立法的权利,不能仅仅作为是别人的工具,他们自身的存在就是目的"[3]。经由康德论述和完善的人格尊严思想,对于我国当前法律实践理解和运用以人格尊严为价值基础的一般人格权条款即《民法典》第 990 条第 2 款具有重要价值。当前司法实践中法院将人格尊严与人本身联系起来,强调人格尊严是"民事主体作为一个'人'所应有的最起码的社会地位并且应受到社会和他人最起码的尊重"[4],或者是"自然人作为人所应受到社会和他人的尊重"[5],或者是"民事主体作为'人'所应有的最基本的社会地位、社会评价,并得到最起码尊重的权利"[6]。在法院看来,自然人作为人本身而言只能是主体,这就意味着"人不能被矮化为商品交换的对象,人的怀孕、生产及抚育过程不是机械的物质生产过程,其成本不应该也不能用金钱来衡量",而将自己生育的未成年子女予以出卖就侵犯了作为主体的人的尊严。[7]

---

[1] 参见胡玉鸿:《"人的尊严"思想的法律意蕴》,《江苏行政学院学报》2005 年第 4 期,第 102 页。

[2] 参见[德]伊曼努尔·康德:《道德形而上学原理》,苗力田译,上海人民出版社 2010 年版,第 40 页。

[3] 参见[德]康德:《法的形而上学原理——权利的科学》,沈叔平译,商务印书馆 1991 年版,第 139 页。

[4] 夏某华与孙某苹一般人格权纠纷案,上海市第二中级人民法院(2009)沪二中民一(民)终字第 451 号民事判决书。

[5] 雷某与徐某明一般人格权纠纷案,四川省成都市中级人民法院(2018)川 01 民终 15876 号民事判决书。

[6] 卞广付与吴某华健康权、一般人格权纠纷上诉案,江苏省泰州市中级人民法院(2017)苏 12 民终 472 号民事判决书。

[7] 参见惠某虎、李某勤拐卖儿童案,北京市海淀区人民法院(2009)海刑初字第 3351 号刑事裁定书;北京市第一中级人民法院(2010)一中刑终字第 628 号刑事裁定书,载周维平:《出卖亲生子女的定性与处罚》,《人民司法·案例》2011 年第 6 期;杨某志诈骗、抢劫案,安徽省淮南市中级人民法院(2018)皖 04 刑终 16 号刑事裁定书。

4. 马克思主义思想中的人格尊严

尽管马克思主义人格尊严观与西方传统人格尊严思想之间具有内在的渊源,[1]但与西方传统尊严观不同的是,马克思主义尊严观首先强调人格尊严的物质资料基础。[2] 马克思认为人的本质乃一切社会关系的总和,[3]因此应承认人格尊严的社会属性,即人格尊严既包含个人的高尚品质,也包含着通过他的活动和他的一切努力所得到的社会共同体恰当的承认。[4] 从学理上已取得的共识来看,马克思主义思想中人格尊严观的理解主要包括三个维度:第一是历史维度下的人格尊严观。在马克思主义思想的历史观中,"人格尊严是随着人类社会的逐步解放、不断摆脱人对人的奴役与压迫的社会条件而得以实现的"[5];第二是阶级维度下的人格尊严观,在马克思看来,"在阶级社会中,人的尊严的实际享有具有鲜明的阶级性,不存在普遍的、抽象的尊严,不存在超阶级、超历史的尊严,人的尊严在每一阶级社会中都是具体的"[6];第三是社会维度下的人格尊严观,马克思认为"人的尊严是在共同体中实现的。人格尊严需要人与人的互相尊重为前提,相互之间的尊重又是以个人的自尊为前提,自尊以尊人"。[7] 这种人格尊严观将对人格尊严的理解与历史、阶级以及社会联系起来,对我国当代法治实践关于人格尊严的保护产生了深刻影响。例如,关于人格尊严的历史属性和阶级属性,在司法实践中通常通过法院这样的具体表述体现出来,即"人格尊严是指公民基于自己所处的社会环境、地位、声望、工作环境、家庭关系等各种客观条件而对

---

[1] 参见《马克思恩格斯全集》(第四十卷),中共中央马克思恩格斯列宁斯大林著作编译局译,人民出版社1982年版,第6页。

[2] 参见《马克思恩格斯选集》(第一卷),中共中央马克思恩格斯列宁斯大林著作编译局编,人民出版社1972年版,第30页。

[3] 参见《马克思恩格斯选集》(第一卷),中共中央马克思恩格斯列宁斯大林著作编译局编,人民出版社1972年版,第18页。

[4] 参见程新宇:《活得有尊严:个人的责任和社会的责任》,《哲学动态》2014年第4期,第74页。

[5] 龚群:《论人的尊严》,《天津社会科学》2011年第2期,第18页。

[6] 李怡、易明:《论马克思的尊严观》,《马克思主义研究》2011年第10期,第96页。

[7] 龚群:《论人的尊严》,《天津社会科学》2011年第2期,第18页。

自己或他人的人格价值或社会价值的认识和尊重"[1]"同样的侵权行为因公民的人格价值不同,其侵权的社会后果可能会有所不同"[2]。关于人格尊严的社会属性,通常体现在法院这样的表述中,即"人格尊严的内容包含权利主体自身的人格价值和社会价值得到他人的认识和尊重"[3]。依据这一观点,"人格尊严具有主观因素,又具有客观因素,其中主观因素反映的是民事主体对自身价值的认识,客观因素是他人、社会对特定主体作为人的尊重,是对人的价值的评价,故人格尊严是否受到侵犯,应以人的主观认识和客观评价相结合作为判断的标准"[4]。也就是说,"人格尊严是人的主观认识和客观评价的结合,包括自我认识的主观因素,也包括社会和他人评价的客观评价和尊重,这两种因素结合在一起,才构成完整的人格尊严"[5]。因此,司法实践中"判断自然人人格尊严是否受到侵害,不能仅考虑该自然人的主观自尊感受,更要从客观角度考虑其在通常社会范围内所享有的作为'人'之最基本尊重是否被贬损;如果是,则其人格尊严遭受侵害"[6]。

(二)人身自由的规范内涵

对《民法典》第990条第2款规定的"人身自由"的具体理解,既涉及对《民法典》内部概念如人身自由和行动自由、人身自由和人格尊严等的

---

[1] 李某君与周某英一般人格权纠纷案,辽宁省抚顺市中级人民法院(2018)辽04民终2330号民事判决书。

[2] 王某与钱某娜等侵犯名誉权案,上海市黄浦区人民法院(2003)黄民一(民)初字第620号民事判决书。

[3] 徐某与北京燕莎中心有限公司侵犯人格权案,北京市朝阳区人民法院(2000)朝民初字第120号民事判决书。

[4] 胡某卫与于某亮一般人格权纠纷案,天津市第二中级人民法院(2015)二中民一终字第1388号民事判决书;曾某祺与龙海市某中心小学人格权纠纷案,福建省龙海市人民法院(2012)龙民初字第2835号民事判决书;杨某与北京天九伟业文化传媒有限公司侵犯人格权案,北京市东城区人民法院(2004)东民初字第3244号民事判决书。

[5] 杨某与王某某一般人格权纠纷案,浙江省嘉兴市中级人民法院(2009)浙嘉民终字第250号民事判决书。

[6] 邵某某与广州网易计算机系统有限公司一般人格权纠纷案,山东省济宁市中级人民法院(2018)鲁08民终1462号民事判决书。

规范关系的认定问题,也涉及对现行法律外部体系概念、规则彼此之间的规范关系处理,尤其是与《宪法》第37条的人身自由、第38条的人格尊严之间的规范关系处理问题,还涉及以人身自由为价值基础的一般人格权的涵摄能力以及与此相关的立法目的的实现问题等,因此应仔细斟酌。

1. 人身自由内涵的理论分歧及评析

在《民法典》颁布后,对于第990条第2款中规定的人身自由究竟应当如何理解,在学理上仍存在分歧。

(1)人身自由误用论

该观点是法典编纂过程中的人身自由否定论的延续,其认为《民法典》第990条第2款将人身自由作为一般人格权的价值基础是一种失误,因为能产生其他人格权益的只能是抽象的人格自由而非人身自由,后者是具体人格权,包括身体的行动自由和意志的思维自由,或者说人身自由作为一种独立的主观权利、具体人格权,不能成为另一个独立主观权利的渊源。[1] 依据该观点,《民法典》第990条第2款作为一般人格权价值基础的只能是人格尊严,或者人格尊严所代表的就是一般人格权,人格尊严是一般人格权的代名词。但对如何处理《民法典》第990条第2款规定的人身自由与人格尊严之间的关系,该观点并未予以说明。

(2)一般性自由论

该观点认为,《民法典》第990条第2款的人身自由既包括身体自由即自然人行动自由不受非法限制、身体不受非法搜查、不受非法逮捕和拘禁等,也包括自然人自主决定自由、住宅不受侵犯、通信自由和通信秘密受法律保护、婚姻自主权等,[2] 是自然人自主参加各项社会活动、参与各种社会关系、行使其他人身财产权利的基本保障。在该观点内部,又可基于对人身自由和人格尊严的不同认识而区分为两种:

一种是将人身自由与人格尊严并列对待,认为《民法典》第990条第2款的人身自由和人格尊严含义非常广泛,所有人格权都以这两种价值为基础,都是这两种价值的具体表现,它们共同构成认定新型人格权益的

---

[1] 参见陈甦、谢鸿飞主编:《民法典评注·人格权编》,中国法制出版社2020年版,第76页。

[2] 参见最高人民法院民法典贯彻实施工作领导小组主编:《中华人民共和国民法典人格权编理解与适用》,人民法院出版社2020年版,第25页。

根本标准,具有权利创设、价值指引和兜底保护等多重功能。[1] 该观点将人身自由作为一般性自由对待,并且在规范功能上与人格尊严并列,认为现行法律体系中的其他具体法律规则所使用的人身自由通过《民法典》第990条第2款而获得了抽象性的一般意义,在理解与适用上能够与人格尊严同等对待。

另一种虽然将人身自由作为一般人格权的价值基础对待,[2] 承认《民法典》第990条第2款的既有规定而未如人身自由误用论一样直接否定人身自由的一般人格权属性,但与将人格尊严与人身自由依其文义完全并列的观点不同,其并不认为人身自由与人格尊严居于同等地位,于此其又抛开《民法典》第990条第2款的文义而认为人格尊严是自然人行使其他一切权利的前提和基础,构成其他人格权的渊源性权利。[3] 显然,这一观点折中了前述两种观点,一方面尊重《民法典》的已有规定而认为第990条第2款的人身自由构成一般人格权的价值基础,另一方面又受思想观念史上关于人格尊严和人身自由二者关系的定位而忽略《民法典》第990条第2款将二者并列规定的做法,认为人格尊严构成所有人格权的价值基础,作为一般人格权之价值基础的人身自由只是人格尊严的一种重要表现形式。

除前述三种直接讨论《民法典》第990条第2款的人身自由概念的内涵外延与性质的理论观点外,学理上还有观点从宪法权利与民事权利之间的规范关系的视角来讨论作为《民法典》所保护的人格权益的价值基础是人身自由尤其是人格尊严,但未讨论人身自由本体以及其与人格尊严和作为具体人格权的人身自由之间的规范关系。[4]

(3)简要评析

在《民法典》第990条第2款已将人身自由与人格尊严共同作为一般人格权的价值基础予以承认的背景下,在具体理解和适用第990条第2款

---

〔1〕 参见黄薇主编:《中华人民共和国民法典人格权编解读》,中国法制出版社2020年版,第16—17页。

〔2〕 参见王利明、程啸、朱虎:《中华人民共和国民法典人格权编释义》,中国法制出版社2020年版,第33页。

〔3〕 参见杨立新:《人格权法》,法律出版社2020年版,第71页。

〔4〕 参见曹相见、杜生一、侯圣贺编著:《〈中华人民共和国民法典·人格权编〉释义》,人民出版社2020年版,第10—11页。

的人身自由概念时,无论是第一种观点所持的误用论还是无视该款的具体规定而直接以人格尊严作为一般人格权的价值基础,都无益于问题的解决。一般性自由论中将《民法典》第990条第2款规定的人身自由与人格尊严在规范功能上同等对待的观点,在形式上符合该款的文义表述,但缺乏人身自由与人格尊严内在规范关系上的有力论证来证成二者的此种关系,并且也未解决现行法律体系下规定在《民法典》一般人格权条款中的"人身自由"与规定在其他制定法中的作为具体人格权的"人身自由""行动自由""婚姻自主权"等具体的自由类型在具体适用上的规范关系。相比较而言,一般性自由论中的折中性观点既承认《民法典》第990条第2款规定的人身自由是一般人格权的价值基础,又未将之与具有高度抽象意义的人格尊严完全等同对待,可能更能经受得住来自学理的诘难。但问题是,该观点没有厘定作为一般人格权价值基础的人身自由与作为具体人格权的人身自由二者之间的关系,也没有清晰界定在《民法典》第990条第2款内部的人身自由与人格尊严二者之间的具体规范关系,因此对于本款规定的人身自由的规范内涵之界定仍有进一步考量的空间。

2. 人身自由规范内涵的厘定途径

(1) 人格尊严是一般人格权的首要价值基础

事实上,在《民法典》第109条以及第990条第2款已经将人身自由与人格尊严共同作为民法一般人格权的价值基础予以宣示的背景下,既不能如人身自由误用论一样直接否定或者无视《民法典》的这种规定,否则可能构成对于制定法本身权威性的戕害,也不能如一般性自由论中的完全等同对待论一样直接从文义出发,将《民法典》第990条第2款规定的人身自由与人格尊严两种基本价值并列以观。因为无论是现行法律体系内人身自由既作为一般人格权之价值基础也作为具体人格权的基本现状,还是已公开的《民法典》颁布前后的立法资料以及《民法典》颁布后对于全面理解和实施《民法典》具有重要指导意义的文件,都没有将人身自由与人格尊严置于同等重要的位置。前者如全国人大常委会法制工作委员会主任沈春耀同志2018年8月27日在第十三届全国人民代表大会常务委员会第五次会议上作的《关于〈民法典各分编(草案)〉的说明》即明确指出:"人格权是民事主体对其特定的人格利益享有的权利,关系到每个人的人格尊严,是民事主体最基本、最重要的权利。保护人格权、维护人格尊严,是我国法治建设的重要任务……落实宪法关于'公民的人格尊严不受侵犯'的要求。"[1]全国人民代表大会常务委员会副委员长王晨同志2020年5月22日在第十三届全国人民代表大会第三次会议上所作的《关于〈中华人民共和国民法典(草案)〉的说明》继续维持了前述立场;[2]后者如习近平总书记2020年5月29日在中央政治局第二十次集体学习时的讲话、并在同年6月16日发表的《充分认识颁布实施民法典重大意义 依法更好保障人民合法权益》重要文章,其中即明确指出"民法典系统整合了新中国70多年来长期实践形成的民事法律规范……是一部体现对生命健康、财产安全、交易便利、生活幸福、人格尊严等各方面权利平等保护的民法典"[3]。显然,这些权威性文件所展现出来的基本图像是:人格尊严是《民法典》所保护的人格权的基石所在,具有更基础的价值和地位,而人身自由则并未被置于同等重要的位置。这一图像与现行法律秩序中的既有规定特别是与《宪法》和《民法典》中关于人格尊严和人身自由的具体规定既有相契合的部分,也有迥异的内容,由此直观性地反映了1982年《宪法》规定人格尊严、人身自由以来的法律实践与学说理论对于该法规定的人格尊严、人身自由的继承与发展演进。因此,从法秩序内外在体系融贯的角度来看,在我国现行法律体系下,应将《民法典》第990条第2款人身自由和人格尊严的规范关系与《宪法》第37条的人身自由条款以及第38条人格尊严条款联系起来进行体系解释,将《民法典》对人格权的保护作为《宪法》确立的基本价值及一般法律思想在民事领域的具体展开来理解。[4]

(2)民法上的人身自由与基本权利的规范关系

对于《宪法》第37条规定的人身自由,我国宪法学理普遍认为其核心内涵是自然人人身不受非法侵犯、自主支配身体的自由,在外延上第

---

[1] 沈春耀:《关于〈民法典各分编(草案)〉的说明——2018年8月27日在第十三届全国人民代表大会常务委员会第五次会议上》,载《民法典立法背景与观点全集》编写组:《民法典立法背景与观点全集》,法律出版社2020年版,第21页。

[2] 参见王晨:《关于〈中华人民共和国民法典(草案)〉的说明——2020年5月22日在第十三届全国人民代表大会第三次会议上》,载《民法典立法背景与观点全集》编写组:《民法典立法背景与观点全集》,法律出版社2020年版,第13页。

[3] 习近平:《充分认识颁布实施民法典重大意义 依法更好保障人民合法权益》,《求是》2020年第12期。

[4] 参见刘召成:《基本权利对民法人格权构造的发展与限定》,《福建师范大学学报(哲学社会科学版)》2020年第5期,第148页。

37 条的狭义人身自由与第 39 条的住宅不受侵犯、第 40 条的通信秘密和通信自由等共同构成广义的人身自由。[1] 宪法学上的这种广义人身自由论观点与前述民法学上关于《民法典》第 990 条第 2 款规定的人身自由属于一般性自由的立场之间并无本质分歧,由此对把《民法典》第 990 条第 2 款规定的人身自由理解为一种一般性自由的观点提供了宪法上的论证基础。相比较而言,对于《宪法》第 38 条的人格尊严以及其与第 37 条的人身自由之间的关系,宪法学理则存在广泛分歧:

第一,具体的基本权利说认为,根据宪法解释的方法,只能将第 38 条作为一个具体的基本权利理解,其与第 37 条的人身自由、第 39 条的住宅权、第 40 条的通信秘密和自由并列存在于广义的人身自由规范体系之下。[2] 该观点被认为构成我国当前宪法学理的多数说。[3]

第二,内部规范地位统摄说认为,无论从《宪法》第 38 条所处的位置、规范的表达方式还是立宪修宪的历史来看,"人格尊严并不构成我国宪法上的一项具有根本性的、贯穿整部宪法的价值",其目前只是我国宪法上的与人身自由等并列的一项重要的基本权利,要使该条规定的人格尊严成为整个基本权利体系的基础,只能通过修改宪法来完成。[4]

第三,双重规范地位统摄说认为,《宪法》第 38 条前半段即"中华人民共和国公民的人格尊严不受侵犯",可以理解为一个相对独立的规范性语句表达了类似于《德国基本法》第 1 条第 1 款的"人的尊严"那样的具有基础性价值的一般法律思想,从而能够作为我国宪法上基本权利体系的出发点和渊源。[5]

第四,一般人格权说认为,由于人与人格、人的尊严与人格尊严存在不

---

〔1〕 参见胡锦光、韩大元:《中国宪法》(第二版),法律出版社 2007 年版,第 277 页;《宪法学》编写组:《宪法学》,高等教育出版社、人民出版社 2011 年版,第 221 页;于文豪:《基本权利》,江苏人民出版社 2016 年版,第 173 页。

〔2〕 参见郑贤君:《宪法"人格尊严"条款的规范地位之辨》,《中国法学》2012 年第 2 期,第 79 页。

〔3〕 参见王旭:《宪法上的尊严理论及其体系化》,《法学研究》2016 年第 1 期,第 37 页。

〔4〕 参见谢立斌:《中德比较宪法视野下的人格尊严——兼与林来梵教授商榷》,《政法论坛》2010 年第 4 期,第 53 页;胡玉鸿:《我国现行法中关于人的尊严之规定的完善》,《法商研究》2017 年第 1 期,第 3 页。

〔5〕 参见林来梵:《人的尊严与人格尊严——兼论中国宪法第 38 条的解释方案》,《浙江社会科学》2008 年第 3 期,第 47 页。

同,因此我国《宪法》第38条规定的"人格尊严"无法与《德国基本法》第1条第1款规定的"人的尊严"进行简单的类比或者等同,该条将人格与尊严放在一起,只是为了提高人格权的保护力度,在本质上是一般人格权。[1]

第五,价值相互构成说认为,从价值上的相互构成与支撑视角来看,在《宪法》第38条的内部关系上,可以用前句统摄后句,形成原则对规则的拘束;在第38条的外部关系上,一方面可以用第38条的人格尊严作为第37条的人身自由与安全、第39条的住宅安全、第40条的通信秘密和自由的正当性基础,另一方面人格尊严也可以成为这三个条文规定的基本权利的构成性要素。在此基础上,该说认为人格尊严构成了这些权利的基础。[2]

可以说,囿于具体的制宪历史背景,我国现行《宪法》第38条规定的人格尊严与第37条规定的人身自由、第39条规定的住宅安全等在立法者初始的设定中都是以具体的基本权利形象出现的。只是后来随着时代的发展,这种把人格尊严的意涵限定在与侮辱、诽谤等相关的侵犯名誉权、荣誉权、隐私权等权利的狭窄范围内已经不能满足现实生活对制定法的需求了。在此背景下,学理希冀通过解释跳出宪法文本的窠臼,从而在更具基础价值的意义上理解人格尊严,以有效回应现实生活的要求。因此,除了具体的基本权利说,其他观点都希望突破文本的限制而将《宪法》第38条的人格尊严作为一种比第37条的人身自由更具有基础性地位的基本权利来对待。依据这些观点,无论是将第38条的人格尊严作为所有基本权利的渊源而使之成为贯穿现行法秩序的一般法律思想,还是将之作为宪法上的一般人格权并通过《民法典》中的人格权一般保护条款而投射到民事法律关系领域,都可以将第37条的人身自由涵摄其中。这种以人格尊严作为现行法秩序元价值的观念被《民法典各分编征求意见稿》接受,其明确以人格尊严作为一般人格权的价值基础,[3]没有再像《民法总则》

---

[1] 参见王锴:《论宪法上的一般人格权及其对民法的影响》,《中国法学》2017年第3期,第102页;上官丕亮、薛洁:《宪法上人格尊严与民法上人格尊严的相异与交互》,《湘潭大学学报(哲学社会科学版)》2019年第6期,第56页。

[2] 参见王旭:《宪法上的尊严理论及其体系化》,《法学研究》2016年第1期,第37页。

[3] 参见何勤华、李秀清、陈颐编:《新中国民法典草案总览(增订本)续编》,北京大学出版社2020年版,第186页。

(已失效)第109条一样将人身自由与人格尊严共同作为一般人格权的价值基础。尽管后来立法者为保持法典概念体系在外在形式上的一致性而再次将人身自由与人格尊严并列,共同作为第990条第2款规定的一般人格权的价值基础,但前述以人格尊严作为贯穿现行法秩序的一般性法律思想的观点却被立法者在其他场合明白无误地表达出来,[1]这就为围绕人格尊严理解《民法典》中作为一般人格权之价值基础的诸法律价值之间的规范关系提供了可能。

具体来讲,一方面,《民法典》第990条第2款所使用的人格尊严概念虽然脱胎于宪法,但其内涵实质上已经突破了1982年《宪法》制定者通过第38条赋予人格尊严的狭窄范围,并且能在新的时代背景下作为贯穿《民法典》的价值基础和一般法律思想;另一方面,囿于前见及现行法律规范既有概念的运用传统等因素,更具基础价值的概念如人格自由等未被立法者作为民法上一般人格权的价值而获得承认,人身自由这一现行法律体系中仅被作为具体权利对待的概念却又被立法者作为民法上一般人格权的价值而与更具基础性价值的人格尊严并列规定,这也是《民法典》颁布之后人身自由误用论所诟病的关键所在。在此背景下,若从法秩序外在体系的科学性与合体系性视角进行评价,在《民法典》第990条第2款已经明确规定"自然人享有基于人身自由、人格尊严产生的其他人格权益"的背景下,基于对制定法权威的维护和对该条文义的基本解释,一方面应如一般性自由论中的折中观点一样,重新认识现行法律体系下的人身自由概念而如宪法学理上一样在广义上承认人身自由具有一般人格权的性质,从而在外在体系上和人格尊严并列共同作为一般人格权的价值基础;另一方面,从历史解释、目的解释的视角来看,于此亦不能僵化地严守《民法典》第990条第2款的文义而认为人身自由与人格尊严是并列的、处于同等重要位置的基本价值,否则会与立法者通过人格尊严创设一般人格权的目的相违背。这实质上就要求,在理解《民法典》第990

---

[1] 参见沈春耀:《关于〈民法典各分编(草案)〉的说明——2018年8月27日在第十三届全国人民代表大会常务委员会第五次会议上》,载《民法典立法背景与观点全集》编写组:《民法典立法背景与观点全集》,法律出版社2020年版,第21页;王晨:《关于〈中华人民共和国民法典(草案)〉的说明——2020年5月22日在十三届全国人民代表大会第三次会议上》,载《民法典立法背景与观点全集》编写组:《民法典立法背景与观点全集》,法律出版社2020年版,第13页。

条第 2 款规定的一般人格权的价值基础时,既要承认人身自由作为一般人格权的价值基础,也要明确人身自由与人格尊严的规范关系,而不把前者作为与后者同等重要的价值基础,或者说在坚持"人格尊严在法治国具有元价值"的前提下,[1]来理解同样作为一般人格权之价值基础的人身自由与人格尊严的规范关系及其规范内涵。

(3)在人格尊严的基础上理解人身自由的比较法经验

事实上,将人格尊严作为法秩序的元价值而以之为基础来理解作为民法上一般人格权价值基础的人格尊严与人格自由的规范关系并进而确定后者的规范内涵,在比较法上亦不乏先例。例如,德国民法一般人格权的价值基础虽然是《德国基本法》第 1 条第 1 款的"人的尊严"和第 2 条第 1 款的"人格自由发展"。[2]但在德国现行法律体系中,人的尊严和人格自由发展在法律价值体系中并不是并列关系。在《德国基本法》确立的法律价值体系中,人的尊严是整个基本权利体系的基础,是不能触碰的基本权利,[3]而人格自由发展是以人的尊严的实现为核心目的的重要基本权利。保障人格自由发展,是为了充分实现人的尊严。因此,受人的尊严所包含的相互尊重原则及经济社会发展现状所限,人格自由发展实质上是一种社会发展中的自由,既要求自然人对自己负责,也应当对社会中的其他人负责。[4]这就表明,德国民法上一般人格权的价值基础即人的尊严和人格自由发展二者之间的规范关系是:内含内在自由和外在自由以及以自我决定的人格自由发展以人的尊严为基础,保护人格自由发展是为了人的尊严的实现,应当在人的尊严框架下为人格自由发展提供充分的法律保护。[5]这种规范关系具体表现为:一方面,人的尊严除了自然人内外在自由的自主实现,还包括自然人所担负的社会责任与社会中其他每个人自我

---

[1] 齐延平:《论作为法治价值基础的"人的尊严"》,《江苏行政学院学报》2011 年第 1 期,第 126 页。

[2] Vgl. Hein Kötz/Gerhard Wagner, Deliktsrecht, Vahlen, 2010, S. 152.

[3] Vgl. Philip Kunig, Art. 1〔Würde des Menschen, Grundrechtsbindung〕im: Münch/Kunig Hrsg., Grundgesetz Kommentar: Bd. 1, C.H. Beck, 2000, S. 65.

[4] Vgl. Christian Starck, Vom Grund des Grundgesetzes, Fromm Druckhaus, 1983, S. 35, 70.

[5] 参见朱晓峰:《民法一般人格权的价值基础与表达方式》,《比较法研究》2019 年第 2 期,第 68 页。

的自主实现相统一;另一方面,抽象的人的尊严主要经由人格自由发展来体现,人的尊严为人格自由发展的运用提供正当性说明。[1] 同时,考虑到精神性人格自由的内部构造无法为现实生活中的自然人的权利保护请求提供清晰的保护界限,因此作为民法上一般人格权之价值基础的人格自由发展主要指向一般性的行为自由,其包括人之行动的所有表现形式或生活领域,构成其他自由权的补充性的一般自由权。[2]

(4)在人身自由与人格尊严的规范关系中确定人身自由

德国法上的实践经验表明,将更具有一般性的人格自由放在人的尊严的范畴之下,在人格自由与人的尊严的内在规范关系中来确定人格自由作为民法上一般人格权的价值基础的属性与边界,既可以使人格自由的内涵与行使界限得以确定,亦可以使人的尊严的内涵更为丰富,从而使之摆脱人的尊严无用论者所诟病的人的尊严的空洞性问题。[3] 以此为借鉴,即使《宪法》第 37 条的人身自由和第 38 条的人格尊严都是具体的基本权利而不具有《德国基本法》上第 1 条第 1 款人的尊严和第 2 条第 1 款人格自由发展在整个法秩序中的价值与规范地位,[4] 但在《民法典》第 109 条将人身自由、人格尊严明确予以规定并置于"民事权利"章的首要位置以提纲挈领,作为一般人格权乃至整个民事权利体系的价值基础予以宣示之后,实质上就已经实现了人身自由、人格尊严的权利性质和规范地位的转化,[5] 使之成了贯穿以《民法典》为核心的整个民事法律体系的价值基础或一般法律思想,确定了民法保护以人身自由、人格尊严为基础而生的民事权益的法律基础。

这样,《民法典》第 990 条第 2 款规定的作为一般人格权之价值基础的人身自由、人格尊严即可被理解为对《民法典》第 109 条规定的民法基

---

[1] 参见马平:《尊严与自由:宪法的价值灵魂——评艾伯乐的〈尊严与自由〉》,《环球法律评论》2010 年第 1 期,第 155—156 页。

[2] Vgl. Rolf Schmidt, Grundrechte 12. Aufl., Dr. Rolf Schmidt, 2010, S. 102 f.

[3] 参见郑玉双:《人的尊严的价值证成与法理构造》,《比较法研究》2019 年第 5 期,第 170 页。

[4] 参见刘志刚:《人格尊严的宪法意义》,《中国法学》2007 年第 1 期,第 37 页;王锴:《论宪法上的一般人格权及其对民法的影响》,《中国法学》2017 年第 3 期,第 102 页。

[5] 参见杨立新:《人身自由与人格尊严:从公权利到私权利的转变》,《现代法学》2018 年第 3 期,第 13 页。

本价值在人格权领域的进一步宣示和强调。[1] 并且在人身自由、人格尊严内部关系的规范解释上,《民法典》也为把人格尊严理解为一种更具基础性的法律价值而将人身自由作为该基础性价值的具体化提供了可能。事实上,正如学理上有观点已正确指出的那样,人格尊严是一个具有普遍性和抽象性但不具有实践指引性的薄概念,其虽然不能对具体行动提供具体确定的指引,但却可以为之提供正当性论证,因为其在当代社会背景下构成用以论证行为正当性的伦理道德体系和道德话语的核心;与之相比,人身自由是一个在实践中具有世界指向性和实践指引性的厚概念,在指引具体行动的论证中,作为薄概念的人格尊严可以为作为厚概念的人身自由提供正当性论证,从而为人身自由概念使用边界的确定提供伦理道德上的支持。[2] 当然,人身自由和人格尊严这种厚概念与薄概念之间,在实践与体系论证上存在的规范关系,也可以进一步丰富人格尊严的内涵,克服由人格尊严抽象性、普遍性导致的空洞和不确定的问题。[3]

(三)人格权的属性及区别处理

关于人格权的属性,学理与实务上争议较大的是其支配性和法定性。对人格权编相关规则的准确理解与适用,应在厘清人格权是否具备支配性和法定性的基础上来展开。

1. 人格权的享有及其支配性

在人格权的实现过程中,可以依据主体实现其人格权的方式不同,而将其因人格权的享有而生的民事关系区分为如下类型:

第一种是主体依自主意志发展并完善自身,以实现人格全面自由之发展并彰显其作为独立个体所存在的价值。虽然通常情形下这只会要求国家为个人相应人格之自由全面发展创造教育、就业、医疗、养老等方面的便利空间并完善配套设施,而不会要求其他民事主体为其人格全面自

---

[1] 参见张红:《〈民法典各分编(草案)〉人格权编评析》,《法学评论》2019 年第 1 期,第 106 页。

[2] 参见[英]B. 威廉斯:《伦理学与哲学的限度》,陈嘉映译,商务印书馆 2017 年版,第 169—170 页。

[3] 参见郑玉双:《人的尊严的价值证成与法理构造》,《比较法研究》2019 年第 5 期,第 170 页。

由之发展负有一般性的积极作为义务,其他民事主体亦仅因人格权的不可侵性而负有一般性的消极不作为义务,并尊重个人的人格权享有状态以及其依据自主意志发展完善自身人格的自主选择与具体行为。但在例外情形下,若主体依据自主意志发展并完善自身遭遇实践障碍,亦得依据法律特别规定等而向其他民事主体主张积极为特定行为以助益于人格权的实现。例如,依据《民法典》第 1005 条之规定,当自然人生命权、身体权、健康权受到侵害或处于其他危难情形的,其有权请求救助义务人及时施救。存有争议的是,在个人因绝症折磨而饱受摧残时,是否因人格权的享有而有权自主决定终止生命并要求特定主体为或不为特定行为以完成该目的? 对此,若意识清醒且有表达能力的患者主张撤掉生命维持设备或要求医务人员等特定主体不再采取积极医疗行为的,通常情形下这些请求会被支持且不存在法律上的难题,[1] 亦不会遭受来自伦理道德上的强烈诘难;[2] 若患者请求特定主体采取积极行为以结束其生命的,由于这既涉及《刑法》第 232 条的否定性评价,[3] 又涉及关于《民法典》第 992 条人格权不得放弃或者生命自主权的限度以及第 1002 条生命尊严等重要议题的争论,[4] 因此在整个社会尚未对积极安乐死形成普遍共识且制定法未对这一问题明确表明自身之立场的背景下,司法实践上不宜经由个人享有人格权本身而通过法律解释途径直接承认患者享有请求他人采取积极行为终止自己生命的生命自主权。

第二种是主体依自主意志利用其经济性人格利益所生的民事关系。

---

[1] 参见王华、王贵君、刘鑫:《我国消极安乐死立法现状研究》,《医学与社会》2016 年第 4 期,第 79 页;张文婷:《论患者临终阶段的自决权——无同意能力患者消极安乐死之检讨》,《中德法学论坛》2009 年第 1 辑,南京大学出版社 2009 年版,第 215 页。

[2] 参见刘俊荣:《放弃治疗的伦理关涉》,《伦理学研究》2011 第 1 期,第 84 页;李震山:《人性尊严与人权保障》,元照出版公司 2011 年版,第 127 页;夏伯铭:《最后的权利:安乐死之争》,《现代外国哲学社会科学文摘》1997 年第 9 期,第 25 页。

[3] 参见帅佳:《生命权的自主选择辨析——以安乐死问题为视角》,《吉首大学学报(社会科学版)》2018 年第 S2 期,第 45 页。

[4] 参见汪进元:《生命权的构成和限制》,《江苏行政学院学报》2011 年第 2 期,第 122—123 页;韩跃红、李昶达:《安乐死辩论中的"尊严悖论"》,《道德与文明》2015 年第 6 期,第 37 页;于佳佳:《刑法视野下临终患者的自主决定权及限制》,《当代法学》2015 年第 6 期,第 42 页。

第一章 一般规定

人格要素本身因与主体密切关联而具有专属性，既不能通过货币进行衡量，亦不可以货币为媒介进行交换，《民法典》第992条规定人格权不得转让的核心意旨即在于确认人格权的专属性。[1] 当然，确认人格权的专属性而不得转让并不意味着现行法完全拒绝人格权在任何情形下皆不能与商业化利用建立规范联系。部分人格要素如姓名、肖像、声音以及个人信息等因与主体存在本身可以相分离，故而成为主体的表征，当这些人格要素作为主体的标表性符号而在社会交往中发挥作用时，其内涵的经济利益即存在着进行商业化利用的现实空间和正当性基础。[2]《民法典》第993条规定民事主体可以在法律或相应人格权性质允许的范围内将自己的姓名、肖像等许可他人使用。对于许可他人使用姓名等标表性人格要素所生的民事法律关系，除《民法典》人格权编有特殊规定之外，如第1021条关于肖像许可使用合同的特殊解释规则以及第1022条规定的肖像许可使用合同的特殊解除规则等，应依据《民法典》总则编及合同编关于民事法律行为的一般规则予以调整。

第三种是主体依自主意志处置其人格要素所生的民事关系。人格权是否为支配权，学理上存在较大争议。[3] 反对人格权为支配权的观点认为，承认主体对自身的支配权，既与民法基础理论关于主体与客体二元划分的体系相违反，因为一方面承认个人的主体属性，另一方面又承认主体对于自身的构成性要素拥有像支配客体一样的权力，理论上难以自洽，也与现代民法理论所遵循的康德关于人只能成为目的而不能成为手

---

[1] 参见黄薇主编：《中华人民共和国民法典人格权编解读》，中国法制出版社2020年版，第20页。

[2] 参见王泽鉴：《人格权法：法释义学、比较法、案例研究》，北京大学出版社2013年版，第116页。

[3] 承认人格权支配权属性的观点主要参见梁慧星：《民法总论》（第六版），法律出版社2021年版，第93页；杨立新：《人格权法》，法律出版社2020年版，第45页；姚辉：《人格权法论》，中国人民大学出版社2011年版，第50页；马俊驹：《人格和人格权理论讲稿》，法律出版社2009年版，第105页；张俊浩主编：《民法学原理》（上册），中国政法大学出版社2000年版，第137页。否定人格权支配权属性的观点主要参见温世扬：《人格权"支配"属性辨析》，《法学》2013年第5期，第87页；李永军：《民法总论》，法律出版社2006年版，第247页；尹田：《自然人具体人格权的法律探讨》，《河南省政法管理干部学院学报》2004年第3期，第17页。

段的道德律难以协调。[1] 承认人格权具有支配权属性的观点认为，承认人格权的支配权属性并不会构成对主客体二元基础理论体系的悖反，就如同承认人格的主体属性而拒绝承认具有客体属性的人格权的观点一样，否认人格权的支配权属性实质上混淆了人格权作为支配权所支配的对象为特定人格要素与主体本身之间的区分，对于特定人格要素的支配不能等同于对主体本身的支配，只有对人格的各构成要素的整体的支配才会发生将主体客体化的问题，而对特定人格要素的支配并不涉及这个问题，并且实践中个人对于其人格要素的支配如割肤断发、献血捐精等，亦被法律及一般社会观念所允许。[2] 此种场合下否认个人对其人格要素的支配权，无助于现实问题的解决。司法实践中也有法院在判决书中明确使用支配概念来表达权利人对其人格要素的权力限度，如"隐私权是自然人享有的对私人秘密和私生活进行支配并排除他人干涉的一种人格权"。[3] 从《民法典》第1006条等来看，尽管自然人有权依法自主决定无偿捐献其细胞、组织、器官、遗体等，但其对人体之构成要素所享有的权利，与传统的支配权之间仍存在显著的差异，后者强调主体对客体可以依据自主意志直接管领和控制，而个人对人格构成性要素的自由处置权并非完全不受限制，其基于人格尊严而在处置的目的、手段、方式及程度方面都有严格限制，与支配权所强调的管领控制之间存在本质区分。[4] 就此而言，个人依其自主意志处置其人格要素的权利并非典型的支配权。个人在处置其人格要素时所涉及的民事法律关系的产生、变更和消灭在本条涵摄范围。

---

[1] 参见[德]福尔克尔·博伊廷：《德国人格权法律保护问题及其最新发展》，欧阳芬译，载南京大学—哥廷根大学中德法学研究所编：《中德法学论坛》第1辑，南京大学出版社2003年版，第89页；[德]卡尔·拉伦茨：《德国民法通论》（上册），王晓晔、邵建东、程建英、徐国建、谢怀栻译，法律出版社2003年版，第379页。

[2] 参见王利明：《论人格权的定义》，《华中科技大学学报（社会科学版）》2020年第1期，第68—69页。

[3] 张某与常熟市梅李镇人民政府隐私权纠纷案，江苏省苏州市中级人民法院(2020)苏05民终2365号民事判决书。

[4] 参见王利明：《论人格权的定义》，《华中科技大学学报（社会科学版）》2020年第1期，第67页。

2. 人格权的确认及其法定性

对于自然人人格权的法律确认是否意味着人格权的法定性,学说理论存在争议。[1] 肯定人格权法定的观点认为,人格权是一种法定权利,其类型、客体与内容、限制、保护方式等皆由民法加以法定化,不能以当事人自由创设或排除法律的适用。[2] 之所以如此是因为人格权法定可以明确权利的内涵和外延,防止人格权间的冲突,保障人的行为自由,[3] 并且还可有效防止人格权的泛化,有利于保障人格权的正当行使,防止权利滥用,从而有助于人们形成稳定的行为预期,在发生争议后,有助于裁判者作出公开、透明的判决,提高裁判的权威性和可接受性。[4] 反对人格权法定性的观点认为,生命、身体、健康等是个人与生俱来、自然享有的,若承认其法定性而否定其自然性,既可能导致这些利益的产生以及本质难以解释,亦可能将之与可以客体化的物、债等量齐观,贬低生命、身体、健康等的意义,并且人格权是一种高度概括、高度抽象的权利,其内容和范围具有不确定性、不具体性与思想的内在性,不能具体地个别列举而只能一般性地原则规定。[5]

从《民法典》第990条第1款与第2款的具体规定来看,其显然采折中主义立场,即对内涵外延比较清晰的人格利益类型采法定主义立法模式,将之明确规定出来,这主要表现为《民法典》第990条第1款采具体列举+概括规定的模式规定具体人格权类型,凡是民事主体享有的具体人格权利,必须经由制定法确认,未经制定法确认的,不属于本条第1款的人格权。当然,该款规定具有开放性,立法者可以因时代的发展而对新型

---

[1] 对此的详细梳理参见姚辉:《人格权法论》,中国人民大学出版社2011年版,第53—55页。

[2] 参见袁雪石:《民法典人格权编释论:条文缕析、法条关联与案例评议》,中国法制出版社2020年版,第21页;王利明:《人格权重大疑难问题研究》,法律出版社2019年版,第25—27页;王利明、程啸、朱虎:《中华人民共和国民法典人格权编释义》,中国法制出版社2020年版,第40页。

[3] 参见马特、袁雪石:《人格权法教程》,中国人民大学出版社2007年版,第16页。

[4] 参见王利明、程啸、朱虎:《中华人民共和国民法典人格权编释义》,中国法制出版社2020年版,第41页。

[5] 参见曹险峰:《论人格权的法定化——人格权法独立成编之前提性论证》,《吉林大学社会科学学报》2006年第2期,第67页;姚辉:《人格权法论》,中国人民大学出版社2011年版,第54—55页。

人格利益通过立法加以确认而使之成为本款规定的具体人格权利;[1]对内涵外延并不清晰的人格利益,《民法典》则未采法定主义模式,而是规定了发现和确认这些人格利益的价值基础,将之交由法官在个案中进行判断,从而使《民法典》人格权体系保持对错综复杂之社会现实的开放性,为现实生活中的自然人的人格利益的保护提供充分的法律依据。[2]

(四)法人及非法人组织的人格权

与自然人不同,法人及非法人组织并不具有伦理属性,其主要来源于法律技术的拟制。因此,法人及非法人组织是否如自然人一样亦享有基于人格尊严、人格自由而生的人格权,理论及实践上均存在分歧。

1. 法人及非法人组织是否享有人格权

法人、非法人组织等是否可以作为民法上的人格权主体,我国民法学说理论上存在着争议。

(1)法人人格权肯定论

支持法人人格权的观点认为,法人人格权的证成兼具理论、社会和制度依据:首先,人格权与财产权的现代交融使人格权理论可以兼容财产性的法人人格利益;其二,法人享有人格权的观念为当代社会所普遍认可;其三,无论是比较法经验还是我国以往的民事制定法基本上都明确承认法人的人格权。[1] 在支持论者看来,对法人人格权的论证应当放弃类推适用自然人人格权的做法,而应采取独立确立法人人格权的方法,因为类推适用自然人人格权的方法是一种天然地歧视法人的做法,同民法应平等地对待法人和自然人的理念相冲突。[2]

---

[1] 参见张新宝:《〈中华人民共和国民法总则〉释义》,中国人民大学出版社2017年版,第218页。

[2] 参见王利明、程啸、朱虎:《中华人民共和国民法典人格权编释义》,中国法制出版社2020年版,第41—43页;王利明:《论人格权的法定性与开放性》,《经贸法律评论》2018年第1期,第17页;曹相见:《人格权法定的宪法之维与民法典编纂》,《浙江社会科学》2020年第2期,第32页。

[1] 参见黎桦:《法人人格权理论的再证成与制度构建》,《江海学刊》2020年第6期,第158页。

[2] 参见张民安、李杨:《法人的人格权研究(上)——法人为何享有人格权》,《学术论坛》2019年第2期,第38页。

(2)法人人格权否定论

反对法人人格权的观点则认为,人格权是自然人的"特权",为自然人的人格尊严而设,法人等团体人格无须也不可能如同自然人那样普遍享有一般意义上的人格权。[1] 在该观点看来,法人实在说虽赋予法人以独立人格,但法人并不因此而失去拟制色彩,被法律承认的法人人格是主体意义上的人格,旨在拟制法人的行为资格,与人格权并不等同,亦不相关,所谓的法人"人格权"本质上为财产权,并非人格权;从政策考量上讲,团体人格有其社会功能,但为实现与自然人的和谐共处,其在公、私法上均应全面让位于自然人,不应享有人格权。[2] 若赋予法人人格权就会导致法秩序上的多重体系矛盾,因此应以财产权为模型、法人容忍义务为主线来构建公、私法交融的法人保护体系,而非简单地承认其人格权。[3]

(3)《民法典》的选择

从《民法通则》(已失效)到《民法总则》(已失效)的制定法规定及与之相适应的司法实践一直以来都对法人人格权持肯定立场,《民法典》人格权编第 990 条第 1 款对此亦予认可。[4] 存在的问题是,《民法典》第 110 条第 2 款对法人人格权采取了完全列举的立法模式,将法人、非法人组织的人格权范围限定在名称权、名誉权与荣誉权三种典型权利之内,而第 990 条第 1 款则将自然人与法人、非法人组织统一表述为民事主体,并采用具体列举+概括规定的立法模式,使该款规定的民事主体享有的人格权范围在具有明确性的同时又一定程度上保持了开放性,但这种不同的立法模式也导致了对法人人格权的范围及相应的具体享有、保护规则还需进一步厘清。

---

[1] 参见温世扬:《民法典"人格权"编(草案)评议》,《社会科学文摘》2019 年第 4 期,第 70 页;李永军:《论我国人格权的立法模式》,《当代法学》2005 年第 6 期,第 126 页;尹田:《论法人人格权》,《法学研究》2004 年第 4 期,第 51 页。

[2] 我国学理上也有观点从法人人格的含义、性质及社会意义等方面,论证承认法人人格权的正当性,参见尹志强:《法人人格权的理论解读》,《山东审判》2015 年第 3 期,第 36 页。

[3] 参见房绍坤、曹相见:《法人人格权的立法论分析》,《山东社会科学》2016 年第 12 期,第 132 页。

[4] 参见黄薇主编:《中华人民共和国民法典人格权编解读》,中国法制出版社 2020 年版,第 13—14 页。

2. 法人及非法人组织享有的人格权的范围

(1) 开放论

127　　开放论者认为,对于《民法典》第110条第2款与第990条第1款之间存在的差异,应理解为后者摒弃了前者限定法人人格权范围的基本立场,使法人人格权的范围也具有了向社会现实开放的解释空间。[1] 该说内部对于第990条第1款规定的法人人格权的开放程度,又存在着两种观点。完全开放说认为,应基于自然人与法人在法律上的平等而一体承认法人享有的人格权,对其在范围上不作特别限制。亦即,除了《民法典》第110条规定的名称权、名誉权和荣誉权,法人还可以基于第990条第1款而享有生命权、身体权、自由权、隐私权等各类具体人格权,[2] 法人的人格权在性质上究竟是财产权还是非财产权,不能够一概而论,应当做具体分析,尤其是要考虑法人的性质,其既可能是财产权,也可能是非财产权。[3] 与此不同,有限开放论认为,《民法典》第990条第1款虽然统一规定了自然人与法人人格权,但该款对法人人格权采取了派生性的立法模式,法人人格权以从属、派生的形式依附于自然人人格权的制度框架,仅能辐射到名称权、荣誉权、名誉与信用权、商业秘密权这四大权利体系。[4]

(2) 限定论

128　　限定论同样认为,仅以财产权法保护法人名称等,并不利于对法人合法权益的充分保护,承认法人人格权则有助于强化对其合法权益的保护,但此种承认应有限度,法人依其性质无法享有以生理或心理为基础的具体人格权,并且以人格尊严、人身自由为基础的一般人格权也不能为法

---

[1] 参见袁雪石:《民法典人格权释论:条文缕析、法条关联与案例评议》,中国法制出版社2020年版,第32页。

[2] 参见张民安、李杨:《法人的人格权研究(上)——法人为何享有人格权》,《学术论坛》2019年第2期,第38页。

[3] 参见张民安:《法人的人格权研究(下)——法人人格权的类型、性质及侵害后果》,《学术论坛》2020年第2期,第12页。

[4] 参见黎桦:《法人人格权理论的再证成与制度构建》,《江海学刊》2020年第6期,第158页;袁雪石:《民法典人格权释论:条文缕析、法条关联与案例评议》,中国法制出版社2020年版,第32页。

人所享有,[1]法人享有的人格权主要以财产利益内容为限。基于此种考虑,《民法典》第110条第2款采取封闭列举的方式仅规定法人享有名称权、名誉权和荣誉权三种。即使第990条第1款没有和第110条一样明确区分人格权的享有主体而分别规定不同主体享有的人格权类型,但基于民事主体的性质、人格权的本质以及民法典外在体系一致性的考虑,亦应认为本条与第110条第2款一致,法人及非法人组织享有的人格权类型不具有开放性,仅限于第110条第2款封闭列举的三种。[2]

(3)《民法典》的选择

《民法典》草案起草者的观点与限定论者的观点基本一致,认为承认法人人格权有其现实需求,因为现实生活中法人与非法人组织的名称、荣誉、名誉等确实存在着被侵犯的可能性,但与自然人享有的具体人格权不同,法人依其本质属性不能享有生命权、身体权、健康权等专属于自然人的权利,并且对自然人的人格权给予保护有更多的伦理价值基础,但承认法人人格权更多的是出于现实的技术考量,更多的是保护法人的财产利益及其背后的自然人,因此应将其享有的人格权范围予以限定,此种限定已在《民法典》第110条第2款被明确规定出来。[3]

显然,从目的解释视角观察,无论从人格权创设的原初目的来看,还是承认法人人格权的初衷来看,实质上立法者都未将法人人格权与自然人人格权相提并论。并且从体系解释的角度来看,依据《民法典》第110条第2款对第990条第1款规定的具体人格权进行分类后将之归入不同的民事主体的享有范畴,从而使该款规定的法人人格权范围与第110条第2款保持一致,应是保持法典外在体系一致性的应有之义。至于学理

---

[1] 对于法人是否享有一般人格权争论,核心争议在于一般人格权是否以人格尊严、人格自由为价值基础,肯定法人享有一般人格权的观点通常通过否定一般人格权以人格尊严等为价值基础或者论证法人具有特别的价值等,来论证法人一般人格权的正当性问题,如认为应以经营自由、经营平等与经营安全为中心,确立法人的一般人格权,相关论述参见许中缘、颜克云:《论法人名誉权、法人人格权与我国民法典》,《法学杂志》2016年第4期,第37页;沈建峰:《德国法上的法人一般人格权制度及其反思》,《政治与法律》2012年第1期,第126页。

[2] 参见王利明、程啸、朱虎:《中华人民共和国民法典人格权编释义》,中国法制出版社2020年版,第9页。

[3] 参见黄薇主编:《中华人民共和国民法典人格权编解读》,中国法制出版社2020年版,第12页。

上认为可以对《民法典》第990条第1款采取扩张解释方法,将信用[1]、商业秘密[2]等纳入该条的涵摄范畴,从而有助于保护法人合法权益的观点,一方面会导致法典体系的内在违反,与立法者追求的法典体系的科学性、体系性并不一致;另一方面,论者所谓的扩张解释第990条第1款从而将信用权、商业秘密权等纳入《民法典》的保护范畴,在现行民事法律体系下事实上已经获得了解决,因为承认法人人格权的核心意旨在于给予法人财产性权益以充分保护,[3]法人不存在精神性人格权益被侵害而导致的精神痛苦,[4]亦不具备精神抚慰的现实必要,[5]而《民法典》第1024条将信用纳入名誉权的保护范畴已足以为法人信用被侵害导致的财产损失提供救济,[6]除了适用赔偿损失的侵权责任方式,还可以适用停止侵害、赔礼道歉、恢复名誉等侵权责任方式救济,[7]商业秘密亦在《民法典》第123条被明确规定在知识产权的保护范围中,《反不正当竞争法》第9条结合第17条第3款等也为其保护提供了充分的规范

---

[1] 参见袁雪石:《民法典人格权释论:条文缕析、法条关联与案例评议》,中国法制出版社2020年版,第32页。

[2] 参见黎桦:《法人人格权理论的再证成与制度构建》,《江海学刊》2020年第6期,第158页。

[3] 参见黄薇主编:《中华人民共和国民法典人格权编解读》,中国法制出版社2020年版,第14页。

[4] 参见程啸:《侵权责任法》(第二版),法律出版社2015年版,第712页。在程啸教授该书的新版中亦对法人精神损害赔偿问题持否定立场,参见程啸:《侵权责任法》(第三版),法律出版社2021年版,第855页。

[5] 参见吴汉东:《试论人格利益和无形财产利益的权利构造——以法人人格权为研究对象》,《法商研究》2012年第1期,第27页。

[6] 参见深圳市创合实业发展有限公司等与上海百安居建材超市有限公司等名誉权侵权纠纷案,北京市第二中级人民法院(2008)二中民终字第17661号民事判决书,参见刘义军:《超过正当评价范畴的言论侵犯名誉权》,《人民司法·案例》2009年第6期;王某等与北京恒升远东电子计算机集团侵害名誉权纠纷案,北京市第一中级人民法院(2000)一中民终字第1438号民事判决书,参见张新宝、唐一平:《网上商业诽谤第一案:恒升诉王洪等侵权案评析》,载易继明主编:《私法》第1辑第2卷,北京大学出版社2002年版,第371页。

[7] 参见张新宝:《侵权责任法》(第四版),中国人民大学出版社2016年版,第204页。

基础，[1]再以破坏法典体系一致性的代价来扩张解释第990条第1款的法人人格权的范围殊无必要。另外，从最高人民法院所持的立场看，其亦支持依据《民法典》第110条第2款来限制法人人格权范围的观点。其在2001年《精神损害赔偿解释》第5条规定"法人或者其他组织以人格权利遭受侵害为由，向人民法院起诉请求赔偿精神损害的，人民法院不予受理"，但在2020年修订后的《精神损害赔偿解释》第4条将原第5条修改为"法人或者非法人组织以名誉权、荣誉权、名称权遭受侵害为由，向人民法院起诉请求精神损害赔偿的，人民法院不予支持"，从而将《精神损害赔偿解释》之前使用的"人格权利"明确为"名誉权、荣誉权、名称权"，与《民法典》第110条保持一致，将法人人格权的范围限制在其明确列举出来的三类具体人格权内。

参考文献

1. [瑞]贝蒂娜·许莉蔓-高朴、[瑞]耶尔格·施密特：《瑞士民法：基本原则与人法（第二版）》，纪海龙译，中国政法大学出版社2015年版。
2. [日]吉村良一：《日本侵权行为法（第4版）》，张挺译，中国人民大学出版社2013年版。
3. [德]康德：《法的形而上学原理——权利的科学》，沈叔平译，商务印书馆1991年版。
4. 曹险峰：《论人格权的法定化——人格权法独立成编之前提性论证》，《吉林大学社会科学学报》2006年第2期。
5. 曹相见：《人格权法定的宪法之维与民法典编纂》，《浙江社会科学》2020年第2期。
6. 曹相见、杜生一、侯圣贺编著：《〈中华人民共和国民法典·人格权编〉释义》，人民出版社2020年版。
7. 陈甦主编：《民法总则评注》（下册），法律出版社2017年版，第750页。
8. 陈甦、谢鸿飞主编：《民法典评注·人格权编》，中国法制出版社2020年版。
9. 程啸：《人格权研究》，中国人民大学出版社2022年版。

---

[1] 参见宣达实业集团有限公司与孟莫克公司等商业诋毁纠纷案，上海市第一中级人民法院(2009)沪一中民五(知)初字第228号民事判决书。学理上存在的不同观点参见马一德：《为何要制定商业秘密保护法》，《光明日报》2021年1月2日，第6版。

10. 房绍坤、曹相见:《〈民法典人格权编(草案)〉的贡献与使命》,《山东大学学报(哲学社会科学版)》2019 年第 6 期。

11. 龚群:《论人的尊严》,《天津社会科学》2011 年第 2 期。

12. 韩强:《人格权确认与构造的法律依据》,《中国法学》2015 年第 3 期。

13. 胡玉鸿:《"人的尊严"思想的法律意蕴》,《江苏行政学院学报》2005 年第 4 期。

14. 胡玉鸿:《我国现行法中关于人的尊严之规定的完善》,《法商研究》2017 年第 1 期。

15. 黄薇主编:《中华人民共和国民法典人格权编解读》,中国法制出版社 2020 年版。

16. 黄忠:《人格权法独立成编的体系效应之辨识》,《现代法学》2013 年第 1 期。

17. 黎桦:《法人人格权理论的再证成与制度构建》,《江海学刊》2020 年第 6 期。

18. 李永军:《论我国人格权的立法模式》,《当代法学》2005 年第 6 期。

19. 梁慧星:《民法总论》(第六版),法律出版社 2021 年版。

20. 梁慧星:《民法典编纂中的重大争论——兼评全国人大常委会法工委两个民法典人格权编草案》,《甘肃政法学院学报》2018 年第 3 期。

21. 林来梵:《人的尊严与人格尊严——兼论中国宪法第 38 条的解释方案》,《浙江社会科学》2008 年第 3 期。

22. 刘召成:《民法一般人格权的创设技术与规范构造》,《法学》2019 年第 10 期。

23. 马平:《尊严与自由:宪法的价值灵魂——评艾伯乐的〈尊严与自由〉》,《环球法律评论》2010 年第 1 期。

24. 马俊驹:《人格和人格权理论讲稿》,法律出版社 2009 年版。

25. 孟勤国:《人格权独立成编是中国民法典的不二选择》,《东方法学》2017 年第 6 期。

26. 《民法总则立法背景与观点全集》编写组编:《民法总则立法背景与观点全集》,法律出版社 2017 年版。

27. 冉克平:《一般人格权理论的反思与我国人格权立法》,《法学》2009 年第 8 期。

28. 沈建峰:《德国法上的法人一般人格权制度及其反思》,《政治与法律》2012 年第 1 期。

29. 石冠彬:《人格权独立成编争论评述》,《中国政法大学学报》2018 年第 4 期。

30. 石宏主编:《〈中华人民共和国民法总则〉条文说明、立法理由及相关规定》,北京大学出版社2017年版。

31. 石佳友:《守成与创新的务实结合:〈中华人民共和国民法人格权编(草案)〉评析》,《比较法研究》2018年第2期。

32. 石佳友:《人格权立法的历史演进及其趋势》,《中国政法大学学报》2018年第4期。

33. 石佳友:《人格权立法的进步与局限——评〈民法典人格权编草案(三审稿)〉》,《清华法学》2019年第5期。

34. 孙宪忠:《十九大科学立法要求与中国民法典编纂》,《北京航空航天大学学报(社会科学版)》2018年第1期。

35. 王锴:《论宪法上的一般人格权及其对民法的影响》,《中国法学》2017年第3期。

36. 王利明:《人格权法中的人格尊严价值及其实现》,《清华法学》2013年第5期。

37. 王利明:《论人格权独立成编的理由》,《法学评论》2017年第6期。

38. 王利明:《民法典人格权编草案的亮点及完善》,《中国法律评论》2019年第1期

39. 王利明:《论人格权请求权与侵权损害赔偿请求权的分离》,《中国法学》2019年第1期。

40. 王利明:《论人格权的定义》,《华中科技大学学报(社会科学版)》2020年第1期。

41. 王利明:《人格权法》(第三版),中国人民大学出版社2021年版。

42. 王利明:《论民事权益位阶:以〈民法典〉为中心》,《中国法学》2022年第1期。

43. 王利明、程啸、朱虎:《中华人民共和国民法典人格权编释义》,中国法制出版社2020年版。

44. 王旭:《宪法上的尊严理论及其体系化》,《法学研究》2016年第1期。

45. 王泽鉴:《人格权法:法释义学、比较法、案例研究》,北京大学出版社2013年版。

46. 温世扬:《人格权"支配"属性辨析》,《法学》2013年第5期。

47. 吴汉东:《试论人格利益和无形财产利益的权利构造——以法人人格权为研究对象》,《法商研究》2012年第1期。

48. [日]五十岚清:《人格权法》,[日]铃木贤、葛敏译,北京大学出版社2009年版。

49. 谢立斌:《中德比较宪法视野下的人格尊严——兼与林来梵教授商

权》,《政法论坛》2010 年第 4 期。

50. 杨代雄:《主体意义上的人格与客体意义上的人格:人格的双重内涵及我国民法典的保护模式选择》,《环球法律评论》2008 年第 4 期。

51. 杨鸿烈:《中国法律发达史》,中国政法大学出版社 2009 年版。

52. 杨立新:《人身自由与人格尊严:从公权利到私权利的转变》,《现代法学》2018 年第 3 期。

53. 杨立新:《对否定民法典人格权编立法决策意见的不同见解》,《河南财经政法大学学报》2018 年第 4 期。

54. 杨立新:《人格权法》,法律出版社 2020 年版。

55. 姚辉:《人格权法论》,中国人民大学出版社 2011 年版。

56. 尹田:《论法人人格权》,《法学研究》2004 年第 4 期。

57. 尹田:《人格权独立成编的再批评》,《比较法研究》2015 年第 6 期。

58. 于敏:《日本侵权行为法》(第三版),法律出版社 2015 年版。

59. 袁雪石:《民法典人格权编释论:条文缕析、法条关联与案例评议》,中国法制出版社 2020 年版。

60. 张红:《〈民法典各分编(草案)〉人格权编评析》,《法学评论》2019 年第 1 期。

61. 张民安:《法国人格权法》(上),清华大学出版社 2016 年版。

62. 张新宝:《〈中华人民共和国民法总则〉释义》,中国人民大学出版社 2017 年版。

63. 张新宝:《我国人格权立法:体系、边界和保护》,《法商研究》2012 年第 1 期。

64. 郑贤君:《宪法"人格尊严"条款的规范地位之辨》,《中国法学》2012 年第 2 期。

65. 郑玉双:《人的尊严的价值证成与法理构造》,《比较法研究》2019 年第 5 期。

66. 朱晓峰:《作为一般人格权的人格尊严权——以德国侵权法中的一般人格权为参照》,《清华法学》2014 年第 1 期。

67. 朱晓峰:《民法一般人格权的价值基础与表达方式》,《比较法研究》2019 年第 2 期。

68. 朱晓峰:《中国语境下人格尊严的民法保护》,知识产权出版社 2019 年版。

69. 朱晓峰:《人格权编一般人格权条款的具体表达》,《吉林大学社会科学学报》2020 年第 1 期。

70. 最高人民法院民法典贯彻实施工作领导小组主编:《中华人民共和国民法典人格权编理解与适用》,人民法院出版社 2020 年版。

71. 唐德华主编,最高人民法院民事审判第一庭编著:《最高人民法院〈关于确定民事侵权精神损害赔偿责任若干问题的解释〉的理解与适用》,人民法院出版社 2015 年版。

案例索引

1. 安徽省淮北市中级人民法院(2018)皖 06 民终 54 号民事判决书,樊西玲等与樊武强等一般人格权纠纷案。

2. 北京市高级人民法院(2014)高民终字第 1152 号民事判决书,杨季康(笔名杨绛)与中贸圣佳国际拍卖有限公司、李某强侵害著作权及隐私权纠纷案。

3. 北京市第一中级人民法院(2010)一中刑终字第 628 号刑事裁定书,惠某虎、李某勤拐卖儿童案。

4. 北京市第一中级人民法院(2015)一中民终字第 09558 号民事判决书,任某玉与北京百度网讯科技有限公司名誉权、姓名权、一般人格权纠纷案。

5. 北京市第一中级人民法院(2017)京 01 民终 509 号民事判决书,庞某鹏与北京趣拿信息技术有限公司、中国东方航空股份有限公司隐私权纠纷案。

6. 北京市第二中级人民法院(2008)二中民终字第 17661 号民事判决书,深圳市创合实业发展有限公司等与上海百安居建材超市有限公司等名誉权侵权纠纷案。

7. 北京市第三中级人民法院(2017)京 03 民终 7025 号民事裁定书,王某礼与陈某人格权纠纷案。

8. 北京市第三中级人民法院(2022)京 03 民终 5836 号民事判决书,宗某等与董某荣一般人格权纠纷案。

9. 北京市朝阳区人民法院(2000)朝民初字第 120 号民事判决书,徐某等与北京燕莎中心有限公司侵犯人格权案。

10. 北京市朝阳区人民法院(2021)京 0105 民初 64805 号民事判决书,宗某与北京市东郊殡仪馆等人格权纠纷案。

11. 河南省鹤壁市中级人民法院(2018)豫 06 民终 540 号民事判决书,陈某与张某离婚后损害责任纠纷案。

12. 河南省鲁山县人民法院(2017)豫 0423 民初 3728 号民事判决书,孙某杰与鲁山县农村信用合作联社侵犯公民个人信息权案。

13. 湖南省岳阳市中级人民法院(2021)湘 06 民终 3012 号民事判决书,李某某与胡某某一般人格权纠纷案。

14. 湖南省新田县人民法院(2011)新法民一初字第 356 号民事判决书,贺甲祭奠权纠纷案。

15. 湖北省襄阳市中级人民法院(2019)鄂 06 民终 2064 号民事判决书,卢某梅与宋某一般人格权纠纷案。

16. 江苏省苏州市中级人民法院(2020)苏 05 民终 2365 号民事判决书,张某与常熟市梅李镇人民政府隐私权纠纷案。

17. 江苏省盐城市中级人民法院(2021)苏 09 民终 6100 号民事判决书,卞莹、江苏业翔建设工程有限公司财产损害赔偿纠纷案。

18. 山东省济南市中级人民法院(2021)鲁 01 民终 4333 号民事判决书,杨某武与杨某志等名誉权纠纷案。

19. 山东省济宁市中级人民法院(2018)鲁 08 民终 1462 号民事判决书,邵某某与广州网易计算机系统有限公司一般人格权纠纷案。

20. 山东省乳山市人民法院(2018)鲁 1083 民初 2542 号民事判决书,张某红与袁某兰一般人格权纠纷案。

21. 上海市第一中级人民法院(2009)沪一中民五(知)初字第 228 号民事判决书,宣达实业集团有限公司与孟莫克公司等商业诋毁纠纷案。

22. 上海市第一中级人民法院(2014)沪一中民一(民)终字第 2315 号民事判决书,汪某某与彭某某一般人格权纠纷案。

23. 上海市第一中级人民法院(2017)沪 01 民终 4146 号民事判决书,刘某昕与上海吉祥航空股份有限公司一般人格权纠纷案。

24. 上海市第二中级人民法院(2009)沪二中民一(民)终字第 451 号民事判决书,夏重华与孙某苹一般人格权纠纷案。

25. 上海市第二中级人民法院(2021)沪 02 刑终 484 号刑事裁定书,牛某强奸案。

26. 上海市黄浦区人民法院(2003)黄民一(民)初字第 620 号民事判决书,王某诉钱某娜等侵犯名誉权案。

27. 上海市卢湾区人民法院(2000)卢民初字第 2525 号民事判决书,陶某与上海黄金海岸金玉兰俱乐部有限公司人格权纠纷案。

28. 四川省成都市中级人民法院(2018)川 01 民终 15876 号民事判决书,雷某与徐某明一般人格权纠纷案。

29. 天津市第二中级人民法院(2015)二中民一终字第 1388 号民事判决书,胡某卫与于某亮一般人格权纠纷案。

30. 浙江省杭州市富阳区人民法院(2019)浙 0111 民初 6971 民事判决书,郭某与杭州野生动物世界有限公司服务合同纠纷案。

第九百八十九条 【人格权编的调整范围】

本编调整因人格权的享有和保护产生的民事关系。

目 录

- 一、规范意旨 …………………………………………………………… 082
- 二、历史沿革 …………………………………………………………… 082
- 三、人格权的享有 ……………………………………………………… 083
  - (一)因人格权的享有而具有的不可侵的法律状态 ………… 083
  - (二)因人格权的享有并因此自主决定人格权的实现 ……… 084
- 四、人格权的保护 ……………………………………………………… 085
  - (一)防止人格权被侵害 ………………………………………… 085
  - (二)人格权被侵害的救济 ……………………………………… 085
- 五、民事关系 …………………………………………………………… 086
  - (一)民事关系与宪法关系 ……………………………………… 086
  - (二)民事关系与行政关系 ……………………………………… 090
  - (三)民事关系与刑事关系 ……………………………………… 093
- 六、国际私法 …………………………………………………………… 100
  - (一)确定人格权内容的冲突规范 ……………………………… 101
    1. 经常居所地 ………………………………………………… 101
    2. 经常居所地的确定 ………………………………………… 103
    3. 经常居所地不明的规范处理 ……………………………… 106
  - (二)调整人格权保护的冲突规范 ……………………………… 106
    1. 人格权保护冲突规范体系的基本构造 …………………… 107
    2. 冲突规范之间的规范关系 ………………………………… 108
    3. 人格权侵权连结点内部的规范构造 ……………………… 110
- 参考文献 ………………………………………………………………… 114
- 案例索引 ………………………………………………………………… 115

一、规范意旨

1   本条为说明性规范,旨在明确人格权编的调整范围,为人格权编规定的法律规则的适用对象划定界限,方便法律的解释与适用。依据本条规定,因人格权的享有和保护所生的民事关系,属于人格权编的调整对象。对于本条之外的其他民事关系,除非法律另有规定,如《民法典》第1001条规定,因婚姻家庭关系等所生的身份权利在其他法律就其没有具体保护规定的时候,可以根据其性质参照适用人格权编的相关保护规则,否则不在本编的调整范围之内。在此意义上,本条发挥统领人格权编全编规定的功能。[1]

二、历史沿革

2   在制定法中明确规定该法的调整范围是我国立法模式的一个特色。[2] 因此,虽然《人格权编室内稿》《民法典各分编征求意见稿》未对人格权编的调整对象予以明确规定,[3]但到了《民法典各分编草案一审稿》时,这种不规定调整对象的立场即发生了改变,该稿第773条明确规定"本编调整因人格权产生的民事关系"。[4] 这种立场转变的核心在于法典立法技术统一的考量,因为除人格权编外,物权编、合同编的第一条都是关于调整对象的规定,为保持民法典各编形式上的统一性,《民法典各分编草案一审稿》也在人格权编的第一条中规定了该编的调整对象。[5] 此种立场最后被《民法典》采纳。

---

[1] 参见袁雪石:《民法典人格权编释论:条文缕析、法条关联与案例评议》,中国法制出版社2020年版,第2页。

[2] 参见石佳友:《人格权立法的进步与局限——评〈民法典人格权编草案(三审稿)〉》,《清华法学》2019年第5期,第93页。

[3] 参见何勤华、李秀清、陈颐编:《新中国民法典草案总览(增订本)续编》,北京大学出版社2020年版,第78、186页。

[4] 参见何勤华、李秀清、陈颐编:《新中国民法典草案总览(增订本)续编》,北京大学出版社2020年版,第289页。

[5] 参见袁雪石:《民法典人格权编释论:条文缕析、法条关联与案例评议》,中国法制出版社2020年版,第2页。

三、人格权的享有

依据本条文义,人格权编法律规则的调整对象包括:第一,因人格权的享有所生的民事关系;第二,因人格权的保护所生的民事关系。

人格权与主体本身密切相关,通常情形下,主体单纯地享有人格权本身并不会产生受法律调整的民事法律关系。在此意义上,主体享有人格权在民法上主要表现为该主体因具有法律承认的人格权而处于他人不得侵犯的状态,这种不受非法侵犯的状态构成他人行为自由的外在界限,是侵权责任法上判断他人行为违法性的考量标准。本条虽然将人格权编规定的调整对象确定为"民事关系",但从人格权的特性以及该编的具体规定看,本条规定的因人格权的享有所生的民事关系,既包括主体因人格权的绝对权属性而具有的消极的不可侵的状态,也包括主体因人格权的享有而依据自主意志在法律允许的范围内实现人格利益所生的民事法律关系。

(一)因人格权的享有而具有的不可侵的法律状态

任何权利都表现为人与人之间的关系。人格权虽然与主体本身关系密切,部分人格权如生命权、身体权、健康权等甚至与自然人本身须臾不可分离,但即便如此,人格权依然表现为人与人之间的一种关系,是一种任何人都必须予以尊重的绝对权。[1] 在此意义上,本条规定因人格权的享有而生的民事关系首先即表现为:主体因享有法律承认的人格权而具备的一种对世的、绝对不可侵犯的利益状态,主体因享有人格权而与同样享有人格权的其他人之间确立起了彼此独立的人格关系。这种人格关系属于本条规定的民事关系且具有对世性,只要主体存在,其即享有相应的人格权,这种人格关系亦存在。无论主体是否具有民事行为能力,无论主体是否积极行使其享有的人格权,这种因人格权的享有而具有的不可侵的法律状态及因此存在的人格关系都在本条的调整范围之内。

---

[1] 参见王利明、程啸、朱虎:《中华人民共和国民法典人格权编释义》,中国法制出版社2020年版,第18页。

(二)因人格权的享有并因此自主决定人格权的实现

民事主体对其享有的人格权可依自主意志在法律允许的范围内自主决定具体的实现方式,具体包括三种:一是主体依自主意志发展并完善自身,以实现人格全面自由之发展并彰显其作为独立的个体所存在的价值;二是主体依自主意志利用其经济性人格利益所生的民事关系;三是主体依自主意志处置其人格要素所生的民事关系。当然,人格权的享有与行使亦有其合理限度,依据《民法典》第3条、第8条之规定,民事主体在行使人格权时不得违反法律、公序良俗,不得侵犯他人的合法权利。在最高人民法院发布的公报案例"林某某、陈某某诉蔡某某一般人格权纠纷案"中,审理法院即认为:民事主体行使各自的民事权利应在法律赋予的限度之内,法律同样禁止任何权利人以行使自己权利为由侵害其他民事主体的合法权益。本案原告虽系夫妻关系,但丈夫在公共场所公然使用暴力扇打妻子的脸部,该行为具有违法性且已侵害了妻子的人格尊严;被告对上述不法行为进行拍摄并予以公布,并无不当,但对被扇耳光的陈某某而言,在公共场所被他人暴力扇打脸部,其人格尊严本已受到侵害,而被告在没有对视频中受害人的容貌及形象进行模糊处理的情况下对该视频进行公布,后该视频在安徽公共频道上播放,其行为事实上导致受害人因人格尊严受侵害而受到的不利影响得以扩大,给其造成更大的精神伤害;被告虽称其行为是对不文明行为的曝光,属正义行为,但是任何权利均不是绝对的,法律在赋予权利主体行使权利的同时,亦规定了行为自由的必要限度,行为人行使其合法权利时应遵循适度性,不应侵害他人的合法权益。[1]

---

[1] 该案的主要案情为:原告林某某(丈夫)在户外因与原告陈某某(妻子)发生争吵而公然扇打陈某某的脸部,被告蔡某某用手机将该行为拍摄成视频并上传于互联网。该视频被安徽公共频道以《实拍女子遭男友连扇巴掌》为题进行播报。原告就此以肖像权、名誉权被侵犯为由向被告提出删除视频、赔礼道歉并赔偿精神损害的要求。被告认为:其拍摄的视频系在公共场所拍摄,并不侵犯原告的隐私权,视频并未盈利,亦不侵犯其肖像权,且视频并没有拍摄到林某某的脸部,对陈某某的脸部也不能清晰地显示;该视频并不存在虚假、侮辱、诽谤原告的情节,故未贬低原告的行为;该拍摄举动系响应创建文明城市伸张正义,并不违法,因此原告请求精神损害赔偿没有法律依据。参见林某某、陈某某诉蔡某某一般人格权纠纷案,《最高人民法院公报》2020年第11期,第45页。

四、人格权的保护

人格权为防御性权利,其绝对权属性使任何人都负有尊重他人人格权的义务而不得侵害之。对此,《民法典》第 991 条明确规定,民事主体的人格权受法律保护,任何组织或者个人不得侵害。于此的"不得侵害"表明,对作为绝对权的人格权,义务人通常情形下负有不作为的消极义务。因此,从人格权不得侵害的消极防御层面来讲,因人格权的保护所生的民事关系主要包括两个方面:

(一)防止人格权被侵害

人格权有被侵害之虞,法律为防止人格权被侵害而赋予权利人依据《民法典》第 995 条转引第 1167 条等向可能侵害人格权的行为人主张排除妨碍、消除危险请求权等,以及依据《民法典》第 997 条向法院申请采取人格权禁令,从而在行为人与权利人之间建立起积极保护人格权的民事关系。

(二)人格权被侵害的救济

人格权侵害场合,法律赋予受害人依《民法典》第 1165 条第 1 款、第 1167 条等向行为人主张停止侵害、排除妨碍、赔偿损失、消除影响、恢复名誉、赔礼道歉请求权,或者依据《民法典》第 997 条向法院申请采取责令行为人停止有关行为的措施。其中,停止侵害、排除妨碍请求权为绝对权请求权,适用无过错归责原则;[1] 赔偿损失、消除影响、恢复名誉与赔礼道歉为一般侵权请求权,适用过错原则。

为强化对人格权尤其是对生命权、身体权和健康权的保护,《民法典》人格权编明确规定了法定救助义务。依据《民法典》第 1005 条之规定,自然人的生命权、身体权、健康权受到侵害或者处于其他危难情形的,负有法定救助义务的组织或者个人应当及时施救。这实质上表明,《民法典》第 989 条调整的因人格权的保护所生的民事关系在例外情形下也包括了义务人应积极履行救助义务等所生的民事关系。

---

[1] 参见龚赛红:《关于侵权责任形式的解读——兼论绝对权请求权的立法模式》,《法学杂志》2010 年第 4 期,第 42 页。

五、民事关系

11 本条规定将《民法典》人格权编的适用范围限制在因人格权的享有和保护所生的民事关系内。民事关系强调平等的民事主体之间发生的权利义务关系,民事关系的破坏引起的民事责任旨在补偿受害人遭受的损害,以恢复其权利,区别于纵向的宪法关系、行政关系和刑事关系,特别是行政关系和刑事关系中的法律责任旨在惩罚和制裁,维护社会秩序。[1] 由于人格权处于权利体系的核心位置,对于人格权的承认与保护既是民法的核心任务,亦是宪法、行政法以及刑法等公法的核心任务。民事主体因人格权的享有与保护所生的法律关系既有民事关系,也有行政关系、刑事关系甚至宪法关系,特别是在涉及人格权侵害的法律责任承担问题上,多会出现民事责任、行政责任和刑事责任聚合的现象。[2] 关于责任聚合,《民法典》187条规定,民事主体因同一行为应当承担民事责任、行政责任和刑事责任的,承担行政责任或者刑事责任不影响承担民事责任;民事主体的财产不足以支付的,优先用于承担民事责任。

(一)民事关系与宪法关系

12 我国《宪法》规定的基本权利,部分与《民法典》规定的人格权重合。《民法典》第990条第1款规定的具体人格权与该条第2款规定的自然人以人身自由、人格尊严为基础而生的其他人格权益,亦在《宪法》第37条人身自由及第38条人格尊严等条款规定的基本权利的涵摄范畴内。另外,《宪法》还规定了公民的其他基本权利如平等权(第33条)、自由权(第35条、第36条)、劳动权(第42条)、休息权(第43条)、受教育权(第46条)、文化权(第47条)等。《宪法》规定基本权利主要是为了明确公民与国家之间的关系,旨在抵御国家对个人权利的侵犯,区别于旨在规范

---

[1] 参见黄薇主编:《中华人民共和国民法典人格权编解读》,中国法制出版社2020年版,第616页;李适时主编:《中华人民共和国民法总则释义》,法律出版社2017年版,第586页。

[2] 参见最高人民法院民法典贯彻实施工作领导小组主编:《中华人民共和国民法典总则编理解与适用》(下),人民法院出版社2020年版,第942页。

【人格权编的调整范围】 第989条

平等民事主体之间发生权利义务关系的《民法典》中的人格权。[1] 基本权利规则能否对平等民事主体之间的法律关系产生效力,我国学理上存在直接第三人效力说和间接第三人效力说的分歧,[2]对其能否作为法院的裁判依据,学理上也存在肯定论和否定论的分歧。[3] 在我国当前的司法实践中,对于《宪法》中规定的基本权利是否可以直接适用于民事法律实践而调整相应的民事法律关系,《最高人民法院关于以侵犯姓名权的手段侵犯宪法保护的公民受教育的基本权利是否应承担民事责任的批复》(已失效)表明:"根据本案事实,陈晓琪等以侵犯姓名权的手段,侵犯了齐玉苓依据宪法规定所享有的受教育的基本权利,并造成了具体的损害后果,应承担相应的民事责任。"因此,该案被认为是宪法司法化的典型案例,[4]表明最高人民法院承认了基本权利的直接第三人效力。但该批复在最高人民法院于2008年12月24日发布的《关于废止2007年底以前发布的有关司法解释(第七批)的决定》中被废止,这对宪法司

---

[1] 参见王锴:《论宪法上的一般人格权及其对民法的影响》,《中国法学》2017年第3期,第102页。

[2] 关于宪法基本权利第三人效力的讨论,参见朱晓峰:《民法一般人格权的价值基础与表达方式》,《比较法研究》2019年第2期,第61页;黄宇骁:《论宪法基本权利对第三人无效力》,《清华法学》2018年第3期,第186页;[日]高桥和之:《"宪法上人权"的效力不及于私人间——对人权第三人效力上的"无效力说"的再评价》,陈道英译,《财经法学》2018年第5期,第64页;[德]克劳斯-威尔海姆·卡纳里斯:《基本权利与私法》,曾韬、曹昱晨译,《比较法研究》2015年第1期,第172页。

[3] 宪法司法化的肯定性观点主要参见黄卉:《合宪性解释及其理论检讨》,《中国法学》2014年第1期,第285页;上官丕亮:《当下中国宪法司法化的路径与方法》,《现代法学》2008年第2期,第3页;王磊:《宪法的司法化》,中国政法大学出版社2000年版;王振民:《我国宪法可否进入诉讼》,《法商研究(中南政法学院学报)》1999年第5期,第28页。否定性观点主要参见童之伟:《宪法适用如何走出"司法化"的歧路》,《政治与法律》2009年第1期,第10页;董和平:《废止齐案"批复"是宪法适用的理性回归——兼论"宪法司法化"的理论之非与实践之误》,《法学》2009年第3期,第15页;许崇德、郑贤君:《"宪法司法化"是宪法学的理论误区》,《法学家》2001年第6期,第60页;梁慧星:《少女失学,何须宪法断案——宪法司法化的冷思考》,《法学天地》2002年第4期,第11页。

[4] 参见谢宇:《宪法司法化理论与制度生命力的重塑——齐玉苓案批复废止10周年的反思》,《政治与法律》2018年第7期,第67页。

法化的理论争议产生了深刻影响,学理上有观点认为这意味着齐玉苓案体现的宪法适用方式已经被"宣告死亡"。[1] 受此影响,嗣后的司法实践在涉及侵犯基本权利的民事法律纠纷中通常亦仅会在判决的说理部分引入宪法基本权利来论证应否保护受害人相应人格权益的正当性基础,但在判决的法律依据部分,则是以民法上的具体人格权规则或人格权保护一般性条款作为合法性基础来支持或拒绝请求权人的主张。例如,在"梁某英、柳州市知某味餐饮管理有限公司劳动争议纠纷案"中,法院即在判决书的说理部分明确援引宪法上的基本权利来作为其核心论据,该院认为"休息权是我国宪法规定的公民权利,劳动者应当平等享有。用人单位应当保证职工享年休假",但在作为裁判依据的法律规则的使用上则未再援引《宪法》上的规定。[2]

13　　若受害人遭受侵害的仅是宪法上的基本权利,而该基本权利既不属于民法上的具体人格权,又不在民法一般人格权的涵摄范围,那么因此所生的法律关系就不在民法的调整范畴。例如,在"谭某莉与曹某红、武汉市黄陂区祁某某街道祁某某中学一般人格权纠纷案"中,原告谭某莉在1991年中考时未以自己名义参考,而是借用第三人谈春芳的名义及学籍参加考试,后被告曹某红以谭某莉实际取得的考试成绩,借用第三人谈春芳的名义就读于武汉市卫生学校。法院认为,该行为侵害了第三人谈春芳的姓名权以及谭某莉依中考成绩可以借用第三人谈春芳的名义接受武汉市卫生学校中等教育的权利,亦即谭某莉受到侵害的权利是单纯可能接受武汉市卫生学校教育的权利,此项权利既非具体人格权,亦非一般人格权的调整领域,故谭某莉单纯就其受教育权受到侵害而提出的侵权损害之债,不属于人民法院民事案件的受理范围,其所主张的相应的精神损害赔偿请求,没有法律依据,法院不予支持。[3]

---

〔1〕 参见王伟国:《齐玉苓案批复之死——从该批复被忽视的解读文本谈起》,《法制与社会发展》2009年第3期,第73页。

〔2〕 参见梁某英与柳州市知某味餐饮管理有限公司劳动争议纠纷案,广西壮族自治区柳州市中级人民法院(2020)桂02民终3767号民事判决书。

〔3〕 参见谭某莉与曹某红、武汉市黄陂区祁某某街道祁某某中学一般人格权纠纷案,湖北省武汉市中级人民法院(2016)鄂01民终355号民事判决书。

若相应的人格权益既属于《宪法》第 38 条人格尊严条款调整的范畴,〔1〕又在《民法典》第 990 条第 2 款以人身自由、人格尊严为价值基础的一般人格权条款的涵摄范围内,那么就此种因人格权益的享有与保护所生的法律关系如何确定相应的调整规范,我国学理上存在双重属性说〔2〕、价值基础说〔3〕的分歧。本评注认为,无论是宪法一般人格权条款,还是民法一般人格权条款,在统一的法秩序或法律体系中,都应遵循法秩序内部体系和外部体系之间的规范关系来处理。构成法秩序外部体系的诸项概念、规则、原则应当以内部体系内含的一般法律思想或价值基础为指引,前者通过具体法律条款的构造彰显并践行后者内含的基本价值,由此确保作为外在体系构成部分的抽象概念构筑起来的法律规则,彼此之间契合形式逻辑的基本要求且能经受得住价值评判而彼此无矛盾之虞,并使法秩序形神合一、内外一致。在此意义上,宪法与民法上的一般人格权条款彼此之间的关系应当从作为二者之共同价值基础的人格尊严处着手进行理解。另外,从法律适用的角度来看,尽管我国《宪法》上承认的基本权利规则并没有直接的第三人效力,但该法明确规定人身自由、人格尊严受法律保护的实践价值依然不可低估:一方面,《宪法》明确规定人身自由、人格尊严本身就具有权利宣示的作用,它既表明国家对个人权利所持的肯定态度,也为对这种权利通过具体制度予以保护提供正当说明;另一方面,《宪法》具有母法地位,其他法律制度只能对该法所确立的原则予以具体阐述,而不能违背该法的规定与立法意旨。〔4〕亦正是由于《宪法》所确立的关于私权的基本态度,决定了民法人格权一般保护条款的基本构造和主要内容。在此意义上,在《民法典》第 990 条第 2 款

---

〔1〕 参见王锴:《论宪法上的一般人格权及其对民法的影响》,《中国法学》2017 年第 3 期,第 108—109 页;林来梵:《人的尊严与人格尊严:兼论中国宪法第 38 条的解释方案》,《浙江社会科学》2008 年第 3 期,第 47 页。

〔2〕 参见黄忠:《人格权法独立成编的体系效应之辨识》,《现代法学》2013 年第 1 期,第 49 页;张红:《〈民法典各分编(草案)〉人格权编评析》,《法学评论》2019 年第 1 期,第 107 页。

〔3〕 参见房绍坤、曹相见:《论人格权一般条款的立法表达》,《江汉论坛》2018 年第 1 期,第 117 页;张平华、曹相见:《人格权的"上天"与"下凡"——兼论宪法权利与民事权利的关系》,《江淮论坛》2013 年第 2 期,第 95 页。

〔4〕 参见王利明:《侵权行为法研究》(上卷),中国人民大学出版社 2004 年版,第 70 页。

明确以人身自由、人格尊严作为自然人其他人格权益保护的价值基础的基本前提下,在具体的法律适用中,对于相应的应受《民法典》第990条第2款调整的人格权益的享有和保护而生的民事关系,可以通过援引《宪法》上的人格尊严等基本权利的价值基础作为法律论证的正当性论据,用以增强相应法律效果评价的说服力。[1] 但在具体的裁判依据上则无须再回归到《宪法》的基本权利条款,而是直接以《民法典》中作为一般人格权条款的第990条第2款作为相应民事关系的裁判依据,作出相应的法律效果评价。

(二)民事关系与行政关系

15　　行政关系关注的核心是行政主体之间或行政主体与行政相对人之间的纵向管理关系,显著区别于民事关系中的平等主体之间的横向权利义务关系。由于人格权的享有和保护涉及行政主体对于行政相对人所享有的权利的确认以及在具体的权利享有与保护层面平衡考虑其与社会公共利益之间的关系,因此行政法需要适当介入民事领域并与民法相衔接、配合。[2] 这会导致因人格权的享有与保护所生的法律关系在特定情形下出现民事关系与行政关系竞合的现象。从《民法典》的规定看,人格权的享有与保护涉及的行政法调整,部分通过《民法典》规定的公法条款而直接得以实现,部分则隐匿在《民法典》人格权编的一般性规定中而需要结合其他法律规定共同确定。[3]《民法典》人格权编规定的公法条款主要包括以下三类:

16　　第一类是行政许可条款。《民法典》第1008条规定"为研制新药、医疗器械或者发展新的预防和治疗方法,需要进行临床试验的,应当依法经相关主管部门批准……",于此的"依法"可以将《疫苗管理法》第16条第1款、《药品管理法》第19条、《医疗器械监督管理条例》第19条等法律规范,与生命权、身体权、健康权等人格权益的享有与保护联系起来,为防止

---

[1] 参见梁洪霞:《我国法院援引宪法说理的实施问题研究》,《政治与法律》2017年第7期,第60页。

[2] 参见崔建远:《编纂民法典时务必注意行政因素》,《国家行政学院学报》2018年第1期,第97—102页。

[3] 参见袁雪石:《民法典人格权编释论:条文缕析、法条关联与案例评议》,中国法制出版社2020年版,第8—9页。

【人格权编的调整范围】 第989条

出于其他目的而做出的不利于自然人生命、身体、健康等重大人格法益的不当处分而进行适当的监管提供了法律依据。[1]

第二类是行政确认条款。《民法典》第1016条规定"自然人决定、变更姓名,或者法人、非法人组织决定、变更、转让名称的,应当依法向有关机关办理登记手续,但是法律另有规定的除外",将《户口登记条例》《企业名称登记管理规定》等与民事主体姓名权、名称权的享有及行使联系起来,有助于在个人利益与社会公共利益的保护之间实现必要的平衡。[2]

第三类是保密义务条款。《民法典》第1039条规定"国家机关、承担行政职能的法定机构及其工作人员对于履行职责过程中知悉的自然人的隐私和个人信息,应当予以保密,不得泄露或者向他人非法提供",这将《监察法》第18条第2款、《网络安全法》第45条、《居民身份证法》第6条第3款、《法官法》第10条第5项、《检察官法》第10条第5项、《政府信息公开条例》第15条、《加强网络信息保护决定》第10条第2款等与《民法典》规定的个人隐私与信息保护联系起来,强化了对掌握海量个人隐私与信息的行政主体的法律约束。

《民法典》人格权编规定的公法条款,大多是不完全法条,未对与行为模式相对应的法律效果予以明确规定,对于经由这些条款而被纳入现行法律体系调整范畴的法律关系,应结合其具体法律属性而分别确定相应的法律效果:

第一,对于属于行政主体与行政相对人之间的行政法律关系,例如指导案例89号"'北雁云依'诉济南市公安局历下区分局燕山派出所公安行政登记案"中,[3]因姓名登记机关拒绝行政相对人以"北雁云依"为姓名办理户口登记所生的法律关系即属于行政法律关系,属于《户口登记条例》等行政法律规范的调整范畴。

第二,对于属于平等民事主体之间所生的民事法律关系,例如,政府

---

[1] 参见最高人民法院民法典贯彻实施工作领导小组主编:《中华人民共和国民法典人格权编理解与适用》,人民法院出版社2020年版,第167页。

[2] 参见黄薇主编:《中华人民共和国民法典人格权编解读》,中国法制出版社2020年版,第132页。

[3] 参见指导案例89号"北雁云依"诉济南市公安局历下区分局燕山派出所公安行政登记案,山东省济南市历下区人民法院(2010)历行初字第4号行政判决书。

在工作报告中披露自然人个人信息引发的法律纠纷,〔1〕则在《民法典》等民事法律规范的调整范畴之内。

22　　第三,对于违反人格权享有与保护的具体规定所生之法律后果,应将《民法典》人格权编规定的行为模式条款与其他法律规定的、与之相适应的法律效果条款结合起来确定,通常在法律属性上属于行政法律关系的相应法律责任由其他行政法律规则确定;属于民事法律关系的法律责任在其他法律没有特别规定时,应结合《民法典》第1165条第1款等确定。

23　　通过《民法典》规定的引致条款而转引到其他法律规范的法律关系,应依据该法律规范展开法律效果评价。例如,《民法典》第1005条规定的"自然人的生命权、身体权、健康权受到侵害或者处于其他危难情形的,负有法定救助义务的组织或者个人应当及时施救"中的法定救助义务并不是一般救助义务,而是一种特殊的危难救助义务,〔2〕在适用中虽然可以通过扩张解释而将合同包含的救助义务、法定安全保障义务、先行行为的救助义务以及基于特殊的身份关系所生的救助义务等纳入到本条的涵摄范围中,〔3〕但无论是哪种具体的救助义务类型,相应救助义务违反的法律后果都需要结合其他具体的法律规则来确定,本条仅是特殊危难救助义务的一般性规定。具体而言,对于法定救助义务,若其他法律存在特别规定的,如《人民警察法》第21条第1款、《人民武装警察法》第28条、《消防法》第44条第4款,则应依据这些具体法律规则确定相应行为的法律责任。例如,对于《人民警察法》第21条第1款规定的法定救助义务存在不履行情形的,该法第48条明确规定,玩忽职守不履行法定义务,应给予行政处分;构成犯罪的,依法追究刑事责任。另外该法第50条还规定,人民警察在执行职务中,侵犯公民或者组织的合法权益造成损害

---

〔1〕 参见张某与常熟市梅李镇人民政府隐私权纠纷案,江苏省苏州市中级人民法院(2020)苏05民终2365号民事判决书。

〔2〕 参见黄薇主编:《中华人民共和国民法典人格权编解读》,中国法制出版社2020年版,第132页;最高人民法院民法典贯彻实施工作领导小组主编:《中华人民共和国民法典人格权编理解与适用》,人民法院出版社2020年版,第149页。

〔3〕 参见袁雪石:《民法典人格权编释论:条文缕析、法条关联与案例评议》,中国法制出版社2020年版,第268—271页。

【人格权编的调整范围】　　　　　　　　24-28　　　第989条

的,应依《国家赔偿法》和其他有关法律、法规的规定给予赔偿。[1] 若其他法律仅规定行政处分或刑事责任而未对人格权侵害的赔偿责任或其他民事责任予以明确规定的,于此情形下应依据相应行为的具体性质而分别将之纳入《民法典》一般侵权条款即第1165条第1款或《国家赔偿法》第2条结合第3条等的调整范畴。[2] 例如,对于违反《消防法》第44条第4款的法定救助义务而构成玩忽职守的,应依据该法第71条给予行政处分或依据第72条引致刑法规范而追究相应的刑事责任;对于不履行法定救助义务导致自然人生命、身体、健康损害的,应依据《国家赔偿法》第2条结合第3条确定相应的损害赔偿责任。

(三)民事关系与刑事关系

刑法亦关注和调整人格权的享有与保护。《刑法》专设一章"侵害公民人身权利、民主权利罪",对生命权、身体权、健康权、姓名权、名称权、肖像权、名誉权、荣誉权、隐私权等具体人格权,自然人基于人身自由、人格尊严所享有的其他人格权益以及死者人格利益等提供保护。具体包括:

生命权:故意杀人罪(第232条);过失致人死亡罪(第233条)。

身体权、健康权:故意伤害罪(第234条、第234条之一第2款);组织出卖人体器官罪(第234条之一第1款);过失致人重伤罪(第235条);强奸罪(第236条);负有照护职责人员性侵罪(第236条之一);强制猥亵、侮辱罪(第237条第1、2款);猥亵儿童罪(第237条第3款);非法拘禁罪(第238条);绑架罪(第239条);拐卖妇女、儿童罪(第240条);诬告陷害罪(第243条);强迫劳动罪(第244条);雇用童工从事危重劳动罪(第244条之一);非法搜查罪(第245条);刑讯逼供罪,暴力取证罪(第247条);虐待被监管人罪(第248条);虐待罪(第260条);虐待被监护、看护人罪(第260条之一);遗弃罪(第261条)等。

名誉权:侮辱罪,诽谤罪(第246条)。

隐私权:非法侵入住宅罪(第245条);私自开拆、隐匿、毁弃邮件、电

---

[1] 参见朱晓峰:《论警察违反危难救助义务的损害赔偿责任》,《公安学研究》2023年第3期,第58页。

[2] 参见最高人民法院民法典贯彻实施工作领导小组主编:《中华人民共和国民法典人格权编理解与适用》,人民法院出版社2020年版,第403页。

报罪(第253条)。

29　　个人信息权:侵犯公民个人信息罪(第253条之一)。

30　　婚姻自由权:暴力干涉婚姻自由罪(第257条)。

31　　自然人基于人身自由、人格尊严而享有的其他人格权益:出版歧视、侮辱少数民族作品罪(第250条);侵犯通信自由罪(第252条);非法剥夺公民宗教信仰自由罪、侵犯少数民族风俗习惯罪(第251条)等。

32　　死者人格利益:盗窃、侮辱、故意毁坏尸体、尸骨、骨灰罪(第234条之一第3款)。

33　　《刑法》中规定的人格权的保护范围与《民法典》规定的人格权的享有与保护范围大致相当,因特定行为导致人格权侵害所生的法律关系,应区分如下类型以确定相应的具体调整规范:

34　　第一,侵害民事主体人格权导致刑事关系产生的,通常情形下也存在着应受《民法典》调整的民事关系。由于刑事责任成立与承担的构成要件及相应的判断标准较为严格,举重以明轻,因此这种情况下会发生民事责任与刑事责任聚合的现象。依据《民法典》第187条之规定,于此场合承担刑事责任不影响承担民事责任,在具体的责任承担上,若民事主体的责任财产不足以同时支付刑事责任和民事责任的,那么相应的财产应优先用于承担民事责任。[1]

35　　在《民法典》第187条的具体理解适用上,对于侵害人格权导致刑事责任与民事责任聚合场合的损害赔偿责任承担问题,是否会因受害人遭受的损害不同而区分处理,司法实务与学理上存在分歧。依据2012年《刑事诉讼法解释》第138条之规定,被害人因人身权利受到犯罪侵犯而遭受物质损失的,有权在刑事诉讼过程中提起附带民事诉讼,被害人死亡或丧失行为能力的,其法定代理人、近亲属有权提起附带民事诉讼(第1款);若受害人因受到犯罪侵犯而提起附带民事诉讼或者单独提起民事诉讼要求赔偿精神损失的,人民法院不予受理(第2款)。但在广东省高级人民法院请示最高人民法院后作出的《广东省高级人民法院关于已被追究刑事责任的犯罪人应否承担精神损害赔偿民事责任的批复》中又显现出了与2012年《刑事诉讼法解释》第138条完全不同的立场,该批复认

―――――――――

[1] 参见最高人民法院民法典贯彻实施工作领导小组主编:《中华人民共和国民法典总则编理解与适用》(下),人民法院出版社2020年版,第945页。

为:"关于已被追究刑事责任的犯罪人应否承担精神损害赔偿民事责任的问题,依据《中华人民共和国侵权责任法》、最高人民法院《关于确定民事侵权精神损害赔偿责任若干问题的解释》、《关于审理人身损害赔偿案件适用法律若干问题的解释》及其他相关规定,人民法院应对当事人关于精神损害赔偿的诉讼请求进行实体审理,并依法认定应否予以支持。"[1]另外,最高人民法院民一庭也认为:刑事案件的受害人就精神损害赔偿对犯罪人提起民事诉讼的,人民法院应依据《侵权责任法》第4条、第22条及其他相关规定,对案件予以审理,结合案件具体情形,依法认定对受害人的诉讼请求应否给予支持。[2]

最高人民法院在此问题上犹豫不决的立场也影响到了学理上的观点。支持区分处理的观点认为,精神损害赔偿并非以损害填补为目的,而是为了抚慰或慰藉受害人,实质上具有惩罚性功能,在侵权人已经因承担刑事责任而遭受相应惩罚的背景下,受害人已经因此得到了精神慰藉,[3]若再支持受害人的精神损害赔偿请求权,即违反了一事不二罚的基本原则,加重了侵权人的责任;[4]反对观点则认为,刑罚是罪犯对国家和社会的责任,体现的是特殊预防和一般预防价值,目的在于消除犯罪行为对社会的危害性,并非专门针对受害人,而精神损害赔偿虽然兼具补偿、抚慰和惩戒功能,但首要功能是补偿和抚慰,首要目的在于补偿和抚慰受害人。[5]在侵害人格权的场合,若仅对行为人给予刑罚,虽然能实现制裁犯罪的目的,但是,被害人因犯罪行为所遭受的精神损害却无法得到充分救济,既违反了《刑法》惩治犯罪和保护人身权利的立法目的和价

---

[1]《广东省高级人民法院关于已被追究刑事责任的犯罪人应否承担精神损害赔偿民事责任的批复》,粤高法民一复字〔2012〕3号。

[2] 参见《刑事案件的受害人可否就精神损害赔偿提起民事诉讼》,载最高人民法院民事审判第一庭编:《民事审判指导与参考》(总第52辑),人民法院出版社2013年版,第137页。

[3] 参见袁某亮与裴某行健康权纠纷案,河南省洛阳市中级人民法院(2017)豫03民终6454号民事判决书。

[4] 参见卞建林主编:《刑事诉讼法学》,科学出版社2008年版,第865页;刘世友、赵向鸿:《刑事附带民事诉讼中精神损害赔偿问题研究》,《法律适用》2010年第7期,第95—96页。

[5] 参见程啸:《侵权责任法》(第三版),法律出版社2021年版,第857—858页;张新宝、郭明龙:《论侵权死亡的精神损害赔偿》,《法学杂志》2009年第1期,第26页。

值取向,也与《民法典》第187条关于责任聚合场合中民事责任与刑事责任二者之间的规范适用关系的规定相违背。[1]

37 从当前法院在具体案件审理中的立场来看,部分法院严格遵循2012年《刑事诉讼法解释》第138条区分人格权受侵害场合受害人遭受损害的类型而仅支持财产损失赔偿的观点;[2]但也有法院未严格遵循2012年《刑事诉讼法解释》第138条的立场,例如,在"李某等诉唐晓元等生命权纠纷案"中,法院即认为,在受害人生命被非法剥夺的情形下,应直接依据《侵权责任法》(已失效)第4条第1款(现为《民法典》第187条)即"侵权人因同一行为应当承担行政责任或者刑事责任的,不影响依法承担侵权责任"以及第22条(现为《民法典》第1183条第1款)"侵害他人人身权益,造成他人严重精神损害的,被侵权人可以请求精神损害赔偿",判决加害人承担精神损害抚慰金的民事赔偿责任,至于根据刑事法律及相关刑事司法解释的规定不应赔偿被害人精神抚慰金的主张与本案的法律关系性质不符,因为本案并非刑事附带民事诉讼,刑事案件受害人有选择附带民事诉讼或单独提起民事诉讼的权利,法律并未强制刑事案件的受害人在刑事诉讼中附带提起民事诉讼,法院根据本案侵权纠纷的性质适用民事法律规定进行判决,并无不当。[3]尽管该判决的说理部分仍有讨论空间,但其通过解释摆脱2012年《刑事诉讼法解释》第138条的限制,对受害人主张的精神损害赔偿请求权予以支持,显然与《民法典》第187条的精神相一致,[4]符

---

[1] 参见陈甦主编:《民法总则评注》(下册),法律出版社2017年版,第1341页;张新宝:《〈中华人民共和国民法总则〉释义》,中国人民大学出版社2017年版,第406页。

[2] 参见林某金等与欧某辉生命权、健康权、身体权纠纷案,广东省高级人民法院(2017)粤民申9024号民事裁定书;张某与曹某雄等生命权、健康权、身体权纠纷案,重庆市第一中级人民法院(2017)渝01民终7564号民事判决书;邢某礼与邢某、邢某波、王某、安某生命权、健康权、身体权纠纷案,山东省淄博市中级人民法院(2017)鲁03民终3384号民事判决书。

[3] 参见李某等与唐某元等生命权、健康权、身体权纠纷案,广西壮族自治区桂林市中级人民法院(2016)桂03民终2314号民事判决书以及广西壮族自治区高级人民法院(2017)桂民申2912号民事裁定书。

[4] 参见张新宝:《〈中华人民共和国民法总则〉释义》,中国人民大学出版社2017年版,第406页。

合《民法典》将人格权独立成编以强调对人格权的充分保护的立法目的,应予肯定。

2021年《刑事诉讼法解释》第175条第2款在措辞上部分修改了2012年《刑事诉讼法解释》第138条的表述,为刑事案件中的精神损害赔偿预留了解释空间。2021年《刑事诉讼法解释》第175条第2款规定"因受到犯罪侵犯,提起附带民事诉讼或者单独提起民事诉讼要求赔偿精神损失的,人民法院一般不予受理",而2012年《刑事诉讼法解释》第138条第2款规定"因受到犯罪侵犯,提起附带民事诉讼或者单独提起民事诉讼要求赔偿精神损失的,人民法院不予受理",相比较而言,2021年《刑事诉讼法解释》只是原则上限制对侵权人提出精神损害赔偿请求,但未在任何情况下完全禁止受害人提起精神损害赔偿之诉。在2021年《刑事诉讼法解释》的起草者看来,作此规定是因为:"其一,对被害人等在刑事诉讼过程中未提起附带民事诉讼,另行提起民事诉讼的,理应适用与附带民事诉讼相同的判赔范围与标准。否则,势必会导致同样行为不同处理的问题,既有违类案类判的基本法理,也会导致附带民事诉讼制度被架空,影响该制度重要功能的发挥。其二,对另行提起民事诉讼的,适用不同的判赔范围和标准,表面上看似乎对被害人等有利,实际恰恰相反:绝大多数情况下,一旦刑事部分审结,被告人被送交执行刑罚,甚至执行死刑,就根本不可能再对被害人等作出赔偿,其亲友也不可能代赔。基于贯彻宽严相济刑事政策、便利案件处理的基本考虑,不应当将'两金'纳入单独提起民事诉讼的判赔范围。"[1] 当然,这一解释是否妥当,值得进一步斟酌。

第二,虽然《刑法》与《民法典》对人格权保护范围的规定大致重合,但认定具体侵害行为刑事责任成立与承担的要件及判断标准更为严格,而《民法典》第998条确立的人格权侵害民事责任成立与承担的判断标准相对自由宽松。基于刑法的谦抑性,对于人格权侵害尚未达到刑法调整标准或者虽然满足刑事责任成立要件但存在减免事由的,都不应当影响依据《民法典》对相应行为作出的独立法律评价。[2] 例如,依据

---

[1] 姜启波、周加海、喻海松等:《〈关于适用刑事诉讼法的解释〉的理解与适用》,《人民司法》2021年第7期,第19页。

[2] 参见朱晓峰:《侵权可赔损害类型论》,法律出版社2017年版,第493页。

《刑法》第 17 条,在未成年人性侵案件中,若加害人实施强奸行为时尚未达到刑事责任年龄,那么其无须承担刑事责任,但由于强奸行为侵害了受害人应受民法保护的人格权益,属于《民法典》第 1165 条第 1 款的涵摄范畴,受害人可依《民法典》第 1165 条第 1 款结合第 1179 条、第 1183 条第 1 款及第 1188 条向加害人的监护人主张财产与精神损害赔偿请求权。[1]

第三,对于纳入《刑法》保护范畴的人格权益,若《民法典》及其特别法并未明确规定此种人格权益,那么刑法规定可以与《民法典》的一般性规定如第 990 条第 2 款以及第 1165 条第 1 款相结合,作为论证此种人格权益应受《民法典》保护的正当性基础,提高《民法典》中一般性条款的涵摄能力并以此为基础增强相应法律效果评价的可反驳性与说服性。例如,现行法律体系中对性自主权的保护,在《刑法》中主要通过第 236 条的强奸罪、第 237 条前 2 款的强制猥亵、侮辱罪以及该条第 3 款的猥亵儿童罪来实现。在《民法典》之前,由于《民法通则》(已失效)《侵权责任法》(已失效)等制定法都未明确规定性自主权为独立的人格权类型,所以对于性自主权的内涵以及相应的民法保护途径,理论与司法实务均存在较大的分歧,司法实务中存在着通过一般人格权[2]、身体健康权[3]等进行保护的做法,相应的学理上也存在着性自主利益否定论[4]、具体人格权论[5]、一般人

---

〔1〕 参见徐某某与王某某强奸要求精神损害赔偿案,河南省三门峡市中级人民法院(2006)三民终字第 562 号民事判决书。

〔2〕 参见张某某与董某某一般人格权纠纷案,广东省广州市中级人民法院(2019)粤 01 民终 8994 号民事判决书。实践中也有法院以贞操权于法无据而拒绝承认受害人相应的权利主张,相关判决参见北京市朝阳区人民法院(2015)朝民初字第 28258 号民事判决书。

〔3〕 参见李某骞与陈某人格权纠纷案,浙江省宁波市鄞州区人民法院(2015)甬鄞江民初字第 224 号民事判决书。

〔4〕 参见何孝元:《损害赔偿之研究》,台湾商务印书馆 1982 年版,第 162 页。我国台湾地区"民法"在 1999 年增设"贞操"为独立人格法益之前,对性自主权的保护也主要是通过身体、自由、名誉等人格法益来展开,参见王泽鉴:《人格权法:法释义学、比较法、案例研究》,北京大学出版社 2013 年版,第 113 页。

〔5〕 参见曲升霞、袁江华:《侵犯贞操权与身体权的司法认定及其请求权竞合之解决》,《人民司法·应用》2009 年第 15 期,第 108 页。

格权论〔1〕等的争论。《民法典》仅在第1010条对性骚扰问题作了规定,并未明确承认性自主权。在此背景下,对于性自主权的民法保护虽然可以纳入到具体人格权涵摄范畴中来讨论,但无论是将之纳入到名誉权、身体权等具体人格权范畴,还是纳入以人身自由、人格尊严为价值基础的一般人格权保护领域,在进行正当性论证时都可以将之与《刑法》中的性自主权保护规则结合起来,〔2〕从而达到增强法律论证效果的目的。〔3〕

---

〔1〕 参见王成:《性骚扰行为的司法及私法规制论纲》,《政治与法律》2007年第4期,第81页;张红:《性侵之民事责任》,《武汉大学学报(哲学社会科学版)》2019年第1期,第146页。

〔2〕 参见贾健:《强奸究竟侵犯了什么?——作为通说的"性的自主决定权"法益之检讨》,《法律科学》2018年第5期,第95页。在司法实践中,法院通常会在判决书中明确承认强奸行为侵犯的客体是受害人的性自主权,参见郭某兵强奸案,四川省成都市中级人民法院(2020)川01刑终821号刑事裁定书;巴某某特强奸案,新疆维吾尔自治区伊犁哈萨克自治州塔城地区中级人民法院(2020)新42刑终47号刑事裁定书;王某强奸案,北京市第二中级人民法院(2020)京02刑终95号刑事裁定书;任某明猥亵儿童案,安徽省安庆市中级人民法院(2020)皖08刑终175号刑事裁定书;何某清等强奸案,福建省三明市中级人民法院(2017)闽04刑终306号刑事判决书(对该案的评析参见黄谨铭:《幼女卖淫关联犯罪的认定和处理》,《人民司法·案例》2020年第17期);魏某泉、黄某样强奸案,福建省南安市人民法院(2013)南刑初字第1372号刑事判决书(受害人为双性人,既有男性生殖器,也有女性生殖器,后刘某长期以女性身份生活,并有明显的女性第一性征。对该案的评析参见梅贤明、张太洲、李炳南:《强奸双性人可构成强奸既遂》,《人民司法·案例》2014年第22期);孙某军强奸案,上海市浦东新区人民法院(2011)浦刑初字第685号刑事判决书(对该案的评析参见石耀辉、伍红梅:《非正常婚姻状态下强奸罪的构成》,《人民司法·案例》2011年第24期);文某生强奸案,江西省高级人民法院(2019)赣刑再4号刑事判决书(对该案的评析参见付涵:《性侵幼女案中被害人谅解情节的量刑考量》,《人民司法·案例》2020年第17期);周某行猥亵儿童案,江苏省江阴市人民法院(2014)澄少刑初字第0151号刑事判决书(对该案的评析参见王丽枫:《性犯罪行为地系公共场所的认定标准》,《人民司法·案例》2015年第16期)。

〔3〕 参见崔某与江某伟侵权责任纠纷案,广东省深圳市中级人民法院(2019)粤03民终7796号民事判决书;李某娥与成某华一般人格权纠纷案,江苏省南通市中级人民法院(2019)苏06民终4424号民事判决书;冯某某与林某某生命权、健康权、身体权纠纷案,广东省韶关市中级人民法院(2015)韶中法民一终字第1166号民事判决书;蒋某与李某人格权纠纷案,北京市房山区人民法院(2016)京0111民初2291号民事判决书。

例如,在通过网络猥亵儿童的相关案件的审理过程中,审理法院通常会认为,加害人"基于自己扭曲变态的心理,借助网络,虚构身份,利用女童社会阅历尚浅、涉世不深,以哄骗、引诱等手段,让多名不特定被害人拍摄裸照,在视频中暴露身体隐私部位,或做出淫秽动作,以满足淫欲。该猥亵行为是在网络上发生的,非传统意义上的直接强制接触,但此行为侵害了女性性自主权,伤害了未成年人身心健康,与直接侵害的法定后果相同"[1],或者"行为人以满足性刺激为目的,以诱骗、强迫或者其他方法要求儿童拍摄裸体、敏感部位照片、视频等供其观看,严重侵害儿童人格尊严和心理健康"[2]。显然,若将这种论证与《民法典》第 990 条第 2 款的自然人以人身自由、人格尊严为价值基础的其他人格权益结合起来,可以增强个案中认定性自主权受民法保护的正当性论证基础,有助于充分保护受害人的人格权益。

六、国际私法

人格权的享有和保护以人格权的存在为前提。由于人格权具有较强的伦理性、民族性和地域性特征,因此不同国家、地区的法律实践中存在的人格权的具体内容并不完全相同。[3] 对涉外民事关系中的当事人而言,究竟适用哪个国家的法律规则来调整因人格权的享有和保护产生的民事关系至关重要。对此,《涉外民事关系法律适用法》第 15 条规定,人格权的内容适用权利人经常居所地的法律确定。该法以经常居所地作为确定人格权内容之准据法的基本连结点,符合当代国家之间经济社会交往频繁背景下的民事主体以其自身之生活中心展开民事活动的现实需

---

[1] 王海磬:《全国妇联发布第三届"依法维护妇女儿童权益十大案例"之二:〈江苏司法机关依法严惩蒋某某网络猥亵儿童案〉》,《光明日报》2019 年 11 月 29 日,第 10 版。

[2] 检例第 43 号:骆某猥亵儿童案,《最高人民检察院公报》2019 年第 1 号,第 17—19 页。

[3] 参见朱晓峰:《中国语境下人格尊严的民法保护》,知识产权出版社 2019 年版,第 8 页。

求。但对该条的具体理解,仍有讨论空间。[1]

(一)确定人格权内容的冲突规范

《涉外民事关系法律适用法》第15条确定的规范连结点是权利人的经常居所地,对该概念的准确把握是确定涉外民事法律关系中人格权内容的享有与保护规则的前提。

1. 经常居所地

学理上认为经常居所地概念与国内法或国际条约中规定的惯常居所地或习惯居所地概念同义,均是为解决当事人存在若干个居所而难以确定准据法问题而生。但是,在《涉外民事关系法律适用法》颁布之前的法律实践中,比较常见的概念是经常居住地、住所和惯常居所。《涉外民事关系法律适用法》采用"经常居所地"概念,[2]但该概念应如何理解,学说理论和实务上仍存在较大争议。

事实上,自经常居所地概念在国际私法理论与实践中出现以来,学说理论上即对什么是经常居所地争论不休,由此形成了事实概念说、法律概念说和法律目的解释说三种观点。[3] 考虑到我国属于复合法域的现实情况,在各法域已不同程度接受以经常居所地为连结点的背景下,如1999年《澳门民法典》第30条第1款即规定"属人法即个人之常居地法",《涉外民事关系法律适用法》采经常居所地概念,在处理区际民事法律冲突方面更容易被接受、更为简便,且能使区际民事法律关系与最符合当事人利益的某一区域的法律规则相联系,从而有利于保障当事人的合法权益。[4]《民法典》在第25条规定"自然人以户籍登记或者其他有效

---

[1] 参见郑佳宁、[加]金艺海:《加拿大魁北克国际私法评析——兼论中国〈涉外民事关系法律适用法〉之完善》,《比较法研究》2015年第4期,第55页。

[2] 参见杜焕芳:《自然人属人法与经常居所的中国式选择、判准和适用——兼评〈涉外民事关系法律适用法司法解释(一)〉第15条》,《法学家》2015年第3期,第155页。

[3] See David F. Cavers, Habitual Residence: A Useful Concept? *American University Law Review*, Vol. 21 (1971-1972), p. 475; Peter Stone, The Concept of Habitual Residence in Private International Law, *Anglo-American Law Review*, Vol. 29 (2000), p. 342.

[4] 参见齐湘泉:《〈涉外民事关系法律适用法〉原理与精要》,法律出版社2011年版,第150页。

身份登记记载的居所为住所;经常居所与住所不一致的,经常居所视为住所",及时回应了《涉外民事关系法律适用法》的规定,从体系的协调性和概念的一致性来看更具科学性。[1]

45 对《民法典》第 25 条规定的自然人居所,学理上认为应理解为暂时居住的处所,在法律上居所具有临时性。[2] 由于自然人事实上的居所可能有若干个,为使各种法律关系集中固定并联结在一处,以利于确定权利义务和解决法律纠纷,法律上规定了住所概念。对住所的理解,比较法上将之区分为原始住所和选择住所,大陆法系国家多将之与经常居所同等对待,而在英美法系国家则将之等同于一个人永久的家,自然人要想取得意图选择的住所,必须具备事实上居住于此且拥有在该地安家的意图要件。亦即,住所的确定不仅需要考察当事人客观上的行为要素,也需要考察当事人主观上的意图要素。但比较法经验已经表明,确定住所的行为要素和意图要素在司法实践中都面临着困难。[3]

46 《民法典》第 25 条没有接受比较法上的经验确定自然人的住所。依据《民法典》第 25 条之规定,自然人的住所依据户籍登记或其他有效身份登记记载的居所确定,户籍登记或其他有效身份登记记载的居所是自然人的住所。对于《民法典》将民法上的住所与户籍制度联系起来的做法,学理上存在不同观点。批评性观点认为,将住所与户籍相关联,主要是基于住所制度、户籍制度与迁徙自由的考虑,这是典型的行政管理思维,民法中的住所制度应摆脱基于行政管理视角的户籍制度的束缚而构造独立的民法制度。[4] 与之相比,肯定性观点则认为,目前户籍制度是比较成熟的人口管理制度,住所应当与户籍衔接,此举符合我国的现实国情。[5]《民法典》第 25 条的规定显然表明立法者未放弃将住所与户籍

---

[1] 参见刘仁山:《〈民法总则〉对〈法律适用法〉的回应与启示》,《政法论坛》2019 年第 1 期,第 8 页。
[2] 参见张新宝:《〈中华人民共和国民法总则〉释义》,法律出版社 2017 年版,第 48 页。
[3] 参见何其生:《我国属人法重构视阈下的经常居所问题研究》,《法商研究》2013 年第 3 期,第 86 页。
[4] 参见李永军、王伟伟:《民法上的住所制度考》,《政法论坛》2009 年第 6 期,第 49 页。
[5] 参见张新宝:《〈中华人民共和国民法总则〉释义》,法律出版社 2017 年版,第 49 页。

由于现实生活中自然人可能并未在其户籍登记地生活,为了尊重和保护自然人的现实利益,《民法典》第 25 条规定了经常居所概念,并在经常居所与住所不一致时规定将经常居所视为住所。对经常居所的确定,《民法典》并未规定具体标准。但《涉外民事关系法律适用法解释(一)》对《涉外民事关系法律适用法》规定的经常居所地提供了认定标准,该《解释》第 13 条规定:"自然人在涉外民事关系产生或者变更、终止时已经连续居住一年以上且作为其生活中心的地方,人民法院可以认定为涉外民事关系法律适用法规定的自然人的经常居所地,但就医、劳务派遣、公务等情形除外。"从体系解释的视角看,在现行法秩序下,为保持法律外在体系的协调性,《涉外民事关系法律适用法》与《民法典》共同使用的"经常居所"概念在无特别规定时应做同一理解。

2. 经常居所地的确定

对于确定自然人经常居所地的法律准据,比较法上存在法院地主义[1]、领土法主义[2]、冲突法主义[3]三种。依据 2020 年《涉外民事关系法律适用法解释(一)》第 13 条之规定,在一般情形下当满足外在物理要素即"连续居住一年以上"和内在心理要素即"作为生活中心"共同构成的叠加标准时,我国法院即可认定经常居所地的存在。这实质上是采纳了法律概念说和冲突法主义来界定经常居所地,它是最密切联系原则在《涉外民事关系法律适用法》中的体现,符合现代国际私法立法技术的基本要求。[4] 由于《涉外民事关系法律适用法解释(一)》第 13 条确定的叠加标准既有连续居住时间的刚性要求,又有生活中心

---

[1] 参见杜焕芳:《自然人属人法与经常居所的中国式选择、判准和适用——兼评〈涉外民事关系法律适用法司法解释(一)〉第 15 条》,《法学家》2015 年第 3 期,第 156 页。

[2] 参见李旺:《国际私法中国籍和住所的确定——兼论〈涉外民事关系的法律适用法(草案)〉第 6 条和第 18 条的相互关系》,《法学杂志》2010 年第 3 期,第 62—65 页。

[3] 参见杜焕芳:《自然人属人法与经常居所的中国式选择、判准和适用——兼评〈涉外民事关系法律适用法司法解释(一)〉第 15 条》,《法学家》2015 年第 3 期,第 156 页。

[4] 参见杜新丽:《从住所、国籍到经常居所地——我国属人法立法变革研究》,《政法论坛》2011 年第 3 期,第 28 页。

的弹性限制,〔1〕因此其对经常居所的认定要求相对而言是比较严格的。

(1)连续居住1年以上

49 对于"连续居住"应如何理解,临时离开经常居所地如外出度假是否会产生阻断居住期间的效果? 从我国司法实践来看,有法院认为,连续居住只是一个相对概念,短暂离开并不会产生阻断经常居所认定期间的效果。〔2〕 该立场在比较法上亦有迹可循。例如,英国斯卡曼(Scarman)法官在沙诉巴尼特案(Shah and others v. Barnet LBC)中界定惯常居所时即明确指出:"一个人的居所在某一特定地区或国家,该地区或国家应是其自愿选择的,并抱有定居之目的而将该地作为其生活一般秩序的或长或短的持续居住地。当事人临时或偶然离开该居所,即使这种离开持续较长期间,也不影响当事人在该地获得惯常居所。"〔3〕应该说,这种立场在确定人格权内容的场合有利于实现权利人利益保护的最大化。

50 至于是绝对要求连续居住 12 个自然月甚至 365 个自然日以上,还是相对连续即不少于多少个自然月或日即可满足外在物理要素,则需要法院在个案审理中结合具体案情予以确认。在"谢明治诉王水生继承在大陆探亲期间死亡的台湾居民的遗产纠纷案"中,法院即严格依据连续居住必须满 1 年的客观要素来确定经常居所。〔4〕 对此的批评意见认为,绝对固定的"1 年以上"的居住期限缺乏合理性,在某些案件中,这种绝对的要求过于僵化,并不利于充分保护当事人利益。〔5〕 若是采用相对连续的标准,则需要法院在结合当事人内心心理要素的基础上在个案中依据具体案情来确定合理期间。例如,在"王某非婚生子女抚养费纠纷案"中,审理法院即采用对当事人出入境记录进行调查的方法来查明

---

〔1〕 参见何其生:《我国属人法重构视阈下的经常居所问题研究》,《法商研究》2013 年第 3 期,第 89 页。

〔2〕 参见游某汉与游某英继承纠纷案,福建省高级人民法院(2013)闽民终字第 533 号民事判决书。

〔3〕 Peter Stone, The Concept of Habitual Residence in Private International Law, Anglo-American Law Review, Vol. 29(2000), p. 342;刘仁山:《现时利益重心地是惯常居所地法原则的价值导向》,《法学研究》2013 年第 3 期,第 173 页。

〔4〕 参见杨洪逵:《谢明治诉王水生继承在大陆探亲期间死亡的台湾居民的遗产纠纷案》,《中国法律》1996 年第 1 期。

〔5〕 参见何其生:《我国属人法重构视阈下的经常居所问题研究》,《法商研究》2013 年第 3 期,第 88 页。

当事人是否满足连续居住的时间要素,以确定其经常居所地。[1]

由于第13条是裁判规则,法院在个案审理中可依自由裁量权而对第13条规定的情形进行实质审查。这意味着,对"一年以上的时间是否过于短暂,可能会导致滥用居所作为连结点的情况,使当事人任意改变其居所地以达到利用某国法律之目的"的担忧,实质上可以通过法院在个案中的审查予以控制。另外,鉴于意思自治原则通过《涉外民事关系法律适用法》而在冲突规范的选择中具有重要地位,并且既然法律承认当事人在不违反法律规定的前提下可以自由选择解决纠纷的法律,那么,依据举重以明轻的解释方法,对于当事人在不违反法律强制性规定的前提下任意改变其居所地以达到利用某国法律之目的的做法,法院在个案审理中不应当然地使之无效。

在判断当事人是否存在滥用经常居所地作为冲突规范连结点的情况时,法院应主要依据《涉外民事关系法律适用法》第4、5条以及《涉外民事关系法律适用法解释(一)》第7—9条审查是否存在违反我国法律、行政法规的强制性规定或损害社会公共利益的情形。若当事人故意隐瞒真实情况,故意制造连结点规避我国法律、行政法规的强制性规定,[2]损害我国社会公共利益,[3]则当然不能发生其所欲之法律效果。

(2)作为其生活中心

"作为其生活中心"为内在心理要素,但对该要素的判定依据什么标准来展开? 是注重当事人的主观意愿,还是注重当事人的客观生活状况,抑或是综合考量二者?则不无疑问。事实上,由于前述外在物理要素即"连续居住一年以上"本身存在绝对和僵化的现实问题,因此从目的解释的角度来看,《涉外民事关系法律适用法》确立经常居所地主义的核心宗旨是对自然人现时利益重心地的重视,进而助益于当事人在民商事生活中的最大利益的实现,所以对"作为其生活中心"的判断,应是相对灵活并且应在综合考虑相关要素的基础上展开。比较法上的经验对此亦持

---

[1] 参见孙某1等抚养费纠纷案,北京市第二中级人民法院(2014)二中少民终字第08865号民事判决书。

[2] 参见安庆市昕某汽车配件有限公司与周某劳动争议案,安徽省安庆市中级人民法院(2017)皖08民终466号民事判决书。

[3] 参见林某某与萧某某、耿某某房屋租赁合同纠纷案,广东省深圳市中级人民法院(2018)粤03民初2316号民事判决书。

一种综合考量判断的立场。例如，欧盟法在确定自然人的经常居所地时，居住期限及其连续性、与该人及其居所有关的人身和职业联系等均被纳入考量范畴，其中当事人的居住意图更是法官权衡考量的重要因素。比较法上的经验显示，在经常居所地的确定上并没有如同《涉外民事关系法律适用法解释（一）》第13条一样规定固定的评估时间，并且居住的长度并非决定性因素。相反，对经常居所地的确定，原则上是由法官在个案审判中依靠具体案情如自然人的家庭情况、职业状况、居住的意图、在经常居所地的财产状况、搬迁的原因等综合判定。[1] 因此结合比较法经验及 2020 年《涉外民事关系法律适用法解释（一）》第 13 条，司法实践中对"作为其生活中心"的判断，应当"根据当事人的具体情况进行综合判断为宜，即从当事人的主观意愿、家庭生活、社会关系、主要职业、财产状况、迁移原因等各方面进行考察"。[2]

3. 经常居所地不明的规范处理

自然人经常居所地不明的，依据《涉外民事关系法律适用法》第 20 条，应适用其现在居所地的法律。因此，现在居所地是对经常居所地的必要补充，其是"以尊重民商事关系主体利益为宗旨、以对当事人现时利益考量为基础"的当事人惯常居所理论的延展和深化。[3] 以此为基础可以推知，当存在交替经常居所地的，宜认定为经常居所地不明而适用其现在居所地的法律。

（二）调整人格权保护的冲突规范

在依据权利人经常居所地法律确定人格权内容的前提下，对于涉及人格权保护引发的民事法律关系的调整，依据《涉外民事关系法律适用法》第 44 条与第 46 条确定应予适用的法律。其中，第 44 条是关于侵权责任之冲突规范的一般规定，第 46 条是关于特定人格权之侵权责任的冲

---

[1] 参见何其生：《我国属人法重构视阈下的经常居所问题研究》，《法商研究》2013 年第 3 期，第 90 页。

[2] 参见杜焕芳：《自然人属人法与经常居所的中国式选择、判准和适用——兼评〈涉外民事关系法律适用法司法解释（一）〉第 15 条》，《法学家》2015 年第 3 期，第 161 页。

[3] 参见刘仁山：《现时利益重心地是惯常居所地法原则的价值导向》，《法学研究》2013 年第 3 期，第 182 页。

突规范。

1. 人格权保护冲突规范体系的基本构造

从文义解释的角度来看，由于人格权具有消极防御的特性，对于人格权的保护主要是通过侵权法来实现，所以只要是依据2020年《涉外民事关系法律适用法解释（一）》第13条确定的准据法所确认的人格权，则无论是以何种方式被侵犯，都可以依据《涉外民事关系法律适用法》第44条来确定关于侵权责任的准据法。就此而言，第44条是关于侵权责任之准据法确定的一般规定。

虽然《涉外民事关系法律适用法》第46条也是确定人格权侵权责任之准据法的规定，但与第44条不同的是，第46条对其适用的条件作了限定，包括侵权方式和人格权类型。

关于侵权方式，与第44条适用于所有侵权方式不同，第46条仅适用于"通过网络或者采用其他方式"侵犯人格权的场合。虽然第44条对侵权方式的规定采用了列举+概括规定的立法技术，但该条规定的"采用其他方式"显然并非不受限制地囊括一切侵权方式，对此应结合前面具体列举的"通过网络"侵权方式进行目的性限缩解释，强调相应侵权方式中的侵权行为人隐秘复杂、损害后果的发生具有即时性且影响范围大、取证困难、司法管辖不好定位和自我救济无能为力等特性。对此，《侵害信息网络传播权民事纠纷案件适用规定》第2条将"信息网络"概念界定为"包括以计算机、电视机、固定电话机、移动电话机等电子设备为终端的计算机互联网、广播电视网、固定通信网、移动通信网等信息网络，以及向公众开放的局域网络"。该规定第2条对信息网络的界定显然考虑到了网络概念的特殊性和开放性特征，因此采取了广义界定方式。依据体系解释方法，对第46条"采用其他方式"的解释应与《侵害信息网络传播权民事纠纷案件适用规定》第2条保持一致。

关于人格权类型，第46条亦采取了具体列举+概括规定的方式，具体列举的人格权包括姓名权、肖像权、名誉权和隐私权。显然，这里列举的人格权类型与《民法典》第990条第1款具体列举的人格权类型并不相同。[1] 这些被列举出来的具体人格权的共同特点在于，其既可以在现

---

[1] 参见朱晓峰：《民法一般人格权的价值基础与表达方式》，《比较法研究》2019年第2期，第60页。

实环境下被侵犯,也能在网络环境下被侵犯。依据体系及目的解释方法,该条在侵权方式上强调网络侵权或与网络侵权相类似的方式,在被侵犯的人格权类型上亦应与侵权方式相适应,强调人格权在网络环境下存在被侵害的现实可能性。因此,尽管第 46 条对于应受该条涵摄的人格权益采取了概括规定的立法模式,但对于能够纳入该条涵摄范围的人格权益应受前面侵权方式以及与此相适应的具体列举的人格权的限制,仅包括个人信息权、被遗忘权等,不包括生命权、身体权、健康权等不能在网络环境下被侵害的人格权益。

60　　因此,第 44 条与第 46 条在规范关系上构成一般与特殊的关系,第 46 条作为第 44 条的特殊规定,适用于网络环境下相应人格权益被侵害时的调整规则的确定,对此之外的其他人格权益的侵犯,则由作为一般条款的第 44 条来确定相应的调整规则。

2. 冲突规范之间的规范关系

61　　在人格权侵权场合的准据法确定规则体系中,作为特别规定的第 46 条仅规定了一个连结点即被侵权人经常居所,而作为一般规定的第 44 条规定了侵权行为地、共同经常居所和当事人协议选择三项。依据特别规定与一般条款之法律适用的一般关系,若有特别规定时,应依据特别规定;若没有特别规定时,则依一般规定。因此,当姓名权等能在网络环境下被侵害的人格权益受到侵犯时,应依第 46 条规定的被侵权人经常居所地的法律来调整相应的侵权关系;除此之外的,则依据第 44 条确定的连结点寻找准据法,以之调整相应的因侵权所形成的法律关系。

62　　有疑问的是,第 46 条规定的"通过网络或者采用其他方式侵害姓名权、肖像权、名誉权、隐私权等人格权的",在侵权发生后当事人协议适用法律的,可否依据第 44 条的规定来确定准据法?亦即,第 44 条与第 46 条彼此之间的一般与特殊的关系,实质上仅是第 44 条的"侵权责任,适用侵权行为地法律"与第 46 条之间的关系、并不适用于第 44 条除此之外的其他规定与第 46 条之间的关系,还是将第 44 条作为整体与第 46 条之间的关系?

63　　依据文义解释方法,第 44 条第 1 句与第 2 句之间的适用关系是:第 2 句优先于第 1 句,即有约定依约定,无约定依法定。对于《涉外民事关系法律适用法》的此种立法选择,支持者认为:"允许当事人协议选择侵权准据法,可以避开那些无效率的侵权实体法,确保适用更有效率的侵权实体法,不仅有利于降低交易成本和诉讼成本,而且有利于实现国家之间的帕累托最优。"〔1〕但反对者认为:"不顾中国国情,将当事人意思自治原则不加限制地引入侵权行为之债的法律适用,会使侵权行为之债的法律适用结果违背实质正义,成为强势一方当事人利用的工具。"〔2〕本评注认为,侵权法还体现了各国在规制侵权行为方面的实体政策利益,这种利益主要通过制定法在侵权行为发生之前对当事人的激励和引导机制来实现,若允许当事人不加限制地自由选择适用的法律,可能会使一国在侵权法适用规则上的实体政策利益受损。〔3〕 因此,为解决该问题,第 44 条第 2 句对当事人通过意思自治选择法律采取了相应的限制措施,该条只允许当事人事后选择适用的法律而不能事前选择。这样,当侵权行为发生后,侵权人与被侵权人事实上已处于对抗状态,允许其此时通过协议选择准据法,原则上既不会对一国欲通过侵权法实现的实体政策利益产生不利影响,亦充分尊重了当事人的自主意志,有利于解决侵权纠纷并保护当事人利益。〔4〕 这里的协议选择,既可以是当事人通过合意达成,也可以通过当事人的共同行为达成。在"周某驰诉中建荣真无锡建材科技有限公司肖像权、姓名权纠纷案"中,审理法院即认为,"在涉外人格权侵权纠纷中,双方当事人援引相同的法律且未提出法律适用异议的,人民法院可以认定当事人已经就该民事关系的准据法作出了一致的选择"。〔5〕

  基于目的解释方法,作为特殊规定的第 46 条以被侵权人的经常居所作为确定准据法的连结点的核心考量是:"受害人的经常居所地是受害人的经济、社会活动中心,与受害人有最密切的社会联系,是损害结果最大、与侵权纠纷联系最密切的地点,因此受害人经常居所地构成了损害结

---

〔1〕 李婧:《我国涉外侵权法律适用规则的完善——基于私人自治与政府规制的经济学思考》,《河南社会科学》2017 年第 1 期,第 96 页。

〔2〕 王晓勇、邹国勇:《我国侵权冲突法的演进及其最新发展》,《江西社会科学》2014 年第 2 期,第 182 页。

〔3〕 参见李婧:《我国涉外侵权法律适用规则的完善——基于私人自治与政府规制的经济学思考》,《河南社会科学》2017 年第 1 期,第 96 页。

〔4〕 参见王晓勇、邹国勇:《我国侵权冲突法的演进及其最新发展》,《江西社会科学》2014 年第 2 期,第 182 页。

〔5〕 周某驰诉中建荣真无锡建材科技有限公司肖像权、姓名权纠纷案,《最高人民法院公报》2020 年第 2 期,第 43—48 页。

果发生地。"[1]亦即第46条以保护受害人利益作为核心考虑。同样地,第44条第2句允许当事人在侵权行为发生后通过意思自治选择准据法的核心考虑是,每个人都是自己最大利益的最佳判断者。因此,当立法者为受害人利益考虑而确定的准据法与受害人为其利益的实现而在侵权行为发生后通过协议选择的准据法没有重合时,当事人通过协议选择的法律具有优先适用性。承认第44条第2句优先于第46条,还可以解决第46条在司法实践中屡被诟病的"没有对侵权人的利益给予一定的考虑,规则过于僵硬,没有规定侵权人的可预见性规则以及抗辩请求权的法律适用"的问题,在解释上更具有合理性。[2]从司法实践中法院所持的立场看,在通过网络方式侵害名誉权等人格权的场合中,若当事人事后通过协议选择了适用的法律,法院通常亦予支持。[3]这显然是承认了第44条第2句优先于第46条予以适用。

3. 人格权侵权连结点内部的规范构造

《涉外民事关系法律适用法》第44条和第46条使用的固定连结点有侵权行为地、经常居所地。关于经常居所地的确定,应与《涉外民事关系法律适用法》第13条保持一致。对第44条的侵权行为地的确定,则需要进一步讨论。

我国涉外法律规范体系中以侵权行为地作为确认侵权场合准据法的联结点的做法,最早见于《民法通则》(已失效)。该法第146条第1款第1句规定:"侵权行为的损害赔偿,适用侵权行为地法律。"之后的《海商法》第273条第1款以及《民用航空法》第189条第1款等也都以侵权行为地作为确定准据法的基本连结点。问题是,何谓侵权行为地?对此,这些制定法都没有予以明确界定。为解决该问题,《民通意见》第187条规定:"侵权行为地的法律包括侵权行为实施地法律和侵权结果发生地法律。如果两者不一致时,人民法院可以选择适用。"该解释明确了侵权行为地包括侵权行为实施地和侵权结果发生地,但在二者不一致时将连结

---

[1] 王晓勇、邹国勇:《我国侵权冲突法的演进及其最新发展》,《江西社会科学》2014年第2期,第183页。

[2] 参见万鄂湘主编:《〈中华人民共和国涉外民事关系法律适用法〉条文理解与适用》,中国法制出版社2011年版,第329—330页。

[3] 参见谢某、中山市成某会计师事务所有限公司名誉权纠纷案,广东省中山市中级人民法院(2018)粤20民终865号民事判决书。

【人格权编的调整范围】　　　　　　　　　　　　　　　第989条

点的确定交由法官自由裁量,容易引起实践上的争议。对此,学理上有观点认为,由法官选择解决侵权纠纷的准据法并不一定符合受害人的意愿且有利于保护其利益,于此场合应由受害人自己选择究竟是适用侵权行为发生地法律还是侵权结果发生地法律。[1] 还有观点认为,当侵权行为实施地与侵权结果发生地不同时,应当以最有利于受害人为原则,确定侵权行为地法。[2]《涉外民事关系法律适用法》第44条第1句前半句对《民法通则》(已失效)第146条予以全盘接受而没有回应学理和司法实践中的质疑,依然未能解决法律适用随意性的问题。对此,学理上有意见认为,当侵权行为实施地和侵权结果发生地"复合"时,应对行为人之主观认知进行判断,即只要能证明行为人可以预见损害结果的发生地点,那么为了更充分地保护受害人利益,应当适用侵权结果发生地的法律。加拿大《魁北克民法典》即采此立场。[3]

从我国学理争议的焦点来看,侵权行为地究竟是行为实施地还是损害结果发生地,究竟是由法官自由判断还是交由受害人来判断,核心的考量都是如何才能最大程度地保护受害人利益。在我国现行冲突规范未规定由受害人自己选择以实现其自己利益的背景下,应当考虑如何规范法官在个案审理时的自由裁量权,由此以助益于受害人利益的实现。司法实践中法院在适用第44条第1句前半句确定准据法时,虽然并不直接阐明其选择以侵权行为发生地法律还是损害结果发生地法律作为准据法的理由,但在一般情况下会支持作为原告的受害人所选择的准据法的主张,即受害人若主张适用侵权损害结果发生地的法律,法院即会以损害结果发生地法律作为案件纠纷的解决依据;[4]受害人若主张适用侵权行为发生地的法律作为准据法,法院一般亦会支持。[5] 法院的这种做法

---

〔1〕 参见杜涛:《涉外民事关系法律适用法释评》,中国法制出版社2011年版,第348页。

〔2〕 参见王晓勇、邹国勇:《我国侵权冲突法的演进及其最新发展》,《江西社会科学》2014年第2期,第180页。

〔3〕 参见郑佳宁、[加]金艺海:《加拿大魁北克国际私法评析——兼论中国〈涉外民事关系法律适用法〉之完善》,《比较法研究》2015年第4期,第64页。

〔4〕 参见指导案例109号:安徽省外经建设(集团)有限公司诉东方置业房地产有限公司保函欺诈纠纷案,最高人民法院(2017)最高法民再134号民事判决书。

〔5〕 参见易某益等与叶某英侵权责任纠纷案,广西壮族自治区高级人民法院(2017)桂民终154号民事判决书。

实质上体现出在侵权场合对受害人利益给予充分保护的立场。

在当事人既未约定准据法、亦无共同经常居所地时,司法实践中法院是否还应当严守《涉外民事关系法律适用法》第44条第1句所确定的侵权行为地主义?对此,实践中有法院认为,在外籍邮轮上发生的旅客人身损害责任纠纷不应简单地适用侵权行为地法,而应适用最密切联系原则,结合邮轮母港、受害人住所地等因素确定准据法。[1]在"羊某某1与英国嘉年华邮轮有限公司、浙江省中国旅行社集团有限公司海上、通海水域人身损害责任纠纷案"中,原告认为案涉事故发生在英国籍邮轮上,且被告为英国企业,所以侵权行为地是英国,应适用英国法律;被告认为侵权结果发生地在中国,应适用中国法。法院认为:在确定准据法时,侵权行为地通常理解为与某一国家或特定法域直接相关的地理位置,而邮轮是用于海上旅行观光的特殊交通工具,常处于海上航行的动态过程中,并不属于地理位置的范畴,因此该类发生在邮轮上的特殊侵权纠纷,不应将船舶本身确定为侵权行为地,也不能将邮轮当时行驶的公海海域认定为侵权行为地。在法院看来,由于本案侵权行为地的特殊性和非典型性,所以本案无法适用《涉外民事关系法律适用法》第44条来确定准据法,而适用最密切联系原则确定准据法更为科学、公平,亦符合侵权损害赔偿的填补原则。[2]显然,该判决未严格依据第44条第1句前半句的"侵权行为地"来确定准据法。对于此种立场是否应予肯定?肯定该立场的观点认为:首先,船旗国与所属船舶之间主要存在着船舶航行安全、船舶登记等行政和技术管理关系,主张船旗国法直接适用于船舶民事纠纷并无法律依据;其次,原告主张适用英国法主要是依据浮动领土理论而认为邮轮系船旗国所属的浮动领土,发生于邮轮上的民事纠纷自然应适用该领土所属国法律,然而浮动领土说仅为学说而无任何实证法依据。再次,侵权行为实施地这一概念本身应针对的是固定明确的地理位置,而非邮轮这一交通运输工具本身,将邮轮称为侵权行为实施地是一种概念上的错误。最后,鉴于原告所受各项损害的损害地并不固定,既包括在船上的健康受损,也包括辗转各地治疗、鉴定和护理的经济损失,还有今后

---

[1] 参见谢振衔、郭灿:《外籍邮轮人身损害赔偿责任纠纷的法律适用》,《人民司法·案例》2019年第5期。

[2] 参见羊某某1与英国嘉年华邮轮有限公司等人身损害责任纠纷案,中华人民共和国上海海事法院(2016)沪72民初2336号民事判决书。

多年照料的费用支出,地点的变化给直接适用侵权结果发生地法标准带来了隐忧。因此不能以第44条第1句前半句确定准据法。[1] 虽然该立场在说理方面具有一定的合理性,但在论证方法上也存在明显的问题:

第一,《涉外民事关系法律适用法》第44条第1句前半句明确规定了侵权行为地作为侵权责任场合准据法确定的一般连结点,在人格权侵权场合,若无特别规定(即第44条第1句后半句、第44条第2句以及第46条)适用的空间,那么应当严格依据第44条第1句前半句所规定的侵权行为地的法律来解决侵权纠纷。

第二,依据《涉外民事关系法律适用法》第2条第2款之规定,最密切联系原则只有在《涉外民事关系法律适用法》和其他法律对涉外民事关系的法律适用问题没有规定时,才可予以适用。而对于侵权法律关系,《涉外民事关系法律适用法》第44条第1句前半句明确规定适用侵权行为地法调整,于此场合当然不存在第2条第2款规定的最密切联系原则的适用余地。

第三,在飞机、船舶等移动交通工具上发生的人格权侵权法律关系的准据法确定,在法律无特别规定时当然应通过作为一般规定的第44条第1句前半句规定的侵权行为地法来确定。飞机、船舶等处于移动状态下而难以确定侵权行为地,并不属于第2条第2款所指的没有规定的情形,因此不能通过最密切联系原则来确定相应的准据法。

因此,在飞机、船舶等移动交通工具上发生的侵权法律关系的准据法确定的核心是如何确定侵权行为地,而不是回避这个难题另外寻找联结点。当船舶移动至公海而在船上发生人格权侵权纠纷时,如果我国司法实践不承认浮动领土理论,那么公海之上的侵权亦不存在适用侵权行为地法的问题,因为公海之上并无主权国家存在,当然也不存在相应的法律。在此情形下,即会出现适用最密切联系原则解决航行在公海的船舶上的侵权法律关系的空间。

从《涉外民事关系法律适用法》确定的人格权保护冲突规范体系来看,其在内在体系上遵循了人格权本身的伦理性特征而在人格权内容确认之冲突规范的具体构造上强调属人性特征,遵循侵权法倾斜保护受害

---

〔1〕 参见谢振衔、郭灿:《外籍邮轮人身损害赔偿责任纠纷的法律适用》,《人民司法·案例》2019年第5期。

人的特质而在侵权保护之冲突规范的具体构造上强调属地性特征。这显然与《民法典》人格权编在内在体系上存在一致性，应予肯定。但由于《涉外民事关系法律适用法》确立的相应冲突规范体系在具体法律概念的选择以及相应具体规则彼此之间的规范关系处理上并不妥适，因此需要学说理论和司法实践通过法律解释方法进一步廓清基本概念和各具体规则彼此之间的规范关系，才能在现行法秩序下的各具体概念、规则与制度之间实现沟通与协调，实现法秩序内在体系与外在体系的融贯。

参考文献

1. 陈甦主编：《民法总则评注》（下册），法律出版社 2017 年版。
2. 程啸：《侵权责任法》（第二版），法律出版社 2015 年版。
3. 程啸：《人格权研究》，中国人民大学出版社 2022 年版。
4. 杜焕芳：《自然人属人法与经常居所的中国式选择、判准和适用——兼评〈涉外民事关系法律适用法司法解释（一）〉第 15 条》，《法学家》2015 年第 3 期。
5. 房绍坤、曹相见：《论人格权一般条款的立法表达》，《江汉论坛》2018 年第 1 期。
6. 黄薇主编：《中华人民共和国民法典人格权编解读》，中国法制出版社 2020 年版。
7. 黄忠：《人格权法独立成编的体系效应之辨识》，《现代法学》2013 年第 1 期。
8. 李永军、王伟伟：《民法上的住所制度考》，《政法论坛》2009 年第 6 期。
9. 刘仁山：《现时利益重心地是惯常居所地法原则的价值导向》，《法学研究》2013 年第 3 期。
10. 马俊驹：《人格和人格权理论讲稿》，法律出版社 2009 年版。
11. 齐湘泉：《〈涉外民事关系法律适用法〉原理与精要》，法律出版社 2011 年版。
12. 石佳友：《人格权立法的进步与局限——评〈民法典人格权编草案（三审稿）〉》，《清华法学》2019 年第 5 期。
13. 万鄂湘主编：《〈中华人民共和国涉外民事关系法律适用法〉条文理解与适用》，中国法制出版社 2011 年版。
14. 王利明、程啸、朱虎：《中华人民共和国民法典人格权编释义》，中国法制出版社 2020 年版。
15. 王泽鉴：《人格权法：法释义学、比较法、案例研究》，北京大学出版社 2013

年版。
16. 温世扬:《人格权"支配"属性辨析》,《法学》2013 年第 5 期。
17. 杨立新:《人格权法》,法律出版社 2020 年版。
18. 姚辉:《人格权法论》,中国人民大学出版社 2011 年版。
19. 袁雪石:《民法典人格权编释论:条文缕析、法条关联与案例评议》,中国法制出版社 2020 年版。
20. 张红:《〈民法典各分编(草案)〉人格权编评析》,《法学评论》2019 年第 1 期。
21. 张新宝:《〈中华人民共和国民法总则〉释义》,中国人民大学出版社 2017 年版。
22. 朱晓峰:《民法一般人格权的价值基础与表达方式》,《比较法研究》2019 年第 2 期。
23. 朱晓峰:《论〈民法典〉人格权编法律规则的适用范围》,《荆楚法学》2021 年第 2 期。
24. 最高人民法院民法典贯彻实施工作领导小组主编:《中华人民共和国民法典人格权编理解与适用》,人民法院出版社 2020 年版。

案例索引

1. 福建省高级人民法院(2013)闽民终字第 533 号民事判决书,游某汉诉游某英继承纠纷案。
2. 广西壮族自治区高级人民法院(2017)桂民终 154 号民事判决书,易某益等与叶某英侵权责任纠纷案。
3. 广西壮族自治区高级人民法院(2017)桂民申 2912 号民事裁定书,李某等诉唐某元等生命权、健康权、身体权纠纷案。
4. 广东省高级人民法院(2017)粤民申 9024 号民事裁定书,林某金等诉欧某辉生命权、健康权、身体权纠纷案。
5. 江西省高级人民法院(2019)赣刑再 4 号刑事判决书,文某生强奸案。
6. 安徽省安庆市中级人民法院(2017)皖 08 民终 466 号民事判决书,安徽省安庆市昕某汽车配件有限公司与周某劳动争议案。
7. 安徽省安庆市中级人民法院(2020)皖 08 刑终 175 号刑事裁定书,任某明猥亵儿童案。
8. 北京市第二中级人民法院(2014)二中少民终字第 08865 号民事判决书,孙某 1 等抚养费纠纷案。
9. 北京市第二中级人民法院(2020)京 02 刑终 95 号刑事裁定书,王某强奸案。

10. 重庆市第一中级人民法院(2017)渝01民终7564号民事判决书,张某与曹某雄等生命权、健康权、身体权纠纷案。

11. 福建省三明市中级人民法院(2017)闽04刑终306号刑事判决书,何某清等强奸案。

12. 河南省三门峡市中级人民法院(2006)三民终字第562号民事判决书,徐某某诉王某某强奸要求精神损害赔偿案。

13. 河南省洛阳市中级人民法院(2017)豫03民终6454号民事判决书,袁某亮与裴某行健康权纠纷案。

14. 湖北省武汉市中级人民法院(2016)鄂01民终355号民事判决书,谭某莉与曹某红、武汉市黄陂区祁某某街道祁某某中学一般人格权纠纷案。

15. 广东省深圳市中级人民法院(2018)粤03民初2316号民事判决书,林某某与萧某、耿某某房屋租赁合同纠纷案。

16. 广东省中山市中级人民法院(2018)粤20民终865号民事判决书,谢某某、中山市成某会计师事务所有限公司名誉权纠纷案。

17. 广东省广州市中级人民法院(2019)粤01民终8994号民事判决书,张某某、董某某一般人格权纠纷案。

18. 广东省深圳市中级人民法院(2019)粤03民终7796号民事判决书,崔某、江某伟侵权责任纠纷案。

19. 广西壮族自治区柳州市中级人民法院(2020)桂02民终3767号民事判决书,梁某英、柳州市知某味餐饮管理有限公司劳动争议纠纷案。

20. 江苏省南通市中级人民法院(2019)苏06民终4424号民事判决书,李某娥与成某华一般人格权纠纷案。

21. 江苏省苏州市中级人民法院(2020)苏05民终2365号民事判决书,张某2与常熟市梅李镇人民政府隐私权纠纷案。

22. 山东省淄博市中级人民法院(2017)鲁03民终3384号民事判决书,邢某礼与邢某、邢某波、王某、安某生命权、健康权、身体权纠纷案。

23. 上海海事法院(2016)沪72民初2336号民事判决书,羊某某1与英国嘉年华邮轮有限公司等人身损害责任纠纷案。

24. 四川省成都市中级人民法院(2020)川01刑终821号刑事裁定书,郭某兵强奸案。

25. 山东省济南市历下区人民法院(2010)历行初字第4号行政判决书,指导案例89号"北雁云依"诉济南市公安局历下区分局燕山派出所公安行政登记案。

26. 浙江省宁波市鄞州区人民法院(2015)甬鄞江民初字第224号民事判决书,李某骞诉陈某人格权纠纷案。

27. 最高人民法院(2017)最高法民再134号民事判决书,指导案例109号:安徽省外经建设(集团)有限公司诉东方置业房地产有限公司保函欺诈纠纷案。
28.《最高人民检察院公报》2019年第1期,检例第43号:骆某猥亵儿童案。
29.《最高人民法院公报》2020年第2期,周某驰诉中建荣真无锡建材科技有限公司肖像权、姓名权纠纷案。
30.《最高人民法院公报》2020年第11期,林某某、陈某某诉蔡某某一般人格权纠纷案。

第九百九十条 【人格权的类型】

人格权是民事主体享有的生命权、身体权、健康权、姓名权、名称权、肖像权、名誉权、荣誉权、隐私权等权利。

除前款规定的人格权外，自然人享有基于人身自由、人格尊严产生的其他人格权益。

目 录

- 一、规范意旨 ··· 119
  - (一)规范意义与目的 ··· 119
  - (二)规范性质 ·· 121
- 二、历史沿革 ··· 121
- 三、民事主体 ··· 123
  - (一)自然人 ··· 124
    - 1. 体外胚胎 ··· 124
    - 2. 胎儿 ·· 129
    - 3. 死者 ·· 151
  - (二)法人、非法人组织 ·· 152
    - 1. 一般性规定 ··· 153
    - 2. 法人的精神损害赔偿问题 ·· 154
    - 3. 法人人格权保护的人格权禁令问题 ······························ 158
- 四、人格权 ··· 159
  - (一)人格权的内涵 ·· 159
    - 1. 类型的法定性 ·· 160
    - 2. 内涵外延的相对确定性 ··· 161
    - 3. 权利主体与义务主体之间的平等性 ······························ 162
  - (二)第 990 条第 1 款规定的人格权类型 ······························ 167
  - (三)其他法律规定的人格权类型 ·· 167
    - 1. 婚姻自主权 ··· 167
    - 2. 生育权 ·· 178

五、其他人格权益 ·· 221
　　(一)认定其他人格权益应考虑的主要因素 ············· 221
　　　　1. 主体 ··· 221
　　　　2. 客体 ··· 221
　　　　3. 价值基础 ··· 221
　　(二)人身自由 ··· 222
　　　　1. 人身自由的内涵 ····································· 222
　　　　2. 人身自由的主要表现形式 ························ 224
　　(三)人格尊严 ··· 235
　　　　1. 人格尊严的规范现状 ······························ 236
　　　　2. 人格尊严概念的内涵 ······························ 239
　　　　3. 人格尊严的主要表现形式 ························ 239
六、规范适用关系 ·· 259
　　(一)本条第1款与第2款之间的规范适用关系 ······ 259
　　　　1. 本条第1款的独立适用空间 ···················· 261
　　　　2. 本条第2款的适用空间 ··························· 262
　　　　3. 本条第1款与第2款的交叉领域 ·············· 263
　　(二)本条与《民法典》第109条、第110条的规范适用关系 ··· 265
　　　　1. 本条第1款与第110条之间的规范适用关系 ··· 266
　　　　2. 本条第2款与第109条之间的规范适用关系 ··· 267
参考文献 ··· 268
案例索引 ··· 269

一、规范意旨

(一)规范意义与目的

本条第1款与第2款共同构成人格权民法保护的一般性条款,实现了对《民法典》第109条与第110条的体系性整合以及具体化规定,具有统摄人格权编全编的功能。[1] 基于此,本条的功能具体可以分解为三个方面:

---

[1] 参见最高人民法院民法典贯彻实施工作领导小组主编:《中华人民共和国民法典总则编理解与适用》(下),人民法院出版社2020年版,第24页。

第一，落实《宪法》关于"公民的人格尊严不受侵犯"的要求。本条第2款将人格尊严与人身自由明确规定为自然人其他人格权益受法律保护的价值基础,将宪法上的人格尊严通过本条的规定而直接纳入到民事法律关系的调整范畴,解决了宪法上基本权利的第三人效力难题,有助于立法者更充分地保护人格尊严的立法目的的实现。[1]

第二，明确人格权的内涵。在《民法典》的编纂过程中,有观点认为,人格权是人格权编的核心概念,应对该概念予以界定,明确哪些权利属于人格权。作为回应,本条第1款对人格权的具体类型作了列举规定。[2] 由于对于人格权的概括式定义在学理上存在较大分歧,无论是人格权的客体,还是人格权的权利性质,抑或是人格权与财产权的关系,我国学理都未形成相对统一的观点,[3]因此本条未采取通常意义上的属加种差的本质定义法,而是采用具体列举+概括规定的立法模式,将内涵外延相对清晰的具体人格权通过本条第1款加以明确,对于内涵外延尚不清晰且未被制定法明确承认为具体人格权的自然人的其他人格利益,则通过人身自由、人格尊严而纳入本条第2款的涵摄范围。

第三，扩展人格权的保护范围。人格权的内涵是随着时代背景的变化而逐渐变化的,对于人格权的制定法保护亦应与变化的时代背景以及相应的自然人的现实需求相适应。与此相对应,一方面,本条在第1款明确列举应受民法保护的人格权的具体类型,并且采取具体列举+概括规定的立法模式,使纳入民法保护范畴的人格权既包括人格权编明确规定的具体人格权类型,也包括人格权编之外《民法典》其他各编以及《民法典》以外其他制定法中明确承认的具体人格权类型,扩展了应受民法保护的具体人格权的类型;另一方面,本条第2款以人身自由、人格尊严作为自然人应受民法保护的其他人格权益的价值基础,可以将那些或者因为内涵外延并不清晰尚不足以被作为具体人格权承认并保护的人格利益

---

[1] 参见王利明、程啸、朱虎:《中华人民共和国民法典人格权编释义》,中国法制出版社2020年版,第38页。

[2] 参见全国人民代表大会宪法和法律委员会:《关于〈民法典人格权编(草案)〉修改情况的汇报》,载《民法典立法背景与观点全集》编写组编:《民法典立法背景与观点全集》,法律出版社2020年版,第52页。

[3] 参见黄薇主编:《中华人民共和国民法典人格权编解读》,中国法制出版社2020年版,第11页。

类型,或者因为时代的发展而生成的新型人格利益纳入本条的保护范围,发挥创设、解释与补充功能,[1]弥补具体人格权立法之不足。

(二)规范性质

本条为说明性规范,旨在说明何谓人格权及其类型。对于何谓人格权,本条并未采取属加种差式的本质定义法,而是采取决疑式的列举说明方法,[2]对具体人格权作了列举性规定,达到明确人格权基本内涵的目的。对于人格权的基本类型,本条以人格权益的内涵外延是否清晰以及是否被制定法明确承认而区分为两类:第一类是本条第1款规定的具体人格权,包括该款具体列举的人格权类型以及该款所采取的概括性规定,即"等"所涵摄的其他法律中规定的具体人格权类型,如《民法典》第110条及第1042条第1款规定的婚姻自主权、《人口与计划生育法》第17条以及《妇女权益保障法》第32条规定的生育权等;第二类是本条第2款规定的一般人格权,即自然人基于人身自由、人格尊严所享有的其他人格权益。

本条并未规定行为模式与法律后果,只是在界定说明在其他法条中被使用的人格权概念和类型,属于界定性法条,[3]因此不能作为独立的请求权基础而予适用,通常情况下需要结合其他法律规定如《民法典》第998条、第1165条第1款等共同对特定行为进行法律效果评价。

二、历史沿革

本条第1款与第2款共同构成人格权民法保护的一般性条款。在民法典编纂过程中,对于本条的两款规定是否必要及如何具体表述,学理上存在较大分歧。对于最后获得通过的《民法典》第990条第1款,尽管学

---

[1] 参见王利明、程啸、朱虎:《中华人民共和国民法典人格权编释义》,中国法制出版社2020年版,第35—36页。

[2] 参见陈甦、谢鸿飞主编:《民法典评注:人格权编》,中国法制出版社2020年版,第6页;石佳友:《人格权立法的进步与局限——评〈民法典人格权编草案(三审稿)〉》,《清华法学》2019年第5期,第93页。

[3] 参见[德]卡尔·拉伦茨:《法学方法论(全本·第六版)》,黄家镇译,商务印书馆2020年版,第328页。

理上仍有观点认为本条是对人格权的定义条款,是通过类型化的方式即"通过详细列举人格权所具有的不同类型的方式明确人格权的含义",进而界定人格权。〔1〕但草案起草者认为其并非是对人格权的概括式定义,而是对民事主体所享有的人格权的具体类型进行列举,采取此种模式的核心理由是人格权的客体、权利属性等并不清晰,难以对人格权进行实质性定义,并且对人格权下定义亦非立法而是法学的任务。〔2〕

对于《民法典》第 990 条第 2 款是否必要,学理上也存在分歧。〔3〕主要集中在人格权编应如何表述一般人格权以使其能与《民法典》总则编第 109 条兼容,避免法条重复并实现法典内部体系构造上的科学性。〔4〕最终获得通过的《民法典》第 990 条第 2 款维持了《人格权编草案三审稿》的表述方式,将一般人格权的价值明确予以宣示并限定为人身自由、人格尊严;将以此为基础而生的纳入一般人格权涵摄范畴的内容以"其他人格权益"概念来表述,区别于作为具体人格权之一般性条款的第 990

---

〔1〕 参见陈甦、谢鸿飞主编:《民法典评注:人格权编》,中国法制出版社 2020 年版,第 6 页。

〔2〕 参见黄薇主编:《中华人民共和国民法典人格权编解读》,中国法制出版社 2020 年版,第 11—12 页。

〔3〕 相关分歧及具体讨论,参见王利明:《民法人格权编(草案室内稿)的亮点及改进思路》,《中国政法大学学报》2018 年第 4 期,第 122 页;杨立新:《人格权编草案二审稿的最新进展及存在的问题》,《河南社会科学》2019 年第 7 期,第 26—27 页;孙宪忠:《十九大科学立法要求与中国民法典编纂》,《北京航空航天大学学报(社会科学版)》2018 年第 1 期,第 6 页;杨立新:《人身自由与人格尊严:从公权利到私权利的转变》,《现代法学》2018 年第 3 期,第 3 页;《地方人大、中央有关部门和单位以及有关方面对民法典各分编(草案)人格权编的意见》,载《民法典立法背景与观点全集》编写组编:《民法典立法背景与观点全集》,法律出版社 2020 年版,第 398 页;李建国:《关于〈中华人民共和国民法总则(草案)〉的说明——2017 年 3 月 8 日在第十二届全国人民代表大会第五次会议上》,载《民法总则立法背景与观点全集》编写组编:《民法总则立法背景与观点全集》,法律出版社 2017 年版,第 6 页;朱晓峰:《人格权编一般人格权条款的具体表达》,《吉林大学社会科学学报》2020 年第 1 期,第 45 页;石佳友:《守成与创新的务实结合:〈中华人民共和国民法人格权编(草案)〉评析》,《比较法研究》2018 年第 2 期,第 18 页;房绍坤、曹相见:《〈民法典人格权编(草案)〉的贡献与使命》,《山东大学学报(哲学社会科学版)》2019 年第 6 期,第 98 页。

〔4〕 参见石佳友:《人格权立法的进步与局限——评〈民法典人格权编草案(三审稿)〉》,《清华法学》2019 年第 5 期,第 93 页。

【人格权的类型】 9-10 第990条

条第1款;并且将纳入第990条第2款保护范畴的其他人格权益的享有者限定为自然人,从而区别于第990条第1款的权利主体。另外,从《民法典》第990条的整体表述来看,其在规定具体人格权的一般性条款之后又规定其他人格权益的一般性条款即一般人格权条款,这两个条款共同构成人格权民法保护的一般性条款,具有统摄全编的功能,[1]在解释论上亦可以视为是对《民法典》总则编人格权保护规定的展开。[2]

三、民事主体

本条为说明性法条,旨在界定说明人格权的类型以及一般人格权的价值基础。从本条的基本结构来看,其从权利主体、人格权利类型和人格权益的价值基础三个方面对人格权予以说明。

依据《民法典》第2条与第3条,民事主体包括自然人、法人和非法人组织,其人身权利、财产权利及其他合法权益受法律保护。由于人格权具有较强的伦理性特征,因此对于所有民事主体是否都享有人格权,学说理论上存在分歧。[3] 立法者在法典编纂时考虑到了这一因素,并对人格权的权利主体做了区分处理,具体表现在《民法典》第109条、第110条与第990条第1款及第2款的不同表述上。一方面,第990条第1款与第110条存在不同,其未明确区分自然人与法人、非法人组织的内在差异并对各自享有的人格权类型作出不同规定,而是采取概括规定的模式,使用民事主体概念作为享有具体人格权利类型的主体,整体上承认自然人之外的其他民事主体也可以享有人格权;[4]另一方面,在对待具体人格权之外的其他人格权益的立场上,第990条第2款与第109条相同,仅承认

---

[1] 参见最高人民法院民法典贯彻实施工作领导小组主编:《中华人民共和国民法典总则编理解与适用》(下),人民法院出版社2020年版,第24页。

[2] 参见王利明:《论人格权保护的全面性和方法独特性——以〈民法典〉人格权编为分析对象》,《财经法学》2020年第4期,第4页。

[3] 参见黄薇主编:《中华人民共和国民法典人格权编解读》,中国法制出版社2020年版,第13页。

[4] 参见曹相见、杜生一、侯圣贺编著:《〈中华人民共和国民法典·人格权编〉释义》,人民出版社2020年版,第8页;最高人民法院民法典贯彻实施工作领导小组主编:《中华人民共和国民法典总则编理解与适用》(下),人民法院出版社2020年版,第25页。

自然人基于人身自由、人格尊严而可以作为享有其他人格权益的主体。作出如此区分的核心考虑在于:

11 第一,人格权肇始于对自然人人格尊严、人格自由的尊重与保护,以自然人为关注核心。因此,本条强调对自然人人格权的保护,是人格权立法的应有之义,体现了民法典编纂保护人格尊严的基本宗旨。[1]

12 第二,对于自然人人格权给予充分的保护为理论与实务所普遍承认,并无分歧,但对自然人之外的法人以及非法人组织是否享有人格权及在何种程度上享有人格权,学说理论与法律实践领域多有分歧。[2]《民法典》第110条对此采有限承认论,认为法人及非法人组织等仅享有三类特定的人格权即名称权、名誉权及荣誉权。[3] 本条虽未如第110条一样作明确的区分规定,但基于法典外在体系一致性的考虑,应认为本条第1款规定的人格权亦因民事主体的具体类型而须作与第110条一样的区分解释。其中,自然人基于其伦理特性而在人格权享有的类型与范围上不受限制,法人及非法人组织享有的人格权类型则不具有开放性,本条对其进行封闭式的限定列举。[4]

(一)自然人

13 自然人当然是享有人格权的主体。《民法典》第13条规定,自然人从出生时起到死亡时止,具有民事权利能力,依法享有民事权利,承担民事义务。在此意义上,自然人人格权的享有亦需法律确认。

1. 体外胚胎

14 本条规定的自然人的外延是否及于体外胚胎,学理上存在争议,主要

---

[1] 参见黄薇主编:《中华人民共和国民法典人格权编解读》,中国法制出版社2020年版,第14页。

[2] 肯定法人人格权的论述,参见王利明、程啸、朱虎:《中华人民共和国民法典人格权编释义》,中国法制出版社2020年版,第9—10页;张红:《民法典人格权编立法论》,法律出版社2020年版,第4页;反对法人人格权的论述,参见张俊浩主编:《民法学原理》(上册),中国政法大学出版社2000年版,第190页;尹田:《论法人人格权》,《法学研究》2004年第4期,第51页;郑永宽:《法人人格权否定论》,《现代法学》2005年第3期,第89页。

[3] 参见陈甦主编:《民法总则评注》(下册),法律出版社2017年版,第777页。

[4] 参见王利明、程啸、朱虎:《中华人民共和国民法典人格权编释义》,中国法制出版社2020年版,第9页。

[人格权的类型]

有主体说(包括有限自然人说和法人说)、客体说(包括财产说和私生活利益说)、中介说[1]、特殊之物或具有人格属性的伦理物说[2]、物权客体与人格权客体双重属性说[3]、区别分析说[4]、中间体说[5]、分阶段保护的中性法律地位说[6]等。这些观点在存在分歧的同时也就体外胚胎的法律地位达成了若干共识,主要包括:

第一,体外胚胎具有伦理属性,这种伦理属性来自自然人,但又区别于典型的活着的人。这种伦理属性使体外胚胎有别于传统民法上的有体物。

第二,体外胚胎基于自然人而具有的伦理属性,使其在法律上应受尊重具有了正当性基础,此种正当性基础与自然人被尊重的人格尊严具有同源性。

第三,体外胚胎因自然人人格尊严的延伸保护而获得的法律上的尊重,主要体现为涉及体外胚胎处置的相关法律规则应与这种可尊重性相适应。

基于此种共识并结合《民法典》第3条、第136条第2款、第143条、第1006条、第1007条等,在涉及体外胚胎的法律纠纷解决规则上,应区分具体情形分别处理。

(1)夫妻关系存续期间对冷冻胚胎的处理

在夫妻关系存续期间,如果夫妻双方就冷冻胚胎的处理意见一致,且该意见符合法律规定,不违反公序良俗,那么依据《民法典》第143条,法

---

[1] 参见徐国栋:《体外受精胎胚的法律地位研究》,《法制与社会发展》2005年第5期,第56—63页。

[2] 参见孙良国:《夫妻间冷冻胚胎处理难题的法律解决》,《国家检察官学院学报》2015年第1期,第111—113页;杨立新:《冷冻胚胎是具有人格属性的伦理物》,《检察日报》2014年7月19日,第3版。

[3] 参见李燕、金根林:《冷冻胚胎的权利归属及权利行使规则研究》,《人民司法·应用》2014年第13期,第37页。

[4] 参见周华:《论类型化视角下体外胚胎之法律属性》,《中南大学学报(社会科学版)》2015年第3期,第76—77页。

[5] 参见张善斌、李雅男:《人类胚胎的法律地位及胚胎立法的制度构建》,《科技与法律》2014年第2期,第294页。

[6] 参见满洪杰:《人类胚胎的民法地位刍议》,《山东大学学报(哲学社会科学版)》2008年第6期,第101—102页。

律应尊重夫妻双方的此种合意。对此,在"陈某某、黄某某等与深圳出入境边防检查总站医院医疗服务合同纠纷案"中,法院即认为,我国现行法律对胚胎的法律属性虽无明确规定,但通过体外受精—胚胎移植手术产生的受精胚胎,具有潜在的生命特质,含有夫妻二人的 DNA 等遗传物质,与夫妻二人具有生命伦理上的密切关联性。因此夫妻二人对保存在医院的冷冻胚胎享有监管及处置的权利。在其明确表示不愿继续将冷冻胚胎保存在医院的情况下,医院应将案涉胚胎予以返还。同时,法院还认为,由于胚胎承载了人格、伦理的特性,《人类辅助生殖技术规范》《人胚胎干细胞伦理指导原则》等规范性文件中对胚胎的买卖、赠与、代孕等均作出了禁止性或限制性的规定,因此对案涉胚胎的后续监管及处置,也应以遵守法律法规、不违背公序良俗且不损害他人利益为前提。[1] 另外,考虑到冷冻胚胎的伦理属性以及对夫妻双方身体权及人身自由等人格权益的保护,在冷冻胚胎从配子提取到培育再到植入母体内之前的任何一阶段,都涉及夫妻双方身体自主决定权的享有与行使,若其间出现夫妻双方意思表示不一致的情形,即不得依据《民法典》第 136 条第 2 款而以夫妻此前一致做出的关于冷冻胚胎的协议处置冷冻胚胎。若冷冻胚胎已经在双方的同意下植入母体,如果此种情形下男方坚持将胎儿流产,根据指导案例 50 号"李某、郭某阳诉郭某和、童某某继承纠纷案"中法院的观点,于此场合下,女方可以依据《民法通则》第 57 条(即《民法典》第 136 条第 2 款)拒绝男方提出的堕胎请求;[2] 如果女方坚持堕胎而男方反对,对于此类场合存在的人格权益即女方的生育权、身体权与男方的生育权的冲突,应优先保护女方的人格权益,支持女方不生育的主张。[3]《民法典婚姻家庭编解释(一)》第 23 条中规定,"夫以妻擅自终止妊娠侵犯其生育权为由请求损害赔偿的,人民法院不予支持"。

---

〔1〕 参见陈某某、黄某某等与深圳出入境边防检查总站医院医疗服务合同纠纷案,广东省深圳市罗湖区人民法院(2020)粤 0303 民初 26937 号民事判决书。
〔2〕 参见李某、郭某阳诉郭某和、童某某继承纠纷案,江苏省南京市秦淮区人民法院(2006)秦民一初字第 14 号民事判决书。
〔3〕 参见朱晓峰:《评最高人民法院指导案例 50 号:兼论生育权保护》,《西安电子科技大学学报(社会科学版)》2016 年第 5 期,第 69 页。

[人格权的类型]

(2) 夫妻离婚后都健在时对冷冻胚胎的处理

双方对冷冻胚胎的处置达成一致意见的,若该协议依据《民法典》第143条确定有效时,应依据该协议处置冷冻胚胎。若双方就是否将冷冻胚胎植入女方体内以实现生育权意见不一,应依据《民法典》第990条第2款结合《人口与计划生育法》第17条与《妇女权益保障法》第32条规定的生育权进行利益衡量,通常应尊重不植入一方的主张。在例外情形下,若主张生育的是女方且其因为身体原因再无继续排出卵子等可能的,应支持主张生育一方的权利,但因此所出之子女与主张不生育的一方无法律上的父母子女关系。[1]

(3) 夫妻一方死亡时对冷冻胚胎的处理

在夫妻一方死亡场合,冷冻胚胎对于死亡的一方仍有残存的应受法律保护的价值,但对生存一方而言,冷冻胚胎上附着的人格利益应优先于死者人格利益受到保护。此种情形下,生存一方有权在不违反法律规定和公序良俗的情形下自主处置冷冻胚胎。对于夫妻双方与医院签订的涉人类辅助生殖技术医疗服务合同,在配偶一方死亡后,若另一方要求继续履行合同的,应从《民法典》的角度审查诉讼主体资格,明确合同权利义务,并确立法律规定和社会伦理道德两方面的考量因素,探求当事人的真实意思表示,对于不违背死亡一方意愿的请求,法院一般情形下应予支持。在"石某诉首都医科大学附属北京朝阳医院医疗服务合同纠纷案"中,对于夫妻双方与医院签订的涉人类辅助生殖技术医疗服务合同,在男方死亡后女方是否有权要求继续履行人类辅助生殖技术医疗服务合同?法院即认为:第一,从合同主体及数量方面看,均患有生殖系统疾病的夫妻二人共同寻求治疗且需双方共同参与的合同,其患方主体应为该夫妻二人,而实施取卵、受精、移植胚胎是连续的治疗过程,不能割裂开来,其与医院之间仅形成一个合同关系。第二,继续履行合同是否有违法律规定及社会伦理需要从四个方面观察:其一,冷冻胚胎移植合同具有人身性质,除死者妻子(原告)之外,死者的其他法定第一顺序继承人不宜主张继受案涉合同权利义务,因此死者妻子要求继受合同权利义务,继续履行合同无法律障碍;其二,死者与其妻子之前未生育子女,故不违反计划生

---

[1] 参见郑净方:《人工生殖技术下夫妻生育权的契合与冲突》,《河北法学》2012年第5期,第157页。

育法律法规,且死者妻子作为丧偶妇女,有别于原卫生部规范中所指称的单身妇女,因此死者妻子可以要求被告医院继续为其提供胚胎移植医疗服务;其三,通过人类辅助生殖技术出生的后代与自然受孕分娩的后代享有包括继承权等在内的同样的法律权利和义务,因此继续履行有必要取得死者其他法定第一顺位继承人的同意,而死者的其他法定第一顺位继承人已明确表达同意死者妻子实施人类辅助生殖技术的强烈意愿,另外孩子出生后可能生在单亲家庭的假定性条件并不意味着必然会对其生理、心理、性格等产生严重影响,且目前并无证据证明实施人类辅助生殖技术会在医学、亲权或其他方面对后代产生严重的不利影响,因此继续履行不违反保护后代原则;其四,根据死者生前签署的相关文件可知,其订立合同的目的是生育子女,显然胚胎移植是实现其合同目的之必然步骤,属于合同内容的一部分,且被告医院已经实施过两次胚胎移植,因此,从死者生前的意思表示、行为表现及公众普遍认同的传统观念和人之常情,有理由相信继续实施胚胎移植不违背死者的意愿。在此基础上,法院支持死者妻子继续实施冷冻胚胎移植手术的请求。[1]

换言之,生存一方在处置冷冻胚胎时,若其处置意见与死亡一方生前表示过的意思一致,则依其合意处置冷冻胚胎。若据此将冷冻胚胎植入女方体内并顺利生育,那么因此所育子女应当类推适用《民法典婚姻家庭编解释(一)》第40条"婚姻关系存续期间,夫妻双方一致同意进行人工授精,所生子女应视为婚生子女,父母子女间的权利义务关系适用民法典的有关规定";[2]若其处置意见与死亡一方生前表示过的意思不一致,应依生存一方的意思处置冷冻胚胎,若该冷冻胚胎嗣后植入女方体内并顺利生育,那么因此所出之子女与死者之间并不当然存在法律上的父母子女关系。[3]

若生存一方为男方的,其通过代孕生育子女的,即使代孕在我国当前

---

〔1〕 石某诉首都医科大学附属北京朝阳医院医疗服务合同纠纷案,北京市朝阳区人民法院(2017)京0105民初10591号民事判决书。

〔2〕 参见在石某诉首都医科大学附属北京朝阳医院医疗服务合同纠纷案的判决书中,审理法院亦表达了同样的观点,详细论述参见北京市朝阳区人民法院(2017)京0105民初10591号民事判决书。

〔3〕 参见郑净方:《人工生殖技术下夫妻生育权的契合与冲突》,《河北法学》2012年第5期,第159页。

法律实践中普遍被认为违法,[1]但在孩子出生之后,则应依据《民法典》第 31 条第 2 款及《未成年人保护法》第 4 条、并类推适用《民法典》第 1084 条第 3 款等确立的未成年人最大利益原则来确定非法代孕所出之未成年人的父母子女关系与监护人。[2]

(4)夫妻双方死亡后对冷冻胚胎的处理

如果夫妻双方都死亡的,对于遗留的冷冻胚胎的处置问题,在 2013 年"沈新南、邵玉妹与刘金法、胡杏仙对冷冻胚胎监管处置纠纷案"(以下简称"冷冻胚胎案")中,法院从伦理、特殊利益保护等方面展开了相应法律效果评价的正当性论证与争议解决。其认为:在伦理属性方面,体外胚胎具有潜在的生命特质,不仅含有夫妻双方的遗传物质,而且含有双方父母两个家族的遗传信息,双方父母与案涉胚胎亦具有生命伦理上的密切关联性;在特殊利益保护方面,胚胎是介于人与物之间的过渡存在,具有孕育成生命的潜质,比非生命体具有更高的道德地位,应受到特殊尊重与保护。鉴于此,死亡夫妻双方的父母享有案涉胚胎的监管权和处置权,但其在行使监管权和处置权时,应当遵守法律且不得违背公序良俗或损害他人之利益。[3]

2. 胎儿

从生物学意义上讲,胎儿是比具有生命潜质的体外胚胎更接近生命的发育形态,甚至发展到特定阶段的胎儿本身就符合生物学上对生命的

---

[1] 参见深圳西尔斯国际商务咨询有限公司与孙某服务合同纠纷案,广东省深圳市中级人民法院(2018)粤 03 民终 9212 号民事判决书;王某某 1 与美孕国际医疗投资发展有限公司、王某某服务合同纠纷案,上海市普陀区人民法院(2017)沪 0107 民初 25187 号民事判决书。

[2] 参见罗某耕等与陈某监护权纠纷案,上海市第一中级人民法院(2015)沪一中少民终字第 56 号民事判决书;侯卫清:《养育母亲获得代孕子女监护权之法律基础》,《人民司法·案例》2017 年第 2 期。学理上对此存在不同意见,有观点认为在例外情形下应允许代孕,相关观点参见朱晓峰:《非法代孕与未成年人最大利益原则的实现——全国首例非法代孕监护权纠纷案释评》,《清华法学》2017 年第 1 期,第 120 页;杨立新:《一份标志人伦与情理胜诉的民事判决——人的体外胚胎权属争议案二审判决释评》,《法律适用》2014 年第 11 期,第 50 页。对此的反对意见参见刘士国:《中国胚胎诉讼第一案评析及立法建议》,《当代法学》2016 年第 2 期,第 4 页。

[3] 参见沈某南、邵某妹与刘某法、胡某仙监管权和处置权纠纷案,江苏省无锡市中级人民法院(2014)锡民终字第 01235 号民事判决书。

定义。但《民法典》第 990 条第 1 款的人格权利和第 2 款规定的其他人格权益的享有者分别是民事主体和自然人。依据《民法典》第 13 条,自然人的权利能力始于出生,终于死亡。对于尚未出生的胎儿而言,依据《民法典》第 16 条以及第 1155 条,只有在例外情形下才可以获得法律的保护。《民法典》原则上不保护胎儿利益而仅在例外情形给予保护的做法与传统民法的基本理念息息相关。在传统民法理念中,原则上受民法关注和保护的主体只能是活着的人。对尚未出生的胎儿而言,由于其并不具备权利能力,因此原则上并不在传统民法关注的视野里。然而由于当代民法的最终目的是具体人格在法律上的充分实现,基于对人格尊严和人格自由的充分保护,当代民法视域中的人就不能仅囿于活着的人,其在时间轴上应当向前后延伸。我国法律实务上有观点认为:"人格权延伸保护与人格权保护相互衔接构成协调的统一整体。人格权延伸保护与人格权保护的目的相同,是一个统一的整体,在时间界限上互相衔接,互相配合,形成对人格权和人格利益的严密而完备的保护体系。"〔1〕对此,德国联邦宪法法院认为:"人类的尊严已经是未出生人类生命的性质,而不仅是已出生者或已经具有发展完全的人格的人之性质……(在)其母体怀孕期间,未出生者是某种个体性的事物,已经建立其基因性的身份,因此有独一无二性和不可替代性。它是不可分离的生命体,正处于成长和表达的阶段,还没有发展成人,但是正在朝着人发展。然而未出生生命的不同阶段可以从生物学的、哲学的和神学的角度来得到解释,问题是,这是在一个个体人类的发展中不可去除的阶段。只要生命存在于此,人类尊严就属于它。"〔2〕因此"在母体内正在发育的胎儿作为独立的法律主体受到《基本法》的保护"。〔3〕 就此而言,虽然《民法典》并未明确胎儿是否可以基于人格尊严而享有应受法律保护的人格利益,但在《民法典》第 109 条、第 990 条第 2 款已经将"人格尊严"作为一般人格权的价值基础加以宣示,并且在第 1002 条第 1 句承认"生命尊严"的背景下,从解释

---

〔1〕 参见最高人民法院民法典贯彻实施工作领导小组主编:《中华人民共和国民法典总则编理解与适用》(下),人民法院出版社 2020 年版,第 63 页。

〔2〕 [英]迈克尔·罗森:《尊严:历史和意义》,石可译,法律出版社 2015 年版,第 83 页。

〔3〕 [英]迈克尔·罗森:《尊严:历史和意义》,石可译,法律出版社 2015 年版,第 83—84 页。

论的角度讨论胎儿人格利益民法保护的问题,仍有制度空间。

(1)胎儿利益保护的基本前提

就民法领域内的胎儿保护而言,需重点强调的是与胎儿能否健康平安活着出生这一最大利益密切相关的利益保护问题。因此,围绕该最大利益的法律保障与实现,可以将胎儿利益保护与"人是否就不出生而享有应受法律保护的利益"这一问题联系起来分析。生命居于自然人所享有的所有人格权益的最核心位置,对自然人而言,生命的保全与维系是居于头等地位的大事。〔1〕给予生命,对任何人来讲,都是最大的利益。任何人都无权主张自己不被生下来;反之,即使父母知道胎儿严重残疾但仍坚持将之生下来,也不会对胎儿的生命利益构成侵犯。〔2〕在"刘某妹、张某峰与深圳市龙华新区龙华人民医院医疗损害责任纠纷案"的判决书中,法院认为,尽管出生者患有先天性心脏病,但从尊重生命本身的价值而言,其存在价值仍胜于无,不能认定其生命属于应予赔偿的损失。〔3〕在法院看来,从维护人的尊严出发,人的出生无法被视为一种"损害",即便是先天残疾儿也一样。〔4〕另外,从形式逻辑的角度出发,也同样可以推导出,在错误出生场合不得因生命的给予而主张相应的损害赔偿请求权,因为主张生命权被侵犯以存在或者至少存在过生命为前提,对提起权利主张的人而言,其所要否定的生命恰是其所提起之权利主张的前提,若否定了前者,则后者自然也不会存在。

但否定自然人就出生本身所主张的权利请求,并不意味着存在过错的行为人可予免责。在医院因过错未发现胎儿存在严重生理缺陷并致严重残疾的孩子出生时,医院需要对自己的过错行为承担法律责任。存在的问题是,谁有权向行为人主张民法上的责任?在比较法的视野中,对此存在不同做法:德国法通常承认错误出生者的父母对行为人有权主张损

---

〔1〕 参见黄薇主编:《中华人民共和国民法典人格权编解读》,中国法制出版社2020年版,第64页。

〔2〕 Vgl. Christian v. Bar, Gemeineuropäisches Deliktsrecht, Bd. 2, C.H. Beck, 1999, S. 63.

〔3〕 参见刘某妹、张某峰与深圳市龙华新区龙华人民医院医疗损害责任纠纷案,广东深圳市中级人民法院(2014)深中法民终字第1851号民事判决书。

〔4〕 参见罗某某、林某医疗损害责任纠纷案,广东省广州市中级人民法院(2020)粤01民终11373号民事判决书。

害赔偿请求权;[1]而法国法则同时赋予父母和错误出生者本人向行为人主张损害赔偿的权利。[2] 依据《民法典》第577条,于此情形下父母以医院履行合同不符合约定而向其主张违约损害赔偿请求权,应无疑问,因为其与医院之间存在医疗服务合同关系,医院因过错未能完成约定的服务内容,构成瑕疵履行,需承担违约责任。[3] 对于其是否可以向行为人主张侵权法上的损害赔偿请求权,司法实践和学说理论上则存在不同的观点。在司法实践中,有法院依据《母婴保健法》《人口和计划生育法》等规定,推导出父母享有应受民法保护的优生优育选择权,认为行为人的过错行为侵犯了父母的该项人格权益,并据此支持了父母所主张的侵权法上的损害赔偿请求权;[4]但也有法院认为,优生优育权是由作为基本权利的生育权所衍生出来的权利,其在本质上依然是基本权利,尽管《母婴保健法》《人口和计划生育法》等也有相关规定,但这并不能改变优生优育权的本质属性,因此其不受侵权法保护,并据此驳回了父母所主张的侵权损害赔偿请求权。[5] 对此,学理上尽管在具体的论据和论证过程方面存在分歧,但都支持父母于此有权主张侵权法范畴内的损害赔偿请求权。[6] 事实上,在《民法典》第990条第1款作为具体人格权一般规定的背景下,将《母婴保健法》《人口与计划生育法》中规定的生育权及

---

[1] 在德国,胎儿父母得主张损害赔偿的请求权基础较为多元,合同、身体侵害以及抚养费的支出等都可以成为受害人主张损害赔偿请求权的依据,但胎儿出生本身并不产生损害。相关讨论参见 D. Medicus/S. Lorenz, Schuldrecht Ⅰ-Allgemeiner Teil, 19. Aufl., C.H. Beck, 2010, S. 342。

[2] Vgl. Christian v. Bar, Gemeineuropäisches Deliktsrecht, Bd. 2, C.H.Beck, 1999, S. 63.

[3] 参见丁春艳:《"错误出生案件"之损害赔偿责任研究》,《中外法学》2007第6期,第682页。

[4] 参见云南平某中西医结合医院与陈某凤等医疗损害赔偿纠纷案,云南省昆明市中级人民法院(2007)昆民三终字第854号民事判决书。

[5] 参见杨某等与彭州市妇幼保健院医疗服务合同纠纷案,四川省成都市中级人民法院(2008)成民终字第296号民事判决书。

[6] 参见张红:《错误出生的损害赔偿责任》,《法学家》2011年第6期,第54页;丁春艳:《"错误出生案件"之损害赔偿责任研究》,《中外法学》2007第6期,第682页。

【人格权的类型】

其包含的优生优育权纳入该条涵摄范畴,[1]可以为前述支持论提供更充分的依据。

胎儿本身是否有权因此主张人格利益被侵害的民事责任,我国司法实践中有法院给予了否定性的回答,理由有二:第一,该种情形下的受害人一方应是胎儿父母,而不是已出生的胎儿,因为已出生者在产检时无权利能力,其不能决定自己是否出生,在其出生之后也不能再对自己出生与否进行选择;[2]第二,因为先天残疾婴儿的残疾一般是遗传因素以及其他因素所造成的,并非医院的行为所导致,所以婴儿的严重先天性肢体残疾与医疗机构的过错行为不存在法律上的因果关系。[3] 当然,也有法院支持因医院过错导致出生时有残疾的孩子的侵权损害赔偿请求权。例如,在"福建省漳州市文某等与漳州市医院医疗事故损害赔偿纠纷案"中,法院即明确指出,由于医院在发现或怀疑胎儿有异常后没有做进一步的产前诊断并提出终止妊娠的医学意见,最终导致出生的婴儿肢体残缺,使原告未能生出肢体健全的婴儿,并且过错行为与损害结果之间存在因果关系,故支持了原告所主张的医疗费及女婴的残疾者生活补助费、残疾用具费、精神损害赔偿费等诉讼请求。[4] 于此争议的本质是,司法实践中法律的适用究竟应否以法本身内在的逻辑自洽为第一要务?若坚持

---

〔1〕 参见袁雪石:《民法典人格权编释论:条文缕析、法条关联与案例评议》,中国法制出版社 2020 年版,第 34 页。

〔2〕 参见荣某某、李某某、荣某某与广州市妇女儿童医疗中心医疗损害赔偿纠纷案,广东省广州市中级人民法院(2011)穗中法民一终字第 443 号民事判决书。

〔3〕 参见姜某某、唐某某等与大连市金州区妇幼保健院医疗损害赔偿纠纷案,辽宁省大连市中级人民法院(2014)大审民再终字第 73 号民事判决书。有法院拒绝支持残疾婴儿所主张的关于残疾赔偿金的损害赔偿请求权,相关判决参见张某玲等诉扎兰屯市妇幼保健院医疗损害责任纠纷案,内蒙古自治区扎兰屯市人民法院(2013)扎民初字第 137 号民事判决书。

〔4〕 参见文某等与福建省漳州市医院医疗事故损害赔偿纠纷案,福建省漳州市中级人民法院二审判决书,判决时间为 2004 年 9 月 30 日(该案的评述见梅贤明、王立明、蔡雪霞:《生下肢残儿,医院该不该赔偿?》,《人民法院报》2004 年 11 月 16 日,B4 版)。其他相关判决参见杜某某、邵某、杜某与沈阳市妇婴医院医疗服务合同纠纷案,辽宁省沈阳市中级人民法院(2015)沈中少民终字第 00030 号民事判决书;深圳市宝安区人民医院与杨某某等医疗损害责任纠纷案,广东省深圳市中级人民法院(2014)深中法民终字第 1244 号民事判决书。

法律适用逻辑自洽的优先性,那么,于此场合否定已出生者的独立侵权损害赔偿请求权,是合法的。因为对已出生者而言,行为人的过错行为的确未给其造成任何损害,或者说,已出生者的严重残疾事实,与行为人的过错行为之间并没有任何法律上的联系;[1]行为人因过错而未能发现胎儿严重残疾,侵害的仅是父母受民法保护的知情权与生育选择权等民事权益,在现行民事法律体系下,提起诉讼的适格主体只能是父母,而不能是已出生者。但是,若以现代实用法学主义理论所倡导的经验法则为基点,将一般人对时代需要的感知、流行的道德和政治理论等考虑进来,[2]特别是将现代民法所坚持的基本伦理价值即人的尊严的充分实现考虑进来,[3]那么承认已出生者于此场合的独立侵权损害赔偿请求权,就不会在正当性问题上产生疑问。

(2) 胎儿利益保护的层级结构

29 胎儿利益保护应区分物质性人格利益、精神性人格利益与财产利益三个层级,并依据其对胎儿的重要性的不同而在法律上给予区别规定。

30 首先是物质性人格利益。一般而言,生命的存续与保全,是民法上活

---

[1] 在司法实践中,很多法院都是依据出生的婴儿所存在的严重先天性肢体残疾与医疗机构的过错行为不存在法律上的因果关系,从而拒绝给予已出生的胎儿以侵权法上的救济,相关判决参见文某等与福建省漳州市医院医疗损害赔偿纠纷案一审法院福建省漳州市芗城区人民法院判决意见,《人民法院报》2004 年 11 月 16 日,B4 版。另外,在马某梅诉东莞常安医院有限公司医疗损害责任纠纷案中,法院也都承认先天残疾婴儿的残疾一般是遗传因素以及其他因素所造成的,并不是医院的行为所导致,参见广东省东莞市第三人民法院(2016)粤 1973 民初 6507 号民事判决书。

[2] 即霍姆斯的名言"法律的生命不在于逻辑,而在于经验",霍姆斯认为:"对时代需要的感知,流行的道德和政治理论,对公共政策的直觉,不管你承认与否,甚至法官和他的同胞所共有的偏见对人们决定是否遵守规则所起的作用都远远大于三段论……它不能被当作公理和推论组成的数字书。" See O. W. Holmes, The Common Law, London Macmillan & Co, 1882, p. 1.

[3] 需要注意的是,人的尊严与权利能力之间在法律上并无特定的规范关系。德国联邦宪法法院所表达的尚未出生的人也具有人的生命并且自身享有生命权(BverfGE 88, 203, 296.),并不意味着《德国民法典》对尚未出生的人的权利能力作出了规定,而在于表达对母腹中的胎儿的保护及对这种保护价值的肯定。对此参见[德]迪特尔·施瓦布:《民法导论》,郑冲译,法律出版社 2006 年版,第 89 页。

着的人的最核心的利益。[1] 对于那些尚未出生的胎儿而言,最终能够健康平安地活着出生并成为民法上的主体是头等大事。因此,与此相关的诸如生命、身体、健康等物质性人格要素所体现出来的人格利益,就位于胎儿利益的核心位置,理应受到法律的重点关注和保护。例如,在侵害行为致胎儿生命、身体、健康损害或有受损之虞时,胎儿应当被视为是具有权利能力的,因此有权就此独立主张法律上的救济。[2] 在比较法上,尽管德国、法国、英国、奥地利等对此态度不完全相同,但承认胎儿在特定情形下就其物质性人格所遭受的损害有权主张侵权法上的救济的观点却获得了普遍支持。[3] 相比较而言,在我国当前司法实践中,以胎儿物质性人格利益受损为由主张胎儿本身的损害赔偿请求权,原则上并不会被支持,因为于此场合,胎儿并不具备《民法典》第13条规定的权利能力,不是民事主体,并且《民法典》第16条所拟制的胎儿享有受法律保护的利益为纯获财产性利益,并不能从该条当然推出人身利益亦同样受法律保护。[4] 但在司法实践中也存在例外做法。例如,在"刘某涛、杨某勤与孟州市第二人民医院医疗损害责任纠纷案"中,法院即认为被告医院的医疗过错与胎儿死亡的损害后果之间存在因果关系,支持了原告所主张的关于婴儿的死亡赔偿金和相关丧葬费的赔偿请求权。[5] 若胎儿活着出生,其就身体健康遭受的损害所主张的侵权法上的救济,原则上都

---

[1] 参见黄薇主编:《中华人民共和国民法典人格权编解读》,中国法制出版社2020年版,第64页。

[2] 参见周详:《胎儿"生命权"的确认与刑法保护》,《法学》2012年第8期,第51页。

[3] Vgl. Gerhard Wagner, § 823, im: Münchener Kommentar zum Bürgerliches Gesetzbuch: Schuldrecht Besonderer Teil Ⅲ, Band 5, F. J. Säcker/R. Rixecker Hrsg., C.H. Beck, 2009, RdNr. 67, 86, 87.

[4] 参见刘某宁等诉宁夏回族自治区人民医院医疗损害责任纠纷案,宁夏回族自治区银川市金凤区人民法院(2013)金民初字第1292号民事判决书;刘某等与江门市新会区司前人民医院医疗损害责任纠纷案,广东省江门市中级人民法院(2015)江中法民一终字第25号民事判决书。

[5] 参见刘某涛、杨某勤与孟州市第二人民医院医疗损害责任纠纷案,河南省孟州市人民法院(2014)孟民二初字第00061号民事判决书。

31 通过两种冲突的生效判决可以发现,我国司法实践中未普遍承认胎儿在生命、身体、健康等物质性人格受损时享有应受法律保护的主体地位,存在的主要障碍是:民事权益的享有以权利能力的存在为前提,无权利能力则不存在所谓的民事权益,亦不存在对自始即不存在的民事权益的侵害。这种看似严谨的逻辑推理实则忽视了我国民事立法中存在的如下规范:

32 第一,《民法典》第 16 条第 1 句、第 1155 条承认胎儿于特定情形下得享有受法律保护的财产利益。这表明,民事权益的享有以权利能力的存在为前提并非颠扑不破的真理,即使法律于此拟制胎儿特定情形下就特定财产享有应受法律保护的利益属于例外,但这至少表明了法律在例外情形下可以突破权利能力必须具备这一前提而直接承认胎儿在特定情形下得就特定人格利益享有应受法律保护的地位。

33 第二,依据《民法典》第 994 条,当自然人死亡之后,依然存在一些人格要素的残存,如遗体、遗骨、名誉、荣誉、隐私、肖像、姓名等属于法律关注和保护的对象。这意味着,对于那些曾经活着并为法律所保护的自然人来讲,即使有朝一日死亡,不再是民法上具备权利能力的主体,民法依然承认其遗存的人格利益受法律保护。即使这种例外规定保护的依然是具有权利能力的活着的人,保证他们能够生活在即使其死亡以后依然能被法所尊重并保护的这种期望当中。[2] 但这同时也表明,现行民法所保护的民事权益的享有与权利能力的具备之间并不是完全不可分割的,在例外情形下,民事权益的法律保护可以独立于权利能力而存在。

---

〔1〕 参见钟山县燕塘卫生院与杨某某等医疗损害责任纠纷案,广西壮族自治区贺州市人民法院(2015)贺民一终字第 10 号民事判决书;朱某银、田某莉与灵璧县人民医院医疗损害责任纠纷案,安徽省宿州市中级人民法院(2015)宿中民三终字第 00174 号民事判决书。我国学理上对此亦持相同立场,相关论述参见张新宝:《〈中华人民共和国民法总则〉释义》,法律出版社 2017 年版,第 34 页。

〔2〕 在德国,慕尼黑上诉法院曾在一个判决(1994 年 1 月 26 日)中也持同样的观点:一个人活着时的尊严及人格自由发展,只有当他能够期待在其死后也能获得法律对该权利至少是在遭到他人严重侵害情况下的保护,并且能在这种期待中生活时,才能算是获得了法律的充分保护。相关讨论参见 Christian v. Bar, Gemeineuropäisches Deliktsrecht, Bd. 2, C.H.Beck, 1999, S. 61, Fn. 307。

换言之,在《民法典》的规范体系中,既然法律保护死者的已经没有生命气息的物质性人格的残存即遗体、骨灰以及特定的精神性人格,也保护活着出生的胎儿的特定财产利益,那为什么不保护孕育着新的生命的胎儿的物质性人格呢?这表明,死者特定情形下就特定人格利益的实现受法律保护与胎儿于特定情形下就特定财产利益受法律保护之间,存在着通常意义上所谓的法律漏洞。

由于民法并不禁止类推规则,因此在现行法存在明显漏洞的前提下,可以通过类比运用等法律方法以填补法律漏洞,完成法的续造。[1] 具体的方法是将已规定某事实构成之规范的法律后果转用于虽未规定但与前者相似的案件事实。[2] 依据这种相似性推理可以发现,就关乎胎儿能否活着出生或健康出生等方面所展现出来的现实需求而言,与此相关的胎儿物质性人格利益的法律保护,在重要性上至少应不低于其活着出生之后所得享有的财产利益。[3] 依据"举轻以明重"的解释方法,可以合理地推出,既然民法承认胎儿活着出生后可以就特定财产利益主张权利,那么若其活着出生,也应能就其在母体期间因物质性人格利益被侵犯而遭受的人身损害主张民法上的损害救济。

即使在胎儿未能活着出生的场合,也可以通过类推发现其物质性人格利益应受保护的合法性基础,只是这种类推的路径有别于法律漏洞填补:就法律适用的逻辑一致性与严谨性而言,介于现行法所保护的胎儿特定财产利益与丧失生命特质的死者人格利益之间的胎儿人格利益,在是否应受民法调整的相似性上至少应不少于前两者;就民法所欲实现的基本价值而言,当前法律实践承认并保护尚不具备权利能力但将来可能具备权利能力的胎儿的特定财产利益,以及曾具备权利能力但将来显然永无可能再具备权利能力的死者的人格利益,那么对于那些将来有望具备权利能力而最终因侵害行为未能具备的胎儿而言,在价值位阶显然高于

---

[1] 参见王文宇:《商事契约的解释:模拟推理与经济分析》,《中外法学》2014年第5期,第1270页。

[2] 参见雷磊:《类比法律论证——以德国学说为出发点》,中国政法大学出版社2011年版,第20页。

[3] 参见石春玲:《财产权对人格权的积极索取与主动避让》,《河北法学》2010年第9期,第129页;王利明:《人格权法中的人格尊严价值及其实现》,《清华法学》2013年第5期,第5页。

财产利益的物质性人格利益上,特别是侵害行为所指向的是潜在的生命而非已经毫无生机的物质性人格残存时,法律更应该为之提供护翼。

37　　其次是精神性人格利益。在胎儿就生命、身体、健康等物质性人格要素享有的利益之外,还可能就诸如肖像、隐私等精神性人格而享有利益,这些精神性人格利益位于胎儿利益保护的次要位置,其原则上不得就该等利益所遭受的损害主张民法上的救济,但存在例外情形时除外。例如,未经胎儿父母同意而擅自使用胎儿肖像,或者将涉及胎儿基因、血统、出身等个人信息甚至隐私披露给媒体等,以活着出生为条件,胎儿应有权主张停止侵害、消除影响等民法上的救济措施,对此之外的损害赔偿请求权,则可类推适用自然人于此场合可得主张的损害赔偿请求权的相应规则。

38　　最后是财产性利益。胎儿人格利益之外的其他财产利益,则位于胎儿利益保护的边缘位置,法律原则上理应不承认胎儿于此享有任何财产利益,但存在例外情形时除外。这里的合理性考量在于:一方面,在利益与风险并存的复杂社会背景之下,财产的享有并不意味着单纯的利益,与之如影随形的还有风险。另一方面,在现代市场经济条件下,对于财产的享有者而言,享有财产不仅是一种利益,也是一种义务和责任。对那些将要出生而尚未出生的胎儿而言,法律应在尊重和敬畏生命的基础之上,将之与已出生者区分开来,自然人原则上仅能通过理性行为而取得己身之外的财产利益,并就此因理性的缘故而承担相应的义务和责任。[1] 就此而言,原则上否定胎儿有能力取得财产利益,恰恰是对于因理性而获得尊严的生命以最大程度的尊重。当然,法律原则上否定胎儿享有财产利益,并不意味着其全然不能享有任何受法律保护的财产利益。当特定财产利益与胎儿之最佳利益即能否健康平安出生密切相关时,法律得承认此种情形下胎儿享有该特定财产利益。例如,在父母为保证胎儿身体健康利益而与医疗服务机构签订的医疗服务合同中,受益方为胎儿,其对医疗机构依约提供的给付享有应受合同保护的利益,若医疗服务机构未依

---

[1] 康德区分人和物的经典表述是:"人,是主体,他有能力承担加于他的行为,因此有道德的人格不是别的,它是受道德法则约束的一个有理性的人的自由",而"物,则是指那些不可能承担责任的东西,它是意志活动的对象,它本身没有自由"。参见[德]康德:《法的形而上学原理——权利的科学》,沈书平译,林荣远校,商务印书馆1991年版,第30页。

合同约定提供相应服务并致胎儿利益受损,则其应有权向医疗服务机构主张违约责任。[1] 另外,在纯获利益的赠与、遗赠场合,若以胎儿活着出生为合同生效条件,这显然有利于胎儿健康平安出生这一最大利益的实现,那么,于此场合承认胎儿的权利能力,自无不可。[2] 至于承认继承中胎儿因特定身份而享有的财产利益,一方面是因人类社会长久以来基于种族繁衍而就此形成的物质保障机制的内在驱动和历史惯性;[3] 一方面是生活于共同体中的特定个人对与其有特定关系的他人所负担之社会义务的具体实践。[4] 家庭这一社会最基本构成单位中的父亲对胎儿所担负的义务,在其于胎儿未出生之前死去时,将通过财产继承的方式来实现。因此,法律承认胎儿得享有该等财产利益,自属应当。

《民法典》第16条以活着出生为胎儿被拟制为权利主体的前提,承认胎儿利益内部在性质上的差异、并通过列举+概括的方式而仅对纯获利益场合的财产利益予以保护,对此之外的人身利益是否应予保护则未予明确。《民法典》第16条将所保护的利益范围及与之相关的胎儿得享该利益的前提限定为必须活着出生,更多涉及的是共同体对于胎儿生命本身的一种价值评判以及由此表达出来的对生命尊严的尊重,这与《民法典》第990条第2款宣示的自然人的人格尊严以及第1002条的生命尊严具有同质性。法律对于胎儿利益的承认与保护,特别是对那些最后未能活着出生的胎儿的物质性人格利益的承认,更多的是基于生命平等的

---

[1] 在德国,为尚未出生的第三人的利益所订立的合同,见《德国民法典》第331条第2款。对此的相关论述参见 D. Medicus/S. Lorenz, Schuldrecht Ⅰ-Allgemeiner Teil, 19. Aufl., C.H. Beck, 2010, S. 388。

[2] 自罗马法以来的民事法律实践就胎儿利益的保护,原则上就是围绕这些纯获利益的财产利益保护而展开的,当然于此场合究竟是承认胎儿本身的主体地位还是承认胎儿活着出生以后才享有相应的主体地位,实践中是存在争议的。相关论述参见徐国栋:《体外受精胎胚的法律地位研究》,《法制与社会发展》2005年第5期。

[3] See R. Zimmermann, The Law of Obligations: Roman Foundation of the Civilian Law Tradition, Juta, Cape Town/Johannesburg, 1996, pp. 1024-1025.

[4] 参见[德]京特·雅科布斯:《规范·人格体·社会:法哲学前思》,冯军译,法律出版社2001年版,第117页。

价值理念而对人之尊严的一种价值宣示。[1] 法律无法为一个已经死去的人做得更多,[2] 该判断同样适用于那个最终也未能活着出生的人。就此而言,以《民法典》第 16 条为基点并结合《民法典》第 990 条第 2 款以及第 1002 条来确立胎儿人格利益保护的民法规范基础,具有充分的正当性基础。

(3)第三人侵害胎儿人格利益的民事责任

在我国现行法律规范体系下,依据《人体损伤程度鉴定标准》对于重伤与轻伤的界定标准,重伤是使人肢体残废、毁人容貌、丧失听觉、丧失视觉、丧失其他器官功能或其他对于人身健康有重大伤害的损伤,而损伤致早产、死胎,或者损伤致胎盘早期剥离、流产合并轻度休克属于重伤二级;[3] 轻伤是使人肢体或者容貌损害,听觉、视觉或其他器官功能部分障碍或者其他对于人身健康有中度伤害的损伤,包括外伤性难免流产、外伤性胎盘早剥。[4] 该鉴定标准将胎儿视为母体的构成部分,[5] 导致胎儿即使在生命这一核心人格利益遭受侵害的场合,司法实践中法院大多数情形下也仅承认母亲身体权、健康权等被侵害的法律责任,胎儿本身在

---

〔1〕 德国联邦宪法法院承认胎儿的生命权及其因此享有《德国基本法》第 1 条第 1 款规定的人之尊严,正是一种价值宣示的典型,并不必然对民事纠纷中的胎儿利益保护产生规范效力。相关论述参见[德]迪特尔·施瓦布:《民法导论》,郑冲译,法律出版社 2006 年版,第 89 页。

〔2〕 依据学理上的主流观点,对于法律所保护的最高利益即生命而言,侵权法所能提供的救济非常有限。因为生命侵害的直接结果是权利能力的丧失,死者因此即不能再提出任何损害赔偿请求权。侵权法能为死者所做的不过是使其精神性人格利益免遭践踏,禁止他人将其物质性人格利益的残存当作一般的物而被处理以及为其提供一个体面的葬礼。相关论述参见 Christian v. Bar, Gemeineuropäisches Deliktsrecht, Bd. 2, C.H.Beck, 1999, S. 61。

〔3〕 参见《人体损伤程度鉴定标准》(司发通[2013]146 号)5.8.2 重伤二级第 h 项。

〔4〕 参见《人体损伤程度鉴定标准》(司发通[2013]146 号)5.8.4 轻伤二级第 n 项。

〔5〕 当然,对于《人体损伤程度鉴定标准》即原来的《人体重伤鉴定标准》(司发[1990]070 号,已废止)第 78 条、《人体轻伤鉴定标准》(法(司)发[1990]6 号,已废止)第 42 条等将胎儿作为母体构成部分对待,是否必然排除胎儿本身所遭受的损害,我国学理上存在争议,相关学术争论参见张明楷:《故意伤害罪探疑》,《中国法学》2001 年 3 期。

未活着出生时并不得就此独立主张人格权益侵害的民事法律责任;若胎儿活着出生,司法实践则给予其在母体期间因第三人原因所遭受的损害以法律救济。

胎儿未能活着出生的,我国司法实践并不承认胎儿享有独立的应受法律保护的地位,亦无权就生命侵害主张相应的民事法律责任。例如,在"农某燕与崇左市江州区新和镇卫生院、崇左市人民医院医疗损害责任纠纷案"中,法院即认为,虽然因被告医院过错致胎儿死于产道内,但是因此分娩出来的是死婴,并不具备《民法典》第13条规定的权利能力,不是民事主体,并就此拒绝了原告就胎儿死亡所主张的死亡赔偿金和丧葬费的赔偿请求权,而仅支持母亲于此场合就其遭受的实际损害主张财产损害赔偿请求权和精神损害赔偿请求权。[1]

对于母亲之外的其他与胎儿有特定法律关系的主体如胎儿父亲,是否有权就胎儿因侵害行为未能活着出生而主张精神损害赔偿,相关司法实践并未予以明确。依据《民法典》第1183条第1款、《人身损害赔偿解释》第1条、《精神损害赔偿解释》第1条,在自然人生命权被侵犯的场合,生命权人及其近亲属有权主张精神损害赔偿请求权。但这些规定并不能当然适用于胎儿生命利益被侵犯的场合,因为依据当前司法实践中法院的普遍观点,胎儿并不具备独立主体地位,其仅是母亲身体的构成。于此情形下,除母亲本人外,与母亲有特定法律关系的人如胎儿的父亲,原则上无权主张胎儿利益侵害的民事法律责任。[2]

胎儿活着出生的,我国当前司法实践中普遍支持其有权就母腹期间所遭受的人身损害向行为人主张民事法律责任。例如,在"杨某欢、李某军与厦门市妇幼保健医院医疗损害责任纠纷案"中,因被告医院过错致胎儿在分娩过程中发生产道内感染,在胎儿出生以后,该感染导致新生儿肺炎并肺出血,引起新生儿败血症,导致其多器官功能衰竭而死亡。法院认为,尽管医院的过错行为发生时胎儿并未出生而没有权利能力,但其过错行为系导致新生儿死亡的直接原因,因此其须就此向新生儿承担相应

---

〔1〕 参见农某燕与崇左市江州区新和镇卫生院、崇左市人民医院医疗损害责任纠纷案,广西壮族自治区崇左市江州区人民法院(2012)江民初字第739号民事判决书。

〔2〕 参见中华联合财产保险股份有限公司惠州中心支公司与冷某祥等机动车交通事故责任纠纷案,广东省惠州市中级人民法院(2014)惠中法民四终字第194号民事判决书。

的损害赔偿责任。据此,受害人主张的关于医疗费、丧葬费、死亡赔偿金等的请求权以及死者近亲属就此遭受的精神损害的赔偿请求权,都获得了法院的支持。[1]

44 在现行法律体系下,对于违反计划生育政策所孕的胎儿,在胎儿父母不愿终止妊娠的情形下,计生机构是否有权强行终止妊娠? 现行法律实践与法学理论之间就此存在分歧。在实践中,存在计生机构为实施计划生育政策而强制对孕妇实施堕胎手术的情况。对于计生机构所采取的强制措施,学理上提出了质疑,主要理由有四:第一,《宪法》第 25 条规定国家有权力实施计划生育,但并未规定具体应采取何种措施;第二,全国人大常委会颁布的规范计划生育的基本法律即《人口与计划生育法》并没有规定计生机构可以强制堕胎;第三,某些地方性法规中规定的强制堕胎制度[2]本身是违法的,因为强制堕胎属于限制生育自由的行为,依据《立法法》第 11 条第 5 项的明确规定,限制人身自由的强制措施和处罚只能由法律规定,地方性法规无权进行限制。另外,即使可以将强制堕胎理解为一种行政处罚措施或行政强制措施,但依据《行政处罚法》第 10 条及《行政强制法》第 10 条、第 11 条的规定,也可以将相应地方性法规的规定界定为非法。[3] 因此在计生机构强制堕胎致胎儿生命权益受到侵害时,母亲可以依据《国家赔偿法》第 3 条、第 7 条主张相应的损害赔偿。

45 胎儿尚在母体时,其父亲因他人侵害行为致死,当胎儿活着出生后,其是否有权就此主张相应的财产损害赔偿请求权? 依据《民法典》第 1067 条第 1 款,父母对于包括非婚生子女在内的未成年子女负有抚养义务,当侵害父亲生命致其死亡的,责任人应向被害人一方支付死者生前所抚养的人以必要的生活费等费用。尽管侵害行为发生时胎儿尚未出

---

[1] 参见杨某欢、李某军与厦门市妇幼保健院医疗损害责任纠纷案,福建省厦门市思明区人民法院(2013)思民初字第 6037 号民事判决书;张某与砀山县砀城镇卫生院医疗损害责任纠纷案,安徽省宿州市中级人民法院(2013)宿中民三终字第 00626 号民事判决书;孟州市第二人民医院与刘某涛等医疗损害责任纠纷案,河南省焦作市中级人民法院(2015)焦民二终字第 00110 号民事判决书。

[2] 例如,《河南省人口与计划生育条例》(2011 年修正)第 25 条规定:"有下列行为之一的,应当在计划生育技术服务人员指导下采取补救措施,终止妊娠:(一)非婚妊娠的;(二)已生育一个子女,无生育证又妊娠的;(三)以不正当手段获取生育证妊娠的。"该条已在 2020 年的修订中被删除。

[3] 参见汉德:《强制堕胎三问》,《南方周末》2012 年 6 月 28 日,第 A04 版。

生,但若其活着出生,则该义务当然应由作为受害人的父亲负担,在侵害行为致父亲无法完成其应完成的义务时,自然应由导致其无法完成该义务的过错第三人承担。例如,在"王某钦诉杨某胜、泸州市汽车二队交通事故损害赔偿纠纷案"中,法院认为:死者生前扶养的人,既包括死者生前实际扶养的人,也包括应由死者抚养,但因死亡事故发生,死者尚未抚养的子女。[1]《人身损害赔偿解释》第16条规定,被抚养人生活费计入残疾赔偿金或死亡赔偿金。另外,胎儿于此主张相应的赔偿请求权,系以活着出生为前提,在胎儿尚未出生的场合,依据《民法典》第13条之规定,其无权独立提出相应的权利主张。

(4)父母侵害胎儿人格利益的民事责任

父母共同决定终止妊娠侵犯胎儿人格利益的,一方面,依据《人口与计划生育法》第18条等规定,法律提倡和鼓励父母"适龄婚育、优生优育",父母只要不违反法律禁止性规定(如因选择性别人工终止妊娠或已领取生育服务证而实行中期以上非医学需要的终止妊娠手术的情形),则父母在孩子未出生前共同决定并终止妊娠,是法律允许的。换言之,对胎儿包括生命在内的利益,原则上父母具有终局性的决定权,父母有权决定是否给予胎儿生命。另一方面,现行法律体系下胎儿被视为母体的构成部分,在合乎法律规定和公序良俗的前提下,母亲当然有权决定自己所享有的民事权益的实现方式,其并不需要因自主决定终止妊娠而向他人或社会承担法律责任,尽管父母决定终止妊娠会构成对胎儿最大利益的根本侵害。另外,即使父母违反法律禁止性规定而非法终止妊娠,在现行法律体系下其也无须对侵害胎儿利益承担民事法律责任。

若父母就是否终止妊娠存在分歧,其中一方在未取得对方同意的情形下导致妊娠终止的,在《人口与计划生育法》第17条承认父母均享有生育权的基础上,司法实践对父母提供了不同的保护。在父亲一方致胎儿利益受损场合,若因父亲的过错行为致胎儿人格利益受损,在胎儿未能活着出生时,其自无权向父亲主张损害赔偿;母亲于此场合有权就自己遭受的身体健康损害向胎儿父亲主张损害赔偿,但在请求权基础上有所区

---

[1] 参见王某钦诉杨某胜、泸州市汽车二队交通事故损害赔偿纠纷案,《最高人民法院公报》2006年第3期。

分:若依据《民法典》1091条结合第1079条第3款第2项规定的"虐待"为由主张损害赔偿的,须以离婚为前提;若依据《民法典》第1165条第1款、第1179条、第1183条第1款等所确立的侵权损害赔偿规则为依据,则主张损害赔偿不以离婚为必要,例如,在"张某某与黄某某交通事故案"中,对因被告(包括原告的丈夫何某、黄某)过错所致的交通事故而流产的受害人张某某,依据《侵权责任法》第16条、第22条、第48条(现为《民法典》第1179条、第1183条第1款、第1208条)等所主张的财产与精神损害赔偿请求权,即获得了法院的支持。[1] 在胎儿活着出生时,父亲的过错侵权与第三人的并无实质区别,胎儿应有权就自己遭受的损害向父亲主张赔偿。

在未经生父同意而擅自在婚外将孩子生下来并向生父主张抚养费的案件当中,对父亲以胎儿母亲未经其同意而擅自将孩子生下来为由拒绝支付抚养费的抗辩,司法实务上有观点认为:"法律概念上的生育权存在于受孕、怀胎和分娩的全过程。生育权是一种人格权,随着社会的发展,经历了从自然生育、生育义务到生育权利的过程。生育权分为生育请求权、生育决定权和生育选择权。决定孩子是否出生属于生育决定权的范围。生育权具有明显的冲突性;从民法公平自由的原则出发,男方在盗精、因欺诈而生育子女的案件中丧失了对后代的自由选择权。但男方的生育决定权与女性的人身自由权、生命健康权相比,处于下位阶。如果两种权利发生冲突,男性的生育权应当让步。"[2] 依据该观点,《妇女权益保障法》第32条规定的生育权并不需要男女双方的合意,女方单方决定即可。女方单方面选择生育子女,并不构成对男方生育权的侵犯。

在母亲一方致胎儿利益受损时,存在的一个颇有争议的问题是,当母亲明知自己的行为有可能侵害胎儿人格利益而依然为此行为,并最终导致患有严重残疾的胎儿活着出生时,被出生的人是否有权就其遭受的损害向母亲主张相应的赔偿请求权?这显然有别于母亲明知胎儿存在严重的先天性残疾而坚持将之生下来的情形,或者胎儿人格利益因第三人的侵害行为已严重受损而母亲坚持将之生下来的情形中,母亲是否需要对被出生的

---

〔1〕 参见张某美诉黄某松等机动车交通事故责任纠纷案,贵州省思南县人民法院(2014)思民初字第890号民事判决书。

〔2〕 参见孙欣:《女性单方面决定生育不构成对男性生育权的侵犯——北京海淀法院判决赵某诉许某抚养费纠纷案》,《人民法院报》2014年5月29日,第06版。

【人格权的类型】

严重残疾的孩子承担损害赔偿责任的问题。在后两种情形中,对已出生者而言,生命是其最大的利益,另外其所遭受的损害与母亲的行为之间并无法律上的因果关系,因此不得向母亲主张民事法律责任。但是,在第一种情形下存在的逻辑悖论是:若无母亲的生育行为,胎儿自无从获得生命这一最大的利益;而若无母亲的侵害行为,出生的胎儿亦不会严重残疾。在《民法典》的价值评价体系中,未出生的胎儿固然属于母体的构成部分而得由母亲依据自主意志自由支配,但母亲于此不得权利滥用。若是因权利滥用而构成对潜在生命的侵害,其自不得因损害行为发生时尚不存在具有权利能力的人而拒绝对之后出生的人承担损害赔偿责任。[1]

当父亲坚持将孩子生下来而母亲予以拒绝并终止妊娠时,谁的生育权应予优先保护?对这一问题,在 2011 年之前,我国司法实践中法院的观点存在巨大的分歧。肯定论认为,父母同样享有应受法律保护的生育权,母亲未经父亲同意而擅自终止妊娠,应当对父亲因此遭受的精神损害承担侵权法上的赔偿责任。[2] 否定论认为,尽管父亲一方享有应受法律保护的生育权,但当该权利的行使与母亲所享有的人身自由权等冲突时,应当优先保护母亲的权利,父亲不得就母亲擅自终止妊娠而主张相应的精神损害赔偿请求权。[3]《婚姻法解释三》(已失效)第 9 条则将反对意见予以普遍化,其规定"夫以妻擅自终止妊娠侵犯其生育权为由请求损害赔偿的,人民法院不予支持"。最高人民法院于此的基本态度是,对于作为自己身体构成部分的胎儿,母亲就是否终止妊娠有最终决定权,即使母亲终止妊娠可能构成对同样因胎儿而享有人身利益的父亲的合法权益的损害,其也无须就此对作为受害人的父亲承担民法上的损害赔偿责任。对此,《民法典婚姻家庭编解释(一)》第 23 条进一步规定:"夫以妻擅自中止妊娠侵犯其生育权为由请求损害赔偿的,人民法院不予支持;夫妻双方因是否生育发生纠纷,致使感情确已破裂,一方请求离婚的,人民

---

[1] 这种情形既包括侵害发生时已孕育成胎的,也包括那些尚未孕育成胎的,当然在德国这主要是指涉第三人对胎儿的侵害。参见[德]迪特尔·施瓦布:《民法导论》,郑冲译,法律出版社 2006 年版,第 89 页。

[2] 参见周永坤:《丈夫生育权的法理问题研究——兼评〈婚姻法解释(三)〉第 9 条》,《法学》2014 年第 12 期,第 9 页。

[3] 参见叶某明诉妻子朱某君擅自流产侵犯其生育权案,浙江省余姚市人民法院(2006)余民一初字第 1633 号民事判决书。

法院经调解无效,应依照民法典第一千零七十九条第三款第五项的规定处理。"这显然是对《婚姻法解释三》第9条的继续。

显而易见,在父亲反对终止妊娠而母亲坚持终止妊娠并最终终止妊娠的场合,《民法典婚姻家庭编解释(一)》第23条是通过利益权衡规则来论证其欲优先保护母亲所享人格权益的合法性基础,这显然有别于最高人民法院在其指导案例50号即"李某、郭某阳诉郭某和、童某某继承纠纷案"中所展现出来的论证策略即通过对解除民事法律行为之原因的解释而实现其对母亲合法权益的优先保护,[1]前者在实践中具有更强的适用性。需要讨论的是,我国司法实践为什么在父母双方对涉及胎儿最核心之利益的决定发生分歧时,会优先保护母亲的人格权益而置父亲的人格权益于不顾呢?最高人民法院等对此并未提供充分的合理性说明,因此其也遭受了来自学理上的批评。[2] 司法实践于此的做法并非完全没有道理,也许,德国联邦宪法法院在论证《德国基本法》第2条第1款及第3条第2款和第3款的男女平等原则时所采纳的观点,对此可以提供一些有益的解释或比证思路。该院在就男女间生理和心理上所存在的差异提取了专家的鉴定意见之后认为,男女之间在生理结构上的差异决定了其在漫长而又艰辛的生育过程中的角色与地位,男性在此过程中仅参与了最初的短暂的一瞬,并且这一瞬也是与身体上的快乐相关的,而之后其与子女关系的建立主要是通过时间上的与生育过程本身无关的社会行为来完成;女性则完全不同,其不仅要经历艰辛漫长的孕期,而且还有至为痛苦的分娩及哺乳等长期的生理行为,身体上所承受的痛苦深深地影响着她们对性及生育的认知,对其而言,性爱及生育并不完全意味着身体上的享受,而是与痛苦和责任密切相关。相比较于女性,男性则不会有类似的感受,其更注重身体上的享受而忽视与性行为密切关联的社会责任。[3] 基于此,在决定是否继续妊娠时,理应赋予女性以优先保护的地位。我国司法实践中也有法院在判决中持与此类似的观点。例如,北京市海淀区法院在"赵某诉许某抚养费纠纷案"的判决中即认为:

---

〔1〕 参见指导案例50号即"李某、郭某阳诉郭某和、童某某继承纠纷案",江苏省南京市秦淮区人民法院(2006)秦民一初字第14号民事判决书。

〔2〕 参见周永坤:《丈夫生育权的法理问题研究——兼评〈婚姻法解释(三)〉第九条》,《法学》2014年第12期,第9页。

〔3〕 Vgl. BVerfGE 6, S. 389 ff.

[人格权的类型]

"女性生育子女要历经受孕、怀孕、生产近 10 个月的时间,而男方生育子女仅发生性行为即可,女性的投入显然更多"等等,并最终支持了母亲的权利主张。[1] 这种判决的正当性说明显然与人类社会的普遍性观点相吻合。

另外,依据我国司法实务上的主流观点,在具体案件审理时涉及人格权益纠纷的,应优先适用具体人格权的规定,一般人格权只是具体人格权规则的补充。[2] 这表明,当存在明确内涵外延的典型人格权利与内涵外延并不确定而需要通过一般人格权规则涵摄的人格利益发生冲突时,前者应优先予以保护。在生育权纠纷案中,对于父亲而言,其除了享有和母亲同样的生育权这一具体人格权,其他的因胎儿而享有的人格权益,只能由《民法典》第 990 条第 2 款的以"人身自由、人格尊严"为基础的一般人格权条款进行调整;而对于母亲来说,其于此除了享有生育权以及因胎儿而享有的《民法典》第 990 条第 2 款以"人身自由、人格尊严"为基础的其他人格权益,同时还享有《民法典》第 990 条第 1 款以及第 1003 条第 1 款规定的身体权和行动自由权。因此优先保护母亲合法权益的合法性基础即可证成。这种论证思路在当前司法实践的生效判决书中也可以找到踪迹。[3]

(5)第三人与父母共同侵害胎儿人格利益的民事责任

在第三人与父母一方或双方共同致胎儿最佳利益受损的场合,需要区分如下几种情况来确定需要承担民事法律责任的侵权人和能够请求民事法律救济的受害人。

第一,父母双方与第三人共同致胎儿人格利益受损的。当父母依据《母婴保健法》第 18 条等规定因合法原因且经正当程序而请求特定医疗机构终止妊娠时,尽管存在胎儿人格利益被侵害的事实,但父母及特定医

---

[1] 参见赵某诉许某抚养费纠纷案,北京市海淀区人民法院(2013)海民初字第 23318 号民事判决书。

[2] 参见陈现杰:《〈关于确定民事侵权精神损害赔偿责任若干问题的解释〉的理解与适用》,《人民司法》2001 年第 4 期,第 12 页。

[3] 参见赵某诉许某抚养费纠纷案,北京市海淀区人民法院(2013)海民初字第 23318 号民事判决书;叶某明诉妻子朱某君擅自流产侵犯其生育权案,浙江省余姚市人民法院(2006)余民一初字第 1633 号民事判决书。

疗机构都无须就此承担民事法律责任,因为合法行为得阻却违法。[1]当父母违反《人口与计划生育法》第39条、第40条等规定没有合法原因或未经正当程序而请求特定医疗机构终止妊娠时,同样存在胎儿人格利益受损的事实,但是父母以及特定医疗机构承担法律责任并非是因违反保护胎儿利益的规则,而是因违反保护社会公共利益的管理规则而依据《人口与计划生育法》第40条等承担行政责任或者刑事责任;当父母有合法原因且经正当程序但最终通过非法医疗机构或人员而终止妊娠者,最终也存在胎儿人格利益受损的事实,但父母无须就此承担责任。于此情形下,尽管存在着胎儿人格利益受损的事实,但是由于在胎儿未活着出生之前,其是作为母体的构成部分而存在,母亲对胎儿人格利益的保护具有终局性的决定权,若其同意终止妊娠的,即使其同意违反法律规定,但在现行法律体系下其无须承担对于自身的责任。

第二,第三人教唆母亲致胎儿利益受损。第三人以违反社会公共道德的方式教唆母亲终止妊娠,于此场合下,人身利益遭受侵害的父亲以及人格利益受损的胎儿,是否可以向第三人主张侵害人格权益的民事责任?如前所述,在我国现行法律体系下,若胎儿活着出生,则其可就母体期间遭受的损害主张民法上的救济,若其未能活着出生,则其仅是母体的构成部分,自不能作为受害人而独立主张民法上的损害救济。因此,于此场合下,胎儿并非受现行法所保护的民法上的受害人。对父亲而言,于此场合下,其存在着应受法律保护的人身权益,只是当该项人身权益在与母亲的应受法律保护的人身权益发生冲突时,司法实践将之置于次要的位置,[2]但这并不意味着母亲之外的第三人也可以肆意侵害该项权益而无须就此承担法律责任。[3] 同时,现行法承认父亲的生育权以及其因胎儿而享有的人身利益,只是在具体的司法实践中,当父亲所享有的这些民事权益与母亲的民事权益发生冲突时,法院通过利益权衡规则优先保

---

[1] 参见王泽鉴:《人格权法:法释义学、比较法、案例研究》,北京大学出版社2013年版,第101页。

[2] 参见孙欣:《女性单方面决定生育不构成对男性生育权的侵犯——北京海淀法院判决赵某诉许某抚养费纠纷案》,《人民法院报》2014年5月29日,第06版。

[3] 参见王晨、艾连北:《再论生育权》,《当代法学》2003年第1期,第150页。

护了母亲的人身权益,[1]但母亲无须承担侵权责任并不意味着其行为未构成侵权。[2]在第三人违反公序良俗恶意教唆母亲侵犯父亲的该项权益时,依《民法典》第1169条第1款,其与母亲构成共同侵权,应承担连带侵权责任,《民法典婚姻家庭编解释(一)》第23条所明确的父亲不得就此向母亲主张损害赔偿请求权,并不构成恶意第三人免于承担民事责任的事由。于此人格权益遭受侵害的父亲当然有权向第三人主张相应的损害赔偿。至于承担了民事责任的第三人与存在过错的母亲之间的法律关系,则属于连带债务场合的债务人内部责任分担问题,与作为债权人的父亲是否有权向任意债务人主张债权的实现并无规范关系。

第三,因第三人侵害致父母不得不自行决定终止妊娠。因第三人侵害母亲身体健康致其不得不终止妊娠的场合,虽然第三人的侵害行为并未直接对胎儿构成侵害,但由于胎儿身体健康与被第三人侵害的母亲身体健康密切相连,后者因侵害行为必须接受特定医疗救治,于此不可避免地会产生对胎儿健康出生这一最佳利益的不利影响,若母亲因此依法选择终止妊娠,那么母亲本身自然有权就此遭受的损害主张侵权法上的救济。[3]例如,在"杨某与上海江南旅游服务有限公司、中国人寿财产保险股份有限公司上海市分公司机动车交通事故责任纠纷案"中,法院即认为:因事故致原告身体损伤,存在引起严重病情危及生命的风险,虽然医院告知其进行放射性检查可能导致胎儿畸形或流产,但为防止前述风险出现而进行相应检查应属合理选择;同时为避免胎儿畸形而终止妊娠也符合常理。因此,被告的侵害行为虽未直接导致胎儿物质性人格受损,但其与妊娠终止间存在因果关系,应对原告由此导致的损害承担赔偿责任。[4]于此场合下,若母亲选择终止妊娠,则胎儿因为是母体的构成

---

[1] 参见赵某诉许某抚养费纠纷案,北京市海淀区人民法院(2013)海民初字第23318号民事判决书。

[2] 于此应区分侵权责任的成立与是否具体承担责任的关系。相关论述参见程啸:《侵权责任法》(第三版),法律出版社2021年版,第326—327页。

[3] 参见刘某红诉王某辉等机动车交通事故责任纠纷案,四川省华蓥市人民法院(2014)华蓥民初字第966号民事判决书。

[4] 参见杨某与上海江南旅游服务有限公司、中国人寿财产保险股份有限公司上海市分公司机动车交通事故责任纠纷案,上海市闵行区人民法院(2014)闵民一民初字第12571号民事判决书。

部分而不能成为应受法律保护的对象并进一步独立主张相应的法律救济;若母亲未选择终止妊娠而坚持将之生下来,那么胎儿若因为对母亲来说实属必要的医疗救治行为而身体健康受损,其是否就此有权向第三人主张身体健康侵害的民事责任,司法实践并未对此予以进一步的明确。从受害人遭受的损害与侵害行为之间的因果关系的角度看,因为第三人的侵害行为显著增大了胎儿身体健康利益遭受损害的风险,因此活着出生的胎儿就其身体健康因此遭受的不利益与侵害行为之间存在着相当性的因果关系,自然有权就此主张侵权法上的救济。[1] 至于母亲与胎儿之外的其他人(如父亲等),于此只有在例外情形下才可以成为民法中的受害人并主张侵权法上的救济。

(6)胎儿人格利益保护的总体评价

虽然《民法典》并未直接触及胎儿人格利益保护的问题,但围绕《民法典》第16条、第990条与第1002条第1句构筑起来的胎儿利益法律保护规则,实际上基本可以满足保护胎儿人格利益的现实需求。因为就胎儿利益保护的相应司法实践看,在胎儿活着出生的场合,司法实践在制定法未明确规定相应救济规则的背景下通过持续的法律续造,已经为胎儿人格利益的民法保护提供了较为充分的保护方案:在胎儿人格利益受损的场合,若其活着出生,则其有权就已经遭受的损害主张人格权益侵害的民事责任;即使在胎儿未能活着出生的场合,司法实践所坚持的由母亲来主张自身人格权益遭受侵害的损害救济请求权,在现行法律体系下也可以合乎逻辑地推导出来,并且这在大多数时候也是具有实践意义的。因为法律即使规定了未能活着出生的胎儿就其所遭受的损害享有独立的请求权,然而在其未能活着出生时,实际上是由与其有特定法律关系的主体如母亲来代为主张该等请求权,这在实践意义上与母亲主张自身因此遭受损害的相应请求权之间并无实质差别。另外,对责任人来讲,基于恢复原状的损害救济目的以及一事不二罚的责任承担理念,其若对未能活着出生的胎儿本身承担了侵权责任,那么原则上即不需要再对胎儿之外的与胎儿有特定法律关系的人(如母亲)就同一损害后果承担法律责任,除非与胎儿有特定法律关系的人能证明其因此遭受了另外的应受法律救济的损害。

---

[1] See Basil S. Markesinis and Hannes Unberath, The German Law of Torts: A Comparative Treatise, 4th ed., Hart Publishing, 2002, p. 99.

当然，基于《民法典》规定的人格尊严尤其是生命尊严来推导未能活着出生场合的胎儿在例外场合享有独立的应受法律保护的地位，并非完全没有实践意义。一方面，其足以彰显新时代背景下民法基于尊重生命的价值理念而对生命平等原则的郑重宣示，相较于法的裁判作用和指引作用，法的这种价值宣示的作用并非不重要；另一方面，不以胎儿活着出生为必要承认其应受法律保护的地位，在特定情形下具有积极的规范作用，特别是在第三人以违反公序良俗的方式恶意直接侵害胎儿物质性人格利益的场合，在计生部门强制孕妇引产尤其是对足月胎儿实施引产手术的场合，在父母以违反公序良俗的方式恶意或非法终止妊娠的场合，在母亲以违反公序良俗的方式恶意终止妊娠的场合，这种规范作用尤为明显。

另外，通过《民法典》第990条第2款的人格尊严并结合第1002条第1句的生命尊严而推导胎儿应受法律保护的地位不以其活着出生为必要条件，也有助于平衡父母之间就胎儿利益保护所享有的权利在事实上的不平等状态。从相应的司法实践来看，母亲在胎儿利益保护的过程中居于绝对的主导地位，即使其行为侵犯了胎儿利益，父亲也不得就其侵害行为主张任何法律上的救济。这固然有其合理性，但是如果将之绝对化，在民法平等保护的视野下显然也存在问题，特别是在母亲以违反公序良俗的方式故意侵害胎儿物质性人格利益的场合，这种绝对化的处理方式所导致的悖论就尤其明显。另外，在比较法上，这种绝对保护母亲而不顾其他利益相关主体的做法，也不被普遍支持。[1] 因此，基于《民法典》第16条结合第990条第2款与第1002条第1句推导出即使未能活着出生的胎儿也享有应受法律保护的地位，既有利于实现胎儿最佳利益，也有助于界定母亲的行为自由范围以及保护与此相关的其他与胎儿有特定法律关系的主体(如父亲)的合法利益等。

3. 死者

《民法典》第990条规定了对有生命的自然人的人格权益的保护，而死者由于不具有权利能力，不再属于第990条的保护范畴。但在我国的传统价值取向中，死者为大、入土为安等尊重和保护死者尊严的传统观念根深蒂固。例如，在人死之后，与死者有特定法律关系的人，尤其是五服

---

[1] 参见[德]迪特尔·施瓦布：《民法导论》，郑冲译，法律出版社2006年版，第90页。

以内的亲属需要遵照死者遗愿,为其穿戴整齐并将之装殓入棺,葬入坟墓。在安葬过程当中,遗体处于一种不可冒犯、不可亵渎的状态。就如同活人穿在身上的衣服是其人格尊严的物质保障一样,此时死者的衣服、棺材和坟墓也同样服务于保护死者尊严的目的,不容侵犯。以此为基础,传统社会的法律都明确规定,挖坟掘墓属于重罪,这在本质上都是为了尊重和保护死者的尊严。[1] 另外,从活着的人的视角来看,尊者和保护死者,对活着的人亦有重要意义:对那些活着并为法律所保护的自然人而言,即使有朝一日死亡了,不再是民法上具备权利能力的主体了,民法依然承认并保护其遗存的人格利益,使其能够生活在即使其死亡以后依然能被法尊重并被保护的这种期望当中。就此而言,对死者人格利益的保护在本质上依然是在保护那些具有权利能力的活着的人。因此,基于对自然人人格尊严的周延保护,《民法典》第 994 条规定,自然人死亡后的人格利益如姓名、肖像、名誉、荣誉、隐私、遗体等,仍受民法保护。另外,对于烈士和逝去的英雄,立法者给予了其人格利益以特殊的关照和保护。《民法典》第 185 条规定:"侵害英雄烈士等的姓名、肖像、名誉、荣誉,损害社会公共利益的,应当承担民事责任。"相应地,《英雄烈士保护法》第 22 条至第 26 条规定了对英雄烈士姓名、肖像、名誉、荣誉等人格利益的具体保护规则和相应的法律责任。对于死者人格利益的详细评注,参见本评注第 994 条的相关内容。

(二)法人、非法人组织

61　　从《民法通则》(已失效)到《民法总则》(已失效)的制定法规定以及与之相适应的司法实践一直以来都对法人人格权持肯定立场,《民法典》人格权编第 990 条第 1 款对此亦予认可。另外,对于《民法典》第 110 条第 2 款与第 990 条第 1 款在立法模式上的不同所导致的应否限定法人人格权范围的问题,应结合体系解释、目的解释方法而采限定论,将法人及非法人组织的人格权限定在名称权、名誉权与荣誉权这三种典型权利之内。

62　　鉴于《民法典》人格权编以自然人人身自由、人格尊严的保护为重心来构造人格权制度体系,而法人人格权的享有与保护以财产利益为核

---

[1] 参见肖泽晟:《墓地上的宪法权利》,《法学》2011 年第 7 期,第 73 页。

心,如何处理法人人格权与自然人人格权在享有及保护规则构造和适用上的规范关系,学理上有观点认为,应以自然人人格权为立足点,对法人、非法人组织人格权采取"准用"立法技术。[1] 但也有观点对此种"准用"技术所反映的类推方法适用于法人人格权的享有与保护时的限度表示担心。该观点认为,在人格权扩张的大背景下,法人借助其类推于自然人的广义财产观念指导下的法人财产制,跨越了公、私法界限,使旨在防范法人公法化的法人人格权类推适用中的限制成为虚设,因此应当慎重考量法人类推适用自然人人格权制度的诸种限度。[2] 从《民法典》人格权编规定的法人人格权的享有与保护规则来看,其并未简单地适用准用技术,而是采取原则上明确规定+例外情形下准用的立法技术,从而在统一保护民事主体人格权的目的下因势利导,避免法人人格权的过度扩张。

1. 一般性规定

基于平等保护民事主体的基本理念,对于法人享有的名称权、名誉权与荣誉权的行使与保护规则,主要存在如下类型:

第一,《民法典》人格权编明确规定该规则可以适用于法人人格权,例如第993条规定的人格利益的许可使用规则,第999条规定的人格要素的合理使用规则,第1013条、第1014条、第1016条、第1017条规定的名称权。

第二,《民法典》未进行明确区分而统一规定的民事主体对人格权的享有与保护规则,例如,第991条规定的人格权益受法律保护条款,第992条规定的人格权不得放弃、转让与继承规则,第993条规定的人格利益的许可使用规则,第995条规定的侵害人格权的民事责任形式规则,第998条规定的人格权侵害民事责任认定规则,第1000条规定的人格权侵害民事责任的承担规则以及第1024条至第1031条规定的名誉权和荣誉权保护规则。

第三,《民法典》明确规定该规则专属于自然人,但其同时明确该规

---

[1] 参见温世扬:《民法典人格权编草案评议》,《政治与法律》2019年第3期,第2页。

[2] 参见张力:《论法人人格权制度扩张的限度问题》,《法制与社会发展》2008年第6期,第88页。

定可以类推适用于法人人格权,如第1023条第1款规定的姓名等的许可使用可以参照肖像许可使用规则。

67　　对于《民法典》人格权编明确规定的专属于自然人的人格权享有和保护规则,如第990条第2款规定的一般人格权规则,第994条的死者人格利益保护规则,第1001条规定的自然人身份权参照适用规则,第1002条至第1011条规定的生命权、身体权、健康权规则,第1012条、第1015条规定的姓名权规则,第1032条至第1039条规定的隐私权和个人信息保护规则,不得适用于法人和非法人组织的人格权保护。

68　　对于《民法典》人格权编既未明确规定专属于自然人人格权、亦未明确规定不能适用于法人人格权的规则,例如,第996条的违约精神损害赔偿规则与第997条规定的人格权禁令规则,是否亦可以适用于法人人格权? 对此,应结合《民法典》其他规则进行体系解释。

2. 法人的精神损害赔偿问题

69　　《民法典》第996条规定的违约行为侵害人格权并对受害人造成严重精神损害场合的精神损害赔偿规则是否可以适用于法人人格权的保护,涉及现行民事法律体系下法人人格权的本质判断问题。对于该问题,《民法典》并未给予明确回答,而仅是在第1183条规定了侵害自然人人身权益或自然人具有人身意义的特定物,造成严重精神损害场合的被侵权人有权请求精神损害赔偿。若仅从第1183条的文义来看,该条属于赋权性规定,其明确承认自然人就其人格权益侵害场合的精神损害享有赔偿请求权,并未排除自然人之外的其他民事主体就其人格权益侵害场合所遭受的精神损害的赔偿请求权。但从历史解释的角度来看,该条是对《侵权责任法》(已失效)第22条的继承,后者规定:"侵害他人人身权益,造成他人严重精神损害的,被侵权人可以请求精神损害赔偿。"该条未明确规定有权主张精神损害赔偿的主体是否包括法人和非法人组织,导致了学说理论在解释上的分歧。[1] 对此,《民法典》第1183条

---

[1] 肯定法人与非法人组织精神损害赔偿权的观点主要参见张力:《论法人的精神损害赔偿请求权》,《法商研究》2017年第1期,第64页;王冠玺:《法人精神损害赔偿请求权问题再探索——基于比较法上的观察》,《法制与社会发展》2010年第5期,第118页。反对观点参见程啸:《侵权责任法》(第二版),法律出版社2015年版,第712页;王利明:《侵权责任法》,中国人民大学出版社2016年版,第181页。

一改模糊的做法,明确规定:"侵害自然人人身权益造成严重精神损害的,被侵权人有权请求精神损害赔偿。因故意或者重大过失侵害自然人具有人身意义的特定物造成严重精神损害的,被侵权人有权请求精神损害赔偿。"这就明确将该条赋予精神损害赔偿请求权的主体限定为自然人。[1]但是,由于该条是赋权性规定,并未当然排除法人、非法人组织的精神损害赔偿请求权,并且在《民法典》第996条未就违约行为侵害人格权场合的精神损害赔偿请求权人的范围作出明确规定的背景下,对于法人的精神损害赔偿问题,观点上仍存在分歧。

最高人民法院对"法人、非法人组织享有精神损害赔偿请求权"持否定立场,其在修订后的《精神损害赔偿解释》第4条继续坚持了2001年《精神损害赔偿解释》第5条的立场。在该司法解释的起草者看来,学理上对于法人及非法人组织人格权受到侵害是否可以主张精神损害赔偿,存在"精神痛苦说"和"抽象精神利益说"两种观点,前者认为只有自然人才有精神创伤和痛苦,法人及非法人组织不存在精神、心理方面的痛苦,没有精神损害的问题,因此拒绝承认法人精神损害赔偿请求权;后者认为精神损害既包括生理、心理方面的精神痛苦,也包括受害人遭受的抽象精神利益损害,其不以生物形态的人的存在为基础,凡是法律上的人均可能成为受害人。[2]例如,恶意诽谤侵害法人名誉权,导致法人社会评价的降低,从而造成法人形态恶化、社会关系的丧失等影响。[3]但最高人民法院选择支持第一种观点而拒绝承认对法人的精神损害赔偿,该司法解释的起草者认为,在我国当前社会背景下加强对人格尊严的保护是社会进步的体现,突出对自然人人格权益的保护而通过精神损害赔偿的抚慰功能和惩戒功能可以使人的尊严和价值得到充分实现,由此可以贯

---

[1] 参见最高人民法院民法典贯彻实施工作领导小组主编:《中华人民共和国民法典侵权责任编理解与适用》,人民法院出版社2020年版,第177页;黄薇主编:《中华人民共和国民法典侵权责任编解读》,中国法制出版社2020年版,第79页。

[2] 参见唐德华主编、最高人民法院民事审判第一庭著:《最高人民法院〈关于确定民事侵权精神损害赔偿责任若干问题的解释〉的理解与适用》,人民法院出版社2015年版,第45—46页。

[3] 参见郑春灵:《法人名誉权的非财产损害赔偿研究》,《北京邮电大学学报(社会科学版)》2018年第6期,第18页。

彻人权保护的司法理念,但对法人而言则无此需要。[1] 相反,鉴于精神损害赔偿制度强调对人权和人格尊严的保护,若承认法人精神损害,可能使精神损害赔偿泛化,导致大量恶意诉讼并造成司法资源的浪费。[2] 另外,在最高人民法院看来,不支持法人的精神损害赔偿也并不意味着现行法律不重视法人人格权的保护,只是不以精神损害赔偿方式予以保护。法人、非法人组织在名誉权、荣誉权、名称权受到侵害时,除了可以主张财产损失赔偿,还可以主张侵权人承担消除影响、赔礼道歉、恢复名誉等其他形式的民事责任,进而实现权利保护的目的。[3] 最高人民法院的这种观点在学理上亦有支持者,如有观点认为,法人、非法人组织并没有独立的身体与精神感受,不可能遭受精神损害,不属于精神损害赔偿的权利人。[4]

对法人精神损害赔偿问题持肯定立场的观点认为,法人人格权作为一项民事权利,不仅具有财产属性,还具有人格属性。不法侵害法人人格利益不仅将造成财产利益的损害,还将导致非财产利益的损害,如侵害法人名誉权会导致法人社会评价降低,造成法人形态恶化、社会关系丧失等影响,此类损害无法用金钱来衡量和计算,并且现有的责任方式如停止侵害、消除影响、恢复名誉等也难以达到对法人人格权侵害导致的非财产损害的救济,而金钱赔偿不仅可以填补损失,还可以起到警示的作用,具有优于恢复原状性救济的效果,所以应承认法人就其人格权侵害所遭受的非财产损害有请求金钱赔偿的权利。[5] 在该观点看来,《精神损害赔偿

---

[1] 参见唐德华主编、最高人民法院民事审判第一庭编著:《最高人民法院〈关于确定民事侵权精神损害赔偿责任若干问题的解释〉的理解与适用》,人民法院出版社 2015 年版,第 47 页。

[2] 参见最高人民法院民法典贯彻实施工作领导小组主编:《中华人民共和国民法典侵权责任编理解与适用》,人民法院出版社 2020 年版,第 177 页。

[3] 参见唐德华主编、最高人民法院民事审判第一庭编著:《最高人民法院〈关于确定民事侵权精神损害赔偿责任若干问题的解释〉的理解与适用》,人民法院出版社 2015 年版,第 48 页。

[4] 参见程啸:《侵权责任法》(第二版),法律出版社 2015 年版,第 712 页;王利明、程啸、朱虎:《中华人民共和国民法典人格权编释义》,中国法制出版社 2020 年版,第 10 页。

[5] 参见郑春灵:《法人名誉权的非财产损害赔偿研究》,《北京邮电大学学报(社会科学版)》2018 年第 6 期,第 18 页。

解释》对法人精神损害赔偿请求"不予受理"的规定并未回答法人是否享有精神损害赔偿请求权的问题;由于通过组织体向自然人传递与分配非财产损益机制的社会事实的存在,作为调整这一社会事实的工具的法人也可以被承认享有提起精神损害赔偿请求的权利能力;法人的精神损害在诉讼中可被证明,法人精神损害赔偿对法人人格权遭受侵害时的其他救济手段具有补充性,因此法人精神损害赔偿请求权的规范基础不适合通过一次性立法或抽象司法解释进行规定,而应在相对简约的立法平台上以判例等方式对其规范构成中未阐明的部分进行渐进式呈现。[1] 在此意义上,《民法典》第1183条与第996条仍给法人精神损害赔偿请求权的承认提供了制度可能。

应当说,从文义解释角度来看,《民法典》第1183条为赋权性规则,并未当然排除法人精神损害赔偿请求权,第996条在解释论上仍有解释法人人格权侵害场合精神损害赔偿请求权存在的空间,并且《精神损害赔偿解释》第4条确实未回答法人是否享有精神损害赔偿请求权的实体法问题,但结合《民法典》第1183条与《侵权责任法》在精神损害赔偿请求权主体概念上文字表述的前后变化及其中反映的立法者在此问题上的基本态度[2]、《民法典》草案起草者在解释第990条承认法人人格权时所明确的法人人格权的财产性本质[3]、最高人民法院在对待法人精神损害赔偿问题时的一贯立场[4]等因素进行综合判断,现行法律体系下法人精神损害赔偿问题采否定说更为妥当。

---

[1] 参见张力:《论法人的精神损害赔偿请求权》,《法商研究》2017年第1期,第64页。
[2] 参见黄薇主编:《中华人民共和国民法典侵权责任编解读》,中国法制出版社2020年版,第78—79页。
[3] 参见黄薇主编:《中华人民共和国民法典人格权编解读》,中国法制出版社2020年版,第14页。
[4] 参见最高人民法院民法典贯彻实施工作领导小组主编:《中华人民共和国民法典侵权责任编理解与适用》,人民法院出版社2020年版,第177页;最高人民法院侵权责任法研究小组编著:《〈中华人民共和国侵权责任法〉条文理解与适用》,人民法院出版社2010年版,第168—169页;唐德华主编、最高人民法院民事审判第一庭编著:《最高人民法院〈关于确定民事侵权精神损害赔偿责任若干问题的解释〉的理解与适用》,人民法院出版社2015年版,第47页。

3. 法人人格权保护的人格权禁令问题

对于《民法典》第 997 条规定的人格权禁令或者行为保全规则是否可以用于法人人格权的保护,持肯定立场的学理观点认为,不管是法人人格权还是自然人人格权,若其遭受急迫的不法侵害或有被侵害之虞,如不及时采取禁令措施,侵权行为通常会导致难以弥补的损害发生(如商誉的减损等)。因此对于法人而言,亦可以在符合《民法典》第 997 条规定的条件时向法院申请人格权保护的禁令。[1] 但是,正如《民法典》草案起草者在论证支持法人人格权的正当性基础时所坚持的那样,法人人格权保护的核心是财产利益,[2] 其本质上属于一种财产性人格利益或无形财产权,[3] 而《民法典》第 997 条规定的人格权禁令规则的适用以不及时制止将会导致"难以弥补的损害"发生为前提条件,在法人人格权被侵害场合,其遭受的绝大多数都是财产性损害,不管是侵害名称权、名誉权还是荣誉权,通常情形下并不会发生非财产性损害,[4] 而财产性损害都是可以通过金钱赔偿而弥补的,并非"难以弥补的损害"。在此意义上,法人人格权侵害场合通常会因难以满足《民法典》第 997 条规定的适用条件而无法适用人格权禁令制度救济。另外,从体系性角度考虑,若在

---

〔1〕 参见王利明、程啸、朱虎:《中华人民共和国民法典人格权编释义》,中国法制出版社 2020 年版,第 116 页。

〔2〕 参见黄薇主编:《中华人民共和国民法典人格权编解读》,中国法制出版社 2020 年版,第 12 页。

〔3〕 参见最高人民法院民法典贯彻实施工作领导小组主编:《中华人民共和国民法典侵权责任编理解与适用》,人民法院出版社 2020 年版,第 177 页;刘凯湘:《民法典人格权编几个重要理论问题评析》,《中外法学》2020 年第 4 期,第 883 页;尹田:《论法人人格权》,《法学研究》2004 年第 4 期,第 51 页。

〔4〕 在德国的司法实践中即有观点认为法人根据其性质根本不会受到非物质性损害,在其看来,法人不能主张金钱赔偿以补偿其非物质不利益,这一点是否已经从下述事实中得出结论,即该法人"基于其自身权利能够针对诽谤攻击行为行使的社会影响请求权受限于其功能范围,而该功能范围至少在绝大多数情况下被打上了物质利益的烙印,此点可以存而不论。即便原告的非物质不利益不得基此被排除时,亦不存在一个基于该不利益的独立的金钱赔偿请求权"。这种观点在现在企业法人是否有权就其人格权益被侵害而主张精神损害赔偿的场合仍有适用空间。参见[德]克里斯蒂安·冯·巴尔:《非财产损害赔偿也能对法人适用吗?》,载陈小君主编:《私法研究》2010 年第 9 卷第 2 期,法律出版社 2010 年版,第 10—12 页。

【人格权的类型】

本条承认法人可以因人格权侵害场合会导致难以弥补的非财产损害发生而适用人格权禁令，那么同理亦可以推导出法人因此遭受的非财产损害的赔偿亦应获得支持的结论，[1]而后者在我国当前的法律实践中通常被认为不属于可赔损害范畴，由此会导致民法体系内部规则彼此之间的评价矛盾。

四、人格权

本条是《民法典》人格权编关于人格权保护的一般性规定，其中，第1款是具体人格权的一般性规定，采用"人格权"概念作为制定法明确规定的生命权、身体权、健康权、姓名权、名称权、肖像权、名誉权、荣誉权、隐私权、婚姻自主权、生育权的上位概念，与第2款规定的"其他人格权益"在逻辑关系上构成并列关系，区别于《民法典》其他条款使用的"人格权"，其他条款规定的"人格权"概念通常既包括第990条第1款规定的具体人格权，也包括第990条第2款的其他人格权益，构成其他人格权益的上位概念。

（一）人格权的内涵

学理上有观点认为，本条采用了类型化界定方式，通过明确列举人格权所具有的不同类型的方式明确了人格权的含义。[2]但从逻辑结构讲，定义是对认识对象的本质特征或一个概念的内涵和外延的确切而简要的说明，其通过给出认识对象的基本属性来描述或规范某概念的意义，因此下定义的核心在于抓住被定义事物的基本属性和本质特征，就此而言，立法者在本条并未采取属加种差的本质定义法对人格权概念进行界定。立法者在本条之所以采取目前的不完全列举方式来描述人格权，主要是因为：一方面，学说理论对于人格权的客体、性质及其与财产权的关系等存在着严重分歧，每一种观点在对人格权的认识上都有其侧重，因而难以达成共识；另一方面，对于人格权进行定义亦非立法的任

---

〔1〕参见郑春灵：《法人名誉权的非财产损害赔偿研究》，《北京邮电大学学报（社会科学版）》2018年第6期，第18页。相反观点参见王利明、程啸、朱虎：《中华人民共和国民法典人格权编释义》，中国法制出版社2020年版，第10页。

〔2〕参见陈甦、谢鸿飞主编：《民法典评注：人格权编》，中国法制出版社2020年版，第7页。

务,应将之交由法学来完成。[1]

76 　　尽管对人格权概念的界定存在分歧,但如果从规范本身的文义及规范之间的体系构造的整体性视角来观察《民法典》第 990 条第 1 款,并结合各具体规定如第 1002 条第 1 句(生命权定义)、第 1003 条(身体权定义)、第 1004 条(健康权定义)、第 1012 条(姓名权定义)、第 1013 条(名称权定义)、第 1018 条(肖像权定义)、第 1024 条(名誉权定义)、第 1032 条(隐私权定义)等,依然可以发现其中包含的判断现行法律体系中是否存在本条规定的人格权的基本标准,对此除学理与司法实践上普遍承认的人格权的绝对性、非财产性、人身专属性等基本属性外,[2]尤其应关注如下三项因素:

　　1. 类型的法定性

77 　　尽管我国学理上对于人格权是否法定存在争议,[3]但从《民法典》第 990 条第 1 款的规定来看,凡属本款列举的具体人格权类型以及通过该条的概括规定而存在于本编之外的其他各编规定的具体人格权类型(如《民法典》总则编第 110 条第 1 款规定的婚姻自主权),或者存在于《民法典》之外而由其他制定法规定的具体人格权(如《人口与计划生育法》第 17 条及《妇女权益保障法》第 32 条规定的生育权等),都必须是立法者通过制定法所明确承认的,对于未被制定法明确承认的,通常不得纳入本款的涵摄范畴。例如,比较法上被广泛承认的性自主权或贞操权,[4]尽管在我国学理上有观点认为其属于具体人格权范畴,[5]但由

---

　　[1] 参见黄薇主编:《中华人民共和国民法典人格权编解读》,中国法制出版社 2020 年版,第 12 页。

　　[2] 参见梁慧星:《民法总论》(第六版),法律出版社 2021 年版,第 96—97 页;王泽鉴:《人格权法:法释义学、比较法、案例研究》,北京大学出版社 2013 年版,第 45—46 页;王利明、程啸、朱虎:《中华人民共和国民法典人格权编释义》,中国法制出版社 2020 年版,第 8—11 页;杨立新:《人格权法》,法律出版社 2020 年版,第 40—41 页。

　　[3] 对此的详细梳理参见姚辉:《人格权法论》,中国人民大学出版社 2011 年版,第 53—55 页。

　　[4] 参见王泽鉴:《人格权法:法释义学、比较法、案例研究》,北京大学出版社 2013 年版,第 113 页。

　　[5] 参见张红:《性侵之民事责任》,《武汉大学学报(哲学社会科学版)》2019 年第 1 期,第 146 页;杨立新:《人格权法》,法律出版社 2020 年版,第 171 页。

[人格权的类型]

于我国现行制定法并未明确承认该项权利为具体人格权,因此其不属于本款的涵摄对象。对于不在本款涵摄范畴内的人格权益,若因时代发展而被立法者通过制定法明确承认为具体人格权,那么亦可被纳入本款涵摄范围。在此之前,若相应的人格权益符合本条第 2 款的要求,那么可以被纳入本条第 2 款的其他人格权益的保护范畴。

2. 内涵外延的相对确定性

虽然立法者在确定承认何种人格权益为本款保护的具体人格权时享有立法决断权,但这种立法决断以被承认的人格权益的内涵外延本身相对清晰确定为前提,因为人格权特别是非物质性人格权的行使与保护面临着远比财产利益的行使与保护更激烈的利益冲突问题,[1]若相应的具体人格权类型因内涵外延不清晰导致其行使与保护界限不明确,可能对他人合法权益甚至社会公共利益造成戕害。

因此,《民法典》承认且明确列举在本款的具体人格权的内涵外延相对都是比较清晰的,立法者甚至还对这些具体人格权进行了定义,进一步明确其内涵外延。[2] 例如,《民法典》第 1002 条第 1 句规定生命权为自然人享有,结合《民法典》第 13 条,生命权即为自然人享有的以始于出生终于死亡的生命安全和生命尊严为内容的权利;第 1003 条第 2 句规定身体权是自然人享有的以身体完整和行动自由为内容的权利;第 1004 条第 2 句规定的健康权是自然人享有的以身心健康为内容的权利;第 1012 条规定的姓名权是自然人享有的依法决定、使用、变更或者许可他人使用自己姓名的权利;第 1013 条规定的名称权是法人和非法人组织享有的依法决定、使用、变更、转让或许可他人使用自己名称的权利;第 1018 条规定的肖像权是自然人享有依法制作、使用、公开或许可他人使用其肖像的权利,其中肖像是通过影像、雕塑、绘画等方式在一定载体上所反映的特定自然人能被识别的外部形象;第 1024 条规定的名誉权是民事主体对其品德、声望、才能、信用等的社会评价所享有的禁止他人以侮辱、诽谤等方式进行侵害的权利;第 1032 条规定的隐私权是自然人享有的禁止他人以刺探、侵扰、泄露、公开等方式侵害其隐私的权利,其中隐私是自然人的私人

---

[1] 参见王利明、程啸、朱虎:《中华人民共和国民法典人格权编释义》,中国法制出版社 2020 年版,第 135 页。

[2] 参见姚辉:《人格权法论》,中国人民大学出版社 2011 年版,第 56 页。

生活安宁和不愿为他人知晓的私密空间、私密活动、私密信息。[1]

80　　即使是本款没有列举规定而是由其他法律规定的具体人格权类型如婚姻自主权、生育权等,其相应的内涵外延亦可经由具体法律规定而明确下来。[2] 例如,对于《民法典》第 110 条第 1 款列举规定的婚姻自主权的内涵外延,可以结合《民法典》第 1041 条第 2 款、第 1042 条、第 1046 条、第 1052 条、第 1076 条、第 1079 条、第 1081 条等规定而确定为:自然人享有的结婚与离婚自由,不受对方或他人非法干涉。[3]

81　　具体人格权类型的内涵外延的确定性是相对而非绝对的,例如,生命权与健康权之间的界限并非完全清晰可辨,[4] 隐私权与个人信息权之间亦存在模糊地带。[5] 但整体而言,制定法上明确承认的具有相对确定性的人格权一方面既可以助益于民事主体人格权益的充分保护而实现立法者追求的保障人格尊严的目的,另一方面也有助于在保护民事主体的人格权益与保护他人合法权益及社会公共利益之间进行平衡。

3. 权利主体与义务主体之间的平等性

82　　在我国现行法律体系下存在着宪法上的人格权和民法上的人格权,宪法上的人格权涉及的是个人与国家之间的关系,民法上的人格权涉及的是平等主体之间的关系,[6] 二者在具体人格权的类型上存在重合领域。[7] 其中,前者并不会当然产生对第三人的效力,只有其与民法上的人格权类型完全重合时,才能产生对第三人的效力,在第三人侵犯该权利时,受害人才可以主张民法上的法律救济。宪法上的人格权转化为民法上的人格权,在现行法律体系下存在着两条途径:第一种是立法者通过制定法律

---

[1] 参见黄薇主编:《中华人民共和国民法典人格权编解读》,中国法制出版社 2020 年版,第 12—13 页。

[2] 参见袁雪石:《民法典人格权编释论:条文缕析、法条关联与案例评议》,中国法制出版社 2020 年版,第 32—34 页。

[3] 参见梁慧星:《民法总论》(第六版),法律出版社 2021 年版,第 104 页。

[4] 参见朱晓峰:《侵权可赔损害类型论》,法律出版社 2017 年版,第 474 页。

[5] 参见郑维炜:《个人信息权的权利属性、法理基础与保护路径》,《法制与社会发展》2020 年第 6 期,第 125 页。

[6] 参见王利明、程啸、朱虎:《中华人民共和国民法典人格权编释义》,中国法制出版社 2020 年版,第 8 页。

[7] 参见姚辉:《人格权法论》,中国人民大学出版社 2011 年版,第 71—74 页。

[人格权的类型]

将宪法人格权在民事制定法中同样作为具体人格权类型加以规定,[1]如《民法典》第990条第1款规定的具体人格权即为宪法上的人格权的民法规定;[2]第二种是通过民法上的一般性条款如一般侵权条款或人格权一般保护条款与宪法上的人格尊严、人身自由相结合,从而为尚未被民事制定法明确承认的人格权益提供规范保护基础,[3]如《民法典》第990条第2款规定的一般人格权即为宪法上一般人格权条款的私法化。[4]

在司法实践中,关于《民法典》或其他民事制定法明确规定的具体人格权的享有与保护并无疑义,受害人依法主张自己人格权被侵害的民事责任时,法院通常并不会就该项权利究竟是属于宪法上的人格权还是民法上的人格权进行判断进而决定其在民事法律关系中究竟是否具有可被侵害性。但对于《民法典》及民事制定法之外的其他法律规定的具体权利类型是否属于民法上的具体人格权进而可以被纳入《民法典》第990条第1款"等"的涵摄范畴并获得民法保护,则存在分歧。

例如,对于《教育法》第9条规定的受教育权,在司法实践中通常被认为是个人针对国家而享有的基本权利,若履行特定行政职责的主体侵犯个人的此项权利,那么受害人主张相应的行政法律责任自无疑问。[5]但受教育权是否可以作为民事权利而在被侵犯时受民法调整,就该问题存在下述分歧:

第一,受教育权是基本权利,但可以产生对第三人的效力。齐玉苓案中审理法院虽然以《最高人民法院关于以侵犯姓名权的手段侵犯宪法保护的公

---

[1] 参见刘凯湘:《人格权的宪法意义与民法表述》,《社会科学战线》2012年第2期,第200页。

[2] 参见刘练军:《定义人格权可能吗?——〈人格权编草案〉"四审稿"第990条第1款评述》,《浙江社会科学》2020年第2期,第22页;骆正言:《〈民法典草案〉人格权编的宪法学省思》,《浙江社会科学》2020年第2期,第42页;秦前红、周航:《〈民法典〉实施中的宪法问题》,《法学》2020年第11期,第21页。不同意见参见姜峰:《民事权利与宪法权利:规范层面的解析——兼议人格权立法的相关问题》,《浙江社会科学》2020年第2期,第14页。

[3] 参见张红:《人格权总论》,北京大学出版社2012年版,第178—183页。

[4] 参见杨立新:《人格权法》,法律出版社2020年版,第70页。

[5] 参见杨某玺诉天津服装技校不履行法定职责案,《最高人民法院公报》2005年第7期;甘某不服暨南大学开除学籍决定案,《最高人民法院公报》2012年第7期;田某诉北京科技大学拒绝颁发毕业证、学位证行政诉讼案,《最高人民法院公报》1999年第4期。

民受教育的基本权利是否应承担民事责任的批复》(已失效)为依据将受教育权这一宪法上的人格权作为可以直接产生第三人效力的权利在民事法律关系中予以保护,但其依然认为该项权利是基本权利而非民事权利。[1]

86　　第二,受教育权属于基本权利,不在民事法律的调整范畴。有法院在判决中认为:受教育权是基本权利,由于我国民事立法采用人格权法定模式,公民享有的人格权仅限于法律的明文规定,单纯的受教育权不在民事权益之列,不属于现行民事制定法所规定的人格权,即单纯的受教育权受到侵害不能被私法所调整,不能适用民法的规定获得救济。[2]

87　　第三,受教育权兼具基本权利和民事权利的双重属性。有法院认为,规定在《宪法》中的作为基本权利的受教育权,因为同时也规定在《教育法》中而成为民事权利,该项权利是既包括人身权又包含财产权的一项复合型的民事权利,任何个人、组织和法人都不得侵犯。[3]

88　　在《民法总则》(已失效)制定过程中有观点提出应将受教育权与生命权、身体权、健康权、姓名权和名称权、肖像权、名誉权、荣誉权、环境权、信息控制权等其他人格权明确列举规定在总则中,以为人格权独立成编提供依据,[4]但最后通过的《民法总则》(已失效)第110条具体列举的人格权中并没有规定受教育权,未回应学理与实务上的关切。

89　　事实上,在宪法司法化及基本权利第三人效力等问题在我国法律实践领域尚未得到彻底解决前,若某权利仅在《宪法》中被规定而未被其他

---

〔1〕参见齐某苓诉陈某琪等以侵犯姓名权的手段侵犯宪法保护的公民受教育的基本权利纠纷案,《最高人民法院公报》2001年第5期。相关判决参见孙某诉河南省开封县四高分校、张某侵犯教育权纠纷案,河南省开封市中级人民法院(2006)汴民终字第23号民事判决书;刘某金诉独一村村委、邮政分局侵害受教育权纠纷案,山东省临沂市河东区人民法院(2003)河民初字第76号民事判决书;郭某某诉利辛县第六中学人格权纠纷案,安徽省利辛县人民法院(2017)皖1623民初1843号民事判决书;黎某珍与陈某阳等侵害受教育权纠纷案,湖北省咸宁市中级人民法院(2001)咸民终字第76号民事判决书。

〔2〕参见谭某莉与曹某红、武汉市黄陂区祁某某街道祁某某中学一般人格权纠纷案,湖北省武汉市武昌区人民法院(2015)鄂武昌民初字第02502号民事判决书。

〔3〕参见张某龙诉垫江县文兴中学校、刘某侵犯受教育权案,重庆市垫江县人民法院(2004)垫法民初字第836号民事判决书。

〔4〕参见《部分专家学者对制定民法总则的意见》,载《民法总则立法背景与观点全集》编写组编:《民法总则立法背景与观点全集》,法律出版社2017年版,第182页。

制定法具体化,那么作为基本权利的该项权利在民事司法实践领域直接作为裁判依据而被援引,显然会面临正当性与合法性方面的广泛质疑。[1]

---

[1] 关于基本权利第三人效力的讨论,参见朱晓峰:《民法一般人格权的价值基础与表达方式》,《比较法研究》2019年第2期,第61页;黄宇骁:《论宪法基本权利对第三人无效力》,《清华法学》2018年第3期,第186页;[日]高桥和之:《"宪法上人权"的效力不及于私人间——对人权第三人效力上的"无效力说"的再评价》,陈道英译,《财经法学》2018年第5期,第64页;[德]克劳斯-威尔海姆·卡纳里斯:《基本权利与私法》,曾韬、曹昱晨译,《比较法研究》2015年第1期,第172页。关于宪法司法化问题,在司法实践方面,最高人民法院曾在1955年7月30日作出的《关于在刑事判决中不宜援引宪法作论罪科刑的依据的复函》(已废止)中指出:"中华人民共和国宪法是我国国家的根本大法,也是一切法律的'母法'。刘少奇委员长在关于中华人民共和国宪法草案的报告中指出:'它在我国国家生活的最重要的问题上,规定了什么样的事是合法的,或者是法定必须执行的,又规定了什么样的事是非法的,必须禁止的。'对刑事方面,它并不规定如何论罪科刑的问题。据此,我们同意你院的意见,在刑事判决中,宪法不宜引为论罪科刑的依据。"但在"齐玉苓案"引发的纠纷处理上,最高人民法院于2001年8月13日作出的《关于以侵犯姓名权的手段侵犯宪法保护的公民受教育的基本权利是否应承担民事责任的批复》(已废止)又认为:"根据本案事实,陈晓琪等以侵犯姓名权的手段,侵犯了齐玉苓依据宪法规定所享有的受教育的基本权利,并造成了具体的损害后果,应承担相应的民事责任。"这显然又承认宪法基本权利第三人效力,被认为是宪法司法化的标志。最高人民法院这种游移不定的立场影响了学理上的讨论。在我国,对于宪法司法化持肯定性观点的论述主要参见黄卉:《合宪性解释及其理论检讨》,《中国法学》2014年第1期,第285页;上官丕亮:《当下中国宪法司法化的路径与方法》,《现代法学》2008年第2期,第3页;王磊:《宪法的司法化》,中国政法大学出版社2000年版;王振民:《我国宪法可否进入诉讼》,《法商研究(中南政法学院学报)》1999年第5期,第28页。否定性观点主要参见童之伟:《宪法适用如何走出"司法化"的歧路》,《政治与法律》2009年第1期,第10页;董和平:《废止齐案"批复"是宪法适用的理性回归——兼论"宪法司法化"的理论之非与实践之误》,《法学》2009年第3期,第15页;许崇德、郑贤君:《"宪法司法化"是宪法学的理论误区》,《法学家》2001年第6期,第60页;梁慧星:《少女失学,何须宪法断案——宪法司法化的冷思考》,《法学天地》2002年第4期,第11页。在最高人民法院就"齐玉苓案"所作的批复被废止之后,关于宪法司法化的问题引发了进一步的争论,相关讨论参见谢宇:《宪法司法化理论与制度生命力的重塑——齐玉苓案批复废止10周年的反思》,《政治与法律》2018年第7期,第67页;王伟国:《齐玉苓案批复之死——从该批复被忽视的解读文本谈起》,《法制与社会发展》2009年第3期,第73页。

但是,若《宪法》规定的基本权利已经被其他制定法具体化,那么在民事司法实践中援引其他制定法规定的该具体权利规则作为裁判依据,即无须再面对宪法司法化的巨大争议,仅需要解决相应权利的法律属性判断问题。若相应的权利仅具有国家取向,与民事权利并无内容上的关联,如选举权、被选举权、罢免权、被国家救济权等,[1]那么即使这些权利在《宪法》之外被规定在其他制定法中,也不会成为受民事法律规范保护的权利,不会产生对第三人的效力;若相应权利不仅具有国家取向,可以在国家和个人之间产生效力,而且也可以在平等的民事主体之间产生效力,那么即使这些权利没有直接被规定在民事制定法而是被规定其他制定法中,也不影响其受民事法律规范保护,如劳动权、休息权、生育权、受教育权等,亦即,此种权利具有基本权利与民事权利的双重属性。

当前的司法实践对于没有被民事制定法规定但规定在其他制定法中的基本权利是否同时属于受民事法律规范保护的民事权利的判断,整体持相对缓和宽松的立场,强调对权利人充分及时的保护。例如,在对待《人口与计划生育法》《妇女权益保障法》《母婴保健法》等规定的生育权及其中派生出来的优生优育选择权的民事侵权责任认定问题上,当前司法实践中法院普遍不再拘泥于依据该项权利是属于民事权利还是基本权利来决定是否通过民事法律规范救济的观点,[2]而是普遍将该项权利纳入民事权利范畴,进而通过一般侵权责任是否成立的判断来确定是否予以救济,[3]这显然更符合立法者追求的"健全和充实民事权利种类,形成更加完备的民事权利体系,完善权利保护和救济规则,形成规范有效的权利保护机制,更好地维护人民权益,不断增加人民

---

〔1〕 参见姚辉:《人格权法论》,中国人民大学出版社2011年版,第71页。

〔2〕 参见杨某等与彭州市妇幼保健院医疗服务合同纠纷案,四川省成都市中级人民法院(2008)成民终字第296号民事判决书。

〔3〕 参见贵州省红十字会妇女儿童医院有限公司、岳某民医疗损害责任纠纷案,贵州省贵阳市中级人民法院(2020)黔01民终6910号民事判决书;梧州市红十字会医院、孟某某侵权责任纠纷案,广西壮族自治区梧州市中级人民法院(2020)桂04民终1157号民事判决书;曹某某与聊城市第四人民医院医疗损害责任纠纷案,山东省聊城市东昌府区人民法院(2020)鲁1502民初6887号民事判决书。

群众获得感、幸福感和安全感,促进人的全面发展"的立法目的,[1]应予肯定。

(二)第990条第1款规定的人格权类型

《民法典》第990条第1款明确列举出来的具体人格权包括生命权、身体权、健康权、姓名权、名称权、肖像权、名誉权、荣誉权、隐私权。对于这9项具体人格权的享有与保护规则,人格权编分别在第二章"生命权、身体权和健康权"、第三章"姓名权和名称权"、第四章"肖像权"、第五章"名誉权和荣誉权"以及第六章"隐私权和个人信息保护"作了详细规定,具体见本评注第1002条以后的内容。

(三)其他法律规定的人格权类型

为了保持关于具体人格权保护的一般性条款的开放性而使其能适应时代急剧变化背景下充分保护民事主体人格权的现实需求,《民法典》第990条第1款除列举规定了9种具体人格权外,还将《民法典》之外其他制定法上规定的具体人格权类型与《民法典》规定的人格权保护规则通过本款规定的"等"这一概括性表述联系起来,使那些未被本款列举的具体人格权亦可经由该款而成为《民法典》涵摄保护的对象。

1. 婚姻自主权

在《民法典》之前,《民法通则》(已失效)第103条、《侵权责任法》(已失效)第2条都明确将婚姻自主权作为独立的权利类型加以规定。除此之外,《宪法》第49条第4款及《婚姻法》(已失效)第2条第1款、第3条第1款以及第5条还规定了婚姻自由概念。受制定法上使用概念不一的影响,我国学理上对婚姻自主权是否属于独立的具体人格权尚存分歧,主要存在自由权说[2]、身份权说[3]和独立的具体人格权说[4]三种

---

[1] 参见王晨:《关于〈中华人民共和国民法(草案)〉的说明——2020年5月22日在第十三届全国人民代表大会第三次会议上》,载《民法典立法背景与观点全集》编写组编:《民法典立法背景与观点全集》,法律出版社2020年版,第5页。

[2] 参见孙琼:《婚姻自主权作为独立人格权的反思》,《广西政法管理干部学院学报》2019年第4期,第32页。

[3] 参见佟柔主编:《中国民法》,法律出版社1990年版,第488页。

[4] 参见梁慧星:《民法总论》(第六版),法律出版社2021年版,第104页。

观点。[1]《民法典》总则编第110条第1款将婚姻自主权作为自然人享有的具体人格权明确列举出来,显然支持了特定的具体人格权说,虽然《民法典》人格权编第990条第1款在列举具体人格权时未与第110条第1款一样将婚姻自主权作为自然人的人格权而明确规定出来,但在体系解释的视角下仍应将《民法典》第110条第1款的婚姻自主权纳入第990条第1款的"等"的涵摄范围。

对于婚姻自主权的内涵,学理上存在着分歧。其中,结婚自由说认为,婚姻自主权的客体就是个人在结婚问题上的选择自由,因此婚姻自主权就指是否结婚、何时结婚、与谁结婚的自由,其旨在禁止对方或第三人对于权利人在结婚问题上选择自由的干涉。[2] 结婚离婚自由说认为,婚姻自主权是保护自然人结婚和离婚不受对方或他人干涉的自由。[3] 结合《民法典》婚姻家庭编第1041条第2款、第1042条、第1046条、第1052条、第1076条、第1079条、第1081条等规定,尽管婚姻自主权人在结婚时享有的自主决定的自由范围要大于离婚时的自主决定自由,但制定法对于离婚自由的限制并未完全排除该自由,因此不能将婚姻自主权完全等同于结婚自主权。另外,从司法实践的立场来看,法院在涉及婚姻自主权的民事法律纠纷中也普遍承认婚姻自主权包括结婚自由和离婚自由。[4] 当然,考虑到结婚自由和离婚自由在现行法律体系中存在不同方面的限制,因此应将婚姻自主权区分为两种情形予以讨论:一种是婚姻关系缔结前的婚姻自主权;另一种是婚姻关系缔结后的婚姻自主权。

---

[1] 参见杨大文、王世贤:《婚姻自主权检讨》,《河北大学学报(哲学社会科学版)》2006年第1期,第125页。

[2] 参见杨大文、王世贤:《婚姻自主权检讨》,《河北大学学报(哲学社会科学版)》2006年第1期,第126页。

[3] 参见黄薇主编:《中华人民共和国民法典总则编解读》,中国法制出版社2020年版,第349页;石宏主编:《〈中华人民共和国民法总则〉条文说明、立法理由及相关规定》,北京大学出版社2017年版,第260页;李适时主编:《中华人民共和国民法总则释义》,法律出版社2017年版,第342页。

[4] 参见吴某与吴某某婚姻自主权纠纷案,北京市第一中级人民法院(2018)京01民终2388号民事判决书;邹某明与罗某确认合同效力纠纷案,福建省龙岩市中级人民法院(2016)闽08民终673号民事判决书。

【人格权的类型】

(1) 婚姻缔结前的婚姻自主权

婚姻缔结前的婚姻自主权即结婚自主权,主要表现为自然人自主决定是否结婚、与谁结婚、何时结婚、以何种方式结婚等。[1] 由于婚姻的缔结既涉及对个人人格自由发展、人格尊严的保护,也涉及对以婚姻为纽带所形成的家庭、社会公共利益的维系与促进,是社会生存与发展的基石之所在,因此结婚自主权根据现行法律规定亦有其行使限度。

①结婚自主权的行使前提

自然人享有结婚自主权,首先意味着其可以决定具体何时结婚,当然此种自由应在法律规定的自由范围内展开。《民法典》第1047条对于自然人行使婚姻自主权的时间作出了限制,即自然人行使婚姻自主权以达到法定结婚年龄为前提,若自然人尚未满足男22周岁、女20周岁的最低年龄限制条件,则不得结婚。

在符合法定结婚年龄标准的前提下,自然人行使结婚自主权还须具备完全的意思表达能力,对此《民法典》第1046条明确规定"结婚应当男女双方完全自愿",于此的"完全自愿"意味着行使结婚自主权的自然人应符合《民法典》第18条完全民事行为能力人的要求,能够独立实施缔结婚姻关系的民事法律行为,因智力缺陷而为限制民事行为能力人或无民事行为能力人的,不得结婚。

②结婚自主权行使的对象限制

结婚自主权意味着自然人可以自主选择与之缔结婚姻的相对人,不受民族、国籍、身份地位、财产状况、户籍、血统、宗教信仰等方面的限制。同时,依据《民法典》等之规定,自主选择缔结婚姻的相对人亦受到限制。

A. 禁止选择同性结婚

依据《民法典》第1046条之规定,自然人选择与之缔结婚姻的对方必须是异性,不能选择同性缔结婚姻,我国现行法律体系下并不承认同性婚姻。在"孙某麟、胡某亮不服长沙市芙蓉区民政局婚姻登记行政行为行政诉讼案"中,法院即认为,我国《婚姻法》及相应的《婚姻登记条例》均明确规定结婚的双方仅指符合法定结婚条件的男女双方,而均属男性的孙、胡二人申请结婚登记主体并不适格,因此民政局依据《婚姻法》拒绝

---

[1] 参见陈甦主编:《民法总则评注》(下册),法律出版社2017年版,第776页。

两位男同性恋者的结婚登记申请的行政行为是合法行为。[1]

B. 禁止选择与其存在法律禁止结婚的亲属关系的相对人结婚

依据《民法典》第1048条之规定,直系血亲或者三代以内的旁系血亲禁止结婚。于此的血亲既包括自然血亲,也包括拟制血亲。[2] 同时,《民法典》第1051条第2项明确规定,有禁止结婚的亲属关系的婚姻无效。在我国传统社会的婚姻家庭法制中就有"同姓不婚,其生不蕃"的观念,《民法典》延续了这一做法,禁止一定范围内的亲属之间结婚,以维护家庭幸福、保障后代身体健康、维护亲属秩序、促进优生优育、提高人口质量等。[3]

C. 禁止重婚

重婚是指有配偶的自然人与他人登记结婚或者明知他人有配偶而与之登记结婚的违法行为。《民法典》第1041条第2款将一夫一妻确定为婚姻家庭法的基本原则,第1051条第1项明确禁止重婚是对这一基本原则的进一步明确,由此以贯彻社会主义法治精神,维护公序良俗,保障家庭和社会的和谐。[4]《民法典》第1051条第1项的重婚在外延上包括有配偶的自然人与他人登记结婚及明知他人有配偶而与之登记结婚两种。[5] 是否包括有配偶者与他人没有登记结婚但以夫妻名义同居生活的情形,存在争议,一种认为此种情形构成《刑法》第258条的重婚罪,但不属于《民法典》第1051条第1项的调整范围,后者仅指法律上的重

---

[1] 参见郝铁川:《荒谬的同性婚姻第一案》,《法制日报》2016年1月14日,第7版;黄燕:《维护同性恋者作为公民依法享有的权利≠同性婚姻在我国法律中被认可》,《人民法院报》2016年4月14日,第3版。

[2] 参见黄薇主编:《中华人民共和国民法典婚姻家庭编解读》,中国法制出版社2020年版,第40页。

[3] 参见最高人民法院民法典贯彻实施工作领导小组主编:《中华人民共和国民法典婚姻家庭编理解与适用》,人民法院出版社2020年版,第83页;黄薇主编:《中华人民共和国民法典婚姻家庭编解读》,中国法制出版社2020年版,第40页。

[4] 参见黄薇主编:《中华人民共和国民法典婚姻家庭编解读》,中国法制出版社2020年版,第50页。

[5] 参见齐晓伶、张训:《重婚罪内涵之实践检视——从一则"同性恋非法同居"案例说起》,《甘肃社会科学》2010年第4期,第35页;最高人民法院民法典贯彻实施工作领导小组主编:《中华人民共和国民法典婚姻家庭编理解与适用》,人民法院出版社2020年版,第82页。

婚,即已与他人办理结婚登记后又与第三人办理结婚登记,没有办理结婚登记而以夫妻名义同居生活的属于同居关系不属于婚姻关系。相反观点则认为,此种情形虽然在形式上不符合婚姻关系对于登记的要求,但其本质上仍然是对一夫一妻原则的违反,严重违背社会主义道德风尚,影响家庭稳定和社会安定,导致腐败、败坏党风等,因此亦应纳入重婚范畴。[1]从《民法典》第1041条第2款将一夫一妻作为婚姻家庭编的基本原则加以规定看,其将婚姻自主权的行使界限设置在对已经存在的婚姻关系的尊重与保护的基础上,已婚者与第三人虽未登记结婚但以夫妻名义同居,同样违反了一夫一妻原则的基本精神,超越婚姻自主权的界限,不属于婚姻自主权的保护范畴。

③结婚自主权行使的形式限制

结婚自主权意味着自然人一方面有权自主决定以何种形式结婚,另一方面又必须满足《民法典》对于法律承认的婚姻关系在形式上的基本要求。依据《民法典》第1049条,结婚的男女双方应亲自到婚姻登记机关申请结婚登记,完成结婚登记,即确立婚姻关系;未办理结婚登记的,应补办登记。未进行婚姻登记而以夫妻名义同居生活的,亦是结婚自主权的一种表现形式,表明自然人享有选择不结婚而采取同居生活形式的自由。但如果自然人选择婚姻生活形式,那么必须满足婚姻登记的形式要求,同居以及事实婚姻并不是现行法律承认的婚姻生活方式。[2]

④违反法律规定限制结婚自主权的法律行为无效

婚姻自主权是自然人的基本人身权利,依据《立法法》第11条所作的法律保留,对其限制必须基于法律的明确规定,任何其他限制婚姻自主权的行为皆为无效。在"张某某诉蔡某某因遗赠所附条件妨碍婚姻自由被认定无效案"中,法院在评价丈夫生前所立遗嘱以妻子在其死后不改

---

[1] 参见黄薇主编:《中华人民共和国民法典婚姻家庭编解读》,中国法制出版社2020年版,第50页。

[2] 参见最高人民法院民法典贯彻实施工作领导小组主编:《中华人民共和国民法典婚姻家庭编理解与适用》,人民法院出版社2020年版,第74页;黄薇主编:《中华人民共和国民法典婚姻家庭编解读》,中国法制出版社2020年版,第46页。对于事实婚姻,学理上有观点认为应在例外情形下承认其婚姻效力,而不是全部认定为不生婚姻效力。相关讨论参见张雅维:《刑民法律冲突视角下的重婚罪认定》,《山东社会科学》2020年第6期,第188页。

嫁作为遗嘱继承人的义务时认为："公民可以依照继承法规定设立遗嘱赠与并处分个人财产，并可依法向财产继承人附加义务，但所附义务不得违反法律规定的基本精神，否则相关内容应认定无效。对公民生前所立以约束配偶再婚自由为前提方可享有继承财产权利的遗嘱，因该遗嘱限制了妇女的合法权益和婚姻自由，应认定为无效，继承人不受该义务约束，仍享有法律上和遗嘱中确定的相应继承权利。"[1]另外，在实践中存在的尊亲属给未成年人订立的婚约，因违反《民法典》第1042条第1款禁止包办婚姻之规定而侵犯自然人婚姻自主权，当然无效。[2]

⑤禁止买卖和其他干涉婚姻缔结自由的行为

买卖婚姻集中表现为不尊重自然人的婚姻自主权而将其视为客体并通过金钱进行交易，严重侵害自然人的人格尊严、人格自由。《民法典》第1042条第1款明确禁止买卖婚姻。买卖婚姻与借婚姻索取财物不同，后者通常情形下并不侵犯自然人的婚姻自主权，自然人依然有权自主决定是否结婚以及与谁结婚等，[3]但行为人若以给付财物作为自然人缔结婚姻的条件，在对方未给付财物的情形下通过扣押自然人的户口簿等阻碍其与对方登记结婚的，即构成对他人婚姻自主权的侵犯，应承担侵权责任。[4]

（2）婚姻关系缔结后的婚姻自主权

婚姻自主权既包括结婚自由，也包括离婚自由。[5] 在"吴某与吴某某婚姻自主权纠纷案"的离婚诉讼中，被告吴某某故意隐瞒原告吴某长期在香港工作和居住的事实，隐瞒吴某的住址，致使法院未能在离婚案件审理中向吴某送达诉讼文书，进而导致吴某未能在离婚诉讼中作出任何

---

〔1〕 参见张某某诉蔡某某因遗赠所附条件妨碍婚姻自由被认定无效案，江苏省无锡市中级人民法院（2013）锡民终字第0453号民事判决书。

〔2〕 参见马某甲诉周某甲、马某乙婚姻自主权纠纷案，甘肃省东乡族自治县人民法院（2019）甘2926民初668号民事判决书。

〔3〕 参见黄薇主编：《中华人民共和国民法典婚姻家庭编解读》，中国法制出版社2020年版，第16页。

〔4〕 参见王某星、运某琴与王某霞婚姻自主权纠纷案，甘肃省嘉峪关市中级人民法院（2015）嘉民一终字第243号民事判决书；贾某某诉席某某、贾某甲婚姻自主权纠纷案，山西省洪洞县人民法院（2015）洪民初字第1274号民事判决书；辛某婚姻自主权纠纷案，河北省廊坊市中级人民法院（2019）冀10民终1527号民事裁定书。

〔5〕 参见陈甦主编：《民法总则评注》（下册），法律出版社2017年版，第776页。

自由表达,对于该行为是否侵害了原告吴某的离婚自主决定权,法院在判决书中,对于离婚自主权的内涵做了详细阐述之后进行了判决,其认为离婚自主决定权是指婚姻当事人在夫妻关系破裂、不愿再继续维持婚姻关系的情况下,自主决定解除婚姻关系的权利,该权利的行使不受婚姻关系的另一方及第三人的干涉。离婚自主决定权,可由婚姻双方合意,如果双方就离婚问题达成一致,即可按照法定程序登记离婚,如果双方达不成一致意见,也应当彼此尊重,不能强迫对方接受自己的决定。决定离婚的一方也可以依据其婚姻自主权,诉诸法院裁决,最终由法院根据双方感情是否破裂的标准,作出准予双方离婚或者不准予离婚的判决。虽然是否离婚由法院判定,不取决于婚姻一方当事人是否同意离婚,但是离婚诉讼中,婚姻相对人有权发表意见表达自己对于离婚的意愿,行使自己的婚姻自主权。离婚自主决定权的内容,不仅体现为自主决定是否离婚,在特定场合下还体现为对离婚意愿的自主表达。就本案情形而言,吴某某在离婚诉讼中违反诚实信用原则的行为,不仅对吴某在离婚诉讼中诉讼权利的行使构成妨害,同时客观上使得吴某未能在诉讼中自主表达离婚与否的意愿。而在诉讼已经启动的情况下,若吴某不能在诉讼中表达这种意愿,则她将彻底失去在法律程序中表达离婚与否意愿的机会。因此,吴某某的行为显然是构成了对吴某婚姻自主权的侵犯,吴某某对此应承担相应民事责任。[1]

当然,与结婚自主决定权不同,离婚自主决定权因为更多地涉及婚姻家庭关系的维系与稳定,涉及女性、未成年人合法权益的保护,涉及社会公共利益的维持等,因此现行法律体系下对于离婚自主决定权的限制亦相对比较复杂。

①协议离婚中的冷静期限制

在协议离婚场合,依据《民法典》第1076条与第1077条之规定,夫妻双方自愿离婚的,应签订书面离婚协议,并亲自到婚姻登记机关申请离婚登记。在婚姻登记机关收到离婚登记申请之日起30日内,不会给双方发离婚证,在此期间任何一方不愿离婚的,可以向婚姻登记机关撤回离婚登记申请。30日期限届满后,夫妻双方应亲自到婚姻登记机关申请发给

---

[1] 参见吴某与吴某某婚姻自主权纠纷案,北京市第一中级人民法院(2018)京01民终2388号民事判决书。

离婚证,如果其未申请的,那么视为撤回离婚登记申请。《民法典》规定冷静期制度的核心目的在于解决"离婚登记手续过于简便,轻率离婚的现象增多,不利于家庭稳定"的问题。[1] 该制度对婚姻自主权及个人自由的影响,学理上存在较大分歧。支持者认为,协议离婚登记冷静期制度以个人利益的实现为立法目的,通过有限度的对婚姻自由进行限制,使当事人接近"经济人"假设,且不存在可替代的干预更轻的手段,是以可控的实施成本实现了对迫切利益的反哺,其正当性可以通过比例原则的检验。离婚登记冷静期可以对"通谋型""双方坚定型""一方坚定型""冲动型"离婚分别产生一定的正面立法效果和可控的负面立法效果,在预测范围内不存在动摇其正当性的因素。[2] 对此的反对观点则认为,离婚自由原则是指"不附加任何条件的离婚自由"原则,而离婚行为是离婚自主决定权的具体行使与体现,离婚双方既然已就离婚达成合意,自然应尊重意思自治,尊重双方离婚自主决定权而使离婚合意即时生效,若导致不利后果亦由当事人自己承担。[3] 显然,受到伦理价值、离婚自由及秩序价值的影响,离婚冷静期与婚姻双方当事人、家庭以及社会之间时有利益冲突和矛盾,对其适用亦应在个人的婚姻自主权、家庭关系的稳定与社会秩序的维护等之间进行适当权衡的基础上展开,防止对任何一方利益的过度保护而造成对其他利益的不当戕害。[4]

②诉讼离婚中法院自由裁量权的限制

如果夫妻一方要求离婚或者夫妻双方要求离婚但没有就离婚达成协议,则只能通过诉讼方式离婚。依据《民法典》第1079条第2款与第3款之规定,在离婚诉讼中,法院必须首先进行调解,但法院调解无效后,基于不同情形中的各种利益冲突和价值考量,法院享有的自由裁量权对离婚

---

[1] 参见沈春耀:《关于〈民法典各分编(草案)〉的说明——2018年8月27日在第十三届全国人民代表大会常务委员会第五次会议上》,载《民法典立法背景与观点全集》编写组编:《民法典立法背景与观点全集》,法律出版社2020年版,第26页。

[2] 参见申晨:《〈民法典〉离婚登记冷静期的正当性分析》,《经贸法律评论》2020年第6期,第52页。

[3] 参见畅引婷、杨霞:《在个人与政治之间——邓颖超的革命经历与女性主体意识建构》,《妇女研究论丛》2016年第2期,第53页。

[4] 参见夏沁:《民法典登记离婚冷静期条款的解释论》,《法学家》2020年第5期,第24页。

自主权的限制也存在区分。

A. 法院自由裁量空间较小的情形

依据《民法典》第1079条第3款,若存在法律明确规定的特殊情形且不存在对特殊群体予以保护的特别规定,法院在调解无效时即应判决离婚,于此情形下法院自由裁量的空间较小。这些限制法院自由裁量权以保护离婚自由的情形包括:重婚或者与他人同居;实施家庭暴力或者虐待、遗弃家庭成员;有赌博、吸毒等恶习屡教不改;因感情不和分居满二年。除这些情形之外,实践中还存在其他导致夫妻感情破裂的情形,如一方犯有强奸罪、奸淫幼女罪、侮辱妇女罪等严重伤害夫妻感情的罪行,或者一方婚后患有严重的精神疾病且久治不愈而无法维持夫妻生活,等等。这些情形难以在婚姻法中被完全列举而需要法院在个案审理中权衡婚姻自主权与婚姻家庭保护二者的关系再自由裁量。[1] 因此,《民法典》第1079条第3款第5项规定"其他导致夫妻感情破裂的情形"这一兜底条款,实质上为法院保护离婚自由提供了自由裁量空间。

B. 法院自由裁量空间较大的情形

《民法典》第1079条第3款是作为例外规定而存在的,若不存在该款规定的情形,那么法院依据第1079条第2款在进行调解之后若夫妻感情确已破裂且调解无效的,则法院应当判决离婚;若法院在调解无效之后认为夫妻感情尚未破裂判决不准离婚的,那么依据第1079条第5款之规定,在此之后双方又分居满1年的,一方再次提起离婚诉讼,法院自由裁量不准离婚的权力此时才会被限制,于此情形下其应当准予夫妻双方离婚。鉴于何谓"感情确已破裂"并不明确,其留给法院的自由裁量空间过大可能会戕害离婚自由,即使有法院明确认识到"司法权不宜过于干预婚姻自主权"[2],但司法实践中滥用自由裁量权导致婚姻自主权受损的现象并不鲜见。[3] 因此,最高人民法院曾在1989年发布的《关于人民法院审理离婚案件如何认定夫妻感情确已破裂的若干具体意见》(已失

---

〔1〕 参见黄薇主编:《中华人民共和国民法典婚姻家庭编解读》,中国法制出版社2020年版,第193页。

〔2〕 王某甲与衣某离婚纠纷案,山东省烟台市中级人民法院(2015)烟民四终字第1427号民事判决书。

〔3〕 参见杨晋玲:《从举证责任看我国婚姻法裁判离婚理由的完善》,《云南大学学报(法学版)》2001年第4期,第101页。

效)中对"感情确已破裂"作了概括规定+列举说明。该司法解释首先概括规定"判断夫妻感情是否确已破裂,应当从婚姻基础、婚后感情、离婚原因、夫妻关系的现状和有无和好的可能等方面综合分析",然后列举了14种具体情形进行说明。对于这种通过概括加例示的方式规定感情破裂的离婚标准,体现了我国现行法律实践保障离婚自由、反对轻率离婚的价值取向。[1]尽管该司法解释已被废止,但该司法解释中所归纳出来的关于《民法典》第1079条第2款规定的"感情确已破裂"的判断方法,在当前的司法实践中仍可以作为平衡个人婚姻自主权和婚姻家庭二者关系的参考,[2]有助于适当控制法院于此情形下的自由裁量权。

③特殊群体特别保护的限制

自然人享有婚姻自主权,但当自然人通过行使结婚自主决定权与他人缔结婚姻而进入家庭关系之后,基于个人自由而生的婚姻自主权(主要是离婚自主权的行使)就需要在兼顾家庭关系中其他因为该项权利的行使而受影响的自然人的利益,同时也需要兼顾以家庭为单位构建起来的社会整体利益与秩序,这意味着于此情形下自然人享有的离婚自由会因此受到适当限制。从《民法典》婚姻家庭编所作的规定来看,这种限制主要包括两个方面。

A. 对于女性、儿童身心健康的特殊保护

依据《民法典》第1082条之规定,女方在怀孕期间、分娩后1年内或者终止妊娠后6个月内,男方不得提出离婚;但女方提出离婚或法院认为确有必要受理男方离婚请求的除外。作为具体人格权的婚姻自主权,通常情形下应符合《民法典》第1041条第2款规定的男女平等保护的基本原则,但在例外情形下,鉴于男性与女性因生理上的差别而存在实质上的不平等,法律在这种情形下需要对处于弱势地位的女性给予特别保护。在女方怀孕期间和分娩后或终止妊娠后的特定时段内,其身心健康都处于康复、调理和休养状态,与此同时胎儿或婴儿也处于发育阶段而需要父母协

---

〔1〕参见马忆南、罗玲:《裁判离婚理由立法研究》,《法学论坛》2014年第4期,第34页。

〔2〕参见最高人民法院民法典贯彻实施工作领导小组主编:《中华人民共和国民法典婚姻家庭编理解与适用》,人民法院出版社2020年版,第261—262页;黄薇主编:《中华人民共和国民法典婚姻家庭编解读》,中国法制出版社2020年版,第186—188页。

作抚育,若此时男方提出离婚请求,既影响女方身体健康,也不利于胎儿或婴儿最大利益的实现。[1] 因此这种情形下需要对男方的离婚自主权给予一定的限制以保护处于弱势地位的女方及婴儿。应当注意到的是,本条对于女方的保护并非绝对的,该条规定"人民法院认为确有必要受理男方离婚请求的除外",实际上赋予法官一定的自由裁量权,以在个案中对处于弱势地位的女方的人身权益与男方的包括离婚自由在内的合法利益进行权衡保护。本条规定的"确有必要"情形,司法实践中法院通常认为主要包括:男方有充分证据证明女方婚前与他人发生性关系导致怀孕而男方不知情的或者婚内与他人发生性关系导致怀孕、分娩、终止妊娠行为的;双方确有不能继续共同生活的重大、急迫事由如女方意图杀害男方或者对男方拒绝履行扶养义务的;女方对男方有虐待或家庭暴力的;女方对幼儿有虐待、遗弃行为的。[2] 例如,女方因婚内出轨而怀孕,于此情形男方申请离婚的,法院通常情形下会受理且予以支持。[3]

B. 对于军人的特殊保护

依据《民法典》第1081条之规定,现役军人的配偶要求离婚,应当征得军人同意,但是军人一方有重大过错的除外。给予现役军人以特殊保护主要是基于社会公共利益保护需要而对其配偶的离婚自由的特殊限制。[4] 但对现役军人一方的保护并不意味着对配偶离婚自由的绝对限制,依据《民法典》第1081条但书之规定,如果军人一方存在重大过错,则应当支持配偶的离婚请求以保护其婚姻自主权。对于重大过错,《民法典婚姻家庭编解释(一)》第64条规定"可以依据民法典第一千零七十九条第三款前三项规定及军人有其他重大过错导致夫妻感情破裂的情形予以判断",《民法典》第1079条第3款前3项具体包括:重婚或者与他人同居;实施家庭暴力或者虐待、遗弃家庭成员;有赌博、吸毒等恶习屡

---

[1] 参见黄薇主编:《中华人民共和国民法典婚姻家庭编解读》,中国法制出版社2020年版,第202页。

[2] 参见最高人民法院民法典贯彻实施工作领导小组主编:《中华人民共和国民法典婚姻家庭编理解与适用》,人民法院出版社2020年版,第279页。

[3] 参见王某某与陈某侵权责任纠纷案,江苏省丹阳市人民法院(2019)苏1181民初7866号民事判决书。

[4] 参见黄薇主编:《中华人民共和国民法典婚姻家庭编解读》,中国法制出版社2020年版,第197页。

教不改。除了《民法典》第1079条列举规定的3种具体情形,《民法典婚姻家庭编解释(一)》第64条还概括规定了"军人有其他重大过错导致夫妻感情破裂的情形",这就在限制和给予法官以个案中的自由裁量权之间做了比较好的平衡,从而使对第1081条规定的"重大过错"的具体判断既有相对确定性,又可以向丰富的社会生活开放,将那些严重违反社会公德并对夫妻感情造成严重伤害的行为如婚内出轨、[1]强奸妇女、奸淫幼女、嫖娼等违法犯罪行为纳入到本条但书的涵摄范围,[2]为非现役军人一方的离婚自由的保护提供了可能。

④违反法律规定限制离婚自主权的法律行为无效

与结婚自由一样,离婚自由亦属于自然人的基本人身权利,对于该项权利的限制应遵循《立法法》第11条规定的法律保留原则,在法律未对离婚自由明确规定予以限制的领域,任何意在限制离婚自由的法律行为都会因为违反《民法典》第1041条第2款规定的婚姻自由原则而无效。例如,在"洪明与罗瑛确认合同效力纠纷案"中,上诉人与被上诉人约定"日后谁先主动离婚,即同时放弃自己房产份额拥有权,并归夫妻另一方所有",法院即认为,该约定的内容表明"双方当事人提出离婚是附条件的,即以放弃房产份额为前提,限制了当事人的离婚自由,违反了《中华人民共和国婚姻法》第二条(现为《民法典》第1041条第2款)规定的婚姻自由制度,对双方当事人不产生法律效力"。[3]

2. 生育权

在《民法典》编纂过程中,有建议认为应当在人格权编的具体人格权中明确增加生育权,[4]但这种观点未被立法者接受。在此背景下,将规

---

[1] 参见孙某与郑某离婚后损害责任纠纷案,北京市第一中级人民法院(2018)京01民终7924号民事判决书。

[2] 参见最高人民法院民法典贯彻实施工作领导小组主编:《中华人民共和国民法典婚姻家庭编理解与适用》,人民法院出版社2020年版,第273页。

[3] 邹某明与罗某确认合同效力纠纷案,福建省龙岩市中级人民法院(2016)闽08民终673号民事判决书。

[4] 参见《地方人大、中央有关部门和单位以及有关方面对民法典各分编草案(征求意见稿)人格权编的意见》,载《民法典立法背景与观点全集》编写组编:《民法典立法背景与观点全集》,法律出版社2020年版,第378页。

定在其他制定法中的生育权纳入《民法典》第 990 条第 1 款 "等" 的涵摄范围、从而将之作为民法上的具体人格权对待,在现行法律体系下存在着进一步的解释空间。

（1）生育权受《民法典》调整

由于生育权规定在《人口与计划生育法》第 17 条及《妇女权益保障法》第 32 条中,《民法典》及其他民事制定法并未规定生育权,因此对生育权是否属于民事权利而应被纳入《民法典》第 990 条第 1 款 "等" 的保护范围,我国学理上存在争议,主要有基本权利说[1]、身份权说[2]、人格权说[3]、基本权利与人格权双重属性说[4]等。本评注认为,生育权首先具有基本权利属性,《人口与计划生育法》《妇女权益保障法》等规定的生育权调整的首先是国家与公民之间的法律关系,属于《宪法》规

---

[1] 参见张燕玲:《生育自由及其保障范围——兼论人工生殖的理论基础》,《中南民族大学学报(人文社会科学版)》2007 年第 5 期,第 114 页;王世贤:《生育权之检讨》,《河北师范大学学报(哲学社会科学版)》2006 年第 3 期,第 65 页;杨某与彭州市妇幼保健院医疗服务合同纠纷案,四川省成都市中级人民法院(2008)成民终字第 296 号民事判决书。

[2] 参见姜玉梅:《生育权辨析》,《西南民族学院学报(哲学社会科学版)》2002 年第 S4 期,第 176 页;阳平、杜强强:《生育权之概念分析》,《法律适用》2003 年第 10 期,第 32 页;邓慧娟:《生育权:夫妻共同享有的权利》,《中国律师》1998 年第 7 期,第 56 页;樊林:《生育权探析》,《法学》2000 年第 9 期,第 32 页。对此的批评观点参见王歌雅、张小余:《生育利益私法保护的权利基础与规制范式》,《思想战线》2021 年第 1 期,第 157 页。

[3] 参见李景义、焦雪梅:《生育权的性质及法律规制》,《甘肃社会科学》2014 年第 3 期,第 106 页;熊进光:《对生育权的法律思考》,《甘肃政法学院学报》2002 年第 6 期,第 32 页;马强:《论生育权——以侵害生育权的民法保护为中心》,《政治与法律》2013 年第 6 期,第 16 页;许莉:《供精人工精生育的若干法律问题》,《华东政法学院学报》1999 年第 4 期,第 31 页;邢玉霞:《从民事权利的角度辨析生育权的性质》,《东岳论丛》2012 年第 3 期,第 184 页。

[4] 参见李景义、焦雪梅:《生育权的性质及法律规制》,《甘肃社会科学》2014 年第 3 期,第 105 页;谭桂珍:《论"生育权"及其救济》,《湘潭大学社会科学学报》2003 年第 2 期,第 56 页;湛中乐、谢珂珺:《论生育自由及其限制》,《人口研究》2009 年第 5 期,第 101—102 页;付翠英、李建红:《生育权本质论点梳理与分析》,《法学杂志》2008 年第 2 期,第 21 页;张作华、徐小娟:《生育权的性别冲突与男性生育权的实现》,《法律科学》2007 年第 2 期,第 129 页。

定的广义的人身自由的范畴,[1]该属性一方面表明了公民在生育权的范畴内有权要求国家在积极作为层面为生育权的实现创造条件,并在消极防御层面保护生育权不受非法侵害;另一方面也表明公民享有的生育权的限度,即生育权的享有与保护由法律加以规定,[2]制定法可以在综合考量个人利益与社会公共利益二者关系的基础上划定生育权的界限以促进社会公共利益的实现,如《人口与计划生育法》基于人口数量以及出生率的增减而在计划生育政策上对生育权作出的严厉程度不等的限制,即表明了我国现行法律体系下制定法对生育权的基本立场。当然,即使制定法于此对生育权的限制及限制的合理界限等在正当性基础上仍存在广泛争议,但这并不影响生育权在我国现行法律体系下的基本权利属性。而就生育权的人格权属性而言,在当前社会背景及现行法律体系下,生育权与自然人人格密不可分,具有一身专属性,不得与其人身分离而为让与或继承。[3] 这与《民法典》第992条规定的人格权的基本属性相一致。[4] 另外,如前所述,即使《民法典》未明确将生育权作为具体人格权加以承认,但是,在《民法典》第990条第2款以人身自由、人格尊严为价值基础而为自然人"其他人格权益"的保护提供规范基础的背景下,将生育权纳入该条的涵摄范畴并为生育权被侵害的自然人提供民法保护,亦存在充分的解释空间。[5]

(2)生育权的享有与行使

由于生育权具有历史性、冲突性和发展性等特点,[6]因此在把握生育权的享有与行使问题时,应在厘清其内容的基础上来确定其行使

---

[1] 参见《宪法学》编写组编:《宪法学》,高等教育出版社、人民出版社2011年版,第221页。

[2] 参见程啸:《人格权研究》,中国人民大学出版社2022年版,第23页。

[3] 参见王泽鉴:《人格权法:法释义学、比较法、案例研究》,北京大学出版社2013年版,第253页。

[4] 参见杨代雄主编:《袖珍民法典评注》,中国民主法制出版社2022年版,第863页。

[5] 参见温世扬:《民法典视域下的"人身自由"》,《法制与社会发展》2022年第3期,第43页。

[6] 参见马强:《论生育权——以侵害生育权的民法保护为中心》,《政治与法律》2013年第6期,第16页。

界限。

① 生育权的享有主体

关于生育权的享有主体,由于《人口与计划生育法》第17条、《妇女权益保障法》第32条[1]、《人类辅助生殖技术管理办法》第3条、《人类辅助生殖技术规范》第三部分第5项与第13项、《人类辅助生殖技术和人类精子库伦理原则》第一部分第3条第5项、第4条第1项以及《民法典婚姻家庭编解释(一)》第23条等在规范内容与形式逻辑上存在冲突,导致学理与实务上对于生育权的享有主体存在争议,应予澄清。

关于生育权的享有主体,学理与实务上主要有男女分别享有说[2]、男女双方共同享有说[3]、夫妻双方共同享有说[4]、夫妻双方分别享有说[5]。归纳这些学说的主要观点,不难发现生育权享有主体的理论分歧集中在两方面:一是生育权可否为自然人个人单独享有?二是生育权的享有是否以婚姻关系的存在为前提。

关于第一个问题,男女共同享有说及夫妻共同享有说的主要谬误在于混淆了生育权的享有与实现。就生育权的实现而言,特别是在生育权的积极实现即生的自由层面,由于自然人生理构造上的特性决定了当前社会背景下的生育只能在男女结合的状态下才能实现,此时男女或夫妻一方在对方不予配合时难以实现其生育利益,因此于此情形下男女结合或夫妻结合说尚存正当性基础。但在生育权的享有层面及生育权的消极实现即不生利益的实现问题上,男女或夫妻双方的协作却并非不可或缺,其中任意一方皆享有生育权且可依其自主意志实现不生的利益,此时结合说或共享说即不敷适用。另外,如前所述,既然承认生育权的人格权

---

[1] 参见《妇女权益保障法》第32条:妇女依法享有生育子女的权利,也有不生育子女的自由。

[2] 参见王歌雅、张小余:《生育利益私法保护的权利基础与规制范式》,《思想战线》2021年第1期,第158页;许莉:《供精人工授精生育的若干法律问题》,《华东政法学院学报》1999年第4期,第31页。

[3] 参见湛中乐、谢珂珺:《论生育自由及其限制》,《人口研究》2009年第5期,第101页。

[4] 参见潘皞宇:《以生育权冲突理论为基础探寻夫妻间生育权的共有属性——兼评"婚姻法解释(三)"第九条》,《法学评论》2012年第1期,第60页。

[5] 参见郑净方:《人工生殖技术下夫妻生育权的契合与冲突》,《河北法学》2012年第5期,第157页。

属性,那么生育权就应当具有人格权所具有的共同属性,而依据人格权的专有性及固有属性来看,任何人格权都是自然人生而具有的且专属于其个人的,[1]并不存在为多人共同享有的人格权。也就是说,生育权只能是自然人个人享有而不能是男女双方或者夫妻双方共同享有。《人口与计划生育法》第17条亦没有否定生育权的专属性,《人类辅助生殖技术管理办法》《人类辅助生殖技术规范》《人类辅助生殖技术和人类精子库伦理原则》等禁止代孕和为单身女性实施人类辅助生殖技术是国家基于公共政策、伦理道德等方面的考量而对生育权在行使与实现方面的限制,亦未否定生育权的专属性。

关于第二个问题,即生育权的享有是否以婚姻关系存在为前提?在传统社会观念中,婚姻是为社会公共道德所普遍接受的生育的前提,与此相适应的婚姻—生育—继嗣的家庭模式中,女性没有独立的家庭地位甚至独立的人格,其在父权和夫权之下,沦为繁衍后代、照顾家庭的工具。[2]在此意义上,女性的生育权被婚姻关系吸收,从属于婚姻关系这一身份关系,女性是否处在婚姻关系中成为其能否生育的限制因素。在当代社会背景下,虽然个人从家庭的束缚中独立出来并且男女在婚姻家庭生活中地位平等,这使得婚姻关系这一身份性因素在婚姻自由的享有层面不再具有合法性基础,但考虑到人口因素对社会经济生活带来的巨大压力,因此相当长的一段时间内计划生育政策以及与之相关的配套规范性法律文件将生育问题与婚姻关系这一身份性因素联系起来。立法者希冀通过婚姻关系达到限制生育权进而控制人口规模的目的。当然,《人口与计划生育法》对生育权的限制及《人类辅助生殖技术管理办法》《人类辅助生殖技术规范》《人类辅助生殖技术和人类精子库伦理原则》等要求人类辅助生殖技术的实施必须以婚姻关系的存在为前提且夫妻双方必须满足相应的生理上的限制条件才能实施等仅是对生育权在实现层面进行限制,其既未否定亦不能否定那些不在夫妻关系中的自然人享有的生育权。另外,即使现行法基于人口因素而从婚姻关系角度对生育权在实现层面予以限制,但这亦仅是法

---

[1] 参见程啸:《人格权研究》,中国人民大学出版社2022年版,第13—14页。
[2] 参见蒋月:《20世纪婚姻家庭法:从传统到现代化》,中国社会科学出版社2015年版,第82页。

律因社会背景需求而采取的应对措施。随着当前我国人口出生率的急剧下滑及老龄化社会的加速到来,在制度规范上更新之前严格限制生育的措施以促进生育率的提高,成为当前人口与计划生育立法领域亟须解决的问题。[1] 对此,在国家政策层面,国家卫生健康委员会、国家发展和改革委员会等17部门在2022年印发了《关于进一步完善和落实积极生育支持措施的指导意见》,提出要深入实施一对夫妻可以生育三个子女的政策及配套支持措施,将婚嫁、生育、养育、教育一体考虑,完善和落实财政、税收、保险、教育、住房、就业等积极生育支持措施,为生育权实现层面的国家保障拓宽了视野。与此相关的将婚姻关系等身份性因素从限制生育权的法律规范领域中涤除掉,[2] 从而将生育权的享有与实现这二者的关系更体系地协调起来,成为生育领域法律规范完善的目标。

总结来看,生育权是每个自然人基于人身自由、人格尊严而享有的应受法律保护的人格权益,并不能因为性别、年龄、疾病等个性差异以及是否有婚姻关系等身份性因素而有所差别,单身女性和男性都享有生育权。

②生育权的主要权能

生育权的主要权能决定了生育权行使规则的基本构造。关于生育权的内容或者权能,我国学理上基于不同层次的认识而存在分歧,主要存在着生育请求权[3]、生育决定权[4]、生育知情权[5]、生育保障权[6]、生

---

[1] 参见任远:《当前生育政策继续变革和调整完善的理论和实践问题》,《广州大学学报(社会科学版)》2022年第4期,第91页。

[2] 参见石佳友:《单身女性冻卵案判决:我们应该如何反思》,载微信公众号"风声OPINION"2022年8月1日,最后访问日期:2022年8月23日。

[3] 参见姜玉梅:《生育权辨析》,《西南民族学院学报(哲学社会科学版)》2002年第S4期,第176页。

[4] 参见张燕玲:《生育自由及其保障范围——兼论人工生殖的理论基础》,《中南民族大学学报(人文社会科学版)》2007年第5期,第114页。

[5] 参见李景义、焦雪梅:《生育权的性质及法律规制》,《甘肃社会科学》2014年第3期,第105—106页。

[6] 参见马强:《论生育权——以侵害生育权的民法保护为中心》,《政治与法律》2013年第6期,第16页。

育健康权[1]、生育隐私权、生育方式选择权[2]、生育安全权[3]、计划生育权、堕胎权以及获得计划生育知识、方法和教育权[4]等观点。在司法实务中,具有代表性的观点认为,生育权一般包括生育知情权、生育方式选择权、生育请求权、生育决定权、生育调节权、生育隐私权、生育健康权和生育保障权。[5] 从学理与司法实务上的观点来看,其整体上均未在区分生育权的基本属性的基础上来认定生育权的内容。事实上,由于生育权兼具基本权利和人格权的双重属性,因此在确定其内容以及边界时,应依据基本属性的不同而将相应的内容分别置入作为基本权利的生育权和作为民法人格权的生育权的调整范围。

结合《民法典》第 2 条与第 989 条分析,纳入《民法典》第 990 条第 1 款保护范畴的人格权益类型,调整的亦应是涉及平等民事主体之间发生的因人格权益的享有和保护所生的民事法律关系,[6]而生育保障权、生育安全权、计划生育权及获得计划生育知识、方法和教育权等类型则属于规范公民与国家之间权利义务关系的基本权利范畴,并不涉及平等民事主体之间的权利义务关系。同样地,生育请求权亦非民法意义上的人格权而是基本权利。例如,在 2019 年的单身女性冻卵案中,医院拒绝为单身女性实施冻卵手术,是因为 2018 年《妇女权益保障法》第 51 条规定女性"按照国家有关规定"享有生育权,医院认为该条的"按照国家有关规定",也应当包括原卫生部发布的《人类辅助生殖技术管理办法》第 3 条,而正是该办法明确要求医疗机构及其工作人员实施辅助生殖技术时,应遵循《人类辅助生殖技术规范》第三部分"实施技术人员的行为准

---

[1] 参见陈文军:《丈夫废弃冷冻胚胎案件中的侵权责任认定》,《法律适用》2018 年第 9 期,第 56 页。

[2] 参见姜玉梅:《生育权辨析》,《西南民族学院学报(哲学社会科学版)》2002 年第 S4 期,第 176 页。

[3] 参见李景义、焦雪梅:《生育权的性质及法律规制》,《甘肃社会科学》2014 年第 3 期,第 105—106 页。

[4] 参见王世贤:《生育权之检讨》,《河北师范大学学报(哲学社会科学版)》2006 年第 3 期,第 65 页。

[5] 参见最高人民法院民事审判第一庭编著:《最高人民法院婚姻法司法解释(三)理解与适用》(第二版),人民法院出版社 2015 年版,第 149—150 页。

[6] 参见朱晓峰:《论〈民法典〉人格权编法律规则的适用范围》,《荆楚法学》2021 年第 2 期,第 46 页。

则"第 13 项、《人类辅助生殖技术和人类精子库伦理原则》"一、人类辅助生殖技术的伦理原则"部分第(四)条"社会公益原则"第 1 项等,这些规定都明确禁止医疗机构及其工作人员为单身未婚女性实施人类辅助生殖技术。从法律规范角度来看,医院遵循现行法律规范拒绝为单身未婚女性实施冻卵手术并无不当。[1] 存在的问题是:《人类辅助生殖技术规范》《人类辅助生殖技术和人类精子库伦理原则》等确立的强制性标准对于单身女性生育权的限制,是否符合《立法法》第 11 条规定的法律保留原则？如前所述,这些强制标准的制定者是国家卫生行政管理机关,涉及对医疗机构及工作人员的行政管理,虽然该管理行为会影响到与医疗机构直接发生民事关系的民事主体的生育权的实现问题,间接涉及个人和国家之间的权利义务关系,但这并不属于《民法典》第 990 条规定的"人格权"涵摄的生育权的保护范围。亦即,对公民基于生育权而请求国家建立并完善与生育相关的基础设施及配套措施以助益于公民个人的生育利益的实现,如改善辅助性生育技术扩散的社会条件[2]、承认一定条件下借用他人生殖功能进行人工生殖[3]、承认单身未婚女性有权实施冻卵的诉求[4]等,都不在《民法典》第 990 条的涵摄范围。另外,生育健康权、生育隐私权分别可以被纳入《民法典》第 990 条第 1 款健康权、隐私权的调整范畴,无须独立出来保护。

从生育权的基本属性以及为我国当前民事司法实践中法院所普遍保护的领域来看,民法上的生育权主要包括生育知情权和决定权,与此相关的生育选择权实质上是生育决定权的一种具体表现形式。具体而言,生育知情权是指自然人了解与自身生育相关信息的权利,[5]具体包括:知晓异性伴侣生育意愿;通过医疗机构检查确认自己或异性伴侣的生育能

---

[1] 参见侯学宾:《单身女性冻卵被拒的法律难题》,《检察日报》2020 年 5 月 6 日,第 7 版。

[2] 参见曹玉娟、张文霞:《独身女性无伴侣生育的社会困境——辅助生殖技术应用与社会需求的契合问题探究》,《科学与社会》2014 年第 3 期,第 101 页。

[3] 参见张燕玲:《生育自由及其保障范围——兼论人工生殖的理论基础》,《中南民族大学学报(人文社会科学版)》2007 年第 5 期,第 114 页。

[4] 参见张西流:《单身女性冻卵,禁令"解冻"当慎重》,《中国妇女报》2019 年 12 月 27 日,第 2 版。

[5] 参见王某与孙某离婚纠纷案,江苏省南京市玄武区人民法院(2017)苏 0102 民初 4549 号民事判决书。

力、生育障碍问题;知晓异性伴侣是否采取避孕措施以及采取何种避孕措施;知晓自己是否怀孕以及孕期身体健康状况等。[1] 负有相应信息告知义务的主体既包括权利人的伴侣,也包括处于特定法律关系的医疗机构等。生育决定权是自然人在生育问题上的自决权,是其依法决定是否生育、何时生育、与谁生育及具体生育方式等内容的权利。[2] 当然,考虑到自然人身体、生理结构上的不同,生育权在行使上具有不同于其他人格权的特性,并且,随着生命科学技术的发展,生育权在行使上的特性亦愈发凸显出来。对此,可以依据生命科技在生育领域有无介入及其介入程度而将生育权的行使规则分别置于自然生育和人工辅助生育场合进行讨论。

③自然生育场合的生育权行使规则

在自然生育场合,男女生理构造方面的差异使其各自生育权的行使与实现需要男女双方的自愿协作,在双方协作过程中出现的生育权行使冲突问题,亦应在承认男女生理构造差异的基础上解决。对此,以《妇女权益保障法》第 32 条和《民法典婚姻家庭编解释(一)》第 23 条为规范基础,可以将自然生育情形下生育权的行使规则以女方是否怀孕为界限分阶段讨论。[3]

在女方怀孕前,由于生育权的实现需要男女双方的协作与共同参与,双方生育权的实现应以彼此的同意与配合为前提。在这一阶段,男女双方中的任何一方都不得将自己的意志凌驾于对方之上,一方没有义务为另一方牺牲自己的生育自主权,双方的生育权都应被尊重。[4] 因此,对孕前的生育权冲突应在承认男女双方平等决定权的基础上解决。但如果女方欺诈男方自己已采取避孕措施而实际上并未采取最终导致怀孕的,此时应依据怀孕后的生育权冲突处理规则解决纠纷。

---

[1] 参见陈文军:《丈夫废弃冷冻胚胎案件中的侵权责任认定》,《法律适用》2018 年第 9 期,第 58 页。

[2] 参见王歌雅、张小余:《生育利益私法保护的权利基础与规制范式》,《思想战线》2021 年第 1 期,第 158 页。

[3] 参见温世扬:《民法典视域下的"人身自由"》,《法制与社会发展》2022 年第 3 期,第 44 页。

[4] 参见郑净方:《人工生殖技术下夫妻生育权的契合与冲突》,《河北法学》2012 年第 5 期,第 157 页。

在女方怀孕后,对生育权冲突的解决则应强调女方单方面的决定权,但在承认女方享有单方决定权的同时亦应尊重对方的生育知情权,在合理期限内告知对方;对于不能协调的生育权冲突,应允许当事人解除特定关系以重新寻求生育权的实现。[1] 这一立场表明,自然生育场合的生育权行使规则在承认自然人平等享有生育权的同时,基于男女生理结构上的差异而从两个方面优先保护女性:

一方面,女性有权决定生。这意味着,在女性单方决定生的情形下,无论男女双方最终就生育是否达成了一致意见,只要女方未采取暴力等违反法律强制性规定的手段自然怀孕,那么原则上都不影响对女性单方意思表示以及由此形成的民事法律关系在法律上的评价。甚至在女方未与男方协商一致而在隐瞒男方的情形下怀孕并生育子女时,男方就此既无权向女方主张精神损害赔偿等民事责任,也无权拒绝承担给付子女抚养费等法定义务。[2]

另一方面,女性有权决定不生。这意味着,只要女性单方决定不生,无论男女双方最终就生育是否达成了一致意见,原则上都不影响对女性单方意思表示以及由此形成的民事法律关系在法律上的评价。[3] 在此情形下,即使在女方违背男方意志而擅自终止妊娠的场合,依据《民法典婚姻家庭编解释(一)》第23条规定,男方原则上就此也无权向女方主张私法上的损害赔偿等救济。

我国当前法律实践承认女性在生育权行使中的主导地位与当前一般社会观念对女性在生育中的现实地位的认识相关。正如在"赵某诉许某抚养费纠纷案"中的审理法官所阐述的那样,分别为男女单独享有的生育权在具体的行使上需要双方的协作,当权利人在生育问题上存在意思冲突时,应通过利益权衡规则来解决冲突。相较于男方的生育权,女方在享有生育权的同时还享有生命权、健康权以及身体自主权等,这些物质性人格权优于生育权,当二者发生冲突时应优先保护女方的物质性人格权。

---

[1] 参见周平:《配偶间生育权冲突之法律规制》,《中南民族大学学报(人文社会科学版)》2011年第6期,第118页。

[2] 参见赵某诉许某抚养费纠纷案,北京市海淀区人民法院(2013)海民初字第23318号民事判决书。

[3] 参见朱晓峰:《评最高人民法院指导案例50号:兼论生育权保护》,《西安电子科技大学学报(社会科学版)》2016年第5期,第69页。

另外,女性生育权的行使更多的是一个漫长的自然生理过程,相比较于男方的自然生理行为,女方的投入更多,因此二者在冲突时自然也应优先保护女方的生育权。[1] 据此法院认为,在决定是否继续妊娠的关乎男女双方生育权益的场合,赋予女性以优先保护的法律地位具有更充分的正当性基础。[2]

④人工辅助生育场合的生育权行使规则

在人工辅助生育场合,一方面,现代生命科技的进步使人类可以通过技术手段介入并影响自然生育过程,传统自然生育中的男女双方合意及相互协作的方式等因此受到了不同程度的影响;另一方面,由于受自然人的生理、身体、个人自主意愿及社会公共利益等因素影响,通过人工辅助生育手段介入自然生育过程既有现实需要,又需要对之进行适当限制,以保护人格尊严、代际正义及社会公共利益等。因此,人工辅助生育场合自然人的生育权行使规则既要关注男女双方的生育意愿冲突问题,也要关注男女双方生育意愿与社会公共利益冲突的问题。在现行法中,依据《人类辅助生殖技术管理办法》第3条第1句之规定,医疗机构实施人类辅助生殖技术必须具备的条件是:第一,以医疗为目的;第二,符合国家计划生育政策;第三,符合伦理原则和有关法律规定。

对"以医疗为目的"来讲,《人类辅助生殖技术规范》明确规定了人类辅助生殖技术实施的适应证和禁忌证,与此不符的不能实施相应的技术;对于伦理原则的要求,《人类辅助生殖技术管理办法》《人类辅助生殖技术规范》《人类辅助生殖技术和人类精子库伦理原则》等有明确规定,[3]要求必须满足知情同意原则,要求人类辅助生殖技术必须在夫妇双方自愿同意并且签署书面知情同意书之后方可实施。"有关法律规定"是兜底性规定,主要包括《人口与计划生育法》《母婴保健法》《人类辅助生殖技术管理办法》等。因此,在符合法律规定的可实施人类辅助生殖技术

---

[1] 参见孙欣:《女性单方面决定生育不构成对男性生育权的侵犯:北京海淀法院判决赵某诉许某抚养费纠纷案》,《人民法院报》2014年5月29日,第6版。

[2] 参见朱晓峰:《评最高人民法院指导案例50号:兼论生育权保护》,《西安电子科技大学学报(社会科学版)》2016年第5期,第69页。

[3] 依据《人类辅助生殖技术和人类精子库伦理原则》,实施人类辅助生殖技术应遵循的伦理原则包括:有利于患者的原则;知情同意的原则;保护后代的原则;社会公益原则;保密原则;严防商业化的原则;伦理监督的原则。

条件的夫妻书面同意实施人类辅助生殖技术时,夫妻双方处于自愿协作行使生育权的状态。依据《民法典婚姻家庭编解释(一)》第 40 条,因此所生的子女属于夫妻双方的婚生子女。

在实施人类辅助生殖技术时,如果夫妻双方签订书面知情同意书后一方反悔,需区分情形讨论其效力:

若此时尚未实施人类辅助生殖技术或者手术虽然已经实施但是女方尚未怀孕的,依据《人类辅助生殖技术和人类精子库伦理原则》规定的知情同意原则的第 3 项,接受人类辅助生殖技术的夫妇在该技术的实施过程中任何一方都有权随时提出中止实施该技术。若夫妻双方内部在是否继续实施人类辅助生殖技术的问题上发生分歧,一方反悔不愿继续进行,那么依据知情同意原则要求的夫妻双方书面同意且任何一方可随时提出中止该同意之规则,此时男女双方中的任何一个主张继续生育而另一方对此予以拒绝时,那么拒绝生育的自由将被优先保护,以防止为实现生育目的而在平等的夫妻关系中导致二人之间的相互人身强制,亦即不继续实施人工辅助生殖技术一方的生育权的行使优先于持相反意见一方的生育权。[1]

若人类辅助生殖技术已经实施且女方已经怀孕,由于女性的生育权与其生命权、身体权以及健康权密不可分,此时女方的生育权将因这些在价值位阶上更高的物质性人格权而被优先保护。亦即,此时男女双方在生育权方面的冲突应在最大限度地降低对女性物质性人格权侵害的前提下获得解决。这里的优先保护体现为两个方面:一方面,如果此时女方主张继续生育而男方拒绝,那么女方的生育权会优先获得保护。在司法实践中,法院于此情形下拒绝支持男方不生育权的理由在于,男方拒绝生育的行为因不符合解除双方法律行为的条件而不生效力。在指导案例 50 号"李某、郭某阳诉郭某和、童某某继承纠纷案"中,男方郭某顺因无生育能力,签字同意医院为其妻子施行人工授精手术,后来男方反悔要求女方终止妊娠,女方拒绝并将孩子生下来,男方在孩子出生前即在遗嘱中否认女方腹中胎儿与其之间存在亲子关系。对此,法院依据《民法通则》第 57 条(现为《民法典》第 136 条第 2 款)认为,男方在遗嘱中否认其与女方所

---

[1] 参见张力:《男性的生育权应如何保护》,《方圆》2020 年第 10 期,第 77 页。

怀胎儿的亲子关系,是无效民事行为,应当认定孩子是婚生子女。[1] 另一方面,若此时女方主张终止妊娠而男方反对的,此时依《民法典婚姻家庭编解释(一)》第23条,男方以女方侵犯其生育权为由主张赔偿的,法院不予支持。

⑤生育权行使的限制

生育权的行使既涉及自然人人身自由、人格尊严的实现,也涉及社会资源的分配[2]、代际正义[3]、社会公序良俗的保护等社会公共利益,因此在我国现行法律体系下,法律对于自然人生育权的行使作出了必要限制,以寻求对个人利益及社会公共利益二者的平衡保护。由于生育权兼具基本权利和民法人格权的双重属性,因此对生育权的限制在现行法律体系下主要是通过两个途径来实现:一是制定法明确规定限制生育权。生育权的基本权利属性使得制定法对生育权的限制属于法律保留事项,这就要求,在国家与公民之间的法律关系处理上,除了狭义的法律,其他形式的规范性法律文件不能对生育权的享有及行使作出限制性规定。二是司法实践中法院在个案审理中通过利益权衡方法来确定生育权的享有与保护边界,主要是考虑到生育权属于生命权、身体权、健康权这样的物质性人格权之外的其他人格权,需要依据《民法典》第998条由法官在综合考量案涉诸因素的基础上进行利益权衡以确定生育权的行使及保护界限。[4] 通过利益权衡方法限制生育权的核心在于法官个案中的对自由裁量权的运用与控制。

---

〔1〕 参见指导案例50号:李某、郭某阳诉郭某和、童某某继承纠纷案,江苏省南京市秦淮区人民法院(2006)秦民一初字第14号民事判决书;丁伟利、李兵:《〈李某、郭某阳诉郭某和、童某某继承纠纷案〉的理解与参照——双方同意人工授精所生子女视为婚生子女》,《人民司法(案例)》2016年第26期,第32—36页。

〔2〕 参见刘引玲:《论生育权的法律限制》,《甘肃政法学院学报》2005年第6期,第52页。

〔3〕 参见邢玉霞:《从民事权利的角度辨析生育权的性质》,《东岳论丛》2012年第3期,第184页。

〔4〕 参见朱晓峰:《人格权侵害民事责任认定条款适用论》,《中国法学》2021年第4期,第52页。

A. 制定法上的限制及对限制的限制

生育权的基本权利属性,使得对生育权的限制属于《立法法》第 11 条规定的法律保留事项,在国家与公民之间的关系处理上,除狭义的法律之外,其他形式的规范性法律文件不能对生育权的行使作出限制性规定。

制定法如《人口与计划生育法》等主要从如下两个方面出发,考虑对生育权的限制及对限制的限制:一是国家对公民基本权利的尊重,尊重和保护人权是当代法治国家的首要法治目标,生育权具有基本权利的属性,这就决定了国家即使要限制生育权,也应当以尊重和保护生育权为基本前提;二是国家基于社会治理需要而在个人利益与社会公共利益的保护之间做出平衡,国家的这种平衡保护本身就是动态的,要因应时代背景的变化而作适时调整,这也决定了其既可以在人口压力过重时通过计划生育政策严格限制个人生育权的实现以促进社会公共利益,也可以在人口出生率急剧下降及老龄化社会加速到来时及时调整计划生育政策,鼓励生育以促进社会公共利益。[1] 事实上,我国近几十年来一直都面临着人口过多带来的压力。对人口出生率的控制成为立法者关注的重点,其通过制定法律等对生育权的行使做了严格限制。例如,1980 年《中华人民共和国婚姻法》第 12 条明确规定夫妻双方都有实行计划生育的义务,并在实践中贯彻严格的独生子女政策;1982 年《宪法》第 25 条明确规定国家推行计划生育;1984 年,中央批转国家计生委党组《关于计划生育工作情况的汇报》,提出"严禁生育超计划的二胎和多胎";2001 年《人口与计划生育法》将一对夫妻生育一个子女明确写进法律。

近年来,随着人口老龄化问题加剧及人口出生率一路走低,之前严厉的计划生育政策不再与当前社会经济的发展现状相适应。因此,2021 年的《人口与计划生育法》第 18 条不仅将生育子女的数量由之前的 1 个扩展至 3 个,而且对公民违法生育子女的行为不再严厉处罚,如该法删除了原第 41 条中关于依法缴纳社会抚养费的规定,同时也删除了原第 42 条关于对国家工作人员违法生育子女行政处分的规定,体现了我国制定法上限制生育权行使的理念在生育领域的新变化。[2] 与此相适应,司法

---

[1] 参见张震:《从生育政策到生育权:理论诠释、规范再造及功能定位》,《当代法学》2023 年第 2 期,第 28 页。
[2] 参见徐娟、卢康颖:《单身女性生育权的确认及其制度化保障》,《南海法学》2021 年第 2 期,第 95 页。

实践中法院在审理那些因早已不合时宜的计划生育政策而引发的与生育相关的法律纠纷时,也越来越多地采取保护生育权行使的措施。例如,在未婚女性是否有权领取生育津贴的问题上,尽管当前的司法实践中仍有分歧,但越来越多的法院支持未婚生育的女性有权主张领取生育津贴。[1]另外,全国人民代表大会常务委员会法制工作委员会法规备案审查室在回应有关社会人士提出的关于"对部分地方性法规、规章要求申领生育保险待遇需提供'结婚证''生育服务证'等证明材料的规定提出审查建议"的问题时指出:"随着国家生育政策的不断调整,部分法规、规章、规范性文件对享受生育保险待遇作出的限制性规定,已不适应党中央关于优化生育政策决策部署和国家推进积极生育政策改革、完善生育保险支付制度的要求,与宪法法律相关规定精神不尽相符。"因此,法工委已发函请有关方面及时调整完善相关规定,消除对享受生育保险待遇的不当限制。[2]

显然,在新的人口、社会、经济形势下,我国的法律实践正在从严格限制生育权行使的立场逐渐向承认更具自主性的生育权的立场转变,这将为生育权的充分实现提供更有力的制度支持。[3] 在此背景下,考虑到生育权兼具基本权利的属性,即使制定法基于社会公共利益等对生育

---

[1] 在司法实践中,对于未婚生育的女性是否有权领取生育津贴,拒绝的判决有:河北璃匠玻璃制品有限公司、孙某霞劳动争议案,河北省沧州市中级人民法院(2019)冀09民终6505号民事判决书;于某与济南蒂金之美雅美容医院有限公司劳动争议案,山东省济南市历下区人民法院(2020)鲁0102民初9754号民事判决书。支持的判决有:广州捕获信息科技有限公司、王某娟劳动争议案,广东省广州市天河区人民法院(2019)粤0106民初26306号民事判决书;河北璃匠玻璃制品有限公司、孙某霞劳动争议案,河北省间市人民法院(2019)冀0984民初657号民事判决书;广东卓越景观设计工程有限公司、王某芳劳动争议案,湖南省长沙市中级人民法院(2020)湘01民终3167号民事判决书;广州捕获信息科技有限公司、王某娟劳动争议案,广东省广州市中级人民法院(2020)粤01民终4760号民事判决书;于某与济南蒂金之美雅美容医院有限公司劳动争议案,山东省济南市中级人民法院(2021)鲁01民终1920号民事判决书。

[2] 参见朱宁宁:《法工委认为对生育保险待遇申领设置不当限制与宪法法律相关规定不符 部分地方对领取生育险设置门槛的规定被叫停》,《法治日报》2022年9月20日,第6版。

[3] 参见薛宁兰:《社会转型中的婚姻家庭法制新面向》,《东方法学》2020年第2期,第32页。

权的行使进行限制,但此种限制亦应遵循比例原则而存在一定的边界,亦即对限制进行限制,以便在权利的保护与限制之间达成妥适的平衡。

B. 法院个案中的利益权衡及具体方法

除制定法上的限制外,考虑到生育权区别于生命权、身体权、健康权这样的物质性人格权,因此在个案中还需要依据《民法典》第998条由法官在综合考量案涉因素的基础上进行利益权衡以确定生育权的行使及保护界限。[1] 为使法官在个案中依据自由裁量权所展开的利益权衡及因此作出的判决具有说服力而易于被当事人及社会公众接受,于此可以采用比例原则的阶层分析法,将生育权行使中涉及的利益冲突置于清晰可见的法律效果评价过程中,使法官的利益权衡去神秘化而具有可反驳性,增强相应法律效果评价过程和结果的说服力。[2] 依比例原则的阶层分析法,法官在个案中通过利益权衡方法确定生育权的行使边界时,应从目的正当性、必要性、适当性和均衡性四个阶层依次展开。[3] 只要生育权的行使行为不能通过其中任何一阶层的检验,该行为即超出生育权的行使边界,从而不能获得法律的保护。

第一阶层是目的正当性,即判断行为人生育权行使行为的目的是否正当,若行为人非基于正当目的行使生育权,则相应行为应受到限制。例如,在行为人通过代孕行使和实现生育权问题上,若行为人以提供酬金为代价委托他人进行商业代孕,由于商业代孕以人的身体作为交易客体,意在通过代孕获得金钱,与《民法典》保护的人格尊严相悖,既不正当,亦不合法,[4] 因此相应的商业代孕不符合于此的目的正当性要求,行为人藉此实现生育权的行为应予禁止,相应生育权行使的边界判断即止步于此,无须再进入下一阶层。若行为人并非以交易为目的,而是基于种的繁

---

[1] 参见朱晓峰:《人格权侵害民事责任认定条款适用论》,《中国法学》2021年第4期,第52页。

[2] 参见朱晓峰:《数字时代离线权民法保护的解释路径》,《环球法律评论》2023年第3期,第39页。

[3] 参见刘权:《目的正当性与比例原则的重构》,《中国法学》2014年第4期,第133页。

[4] 参见李勇:《从社会主义女权主义看反代孕合法化的必要性》,《哲学动态》2022年第3期,第72页。

衍、精神的慰藉等并在合乎伦理道德规范的前提下采无偿代孕,则该生育权的行使行为即可能具有正当性而有可能通过目的正当性的检验,[1]从而进入下一阶层的判断。

第二阶层是必要性检验,即行为人所采取的具体手段是否有助于该目的的实现。对通过目的正当性检验的生育权行使行为而言,若行为人所采取的具体手段与其欲实现之目的之间并无促进关系或者助力甚微,则该行为即不能通过必要性原则的检验,反之则可以通过。例如,对通过目的正当性检验的无偿代孕行为来讲,若代孕行为的主要目的是帮助已丧失生育能力的夫妻获得救治其患病子女所需的骨髓,而因此所生之子女与患病子女并不必然配型成功,则丧失生育能力的夫妻采取代孕救人措施的必要性存疑,不宜认为此种情形可以通过必要性检验而进入下一阶层的判断,相应生育权行使行为的边界判断即止步于此,这有别于父母自己的"生子救子"行为。但如果无偿代孕的目的是抚慰已丧失生育能力的失独夫妻并帮助其实现种的繁衍目的,在不违反伦理道德规范的前提下,失独夫妻实施的无偿代孕一般可以经受得住必要性的检验,从而进入下一阶层的判断。

第三阶层是适当性检验,即行为人在具体的手段运用中是否遵循了对他人权利的最小限制原则。如前所述,生育权不像《民法典》第990条第1款规定的生命权、身体权、健康权等一样内涵外延清晰,并且鉴于生育权的行使及实现需要他人的协作,这就使行使生育权的行为通常会与他人的合法权益发生冲突,于此情形下一方面要保护生育权的行使,另一方面也要注意将生育权的行使行为对他人合法权益的负面影响降到最低程度。例如,即使经过前面第一阶层目的正当性与第二阶层必要性检验的无偿且符合伦理道德规范的代孕行为,通常也会对受托人的合法权益如身体权、健康权等产生不利影响,但该不利影响一般应控制在与自然生育导致的对母体的不利影响大致相当的范围内,若远超该范围并可能给受托人造成严重不利影响,则行为人通过代孕行使生育权的行为即违反了适当性要求,不能通过该阶层的检验,相应的生育权行使的边界判断即到此为止。只有通过适当性检验的行为才可以进入下一阶层的

---

[1] 参见李亭慧:《权利正当性视野下代孕合法化的三重条件》,《财经法学》2022年第1期,第167页。

[人格权的类型]

检验。

最后一阶层是均衡性的检验,核心考察因相应手段的运用所取得的成效是否超出或大于因此的付出。一般来讲,当所得与所失的利益具有同质性时,此时的均衡性检验结果通常更具说服力。而在取得的成效与因此的付出因不具有同质性利益而难以公度时,于此的均衡性检验结果通常会面临更多的诘难。[1] 这就意味着,即使在无偿代孕场合,因代孕行为所取得的成效是否会超出因此的付出,也通常会因为牵涉委托人、受托人不同性质且不具有公度性的利益甚至社会公共利益而难以判断。对此,在法律适用层面应以共同体成员在不同利益或价值之间形成的基本价值共识和具体制度共识为基础展开判断。[2] 具体到无偿代孕取得的成效与因此的付出二者之间是否均衡的判断上,若已丧失生育能力的失独父母通过无偿且符合伦理道德规范要求的代孕行为成功产下婴儿,[3]此时因失独父母生育权行使行为所取得的成效包括但不限于生命的诞生、失独者种的繁衍的利益之实现以及其精神层面的慰藉等,所失主要是代孕行为可能带来因此所生出的子女最大利益如何实现以及将代孕者本身物化的担忧等。从现行法所彰显出来的共同体成员在不同利益或价值之间形成的基本价值共识和具体制度共识来看:一方面,生命的取得显然是所有自然人的最大利益,处于民事权利体系的最核心位置,当其他权益与生命权相冲突时,生命权应处于优先保护的地位,[4]不能因代孕所生之子女在其最大利益的实现方面可能遭遇难题而否定活着出生本身;另一方面,当作为委托人的失独者与作为受托人的代孕者依自主意志就代孕问题达成可以表达各自真实意思的协议,且受托人自愿履行该协议时,考虑到现行法如《民法典》人格权编第1006条规定自然人可以自主决定捐献器官、第1008条规定自然人可以作为临床试验的受试者

---

[1] 参见朱晓峰:《抚养纠纷中未成年人最大利益原则的评估准则》,《法律科学》2020年第6期,第95页。

[2] 参见梁上上:《异质利益衡量的公度性难题及其求解——以法律适用为场域展开》,《政法论坛》2014年第4期,第3页。

[3] 参见郑英龙:《失独家庭特殊保障问题研究》,《山东师范大学学报(人文社会科学版)》2019年第6期,第111页。

[4] 参见王利明:《论民事权益位阶:以〈民法典〉为中心》,《中国法学》2022年第1期,第41页。

等,因此无偿代孕场合即使存在将受托人本身物化的嫌疑,但并不违反现行法已经彰显出来的共同体成员在特定情形下同意自然人可以对其本身构成部分进行支配的精神,当事人的意思自治结合委托人因代孕所取得的精神利益等,显然高于受托人因此可能被物化而失去的利益。[1] 这也意味着,于此场合行为人行使生育权的行为可以经受得住均衡性的检验。

147　　总结来看,比例原则的任何一阶层的检验都构成个案中法院认定行为人行使生育权的具体行为是否超出其边界的实质性判断标准,可以将自然人生育权行使过程中所涉及的各种利益置于清晰可见且易于操作的程序中进行评价,从而能在错综复杂的利益冲突中为生育权的行使与限制提供充分的正当性论证基础,进而助益于以人身自由、人格尊严为价值基础的生育权与社会公共利益的平衡保护目的的实现。

⑥单身女性生育权行使的限制

148　　对于现行法在人工辅助生殖领域对非婚关系中同居生活伴侣及单身自然人生育权的行使限制,在学理与实践上均存在争议,这在涉及单身女性生育权的问题上尤其突出。否定单身女性生育权的观点认为,生育权需要男女双方共同协作行使,男女任何一方都不能独立行使生育权,承认单身女性的生育权并无益于女性生育权的实现。肯定单身女性生育权的观点则认为,生育权是每个自然人与生俱来的自然权利,无论自然人是男是女,结婚与否,都应当享有生育权。并且单身女性的生育需求是社会、科技、思想等共同进步的产物,应当被法律承认。[2] 该观点认为,生育与婚姻的关系已不是历史上曾认为的目的与手段的关系,生育权的定义对女性自身的解放和促进生产力的发展具有重要意义。[3] 特别是随着人类辅助生育技术的快速发展以及大龄未婚女性群体规模的迅速增大,大龄未婚女性通过辅助生育技术保障生育权的社会需求随之出现,这

---

〔1〕 参见郑英龙:《失独家庭有限代孕权利的国家保障》,《浙江大学学报(人文社会科学版)》2019年第4期,第71页。

〔2〕 参见朱晓飞:《性别公正的公益法实践——以"单身女性生育权"事件为例》,《中华女子学院学报》2018年第5期,第20页。

〔3〕 参见周鸿燕:《论女性作为生育权的主体》,《华南师范大学学报(社会科学版)》2003年第6期,第30页。

样的社会变化要求应当从政策上承认大龄未婚女性的生育权。[1] 学理上的这种分歧在法律实践中具体反映为：部分地方性法律规范不再严守《人类辅助生殖技术管理办法》《人类辅助生殖技术规范》《人类辅助生殖技术和人类精子库伦理原则》等在单身女性生育权享有与实现上的保守立场，而明确承认符合规定条件的单身女性可以通过人类辅助生殖技术生育子女，如《吉林省人口与计划生育条例》第 29 条即作此规定。[2]

与前述理论与立法实践中存在的分歧相对应，司法实践中对如何对待单身女性生育权的问题也存在分歧，这一分歧主要集中在夫妻双方一致同意实施"体外受精—胚胎移植"手术并与医院签订合同后，男方意外死亡时，该丧偶女性是否有权单方主张进行冷冻胚胎复苏移植，以及单身女性是否可以请求医疗机构为其实施冻卵手术的争议中。

A. 丧偶女性的生育权保护

在"郭某某与山东山大附属生殖医院有限公司合同纠纷案"中，持反对观点的法院从合同内容、未成年人利益保护和现行法律规范的基本立场三个层次对丧偶女性的权利主张进行了否定。其认为：第一，丈夫生前及妻子与医院签订的冷冻胚胎解冻及移植知情同意书中均载明每次冷冻胚胎复苏移植前需要夫妇同时签字确认，由于男方已死亡，无法作出意思表示，故合同约定的进行冷冻胚胎复苏移植的条件无法实现，女方此时要求医院继续履行合同缺乏合同上的依据；第二，《人类辅助生殖技术管理办法》《人类辅助生殖技术规范》等禁止给不符合国家人口和计划生育法规和条例规定的夫妇和单身妇女实施人类辅助生殖技术，女方在丈夫死后即为单身妇女，若医院为其实施人类辅助生殖技术将违反上述禁止规定；第三，从有利于社会关系稳定及孩子成长的角度看，如果丧偶女性利用之前冷冻的胚胎复苏移植生育出子女，由于我国法律法规尚未对该类子女的身份地位作出明确规定，该子女从一出生就将面临身份地位不明确的尴尬状态，无疑会给相关社会关系带来不稳定因素，对该子女来说也

---

[1] 参见曹玉娟、张文霞：《独身女性无伴侣生育的社会困境——辅助生殖技术应用与社会需求的契合问题探究》，《科学与社会》2014 年第 3 期，第 101 页。

[2] 参见《吉林省人口与计划生育条例》第 29 条：达到法定婚龄决定不再结婚并无子女的妇女，可以采取合法的医学辅助生育技术手段生育一个子女。

可能会造成心理上的巨大压力,不利于其身心的健康成长。[1]

151　　但在"石某诉首都医科大学附属北京朝阳医院医疗服务合同纠纷案"中,对于夫妻双方与医院签订的人类辅助生殖技术医疗服务合同,在男方死亡后女方是否有权要求继续履行人类辅助生殖技术医疗服务合同,法院却持肯定立场。法院认为:第一,从合同主体以及数量方面看,在均患有生殖系统疾病的夫妻二人共同寻求治疗且需双方共同参与的合同中,其患方主体应为该夫妻二人,而实施取卵、受精、移植胚胎是连续的治疗过程,不能割裂开来,其与医院之间仅形成一个合同关系。第二,对于继续履行合同是否有违法律规定以及社会伦理,需要从四个方面观察:其一,冷冻胚胎移植合同具有人身性质,除死者妻子之外,死者的其他法定第一顺序继承人不宜主张继受案涉合同权利义务,因此死者妻子要求继受合同权利义务,继续履行合同无法律障碍;其二,死者与其妻子之前未生育子女,故不违反计划生育法律法规,且死者妻子作为丧偶妇女,有别于原卫生部规范中所指称的单身妇女,因此死者妻子可以要求被告医院继续为其提供胚胎移植医疗服务;其三,通过人类辅助生殖技术出生的后代与自然受孕分娩的后代享有包括继承权等在内的同样的法律权利和义务,因此继续履行有必要取得死者其他法定第一顺位继承人的同意,而死者的其他法定第一顺位继承人已经明确表达同意死者妻子继续实施人类辅助生殖技术的强烈意愿,另外孩子出生后可能生在单亲家庭的假定性条件并不意味着必然会对其生理、心理、性格等产生严重影响,并且目前并无证据证明实施人类辅助生殖技术存在医学、亲权或其他方面对后代产生严重的不利情形,因此继续履行不违反保护后代原则;其四,根据死者生前签署的相关文件可知,其订立合同的目的是生育子女,显然胚胎移植是实现其合同目之必然步骤,属于合同内容的一部分,且被告医院已经实施过两次胚胎移植,因此,从死者生前的意思表示、行为表现及公众普遍认同的传统观念和人之常情,有理由相信继续实施胚胎移植不违反死者的意愿。[2]

152　　从前述两种截然相反的立场及相应的法律效果评价的论证过程来

---

〔1〕 参见郭某某与山东山大附属生殖医院有限公司合同纠纷案,山东省济南市市中区人民法院(2017)鲁0103民初7541号民事判决书。

〔2〕 参见石某诉首都医科大学附属北京朝阳医院医疗服务合同纠纷案,北京市朝阳区人民法院(2017)京0105民初10591号民事判决书。

看,承认丧偶女性在丈夫死亡后,若其符合特定条件要求,那么即有权单方主张进行冷冻胚胎复苏移植手术的立场,在正当性与合法性的论证上更具有说服力。[1]主要理由有三:

第一,从合同履行视角来看,在夫妻双方与医院就人工辅助生殖技术的实施作了明确约定之后,应以尊重当事人所明确表达出来的意思作为解释合同的核心依据,当丈夫死亡而无充分证据表明其有相反意思表示时,应尊重死者生前所作的意思表示以及生存的妻子一方的继续生育的意愿,而非狭义地理解合同文本中的特定概念并限制相应的生育权的行使;

第二,从卫生管理部门制定的行政规章及相应的技术规范的核心目的来看,在人工辅助生殖技术实施问题上采严格限制的立场的核心目的在于维护特定社会秩序以及伦理道德目标,而在丧偶的妻子依据其与丈夫生前和医院签订的服务协议主张实施相应的人工辅助生殖技术的场合,通常情形下并不涉及对这些规范性法律文件所关注的禁忌的违反,医院不得基于部门规章的行政管理规定对抗当事人基于法律所享有的正当生育权利;

第三,基于《民法典》第990条宣示的保护自然人人身自由、人格尊严的要求,在不侵害他人利益、不违背公序良俗时,法律应尊重自然人生育权行使方面的主张,以落实立法者保护人身自由、人格尊严的要求。[2]

对于"石某诉首都医科大学附属北京朝阳医院医疗服务合同纠纷案"中审理法院在判决中坚持的立场,在最高人民法院于2022年作为公报案例发布的"陈某某诉无锡市妇幼保健院医疗服务合同纠纷案"中亦获得了支持,[3]这部分程度上反映了我国当前社会背景下司法实践在生育制度整体构造不利于单身女性生育权实现的氛围中,就保护丧偶女性生育权所做的努力。

---

[1] 参见陈洪杰:《司法决策如何进行后果考量》,《财经法学》2021年第2期,第150页。

[2] 参见王利明:《人格尊严:民法典人格权编的首要价值》,《当代法学》2021年第1期,第3页。

[3] 参见陈某某诉无锡市妇幼保健院医疗服务合同纠纷案,《最高人民法院公报》2022年第2期。

B. 单身女性的生育权保护

157　　实践中法院承认给予丧偶女性的生育权以更充分保护的积极立场并未给更广义的单身女性的生育权保护提供更多的帮助。在单身女性冻卵案中，[1]对于单身女性徐某某以拒绝给其实施冻卵手术的医院侵害其一般人格权为由而向该医院主张的侵权责任，虽然法院依据《民法典》第3条、第109条、第110条等承认单身女性享有的生育权属于《民法典》规定的以人身自由、人格尊严为基础的一般人格权的调整范围，但该法院又以医院的行为不具有违法性为由拒绝了原告主张的侵权责任。在法院看来：

158　　第一，辅助生殖技术涉及医学、法律伦理和社会等多方面因素，为防范技术应用风险，保护人民群众合法权益和社会公共利益，该技术应被作为限制性应用的特殊临床诊疗技术来规范，在我国当前法律和行政法规尚未对人类辅助生殖技术具体应用作出明文规定的情形下，《人类辅助生殖技术管理办法》《实施人类辅助生殖技术的伦理原则》（已失效）等部门规章和技术规范中明确规定人类辅助生殖技术的应用必须是以医疗为目的，且明令禁止给不符合国家人口和计划生育法规和条例的夫妇及单身妇女实施人类辅助生殖技术，会对医疗机构及其从业人员产生法律约束力。

159　　第二，医院作为受前述部门规章和技术规范约束的医疗机构，从事的相应诊疗活动必须按照核准登记的诊疗科目展开且必须遵守有关法律法规、部门规章和医疗技术规范，亦即其只有在辅助生殖技术的需求方是以医疗为目的，符合国家计划生育政策、伦理原则和有关法律规定的情形下，才负有提供人类辅助生殖技术服务的法定义务。

160　　第三，身体健康的单身女性以迟延生育为目的而向医院提出的冻卵服务要求，既不是以医疗为目的，也不符合国家计划生育政策。

161　　因此，法院判决认为医院拒绝为身体健康且非以医疗为目的的单身女性实施冻卵服务不具有违法性，相应的侵权责任不成立。该法院一方面承认单身女性的生育权属于基于人身自由、人格尊严而生的一般人格权的保护范畴，另一方面又以医院的行为符合卫生管理部门制定的部门规章、技术规范而不具有违法性，因此拒绝给予生育权被侵害的单身女性以法律救济的论证思路，表明了法院在案涉利益的综合权衡中，认为单身

---

〔1〕　参见徐某枣与首都医科大学附属北京妇产医院一般人格权纠纷案，北京市朝阳区人民法院(2019)京0105民初86861号民事判决书。

【人格权的类型】

女性基于人身自由、人格尊严而生的生育权,在与医疗领域的管理秩序、计划生育政策、社会公共利益及女性、子代健康等发生冲突时,选择优先保护后者的基本立场。这种立场与国家卫生健康委员会在2020年《关于政协十三届全国委员会第三次会议第2049号(社会管理类144号)提案答复的函》中所明确表达出来的观点一致。国家卫生健康委员会在该函件中认为,目前不允许给以延迟生育为目的的单身女性实施冻卵手术的主要考虑有三方面:一是应用卵子冷冻技术存在健康隐患,因为女性卵子冷冻技术是有创性操作,在相应技术实施过程中存在风险,可能危害女性健康。并且高龄孕产妇发生妊娠期合并症、并发症及出生缺陷的风险将会显著增加,为单身女性冻卵有进一步延后女性生育年龄的可能性,不利于保障女性以及子代健康。二是以延迟生育为目的的卵子冷冻技术应用在理论上仍存在较大争议,卵子冷冻技术的安全性和有效性,尤其是子代安全性仍然需要长期随访资料进一步证实。三是严防商业化和维护社会公益是辅助生殖技术实施需要严格遵循的伦理原则。超出医学指征而将辅助生殖技术作为商品一样向健康人群提供,会促使以盈利为目的的技术滥用风险剧增和不良社会影响的扩大。[1] 这种保守的立场构成当前我国法律实践对单身女性生育权保护的桎梏。

尽管如此,我国学理上对《人类辅助生殖技术管理办法》《人类辅助生殖技术规范》《人类辅助生殖技术和人类精子库伦理原则》等禁止医疗机构给单身女性实施人类辅助生殖技术的正当性与合法性论证整体上予以否定性评价。在学理上看来,人类辅助生殖技术如冻卵技术已经比较成熟和规范,是女性行使生育决定权以实现生育权的方式,它与女性对身体的自由决定和人格自由发展紧密相关,不应以特定的婚姻身份为前提,亦即,应允许一定条件下适当放开单身女性利用此项技术的限制,在此意义上前述法律规范应及时调整,以避免生育市场化风险和高近亲结婚率。[2] 但从前述丧偶女性主张实施冷冻胚胎移植纠纷案及单身女性

---

[1] 参见国家卫生健康委员会在2020年7月23日作出的《关于政协十三届全国委员会第三次会议第2049号(社会管理类144号)提案答复的函》。对此的相关学理讨论参见石晶:《人体基因科技风险预防之尊严观的反思与重构》,《财经法学》2021年第6期,第34页。

[2] 参见方兴:《完善单身女性"冻卵"规范浅析——基于传统伦理与生育自主决定权博弈的视角》,《医学与哲学》2020年第23期,第43页。

冻卵案中,法院对待国家卫生管理部门发布的关于生育的规范性文件、标准及指导原则的态度依然可以看到,司法实务部门在涉及单身女性生育纠纷的解决上,要么是完全遵循这些文件所规定的禁止给单身女性实施人类辅助生殖技术的禁令,要么是通过扩大解释如将丧偶女性从前述规范所适用的"单身妇女"概念中区别出来以回避适用限制单身女性生育权的禁令,[1]显示出司法实践对国家卫生管理部门发布的文件的尊重与肯定。在此背景下,如何在卫生行政主管部门所关注的社会秩序、伦理道德、社会公共利益与自然人个人所关注的人格尊严、人格自由发展的私益之间取得一个妥适的平衡,是司法实践中法院处理人类辅助生殖相关法律纠纷的核心。[2]

对此,从当前我国的社会经济发展现状及一般社会观念的普遍认同角度来看,承认丧偶女性甚至单身女性的生育权并放宽冷冻卵子及使用试管婴儿等辅助生殖技术的限制,已经具有了充分的正当性论证基础。[3] 如前所述,生育权作为人格权的法律性质决定了单身女性应享有生育权,生育既是女性履行社会责任的体现,也是其人格尊严和人身自由充分实现的重要途径,并且实践中通常也不存在因单身女性生育权的行使而导致因此所出之子女利益遭受侵害的问题。至于单身女性生育会引发亲子认定,损害子女身份知情权、单身男性的生育权等现实问题,在现有法律框架内都可以得到妥善的解决。在此意义上,我国应围绕《民法典》人格权编尊重人身自由、人格尊严的基本价值来承认并完善单身女性生育权的法律规范体系。[4]

---

〔1〕 参见陈某某诉无锡市妇幼保健院医疗服务合同纠纷案,《最高人民法院公报》2022年第2期。

〔2〕 参见刘长秋:《人类辅助生殖现象的伦理判定与法律裁度》,《人民司法》2014年第14期,第10页。

〔3〕 参见李勇:《独身女性生育权的证成及其实现路径》,《山东女子学院学报》2022年第1期,第75页;余厚宏:《冻卵女性的未来生育权:力度与限度》,《医学与哲学》2021年第21期,第35页;秋实:《丈夫亡故后的"夫妻辅助生育权"》,《检察风云》2022年第6期,第62页;言咏:《保障单身女性平等生育权不能再搁置》,《经济观察报》2022年3月14日,第8版。

〔4〕 参见于晶:《单身女性生育权问题探讨》,《中国政法大学学报》2021年第1期,第25页。

⑦生育权行使限制中的代孕

对于代孕问题,完全禁止的观点认为,在我国现行法律体系下,原卫生部发布的行政规章、指导性规范以及强制性标准等,例如《人类辅助生殖技术管理办法》第3条第3句、《人类辅助生殖技术规范》第三部分"实施技术人员的行为准则"第5项、《人类辅助生殖技术和人类精子库伦理原则》第三项保护后代原则第5条等明确禁止代孕,并且这些规定可以与《民法典》第143条第3项规定的公序良俗原则结合起来进入民事法律行为效力的评价领域,导致在行政关系领域和民事法律关系层面,包括受国家医疗卫生行政管理机关管理监督的医疗机构、其工作人员以及民事生活中的平等的民事主体,进行代孕的合法空间完全被封闭了。在完全否定代孕合法的观点看来,有关禁止代孕的规定虽然是医疗卫生领域的行政管理规定,但具有普遍约束力:禁止医疗机构实施代孕手术,也就禁止了自然人个人的代孕,因为代孕只有医疗机构有条件实施,自然人个人无实施的技术条件;另外,合法医疗机构不得实施,举轻以明重,非法医疗机构更不能实施。因此,前述禁止代孕的法律规定具有普遍的约束力。[1]亦即,代孕在我国现行法律体系下并无合法空间。

考虑我国现行法律体系下明确禁止代孕的规范性法律文件的规范对象为医疗机构及其工作人员,并且其效力等级较低,其进入民事法律关系领域主要是通过公序良俗原则这样的具有很大解释空间的抽象概念,因此完全禁止代孕说的合法性论证基础并不充分。在学理上,反对完全禁止代孕的观点主要从下面三种途径来解决非法代孕的问题:一是制定法上采原则+例外规定相结合的模式,禁止非法代孕为原则,允许有正当理由的合法代孕为例外;二是制定法上禁止代孕,但可以通过判决的方式在例外情况下以特例形式准许代孕;三是禁止性法律规避,即有代孕意愿的自然人可以到法律准许代孕的国家实现代孕以回避国内禁止代孕的强制性规定。[2] 反对完全禁止代孕的观点认为,一方面,当前我国法律实践

---

[1] 参见刘士国:《中国胚胎诉讼第一案评析及立法建议》,《当代法学》2016年第2期,第4页。

[2] 参见杨立新:《一份标志人伦与情理胜诉的民事判决——人的体外胚胎权属争议案二审判决释评》,《法律适用》2014年第11期,第50页。

中原则上禁止代孕的主要目的是保护人格尊严〔1〕、维护社会公共利益、实现代际正义并力行计划生育政策,防止对女性的新的剥削、禁绝贩卖人口〔2〕、减少血缘混乱等伦理乱象,这些都具有充分的正当性、合法性基础。另一方面,我国当前社会生活中存在的非法代孕现象并不鲜见,对代孕的控制堵不如疏,而公民在具备充分正当理由的情形下是否有权通过代孕充分实现其生育权,属于《立法法》第 11 条法律保留范围内的事项,应当得到法律的尊重和保护,《人类辅助生殖技术管理办法》《人类辅助生殖技术规范》等行政部门规章及指导性规范直接进行限制并不合法。另外,当存在失独家庭通过利他性代孕实现生育权等正当性理由时,于此情形下代孕并不必然会被《民法典》第 143 条第 3 项的公序良俗原则所否定。〔3〕 此即表明,现行法下代孕在特定情形下依然具有充分的合法性基础。

166　　从当前关于代孕的合法性争议来看,存在分歧的核心在于:第一,现行法律体系下禁止代孕的具体法律规范的效力应如何对待? 第二,对于代孕事实本身应如何评价? 这两个问题在民事法律关系中所涉及的核心是代孕协议的法律效力界定问题。就意欲通过代孕方式实现生育目的的委托人与自愿代孕以实现委托人生育目的的受托人之间签订的代孕协议来看,其属于民事法律行为。在我国现行民事法律体系下,依据《民法典》第 143 条之规定,民事法律行为是否有效取决于当事人是否具备相应的行为能力、意思表示是否真实以及是否违反法律或公序良俗。在我国当前的法律实践中,界定代孕协议是否有效,最受争议的是其是否构成对法律或公序良俗的违反。

167　　第一,代孕协议是否违反法律?

168　　依据《人口与计划生育法》第 17 条,公民享有生育权;依据《妇女权益保障法》第 32 条,妇女享有生育和不生育的自由。对于公民享有的生育权及妇女享有的生育权的具体实现途径,该法并未明确规定。这是不

---

〔1〕 参见王福玲:《"人是目的"的限度——生命伦理学视域的考察》,《中国人民大学学报》2017 年第 6 期,第 109 页。

〔2〕 参见孔德猛:《妊娠型代孕的伦理正当性研究》,《自然辩证法通信》2016 年第 6 期,第 97 页。

〔3〕 参见杨立新:《一份标志人伦与情理胜诉的民事判决——人的体外胚胎权属争议案二审判决释评》,《法律适用》2014 年第 11 期,第 50 页。

是意味着,特定自然人为生育权的实现而有权与那些享有生育权的女性约定,通过由后者的代孕来完成前者所欲实现的生育目的?对此,2015年底提起修订的《人口与计划生育法(草案)》中新增规定了"禁止以任何形式实施代孕",但《人口与计划生育法》在最后正式通过的修订本中却删除了这一规定,这为代孕合法性的讨论提供了空间。[1] 依据《民法典》第3条、第8条及第10条之规定,自然人的合法权益受法律保护,但自然人合法权利的行使必须遵守法律规定,在无法律规定时应不违背公序良俗。由此需要界定的是,在狭义的法律即制定法并未就与代孕有关的事项作出规定时,普遍意义上被认为属于国家政策的行政规章、指导性规范及强制性标准等,[2] 会对前述代孕协议的效力产生影响吗?

如前所述,在我国当前的法律实践中,与代孕事宜相关的规范性文件主要包括《人类辅助生殖技术管理办法》《人类辅助生殖技术规范》《人类辅助生殖技术和人类精子库伦理原则》等。虽然这些文件禁止医疗机构和医务人员实施任何形式的代孕技术,问题是该行政规章于此仅强调受其管理的医疗机构与医务人员不得实施代孕技术,其仅希望通过对代孕技术的管理与控制而禁止代孕事件的发生。[3] 国家卫生行政主管部门此举实际上意味着,若夫妻双方中的男方没有生育能力而女方有生育能力,那么其可以接受第三人捐赠的精子而通过人类辅助生殖技术实现生育子女的意愿;若夫妻双方中妻子没有生育能力或者夫妻双方都没有生育能力,那么其原则上无法通过与他人达成代孕协议而实现生育目标。因为于此场合通过有效协议所取得的体外胚胎仅能通过代孕技术而由婚姻之外的第三人完成孕育的过程,这种技术恰恰是被《人类辅助生殖技术管理办法》所禁止的。就此而言,即使国家政策可以作为民法法源而

---

[1] 参见马龙倩:《国内代孕乱象及其规制路径》,《东南大学学报(哲学社会科学版)》2020年第S2期,第58页;徐园红、羊海燕:《我国合法代孕类型化界定路径探析》,《中国卫生法制》2021年第1期,第11页。

[2] 国家政策对于民事行为效力的影响,相关学理讨论参见朱庆育:《民法总论》,北京大学出版社2013年版,第40页;龙卫球:《民法总论》,中国法制出版社2001年版,第35页;张红:《论国家政策作为民法法源》,《中国社会科学》2015年第12期;刘颖:《论民法中的国家政策——以〈民法通则〉第6条为中心》,《华东政法大学学报》2014年第6期。

[3] 参见朱晓峰:《民法典编纂视野下胎儿利益的民法规范——兼评五部民法典建议稿胎儿利益保护条款》,《法学评论》2016年第1期,第186页。

在司法实践当中事实性地发挥裁判功能,[1]现行法以及相关的国家政策对代孕协议的效力也并未完全予以明确肯定或否定,因此不能遽然以《民法典》第143条规定的违反法律规定来否定代孕协议的效力。对此,尚需通过公序良俗原则进一步界定。

170　　第二,是否违反公序良俗原则?

171　　依据《民法典》第8条、第10条与第143条之规定,民事法律行为不得违反公序良俗。对于什么是公序良俗,什么情形下会存在对公序良俗的违反,法律并没有明确的规定,同时由于公序良俗本身的复杂性和多义性,也难以给出一个公认的具有可操作性的公序良俗的定义,[2]学理上对此也存在较大争议。民法典草案起草者认为,公序良俗包括公共秩序和善良风俗,前者又称公共政策或社会公共利益,是指政治、经济、文化等领域的基本秩序和根本理念,是与国家和社会整体利益相关的基础性原则、价值和秩序,强调国家和社会层面的价值理念;后者也被称为社会公共道德,是指基于社会主流道德观念的习俗,是全体社会成员普遍认可、遵循的道德准则,具有一定的时代性和地域性,随着社会成员的普遍道德观念的改变而改变,突出民间的道德观念,与公共秩序互为补充。[3] 显然,这一定义也过于抽象而缺乏可操作性。另外,由于我国现行法律体系中还存在公序良俗概念与其他类似概念如社会公共利益、公共利益、社会利益、社会公共道德、社会经济秩序等混用的问题,导致概念彼此之间在规范意义上的区分并不明确。[4] 为解决现行法律体系中作为砖石基础的基本概念的统一性问题,我国学理上力图调和概念之间在表述上存在的差异而努力寻找彼此之间的共同点。例如,民法学理上有观点认为,"中国现行法所谓'社会公共利益'及'社会公德',在性质和作用上与公

---

〔1〕 对于国家政策作为民法法源,学理上存在不同观点,即使是支持者,也认为应当通过民法上的转介机制而非直接适用的方式,承认其在司法实践中的作用。参见张红:《论国家政策作为民法法源》,《中国社会科学》2015年第12期,第133页。

〔2〕 参见李春成:《公共利益的概念建构评析——行政伦理学的视角》,《复旦学报(社会科学版)》2003年第1期,第43页。

〔3〕 参见黄薇主编:《中华人民共和国民法典总则编解读》,中国法制出版社2020年版,第23页;

〔4〕 参见张剑文:《社会公共利益之规范解释》,《中国检察官》2015年第2期,第7页。

【人格权的类型】

序良俗原则相当,'社会公共利益'相当于'公共秩序','社会公德'相当于'善良风俗'"。[1] 该观点获得了普遍的认同,支持者表示:"我国现行民事立法虽然没有采纳公序良俗的概念,而采用了社会公共利益和公共道德等概念,但他们表达的都是相同的含义。"[2] 在制定法上,《民法典》等已经用公序良俗概念取代了之前《民法通则》等所使用的社会公共利益和公共道德概念,这可以为学理上的相应观点提供佐证。[3] 本评注对此亦持相同观点。

由于公序良俗概念具有抽象性而不宜通过一般性定义予以把握,因此我国民法学理与实务上通常采用类型化的方式将违反公序良俗而无效的行为限定为:以从事犯罪或帮助犯罪为内容、规避课税为目的、危害社会秩序、违反性道德、违反人格和人格尊严、危害家庭关系、限制经济自由、违反公平竞争以及违反劳动者保护等。[4] 另外,在识别实践中的具体情形是否应被纳入公序良俗的肯定或否定性评价范围时,学理及司法实践中主要从如下四个方面展开: 172

第一,虽然公序良俗属于不确定概念和一般条款,内涵外延均不确定,但正因如此,该条作为授权性规定,具有制定法之漏洞填补功能,在制定法上缺乏相应具体明确的法律规定时,裁判者可依该授权性规定展开法律涵摄。亦即,在制定法未对代孕行为作出明确规定时,可依该一般性条款对相应行为展开法律上的评价并确定法律效果。 173

第二,公序良俗概念具有模糊性,其内涵外延亦会因时代背景的变换而变化。代孕行为是否构成公序良俗之违反,需要在具体的社会背景下展开判断。 174

第三,尽管公序良俗概念具有不确定性,但共同体成员基于共同生活的需要而对社会公共利益的认定存在着一定的共识,亦即被公众广泛认 175

---

[1] 梁慧星:《民法总论》(第五版),法律出版社 2017 年版,第 51 页。
[2] 王利明:《民法总论》,中国人民大学出版社 2009 年版,第 58 页。
[3] 参见张新宝:《〈中华人民共和国民法总则〉释义》,中国人民大学出版社 2017 年版,第 15 页。
[4] 参见梁慧星:《市场经济与公序良俗原则》,载梁慧星主编:《民商法论丛》第 1 卷,法律出版社 1994 年版,第 57—58 页;最高人民法院民法典贯彻实施工作领导小组主编:《中华人民共和国民法典总则编理解与适用》(上册),人民法院出版社 2020 年版,第 73—74 页。

同的观念或立场,这些具有共识的部分要么转化为法律的具体规定,要么能能够通过类型化的方式呈现出来。

176　　第四,对共识度较低的公序良俗的辨识,应具体情况具体分析,从具体规则出发运用法律推理以确定其在个案中的适用。在个案裁判中,裁判者应尽量摒弃个人的主观好恶,审慎考虑当事人所属的民族与地域,适当借鉴经验主义标准和唯心主义标准,兼顾普通人的感受、生活经验以及专家的评判等多种因素,在重视多数人中的流行意见的同时防止多数人对少数人的暴政。[1]

177　　一般而言,公序良俗的力量受制于两个因素:其一,理性人不仅不同意去实现利害攸关的道德和文化理想,而且也不同意这些理想完全属于公共物品;其二,公序良俗的界限难以划分,使其容易作为托辞甚或被滥用。[2] 因此,对于代孕而言,其是否违反公序良俗,在制定法未明确规定的背景下,就需要在已有的社会共识基础上,结合个案具体分析。

178　　在有偿代孕场合,代孕协议双方以受托人通过子宫提供生育服务行为为标的,并以一定之金钱为该服务之对价,属于对作为民法之价值基础的人的尊严的严重违反。康德以来的法律实践观所坚持的人仅能是目的而不能被当作工具的基本立场承认,每个人都"有权要求其他任何人尊重他的人格、不侵害他的生存(生命、身体、健康)和他的私人领域;相应地,每一个人对其他任何人也都必须承担这种尊重他人人格以及不侵害他人权利的义务"。[3] 而将女性的子宫通过代孕协议确定为委托人提供生育服务的工具,恰恰是对《民法典》所宣示和保护的人格尊严的严重违反,可以纳入严重违反人格尊严的公序良俗违反之类型,于此场合的代孕协议当然无效。

179　　无偿的利他性代孕行为是否当然无效,对此问题值得讨论。以人格尊严的普遍承认为基本共识和价值基础的公序良俗,当然内含尊重人格自由发展的积极要素。在我国现行法律体系下,特别是在历史上极为严厉的计

---

〔1〕 参见戴孟勇:《论公序良俗的判断标准》,《法制与社会发展》2006 年第 3 期,第 47 页。

〔2〕 参见朱晓峰:《人类基因编辑研究自由的法律界限与责任》,《武汉大学学报(哲学社会科学版)》2019 年第 4 期,第 24 页。

〔3〕 参见朱晓峰:《作为一般人格权的人格尊严权——以德国侵权法中的一般人格权为参照》,《清华法学》2014 年第 1 期,第 65—66 页。

划生育政策的影响下,对于那些因实施计划生育政策而仅生了一个孩子的夫妻来讲,在孩子成年后因事故去世而自己又因年龄或其他缘故一方或双方丧失生育能力的场合中,在不违反基本人伦道德的前提之下,是否可以适当承认那些基于友情、亲情等而无偿代孕的行为? 若自然人因为自主意志的选择不生或者少生,那么其以基因传承和种的繁衍为核心的生育权在实践中遭遇的风险就属于自己责任的范畴;但如果因为国家的干预而使自然人被迫选择只生一个,那么人因为这种选择而在嗣后遭遇生育权实现的危机时,国家是否有义务采取补救措施来为这些陷于困境的家庭提供救济? 而通过有限度地承认代孕,恰恰可以在技术上部分程度地解决失独家庭在这里所面临的困境。〔1〕 就此而言,在坚持保护人格尊严的价值基础之上,基于人格自由发展特别是特定情形下生育权的实现的考虑,无偿的友情代孕行为并不必然因违反公序良俗原则而无效。

换言之,若委托人与受托人签订有偿代孕协议,以金钱给付作为受托人提供子宫并孕育体外胚胎之行为的对价,显然侵犯了受托人的人格尊严,违反了公序良俗原则,依据《民法典》第 8 条、第 132 条和第 143 条第 3 项,应当为无效。虽然有法院在判决书中笼统地认为《人类辅助生殖技术管理办法》"虽为部门规章,不能作为确认代孕子女法律地位及监护权的法律依据,但国家对于代孕之禁止立场已为明确。私权领域虽有'法无禁止即可为'之原则,却并不代表私权主体的任何权利义务都可通过民事协议来处分,代孕行为涉及婚姻家庭关系、伦理道德等人类社会之基本问题,不同于一般民事行为,故不适用契约自由原则。尽管代孕行为在我国尚不合法……"等等,〔2〕但其并没有根据代孕所涉具体事宜对代孕协议的效力进行区分界定,显然并不适当。司法实践中持此立场的法院亦非鲜见。"深圳西尔斯国际商务咨询有限公司与孙艳服务合同纠纷案"一审法院在判决书中即明确写道:"在我国,代孕行为涉及代孕者的生命、身体、健康等多种重大的物质性人格利益,也涉及代孕孕母和委托

---

〔1〕 "沈某南、邵某姝与刘某法、胡某仙监管权和处置权纠纷案"中的失独家庭对于子女所遗留之胚胎的争夺,所反映出来的正是这种困境。参见沈某南、邵某姝与刘某法、胡某仙监管权和处置权纠纷案,江苏省无锡市中级人民法院(2014)锡民终字第 01235 号民事判决书。

〔2〕 参见陈某诉罗某甲等监护权纠纷案,上海市第一中级人民法院(2015)沪一中少民终字第 56 号民事判决书。

代孕的父母之间关于代孕所生的子女亲属关系的确立、子女抚养的纠纷以及履行代孕合同过程中产生的多种不可预知的风险,因此,我国的相关立法已经明确规定,不允许医疗机构和医务人员实施任何形式的代孕技术,也不允许在市场上以任何形式买卖配子、合子、胚胎,在市场交易中,应严禁将相关代孕的行为商业化,并杜绝相关机构因从事代孕有关的服务而从中谋取商业利益。从事代孕有关的行为与我国传统的社会伦理、道德以及公序良俗的基本原则明显相违背。在我国普遍的司法实践中,因代孕孕母和委托代孕的父母之间签署的涉及代孕权利义务关系的合同,或者以谋取商业利润为目标的中介商业代孕机构和委托代孕的父母之间签订的有关代孕的居间服务合同均会因违反我国现行立法的规定以及公序良俗的基本原则而被认定为无效合同。"[1]二审法院对此亦持相同立场:"我国民事主体在订立有关民事合同时不得违反我国社会的公序良俗。案涉合同的主要内容是西尔斯公司以盈利为目的,为孙艳提供去美国代孕的各项前期准备及居间服务。代孕行为涉及代孕者的人格权益,也涉及代孕孕母和委托代孕的父母与代孕所生的子女之间亲属关系确立、抚养等法律伦理难题。从事代孕有关的行为与我国传统的社会伦理、道德以及公序良俗的基本原则相违背。"[2]这种全盘否定代孕的立场显然并不利于现实生活中具体的自然人的合理需求的满足。[3] 司法实践中面对具体案件的法院在判决中应注意论证言辞的严谨性,实践中亦有法院仅针对个案的情形进行处理。例如,在"高丽、李杰委托合同纠纷案"中,二审法院在判决书中即认为"双方签订合作协议约定开展赴美生子、国外代孕业务,超出了北京美嘉之星教育咨询有限公司的经营范围,而代孕业务有违我国公序良俗和社会公德,而且从事代孕和代孕中介是我国打击的对象",从而确认合同无效。[4] 从法律论证方法的严谨性

---

[1] 深圳西尔斯国际商务咨询有限公司与孙某服务合同纠纷案,广东省深圳前海合作区人民法院(2017)粤 0391 民初 1893 号民事判决书。
[2] 深圳西尔斯国际商务咨询有限公司与孙某服务合同纠纷案,广东省深圳市中级人民法院(2018)粤 03 民终 9212 号民事判决书。
[3] 参见朱晓峰:《生育中人格权益的民法保护》,经济科学出版社 2019 年版,第 29 页。
[4] 参见高某与李某等委托合同纠纷案,山东省德州市中级人民法院(2017)鲁 14 民终 1863 号民事判决书。

【人格权的类型】

上来讲,这种论证显然更值得赞同。

对无偿代孕的法律评价,应交由法院在个案中综合考虑案涉情形进行判断,具体的评价方法详见本评注"法院个案中的利益权衡及具体方法"部分的讨论。

(3)生育权的保护

生育权的核心内容是生育自主权和生育知情权,例如,夫妻双方中一方自主选择生育影响对方生育利益的实现[1]、一方患有影响生育的疾病且未告知对方影响对方生育利益的实现[2]、妻子擅自终止妊娠影响到丈夫生育利益实现[3]、丈夫强迫妻子终止妊娠影响对方生育利益的实现[4]、妻子婚内出轨生育影响丈夫生育利益实现[5]、夫妻双方签订生育协议限制一方或双方生育利益实现[6]、因医疗机构过错导致错误出生[7]、不当妊娠[8]影响受害人生育利益实现等,均涉及对自然人生育自主权及知情权的侵犯问题,应予区分处理。另外,因事故、暴力行

---

[1] 参见李某诉王某离婚纠纷案,山东省高唐县人民法院(2014)高民一初字第1145号民事判决书。

[2] 参见佘某某诉苏某某离婚纠纷案,广东省潮州市湘桥区人民法院(2014)潮湘法民一初字第502号民事判决书。

[3] 参见王某甲诉王某乙离婚纠纷案,河北省唐山市丰南区人民法院(2014)丰民初字第2092号民事判决书。

[4] 参见徐某诉杨某离婚后财产纠纷案,河北省石家庄市中级人民法院(2015)石民二终字第00919号民事判决书。

[5] 参见赵某诉张某一般人格权纠纷案,山东省青岛市中级人民法院(2015)青民五终字第1962号民事判决书。

[6] 参见曾某丽诉郭某华离婚纠纷案,广东省佛山市中级人民法院(2015)佛中法民一终字第490号民事判决书。

[7] 参见贵州省红十字会妇女儿童医院有限公司、岳某民医疗损害责任纠纷案,贵州省贵阳市中级人民法院(2020)黔01民终6910号民事判决书;蒋某某、姚某某医疗损害责任纠纷案,云南省西双版纳傣族自治州中级人民法院(2019)云28民终754号民事判决书。

[8] 参见金某宏等与蓝田县焦岱镇人民政府等医疗损害赔偿纠纷案,陕西省西安市中级人民法院(2009)西民二终字第00330号民事判决书;刘某某与郑州大学第三附属医院医疗损害赔偿纠纷案,河南省郑州市中级人民法院(2017)豫01民终173号民事判决书;雷某某等诉惠水县仁爱医院医疗损害责任纠纷案,贵州省惠水县人民法院(2017)黔2731民初1088号民事判决书。

为造成他人生殖能力或生育过程损伤,甚至导致丧失生育能力的纠纷,属于身体权健康权侵害,不在生育权涵摄之列。[1]

①限制生育权的法律行为的效力

与其他人格权不同,生育权人实现生育利益既受自身生理条件限制,也受他人和社会制约,生育权的实现既要维护生育权本身,又要兼顾他人合法权益与社会公共利益。亦即言,生育权的行使应以不损害他人合法权益以及社会公共利益为原则。由于生育权的基本权利和人格权属性,依据《立法法》第11条规定的法律保留原则,对于非基于自然人本身生理原因的生育权实现方面的限制,只有法律才可以规定是否以及如何限制。[2]在此意义上,若男女双方在同居期间、婚姻关系存续期间或婚姻关系终止之后签订限制对方或双方生育权的生育协议,如在协议中约定生育、引产或不生的民事责任等,这样的限定会侵犯生育权,因违反《民法典》第143条第3项关于民事法律行为不得违反法律的强制性规定而无效。[3]

②自然生育场合夫妻之间的生育权侵害责任

生育权的实现需要男女互相协助,但婚姻关系并不赋予夫妻相互的人身支配权以及在生育权实现上的必然保障。在社会生活实践中,女性在生育权实现过程中因为生理因素所具有的事实上的主导地位与男性在社会家庭生活中实际拥有的支配性地位,往往导致男女双方在生育权实现中的冲突甚至引发相应的侵权事件。基于生育权享有与行使的特点,对于生育权侵害的民事责任的认定应当在承认女性生育权优先保护的基础上来考虑男性生育权的适当兼顾保护问题。

第一,女性生育权行使中的优先保护与侵害男性生育权的民事责任。自然人皆享有生育权,皆因此而有生育的自由与不生育的自由,其中不生育的自由应优先于生育的自由予以保护。亦即言,若男方希望依法生育,但女方予以拒绝,此时不论女方是否处于妊娠状态,皆应优先保护不

---

[1] 参见王歌雅、张小余:《生育利益私法保护的权利基础与规制范式》,《思想战线》2021年第1期,第153页;马强:《论生育权——以侵害生育权的民法保护为中心》,《政治与法律》2013年第6期,第16页。

[2] 参见邢玉霞:《从民事权利的角度辨析生育权的性质》,《东岳论丛》2012年第3期,第184页。

[3] 参见曾某丽诉郭某华离婚纠纷案,广东省佛山市中级人民法院(2015)佛中法民一终字第490号民事判决书。

生育的自由,因为生育这一特殊行为涉及基本权利,不能因保护一方的生育权而使对方的不生育的自由被侵害;若女方希望依法生育,但男方予以拒绝,基于同样的理由此时原则上亦应优先保护男方不生育的自由,[1]但如果男方主张不生育发生在女方怀孕之后,那么此时应优先保护女方的生育权,因为在生育权方面女性与男性存在着天然不平等,这种天然不平等由男女两性的基本生理构造所决定,特别是在女性怀孕之后,胎儿即成为其身体组成部分,从而使女性的生育权与其一系列其他重要的人格权利如生命权、身体权与健康权等产生直接联系,使女性之生育权显得更为重要,同时也会因为其他相关权利受到侵犯而更易受到损害,[2]于此情形下给予女方生育的自由以优先于男方不生育的自由的保护地位亦不违反《民法典》第4条的平等原则。[3] 因此女方擅自终止妊娠的,依据《民法典婚姻家庭编解释(一)》第23条,男方不得以自己生育权被侵害为由向对方主张损害赔偿责任。甚至在女方欺诈男方自己已采取避孕措施而实际上没有采取避孕措施并怀孕的场合,男方主张不生育而女方主张生育并将孩子生下来的,亦应优先保护女方及已出生的孩子,此时女方单方面选择生育子女,并不构成对男方生育权的侵犯。[4] 另外,对于男方过错侵害女方感情并使其基于错误认识而怀孕、流产的,女方因此遭受的损害亦可直接被纳入生育权侵害的范畴予以救济,不需要通过其他具体人格权或者一般人格权涵摄。[5]

---

[1] 参见张某某诉范某某人格权纠纷案,重庆市潼南区人民法院(2021)渝0152民初5072号民事判决书。

[2] 参见湛中乐、谢珂珺:《论生育自由及其限制》,《人口研究》2009年第5期,第102页。

[3] 参见李遵礼、周燕:《张某某诉范某某人格权纠纷案——夫妻意愿冲突时生育权的行使规则》,载最高人民法院中国应用法学研究所主编:《人民法院案例选》2023年第3辑,人民法院出版社2023年版。

[4] 参见赵某诉许某抚养费纠纷案,北京市海淀区人民法院(2013)海民初字第23318号民事判决书;安某某诉刘某某同居关系子女抚养纠纷案,山东省济南市市中区人民法院(2017)鲁0103民初字第6942号民事判决书。

[5] 参见谢某瑷诉唐某健康权纠纷案,广西壮族自治区玉林市福绵区人民法院(2018)桂0903民初字第596号民事判决书;蒋某诉李某一般人格权纠纷案,北京市第二中级人民法院(2016)京02民终字第11106号民事判决书;廖某玲诉廖某炜一般人格权纠纷案,广东省佛山市顺德区人民法院(2013)佛顺法勒民初字第703号民事判决书。

第二,对男性生育权行使的保护与对女性生育权的适当限制。男性生育权的权利内容受到诸多限制,其生育权的实现依赖于女性生育权,特别是当男性的积极生育权与女性的消极生育权发生冲突时需要协调二者的保护,使处于主导地位的婚内女性的生育权能够得到适当制衡,从而在优先保护女性生育权的前提下兼顾对男性生育权的保护。[1] 这种兼顾表现在两个方面:一个是在女方尚未怀孕之前,男女双方享有的不生育的自由应同等保护,不能因对女性生育权的优先保护而在女方主张生育与男方主张不生育的冲突之间优先保护女方,因为生育权是自然人平等享有的人格权,不能为了充分实现一方的生育利益而过度牺牲另一方的自由;[2] 二是在女方怀孕之后,虽然妊娠女性享有的生育权具有受到优先保护的效力,但这种优先保护的排他性效力并不意味着做决定的理由也具有排他性,法律要引导并促进一种合理的个人选择。在此背景下,因婚姻与家庭而产生的义务为女性生育权的行使设定了一些义务,正是这些义务的存在奠定了女方在婚姻关系存续期间的包括生育权在内的权利行使界限以及违反该界限所导致的针对侵权行为和损害赔偿的请求权基础。[3] 例如,婚姻关系存续期间女方出轨并生育了第三者的子女,于此情形下男方的生育权即被侵害,其有权向女方主张损害赔偿并要求返还抚养费。[4] 基于婚姻家庭关系为女性生育权行使所设定的义务以婚姻关系的存在为前提,否则即不存在女方因该义务的违反而导致的对男方的生育权的侵害及相应的民事责任的承担。例

---

[1] 参见张作华、徐小娟:《生育权的性别冲突与男性生育权的实现》,《法律科学》2007年第2期,第129页。

[2] 参见李遵礼、周燕:《张某某诉范某某人格权纠纷案——夫妻意愿冲突时生育权的行使规则》,载最高人民法院中国应用法学研究所主编:《人民法院案例选》2023年第3辑,人民法院出版社2023年版。

[3] 参见朱振:《妊娠女性的生育权及其行使的限度——以〈婚姻法〉司法解释(三)第9条为主线的分析》,《法商研究》2016年第6期,第51页。

[4] 参见陈某诉林某甲离婚纠纷案,湖南省株洲县人民法院(2015)株县法民一初字第228号民事判决书。对于此类案件,司法实践中法院也有以男方一般人格权、知情权、名誉权、配偶权等受到侵害而为其提供法律救济的,相应判决参见王某甲诉俞某、朱某离婚后损害责任纠纷案,浙江省杭州市萧山区人民法院(2010)杭萧义民初字第2号民事判决书;石某某诉刘某某离婚纠纷案,湖南省常德市中级人民法院(2015)常民一终字第479号民事判决书。

【人格权的类型】

如,对于婚前与情人发生性关系的女性怀孕之后与他人结婚并将孩子生下来的行为,司法实践中即有观点认为,尽管该婚前性行为有违人情道德,但并没有违反婚内夫妻忠实义务,因为该性行为发生时尚不存在应受法律保护的配偶关系,自不存在对婚姻中另外一方当事人的侵权责任问题。[1]

对于夫妻关系存续期间或者男女朋友同居期间,因双方未采取避孕措施或避孕措施不当导致女方怀孕的,不管女方是否终止妊娠,通常情形下并不存在生育权侵害的问题。对于同居期间发生的女方因为怀孕以及终止妊娠等所遭受的财产损失,应由男女双方共同承担。[2]

③人工辅助生殖场合夫妻之间侵害生育权的民事责任

与自然生育不同,我国现行法律体系下通过人工辅助生殖技术进行生育的夫妻双方必须对采取人工辅助生殖技术进行生育作出书面同意,如果双方未就此达成书面一致意见而进行生育的,那么即可能构成对对方生育权的侵犯,需要承担相应的民事责任。对于具体的生育权侵害情形,需要区分同质生殖与异质生殖两种情形进行讨论。

第一,在同质生殖场合,对于女方而言,在夫妻关系存续期间,若女方擅自使用男方精子进行人工授精,此时虽然存在对男方生育权的侵犯,但是此时应当通过《民法典》第998条综合考虑具体案件中行为人的过错程度、影响范围、行为方式、目的及后果等,类推适用自然生育情形下女方欺诈怀孕并在男方明确予以反对情形下生育子女案的法院意见,[3]优先保护女方及未成年人的利益,不宜认定女方的擅自生育行为构成对男方生育权的侵犯;男方死亡或双方离婚后女方擅自使用死者的冷冻精子受精怀孕或擅自使用夫妻双方在婚姻存续期间通过体外受精技术形成的受精卵怀孕并生子女的,由于此时夫妻关系已经终止,且相应的生育行为又未取得男方同意,构成对男方生育权的侵犯,具体的民事法律责任应当依据《民法典》第998条由法官综合考虑具体案件的案涉因素进行判

---

[1] 参见张某诉李某一般人格权纠纷案,浙江省宁波市中级人民法院(2009)浙甬民一终字第760号民事判决书。

[2] 参见阳某某、左某蓓生命权、健康权、身体权纠纷案,广西壮族自治区桂林市象山区人民法院(2019)桂0304民初1908号民事判决书。

[3] 参见赵某诉许某抚养费纠纷案,北京市海淀区人民法院(2013)海民初字第23318号民事判决书。

断,并且因此所生子女并非男方法律意义上的子女。对于男方而言,若其未经女方同意而擅自使用双方在婚姻存续期间通过体外受精技术形成的受精卵植入代孕母亲体内生育子女的,此时既缺乏生育子女的合意,也不存在对男方生育权优先保护的考虑,因此应认定男方的行为构成对女方生育权的侵犯,相应的民事法律责任由法官依据《民法典》第998条确定。[1]

第二,在异质生殖场合,对女方而言,若是异质受精的,虽然女方与供精者没有直接肉体接触和性行为,双方也互不相识,但该行为既缺乏男方同意又与男方缺乏生理、身体上的联系,因此该行为构成对男方生育权的侵犯,因此所生育的子女亦与男方没有法律上的亲子关系。同理,在适用体外受精—胚胎移植(试管婴儿)技术时,未经男方同意进行的捐精妻卵或未经女方同意进行的夫精捐卵,不论自孕或代孕,都构成对配偶一方生育权的侵犯。[2] 如果双方事前达成一致意见采取异质生殖而事后反悔的,在配子或受精卵植入女性子宫之前,任何一方都享有不生育的自由而有权终止已经达成的生育合意关系。若已进行了植入手术,在自孕情形下,依据指导案例50号所确立的规则,此时男方不得强迫女方终止妊娠或强行要求女方继续妊娠,否则构成对女方生育权、身体权、健康权等权利的侵犯,而女方享有决定是否继续生育的权利,可以单方决定是否生育,于此情形下并不侵犯男方的生育权。[3]

另外,婚姻存续期间男方未经女方同意擅自单方废弃冷冻胚胎的,司法实务上认为该行为构成对女方包括生育知情权在内的人格权的侵犯,需要承担因此导致的损害的民事责任。法院的主要理由在于:第一,婚姻家庭法中的妊娠包括自然生殖和人类辅助生殖等情形,均会发生妊娠的法律后果,胚胎移植所生子女应视为夫妻双方的婚生子女,不仅在出生之后应取得相同的法律地位,在出生之前就应该得到同等对待;第

---

[1] 参见郑净方:《人工生殖技术下夫妻生育权的契合与冲突》,《河北法学》2012年第5期,第160页。

[2] 参见郑净方:《人工生殖技术下夫妻生育权的契合与冲突》,《河北法学》2012年第5期,第160页。

[3] 参见指导案例50号即"李某、郭某阳诉郭某和、童某某继承纠纷案",江苏省南京市秦淮区人民法院民事判决书(2006)秦民一初字第14号,《人民司法·应用》2016年第26期,第32—36页。

二,女方怀孕后,男方不得因为不愿生育而强迫女方堕胎,因为怀孕的行为本身表明男方以默示的方式行使生育权,男方不得强迫女方不生育,否则仍然是侵犯女方的人身权;第三,由于男女生理上的差异,相较于取精,取卵过程伴有风险和痛苦,对身体有负面影响,女方出于对生育的渴望,自愿忍受身体的伤害做辅助生殖手术,女方的这种付出系以得到健康的下一代为目的,在其付出巨大的代价后,男方违背合意废弃胚胎致使女方的目的落空;第四,男方应知道实施辅助生殖技术对女方身体有一定的伤害。在移植胚胎前,男方单方废弃胚胎,使女方在服药促排卵以及取卵过程中遭受的痛苦和损害不能得到回报。这与男方不得强迫女方堕胎,因为这会对女方身体造成损害的逻辑一致。在人工辅助生殖手术中,排取卵过程对于女方有身体上的伤害,双方应当以谨慎的态度决定是否实施该项手术。第五,男方单方废弃胚胎侵害了女方的生育知情权。生育知情权是指生育主体对与自身生育相关的信息所具有的了解权利。夫妻有相互扶助义务,均应维护和促进对方的利益。在男方有便利的条件照管胚胎且此前的照管行为均由男方履行,女方有理由相信男方会妥善处理胚胎储存问题。男方在未通知女方的情况下单方废弃胚胎,损害了女方的生育知情权。第六,根据伦理、一般观念和司法政策,女方在离婚后不得单方移植胚胎。即使夫妻关系出现裂痕,男方对婚姻前途缺乏信心,男方也应尊重女方的付出,照顾女方的感受。何况感情是变化的,废弃行为难以保证是一方冷静状态下的慎重决定,有时也不一定符合废弃方本人的利益。[1]

④第三人侵害生育权的民事责任

生育权除了需要男女双方协作才可以实现及因此表现出来的冲突性,还具备人格权所通常具有的绝对权属性以及因此而生的不可侵性。这就意味着自然人在享有生育权和实现生育权的过程中,对于因第三人的侵害行为所导致的损害,受害人在条件具备时可以主张相应的民事法律责任。[2] 在实践中,第三人侵害生育权的民事责任表现多样,主要表现为医疗机构的侵权责任。

第一,医疗机构因过错行为导致自然人生育能力受损的,由于此种情

---

[1] 参见王某与孙某离婚纠纷案,江苏省南京市玄武区人民法院(2017)苏0102民初4549号民事判决书。

[2] 参见王歌雅、张小余:《生育利益私法保护的权利基础与规制范式》,《思想战线》2021年第1期,第159页。

形下通常也存在对受害人身体权、健康权等物质性人格权的侵害,此时受害人享有选择权,可以直接主张身体权、健康权被侵害的民事法律责任,也可以主张生育权被侵害的民事法律责任。选择二者的区别在于:依据《民法典》第998条,生命权、身体权、健康权侵害的民事法律责任认定,法官只能依据《民法典》第1165条第1款确定的侵权责任的构成要件予以展开,法官的自由裁量空间受严格控制;对于生命权、身体权、健康权之外的其他非物质性人格权侵害的民事责任认定,法官可以在综合考虑个案中的行为人过错程度、社会影响、行为目的、手段及方式等因素的基础上综合认定,法官的自由裁量空间较大。

第二,医疗机构因过错行为导致生育自主权、生育知情权被侵害的,如错误出生、不当怀孕等。其中,错误出生是指原本不应出生的婴儿由于医疗机构或医务人员的医疗过失而出生。[1] 因医疗机构过错未能依约检查出胎儿存在的生理缺陷并导致胎儿嗣后活着出生的,我国学理上认为此时父母的优生优育权被侵害,因此产生的抚养费、婴儿残障治疗费等费用的支出及遭受的精神痛苦都属于侵权法上的可赔损害。[2] 与此相对应,若自然人选择侵权之诉而非违约之诉,[3] 那么其主张因医疗机构侵害行为导致生育知情权与生育选择权侵害的损害赔偿责任,法院通常会依据《民法典》第1165条第1款所确立的侵权责任的构成要件即侵害行为、损害后果、因果关系和过错四个方面,[4] 在结合《民法典》第998条规定的人格权侵害场合民事责任认定时应考量的因素的基础

---

[1] 参见丁春艳:《"错误出生案件"之损害赔偿责任研究》,《中外法学》2007年第6期,第682页。

[2] 参见张红:《错误出生的损害赔偿责任》,《法学家》2011年第6期,第54页。

[3] 受害人于此享有选择权,既可以主张违约责任,亦可以主张侵权责任。相关诉讼参见李某、李某召诉洛阳市中心医院医疗服务合同纠纷案,河南省洛阳市西工区人民法院(2009)西民初字第1587号民事判决书;景县妇幼保健院、孙某医疗损害责任纠纷案,山东省德州市中级人民法院(2020)鲁14民终1278号民事判决书。

[4] 参见贵州省红十字会妇女儿童医院有限公司、岳某民医疗损害责任纠纷案,贵州省贵阳市中级人民法院(2020)黔01民终6910号民事判决书;马某某2、李某某、合肥友好医院等医疗损害责任纠纷案,安徽省合肥市中级人民法院(2020)皖01民终1449号民事判决书;蒋某某1、姚某某医疗损害责任纠纷案,云南省西双版纳傣族自治州中级人民法院(2019)云28民终754号民事判决书。

上,来认定相应的侵害行为的责任成立与承担问题。[1] 对于因医疗机构过错导致其为自然人实施的避孕、节育手术失败,并使受害人怀孕而因此遭受的损害,法院通常认为此时若受害人选择终止妊娠所导致的损害属于生育权侵害的后果,医疗机构在相应的过错范围内应予赔偿;[2]但如果自然人在怀孕之后未选择终止妊娠而是将孩子生下来,那么此时受害人因生育自主权侵害所遭受的侵权法上可予赔偿的损害仅限于怀孕、分娩过程中所遭受的财产损失(如手术费、分娩费、因分娩而引起的收入减少、支出的其他合理费用等),并不包括精神损害与抚养孩子的必要支出。司法实务上认为,不当出生案中侵害生育自主权的行为必然会使受害人遭受一定的财产损失,该笔财产损失或因为终止妊娠而发生,或因为生育孩子而发生。若是前者,除必要的财产损失赔偿外,受害人因为终止妊娠而遭受的精神损害亦属于生育权侵害的后果,应予赔偿,但对于因受害人原因导致的损害扩大部分则不予赔偿,如因医疗机构过错导致节孕措施失败,但受害人怀孕之后直到胎儿6个月时才终止妊娠的;[3]若是后者,那么受害人就不能主张精神损害赔偿与抚养孩子的必要支出。对于精神损害而言,因为精神损害赔偿的请求权基础是侵害行为给被侵权人造成严重精神损害,但是在孩子出生场合,医疗机构的过错行为导致的结果是新生命的诞生,生命是无价的,新生命的诞生给父母带来的是精神上的愉悦,而不能理解为一种精神损害,若支持这种精神损害,就违反了道德伦理底线,违反了公序良俗的法律准则;同理,生命是无价的,有生命胜于无生命,虽然医疗机构的过错行为侵害了受害人的生育自主权,但在受害人未选择终止妊娠而是继续将胎儿生下来时,受害人作为孩子的父母已成既定事实。父母对子女负有法定的抚养义务,父母承担子女的抚养费用并不能作为父母的损失来由他人予以赔偿。当然,如果受害人在抚养孩子的过程中所承担的抚养费超过了一般情形下的抚养费支出,而超过部分的费用又与医疗机构的诊疗过错具有法律上的因果关系,如因

---

[1] 参见刘昂、陈成建:《错误出生损害责任下救济制度的建构——基于50件生效裁判文书的实证分析》,《法律适用》2020年第18期,第106页。
[2] 参见刘某某与郑州大学第三附属医院医疗损害赔偿纠纷案,河南省郑州市中级人民法院(2017)豫01民终173号民事判决书。
[3] 参见金某宏等与蓝田县焦岱镇人民政府等医疗损害赔偿纠纷上诉案,陕西省西安市中级人民法院(2009)西民二终字第00330号民事判决书。

医疗机构的过错导致畸形胎儿的错误出生,那么受害人可就超过一般抚养费的部分向有过错的医疗机构主张权利,但这并非不当怀孕的情形。[1] 我国司法实务的上述观点整体上应予认同,但应该予以明确的是,在我国现行法律体系下,对不当怀孕侵害生育权导致的损害赔偿责任的认定,应当与《人口与计划生育法》规定的计划生育政策联系起来解决,即如果因为医疗机构的过错使受害人不当怀孕,不论其是否符合生育条件,只要其选择采取人工流产措施,那么相应的损害赔偿范围即包括对因怀孕、流产而产生的医疗费用和收入损失等财产损失的赔偿,以及怀孕、流产导致的精神损害的赔偿;如果受害人不当怀孕后分娩,此时因孩子的出生导致并不存在精神损害的赔偿问题,但孩子的抚养费应否赔偿应区分受害人分娩的具体情况确定:若受害人原计划避孕却不当怀孕,此时符合计划生育政策且受害人自愿选择生育,于此情形下抚养费是必然要产生的,不属于受害人的损失,因此不予赔偿;若继续生育不符计划生育政策而受害人坚持生育孩子,因为生育行为本身违法,因此所产生的抚养费亦不具有可赔性;若受害人因为医学原因不得不生育孩子,即使生育行为不符合计划生育政策,此时抚养费的支出亦属于受害人因侵害行为所遭受的财产损失,被告应予赔偿。[2]

除医疗领域的侵权责任外,侵害生育权的还有其他情形。如前所述,生育权的核心内容表现为自然人自主决定生育的权利不受侵犯,既包括是否生育的意愿,也包括能否生育的能力。因此,对于患有严重智力残疾的女性而言,即使其完全不具备行为能力,但其享有的生育权依然不受侵犯、不能剥夺,他人不能为了避免其怀孕而以其患有不具备结婚条件的疾病为由,将其子宫予以切除以使其丧失生育能力,否则即构成对受害人之生育权、身体权等具体人格权的侵害,[3] 应依法承担相应的法律责任。

---

[1] 参见雷某某等诉惠水县仁爱医院医疗损害责任纠纷案,贵州省惠水县人民法院(2017)黔2731民初1088号民事判决书。

[2] 参见李燕:《不当怀孕损害赔偿研究——从上海"绝育手术不绝育索赔案"说起》,《东岳论丛》2009年第10期,第178—179页。

[3] 参见陈某燕等决定并实施切除智障少女子宫故意伤害案,江苏省南通市崇川区人民法院(2005)崇刑初字第179号刑事判决书;江苏省南通市中级人民法院(2006)通中刑一终字第0068号刑事裁定书。

五、其他人格权益

本条第2款是未被制定法明确规定出来的人格权益的保护条款,由于这些人格权益并没有相对明确的内涵外延,因此需要由法官依据本条第2款在个案中通过利益权衡方法进行认定。

(一)认定其他人格权益应考虑的主要因素

根据本条第2款之规定,在认定相应人格权益是否可以被纳入民法保护范畴时需要考虑的因素主要包括:

1. 主体

本款未如第1款一样未区分人格权的享有主体,而是明确制定法规定的具体人格权之外的其他人格权益的享有者只能是自然人,不包括法人和非法人组织。认为法人亦享有一般人格权的实务观点,并不准确。[1] 对于自然人的内涵和外延,原则上以活着的具有民事权利能力的人为限,例外情形下可以基于本款宣示的人格尊严等而将胎儿、体外胚胎等纳入进来。

2. 客体

本款涵摄的人格利益是未被《民法典》以及其他制定法明确规定为具体人格权的人格利益,已被其他制定法明确以具体人格权或其他典型权利如著作权等予以保护的人格利益,不属于本款涵摄的对象。另外,本款涵摄的对象为人格利益,故人格利益之外的其他利益形式如财产利益则不在本款涵摄范围。但对于兼具财产利益的人格利益,仍不否定其人格利益的基本属性,亦在本款的涵摄之列。对身份利益,在满足《民法典》第1001条规定的因婚姻家庭关系所生的民事权利参照适用人格权编规定的条件的前提下可以适用本款规定。

3. 价值基础

本款对其他人格权益应否被纳入民法保护范围的价值基础进行了宣

---

[1] 参见温某燕与武某红人格权纠纷案,北京市大兴区人民法院(2019)京0115民初487号民事判决书。

示,要求其他人格利益必须是基于人身自由、人格尊严而生。人身自由、人格尊严本身内涵的丰富性为其他人格权益纳入本款保护范围提供了广阔的开放性论证空间。

(二) 人身自由

201 《民法典》人格权编中明确规定的自由概念有二:一个是第 990 条第 2 款规定的人身自由概念;一个是第 1003 条、第 1011 条规定的行动自由概念。从这两个概念在《民法典》体系中的具体位置来看,第 990 条第 2 款的人身自由是一般人格权的价值基础,并非具体人格权;[1]而第 1003 条、第 1011 条的行动自由则是具体人格权。行动自由往往表现为身体移动的自由,因此在《民法典》的权利规范体系中被纳入到了身体权框架内,[2]但鉴于行动自由强调的重点在于自然人对其身体行动的自主决定权不受外界干预,因此我国学理上认为可以扩张解释其内涵而将从事特定活动的自由也纳入第 1003 条、第 1011 条规定的行动自由范畴。[3]但是,在人身自由和行动自由的规范关系界定上,应当将作为具体人格权的行动自由与作为一般人格权价值基础的人身自由予以明确区分,以在统一的人格权概念体系下来界定《民法典》中人身自由的内涵与规范边界,从而为一般人格权条款的具体适用奠定基础。

1. 人身自由的内涵

202 基于人身自由与人格尊严之间的规范关系,并且结合我国现行法一直以来在具体人格权意义上使用人身自由的传统,可以将《民法典》第 990 条第 2 款的人身自由理解为:自然人以相互尊重和彼此承认为基础而排除他人干扰其人格个性发展的对自身紧密人格领域的自主和自我决定自由。[4]这意味着,《民法典》第 990 条第 2 款的人身自由的内涵应

---

[1] 参见黄薇主编:《中华人民共和国民法典人格权编解读》,中国法制出版社 2020 年版,第 17 页。

[2] 参见最高人民法院民法典贯彻实施工作领导小组主编:《中华人民共和国民法典人格权编理解与适用》,人民法院出版社 2020 年版,第 138、181—182 页。

[3] 参见石佳友:《人格权立法的进步与局限——评〈民法典人格权编草案(三审稿)〉》,《清华法学》2019 年第 5 期,第 93 页。

[4] 参见刘召成:《民法一般人格权的创设技术与规范构造》,《法学》2019 年第 10 期,第 43 页。

【人格权的类型】

从如下方面来把握：

第一,以人格尊严为基础,强调主体之间的相互尊重与承认;

第二,人身自由的核心在于个体的自主和自我决定自由,这显然并非狭义的身体行动自由,而是包括个体依据自主意志选择并依此行为的所有自由表现形式;

第三,于此的人身自由以自然人彼此之间的尊重和相互承认为前提,因此相应的自由表现形式是对自然人自身人格发展而言关系紧密的领域,由此将自由的界限与对他人的承认与尊重联系起来,防止因为对过于宽泛的自由的保护而侵入他人的核心利益范围;

第四,人身自由强调自然人对自身人格发展的自主权,但这种自主性也具有绝对权所具备的消极防御属性,即对于自然人的人身自由他人负有不得侵害的消极义务。

以人身自由的这些特性为依据,可以将那些未被《民法典》第990条第1款明确承认为具体人格权而需要通过第990条第2款纳入民法保护范畴的其他人格利益区分为三种类型：

第一种是直接以人身自由为正当性论证基础而无须回溯至作为元价值的人格尊严的人格利益,如意志自由、性自主权、离线权及其他以人格自由发展为要旨的一般自由;

第二种是无法通过人身自由而需要直接以人格尊严作为正当性论证基础的人格利益,如个人信用、敏感个人信息、人格形象的统一性、仪式行为的可尊重性等;

第三种是需要将人身自由与人格尊严结合起来共同作为相应人格利益被纳入一般人格权保护范畴的正当性论证基础,如生命自主权以及个人信息权的民法保护等。[1]

对已被《民法典》第990条第1款明确承认且在人格权编被详细规定的具体人格权类型,通常情形下无须再通过第990条第2款宣示的人身自由、人格尊严来论证其被民法保护的正当性基础,如作为《宪法》第37条人身自由的核心内容的身体行动自由及第38条人格尊严的主要关注对象(如名誉权、隐私权等)。亦即,虽然这些具体人格权是以人身

---

[1] 参见程啸:《论大数据时代的个人数据权利》,《中国社会科学》2018年第3期,第113页。

自由、人格尊严为价值基础发展出来,但在制定法已经将之作为具体人格权明确规定下来之后,若再将之纳入以人身自由、人格尊严为价值基础的一般人格权条款的涵摄范畴,即会导致规范适用的混乱,与立法者通过第990条第1款和第2款区分两种不同类型的人格权保护规则的立法目的相悖。

2. 人身自由的主要表现形式

在人格尊严与人身自由的规范关系中确定《民法典》第990条第2款人身自由的内涵,将人身自由理解为自然人对自身紧密人格领域的自主和自我决定权,具体应从如下三个方面来具体把握其涵摄范围。

(1)人身自由与行动自由

《民法典》第990条第2款规定的作为一般人格权之价值基础的人身自由不包括第1003条、第1011条规定的行动自由。后者所述的行动自由即身体行动自由,主要是自然人依据自主意志自由支配外在身体运动的权利。在《民法总则》(已失效)第109条将人身自由作为一般人格权之价值基础规定以前,彼时对身体行动自由的制定法表述是"人身自由"。[1] 虽然学理上有采扩张解释方法以扩展"人身自由"概念内涵的观点,[2] 但制定法中的人身自由依然是作为具体人格权而出现并始终以行动自由为核心指向。制定法的这种传统对《民法典》人格权编相应概念的选择产生了重要影响,《民法典》第1003条、第1011条通过"行动自由"取代"人身自由"作为之前身体行动自由这一具体人格权在制定法上的表述。这主要是为了《民法典》外在概念体系的合逻辑性,并不是为了赋予作为具体人格权的行动自由以新的内涵。《民法典》第1003条、第1011条的"行动自由"实际上就是《民法总则》(已失效)第109条颁布之前各制定法规定的"人身自由"所指向的身体行动自由,亦即司法实践中法院所普遍理解的"可以通过人的自主意志控制肢体行为等物理活动上的自由"[3]。

---

[1] 参见冉克平:《论人格权法中的人身自由权》,《法学》2012年第3期,第70页。

[2] 参见杨立新:《自由权之侵害及其民法救济》,《法学研究》1994年第4期,第10页。

[3] 雷某、徐某明一般人格权纠纷案,四川省成都市中级人民法院(2018)川01民终15876号民事判决书。

[人格权的类型]

由于作为具体人格权的"行动自由"已为《民法典》第1003条、第1011条所规定,所以在解释论上,不宜再将"行动自由"纳入《民法典》第990条第2款作为一般人格权之价值基础的"人身自由"的涵摄范畴。这种解释既为我国司法实践中部分法院在案件审理中所支持,在比较法上亦有迹可循。

在司法实践中,有法院在审理一般人格权的案件中明确指出,侵害一般人格权的,一方面要构成对自然人人身自由、人格尊严的侵害,另一方面还必须没有对具体人格权的侵害。[1] 亦即,若构成具体人格权侵犯的,则不构成一般人格权侵犯。这显然是将一般人格权和具体人格权理解为并列的合作关系而非一般与特殊的关系。基于同样的考虑,若符合第1003条、第1011条行动自由涵摄要件的,则不宜将之再纳入以人身自由为价值基础的一般人格权的涵摄范畴。

在比较法上,《德国民法典》第823条第1款明确规定"自由"受法律保护,另外司法实践以《德国民法典》第823条第1款的"其他权利"结合《德国基本法》的基本权利条款而发展出来的一般人格权也保护以人格自由发展为基础的人格利益。对于被《德国民法典》第823条第1款规定的包括自由在内的具体人格法益与可以涵摄一般性自由的一般人格权之间的规范关系,德国学理上认为这二者之间并不存在包含关系,不是母权利或渊源性权利与派生权利之间的关系,而是并列的合作关系。[2] 一般而言,《德国民法典》第823条第1款中作为典型人格法益而被规定下来的"自由"与行为自由同义,[3] 或者更确切地说,该自由就是身体行动自由,[4] 它并不包括经济拓展能力,也不包括人格的自由发展,因为

---

[1] 参见谭某莉与曹某红、武汉市黄陂区祁某某街道祁某某中学一般人格权纠纷案,湖北省武汉市中级人民法院(2016)鄂01民终355号民事判决书;周某娟诉潘某儿一般人格权纠纷案,浙江省高级人民法院(2015)浙民申字第1331号民事裁定书;周某娟诉潘某儿名誉权纠纷案,浙江省杭州市中级人民法院(2014)浙杭民终字第1901号民事判决书。

[2] Vgl. Horst-Peter Götting, Grundlagen des Persönlichkeitsrechts, im: Horst-Peter Götting/Christian Schertz/Walter Seitz Hrsg., Handbuch Persönlichkeitsrecht, 2. Aufl., C.H. Beck, 2019, S. 20.

[3] Vgl. Maximilian Fuchs, Deliktsrecht, 7. Aufl., Springer, 2009, S. 16.

[4] Vgl. Dieter Medicus/Stephan Lorenz, Schuldrecht Ⅱ: Besonderer Teil, C.H. Beck, 2014, S. 466.

前者属于竞争法的调整范畴,而后者则属于一般人格权的调整领域。[1]

将身体行动自由纳入《民法典》第1003条、第1011条"行动自由"而非第990条第2款"人身自由"的涵摄范畴,意味着以非法拘捕和监禁等方式限制和剥夺行为自由的,如顾客被怀疑在商店行窃而被控制[2]、非法监禁于监狱中或者精神病院[3]等等,一般来说均属于《民法典》第1003条、第1011条而非第990条第2款调整的对象。当然,在司法实践的个案判断中还应当结合其他主、客观要素进行具体分析。例如,对于行为人的主观过错,我国学理上通常认为,对于身体行动自由的侵害行为,应当区别不同的侵权人而在过错程度上有所区别;对于精神活动自由的侵害,则不再考虑过失,仅以故意为限。[4] 与之相比,在德国法中,对于同样的错误监禁,却可能因行为人的过错不同而适用不同的法律规则。例如,医生因错误鉴定某精神正常的人为精神病人,从而导致该遭到错误鉴定的人被关进精神病院并因此丧失行动自由,如果医生鉴定时存在故意,则构成对身体行动自由的侵害,属于《德国民法典》第823条第1款明确规定的"自由"的涵摄范畴;然而如果医生的主观状态为过失,则属于一般人格权的调整范畴。[5] 在其他场合,如行为人因过错导致交通事故引起交通堵塞等,对受影响的当事人而言,这属于一般生活风险,并不

---

[1] Vgl. Johannes Hager, Das Recht der unerlaubten Handlungen, im: Julius von Staudingers Kommentar zum Bürgerlichen Gesetzbuch mit Einführungsgesetz und Nebengesetzen: Eckpfeiler des Zivilrechts, Roland Michael Beckmann/Fabian Klinck/Jan Busche u. a. Neubearb., Sellier-de Gruyter, 2011, S. 90-91.

[2] 参见佛山市新一佳百货超市有限公司与张某人身自由权纠纷案,广东省佛山市中级人民法院(2004)佛中法民一终字第307号民事判决书;秦某亮诉穆某英等侵犯人身自由权案,北京市海淀区人民法院(2002)海民初字第1704号民事判决书。

[3] 参见姚某娣与姚某芳等一般人格权纠纷案,上海市第一中级人民法院(2009)沪一中民一(民)终字第246号民事判决书。

[4] 参见冉克平:《论人格权法中的人身自由权》,《法学》2012年第3期,第70页。

[5] Vgl. Johannes Hager, Das Recht der unerlaubten Handlungen, im: Julius von Staudingers Kommentar zum Bürgerlichen Gesetzbuch mit Einführungsgesetz und Nebengesetzen: Eckpfeiler des Zivilrechts, Roland Michael Beckmann/Fabian Klinck/Jan Busche u. a. Neubearb., Sellier-de Gruyter, 2011, S. 92. 对此也有不同的司法实践,如丹麦法院,其就以侵害自由权为由,判决具有过失的医生对所造成的损害承担赔偿责任。Vgl. Christian v. Bar, Gemeineuropäisches Deliktsrecht, Bd. 2, C.H. Beck, 1999, S. 90.

[人格权的类型]

会存在任何受法律保护的自由被侵害而导致侵权法上的义务发生;但如果该交通堵塞是行为人故意引起以阻塞交通,则构成对受影响之当事人身体行动自由的限制。[1] 德国法上之所以区分故意和过失而将两种不同的过错行为分别纳入具体人格权和一般人格权的调整范畴,是因为前者的保护界限相对清晰确定,在判断责任成立时法官的自由裁量空间较小,受害人可以获得更充分的保护;而后者则因为保护界限并不确定,因此需要法官在个案中平衡考量各种冲突着的法益以确定责任成立和相应的责任承担,法官的自由裁量权较大,受害人是否可以获得法律上的保护需要通过利益权衡确定。这种区分保护的思路在《民法典》第990条第2款的一般人格权和第1003条、第1011条的具体人格权的实践适用中也值得借鉴。

虽然《民法典》第998条规定除生命权、身体权、健康权之外,其他侵害人格权益的民事责任都由法官在综合考量制定法明确列举出来的因素的基础上权衡认定,[2] 但相比较于内涵外延更不确定的一般人格权而言,具体人格权的受法律保护的界限更清晰,即使法官有自由裁量权,这种权力也会更多地受限于具体人格权的明确保护边界。亦即,在行为人主观上为故意时,通过作为具体人格权的《民法典》第1003条、第1011条的行动自由更能充分地救济受害人;相应地,在行为人为过失时,通过作为一般人格权的《民法典》第990条第2款的人身自由而给予法官以充分的自由裁量空间,可以在各种法益的保护之间取得平衡。

---

[1] Vgl. Dieter Medicus/Stephan Lorenz, Schuldrecht Ⅱ: Besonderer Teil, 17. Aufl., C.H. Beck, 2014, S. 466. 拉伦茨教授对此持不同看法,他认为,此类事件中当事人的身体行动自由并未受到侵害,因为被阻碍的仅是车辆的正常行驶,即使是故意导致的交通堵塞,亦不存在对身体行动自由的侵犯,受影响人也不能依据《德国民法典》第823条第1款主张侵权法上的救济。Vgl. Karl Larenz/Claus-Wilhelm Canaris, Lehrbuch des Schuldrechts: Besonderer Teil 2, Bd. Ⅱ, 13. Aufl., C.H.Beck, 1994, S. 386. 福克斯教授与拉伦茨教授持同一观点,参见 Maximilian Fuchs, a. a. O., S. 17。哈格尔教授则支持梅迪库斯教授的观点,参见 Johannes Hager, Das Recht der unerlaubten Handlungen, im: Julius von Staudingers Kommentar zum Bürgerlichen Gesetzbuch mit Einführungsgesetz und Nebengesetzen: Eckpfeiler des Zivilrechts, Roland Michael Beckmann/Fabian Klinck/Jan Busche u. a. Neubearb., Sellier-de Gruyter, 2011, S. 92。

[2] 参见黄薇主编:《中华人民共和国民法典人格权编解读》,中国法制出版社2020年版,第47页。

(2) 人身自由与意志自由

212 在《民法典》第109条将"人身自由"作为一般人格权之价值基础予以规定前,对于规定在各特别法中的作为具体人格权的人身自由是否包括身体行动自由之外的其他自由,我国学理上即存在争议。否定论者认为,人身自由仅指自然人的身体行动自由,意志自由等不在人身自由的涵摄范畴。[1] 肯定论者则认为,人身自由不仅包括身体行动自由,也包括意志自由,但对于具体的意志自由范围则存在不同认识,存在着表意自由论、自主思维论和自主决定论等观念上的分歧。[2] 其中,表意自由论认为,人身自由包括意思表示的自由,而意思表示的自由是指自然人决定为或者不为意思表示及决定意思表示的具体内容的自由。[3] 自主思维论认为,自然人享有精神自由权,有权自由支配自身内在的思维活动。[4] 自主决定论认为,自然人享有意志自由,有自主思维并决策之。[5]

213 相较于否定论而言,尽管肯定论在将意志自由纳入作为具体人格权的人身自由范畴内的具体界限上存在分歧,但其将意志自由作为人身自由的内涵之一更具合理性。这是因为:意志自由与行动自由是密不可分的统一体。行动自由的核心在于自然人可以自主支配其身体以离开某特定空间而不受限制,[6] 自然人自由支配其身体的前提在于其享有意志自由,意志自由的自然人可以依自主意志为或不为意思表示并决定意思表示的内容。亦言之,意志自由到身体行动自由的过程是自然人将主观

---

〔1〕 参见程啸:《侵权责任法》(第二版),法律出版社2015年版,第175页。

〔2〕 参见冉克平:《论人格权法中的人身自由权》,《法学》2012年第3期,第70页。

〔3〕 参见曾隆兴:《详解损害赔偿法》,中国政法大学出版社2004年版,第238页。

〔4〕 参见杨立新:《自由权之侵害及其民法救济》,《法学研究》1994年第4期,第10页。

〔5〕 参见张新宝:《侵权责任法原理》,中国人民大学出版社2005年版,第201页。

〔6〕 Vgl. Johannes Hager, Das Recht der unerlaubten Handlungen, im: Julius von Staudingers Kommentar zum Bürgerlichen Gesetzbuch mit Einführungsgesetz und Nebengesetzen: Eckpfeiler des Zivilrechts, Roland Michael Beckmann/Fabian Klinck/Jan Busche u. a. Neubearb., Sellier-de Gruyter, 2011, S. 91-92. 但希腊法院的判决表明,阻碍某人进入某空间或者使用某公益物,亦属对身体行动自由的侵犯。参见Johannes Hager, a. a. O., S. 89。

意志或思维见之于客观行动的过程。在此意义上,意志自由与行动自由二者共同构成完整的身体自由。[1] 当然,将意志自由纳入作为具体人格权的人身自由范畴之内,确实面临着权利规则和法律体系构造层面的双重难题。

就权利规则构造而言,正如前面表意自由论、自主思维论和自主决定论在具体认定意志自由内涵时存在的分歧所显现出来的那样,意志自由的内部构造并不清晰,无法为相应的权利保护请求提供明确的法律保护界限,所以要通过具体的法律规则来保护意志自由存在困难。[2] 相比较而言,行动自由的内涵相对清晰明确,可以满足法律规则适用的确定性、可预见性的要求。

就法律体系构造而言,由于意志自由具有高度模糊性和广泛包容性,所以学理上有观点认为,应将意思决定自由、思想自由、表达自由、信仰自由、创造自由权以及性自主权等均纳入意志自由的范畴。[3] 但如果将这些自由均纳入作为具体人格权的人身自由范畴,不但可能会导致宪法权利和民事权利在功能和规范适用规则上的混乱,[4] 而且还可能破坏民法体系内部财产性民事权利与人身性民事权利体系结构的分工与安排,[5] 使民法典的体系构造缺乏科学性。

因此,将意志自由纳入作为具体人格权的人身自由范畴所遭遇的两个难题若解决不当,将会导致人身自由的涵摄范畴过于广泛,不但违背立法者保护自由的意旨,尤为重要的是可能导致行为人动辄得咎,造成对整个社会所普遍珍视的一般行为自由的戕害。[6] 所以,在讨论将意志自

---

[1] 参见冉克平:《论人格权法中的人身自由权》,《法学》2012年第3期,第70页。

[2] Vgl. Christian Starck, Bonner Grundgesetz Kommentar, Bd. 1, Franz Vahlen, 1999, S. 197.

[3] 参见王利明主编:《中国民法典学者建议稿及立法理由:人格权编、婚姻家庭编、继承编》,法律出版社2005年版,第133页。

[4] 参见黄忠:《人格权法独立成编的体系效应之辨识》,《现代法学》2013年第1期,第49页。

[5] 参见刘召成:《民法一般人格权的创设技术与规范构造》,《法学》2019年第10期,第43页。

[6] 参见朱晓峰:《人类基因编辑研究自由的法律界限与责任》,《武汉大学学报(哲学社会科学版)》2019年第4期,第21页。

由纳入作为一般人格权的人身自由范畴亦即《民法典》第990条第2款的涵摄范畴之内,亦必须在重视和回应这两个问题的前提下来展开。

217　　首先,对于权利规则构造论所提出的质疑,在将人身自由作为具体人格权对待时确实存在。因为权利规则要求权利本身具有相对清晰的内涵外延以确保权利行使界限的明确性,从而实现法律规则的确定性和可预见性。但是,与具体权利规则不同,一般人格权并非典型权利,其本质上是"受法律保护的权利束"[1],"具有秩序功能的上位概念"[2],或是一项"框架性权利"[3]。这就意味着在一般人格权的框架结构下,法官在个案审理中可依据作为一般人格权之价值基础的法律价值进行利益衡量,从而决定优先保护何种人格利益。[4] 而将意志自由纳入人身自由的涵摄范畴,只是为法官在具体案件中通过《民法典》第990条第2款确立的一般人格权条款进行利益衡量,提供了更充分的正当性说明依据。至于以人身自由等价值为基础的一般人格权在个案适用中的具体界限在哪里,还需要法官在个案中结合具体情况予以确定。就此而言,权利规则论提出的质疑在人身自由作为一般人格权之价值基础时可能并没有适用空间。

218　　其次,无论是将人身自由作为具体人格权对待,还是作为一般人格权的价值基础对待,对法律体系构造论提出来的质疑,都应认真对待。在我国现行法律体系下:

219　　一方面,宪法基本权利与民事权利适用于不同的法律关系。其中,宪法基本权利包括宪法一般人格权调整的是国家与个人之间的关系,宪法基本权利没有经过民法表达是不能受到民法保护的。[5] 而平等主体之间的关系只能由民法规范予以调整,宪法一般人格权的价值基础可以经

---

[1] Vgl. Josef Esser, Schuldrecht, Besonderer Teil, C. F. Müller, 1969, S. 401.

[2] Vgl. Karl Larenz, Lehrbuch des Schuldrechts: Besonderer Teil, C.H. Beck, 1956, S. 336.

[3] Vgl. Horst-Peter Götting, Grundlagen des Persönlichkeitsrechts, im: Horst-Peter Götting、Christian Schertz und Walter Seitz Hrsg., Handbuch Persönlichkeitsrecht, 2. Aufl., C. H. Beck, 2019, S. 20.

[4] Vgl. Manfred Wolf und Jörg Neuner, Allgemeiner Teil des Bürgerlichen Rechts, 11. Aufl., C.H. Beck, 2016, S. 8-9.

[5] 参见邹海林:《再论人格权的民法表达》,《比较法研究》2016年第4期,第6页。

[人格权的类型]

由民法上的一般条款进入民事领域,但进入民事领域的宪法权利规范应是适用于民事法律关系的,对于适用于国家与个人之间关系的宪法权利如信仰自由、言论自由、投票自由、表达自由等,即不能通过民法一般条款或民法一般人格权规则进入民事领域。[1] 基于同样的考虑,这部分内容也应当从纳入人身自由涵摄范畴的意志自由当中排除出去,不在《民法典》第990条第2款的涵摄领域中。

另一方面,在民法体系内部,虽然民事权利本质上都与民事主体的人格均存在联系,但不同的权利类型与人格本身的关系在紧密程度上并不相同。在民法典体系内部,对于与人格关系最为密切的人格权的享有和保护而言,依据《民法典》第989条,可以适用人格权编确立的包括一般人格权规则在内的权利行使和保护规则;对于与人格关系相对比较密切的自然人因婚姻家庭关系等产生的身份权利的保护,依据《民法典》第1001条,在婚姻家庭编等没有特别规定时,可以参照适用人格权编关于人格权保护的有关规定;对于与人格关系最不密切的财产权而言,仅得依据财产权规则如合同编或物权编确立的权利行使和保护规则调整,原则上不得依据人格权规则进行保护。因此,如果不将纳入人身自由范畴的意志自由限制在与人格关系密切的人身领域,那么就可能造成《民法典》第990条第2款确立的一般人格权规则的适用领域过度扩张,破坏民法典民事权利结构的体系安排,[2]与立法者希冀的民法典的体系性、科学性目的相违背。例如,对于受害人因欺诈、胁迫而做出订立合同、签订遗嘱或缔结婚姻的意思表示,原则上仅得通过合同编、继承编和婚姻家庭编的规则予以解决。只有那些无法通过其他规则调整而同时又与人格本身关系密切的意志自由,才能纳入《民法典》第990条第2款人身自由的涵摄范畴,如在他人居住的地方书写有警告和威胁含义的语言,[3]即可构成对他人受人格权编调整的自由的侵犯。另外,依据《民通意见》(已失效)第149条,盗用、假冒他人名义,以函电等方式进行欺骗或者愚弄他

---

[1] 参见冉克平:《论人格权法中的人身自由权》,《法学》2012年第3期,第70页。

[2] 参见刘召成:《民法一般人格权的创设技术与规范构造》,《法学》2019年第10期,第43页。

[3] 参见喻某与姜某犹人格权纠纷案,贵州省安顺地区中级人民法院(2012)安市民终字第115号民事判决书。

人,并使其人身财产利益受损的,属于对他人意志自由的侵犯,[1]本评注认为该行为在《民法典》第 990 条第 2 款的调整范畴内。另外,司法实践中应区分愚弄与戏谑,防止保护自由的同时构成对自由的戕害。我国司法实践中有法院认为:"戏谑之言系属法外空间,不得为民法所调整,否则容易剥夺公民之人格自由,使公民在社会生活中陷于动辄得咎的境地。"[2]该观点值得肯定。在德国法上,以威胁、强制或者欺骗形式侵犯意志自由而被纳入《德国民法典》第 823 条第 1 款"自由"范畴的,亦必须满足严格的条件限制而仅在例外情形下被允许。[3]

需要注意的是,由于对人身自由的限制并不以物理强制为必要,所以通过欺诈或胁迫的方式使某人不敢离开某处,亦构成对行动自由的侵害,属于《民法典》第 1003 条、第 1011 条的涵摄范畴,而非侵害意志自由,不属于第 990 条第 2 款人身自由的涵摄范畴。另外,以欺诈、胁迫等方式影响他人意思决定或对其身心加以威胁并造成相应损害者,虽可能不构成对行动自由的侵犯,但仍有可能侵犯其他人格权益,如逼婚就构成对婚姻自主权的侵犯,属于《民法典》第 1042 条第 1 款的调整范畴,不宜将之认定为意志自由被侵犯从而纳入人身自由的涵摄范畴,[4]并通过作为一般人格权条款的《民法典》第 990 条第 2 款进行调整。

(3)人身自由与其他自由

一般认为,作为具体人格权的人身自由内含行动自由和意志自由,但如果将人身自由作为一般人格权的价值基础予以规定,是不是还须将其内涵限定在狭义的行动自由和意志自由范畴内,仍需斟酌考虑。

从目的解释的视角来看,《民法典》承认并明确规定一般人格权条款的核心目的在于克服具体人格权规则涵摄能力之不足,为现代社会背景

---

[1] 参见唐德华主编、最高人民法院民事审判第一庭编著:《最高人民法院〈关于确定民事侵权精神损害赔偿责任若干问题的解释〉的理解与适用》,人民法院出版社 2015 年版,第 26 页。

[2] 参见魏某与文某、宋某名誉权纠纷案,四川省犍为县人民法院(2019)川 1123 民初 492 号民事判决书。

[3] Vgl. Dieter Medicus/Stephan Lorenz, Schuldrecht Ⅱ: Besonderer Teil, 17, Aufl., C.H. Beck, 2014, S. 466.

[4] 参见王泽鉴:《人格权法:法释义学、比较法、案例研究》,北京大学出版社 2013 年版,第 112 页。

下对具体人的人格利益的充分保护提供制定法依据。[1] 因此,如果依然在具体人格权意义上来理解作为一般人格权之价值基础的人身自由,就会不当地限制以之为价值基础的一般人格权规则即《民法典》第990条第2款的涵摄能力,无助于立法目的的实现。

从历史解释的视角来看,即使在将人身自由作为具体人格权对待时,人身自由也从未被完全限制在狭义的身体行动自由和有限的意志自由范围内。以最高人民法院为代表的司法实践普遍倾向于通过扩张解释的方法扩展人身自由的适用范围,学理上对此亦持肯定态度。例如,在"刘某诉某乒乓球俱乐部等以错误医学鉴定影响其运动生涯案"中,原告仅14岁,曾经在全国性乒乓球比赛中获得冠军,引起好几家培养单位的关注,由于被告率先录取了原告,所以原告只能放弃其他深造机会。嗣后,原告在入学体检时被初步诊断为存在不适于高强度训练的疾病,被告遂以此为由决定让原告离队。原告不服并另行委托第三家权威机构进行鉴定,鉴定结果显示原告身体健康,并不存在影响运动训练的疾病。但被告仍坚持之前的决定,拒绝让原告归队训练,原告为此只能回原籍高中就读。[2] 在学理上看来,本案中因被告行为导致原告丧失进入特定领域发展的机会,客观上可能导致原告人生轨迹发生改变,使其无法按照个人自主意志发展完善其人格并最终实现人格尊严的目的,因此可以纳入一般人格权的调整范畴。对此,有法院认为:"一般人格权是指具有高度概括性的以民事主体全部人格利益为标的的权利,具有补充功能,对于侵害人格独立、人格自由、人格尊严的行为,不能以侵害其他具体人格权的名义进行法律保护的,应认定为侵害一般人格权的行为。"[3] 亦即,尽管制定法以人身自由作为一般人格权的价值基础,但司法实践和学理在理解和适用一般人格权时显然并未受此限制,而是在更广泛的意义上使用人格自由替代人身自由作为一般人格权的正当性论证基础。在此意义

---

[1] 参见朱晓峰:《民法一般人格权的价值基础与表达方式》,《比较法研究》2019年第2期,第61页。

[2] 参见刘某诉嘉信乒乓球俱乐部等以初诊但后被法医鉴定否定的结论为依据决定其离队影响其运动生涯赔偿案,载最高人民法院中国应用法学研究所编:《人民法院案例选:一九九九年第三辑》(总第29辑),时事出版社2000年版,第64页。

[3] 佘某、沙洋县公安局一般人格权纠纷案,湖北省荆门市中级人民法院(2019)鄂08民终113号民事判决书。

上，《民法典》第990条第2款的人身自由可以与《德国基本法》第2条第1款的人格自由发展作出同样的解释，包括人之行动在内的所有表现形式，因此可以成为其他具体自由的补充。[1]

225 　　同样地，以人格尊严的实现为目的而将《民法典》第990条第2款的人身自由扩展至人之行动的所有表现形式或生活领域，意味着对于人身自由的扩张解释必须与人格尊严结合起来，[2]以人的实现为目的的人格尊严并非单纯是扩展人身自由的审查标准，其可以为把人身自由扩展至人之行动的所有表现形式领域提供正当性说明。这也就意味着，以包括人之行动在内的所有表现形式领域或生活领域的人身自由作为《民法典》第990条第2款一般人格权的价值基础，实际上使第990条第2款的涵摄能力被实质性地提高了。借此，在冒名顶替他人上学并使被冒名者丧失受教育机会[3]、身份信息被冒用并被税务局等列入黑名单[4]等案件中，实质上都可以通过《民法典》第990条第2款进行涵摄。

226 　　通过强调人格尊严与人身自由的内在规范关系而将人身自由扩展至人之行动的所有表现形式或生活领域，表明《民法典》第990条第2款的人身自由并不是封闭的系统，也不是固定不变的僵化概念，而是对丰富变化的现实生活完全开放的抽象价值，可以将那些因时代背景变化而生的新型自由纳入进来，从而提高一般人格权规则的涵摄能力。[5] 这也意味着，在数字时代，以这种人身自由与人格尊严为基础的一般人格权，不仅可以为个人信息、数据等尚未被权利化但又与自然人人格密切相关的

---

〔1〕Vgl. Rolf Schmidt, Grundrechte, 12. Aufl., Dr. Rolf Schmidt, 2010, S. 102 f.

〔2〕参见马平:《尊严与自由:宪法的价值灵魂——评艾伯乐的〈尊严与自由〉》,《环球法律评论》2010年第1期,第155—156页。

〔3〕参见王某红与郭某霞等姓名权纠纷案,山东省济南市中级人民法院(2017)鲁01民终752号民事裁定书;谭某莉与曹某红、武汉市黄陂区祁某某街道祁某某中学一般人格权纠纷案,湖北省武汉市中级人民法院(2016)鄂01民终355号民事判决书。

〔4〕参见沈某诉上海川东纸业有限公司一般人格权纠纷案,上海市闵行区人民法院(2017)沪0112民初665号民事判决书。

〔5〕参见朱晓峰:《人格权编一般人格权条款的具体表达》,《吉林大学社会科学学报》2020年第1期,第44页。

利益提供更为充分的保护,[1]还可以为其他更广泛意义上的以人的尊严为实现目的的人的行动自由提供一般性的保护基础。例如,劳动者因数字技术的广泛运用而既可能有能力使工作时间适应工作外的时间需求,也可能因这种新技术被用人单位滥用而遭受损失。因为数字技术在劳动领域的运用首先会带来工作—生活界限的破坏,用人单位会通过电子邮件、微信、电话等方式召唤那些可能正在休息的劳动者,从而使工作强度和绩效压力本来就已经很大的劳动者的负担进一步加重,[2]导致劳动者身体健康方面的风险。[3] 在权利论者看来,"劳动权是人的一项权利,并且是一项人权。劳动要合乎人性的要求,要有利于人性的发展"[4]。这就要求,数字化背景下,法律应当关注劳动者享有的正常休息的权利,该项权利的实现要求劳动者在工作时间之外不能被用人单位随意打扰,或者在其被打扰时有权不做出回应,如在非工作时间有权不回复工作邮件或者对工作指示不做出回应而没有不利后果。在现行法律体系下,劳动者在休息时间享有的依个人意志自主安排生活、全面发展人格并享有生活安宁不被侵扰的人格利益,在用人单位通过数字技术予以侵扰而劳动者不能通过劳动法的特别规定取得救济时,其可以通过《民法典》第990条第2款获得保护。[5]

(三)人格尊严

《民法典》人格权编明确规定的尊严概念有两个:一个是第990条第2款规定的作为一般人格权价值基础的人格尊严概念;一个是第1002条

---

[1] 参见程啸:《论大数据时代的个人数据权利》,《中国社会科学》2018年第3期,第113页。

[2] See Elke Ahlers, Flexible and Remote Work in the Context of Digitization and Occupational Health, *International Journal of Labour Research,* Vol. 8, Issue 1-2(2016), p. 92.

[3] Vgl. A. Oppolzer, Psychische Belastungsrisiken aus Sicht der Arbeitswissenschaft und Ansätze für die Prävention, im: H. Schröder/J. Klose/K. Macco Hrsg., Fehlzeiten-Report 2009: Arbeit und Psyche: Belastungen reduzieren-Wohlbefinden fördern, B. Badura, Springer, 2010, S. 13-23.

[4] 涂永前:《权利的人性分析——兼论人格权独立成编》,《政法论坛》2019年第2期,第185页。

[5] 参见朱晓峰:《数字时代劳动者权利保护论》,《浙江大学学报(人文社会科学版)》2020年第1期,第47页。

作为具体人格权之生命权内涵的生命尊严。对于二者的规范关系,民法学理上有观点将之并列置于"人的尊严"之下,认为"人的尊严"内在地包含人的生命尊严和人格尊严两方面。[1] 但正如我国宪法学理上在解读《宪法》第 38 条的人格尊严时所强调的,我国现行法律体系下并不区分人格尊严、人的尊严、人性尊严或者个人尊严等概念,[2] 作为现行法律体系之重要构成的民事法律规范体系的概念构成自应与宪法保持一致。另外,在我国《民法典》的体例安排中,人格尊严概念分别被安置在总则编民事权利章的首要位置和人格权编关于人格权保护的一般性条款中,以提纲挈领并填补具体人格权立法之不足,而生命尊严概念被安置在人格权编的具体人格权条款中,作为对于人格权益体系最核心位置的生命权的强调。就此而言,人格尊严构成生命尊严的上位概念,应在人格尊严范畴内来理解和把握生命尊严。

1. 人格尊严的规范现状

第二次世界大战以后,自然人的人格尊严备受重视,逐渐成为国际立法和国内立法的价值基础。在比较法上,如《德国基本法》第 1 条第 1 款、《日本民法典》第 1 条之一、《法国民法典》第 16 条等都明确规定了尊严概念。但对什么是人的尊严,则众说纷纭,没有定论。学理上甚至有观点认为,人的尊严是一个无用的概念,它所指向的无非就是对人及其自由意志的尊重,[3] 因此应将其从学说理论中剔除。[4] 在比较法上,也有国家在司法实践中不再运用尊严概念,例如,加拿大最高法院在处理反歧视案件时即不再运用尊严概念了,理由是它"很模糊,且难于运用"。[5]

---

[1] 参见韩跃红、绪宗刚:《尊严的价值内涵及伦理意义》,《伦理学研究》2011年第 1 期,第 22 页。

[2] 参见林来梵:《人的尊严与人格尊严——兼论中国宪法第 38 条的解释方案》,《浙江社会科学》2008 年第 3 期,第 47 页。

[3] See Ruth Macklin, Dignity is a Useless Concept: It means no more than respect for persons or their autonomy, British Medical Journal, 327(2003), pp. 1419-1420.

[4] 参见王福玲:《尊严:作为权利的道德基础》,《中国人民大学学报》2014 年第 6 期,第 54 页。

[5] See Doris Schroeder, Human Rights and Human Dignity: An Appeal to Separate the Conjoined Twins, Ethic Theory and Moral Practice, 15(2012), p. 326.

【人格权的类型】

在我国,基于对"文化大革命"时期践踏个人人格尊严现象的反思,〔1〕1982年《宪法》第38条第1款规定公民人格尊严不受侵犯。对于该条规定的人格尊严在我国基本权利体系中的位置,虽然在我国学理上仍有争议,〔2〕但该条明确承认自然人人格尊严受法律保护仍具有里程碑式的意义。以《宪法》规定的人格尊严条款为依据,嗣后我国的立法实践进一步扩展并深化了对人格尊严的保护。在我国现行民事法律体系中首先明确使用人格尊严概念的是被称为"民事权利宣言书"的《民法通则》(已失效)。〔3〕经由《民法通则》(已失效)第101条,宪法上的人格尊严条款中内含的一般法律思想得以进入民事法律实践领域。嗣后的司法实践也以此为基础,将仅限于名誉权保护条款的人格尊严适用范围予以扩展,逐渐形成了以人格尊严为主要价值基础的一般人格权条款,极大地扩张了人格尊严概念的涵摄领域。例如,最高人民法院在1999年《全国民事案件审判质量工作座谈会纪要》中明确承认受保护的人格权也包括以人格尊严为价值基础的一般人格权。〔4〕这一思路在2001年《精神损害赔偿解释》中得到了进一步的明确。该解释第1条第1款第3项明确规定自然人享有"人格尊严权"。最高人民法院于此的实践立场实际上是将人格尊严与一般人格权等而视之。这种做法是否妥当,尚需进一步讨论。〔5〕但其

---

〔1〕 参见许崇德:《宪法》(第三版),中国人民大学出版社2007年版,第222—223页。

〔2〕 对于该问题的讨论参见朱晓峰:《民法一般人格权的价值基础与表达方式》,《比较法研究》2019年第2期,第61页;王锴:《论宪法上的一般人格权及其对民法的影响》,《中国法学》2017年第3期,第102页;郑贤君:《宪法人格尊严条款的规范地位之辨》,《中国法学》2012年第2期,第79页;上官丕亮:《论宪法上的人格尊严》,《江苏社会科学》2008第2期,第77页;刘志刚:《人格尊严的宪法意义》,《中国法学》2007年第1期,第37页;胡锦光、韩大元:《中国宪法》(第三版),法律出版社2016年版,第245页。

〔3〕 参见王利明:《民法人格权编(草案室内稿)的亮点及改进思路》,《中国政法大学学报》2018年第4期,第122页。

〔4〕 最高人民法院在这份文件中将一般人格权表述为一种"直接由宪法所确认的人格尊严不受侵犯的权利",参见《最高人民法院关于印发〈全国民事案件审判质量工作座谈会纪要〉的通知》(法〔1999〕231号)。

〔5〕 参见朱晓峰:《作为一般人格权的人格尊严权——以德国侵权法中的一般人格权为参照》,《清华法学》2014年第1期;朱晓峰:《民法一般人格权的价值基础与表达方式》,《比较法研究》2019年第2期,第60页。

突破《民法通则》(已失效)第101条的限制而实质性扩展人格尊严适用范围的立场颇值肯定。2017年颁布的《民法总则》(已失效)吸收了这些司法实践经验并在第109条明确规定:"自然人的人身自由、人格尊严受法律保护。"这实质上是将人格尊严作为一般人格权的一般法律思想或价值基础予以宣示,极大扩展了《宪法》第38条和《民法通则》(已失效)第101条的人格尊严的涵摄范围。《民法典》第109条和第990条第2款对于自然人人格尊严的规定和保护,正是对这些法律实践经验的继承与发展。

我国现行法律体系下对于人格尊严的保护,除了前述普遍适用于所有人的一般规定,还存在着大量以特殊群体人格尊严保护为目的的特殊规定,主要包括保护学生人格尊严的《义务教育法》第29条;保护军人人格尊严的《国防法》第62条;保护医务工作者人格尊严的《医师法》第3条、《乡村医生从业管理条例》第23条、《精神卫生法》第71条第1款、《护士条例》第3条;保护导游人格尊严的《导游人员管理条例》第10条;保护志愿者人格尊严的《慈善法》第63条、《志愿服务条例》第20条;保护未成年人人格尊严的《未成年人保护法》第4条、第27条、《预防未成年人犯罪法》第36条第2款;保护残疾人人格尊严的《残疾人保障法》第3条;保护精神障碍患者人格尊严的《精神卫生法》第4条、第26条第1款;保护妇女人格尊严的《妇女权益保障法》第20条;保护消费者人格尊严的《消费者权益保护法》第14条及第50条,《旅游法》第10条,等等。

在司法实践中,人格尊严作为一般法律思想,亦可以作为法院具体案件裁判中进行规则解释和价值衡量的重要指引。在最高人民法院发布的指导案例89号即"'北雁云依'诉济南市公安局历下区分局燕山派出所公安行政登记案"以及指导案例93号即"于欢故意伤害案"中,人格尊严都是法院进行裁判说理的重要论据。[1] 法官在具体法律规则的适用过程中引入人格尊严进行正当性论证以增强相应法律效果评价的可反驳性和可接受性,在道德上是可欲的。这种法律论证符合道德哲学后果取向的结果主义立场,即行为在道德上是好的,那么它在具体案件中通常有好的法律效果评价。[2] 并且在解释论上,法官在法律规则适用过程中可

---

〔1〕 参见《最高人民法院关于发布第17批指导性案例的通知》(法〔2017〕332号)、《最高人民法院关于发布第18批指导案例的通知》(法〔2018〕164号)。

〔2〕 参见[德]乌尔弗里德·诺伊曼:《法律论证学》,张青波译,法律出版社2014年版,第12—13页。

依其保留的"法律适用"权利,来确定什么结果是依据法律规则作出且是正确的。[1] 但问题是,人格尊严概念具有抽象性,并且其思想渊源丰富,如何在个案中确定人格尊严概念的内涵外延以对法官"法律适用"的权利适当加以限制,成为本款理解适用的重点,否则,法官在个案的判决中可能并不会主要依据教义,而是很大程度上依据其本人的法学素养及个人情感、伦理道德、生活经验、世界观、价值观等认定人格尊严以及以此为基础的人格权益。[2] 这就意味着法的安定性的保障基本上取决于法官个人。这显然有悖于立法者制定法律时所追求的保障法的安定性和可预见性的目的。

2. 人格尊严概念的内涵

如前所述,人格尊严概念具有抽象性,人格尊严概念的思想渊源历经长久的演变而极其丰富。我国宪法学理和民法学理上一致同意,无论是《宪法》第38条还是《民法通则》(已失效)第101条,对于人格尊严概念的明确承认都是对"文化大革命"中极端不尊重人的惨痛历史教训的反思。一般认为,我国现行法律体系中的人格尊严的思想渊源,既包括了对于我国历史上长久以来形成的并在当前社会生活实践中依然存在并发挥作用的朴素尊严观念的继承,也包括对于源自西方的人格尊严思想的有益成分的吸取。由于《民法典》第109条、第990条第2款的人格尊严与《宪法》第38条、《民法通则》(已失效)第101条等条款一脉相承,在内在法律思想和外在概念体系上存在一致性。因此,对于《民法典》一般人格权条款的人格尊严的思想渊源亦应从相同源头来把握。对此的详细讨论参见本评注的导论部分。

3. 人格尊严的主要表现形式

由于《民法典》第990条第1款规定的尊严型人格权如名誉权、隐私权和第990条第2款规定的以人格尊严为价值基础而被纳入民法保护范畴的其他人格权益片段均以人格尊严为正当性论证基础,所以都属于现行民事法律体系之内在体系构成部分的人格尊严这一价值基础的外在表现形式。同时,由于《民法典》第990条第2款的以人格尊严为价值基础

---

[1] 参见崔建远:《合同解释辨》,《财经法学》2018年第4期,第74页。

[2] Vgl. Frank O. Fischer, Das Bewegliche System als Ausweg aus der dogmatischen Krise in der Rechtspraxis, AcP 197 (1997), S. 603 f.

的一般人格权所涵摄的其他人格权益与第 990 条第 1 款规定的尊严型人格权在逻辑关系上处于并列关系,在具体适用上存在着候补适用关系,即存在第 990 条第 1 款规定的具体人格权的情形,不得直接适用第 990 条第 2 款调整,第 990 条第 2 款只有在没有具体人格权规定的场合方得适用。[1] 因此,第 990 条第 2 款的人格尊严的表现形式主要为尊严型人格权之外的以人格尊严为价值基础的其他人格权益,主要通过法院在个案审理中运用一般人格权条款涵摄现实生活中出现的新型人格利益来确认。基于人格尊严在现行民事法律体系中的地位以及其内涵本身的不易确定性,法院在案件审理时一方面乐于运用人格尊严作为其论证说理的正当性基础和合法性依据,另一方面又非常慎重地将人格尊严限制在有限的民事法律纠纷领域内。

这就意味着,不能如具体人格权特别是物质性人格权一样预先概括规定标准性事实构成来界定一般人格权。虽然通过《民法典》第 1165 条第 1 款确定的构成要件展开相应人格权益侵害民事责任法律效果评价的条件并不具备,但立法者仍然应当为现实生活中自然人之人格尊严、人格自由的充分保护与实现提供制度支持,同时兼顾他人行为自由与社会公共利益的平衡保护。基于此,《民法典》第 998 条一般性地承认了法官在非物质性人格权侵害民事责任的认定中享有在个案中进行利益权衡的自由裁量权,由法官在综合考量案涉因素的基础上对责任成立和责任范围进行评价,从而增强制定法规则向现实社会生活的开放程度以及在具体适用上的灵活性。同时,为防止法官自由裁量权过大可能导致的非物质性人格权特别是一般人格权侵害民事责任认定结果的不确定性和不可预见性,《民法典》第 998 条对法官利益权衡时必须考量的因素进行了明确列举规定,"由法官根据确定的因素进行裁量的办法……尽可能降低裁量的主观性和任意性"[2],由此在非物质性人格权特别是一般人格权侵害民事责任认定的利益权衡中实现确定性和灵活性的适当平衡。

另外,在我国现行法律体系下,除了立法者通过前述制度安排缓和

---

[1] 参见谭某莉与曹某红、武汉市黄陂区祁某某街道祁某某中学一般人格权纠纷案,湖北省武汉市中级人民法院(2016)鄂 01 民终 355 号民事判决书。

[2] 唐德华主编、最高人民法院民事审判第一庭编著:《最高人民法院〈关于确定民事侵权精神损害赔偿责任若干问题的解释〉的理解与适用》,人民法院出版社 2015 年版,第 63 页。

【人格权的类型】

一般人格权条款适用中的确定性和开放性的紧张关系,还可以经由指导性案例及类案检索规则将法官通过利益权衡方法解决的具体案件予以比较、整理,建立起案例类型,以在该框架中向那些具有清晰事实构成的具体人格权靠近,并逐渐形成对应受法律保护的人格利益之相对明确的事实构成的归纳,进而实现从一般人格权到具备清晰事实构成的具体人格权的转变。因为只有通过这种方式才会构建出相对确定的构成要件,并据此征引出违法性,使证明责任倒置,[1]提高此类人格利益保护的确定性和可预见性,并在与人格权的区分保护中逐渐实现法律规则的确定性、可预见性以及法秩序的体系协调统一性。而在这种案例类型的形成过程中,个案中的人格利益与他人行为自由及社会公共利益之间的权衡居于核心位置。[2] 这在司法实践通过一般人格权条款涵摄个人信用、性自主权、特定人格形象的统一性以及特定仪式的可尊重性等问题上表现得尤为突出。

(1)个人信用

在社会交往中,守信行为使主体从中获得了良好的社会评价即信誉,并因这种信誉而使守信人自身享有诸多利益与便利。亦即,信用与信誉相互促进并使行为人因此而受益。[3] 在现代社会,信誉被认为是人在社会共同体生活中的立足之本,因个人信用而生的信誉与个人利益的维护与实现密切相关,不论行为人的地位、身份等,只要其存在社会交往,并因此而处于特定的社会关系当中,那么就会存在相应的社会评价,如果评价不当或对评价产生不当影响,就可能侵犯个人信用及与之相关的信誉,相应的行为人可能会因此遭受经济利益的损失和精神上的痛苦。[4] 特别是在数字技术获得长足发展的今天,个人信用已成长为个人生活与社会活动的符号,成为关乎每个人的人格尊严之实现甚至是影响其生存环境的关键性因素。因此,如何在法律上规定并保护信用,成为学理与实务关注的焦点。在《民法典》制定之前,对于个人信用的法律属

---

[1] Vgl. Deutsch/Ahrens, Deliktsrecht: Unerlaubte Handlungen, Schadensersatz, Schmerzensgeld, 6. Aufl., Franz Vahlen, 2015, Rn. 269.

[2] Vgl. Hubmann, Grundsätze der Interessenabwägung, AcP 155(1956), S. 86.

[3] 参见李晓安:《论信用的法权性质与权利归属》,《法学论坛》2020年第2期。

[4] 参见李晓安:《论信用的法权性质与权利归属》,《法学论坛》2020年第2期。

性以及在民法上的保护方式,学理上存在独立权利否定论[1]和赞成论两种观点,赞成论又可细分为人格权论[2]、财产权论[3]与混合权利论[4]。尽管支持将信用权独立规定的观点在《民法典》编纂过程中仍不断被提及,[5]但《民法典》最终并未采纳该观点,其将信用规定在第1024条第2款的名誉权保护范畴,并在第1029条规定了对于信用的具体保护规则。在《民法典》的权威释义书看来,"信用是指对一个民事主体履行义务能力特别是经济能力的社会评价……是名誉的重要构成部分"[6]。与此种观点一致,学理上也有观点认为,在民法典的体系框架内,个人信用权属于名誉权的经济利益部分而非其子类型。[7]但问题是,将个人信用的保护完全置于名誉权之下,特定情形下可能并不利于权利人的利益保护,在这种情形下应承认具有漏洞填补功能的一般人格权条款存在适用空间。

---

[1] 参见马俊驹:《人格与人格权立法模式探讨》,《重庆大学学报(社会科学版)》2016年第1期;张继红:《个人信用权益保护的司法困境及其解决之道——以个人信用权益纠纷的司法案例(2009-2017)为研究对象》,《法学论坛》2018年第3期;周云涛:《信用权之反思与重构》,《北方法学》2010年第6期。

[2] 参见李新天、朱琼娟:《论"个人信用权"——兼谈我国个人信用法制的构建》,《中国法学》2003年第5期;杨立新、尹艳:《论信用权及其损害的民法救济》,《法律科学》1995年第4期。

[3] 参见覃有土、李正华:《论商业信用与商业信用制度之构建》,《法商研究》2003年第2期。

[4] 参见王泽鉴:《人格权法:法释义学、比较法、案例研究》,北京大学出版社2013年版,第165页;冯果:《由封闭走向公开——关于商事信用的若干理论思考》,《吉林大学社会科学学报》2003年第1期。

[5] 支持将信用权独立规定为一种具体人格权类型的观点参见杨立新:《民法典人格权编草案逻辑结构的特点与问题》,《东方法学》2019年第2期;王利明:《中国民法典学者建议稿及立法理由:人格权编、婚姻家庭编、继承编)》,法律出版社2005年版,第125页;王泽鉴:《人格权法:法释义学、比较法、案例研究》,北京大学出版社2013年版,第177页。反对观点主要见最高人民法院民法典贯彻实施工作领导小组主编:《中华人民共和国民法典人格权编理解与适用》,人民法院出版社2020年版,第310页。

[6] 黄薇主编:《中华人民共和国民法典人格权编解读》,中国法制出版社2020年版,第181页。

[7] 参见冉克平:《数字时代个人信用权的构造与规制》,《中国法学》2023年第4期。

【人格权的类型】

①名誉权与一般人格权双层结构下的个人信用保护

对名誉权而言,虽然《民法典》将之作为具体人格权对待并明确列举在第110条第1款和第990条第1款,但其内涵外延并不像物质性人格权如生命权、身体权、健康权那样具有确定性,且其在享有与保护上需要经常容忍他人行为的影响,因此《民法典》对其的保护也没有像物质性人格权一样采构成要件论的一元保护模式,而是采取区分保护的立场。具体而言,《民法典》将名誉权内部那些可以预先概括规定典型侵害行为的部分与其他不能预先概括规定典型侵害行为的部分相区分,一方面使那些通过预先概括规定典型侵害行为而得以界定事实构成的名誉权可以在责任成立的认定上通过构成要件论来完成,确保法律规则适用的确定性和可预见性;另一方面可以使那些不能通过预先概括规定典型侵害行为予以涵摄的具体名誉侵害,通过具有概括性的名誉权一般保护条款或者利益权衡方法展开法律效果评价的一般人格权条款予以涵摄,从而克服构成要件论在人格权侵害法律效果评价上面临的僵化弊病,实现立法者通过《民法典》第998条表达出来的平衡保护人格权和与之冲突的其他合法利益的目的。就此而言,在名誉权涵摄范围的个人信用保护整体上也应当从前述两个方面来展开:

A.通过预先规定典型侵害行为保护个人信用

《民法典》第1024条第1款预先概括规定事实构成的典型侵害行为包括侮辱和诽谤两种类型。因此,在侵害个人信用导致名誉权侵权责任成立的事实构成判断上,应在考察行为、侵害和因果关系的同时将重点放在相应侵害行为是否违反了法律的禁止性规定而构成侮辱或诽谤,若行为人违反法律的禁止性规定而存在导致他人社会评价降低的侮辱、诽谤,那么即可认为满足了名誉权侵害民事责任成立认定中关于事实构成要件的要求,并据此推定侮辱、诽谤的违法性,若行为人不能证明其行为的正当性,则该推定即告成立。对侮辱、诽谤而言,虽然《民法典》并未明确规定其判断标准,但以体系解释方法为基础,在我国现行法律体系下,结合其他法律尤其是《刑法》第246条"以暴力或者其他方法公然侮辱他人或者捏造事实诽谤他人"的禁止性规定,可以将对侮辱、诽谤的审查与事实陈述和价值评判两项标准结合起来判断。[1]

---

[1] 参见王泽鉴:《中国民法的特色及解释适用》,《法律适用》2020年第13期。

239　　　其中,事实陈述标准与诽谤相对应,关注的核心是行为人是否有权主张真相请求权,因此具有决定意义的问题是:行为人所表述的内容属于真相,还是毫无依据? 只有那些与行为人内在的主观意思保持一致并且可以被证实的表述,才被视为是合乎逻辑的事实陈述。[1] 因此事实陈述的两项子判断标准是:第一,行为人主观上有如此表述的意思并将这样的意思表达出来为他人所知晓;第二,行为人所表达出来的内容可以被证明是真实的。在名誉权侵害民事责任认定中,事实真相构成绝对防御并产生违法性抗辩效果,即行为人陈述的是客观事实,并非捏造事实的恶意诽谤,那么即使相应言行导致受害人社会评价降低,也不构成名誉权侵权责任。[2] 通常而言,基于尊重言论自由的法律保障要求,法院不应当制裁真实陈述尤其是那些对于个人和公共意见以及态度的形成有重大贡献的真实陈述。[3] 并且,法律不应当将保护仅局限于政治的、伦理的、科学的或者其他公众关注事项的陈述,还应当包括娱乐作品和商业性言论。[4] 其中,对于娱乐作品中的事实陈述,在"马某诉重庆奇忠科技发展有限公司侵害名誉权纠纷案"中,法院即认为:"虽然被告文章中使用了'刻薄、拜金女'等词汇形容原告,但这是马某以其自身言行所导致的社会舆论对其不符合主流价值观言行的客观评价,并非捏造事实。"[5] 亦即,若传播的信息是真实的,除非依据隐私权保护规则该被传播的信息属于个人隐私的保护领域,否则行为人不承担侵权责任。对于商业性言论,如行为人因债权未能实现而在微信朋友圈公开失信被执行人信息,并将之称为"骗子",将其躲避执行的行为比作"大黑耗子,见不得天"等,审理法院对此即认为行为人对被执行人所做的评价"是基于其亲身经历和认知,对失信被执行人的称谓、比喻,表达了对失信行为的憎恶",其"公开

---

[1] Vgl. Wagner, in: MünchenKomm-BGB, 5. Aufl., 2007, S. 1866 ff.

[2] Vgl. Gerhard Wagner, § 823, im: Münchener Kommentar zum Bürgerliches Gesetzbuch: Schuldrecht Besonderer Teil Ⅲ, Band 5, F. J. Säcker/R. Rixecker Hrsg., C.H. Beck, 2009, S. 1866 f.

[3] Vgl. Hein Kötz/Gerhard Wagner, Deliktsrecht, 14. Aufl., Vahlen, 2021, S. 148.

[4] 参见[奥]赫尔穆特·考茨欧、[奥]亚历山大·瓦齐莱克主编:《针对大众媒体侵害人格权的保护:各种制度与实践》,匡敦校、余佳楠、张芸、刘亚男译,中国法制出版社 2012 年版,第 185—186 页。

[5] 王丽娜:《马诺被评"刻薄拜金"起诉网站诽谤败诉》,《京华时报》2011 年 8 月 20 日,第 C03 版。

贬斥失信行为,体现了诚信、法治、正义的价值取向,有利于弘扬正气,惩戒失德失信,并非捏造事实、恶意诽谤……不具违法性"[1]。

价值评判与侮辱相对应,此时行为人不能主张真相请求权,特别是在受主观意见或观点深刻影响的情况下,其更不能主张真相请求权,因为在这种情况下,事实陈述中的客观真相证明是不可能的,如常见的不同观点就属于价值评判。对价值评判来讲,基于不同立场的自由讨论,对民主法治社会中自由独立之意志的形成有重要价值。因此,必须给予其足够的自由空间,而将言论自由的界限置于人格贬损之批评开始的地方。这也就意味着,当评论者的价值评判不再是客观中肯的论争,而仅仅表现为对受害人人格的讥讽、贬损时,侵害行为的违法性才能彰显出来。[2] 亦即,在是否构成侮辱的判断中,不可避免地需要对言论自由和名誉权保护二者进行利益权衡,而言论自由的界限止于人格保护开始之处。因此,在"肖某国诉方某民、北京雷霆万钧网络科技有限责任公司名誉权纠纷案"中,法院即认为即使评论人对被评论对象做了负面评价并使用带有贬义的词汇,但质疑与否定为评论自由的应有之义,若评论并未超出观点争论的范畴,那么即使被评论人自我感觉名誉降低,也不存在名誉权侵害。[3]

B. 法律预先规定的典型侵害行为之外的其他行为调整

在《民法典》第 1024 条第 1 款规定的典型侵害行为即侮辱、诽谤之外,对于其他行为如过失侵害个人信用导致名誉权侵害的民事责任认定,由于相应的构成要件比较模糊而有待进一步发展,还没有达到能够清晰区分事实构成和违法性的程度,此时法官应当依据《民法典》第 998 条规定的考量因素进行利益权衡以对案涉的具体行为作出评价,其中的利

---

[1] 王某、孙某花等与张某华名誉权纠纷案,河北省隆化县人民法院(2021)冀 0825 民初 38 号民事判决书。

[2] Vgl. Hein Kötz/Gerhard Wagner, Deliktsrecht, 14. Aufl., Vahlen, 2021, S. 149.

[3] 参见肖某国诉方某民、北京雷霆万钧网络科技有限责任公司名誉权纠纷案,北京市高级人民法院(2007)高民终字第 1146 号民事判决书。同样地,在北京豆网科技有限公司、北京字节跳动科技有限公司与北京爱奇艺科技有限公司、江苏今日头条信息科技有限公司网络侵权责任纠纷案中,法院也认为:即便案涉文章中存在个别用词"不恰当"的情形,也应予以包容,应保障公众的言论自由、保障公众维护自身合法权益的权利。相关判决参见北京豆网科技有限公司、北京字节跳动科技有限公司与北京爱奇艺科技有限公司、江苏今日头条信息科技有限公司网络侵权责任纠纷案,江苏省无锡市中级人民法院(2021)苏 02 民终 705 号民事判决书。

益权衡过程即可能导致对违法性的积极认定。此时,个人信用侵害导致的名誉权侵害民事责任认定是将原本作为构成要件的事实构成、违法性和过错不再做严格区分而是置于一起来评价。这也就意味着,即使个案中的某项非典型侵害行为在形式上符合名誉权侵害民事责任成立的事实构成,然而该不能被预先清晰界定的事实构成并不能像典型侵害行为一样当然能征引出违法性而使举证责任倒置。例如,夫妻离婚后一方在私家车内向朋友倾诉原配性冷淡及出轨等信息并被车内行车记录仪所记录的行为是否涉及侵犯原配名誉权,〔1〕此时信息披露行为是否具有违法性并未清晰的事实构成所征引,而是需要法官在综合考量案涉诸因素的基础上进行利益权衡以积极确定,行为人亦不需要自证其行为具有正当性以作为违法性的抗辩。与此相比,一般人格权虽然在民事责任成立的认定模式上与不在典型侵害行为涵摄范畴之列的具体人格权基本相同,但由于一般人格权实质上并非典型权利而是框架性权利或者一般性条款,〔2〕能否获得法律上的保护更具不确定性,法官在个案中讲行利益权衡时虽然享有的自由裁量权更大,〔3〕但其肩负的评价相应行为之法律效果以增强其可反驳性和说服力的论证压力也更重。就此而言,基于《民法典》第998条列举出来的考量因素进行利益权衡,为平衡法官自由裁量权的适当运用与控制提供了可能。

通常而言,法官在依《民法典》第998条进行利益权衡并将相应的考量因素作用于相应法律效果评价时,核心考量的并非事实构成内部的行为、侵害、因果关系等能否因998条规定的特定考量因素的介入而被满足,而是事实构成、不法性及过错等成立要件所构成的整体可否因特定考量因素的介入而得以强化或弱化,由此导致特定的法律效果评价应否被作出。因此,于此的利益权衡更多是以比较命题的形式展现。〔4〕从司法实

---

〔1〕 参见陈某某与梁某某一般人格权纠纷案,广西壮族自治区玉林市玉州区人民法院(2021)桂0902民初1643号民事判决书。

〔2〕 Vgl. Medicus/Lorenz, Schuldrecht Ⅱ: Besonderer Teil, 18. Aufl., C.H. Beck, 2018, S. 486.

〔3〕 参见吴香香:《请求权基础视角下〈民法典〉人格权的规范体系》,《中国高校社会科学》2021年第4期。

〔4〕 参见解亘、班天可:《被误解和被高估的动态体系论》,《法学研究》2017年第2期。

践中法官对第998条规定的考量因素的具体运用情况来看,相应考量因素通过利益权衡方法作用于责任成立的法律效果评价时,常见的表述有"行为方式明显不当"[1]"显然超出了侵权结果的影响范围"[2]"侵权行为虽然造成了原告心理和精神上的伤害,但该侵权行为的发生事出有因,且影响范围有限,后果较轻,尚不足以达到依法承担精神损害赔偿的程度"[3]"尚不足以达到侮辱,贬损原告名誉的程度"[4]等。这也意味着,在利益权衡方法的具体运用中,即使个案事实在形式上符合责任成立的事实构成要件,但当第998条规定的某考量因素以特别强度反向作用于责任成立的法律效果评价时,法官也可据此积极确定违法性不存在而否定名誉权侵害责任的成立。

  法官在个案中进行利益权衡以积极确定违法性主要涉及人格权与其他利益尤其是社会公共利益的平衡保护。通常而言,行为人追求的目标及其使用的手段均为适当且应受保护时,那么当该目标指向的社会公共利益或私人利益具有压倒性优势时,则其应优先于被侵犯的人格权而获得保护。[5] 其中,于此的"压倒性优势"应当由法官依据《民法典》第998条赋予的自由裁量权进行利益权衡后综合认定。一般而言,在涉及公众人物名誉权与言论自由及社会公共利益冲突的场合,"压倒性优势"标准通常因公众人物的特殊身份而通过更高的容忍义务来体现。即公众人物对针对自己的社会评论负有更高的容忍义务,其应充分顾及个人品行和道德情操对社会大众的影响和示范效应,时刻注意自己在公开场合的言行举止,努力为社会公众树立良好榜样,当有关公众人物的社会评论并非无中生有且未超过损害人格尊严的必要限度时,则该公众人物应对相关评论加以容忍和理解,并且其也有更多的机会通过媒体对相关报道

---

  [1] 参见孙某平与朱某虎名誉权纠纷案,安徽省颍上县人民法院(2021)皖1226民初257号民事判决书。
  [2] 参见刘某与无锡万斯伯健身有限公司肖像权纠纷案,上海市普陀区人民法院(2020)沪0107民初6386号民事判决书。
  [3] 参见徐某杰与杨某杰名誉权纠纷案,河南省固始县人民法院(2021)豫1525民初547号民事判决书。
  [4] 参见赵某忠、谢某林人格权纠纷案,浙江省海盐县人民法院(2021)浙0424民初923号民事判决书。
  [5] Vgl. Bettina Hürlimann-Kaup/Jörg Schmid, Einleitungsartikel des ZGB und Personenrecht, 2. Aufl., Schulthess Juristische Medien AG, 2010, Rz. 903, 907.

或评论加以澄清,所以法律于此不宜对此类评论加以苛刻的限制。[1] 当然,如果相应言论超出必要限度而涉及对公众人物人格尊严深层次的伤害,此时的言论自由及其中体现的社会公共利益在价值评价体系中享有的压倒性优势即不复存在,此时法官应在综合第 998 条诸考量因素的基础上给予人格尊严以更为周全的保护。

②一般人格权条款对个人信用保护的漏洞填补

在司法实践中,对于侵害个人信用的行为,法院通常情形下会以其侵犯了受害人的名誉权而为受害人提供救济。[2] 例如,在银行征信记录存在错误记载的情形下,有法院认为,虽然这里的征信记录并没有全面向社会公众公开,但错误的记载事项事实上不仅在银行系统内部产生了作用,而且在相关部门实行信息联动的背景下事实上处于一种公开状态,对受害人的名誉产生了极大影响并损害了其信用。[3] 另外,在冒用他人姓名导致他人信用被侵害的场合,有法院即认为,此种冒用他人姓名签订合同的行为所导致的关于受害人不良信用记录的产生,实际上导致了受害人名誉不佳的后果,因此侵害了其名誉权。[4] 但是,在最高人民法院公报案例"周某芳诉中国银行股份有限公司上海市分行名誉权纠纷案"中,法院却认为:第一,银行因过错导致受害人信用报告存在错误记载,但确定银行是否侵害受害人的名誉权还应结合损害后果及因果关系进行判断,而银行按照国家相关法律法规以及监管要求报送相关信息,其报送的信息也都是源于受害人信用卡的真实欠款记录,并非捏造,不存在虚构事实或者侮辱的行为;第二,名誉权侵害要求存在关于受害人社会评价降低的损害后果,而中国人民银行的征信系统只有特定主体基于法定事由才能进入并且查询系统内的记录,因此属于一个相对比较封闭的系统,即使

---

[1] 参见汪某诉韩某江名誉权纠纷案,北京市朝阳区人民法院(2015)朝民初字第 21870 号民事判决书;秦某与耿某瑞等名誉权纠纷案,北京市海淀区人民法院(2018)京 0108 民初 20651 号民事判决书。

[2] 参见张继红:《个人信用权益保护的司法困境及其解决之道——以个人信用权益纠纷的司法案例(2009-2017)为研究对象》,《法学论坛》2018 年第 3 期。

[3] 参见向某华诉慈利县农村信用合作联社名誉权纠纷案,湖南省慈利县人民法院(2014)慈民三初字第 132 号民事判决书。

[4] 参见雷某与中国农业银行重庆市南岸支行名誉权纠纷案,重庆市南岸区人民法院(2015)南法民初字第 05081 号民事判决书。

[人格权的类型]

相应的信用报告存在错误,也不会在不特定的人群中传播并导致相应受害人社会评价降低的后果。[1] 这显然表明于此并不存在名誉权的侵害。但是,没有侵犯名誉权并不意味着没有侵犯其他人格利益,于此情形下,由于一般人格权条款与具体人格权规则之间存在并行关系而可以在具体人格权规则缺位时为受害人的其他人格利益保护提供规范基础。[2] 对于因商业银行工作人员的过错而误将受害人信息作为借款人信息输入银行征信系统,致使本不应承担还款责任的受害人在中国人民银行存在不良征信记录,[3] 或者银行误将受害人归还的贷款录入他人名下,从而将错误的信用报告提供给中国人民银行征信中心,[4] 于此情形下法院应以行为人侵犯受害人的一般人格权而承认受害人所主张的侵权损害救济请求权。

(2)性自主权

性自主权又称贞操权,是个人自主决定是否与人发生以及与何人发生性关系的权利。[5] 对于性自主权的民法保护,比较法上有明确承认其为独立的人格法益的立法模式,如我国台湾地区"民法"第 195 条规定的"贞操";也有不承认其为独立的人格法益或权利,而是认为其属于具有绝对权属性的利益,从而通过一般侵权条款进行保护的立法模式,如《日本民法典》第 709 条。[6] 在我国,《民法总则》制定过程中即有观点认为,应在总则中明确规定性自主权,但立法者并未接受该观点,[7] 将

---

[1] 参见周某芳诉中国银行股份有限公司上海市分行名誉权纠纷案,《最高人民法院公报》2012 年第 9 期。

[2] 参见刘召成:《民法一般人格权的创设技术与规范构造》,《法学》2019 年第 10 期。

[3] 参见中国建设银行股份有限公司萍乡市分行与刘某一般人格权纠纷案,江西省萍乡市中级人民法院(2017)赣 03 民终 770 号民事判决书。

[4] 参见何某、中国工商银行股份有限公司贵阳中西支行一般人格权纠纷案,贵州省贵阳市中级人民法院(2018)黔 01 民终 3196 号民事判决书。

[5] 参见王泽鉴:《人格权法:法释义学、比较法、案例研究》,北京大学出版社 2013 年版,第 113 页。

[6] 参见[日]吉村良一:《日本侵权行为法(第 4 版)》,张挺译,中国人民大学出版社 2013 年版,第 32 页。

[7] 参见《地方人大、中央有关部门和单位以及有关方面对民法总则草案(征求意见稿)的意见》,载《民法总则立法背景与观点全集》编写组编:《民法总则立法背景与观点全集》,法律出版社 2017 年版,第 328 页。

争议留给了《民法典》。在《民法典》之前,对于性自主权应否保护以及如何保护,理论与实务上存在分歧。[1] 在支持给予性自主权以民法保护的观点内部,则存在着性自主利益否定论[2]、具体人格权论[3]以及一般人格权论[4]的分歧。本评注支持一般人格权论。因为从法律论证的角度看,在制定法未承认性自主权为具体人格权之前,通过作为一般人格权价值基础的人格尊严等来论证性自主权应受法律保护的正当性问题,说服力更充分。如前所述,人格尊严是一般人格权的价值基础,若行为人在交往过程中隐瞒其已婚事实,使受害人产生错误认识而与其发生性关系,这实质上意味着行为人未将受害人视为平等的、具有人格尊严的民事主体予以对待,因此可以将该行为纳入以人格尊严为价值基础的

---

〔1〕 反对保护贞操权的理论观点参见郭卫华:《论性自主权的界定及其私法保护》,《法商研究》2005年第1期,第60页。相应的法院判决有:宋某与沈某人格权纠纷案,北京市朝阳区人民法院2015年朝民初字第28258号民事判决书。支持保护贞操权的理论观点参见张红:《性侵之民事责任》,《武汉大学学报(哲学社会科学版)》2019年第1期,第146页;杨立新:《人格权法》,法律出版社2020年版,第171页;段勇、冯鼎臣:《对贞操权应给予民法保护》,《人民司法·案例》2008年第12期,第82页。相应的判决有某某2、黄某某一般人格权纠纷案,广西壮族自治区钦州市中级人民法院(2015)钦民三终字第145号民事判决书;李某骞诉陈某人格权纠纷案,浙江省宁波市鄞州区人民法院(2015)甬鄞江民初字第224号民事判决书;崔某、江某伟侵权责任纠纷案,广东省深圳市中级人民法院(2019)粤03民终7796号民事判决书;谌某与李某某人格权纠纷案,广东省深圳市福田区人民法院(2015)深福法民一初字第2868号民事判决书;韩某与德某生命权、健康权、身体权纠纷案,北京市第三中级人民法院(2014)三中民终字第04847号民事判决书;张某某、董某某一般人格权纠纷案,广东省广州市中级人民法院(2019)粤01民终8994号民事判决书。

〔2〕 参见何孝元:《损害赔偿之研究》,台湾商务印书馆1982年版,第162页。我国台湾地区"民法"在1999年增设"贞操"为独立人格法益之前,对性自主权的保护也主要是通过身体、自由名誉等人格法益来展开,参见王泽鉴:《人格权法:法释义学、比较法、案例研究》,北京大学出版社2013年版,第113页。

〔3〕 参见曲升霞、袁江华:《侵犯贞操权与身体权的司法认定及其请求权竞合之解决》,《人民司法·应用》2009年第15期,第108页;贾健:《强奸究竟侵犯了什么?——作为通说的"性的自主决定权"法益之检讨》,《法律科学》2018年第5期,第95页。

〔4〕 参见王成:《性骚扰行为的司法及私法规制论纲》,《政治与法律》2007年第4期,第81页;张红:《性侵之民事责任》,《武汉大学学报(哲学社会科学版)》2019年第1期,第146页。

[人格权的类型]

一般人格权的涵摄范畴。[1]

《民法典》编纂过程中,关于应否将性自主权作为具体人格权明确加以规定的肯定论[2]与否定论[3]是前述分歧的继续。《民法典》最后并未将性自主权作为具体的人格权类型加以规定,仅是在第1010条对性骚扰问题作了规定。由于性骚扰仅是针对性自主权的一种具体的侵害形式,[4]因此,对于性骚扰行为的民法调整,应依据《民法典》第1010条规定的具体构成要件展开;对于性骚扰之外的其他性的自主利益的侵犯问题,由于并没有与之相对应的具体人格权规则涵摄,所以应依据《民法典》第990条第2款的以人格尊严为价值基础之一般人格权条款进行调整。[5]

从我国司法实务上对性自主权纠纷的具体调整路径看,通过以人格尊严、人格自由为价值基础的一般人格权条款也可以为性自主权的保护提供充分的正当性与合法性基础。司法实务上认定构成性自主权侵犯的要件主要包括恶意欺骗和严重损害后果。若行为人隐瞒已婚已育的事实并伪造假身份证、利用假名与受害人交往,与受害人拍摄婚纱照并办理结婚登记,使受害人误以为自己已经与行为人结婚并生育一孩;[6]或行为人在已婚的情况下仍以未婚名义在征婚网站发布信息并因此与通过征婚网站发布个人信息而意欲通过该途径缔结婚姻组建家庭的受害人交往并建立恋爱关系、发生性关系,导致受害人怀孕及流产等事实发生时,法院即认为行为人使受害人在受欺骗的情况下对其性权利作出了错误处

246

247

---

[1] 参见江某某与江某某一般人格权纠纷案,上海市第一中级人民法院(2014)沪一中民一(民)终字第2315号民事判决书。

[2] 参见齐云:《〈人格权编〉应增设性自主权》,《暨南学报(哲学社会科学版)》2020年第1期,第108页。

[3] 参见张建文:《新兴权利保护中利益正当性的论证基准——以约为婚姻诱使他人与自己发生性关系的裁判立场为基础》,《河北法学》2018年第7期,第24页;韩强:《人格权确认与构造的法律依据》,《中国法学》2015年第3期,第156—157页。

[4] 参见最高人民法院民法典贯彻实施工作领导小组主编:《中华人民共和国民法典人格权编理解与适用》,人民法院出版社2020年版,第177页。

[5] 参见张红:《性侵之民事责任》,《武汉大学学报(哲学社会科学版)》2019年第1期,第146页。

[6] 参见廖某玲、廖某炜一般人格权纠纷执行审查案,广东省佛山市中级人民法院(2014)佛中法民一执复字第30号民事判决书。

分，并因此造成了身体及精神上的严重伤害，应承担侵权责任。[1] 由于司法实务上对严重损害后果的严格要求，实践中因性自主权或贞操权被侵犯而获得法律保护的对象通常是女性，男性仅在例外情况下才会被纳入以人格尊严为价值基础的贞操权的保护范畴。例如，行为人未经男性受害人同意而对其实施抚摸、亲吻的行为，在不存在其他严重损害后果的情况下，法院亦认为该行为损害了受害人的人格尊严，构成对受害人人格利益的侵害。[2]

248　　性自主权是否因性别不同而有差异？事实上，在历史上确实存在着对女性的性权利设置更多法律限制的实践，但现代法治国家普遍承认男女平等保护，这当然也包括性权利方面的平等，亦即在当前我国的法律实践中并不存在着因性别不同而差异保护性自主权的现象。当然需要强调的是，对历史上曾经存在的对女性性权利的限制并不意味着当下需要强调对女性性权利的重点保护。[3] 对此，学理上坚持的"无论是历史上的不平等，还是现在出现的新的不平等，都是应该纠正的"观点，[4] 值得赞同。在此意义上，无论是男性，还是女性，抑或是双性人等，[5] 皆享有同样的性自主权。

249　　由于性自主权主要强调自然人依自主意志对性利益的支配，因此，司法实务上法院一方面通常对于行为人故意"隐瞒已婚事实，假以结婚为目的"等诱使受害人错误处分自己的性权利而与其发生关系的事实，[6] 认为"'男未婚、女未嫁'系我国社会一般道德观念所能接受的成年人之间发展正常男女关系的基本前提，而本案被告在双方发展男女关系过程

---

　　[1] 参见蒋某诉李某人格权纠纷案，北京市房山区人民法院（2016）京0111民初2291号民事判决书。

　　[2] 参见杨某军等诉刘某光案，海南省海口市新华区人民法院（2001）新民初字第625号民事判决书。

　　[3] 参见张建文：《新兴权利保护中利益正当性的论证基准——以约为婚姻诱使他人与自己发生性关系的裁判立场为基础》，《河北法学》2018年第7期，第23页。

　　[4] 参见郭卫华：《论性自主权的界定及其私法保护》，《法商研究》2005年第1期，第60页。

　　[5] 参见梅贤明、张太洲、李炳南：《强奸双性人可构成强奸既遂》，《人民司法·案例》2014年第22期。

　　[6] 参见崔某、江某伟侵权责任纠纷案，广东省深圳市中级人民法院（2019）粤03民终7796号民事判决书。

中故意对婚姻状况进行编造,并积极主动要求与原告发生性行为,被告的行为明显有悖于我国公序良俗,具有严重过错。被告的上述行为确实可能会导致受害人误判双方关系并由此作出与其发生性行为的决定"[1]。另一方面也会认为,具有完全民事行为能力的成年人理应对男女双方交往、发生性关系等行为的后果具备基本的认知和判断能力,若行为人在与侵权人微信聊天相识之初即知晓被告尚未离婚的事实,且在其仅口头表示已离婚的情况下却未进行审慎核实,[2]或者选择自己初次性行为的对象时未尽谨慎注意义务而对自己主张的贞操不够负责时,[3]那么亦应承担相应的责任。进言之,若男女双方之间发生性关系以自愿为前提,如二人通过交友软件结识并以发生性关系为目的多次相见且发生性关系时并不存在强制,[4]或者一方不能证实对方对其进行诱骗并进而与其发生性关系,[5]那么法院通常认为于此情形下二人之间的自主性行为系基于双方的意思自治对自己性权利所采取的自主行动,因此二人应对自己的行为负责而不存在性自主权被侵犯的情况。[6] 以此为基础,若受害人因侵权人隐瞒已婚事实而与之交往并在确立恋爱关系后发生性关系,继而怀孕并流产的,于此情形下主张性自主权被侵犯自无疑义,但在其第一次怀孕后即已知晓侵权人的婚姻状况并在流产后仍自愿与侵权人再次发生性关系从而导致第二次怀孕的,法院即认为双方均是完全民事行为能力人而应当认识到从事相关行为的后果,因此不再支持

---

[1] 覃某与李某人格权纠纷案,北京市西城区人民法院(2018)京0102民初7614号民事判决书。

[2] 参见覃某与李某人格权纠纷案,北京市西城区人民法院(2018)京0102民初7614号民事判决书。

[3] 参见韩某与德某生命权、健康权、身体权纠纷案,北京市第三中级人民法院(2014)三中民终字第04847号民事判决书。

[4] 参见陈某雨与盛某平一般人格权纠纷案,浙江省杭州市拱墅区人民法院(2019)浙0105民初5463号民事判决书。

[5] 参见黄某林与韩某启人格权纠纷案,北京市第二中级人民法院(2016)京02民终8725号民事判决书。

[6] 参见陈某雨与盛某平一般人格权纠纷案,浙江省杭州市拱墅区人民法院(2019)浙0105民初5463号民事判决书。

受害人此种情形下性自主权被侵犯的权利主张。[1]

有争议的是,在夫妻关系存续期间,配偶双方的性自主权是否受婚姻关系的约束?支持受约束的观点认为:第一,配偶间的自愿性生活已作为婚姻契约中的一个当然组成部分而受到法律认可,只要婚姻契约不解除,性生活的合法性就不容置疑;第二,与配偶进行性行为,是婚姻关系中的夫妻双方在行使自己受法律保护的权利,无论哪一方都有义务应对方要求与其进行性行为;第三,在婚姻关系中过多强调性自主权既不利于家庭和社会的稳定,亦有悖于法理民情,不符合我国国情。对此的反对观点则认为:第一,婚姻的合法性不等于性行为的合法性,法律禁止违背配偶的意志强行与之性交,正是基于人格自由、人格尊严而生的性自主权的应有之义;第二,夫妻性关系是一种平等、对应的权利义务关系,建立在平等基础上的性权利自然排斥另一方以不平等乃至暴力方式实现权利之可能,任何一方不情愿地屈从另一方的意志被迫履行性义务,都违反了性权利平等原则。婚姻自由原则,包括结婚自由、离婚自由,也包含婚姻内夫或妻的性自由。婚姻契约并不意味着自然人放弃了自己的性自主权,其在婚姻存续期内亦享有一定的对性生活自由斟酌的权利,对方对此应予尊重;第三,婚姻关系是家庭与社会秩序稳定的基石,但不能因为对于后者的绝对追求而牺牲自然人以人格自由、人格尊严为基础的包括性自主权在内的人格权益,否则即违反了《民法典》保护人格尊严的基本立法目的。[2] 从《民法典》的立场来看,一方面,其在第 990 条第 2 款明确承认自然人基于人身自由、人格尊严而享有的其他人格权益受法律保护,这显然为性自主权的民法保护提供了基础;另一方面,该法又在第 998 条对人格权受侵害的民事责任的认定赋予了法官较大的自由裁量权,这就意味着性自主权的民法保护并非绝对的,而是相对的,需要法官在个案中考量各种因素综合认定,其中婚姻关系的存续及具体存在状态会成为影响性自主权民法保护的具体考量因素。从司法实践中已生效的判决归纳出来的裁判规则看,若婚姻关系存续期间内婚姻状态正常,并无有力证据证明配偶一方以违反公序良俗等方式侵犯对方的性自主权,那么即使存在影

---

[1] 参见郭某榕与曹某人格权纠纷案,北京市朝阳区人民法院(2015)朝民初字第 03240 号民事判决书。

[2] 参见石耀辉、伍红梅:《非正常婚姻状态下强奸罪的构成》,《人民司法·案例》2011 年第 24 期。

响对方性自主权的行为,通常情形下该行为亦不会被认为构成对性自主权的侵害;[1]若婚姻关系存续,但婚姻关系呈非正常状态,如配偶双方婚前并无感情基础,仅进行了婚姻登记但从无同居经历或长期分居,于此情形下一方违背对方意志而强行与之发生性关系,即构成对受害人性自主权的侵犯,应承担相应的法律责任。[2]

(3)人格形象的统一性

每个人都是独立且独一无二的,人格尊严保护社会生活中个人的人格形象的统一性与一致性,亦即个人基于人格尊严而生的人格形象及其实际形象应与所传播的内容相符,至于这种与个人实际形象不符的传播内容是否会造成相应个人的名誉贬损则在所不问。更进一步讲,在传播不符合个人实际形象之内容的场合,若涉及人格贬损并导致负面社会评价,那么会涉及对受害人以人格尊严为价值基础的名誉权的侵犯;若并不涉及对受害人社会评价或公众形象的侵犯,那么就构成对个人人格形象之统一性和一致性的侵害。[3] 例如,在"陆某兴诉薛某良肖像权纠纷案"中,被告在其出版的书中将原告与冰心的合影照片通过电脑技术合成为自己与冰心的合影,具体操作为,其将原告在照片中的躯干保留而将头部置换为自己的,但被告事实上与冰心从来没有合影。法院认为:"自然人对自己的肖像有维护完整性的权利,有权禁止他人非法毁损,维护自己的尊严,公民的人格尊严受法律保护。在中华文化传统中,社会公众一般比较重视照片中自身肖像的完整性,特别是将头部与躯干视为一个整体,不可分离,尤其是忌讳将已成影像中的头部从躯干上人为地去除。"[4]对于行为人因过失导致受害人人格形象统一性受损的,如行为人在举办的非以营利为目的精华展活动中误将"南京吆喝"的演出者姓

---

[1] 参见肖某黎故意杀人、侮辱案,广东省广州市中级人民法院(2019)粤01刑初280号刑事附带民事判决书;严某某与陈某离婚纠纷案,广东省阳江市中级人民法院(2014)阳中法民一终字第348号民事判决书。

[2] 参见孙某军强奸案,上海市浦东新区人民法院(2011)浦刑初字第685号刑事判决书。

[3] 参见陈甦主编:《民法总则评注》(下册),法律出版社2017年版,第756—757页。

[4] 陆某兴诉薛某良肖像权纠纷案,江苏省无锡市中级人民法院(2009)锡民终字第0168号民事判决书,载最高人民法院中国应用法学研究所编:《人民法院案例选》(2010年第1辑,总第71辑),人民法院出版社2010年版。

名与他人肖像相配而出现在其宣传册中,法院即认为行为人"在精华展宣传册中姓名与肖像配图不一致的行为客观上损害了上诉人的人格尊严,对上诉人的一般人格权造成侵害"[1]。

由于自然人人格形象的统一性与其在社会中获得的承认与尊重相关,因此若相应的行为并未对自然人的人格形象产生不良影响,那么自然人主张的基于人格尊严而产生的一般人格权被侵犯的损害救济请求权即不会获得法院的支持。例如,在"张某与淄博友谊医院有限公司、山东大众报业集团鲁中传媒发展有限公司等名誉权纠纷、肖像权纠纷案"中,法院认为:"人格尊严权是指人作为法律主体应得的承认和尊重的权利,凯莱希学校向大众报业发送照片正是基于张某的优良条件,大众报业和友谊医院的宣传行为也没有对张某进行人格贬低、歪曲和丑化,故,张某主张其人格尊严权受到侵害的理由不能成立。"[2]另外,对于游戏公司在其运营上架的网络游戏中使用演员在影视剧中的声音的行为是否构成对自然人人格形象统一性的侵害问题,法院认为,自然人的声音和肖像作为标表自然人的人格标志,具有人格权属性。行为人未经演员本人同意,也未取得演员许可使用的影视作品著作权人授权同意,在开发、制作、运营的游戏中使用其声音,构成声音权益侵权。但游戏中人物形象设计来源于影视作品的角色设定,在游戏制作中未明显偏离原剧设定。在客观表现上案涉游戏角色指向的是影视剧人物,一般公众的理性认知并未将反派形象的游戏角色识别为对演员本人的社会认识和评价,基于识别指向关系的中断,不构成一般人格权侵权。[3]

当然,未侵犯人格尊严并不意味着自然人不能通过其他具体人格权规则获得保护。在"袁某鹰与成都晚报社肖像权纠纷案"中,法院认为,尽管成都晚报社将原告照片作为其刊发的文章的配图,但该文章所采用的照片内容健康,文章内容本身亦是正面介绍成都,不会对原告造成负

---

[1] 刘某龙与南京市文化广电新闻出版局一般人格权纠纷案,江苏省南京市中级人民法院(2017)苏01民终3731号民事判决书。

[2] 张某与淄博友谊医院有限公司等名誉权、肖像权、一般人格权纠纷上诉案,山东省淄博市中级人民法院(2014)淄民一终字第484号民事判决书。

[3] 参见林铃锦:《"你这瓜保熟吗?"全国首例声音权纠纷案件,孙红雷胜诉》,观察者网2023年10月14日,https://www.guancha.cn/politics/2023_10_14_711844.shtml,最后访问日期:2023年10月14日。

面影响,只是由于被告使用原告肖像时未征得本人同意,因此侵害了原告的肖像权,应承担侵权责任。[1]

(4)仪式行为的可尊重性

不同于生活常态行为,举行特定仪式的行为本身是一种超常态行为,与生活中的常态行为相比,仪式行为的特殊性在于:第一,仪式行为的发生具有偶然性或定期性,而生活中的常态行为则基本上每天都有,相比较而言,前者具有偶发性,而后者具有频繁性;第二,仪式行为通常所表达的是特定精神价值如信仰等,区别于日常生活行为以满足基本生理需求为目的的实用性。虽然仪式行为区别于日常生活行为,但对行为人以及其所处的社会共同体而言,该行为是正常的,并不具有反社会性。[2]

在个人的社会生活中,通常会在出生、成年、结婚、丧葬等人生重要的转折点上有仪式行为,相应的仪式又被称为"生命周期仪式"。[3] 通过相应的仪式行为,人可以表达欢乐、内心的和平、安宁和热烈并取得社会的认同等。仪式虽然具有虚拟性,但是,这并不代表仪式行为人的情感和心态的虚拟性,恰恰相反,与虚拟的仪式对应的是仪式行为人的真实感受。对真实感受的追求也是行为人举行仪式的目的所在。另外,在公开举行仪式的场合,相应的仪式为社会公众所知,所以对仪式行为的阻碍或破坏等会构成对仪式行为人内心感受、社会评价等的负面影响,侵犯其人格尊严,于此场合认定行为人对他人一般人格利益构成侵犯就具有了社会基础。[4] 在我国当代社会生活实践中,婚丧嫁娶等特定仪式中蕴含着社会对于特定人的认同与尊重,对于特定仪式的破坏通常会被认为是对仪式行为人之人格尊严的侵犯。

对于喜庆仪式的破坏,例如,行为人在特定自然人婚礼当天,在红纸喜字上方粘贴该自然人被法院驳回上诉的判决书复印件以破坏结婚仪式

---

[1] 参见袁某鹰与成都晚报社肖像权纠纷案,四川省成都市中级人民法院(2008)成民终字第499号民事判决书。

[2] 参见薛艺兵:《对仪式现象的人类学解释(上)》,《广西民族研究》2003年第2期,第27页。

[3] 参见薛艺兵:《对仪式现象的人类学解释(上)》,《广西民族研究》2003年第2期,第29页。

[4] 参见李岩:《一般人格权的类型化分析》,《法学》2014年第4期,第16页。

的,法院即认为:"按照我国的风俗习惯,在结婚当天,一般应通过包括悬挂、张贴红纸喜字在内的多种方式制造喜庆气氛,以祝愿新婚夫妻家庭幸福美满;他人亦应避免在新人的这一重要日子里实施不当行为而给新人造成缺憾。"[1]而行为人粘贴判决书复印件的行为"违反了善良风俗,对他人的个人尊严造成伤害"。[2] 对阻止新郎新娘从正门进入自家宅院的,法院会认为:"结婚庆典应是自然人一生中具有特定纪念意义的事件。按照当地农村风俗习惯,结婚庆典过程从新郎出发前往新娘家接上新娘即已开始,新郎接上新娘回家应当从院落正门进入房屋。被告之行为导致受害人之婚车无法正常到达家门口,受害人通过梯子翻越两米多高的石头墙进入房屋。被告之行为不仅使受害人结婚庆典的完整性遭到破坏,而且侵犯了受害人的人格尊严,违反了公序良俗。"[3]同样地,行为人在他人为孩子举办满月酒的喜宴之际当场泼洒粪水污物的行为,法院亦认为其有违社会公序良俗和社会公共道德,构成对受害人人格尊严的侵害。[4]

对于丧葬仪式的破坏,例如,原告父亲死亡之后,亲戚朋友到原告家中参加原告父亲的葬礼,但被告堵住公路不让治丧车辆通行。对此,法院即认为被告的行为有悖社会公德,侵犯了原告的人格尊严,判决由其承担侵权责任。[5] 在法院看来:"孝敬老人是我国的传统美德,对老人的生养死葬是其重要内容,老人去世后,其子女等近亲属按照习俗进行安葬是其近亲属的人格利益。"[6]当然,由于丧葬仪式与死亡等密切相关,而死亡在一般社会观念中属于严重忌讳事项。因此,若行为人在他人"住所

---

〔1〕 李某诉李某奎、乔某彩名誉权纠纷案,北京市第二中级人民法院(2013)二中民终字第06082号民事判决书。

〔2〕 参见李某诉李某奎、乔某彩名誉权纠纷案,北京市第二中级人民法院(2013)二中民终字第06082号民事判决书。

〔3〕 赵某锋与赵某东等人格权纠纷案,北京市第三中级人民法院(2018)京03民终1707号民事判决书。

〔4〕 参见姚某某诉叶某某一般人格权纠纷案,上海市浦东新区人民法院(2010)浦民一(民)初字第3619号民事判决书。

〔5〕 参见刘某5等与忠县汝溪镇三河村村民委员会等一般人格权纠纷申请案,重庆市高级人民法院(2012)渝高法民提字第218号民事判决书。

〔6〕 刘某5等与忠县汝溪镇三河村村民委员会等一般人格权纠纷申请案,重庆市高级人民法院(2012)渝高法民提字第218号民事判决书。

[人格权的类型]

处设灵台、挂白布、烧锡箔及逼迫他人向死者遗像下跪、磕头并往其身上浇矿泉水、塞锡箔等过激方式上门闹事",那么法院亦通常认为该行为侵害他人的人格尊严。[1]

六、规范适用关系

(一)本条第1款与第2款之间的规范适用关系

对于本条第2款即一般人格权条款与本条第1款结合其他具体人格权条款之间的规范适用关系,由于司法实践与学说理论关注的焦点并不完全相同,二者在认识和判断上存在明显区别。对于司法实践而言,其创制一般人格权的核心目的在于解决制定法中规定的具体人格权条款在保护人格利益时不够周延的问题,因此其关注的是一般人格权对具体人格权的创设、解释和补充功能,[2]在二者的规范关系认定上亦主要集中在这些功能的实现上,并且相应的立场亦相对统一。比较而言,我国学说理论上除了关注创制一般人格权条款能否解决实践中具体人格权规定不够周延的法律漏洞问题,还关注立法的科学性、体系性,因此在对一般人格权本身及其与具体人格权关系的认定上存在较大的分歧。

在《民法典》颁布之前的法律实践中,独立的一般人格权条款最早出现在2001年《精神损害赔偿解释》中。该司法解释的起草者认为,2001年《精神损害赔偿解释》第1条第1款第3项规定的"人格尊严权"即为一般人格权,其"是人格权利一般价值的集中体现,因此,它具有补充法律规定的具体人格权利立法不足的重要作用……在处理具体案件时,应当优先适用具体人格权的规定,而将一般人格权作为补充适用条款"[3]。该立场

---

[1] 参见吴某等诉闵某等财产损害赔偿纠纷案,上海市浦东新区人民法院(2010)浦民一(民)初字第13289号民事判决书。

[2] 参见唐德华主编、最高人民法院民事审判第一庭编著:《最高人民法院〈关于确定民事侵权精神损害赔偿责任若干问题的解释〉的理解与适用》,人民法院出版社2015年版,第27页。

[3] 《〈关于确定民事侵权精神损害赔偿责任若干问题的解释〉的起草说明》,载唐德华主编、最高人民法院民事审判第一庭编著:《最高人民法院〈关于确定民事侵权精神损害赔偿责任若干问题的解释〉的理解与适用》,人民法院出版社2015年版,第8页。

在司法实践中获得了普遍支持,各级法院在具体案件的判决书中通常亦会明确表示:"一般人格权是民事主体所享有的,包括人格平等、人格独立、人格自由和人格尊严等内容的一般人格利益,用以解释和补充具体人格权之不足。"[1]因此,在司法实践中,只有相应侵害行为不构成对具体人格权的侵害但又涉及人格尊严、人格自由侵犯的,受害人才可以依据一般人格权条款向法院主张救济,[2]如生活安宁利益[3]、贞操权[4]、受教育权[5],等等;如果存在具体人格权受到侵害而受害人主张一般人格权被侵害的救济,那么,法院通常会直接依据具体人格权条款进行处理。[6] 当然,实践中法院在适用具体的尊严型人格权条款如名誉权规则、隐私权规则等涵摄具体案件事实时,[7]亦会运用与一般人格权条款统一的价值基础即人格尊严作为裁判说理的正当性依据,但最终裁判的合法性依据只能是具体人格权条款。

对于司法实践中法院所普遍坚持的具体人格权条款与一般人格权条款的补充适用关系,我国学说理论上存在不同的观点,主要有候补适用关

---

[1] 江某某与江某某一般人格权纠纷案,上海市第一中级人民法院(2014)沪一中民一(民)终字第 2315 号民事判决书;齐云:《〈人格权编〉应增设性自主权》,《暨南学报(哲学社会科学版)》2020 年第 1 期。

[2] 参见杨某、杨某 2 一般人格权纠纷案,天津市第一中级人民法院(2018)津 01 民终 7033 号民事判决书;薛某林诉杨某凤侮辱诅咒其房屋侵害人格尊严精神损害赔偿案,江苏省镇江市中级人民法院(2006)镇民一终字第 339 号民事判决书;谭某莉与曹某红、武汉市黄陂区祁某某街道祁某某中学一般人格权纠纷案,湖北省武汉市中级人民法院(2016)鄂 01 民终 355 号民事判决书。

[3] 参见阮某泳诉中国移动通信集团广东有限公司侵权纠纷案,广东省茂名市茂南区人民法院(2011)茂南法民初字第 1604 号民事判决书。

[4] 参见廖某玲、廖某炜一般人格权纠纷执行审查案,广东省佛山市中级人民法院(2014)佛中法民一执复字第 30 号民事判决书。

[5] 参见周某娟诉潘某儿一般人格权纠纷案,浙江省高级人民法院(2015)浙民申字第 1331 号民事裁定书。

[6] 参见覃某豪诉桂平市郊区农村信用合作社名誉权侵权案,广西壮族自治区贵港市中级人民法院(2008)贵民一终字第 37 号民事判决书。

[7] 参见姜某民与广州市培英中学人格权纠纷案,广东省广州市中级人民法院(2013)穗中法民一终字第 4323 号民事判决书。

【人格权的类型】

系说〔1〕、补充适用关系说〔2〕、互相排斥说〔3〕、竞合关系说〔4〕等。显然,我国学理上无论是承认一般人格权条款和具体人格权条款之间存在渊源关系进而在规范适用上可以候补适用、补充适用或者是竞合适用关系的观点,还是认为一般人格权条款和具体人格权条款基于不同的理论构造相互排斥而不能共存,进而在立法上应通过人格权保护一般条款+具体人格权模式而非一般人格权+具体人格权模式解决人格权保护问题的立场,都承认具体人格权条款立法之不足,都需要通过一般人格权条款或人格权保护一般条款来解决。考虑到一般人格权的框架性权利特点,对《民法典》第990条第2款与各具体人格权条款之间的规范适用关系,可以考虑在类型化的前提下来确定。

1. 本条第1款的独立适用空间

对于《民法典》第990条第1款以及该条引致的具体人格权条款,若其在内在价值上与一般人格权条款所宣示的人身自由、人格尊严相吻合,且在外在规则构造上可以并且足以为自然人人格利益的实现提供充分保护的,那么当然应唯一性地依据具体人格权条款涵摄相应法律纠纷。对此的核心考虑在于:

第一,从《民法典》人格权编各章规定的具体人格权规则来看,其内涵外延相对清晰明确,相应的法律规则具有较强的确定性和可预见性,适用具体人格权条款有助于保护行为自由。

第二,虽然《民法典》第998条规定,侵害除生命权、身体权和健康权之外的人格权的民事责任的认定可以由法院考虑"行为人和受害人的职

---

〔1〕 参见杨立新:《人格权法》,法律出版社2020年版,第74页;梁慧星:《民法总论》(第六版),法律出版社2021年版,第97页;最高人民法院民法典贯彻实施工作领导小组编:《中华人民共和国民法典人格权编理解与适用》,人民法院出版社2020年版,第25页;尹田:《论一般人格权》,《法律科学》2002年第4期,第16页。

〔2〕 参见陈甦、谢鸿飞主编:《民法典评注:人格权编》,中国法制出版社2020年版,第14页;叶金强:《一般人格权制度初论》,《南京大学法律评论》1999年春季号(总第十一期),第184—186页。

〔3〕 参见薛军:《人格权的两种基本理论模式与中国的人格权立法》,《法商研究》2004年第4期,第64页。

〔4〕 参见刘召成:《民法一般人格权的创设技术与规范构造》,《法学》2019年第10期,第47—48页。

业、影响范围、过错程度,以及行为的目的、方式、后果等因素"综合确定,但相较于一般人格权条款而言,具体人格权条款留给法院的自由裁量空间较小,适用具体人格权条款有助于维护法的安定性。

第三,对于可以适用具体人格权条款进行调整的法律纠纷,如果不加区分地直接适用填补法律漏洞的具有一般性条款性质的一般人格权条款,那么可能会导致当时被立法者以高度区分的方法所确定的各具体人格权条款之间以及具体人格权条款与一般人格权条款之间原本相对清晰的保护界限被掩盖,[1]既影响民法典外在体系的科学性,亦无助于立法目的的实现。

2. 本条第 2 款的适用空间

由于立法固有的滞后性,立法者在法典编纂时所明确列举出来的具体人格权难以涵摄因为时代发展而逐渐生成的新的人格权益类型,因此,一般人格权被创制出来的首要任务即在于补充具体人格权条款之不足以填补立法之漏洞。[2] 因此,在具体人格权没有将相关人格利益纳入自己的保护范围或根本不存在针对特定人格利益的具体人格权条款(如被遗忘权、贞操权、祭奠权)时,具体人格权条款和一般人格权条款的保护范围不会重合,事实构成不会交叉,不存在所谓的请求权基础聚合或者竞合问题,所以不存在需要协调二者适用关系的空间,直接且唯一性地适用一般人格权条款涵摄相关的具体人格利益即可。[3] 例如,在贞操权保护纠纷案中,有法院在判决书中指出,"性选择权或贞操权等属于一般人格权的范畴"[4],是自然人"保持其性纯洁良好品行,享有所体现的人格利益的人格权"[5],在其被侵害时受害人有权依据一般人格权条款主张相应的法律救济。而以贞操权于法无据并拒绝支持受害人主张的

---

[1] Vgl. MüKo/Wagner, § 823, 5. Aufl., S. 1816.
[2] 参见阮某泳诉中国移动通信集团广东有限公司侵权纠纷案,广东省茂名市茂南区人民法院(2011)茂南法民初字第 1604 号民事判决书。
[3] 参见沈建峰:《一般人格权研究》,法律出版社 2012 年版,第 153 页。
[4] 张某某、董某某一般人格权纠纷案,广东省广州市中级人民法院(2019)粤 01 民终 8994 号民事判决书;崔某、江某伟侵权责任纠纷,广东省深圳市中级人民法院(2019)粤 03 民终 7796 号民事判决书。
[5] 韩某与德某生命权、健康权、身体权纠纷案,北京市第三中级人民法院(2014)三中民终字第 04847 号民事判决书。

请求权的做法,[1]显然未能正确处理一般人格权条款与具体人格权条款之间的规范适用关系,违反了立法者创制一般人格权条款的初衷,不利于人格尊严的保护,应当予以纠正。亦即,当不存在《民法典》第990条第1款以及该条引致的具体人格权条款可供适用时,自然应适用《民法典》第990条第2款的一般人格权条款调整相应的人格权益。

3. 本条第1款与第2款的交叉领域

如前所述,对于具体人格权条款虽有规定,但相应规定因时代背景变化而在具体构造上不利于一般人格权条款所彰显的人格尊严、人格自由的保护,于此究竟应继续适用具体人格权条款而排除一般人格权条款的适用,还是直接依据一般人格权条款进行调整,抑或是具体人格权条款于此场合与一般人格权条款存在竞合关系,由当事人择一适用,在学理上不无争议。[2] 从立法者创制一般人格权的主要目的来看,其主要担负着产生、解释和补充具体人格权的制度功能。[3] 在存在具体人格权条款但其具体构造因与人格尊严这一价值基础不相吻合而导致其不足以充分保护具体人格权益的场合,具体法律规定与现实需求之间显现出来的紧张关系实质上仍表现为具体人格权条款本身的缺陷。此种缺陷与根本不存在相应的具体人格权条款所形成的法律漏洞虽然在表现形式上存在不同,但二者在本质上是相同的:具体人格权条款未作出规定的场合所存在的法律漏洞是因立法者理性不足而不能完全预计社会发展所可能形成的新型人格利益的现实保护需求所导致的;而具体人格权条款虽有规定但

---

[1] 参见宋某与沈某人格权纠纷案,北京市朝阳区人民法院(2015)朝民初字第28258号民事判决书。

[2] 参见刘召成:《民法一般人格权的创设技术与规范构造》,《法学》2019年第10期,第47—48页。

[3] 参见黄薇主编:《中华人民共和国民法典人格权编解读》,中国法制出版社2020年版,第16页。对于一般人格权担负的这些制度功能,我国学说理论与相应的司法实践亦普遍持赞同立场。相应的判决参见栗某井与栗某芹等一般人格权纠纷案,北京市第一中级人民法院(2018)京01民终3534号民事判决书;江某某与江某某一般人格权纠纷案,上海市第一中级人民法院(2014)沪一中民一(民)终字第2315号民事判决书。相应学理讨论参见梁慧星:《民法总论》(第六版),法律出版社2021年版,第97页;王利明:《关于制定民法总则的几点思考》,《法学家》2016年第5期,第6页;张新宝:《〈中华人民共和国民法总则〉释义》,中国人民大学出版社2017年版,第215页。

相应规定因社会发展而不敷适用时所导致的法律失灵亦是立法者理性不足导致相应的具体规定与社会现实相脱节所致。

267　　实际上,这便要求在没有具体人格权条款规定的场合,《民法典》第990条第2款发挥一般人格权条款的补充功能,为相应的人格利益的保护提供规范依据;而在存在具体人格权条款但相应规定不足以为具体人格权益提供充分保护时,《民法典》第990条第2款规定的一般人格权可以为存在缺陷的具体人格权条款提供解释依据以克服其缺陷,从而为相应人格权益的保护提供充分的正当性与合法性基础。于此场合具体人格权和一般人格权的规范适用关系,德国学理上将之理解为一种合作关系而非补充适用或竞合适用关系,[1]此种观点值得赞同。在《民法典》前,对《民法通则》(已失效)等制定法规定的具体人格权条款存在的缺陷的克服,司法实践亦采同样思路。如《民法通则》(已失效)第100条规定的"公民享有肖像权,未经本人同意,不得以营利为目的使用公民的肖像",在他人未经肖像权人同意而擅自将其肖像用于非以营利为目的的场合,肖像权人可否向该他人主张肖像权被侵害的侵权责任? 于此场合,显然并非没有具体人格权而可以直接适用一般人格权条款进行调整,亦不可直接适用存有缺陷的《民法通则》(已失效)第100条而拒绝肖像权人的请求权。这种现象的出现实际上是立法者理性不足导致规定的具体人格权不足以应对现实生活中具体人的人格权益保护需求。

268　　对此,在"袁海鹰与成都晚报社肖像权纠纷案"中,法院即将具体人格权条款和一般人格权条款结合起来展开相应的法律效果评价,以增强论证结果在正当性与合法性上的说服力。该院在判决书中指出:《民法通则》(已失效)第100条的立法本意在于授权,属授权性法律规范,而《民通意见》(已失效)第139条规定的是特定侵害肖像权行为的具体责任构成,不是规定侵害肖像权责任的一般构成。两者均未表明没有营利目的就不构成侵权。不以营利为目的使用公民肖像,一般也必须征得本人同意。把营利目的作为侵害肖像权责任的构成要件,将难以制止无营利目的但非法使用肖像的行为,可能把肖像权之保护引入人格商品化的

---

[1] Vgl. Horst-Peter Götting, Grundlagen des Persönlichkeitsrechts, im: Horst-Peter Götting/Christian Schertz/Walter Seitz Hrsg., Handbuch Persönlichkeitsrecht, 2. Aufl., C.H. Beck, 2019, S. 20.

歧途,亦难以全面保护肖像权人的人格尊严。因此,是否以营利为目的,不是侵害肖像权责任的构成要件。[1] 最后法院将以人格尊严为价值基础的一般人格权条款与具体人格权条款即《民法通则》(已失效)第100条等结合起来,作为判决行为人承担人格权侵害民事责任的依据。

在具体人格权条款和一般人格权条款存在交叉重合的领域,若具体人格权条款存在缺陷时,通过将一般人格权条款和具体人格权条款结合起来进行解释以解决具体人格权条款存在的缺陷,可以避免直接将民法上的具体人格权条款的实践发展与宪法上的基本价值联系起来所可能引发的宪法基本权利第三人效力的争议。[2] 尤其是在《民法典》将人格尊严、人身自由作为民法一般人格权条款的基本价值而明确予以宣示的情况下,司法实践中法院在个案审理时直接通过人格尊严、人身自由来解释和发展具体人格权条款,可以使具体人格利益的充分保护更具正当性与合法性基础,有利于立法者保护自然人人格尊严之立法目的的实现。

(二)本条与《民法典》第109条、第110条的规范适用关系

在《民法典》之前,依据《民法总则》(已失效)第五章的整体安排,被置于该章"民事权利"之首以提纲挈领的第109条,其不论是作为一般人格权,[3] 还是作为人格权保护的一般性规定,[4] 都可以被视为是其后第110条具体人格权的抽象概括或一般性规定,第110条既可以被视为是对第109条的具体化,由此显现出来二者的渊源性关系,亦可以被视为是具体人格权的一般性规定而与第109条相并列分别调整不同人格领域

---

[1] 参见袁某鹰与成都晚报社肖像权纠纷案,四川省成都市中级人民法院(2008)成民终字第499号民事判决书。

[2] 关于宪法基本权利第三人效力的讨论,参见朱晓峰:《民法一般人格权的价值基础与表达方式》,《比较法研究》2019年第2期,第61页;黄宇骁:《论宪法基本权利对第三人无效力》,《清华法学》2018年第3期,第186页;[日]高桥和之:《"宪法上人权"的效力不及于私人间——对人权第三人效力上的"无效力说"的再评价》,陈道英译,《财经法学》2018年第5期,第64页;[德]克劳斯-威尔海姆·卡纳里斯:《基本权利与私法》,曾韬、曹昱晨译,《比较法研究》2015年第1期,第172页。

[3] 参见王利明:《关于制定民法总则的几点思考》,《法学家》2016年第5期,第6页。

[4] 参见叶金强:《〈民法总则〉"民事权利章"的得与失》,《中外法学》2017年第3期,第648页。

的法律关系。这样,在具体的规范适用关系上,《民法总则》(已失效)第109条与第110条之间存在一般与具体的关系,应当依据特别法优于一般法的规定而展开,亦即在具体适用时,能纳入具体人格权调整范畴的适用第110条及相应的具体人格权条款,其他无法被具体人格权条款调整的人格利益则交由具有高度抽象概括性的第109条处理。[1] 在《民法典》通过之后,尽管总则编对于一般人格权条款和具体人格权的一般性条款在体例上的具体位置进行了细微调整,将第990条第1款作为具体人格权的一般性规定而置于作为一般人格权或人格权的一般性规定的第990条第2款之前,与维持《民法总则》(已失效)关于二者体例安排的总则编第109条、第110条存在不同,但这种将非由制定法明确规定的其他人格权益的兜底性条款即一般性人格权条款置于具体人格权的一般性条款之后,实现了从具体人格权的一般性规定到其他人格权的一般性规定的过渡,在法典体系的逻辑构造上更科学,并且给时代发展和解释留下了更充分的空间,在立法技术上更为适当。[2]

1. 本条第1款与第110条之间的规范适用关系

《民法典》第110条第1款对自然人人格权采取了具体列举+概括规定的立法模式,这与本条第1款的立法模式一致,使自然人人格权的类型具有开放性,为扩大所列举的人格权范围留下了空间,既可以通过新的法律或者修改本法确认新型人格权,也可以通过司法解释等确认新型人格权益,更有利于自然人人格权的充分保护;[3] 第110条第2款对法人及非法人组织的人格权则采取穷尽列举的封闭规定模式,将之限定在名称权、名誉权和荣誉权的范围之内。[4] 而本条第1款并未区分自然人和法人及非法人组织的人格权,其将自然人和法人、非法人组织统一涵摄在民事主体概念之下,作为该条规定的具体人格权的主体。但在解释论

---

[1] 参见朱晓峰:《人格权编一般人格权条款的具体表达》,《吉林大学社会科学学报》2020年第1期,第40页。

[2] 参见袁雪石:《民法典人格权编释论:条文缕析、法条关联与案例评议》,中国法制出版社2020年版,第19页。

[3] 参见张新宝:《〈中华人民共和国民法总则〉释义》,中国人民大学出版社2017年版,第218页。

[4] 参见王利明、程啸、朱虎:《中华人民共和国民法典人格权编释义》,中国法制出版社2020年版,第9—10页。

【人格权的类型】

上,一方面既不能认为法人、非法人组织和自然人一样都享有该款规定的具体人格权,而是应当结合第110条第1款采取区分论,将前者的人格权限定在姓名权、名誉权和荣誉权的范围内,不宜认为本条第1款改变了第110条第2款的限制立场而对其采取扩张解释的立场。[1] 另一方面,在对自然人具体人格权类型的解释上,应当采取有利于自然人权利保护的基本立场,而将第110条第1款规定的婚姻自主权等没有被本条明确规定的具体人格权纳入该条"等"的涵摄范围,从而在具体的保护上亦可以适用人格权编规定的具体规则。[2]

2. 本条第2款与第109条之间的规范适用关系

对于本条第2款与第109条的适用关系,由于第109条的表述是"自然人的人身自由、人格尊严受法律保护",而本条第2款的表述是"除前款规定的人格权外,自然人享有基于人身自由、人格尊严产生的其他人格权益",虽然二者均涉及自然人的人身自由、人格尊严,并且基于法典内在体系法律思想贯通性的考虑,这里的人身自由、人格尊严在内涵外延上应当作统一理解,但是存在区别的是,本条第2款强调自然人其他人格权益应受法律保护的正当性基础在于人身自由、人格尊严,亦即,人身自由、人格尊严是作为民法创设、解释和补充人格权功能的价值基础而存在,其并非人格权编的直接保护目标,而第109条的直接保护目标是自然人的人身自由和人格尊严,并非必须以其他人格权益为载体,因此在涉及人格权益的创设、解释和补充时应以本条第2款为依据展开论证,无须回溯至第109条甚至宪法上的基本权利条款;在人格权益之外的其他权益应受法律保护的正当性论证上,则可以通过第109条来展开,无需再回溯至基本权利条款。[3] 在此意义上,第109条实现了将宪法上的人身自由、人格尊严条款所内含的现行法律秩序的一般法律思想或者基本价值私法化,法院在具体案件的审理中无须再考虑基本权利条款的第三人效力或者宪法司法化的问题,其可以直接依据《民法典》中的第109条展开相应

---

[1] 参见袁雪石:《民法典人格权编释论:条文缕析、法条关联与案例评议》,中国法制出版社2020年版,第32页。

[2] 参见黄薇主编:《中华人民共和国民法典人格权编解读》,中国法制出版社2020年版,第14页。

[3] 参见杨立新:《人身自由与人格尊严:从公权利到私权利的转变》,《现代法学》2018年第3期,第3页。

法律效果评价的正当性论证;而本条第 2 款是对第 109 条宣示的一般法律思想在人格权编的贯彻与强调,表明了人格权益与人身自由、人格尊严的更为密切、直接的关系,在人格权益的法律效果评价上可以直接依据本条第 2 款展开。

参考文献

1. 陈甦、谢鸿飞主编:《民法典评注:人格权编》,中国法制出版社 2020 年版。
2. 程啸:《人格权研究》,中国人民大学出版社 2022 年版。
3. 韩强:《人格权确认与构造的法律依据》,《中国法学》2015 年第 3 期。
4. 黄薇主编:《中华人民共和国民法典人格权编解读》,中国法制出版社 2020 年版
5. 李岩:《一般人格权的类型化分析》,《法学》2014 年第 4 期。
6. 梁慧星:《民法典编纂中的重大争论——兼评全国人大常委会法工委两个民法典人格权编草案》,《甘肃政法学院学报》2018 年第 3 期。
7. 林来梵:《人的尊严与人格尊严——兼论中国宪法第 38 条的解释方案》,《浙江社会科学》2008 年第 3 期。
8. 刘练军:《定义人格权可能吗?——〈人格权编草案〉"四审稿"第 990 条第 1 款评述》,《浙江社会科学》2020 年第 2 期。
9.《民法典立法背景与观点全集》编写组:《民法典立法背景与观点全集》,法律出版社 2020 年版。
10. 冉克平:《论人格权法中的人身自由权》,《法学》2012 年第 3 期。
11. 沈建峰:《一般人格权研究》,法律出版社 2012 年版。
12. 王利明:《人格权法中的人格尊严价值及其实现》,《清华法学》2013 年第 5 期。
13. 王利明:《人格权重大疑难问题研究》,法律出版社 2019 年版。
14. 王利明:《民法典编纂中的若干争论问题——对梁慧星教授若干意见的几点回应》,《上海政法学院学报(法治论丛)》2020 年第 4 期。
15. 王利明:《论一般人格权——以〈民法典〉第 990 条第 2 款为中心》,《中国法律评论》2023 年第 1 期。
16. 王泽鉴:《人格权法:法释义学、比较法、案例研究》,北京大学出版社 2013 年版。
17. 温世扬:《〈民法典〉视域下的一般人格权》,《中国法学》2022 年第 4 期。
18. 杨立新:《人身自由与人格尊严:从公权利到私权利的转变》,《现代法学》

2018年第3期。

19. 姚辉：《人格权法论》，中国人民大学出版社2011年版。

20. 袁雪石：《民法典人格权编释论：条文缕析、法条关联与案例评议》，中国法制出版社2020年版。

21. 张红：《民法典人格权编立法论》，法律出版社2020年版。

22. 朱晓峰：《作为一般人格权的人格尊严权——以德国侵权法中的一般人格权为参照》，《清华法学》2014年第1期。

23. 朱晓峰：《人身自由作为一般人格权价值基础的规范内涵》，《浙江大学学报（人文社会科学版）》2021年第2期。

24. 朱晓峰：《人格权编一般人格权条款的具体表达》，《吉林大学社会科学学报》2020年第1期。

25. 朱晓峰：《论一般人格权条款与具体人格权条款的规范适用关系》，《比较法研究》2021年第3期。

26. 最高人民法院民法典贯彻实施工作领导小组主编：《中华人民共和国民法典人格权编理解与适用》，人民法院出版社2020年版。

案例索引

1. 安徽省宿州市中级人民法院（2015）宿中民三终字第00174号民事判决书，朱某银、田某莉与灵璧县人民医院等医疗损害责任纠纷案。

2. 安徽省利辛县人民法院（2017）皖1623民初1843号民事判决书，郭某某诉利辛县第六中学人格权纠纷案。

3. 安徽省颍上县人民法院（2021）皖1226民初257号民事判决书，孙某平与朱某虎名誉权纠纷案。

4. 北京市高级人民法院（2007）高民终字第1146号民事判决书，肖某国诉方某民、北京雷霆万钧网络科技有限责任公司名誉权纠纷案。

5. 北京市第二中级人民法院（2008）二中民终字第17661号民事判决书，深圳市创合实业发展有限公司等与上海百安居建材超市有限公司等名誉权侵权纠纷案。

6. 北京市第二中级人民法院（2013）二中民终字第06082号民事判决书，李某诉李某奎、乔某彩名誉权纠纷案。

7. 北京市第一中级人民法院（2018）京01民终2388号民事判决书，吴某与吴某某婚姻自主权纠纷案。

8. 北京市第一中级人民法院（2018）京01民终7924号民事判决书，孙某与郑某离婚后损害责任纠纷案。

9. 北京市第三中级人民法院(2018)京03民终1707号民事判决书,赵某锋与赵某东等人格权纠纷案。

10. 北京市朝阳区人民法院(2015)朝民初字第21870号民事判决书,汪某诉韩某江名誉权纠纷案。

11. 北京市朝阳区人民法院(2015)朝民初字第28258号民事判决书,宋某与沈某伟人格权纠纷案。

12. 北京市朝阳区人民法院(2017)京0105民初10591号民事判决书,石某诉首都医科大学附属北京朝阳医院医疗服务合同纠纷案。

13. 北京市朝阳区人民法院(2019)京0105民初86861号民事判决书,徐某枣与首都医科大学附属北京妇产医院一般人格权纠纷案。

14. 北京市大兴区人民法院(2019)京0115民初487号民事判决书,温某燕与武某红人格权纠纷案。

15. 北京市海淀区人民法院(2013)海民初字第23318号民事判决书,赵某诉许某抚养费纠纷案。

16. 北京市西城区人民法院(2018)京0102民初7614号民事判决书,覃某与李某人格权纠纷案。

17. 重庆市高级人民法院(2012)渝高法民提字第218号民事判决书,刘某5等与忠县汝溪镇三河村村民委员会等一般人格权纠纷申请案。

18. 重庆市垫江县人民法院(2004)垫法民初字第836号民事判决书,张某龙诉垫江县文兴中学校、刘某侵犯受教育权案。

19. 重庆市南岸区人民法院(2015)南法民初字第05081号民事判决书,雷某与中国农业银行重庆市南岸支行名誉权纠纷案。

20. 重庆市潼南区人民法院(2021)渝0152民初5072号民事判决书,张某某诉范某某人格权纠纷案。

21. 福建省厦门市思明区人民法院(2013)思民初字第6037号民事判决书,杨某欢、李某军与厦门市妇幼保健院医疗损害责任纠纷案。

22. 甘肃省嘉峪关市中级人民法院(2015)嘉民一终字第243号民事判决书,王某星、运某琴与王某霞婚姻自主权纠纷案。

23. 广东省东莞市第三人民法院(2016)粤1973民初6507号民事判决书,马某梅诉东莞常安医院有限公司医疗损害责任纠纷案。

24. 广东省佛山市中级人民法院(2004)佛中法民一终字第307号民事判决书,佛山市新一佳百货超市有限公司与张某人身自由权纠纷案。

25. 广东省佛山市中级人民法院(2014)佛中法民一执复字第30号民事判决书,廖某玲、廖某炜一般人格权纠纷执行审查案。

26. 广东省广州市中级人民法院(2011)穗中法民一终字第443号民事判决

书,荣某某、李某某、荣某某与广州市妇女儿童医疗中心医疗损害赔偿纠纷案。

27. 广东省广州市中级人民法院(2019)粤 01 刑初 280 号刑事附带民事判决书,肖某黎故意杀人、侮辱案。

28. 广东省广州市中级人民法院(2020)粤 01 民终 11373 号民事判决书,罗某某、林某医疗损害责任纠纷案。

29. 广东省江门市中级人民法院(2015)江中法民一终字第 25 号民事判决书,刘某等与江门市新会区司前人民医院医疗损害责任纠纷案。

30. 广东深圳市中级人民法院(2014)深中法民终字第 1851 号民事判决书,刘某妹、张某峰与深圳市龙华新区龙华人民医院医疗损害责任纠纷案。

31. 广东省深圳市中级人民法院(2018)粤 03 民终 9212 号民事判决书,深圳西尔斯国际商务咨询有限公司与孙某服务合同纠纷案。

32. 广东省深圳市中级人民法院(2019)粤 03 民终 7796 号民事判决书,崔某、江某伟侵权责任纠纷案。

33. 广东省茂名市茂南区人民法院(2011)茂南法民初字第 1604 号民事判决书,阮某泳诉中国移动通信集团广东有限公司侵权纠纷案。

34. 广东省深圳市罗湖区人民法院(2020)粤 0303 民初 26937 号民事判决书,陈某某、黄某某等与深圳出入境边防检查总站医院医疗服务合同纠纷案。

35. 广西壮族自治区崇左市江州区人民法院(2012)江民初字第 739 号民事判决书,农某燕与崇左市江州区新和镇卫生院、崇左市人民医院医疗损害责任纠纷案。

36. 广西壮族自治区玉林市福绵区人民法院(2018)桂 0903 民初字第 596 号民事判决书,谢某瑷诉唐某健康权纠纷案。

37. 广西壮族自治区玉林市玉州区人民法院(2021)桂 0902 民初 1643 号民事判决书,陈某某与梁某一般人格权纠纷案。

38. 贵州省安顺地区中级人民法院(2012)安市民终字第 115 号民事判决书,喻某与姜某犹人格权纠纷上诉案。

39. 贵州省贵阳市中级人民法院(2018)黔 01 民终 3196 号民事判决书,何某、中国工商银行股份有限公司贵阳中西支行一般人格权纠纷案。

40. 贵州省贵阳市中级人民法院(2020)黔 01 民终 6910 号民事判决书,贵州省红十字会妇女儿童医院有限公司、岳某民医疗损害责任纠纷案。

41. 贵州省思南县人民法院(2014)思民初字第 890 号民事判决书,张某美诉黄某松等机动车交通事故责任纠纷案。

42. 河北省隆化县人民法院(2021)冀 0825 民初 38 号民事判决书,王某、孙某花等与张某华名誉权纠纷案。

43. 河南省鹤壁市中级人民法院(2018)豫 06 民终 540 号民事判决书,陈某 1、张某离婚后损害责任纠纷案。

44. 河南省开封市中级人民法院(2006)汴民终字第23号民事判决书,孙某诉河南省开封县四高分校、张某侵犯教育权纠纷案。

45. 河南省固始县人民法院(2021)豫1525民初547号民事判决书,徐某杰与杨某杰名誉权纠纷案。

46. 河南省孟州市人民法院(2014)孟民二初字第00061号民事判决书,刘某涛、杨某勤与孟州市第二人民医院医疗损害责任纠纷案。

47. 湖北省荆门市中级人民法院(2019)鄂08民终113号民事判决书,佘某、沙洋县公安局一般人格权纠纷案。

48. 湖北省武汉市中级人民法院(2016)鄂01民终355号民事判决书,谭某莉与曹某红、武汉市黄陂区祁某某街道祁某某中学一般人格权纠纷案。

49. 湖南省慈利县人民法院(2014)慈民三初字第132号民事判决书,向某华诉慈利县农村信用合作联社名誉权纠纷案。

50. 江苏省南京市中级人民法院(2017)苏01民终3731号民事判决书,刘某龙与南京市文化广电新闻出版局一般人格权纠纷案。

51. 江苏省南通市中级人民法院(2006)通中刑一终字第0068号刑事裁定书,陈某燕等决定并实施切除智障少女子宫故意伤害案。

52. 江苏省无锡市中级人民法院(2009)锡民终字第0168号民事判决书,陆某兴诉薛某良肖像权纠纷案。

53. 江苏省无锡市中级人民法院(2013)锡民终字第0453号民事判决书,张某某诉蔡某某因遗赠所附条件妨碍婚姻自由被认定无效案。

54. 江苏省无锡市中级人民法院(2014)锡民终字第01235号民事判决书,沈某南、邵某妹与刘某法、胡某仙监管权和处置权纠纷案。

55. 江苏省无锡市中级人民法院(2021)苏02民终705号民事判决书,北京豆网科技有限公司、北京字节跳动科技有限公司与北京爱奇艺科技有限公司、江苏今日头条信息科技有限公司网络侵权责任纠纷案。

56. 江苏省丹阳市人民法院(2019)苏1181民初7866号民事判决书,王某某与陈某侵权责任纠纷案。

57. 江苏省南京市秦淮区人民法院(2006)秦民一初字第14号民事判决书,李某、郭某阳诉郭某和、童某某继承纠纷案。

58. 江苏省南京市玄武区人民法院(2017)苏0102民初4549号民事判决书,王某与孙某离婚纠纷案。

59. 江西省萍乡市中级人民法院(2017)赣03民终770号民事判决书,中国建设银行股份有限公司萍乡市分行与刘某一般人格权纠纷案。

60. 辽宁省沈阳市中级人民法院(2015)沈中少民终字第00030号民事判决

书,杜某某、邵某、杜某与沈阳市妇婴医院医疗服务合同纠纷案。

61. 内蒙古自治区扎兰屯市人民法院(2013)扎民初字第137号民事判决书,张某玲等诉扎兰屯市妇幼保健院医疗损害责任纠纷案。

62. 山东省德州市中级人民法院(2017)鲁14民终1863号民事判决书,高某与李某等委托合同纠纷案。

63. 山东省德州市中级人民法院民事判决书(2020)鲁14民终1278号,景县妇幼保健院、孙某医疗损害责任纠纷案。

64. 山东省济南市中级人民法院(2017)鲁01民终752号民事裁定书,王某红与郭某霞等姓名权纠纷案。

65. 山东省济南市市中区人民法院(2017)鲁0103民初7541号民事判决书,郭某某与山东山大附属生殖医院有限公司合同纠纷案。

66. 山东省济南市中级人民法院(2021)鲁01民终1920号民事判决书,于某与济南蒂金之美雅美容医院有限公司劳动争议案。

67. 山东省青岛市中级人民法院(2015)青民五终字第1962号民事判决书,赵某诉张某一般人格权纠纷案。

68. 山东省烟台市中级人民法院(2015)烟民四终字第1427号民事判决书,王某甲与衣某离婚纠纷案。

69. 上海市第一中级人民法院(2009)沪一中民五(知)初字第228号民事判决书,宣达实业集团有限公司诉孟莫克公司等商业诋毁纠纷案。

70. 上海市第一中级人民法院(2009)沪一中民一(民)终字第246号民事判决书,姚某娣与姚某芳等一般人格权纠纷案。

71. 上海市第一中级人民法院(2014)沪一中民一(民)终字第2315号民事判决书,江某某与江某某一般人格权纠纷案。

72. 上海市第一中级人民法院(2015)沪一中少民终字第56号民事判决书,罗某耕等与陈某监护权纠纷案。

73. 上海市浦东新区人民法院(2010)浦民一(民)初字第3619号民事判决书,姚某某诉叶某某一般人格权纠纷案。

74. 上海市普陀区人民法院(2020)沪0107民初6386号民事判决书,刘某与无锡万斯伯健身有限公司肖像权纠纷案。

75. 四川省成都市中级人民法院(2008)成民终字第296号民事判决书,杨某等与彭州市妇幼保健院医疗服务合同纠纷案。

76. 四川省成都市中级人民法院(2008)成民终字第499号民事判决书,袁某鹰与成都晚报社肖像权纠纷案。

77. 四川省成都市中级人民法院(2018)川01民终15876号民事判决书,雷某、徐某明一般人格权纠纷案。

78. 四川省犍为县人民法院(2019)川1123民初492号民事判决书,魏某与文某、宋某名誉权纠纷案。

79. 云南省昆明市中级人民法院(2007)昆民三终字第854号民事判决书,云南平某中西医结合医院与陈某凤等医疗损害赔偿纠纷案。

80. 浙江省海盐县人民法院(2021)浙0424民初923号民事判决书,赵某忠、谢某林人格权纠纷案。

81. 浙江省余姚市人民法院(2006)余民一初字第1633号民事判决书,叶某明诉妻子朱某君擅自流产侵犯其生育权案。

82. 浙江省杭州市拱墅区人民法院(2019)浙0105民初5463号民事判决书,陈某雨与盛某平一般人格权纠纷案。

83.《最高人民法院公报》1999年第4期,田某诉北京科技大学拒绝颁发毕业证、学位证行政诉讼案。

84.《最高人民法院公报》2001年第5期,齐某苓诉陈某琪等以侵犯姓名权的手段侵犯宪法保护的公民受教育的基本权利纠纷案。

85.《最高人民法院公报》2005年第7期,杨某芋诉天津服装技校不履行法定职责案。

86.《最高人民法院公报》2006年第3期,王某钦诉杨某胜、泸州市汽车二队交通事故损害赔偿纠纷案。

87.《最高人民法院公报》2012年第7期,甘某不服暨南大学开除学籍决定案。

88.《最高人民法院公报》2012年第9期,周某芳诉中国银行股份有限公司上海市分行名誉权纠纷案。

89.《最高人民法院公报》2022年第2期,陈某某诉无锡市妇幼保健院医疗服务合同纠纷案。

第九百九十一条 【人格权不受侵害】

民事主体的人格权受法律保护,任何组织或者个人不得侵害。

目 录

一、规范意旨 ··· 275
  (一)规范目的 ··· 275
  (二)体系位置 ··· 276
    1. 与《民法典》第 3 条之间的规范关系 ······························· 276
    2. 与《民法典》第 998 条之间的规范关系 ···························· 277
    3. 与《民法典》第 1165 条第 1 款之间的规范关系 ··················· 278
二、历史沿革 ··· 279
三、人格权具有不可侵性 ··· 280
四、侵害人格权无须承担责任的情形 ····································· 282
  (一)基于法律明确规定的限制 ·· 283
    1. 人格权编外的限制性规定 ·· 283
    2. 人格权编内的限制性规定 ·· 284
  (二)个案审理中法官通过利益权衡进行的限制 ················· 285
参考文献 ·· 285
案例索引 ·· 286

一、规范意旨

(一)规范目的

本条为宣示性规范,旨在通过人格权编的规定进一步强调《民法典》第 3 条已经宣示的"民事主体的人身权利、财产权利以及其他合法性权益受法律保护,任何组织或者个人不得侵犯"的原则,[1] 并且通过本条展现人格权作为绝对权所具有的对世性特征,[2] 在涉及侵权责任成立的判断上区别于相对权,通过《民法典》第1165条第1款等对相应侵害行为展开关于侵权责任的法律效果评价时,原则上不需要像纯粹经济损失的救济那样严格,但在涉及生命权、身体权、健康权之外的其他人格权侵害民事责任的认定上,则需要依据《民法典》第998条进行利益权衡。

(二) 体系位置

1. 与《民法典》第3条之间的规范关系

2　　在尊重立法及体系性解释视角下,对于本条与《民法典》第3条的规范适用关系,可以从如下三个方面展开。

3　　第一,本条规定的"人格权"既包括《民法典》第990条第1款的具体人格权,也包括第990条第2款以人身自由、人格尊严为价值基础的其他人格权益。对于第990条第1款规定的具体人格权,属于《民法典》第3条规定的"人身权利"范畴,当然受法律保护,并不涉及合法性论证问题。[3] 对于其他人格权益,只有在通过人身自由、人格尊严的正当性论证后才能被纳入第990条第2款的保护范畴,从而建立起法律保护的合法性基础。就此而言,本条结合第990条第2款将第3条"其他合法权益"予以具体化,并且明确了"合法"的界定依据。

4　　第二,从一般与具体的关系来讲,本条是第3条的具体规定,因此涉及人格权不可侵性的合法性论证基础的,无须再回溯至《民法典》第3条而直接依据本条展开即可。[4]

5　　第三,由于《民法典》第3条在体系安排上被置于总则编,因此其规

---

[1] 参见黄薇主编:《中华人民共和国民法典人格权编解读》,中国法制出版社2020年版,第19页。

[2] 参见曹相见、杜生一、侯圣贺编著:《〈中华人民共和国民法典·人格权编〉释义》,人民出版社2020年版,第12页。

[3] 参见张新宝:《〈中华人民共和国民法总则〉释义》,中国人民大学出版社2017年版,第6页。

[4] 参见董某文与王某莲人格权纠纷案,北京市朝阳区人民法院(2019)京0105民初739号民事判决书;沈某平、沈某田一般人格权纠纷案,浙江省金华市中级人民法院(2019)浙07民终1217号民事判决书;郝某军与偏关县农村信用合作联社人格(转下页)

【人格权不受侵害】

定的人身权利、财产权利与其他合法权益的不可侵性适用于总则编第五章规定的"民事权利"。由于该条规定的财产权利当然也包括债权,其他合法权益亦可能包括纯粹经济利益等,这就表明该条规定的"不得侵犯"强调的是人身权利、财产权利及其他合法权益在法律上受保护的现实可尊重性,而不以其是否具备对世性为前提条件,[1]区别于那些具有绝对权属性的民事权益所具有的任何人都负有相应的不作为义务的特性。因此,在债权或纯粹经济利益被侵害时,通常情形下仅得依据《民法典》第593条向对方当事人主张违约责任,只有在例外情形下才可以被纳入《民法典》第1165条第1款的保护范畴;而本条规定的人格权无论是具体人格权还是依据人身自由、人格尊严而生的其他人格权益都具有绝对权属性,使任何第三人都负有不得侵犯的消极不作为义务。若人格权益被侵害,则受害人即可以依据《民法典》第1165条第1款等向行为人主张侵权责任。

2. 与《民法典》第998条之间的规范关系

人格权因其绝对性而被本条规定为任何人皆不可侵犯,与《民法典》第998条规定的人格权侵害责任认定中的法院自由裁量权并不矛盾。前者属于对人格权的充分尊重与保护,但人格权的尊重与保护不能过于绝对和宽泛,更不能以侵害他人合法利益、社会公共利益等为代价,需要对具有绝对属性的且在享有和行使上普遍存在利益冲突的人格权益的保护进行适当限制,从而在人格权的保护及与之冲突的其他利益之间实现动态的平衡。[2] 在此意义上,《民法典》第998条在生命权、身体权、健康权之外的人格权侵害的民事责任认定上承认法院享有相应的自由裁量权,即是对人格权保护场合的利益衡量的承认与控制措施。

换言之,本条强调人格权以及自然人基于人身自由、人格尊严而享有

(接上页)权纠纷案,山西省偏关县人民法院(2018)晋0932民初233号民事判决书;管某明等诉秦某秀人格权纠纷案,广西壮族自治区阳朔县人民法院(2019)桂0321民初237号民事判决书。

〔1〕 参见李适时主编:《中华人民共和国民法总则释义》,法律出版社2017年版,第14页;黄薇主编:《中华人民共和国民法典总则编解读》,中国法制出版社2020年版,第9—10页。

〔2〕 参见黄薇主编:《中华人民共和国民法典人格权编解读》,中国法制出版社2020年版,第45—46页。

的其他人格权益具有不可侵犯性,任何人皆负有尊重以及消极不作为的义务;但行为人侵害他人人格权益是否要因此承担民事侵权责任,除生命权、身体权、健康权之外,还需要法院在个案中结合《民法典》第998条规定的考量因素进行综合考量后确定。因此,即使侵害行为导致他人人格权受损,但行为人可能也无须承担侵权责任。例如,行为人通过发送短信辱骂他人确实存在侵犯他人因人格尊严而生的其他人格权益的事实,但法院在综合考量该侵害行为是否为受害人和侵害人之外第三人知晓以及是否造成严重后果等因素的基础上,认定行为人无须向受害人承担精神损害赔偿责任。[1]

3. 与《民法典》第1165条第1款之间的规范关系

本条明确人格权具有任何人皆不可侵犯的对世性,这种对世性使他人负有尊重和消极不作为的义务,为他人的行为自由划定了界限。如果他人违反不作为义务而逾越行为自由的界限,那么应当依据作为一般侵权条款的《民法典》第1165条第1款并结合《民法典》第998条确定相应行为人的侵权责任成立与承担问题。[2] 虽然对于《侵权责任法》(已失效)第6条第1款以及沿袭该条的《民法典》第1165条第1款确定的侵权责任成立的构成要件是否包含违法性要件,学理上存在争议,[3]但是对

---

[1] 参见张某、王某名誉权纠纷案,山东省威海市中级人民法院(2020)鲁10民终2024号民事判决书。

[2] 参见程啸:《侵权责任法教程》(第四版),中国人民大学出版社2020年版,第23页。

[3] 参见王利明:《我国〈侵权责任法〉采纳了违法性要件吗?》,《中外法学》2012年第1期;朱虎:《过错侵权责任的发生基础》,《法学家》2011年第1期;廖焕国:《论我国侵权责任构成中违法性要件之取舍》,《求索》2006年第5期;周友军:《德国民法上的违法性理论研究》,《现代法学》2007年第1期;李昊:《德国侵权行为违法性理论的变迁——兼论我国侵权行为构成的应然结构》,《中德私法研究》2007年第3卷;龙俊:《权益侵害之要件化》,《法学研究》2010年第4期;张谷:《作为救济法的侵权法,也是自由保障法——对〈中华人民共和国侵权责任法(草案)〉的几点意见》,《暨南学报(哲学社会科学版)》2009年第2期;李承亮:《侵权行为违法性的判断标准》,《法学评论》2011年第2期;方新军:《利益保护的解释论问题——〈侵权责任法〉第6条第1款的规范漏洞及其填补方法》,《华东政法大学学报》2013年第6期;朱虎:《侵权法中的法益区分保护:思想与技术》,《比较法研究》2015年第5期;程啸:《侵权责任法》(第三版),法律出版社2021年版,第288—289页。

【人格权不受侵害】

于具有绝对权属性的人格权的侵犯,无论是将违法性要件作为侵权责任成立的独立构成要件,还是在过错要件吸收不法性的视角下来通过过失客观化的标准判断过错,抑或是在权利侵害要件视角下来观察,都可以正向作用于相应侵害行为是否构成侵权责任的法律效果评价。在此意义上,本条构成《民法典》第1165条第1款关于侵权责任成立要件的一项判断标准,至于究竟应将之纳入第1165条第1款所确立的具体哪一项构成要件,则需要在具体案件中判断。

由于本条既包括《民法典》第990条第1款所指的具体人格权,也包括该条第2款所指的其他人格权益,因此在将本条与《民法典》第1165条第1款关于侵权责任成立的构成要件联系起来判断人格权侵害民事责任的问题时,应当区分权利与利益,并分别采取不同的判断标准以在自由与安全之间进行协调,尤其是对那些法律保护强度较低的其他人格权益而言,由于其边缘模糊,[1]"而私人间追究责任势必从'期待可能性'着眼,只有对加害于人的结果有预见可能性者要求其防免,而对未防免者课以责任,才有意义"[2],因此,对于其他人格权益的保护更需要充分考虑对意思自由和经济自由的维护。[3]

二、历史沿革

2002年的《中华人民共和国民法(草案)》仅在第一编"总则"第一章"一般规定"第7条规定"民事主体的合法民事权益受法律保护,任何组织和个人不得侵犯",并未在第四编"人格权法"中规定一个具有同样功能的条款。[4]《人格权编室内稿》在《民法总则》(已失效)第3条已经明确规定"民事主体的人身权利、财产权利以及其他合法权益受法律保护,任何组织或者个人不得侵犯"的情形下,在第1条规定"民事主体的

---

[1] 参见叶金强:《侵权构成中违法性要件的定位》,《法律科学》2007年第1期,第100页。

[2] 苏永钦:《走入新世纪的私法自治》,中国政法大学出版社2002年版,第303—304页。

[3] 参见程啸:《侵权责任法》(第三版),法律出版社2021年版,第288—289页。

[4] 参见何勤华、李秀清、陈颐编:《新中国民法典草案总览(增订本)(下卷)》,北京大学出版社2017年版,第1525页。

人格权益受法律保护,任何组织和个人不得侵犯"。《民法典各分编征求意见稿》人格权编第一章第1条继续维持了《人格权编室内稿》的表述。《民法典各分编草案一审稿》稍微修改了文字表述而在第774条第1款规定"民事主体的人格权受法律保护",删除了《人格权编室内稿》第1条"任何组织和个人不得侵犯"的表述。但到了《人格权编草案二审稿》第774条第1款时,则又完全恢复到室内稿第1条的表述。《人格权编草案三审稿》对于《人格权编草案二审稿》第774条第1款的文字表述未作修改,但将该款与该条第2款规定的一般人格权条款相分离而放置于一般人格权条款之后作为单独的一条规定,这又回到了《人格权编室内稿》第1条的规定。《民法典草案》第991条维持了三审稿第774条之一的规定。[1]尽管此时仍有意见认为第991条与总则编第3条重复而建议将之删除,[2]但这一意见未被立法者接受,最后获得通过的《民法典》第991条维持了《人格权编草案三审稿》第774条之一的规定。

从法典编纂中的争议以及该条在各草案中具体表述的反复变化来看,各方普遍关心的问题是:在总则编第3条已经规定了民事主体合法权益受法律保护的背景下,在人格权编再规定同样的条款,其意义与价值何在?从民法典外在体系的科学性视角来看,在总则编已经就相应的内容作出明确规定时,再在分编规定同样的内容,除了起到反复宣示与强调之用,殊无必要。但在立法者已经就此问题作出了明确选择的背景下,对于法律的理解与适用而言,仍应从体系的视角来阐明该条的价值与功能。

三、人格权具有不可侵性

本条作为宣示性规范明确了人格权作为绝对权而具有的不可侵性,同时考虑到本条内含的具体人格权中的非物质性人格权以及以人身自由、人格尊严为价值基础而生的其他人格权益在享有和行使中多涉及

---

〔1〕 相关法律条文的具体表述,参见何勤华、李秀清、陈颐编:《新中国民法典草案总览(增订本)续编》,北京大学出版社2020年版,第78、186、289、400、445、571页。

〔2〕 参见《地方人大、中央有关部门和单位以及有关方面对民法典(草案)人格权编的意见》,载《民法典立法背景与观点全集》编写组编:《民法典立法背景与观点全集》,法律出版社2020年版,第415页。

【人格权不受侵害】

利益冲突的问题,因此在依据本条强调人格权原则上具有不可侵性特征的同时,亦应注意对其例外情形下的限制以及相应侵害行为的减责、免责问题。[1]

一方面,人格权是民事主体尤其是自然人的基本权利,是其存在和发展的前提与基础,也是社会共同体维系和发展的基石所在,法律应尤其强调对人格权的保护,并且人格权通常具有为第三人知晓的权利外观,具有对世性,属于绝对权范畴,权利人之外的其他不特定人都负有尊重且不得侵犯的义务。另一方面,人格权内部类型多样,不同类型的权利的享有和行使与其他主体和社会公共利益等的矛盾冲突表现亦不相同,因此,对人格权的保护亦应考虑与之冲突的其他合法利益及社会公共利益的协调,不得因对人格权的绝对保护而戕害行为自由、减损社会公共利益。在此意义上,本条规定的不得侵害人格权的消极不作为义务并非绝对的,[2]其仅是原则性地宣示了人格权具有不可侵性,允许例外发生,当然考虑到人格权的基本民事权利的属性,对例外情形的允许亦应受到严格控制,从而在人格权保护的原则和例外之间达到适当的平衡。从《民法典》的具体规定来看,在划定人格权民法保护的原则与例外的界限时尤其应考虑两个因素:

一是区分权利与利益以便在法律上做出不同程度的保护。《民法典》第990条第1款和第2款将本条的人格权划分为具体人格权利和依据人身自由、人格尊严而生的其他人格权益两种类型。对属于第990条第1款的具体人格权利类型的,因为相应的人格权的内涵外延相对确定,为他人划定的行为自由的界限亦相应的明确,因此对此类人格权应强调保护的充分性而严格限定例外性情形;对于第990条第2款的其他人格权益,由于其内涵外延比较模糊,因此确定的利益保护界限亦不清晰,若对其民法保护不作一定选择,每个人可能将处于动辄得咎的窘境,自由意志很难发挥,社会也将因无穷的相互追诉而秩序大乱。[3]因

---

[1] 参见黄薇主编:《中华人民共和国民法典人格权编解读》,中国法制出版社2020年版,第19页。

[2] 参见黄薇主编:《中华人民共和国民法典人格权编解读》,中国法制出版社2020年版,第19页。

[3] 参见苏永钦:《走入新世纪的私法自治》,中国政法大学出版社2002年版,第303—304页。

此实践中通常需要法律明确规定或者根据公序良俗、诚实信用来弹性地确定相应利益是否处于法律保护范围之内。[1]于此情形下对其保护应考虑给予个案中的法院以充分的自由裁量权,使其能够在安全与自由之间进行利益衡量。

15   二是区分物质性人格权与非物质性人格权以在法律上作出不同程度的保护。《民法典》第 998 条区分了侵害生命权、身体权、健康权等物质性人格权与侵害其他非物质性人格权民事责任认定上法院享有的利益权衡空间。生命权、身体权和健康权居于民事权利体系的核心位置,是其他权利存在和发挥作用的物质基础,因此法律给予其最严格的保护,对于侵害该权利类型的民事责任的认定,该条规定法院不得通过利益权衡的方式认定,[2]对于其限制亦仅能以法律明确规定的方式为之。对于非物质性人格权的享有与保护而言,由于通常情形下其会与其他合法权益的保护发生冲突,例如,某人在网络上揭露某官员存在贪污腐败行为,在证据尚未查明之前,言论自由及社会公共利益与隐私权会发生激烈的冲突,此时是否要将相应的揭露行为与人格权侵害的民事责任这一法律效果评价联系起来,还要在个案中进行利益衡量以具体确定,不能径以存在对隐私权及名誉权的侵害行为而认定相应的民事侵权责任。人格权保护中始终面临新闻舆论自由与肖像权、姓名权、隐私权以及荣誉权等非物质性人格权保护的冲突。[3] 相应的行为是否应当被认定为须就相应的损害承担侵权责任,还是应当由法院依据《民法典》第 998 条在个案中具体判断。

四、侵害人格权无须承担责任的情形

16   无原则不例外,鉴于人格权尤其是非物质性人格权的享有和行使与其他合法权益之间时常存在冲突,且并非所有人格权益的保护界限都是

---

〔1〕参见叶金强:《侵权构成中违法性要件的定位》,《法律科学》2007 年第 1 期,第 100 页。

〔2〕参见最高人民法院民法典贯彻实施工作领导小组主编:《中华人民共和国民法典人格权编理解与适用》,人民法院出版社 2020 年版,第 100 页。

〔3〕参见王利明、程啸、朱虎:《中华人民共和国民法典人格权编释义》,中国法制出版社 2020 年版,第 135 页。

【人格权不受侵害】

明白无误的,因此本条规定人格权具有不可侵性,同时应允许例外情形下的人格权侵害无须承担法律责任。当然,由于人格权内涵丰富且不同类型的权益居于民事权利体系的不同位置,因此对例外情形的把握,亦需通过区分人格权的具体类型而展开。

(一)基于法律明确规定的限制

由于人格权属于民事基本制度的范畴,依据《立法法》第 11 条所作出的法律保留,对于人格权的限制亦应以法律的具体规定为限,于此的法律是狭义的由全国人民代表大会及其常务委员会制定的,在例外情形下包括依据《立法法》第 12 条由全国人民代表大会及其常务委员会授权国务院制定的行政法规,不包括其他立法主体制定的规范性法律文件。在《民法典》体系内部,规定侵害人格权而无须承担民事责任的情形主要包括以下两种:

1. 人格权编外的限制性规定

由于《民法典》在立法技术上采纳了"提取公因式"及参照适用等技术,所以对本条宣示的关于人格权不得侵犯原则的突破,既存在于总则编,也存在于人格权编之外的其他各分编。前者如《民法典》第 181 条规定的正当防卫,正当防卫人在正当防卫的必要限度内对造成对方当事人包括人格权益在内的损害不承担责任,正当防卫作为行为人不承担责任和减轻责任的情形,其根据是行为的正当性、合法性,表明行为人主观上没有过错,是法律赋予当事人自卫的权利,是法律鼓励的行为,目的在于保护当事人本人或他人不受侵犯,[1]因此不在一般侵权条款的涵摄之列;第 182 条规定的紧急避险,不管风险源于何处,紧急避险人避让风险、排除危险都有其合法性和正当性,因此立法上将之作为行为人不承担责任或减轻责任的法定情形,若避险人采取的避险措施妥当且未超过必要限度,那么即使造成他人人格权益受损,亦不承担民事责任;[2]第 184 条规定的紧急救助人不承担民事责任的情形,即因为自愿实施救助行为

---

[1] 参见黄薇主编:《中华人民共和国民法典总则编解读》,中国法制出版社 2020 年版,第 589—590 页。
[2] 参见李适时主编:《中华人民共和国民法总则释义》,法律出版社 2017 年版,第 567 页。

造成受助人损害的,救助人无须就相应的损害承担民事责任。[1]后者如《民法典》婚姻家庭编第1077条规定的离婚冷静期、[2]第1079条诉讼离婚的感情破裂标准、[3]第1081条规定的军婚的特殊保护以及第1082条对男方离婚诉权的限制[4]等对于婚姻自主权的限制。

2. 人格权编内的限制性规定

19 人格权编内部对于侵害人格权无须承担民事责任的规定主要包括第999条规定的合理使用规则,为适当平衡人格权保护与新闻报道、舆论监督等之间的关系,行为人为公共利益实施新闻报道、舆论监督等行为的,可以合理使用民事主体的姓名、名称、肖像、个人信息等而无须就此向权利人承担擅自使用的民事责任;[5]第1005条规定的法定救助义务人在施救过程中对权利人的人格权益造成了不可避免的侵害,无须承担民事责任,如为救治他人生命而违背其信仰向其输血;[6]为促进社会公共利益的同时保护受试者的生命权、健康权因而未维护其人格尊严等,如第1008条规定符合法律规定的人体临床试验造成权利人人格权益侵害,行为人无须承担民事责任;为平衡和协调人格权保护和社会公共利益保护之间的关系,在第1020条规定的肖像的合理使用范围内造成的权利人损害,合理使用人无须承担民事责任;基于与第1020条同样的目的,在依据第1023条结合第1020条规定的姓名、声音等的合理使用范围内造成的权利人损害,合理使用人无须承担民事责任;为适当平衡人格权保护与新闻报道、舆论监督等之间的关系,第1025条规定的行为人为公共利益实

---

[1] 参见张新宝:《〈中华人民共和国民法总则〉释义》,中国人民大学出版社2017年版,第399—400页。

[2] 参见夏沁:《民法典登记离婚冷静期条款的解释论》,《法学家》2020年第5期,第24页。

[3] 参见最高人民法院民法典贯彻实施工作领导小组主编:《中华人民共和国民法典婚姻家庭编理解与适用》,人民法院出版社2020年版,第261—262页。

[4] 参见黄薇主编:《中华人民共和国民法典婚姻家庭编解读》,中国法制出版社2020年版,第197、202页。

[5] 参见黄薇主编:《中华人民共和国民法典人格权编解读》,中国法制出版社2020年版,第52页。

[6] 例如,对于耶和华见证人信徒拒绝输血的,应否以救治生命为由而牺牲被救助人的自主决定权,在比较法上尚存争议。参见[日]五十岚清:《人格权法》,[日]铃木贤、葛敏译,北京大学出版社2009年版,第188页。

施新闻报道、舆论监督等行为影响他人名誉的,不承担民事责任;为保护个人信息的同时促进信息自由流通,依据第1036条处理个人信息的行为人无须就相应的行为承担民事责任。[1]

(二)个案审理中法官通过利益权衡进行的限制

由于人格权内涵丰富,不同类型的人格权益的享有与行使在具体个案中的表现可能并不完全相同,期待立法者通过制定法将人格权保护的例外情形完全列举出来亦不现实。为了在个案中能够平衡安全与自由的关系,既能给予人格权以充分的尊重和保护,亦能兼顾他人合法利益及社会公共利益等的保护与实现,立法者通过《民法典》第998条明确授权法院对侵害生命权、身体权和健康权之外其他人格权益的民事责任的认定享有自由裁量权,法院可以在制定法明确规定的自由裁量权的界限内,考量立法者明确列举出来的案涉因素并通过利益权衡的方式对相应侵害行为的法律效果进行评价,[2]从而认定个案中人格权保护的界限与标准。关于第998条规定的利益权衡,详见本评注第998条部分。

参考文献

1. [日]五十岚清:《人格权法》,[日]铃木贤、葛敏译,北京大学出版社2009年版。
2. 陈甦、谢鸿飞主编:《民法典评注:人格权编》,中国法制出版社2020年版。
3. 程啸:《侵权责任法》(第三版),法律出版社2021年版。
4. 黄薇主编:《中华人民共和国民法典人格权编解读》,中国法制出版社2020年版。
5. 黄薇主编:《中华人民共和国民法典婚姻家庭编解读》,中国法制出版社2020年版。
6.《民法典立法背景与观点全集》编写组编:《民法典立法背景与观点全集》,法律出版社2020年版。

---

[1] 参见黄薇主编:《中华人民共和国民法典人格权编解读》,中国法制出版社2020年版,第86、148、157、167、220页。

[2] 参见陈甦、谢鸿飞主编:《民法典评注:人格权编》,中国法制出版社2020年版,第64—65页。

7. 最高人民法院民法典贯彻实施工作领导小组主编：《中华人民共和国民法典人格权编理解与适用》，人民法院出版社 2020 年版。

8. 最高人民法院民法典贯彻实施工作领导小组主编：《中华人民共和国民法典婚姻家庭编理解与适用》，人民法院出版社 2020 年版。

案例索引

1. 北京市朝阳区人民法院(2019)京 0105 民初 739 号民事判决书，董某文与王某莲人格权纠纷案。

2. 广西壮族自治区阳朔县人民法院(2019)桂 0321 民初 237 号民事判决书，管某明等诉秦某秀人格权纠纷案。

3. 山东省威海市中级人民法院(2020)鲁 10 民终 2024 号民事判决书，张某、王某名誉权纠纷案。

4. 山西省偏关县人民法院(2018)晋 0932 民初 233 号民事判决书，郝某军与偏关县农村信用合作联社人格权纠纷案。

5. 浙江省金华市中级人民法院(2019)浙 07 民终 1217 号民事判决书，沈某平、沈某田一般人格权纠纷案。

第九百九十二条 【人格权禁止性规定】

人格权不得放弃、转让或者继承。

目　录

- 一、规范意旨 ·· 287
  - (一)规范意义与目的 ·· 287
  - (二)体系位置 ·· 288
  - (三)规范性质 ·· 289
- 二、历史沿革 ·· 290
- 三、人格权不得放弃 ··· 292
- 四、人格权不得转让 ··· 295
- 五、人格权不得继承 ··· 298
- 参考文献 ·· 299
- 案例索引 ·· 299

一、规范意旨

(一)规范意义与目的

人格权具有专属性,使其不得被放弃、不可被转让、不能被继承。对于自然人的人格权而言,这点表现得尤其明显。人格权所具有的这三大特征,是民事主体、特别是自然人生存和发展的基础,是维护人格独立、人身自由、人格尊严的重要条件。当然,《民法典》第993条规定的姓名、名称、肖像等许可他人使用规则与本条规定的人格权不得放弃、转让或者继承之间并不矛盾,因为"许可使用"是权利人允许他人使用、被许可人取得排他权的行为,而"转让"则是转让人将自己权利按照协议交给受让人后其自身将不再拥有原权利的一种行为。或者说,许可使用姓名等并不涉及相应人格权本身的移转,而仅是他人有权依据协议使用权利人的特定人格要素,并非所涉及权利的整体移转。[1] 在此意义上,本条关于人格权不得放弃、不可转让、不能继承属于原则性规定,与其相对的《民法典》第 1013 条允许法人、非法人组织等名称转让的规定,则属于例外规定。[2]

(二)体系位置

2　　正如《人格权编草案三审稿》以前各草案中的但书所规定的"法律另有规定的除外"那样,尽管人格权因与主体本身须臾不可分离的一般性特征而在整体上表现出不得放弃、转让和继承的特点,但人格权依然属于权利范畴体系,在承认人格权专属性特征的基础上亦应允许以人格尊严、人格自由发展为目的的人格权放弃、转让、继承等例外情形的存在。这实质上就意味着,以《民法典》第 109 条以及第 990 条第 2 款宣示出来的人格尊严这一首要价值的实现为目的,[3] 可将本条视为人格权专属性的一般性规定,将《民法典》第 993 条、第 1006 条、第 1008 条、第 1013 条等视为本条的特别规定。在具体的规范适用关系上,当存在特别规定时自然应优先适用特别规定;在没有特别规定时,则应适用本条的一般规定。这一解释既符合立法者通过《民法典》人格权编保护人格尊严的立法目的,[4] 为将来的法律发展预留解释空间,也克服了前述区别处理观点的缺陷而与本条并列规定的不得放弃、转让或者继承的文义相吻合,并且可以在《民法典》内部理顺本条与第 993 条、第 1006 条、第 1008 条、第 1013

---

[1] 参见黄薇主编:《中华人民共和国民法典人格权编解读》,中国法制出版社 2020 年版,第 20 页。

[2] 参见王利明、程啸、朱虎:《中华人民共和国民法典人格权编释义》,中国法制出版社 2020 年版,第 54 页。

[3] 参见王利明:《人格尊严:民法典人格权编的首要价值》,《当代法学》2021 年第 1 期,第 3 页。

[4] 参见王晨:《关于〈中华人民共和国民法典(草案)〉的说明——2020 年 5 月 22 日在第十三届全国人民代表大会第三次会议上》,载《民法典立法背景与观点全集》编写组编:《民法典立法背景与观点全集》,法律出版社 2020 年版,第 13 页;沈春耀:《关于〈民法典各分编(草案)〉的说明——2018 年 8 月 27 日在第十三届全国人民代表大会常务委员会第五次会议上》,载《民法典立法背景与观点全集》编写组编:《民法典立法背景与观点全集》,法律出版社 2020 年版,第 21 页;习近平:《充分认识颁布实施民法典重大意义 依法更好保障人民合法权益》,《求是》2020 年第 12 期。

【人格权禁止性规定】　　　　　　　　3-5　　第992条

条等在法典外在体系上可能存在的冲突,实现《民法典》体系的协调性和形式逻辑的周延性。

换言之,本条为一般规定,并不排除例外情形下对人格权益的放弃、转让和继承等。例如,《民法典》第1006条规定的对人体细胞、人体组织、人体器官、遗体的捐献,第1008条规定的人体临床试验中受试者依据自主意志对生命权、身体权、健康权的处分,第1013条法人及非法人组织对名称的转让等,即属于本条一般规定的例外。由于人格权与主体本身须臾不可分离而具有极强的伦理内涵,因此即使因为其丰富的内涵而允许在本条的禁止性规定外存在例外情形,原则上亦应以法律明确规定为限;即使对那些并非处于人格权体系核心位置的人格权益的放弃等,亦应依据《民法典》第5条的自愿原则与第8条规定的公序良俗原则等从严把握,[1]以充分保护和实现人格尊严。[2]

(三)规范性质

本条为禁止性规范,[3]是人格权专属性的集中体现。人格权与财产权不同,财产权可以与主体相分离,在主体之间通过货币等媒介进行流转,但人格权与主体本身不可分离,始于出生,终于死亡,为民事主体所固有且只能与特定主体伴随始终而为该特定主体所享有。[4]

本条为不完全性规范,在逻辑构造上仅有行为模式部分,具体而言是勿为模式,为民事主体的行为自由划定了界限,但对于违反本条明确禁止事项之行为的法律后果,本条并未明确规定,需要结合《民法典》及其他制定法的具体规定来确定相应行为的法律后果。例如,依据《民法典》第143条第3项,违反法律强制性规定的民事法律行为无效。《民法典》第

---

[1] 参见袁雪石:《民法典人格权编释论:条文缕析、法条关联与案例评议》,中国法制出版社2020年版,第81页。
[2] 参见王利明:《人格尊严:民法典人格权编的首要价值》,《当代法学》2021年第1期,第3页。
[3] 参见陈甦、谢鸿飞主编:《民法典评注:人格权编》,中国法制出版社2020年版,第21页。
[4] 参见王利明、程啸、朱虎:《中华人民共和国民法典人格权编释义》,中国法制出版社2020年版,第53页。

992条属于法律的强制性规定,因此违反该条规定的民事法律行为无效。[1]

二、历史沿革

本条是《民法典》新增规定。2002年《中华人民共和国民法(草案)》在第四编"人格权法"第3条即规定:"自然人、法人的人格权与该自然人、法人不可分离,人格权不得转让、继承,但法律另有规定的除外。"[2]显然,与本条不同,该条一是明确规定人格权的专属性特征;二是明确规定"人格权"不得转让和继承为原则性规定,允许法律规定例外情形;三是未禁止人格权的可放弃性。《人格权编室内稿》第2条在保持前述第3条主旨的基础上增加了"不得放弃"并删除了关于人格权专属性的规定。《民法典各分编征求意见稿》人格权编第一章第2条第1款维持室内稿基本表述的同时,在第2款增加了基于公共利益可以限制人格权益的表述。[3] 对此,学理与实务上存在争议。肯定性观点认为,对人格权的限制必须由法律明确规定,不能由公权力机关随意作出限制,国家机关限制人格权益时应遵循法定的程序和权限,将对人格权的限制控制在合理范围内进行;[4]反对观点则认为,该条第1款的"不得放弃"直接否定了安乐死的可能性,应予删除,第2款"为了公共利益的需要"这一限制在实务中可能被滥用,无益于人格权益的保护,因此应予删除。[5]

---

〔1〕 参见袁雪石:《民法典人格权编释论:条文缕析、法条关联与案例评议》,中国法制出版社2020年版,第81页。
〔2〕 何勤华、李秀清、陈颐编:《新中国民法典草案总览(增订本)(下卷)》,北京大学出版社2017年版,第1525页。
〔3〕 相关条款的具体表述,参见何勤华、李秀清、陈颐编:《新中国民法典草案总览(增订本)续编》,北京大学出版社2020年版,第78、186页。
〔4〕 参见《地方人大、中央有关部门和单位以及有关方面对民法典各分编草案(征求意见稿)人格权编的意见》,载《民法典立法背景与观点全集》编写组编:《民法典立法背景与观点全集》,法律出版社2020年版,第379页。
〔5〕 参见《地方人大、中央有关部门和单位以及有关方面对民法典各分编草案(征求意见稿)人格权编的意见》,载《民法典立法背景与观点全集》编写组编:《民法典立法背景与观点全集》,法律出版社2020年版,第379页。

【人格权禁止性规定】

《民法典各分编草案一审稿》在第775条第1款维持之前规定的基础之上,将第2款修改为"对人格权不得进行非法限制"。[1] 该表述显然部分接受了反对意见,删除了本条第2款关于国家机关为了社会公共利益需要而限制人格权益的表述,同时保留了人格权不得放弃、转让、继承的表述。对于此种规定,学理与实务上认为,由于第775条以后的有关条文已对人格权限制的具体条件与情形作了明确规定,因此本条第2款关于人格权限制的一般性规定应予删除;[2] 另外依然有观点认为应删除本条第1款"不得放弃"的表述,从而为安乐死等预留合法性空间。[3]

《人格权编草案二审稿》第775条则删除了原来第2款的规定,仅保留了第1款。这实际上部分接受了前述反对观点,即不在本条设置关于人格权限制的一般性规定。但对本条第1款"法律另有规定的除外"未进行修改。《人格权编草案三审稿》则删除了第775条的但书规定,仅保留"人格权不得放弃、转让、继承"的表述。[4] 对此的支持观点认为,"这样就保障了人格权立法的人文主义思想基础,保障了民法中的人格权制度和宪法上人格尊严原则的精神统一。所以,这个彻底删除,消除了立法上一个比较大的隐患"[5]。但也有观点认为,删除本条但书规定会使该条与第1013条关于法人、非法人组织有权使用、变更、转让或者许可他人使用自己名称的规定相冲突,[6] 并且也无法解释对于荣誉的放弃等

---

[1] 参见何勤华、李秀清、陈颐编:《新中国民法典草案总览(增订本)续编》,北京大学出版社2020年版,第289页。

[2] 参见《地方人大、中央有关部门和单位以及有关方面对民法典各分编(草案)人格权编的意见》,载《民法典立法背景与观点全集》编写组编:《民法典立法背景与观点全集》,法律出版社2020年版,第398页。

[3] 参见《地方人大、中央有关部门和单位以及有关方面对民法典各分编(草案)人格权编的意见》,载《民法典立法背景与观点全集》编写组编:《民法典立法背景与观点全集》,法律出版社2020年版,第398页。

[4] 相关条款的具体表述,参见何勤华、李秀清、陈颐编:《新中国民法典草案总览(增订本)续编》,北京大学出版社2020年版,第400、445页。

[5] 孙宪忠、朱宁宁:《民法典分编体例既科学也符合我国国情》,《法制日报》2020年3月24日,第5版。

[6] 参见《地方人大、中央有关部门和单位以及有关方面对民法典(草案)人格权编的意见》,载《民法典立法背景与观点全集》编写组编:《民法典立法背景与观点全集》,法律出版社2020年版,第415页。

问题。[1]最后,《民法典》第992条整体上维持了《人格权编草案三审稿》第775条的基本立场。

三、人格权不得放弃

9 本条规定的人格权不得放弃、转让、继承三者呈并列关系,从三个方面展现了人格权基于专属性而对权利人及相关第三人之行为自由的限制。[2]其中,人格权不得放弃是相对于权利人自身而言;人格权不得转让是相对于权利人与相对人而言;人格权不得继承则是相对于权利人死亡之后与其有继承关系的民事主体而言。另外,本条规定的人格权既包括《民法典》第990条第1款规定的具体人格权,也包括《民法典》第990条第2款自然人基于人身自由、人格尊严而生的其他人格权益。[3]

10 在民事权利的享有与行使体系内部,一方面,《民法典》第5条规定的自愿原则当然包括放弃权利的自由,民事主体有权依据自主意志放弃其享有的权利;[4]另一方面,《民法典》第8条及第132条规定民事主体从事民事活动不得违反法律,不得违背公序良俗,不得滥用民事权利损害国家利益、社会公共利益或者他人合法权益。对于人格权而言,由于其与主体存在本身相伴始终,人格权的享有与行使涉及主体本身的存在与发展,而放弃人格权可能对主体的存在本身产生不利影响,与《民法典》人格权编的基本价值即人格尊严、人身自由相悖,同时还可能构成对《民法典》第8条公序良俗原则及第132条禁止权利滥用原则的违反,如自然人放弃人格尊严的卖淫行为,法院在生效判决书中对之的法律评价即是

---

[1] 参见《部分学者对民法典人格权编(草案)三次审议稿的意见》,载《民法典立法背景与观点全集》编写组编:《民法典立法背景与观点全集》,法律出版社2020年版,第452页。

[2] 参见袁雪石:《民法典人格权编释论:条文缕析、法条关联与案例评议》,中国法制出版社2020年版,第81页。

[3] 参见王利明、程啸、朱虎:《中华人民共和国民法典人格权编释义》,中国法制出版社2020年版,第54—55页。

[4] 参见上海金丰裕米业有限公司与益海嘉里(吉林)粮油食品工业有限公司买卖合同纠纷案,吉林省吉林市中级人民法院(2015)吉中民三终字第102号民事判决书。

"自降人格,出卖肉体放弃尊严,败坏了社会风气"[1],构成对公序良俗原则及禁止权利滥用原则的违反。在此意义上,本条规定的不得放弃人格权的强制性规定应与《民法典》第 5 条规定的自愿原则、第 8 条规定的公序良俗原则与第 132 条规定的禁止权利滥用原则结合起来理解,从而划定作为一般规定的本条与特别规定的界限,协调自愿原则与公序良俗原则、权利禁止滥用原则在具体案件中的冲突。对此,具体应坚持的基本判断标准是:

第一,法律禁止放弃人格权的立法目的在于保护和促进自然人人格尊严的实现,因此在判断具体案件中的放弃行为究竟是构成对本条禁止事项的违反还是构成该禁止事项的例外,正当性论证基础在于《民法典》第 109 条以及第 990 条规定的人格尊严。不能以对本条人格权不得放弃这一禁止事项的僵化坚持而忽略人格尊严本身在法律禁止放弃人格权正当性论证中的基础地位。这意味着,即使立法者并未接受《民法典》编纂过程中关于删除本条规定的人格权不得放弃的表述从而为安乐死提供解释空间的观点,[2]但在以促进和实现人格尊严为目的的解释体系下,结合《民法典》第 1002 条规定的自然人享有的生命尊严进行体系解释,依然可以为安乐死在现行法律体系下提供合法性论证。[3] 在我国当前的法律实践中,尽管积极安乐死尚未被法律承认,但对于特殊情形下的积极安乐死,如近亲属应绝症晚期患者的请求而实施积极行为以帮助自杀的刑事制裁,虽然仍以故意杀人罪定罪,但在量刑上通常会从轻处罚且适用缓刑;[4]对于消极安乐死,如对于仰赖生命维持设备生存的患者,其近

---

[1] 高某协助组织卖淫案,山东省鱼台县人民法院(2017)鲁 0827 刑初 42 号刑事判决书。

[2] 参见《地方人大、中央有关部门和单位以及有关方面对民法典各分编(草案)人格权编的意见》,载《民法典立法背景与观点全集》编写组编:《民法典立法背景与观点全集》,法律出版社 2020 年版,第 398 页。

[3] 参见杨立新、李怡雯:《论〈民法典〉规定生命尊严的重要价值》,《新疆师范大学学报(哲学社会科学版)》2020 年第 6 期,第 100 页;曹相见:《物质性人格权的尊严构成与效果》,《法治研究》2020 年第 4 期,第 56 页;张红:《民法典之生命权、身体权与健康权立法论》,《上海政法学院学报(法治论丛)》2020 年第 2 期,第 70 页。

[4] 参见冯某故意杀人案,山东省武城县人民法院(2015)武刑初字第 10 号刑事判决书;张某祥、樊某庆、凡某露故意杀人案,浙江省台州市路桥区人民法院(2018)浙 1004 刑初 254 号刑事判决书。

亲属并不会因签署拒绝治疗同意书而需要承担撤掉生命维持设备导致患者死亡的法律责任。[1]

12　　第二,法律禁止放弃人格权以人格尊严的保护与实现为目的,因为放弃人格权的行为整体上与人格尊严的保护与实现目的相悖,应予禁止。但在例外情形下,若放弃人格权的行为与人格尊严的保护与实现并不冲突,那么《民法典》第5条规定的自愿原则具有优先性,此时应尊重民事主体依据自主意志做出的放弃人格权的行为。例如,《民法典》第1006条及《人体器官移植条例》第7条等明确承认的自然人依据自主意志决定的自愿无偿捐献其人体细胞、人体组织、人体器官、遗体的行为,即属于不违反人格尊严保护与实现目的的放弃人格权的行为。[2]

13　　第三,违反法律规定、违背公序良俗、构成权利滥用的人格权放弃行为本质上亦同时违反了《民法典》保护和促进人格尊严实现的目的。亦即,通常情形下可以用具体的人格权放弃行为是否违反法律规定、违背公序良俗原则和权利滥用原则等判断其是否与人格尊严相悖,从而构成对自愿原则的限制。例如《献血法》第9条规定,血站对献血者必须免费进行必要的健康检查;身体状况不符合献血条件的,血站应当向其说明情况,不得采集血液。献血者的身体健康条件由国务院卫生行政部门规定(第1款)。血站对献血者每次采集血液量一般为二百毫升,最多不得超过四百毫升,两次采集间隔期不少于六个月(第2款)。严格禁止血站违反前款规定对献血者超量、频繁采集血液(第3款)。《人体器官移植条例》(已失效)第19条第1款规定:"从事人体器官移植的医疗机构及其医务人员摘取活体器官前,应当履行下列义务:……(三)确认除摘取器官产生的直接后果外不会损害活体器官捐献人其他正常的生理功能。"《人体器官移植条例》(已失效)第18条第1款规定,"人体器官移植技术临床应用与伦理委员会收到摘取人体器官审查申请后,应当对下列事项进行审查,并出具同意或者不同意的书面意见:……(三)人体器官的配型和接受人的适应证是否符合伦理原则和人体器官移植技术管理规范",结合《人体器官移植技术临床应用管理暂行规定》(已失效)第30条

---

〔1〕 参见纪某、胡某生命权、健康权、身体权纠纷案,黑龙江省大庆市中级人民法院(2020)黑06民终907号民事判决书。

〔2〕 参见最高人民法院民法典贯彻实施工作领导小组主编:《中华人民共和国民法典人格权编理解与适用》,人民法院出版社2020年版,第48页。

第 3 款规定:"活体器官移植不应当因捐献活体器官而损害捐赠者相应的正常生理功能。"若自然人违反这些法律规定捐献人体器官,那么相应的自愿捐献行为属于本条人格权不得放弃这一禁止事项的涵摄范围,应予禁止。另外,在商业代孕场合,即使现行法律规范体系在制定法层面并未明确禁止代孕,但司法实践中法院普遍认为孕母以人格尊严的牺牲为代价而放弃人格权益的行为因违反公序良俗原则而无效。[1]

四、人格权不得转让

人格权属于自然人固有的权利,与特定自然人相伴始终,承认自然人存在本身即意味着承认其享有基于人格尊严而生的人格权。基于人格尊严,民法中的每一个自然人都是独一无二的,伴随其始终的人格权亦与此种独一无二性相对应,只能属于特定自然人本身。这意味着,人格权本身不像财产权一样具有可与自然人相分离的内在特质,因此亦不像财产权一样具有可转让性。[2] 若承认人格权的可转让性,那么就会构成对人格尊严所评价的每一个独立的应受尊重的自然人本身的否定。本条规定人格权不得转让就是为了维护自然人基于人格尊严而作为独立存在的应受尊重的特性。与自然人基于人格尊严而享有的应受尊重的独一无二的伦理属性不同,法人及非法人组织本质上是基于法律的拟制,法律承认或者拒绝其享有人格权,又或者虽然承认其享有人格权但又拒绝承认其享有的人格权与自然人享有的人格权具有完全同一的属性,更多的是基于法政策上的技术性考量,承认或者拒绝法人以及非法人组织享有的人格权是否可以转让并不影响主体存在本身。在此意义上,本条规定的人格权不得转让,核心是针对作为伦理性存在的自然人,对作为技术性存在的法人及非法人组织而言并非当然适用。因此,《民法典》第 1013 条规定

---

〔1〕 参见胡某某与吴某某其他合同纠纷案,湖北省武汉市中级人民法院(2018)鄂 01 民终 9799 号民事判决书(判决书见寇襄宜、曹文兵:《代孕协议的效力》,《人民司法·案例》2020 年第 23 期);赵某姣与陈某等合同纠纷案,北京市第二中级人民法院(2019)京 02 民终 13918 号民事判决书;张某某、美泰海外医疗旅游集团有限公司合同纠纷案,广东省广州市中级人民法院(2020)粤 01 民终 16040 号民事判决书。

〔2〕 参见陈甦、谢鸿飞主编:《民法典评注:人格权编》,中国法制出版社 2020 年版,第 23 页。

法人及非法人组织的名称可予转让,并不构成对本条人格权不得转让这一禁止事项的违反。

15　　另外,本条规定的人格权不得转让与《民法典》第993条规定的肖像、姓名等人格要素的许可使用并不矛盾。这是因为,权利的转让意味着转让人不再是被转让权利的主体,而许可使用则不影响许可人对被许可他人使用的权利的主体地位。《民法典》第993条规定的许可使用仅仅是允许他人使用权利人姓名、名称、肖像等标表型人格要素,属于人格权益的商业化利用,并不影响以这些人格要素为载体的人格权益依然归属于许可人本身,并不涉及权利本身的移转。并且《民法典》第993条对于人格权的许可使用亦作出了明确限制,即人格权益的许可使用不得违反法律规定或与其性质相冲突。例如,自然人不得许可他人使用其身体,卖淫以及商业代孕等属于违反法律规定的行为。这实质上亦表明,即使在不移转权利本身的许可使用场合,《民法典》亦以保护和促进人格尊严为目的来构造相应的具体法律规则,这在法典内在体系上与本条的基本目的相一致。[1]

16　　当人格权侵害导致损害赔偿请求权发生时,对于相应的财产损害赔偿请求权而言,由于其本质是对受害人因人格权侵害遭受的财产损失的金钱救济,因此具有财产权利的一般属性,可以与民事主体相分离而依据《民法典》第545条等确立的债权一般转让规则进行转让。[2] 对于人格权侵害导致的精神损害赔偿请求权是否可以转让,学理与实务则存在分歧。支持转让的观点认为,精神损害赔偿与财产损害赔偿一样,都以金钱赔偿为原则,都属于金钱债权,自然应当具有可转让性。反对观点则认为,精神损害依附于受害人的人身,相应的损害赔偿的主要功能在于抚慰受害人,因此精神损害赔偿请求权具有专属性,不能转让。[3] 2003年《人身损害赔偿解释》持折中立场。该解释第18条第2款规定:"精神损害抚慰金的请求权,不得让与或者继承。但赔偿义务人已经以书面方式

---

　　[1] 参见王利明、程啸、朱虎:《中华人民共和国民法典人格权编释义》,中国法制出版社2020年版,第56页。
　　[2] 参见最高人民法院民法典贯彻实施工作领导小组主编:《中华人民共和国民法典合同编理解与适用(一)》,人民法院出版社2020年版,第561条。
　　[3] 参见最高人民法院民法典贯彻实施工作领导小组主编:《中华人民共和国民法典人格权编理解与适用》,人民法院出版社2020年版,第50—51页。

【人格权禁止性规定】

承诺给予金钱赔偿的,或者赔偿权利人已经向人民法院起诉的除外。"在该解释看来,一方面,精神损害赔偿请求权是自然人人身权的自然延伸,原则上应由自然人本人行使,以保护自然人人格尊严和人身自由;另一方面,精神损害赔偿是通过财产赔偿的方式救济受害人,其本质仍属于财产责任的一种表现形式,应当允许转让或继承。因此,对于精神损害赔偿可否转让和继承,应坚持受害人本人行使为原则,例外情形下承认其具有可转让性与继承性,从而在人身权的专属性与财产权的流通性之间达成平衡。[1] 但2020年修正后的《人身损害赔偿解释》则删除了原解释第18条第2款的规定。在此背景下,人格权侵害所致精神损害的赔偿请求权是否可以转让,仍有进一步讨论的空间。

对于人格权侵害所生的损害赔偿之债,不管是财产损害赔偿还是精神损害赔偿,在本质上依然是金钱之债,区别于不得转让的人格权本身。尽管精神损害赔偿之债因与受害人人身密切相关而具有特殊性,但在法律未对该债权的转让有特殊规定的场合,自因依据债权的一般转让规则进行判断。[2] 对此,依据《民法典》第545条第1款之规定,除了根据债权性质不得转让、按照当事人约定不得转让以及依照法律规定不得转让三种情形,其余债权皆有可转让性。对人格权益侵害所生的精神损害赔偿之债而言,由于法律并未明确禁止其转让性,并且此类法定之债亦不存在当事人约定不得转让的情形,因此唯一的限制在于是否存在依据债权性质不得转让的可能。由于依据债权性质不得转让的债权主要包括当事人基于信任关系订立的委托、赠与合同所生之债权、债权人变动必然导致债权内容发生实质性变更以及债权人变动会危害债务人基于基础关系所享有的利益,并实质性增加债务人负担或损害债务人利益等类型,[3] 并不包括基于人格权侵害所生的精神损害赔偿之债。另外,对于司法实务上担心的若承认精神损害赔偿之债的可转让性势必会令受让人面临举证

---

[1] 参见最高人民法院民事审判一庭编著:《最高人民法院人身损害赔偿司法解释的理解与适用》,人民法院出版社2015年版,第256—257页。

[2] 参见最高人民法院民法典贯彻实施工作领导小组主编:《中华人民共和国民法典合同编理解与适用(一)》,人民法院出版社2020年版,第561条。

[3] 参见黄薇主编:《中华人民共和国民法典合同编解读》(上册),中国法制出版社2020年版,第285页。

困难的问题,[1]实质上只要受让人自愿承担举证不能的风险,法律即不应过度介入当事人转让相应债权的意思自治领域。精神损害赔偿数额的确定对其可转让性的影响,实质上与人格权侵害所致之财产损害赔偿数额对可转让性的影响并无不同,不能因此而拒绝精神损害赔偿的可转让性。[2]

五、人格权不得继承

18　　人格权与自然人的存在本身相伴始终,专属于特定自然人本身。若自然人死亡,那么相应的为维护和促进其人格尊严实现的人格权亦随之消灭,无法成为继承的对象。[3] 本条明确规定人格权不得继承,是对自然人所享有的具有人身专属性的人格权的确认与保护。

19　　人格权不得继承与《民法典》第994条规定的死者人格利益保护条款并不矛盾。自然人死亡之后,其享有的人格权消灭,但为自然人之人格尊严以及与之相关的社会公共利益的充分保护,对于自然人死亡之后遗存的人格利益仍应予以尊重。在死者人格利益被侵害时,法律承认与死者有特定法律关系的人及特定国家机关向侵权人主张法律责任,并非表明死者人格利益的可继承性,而是法律基于死者已经死亡的现实,从法律技术层面赋予与之有特定法律关系的人或机构以诉权,来填补死者人格利益保护的漏洞。另外,生命权侵害场合的精神损害赔偿请求权是否可以继承的问题,本质上亦与前述人格权侵害场合的精神损害赔偿请求权是否可以转让的问题一样,在2020年《人身损害赔偿解释》已删除原解释第18条第2款禁止继承的规定之后,在解释上应遵循一般财产权规则来解决其继承的问题。

---

〔1〕 参见最高人民法院民事审判一庭编著:《最高人民法院人身损害赔偿司法解释的理解与适用》,人民法院出版社2015年版,第256页。

〔2〕 参见王利明、程啸、朱虎:《中华人民共和国民法典人格权编释义》,中国法制出版社2020年版,第55页。

〔3〕 参见王泽鉴:《人格权法:法释义学、比较法、案例研究》,北京大学出版社2013年版,第46页。

【人格权禁止性规定】 第 992 条

参考文献

1. 陈甦、谢鸿飞主编:《民法典评注:人格权编》,中国法制出版社 2020 年版。
2. 曹相见:《物质性人格权的尊严构成与效果》,《法治研究》2020 年第 4 期。
3. 杜万华主编:《中华人民共和国民法典实施精要》,法律出版社 2021 年版。
4. 黄薇主编:《中华人民共和国民法典合同编解读》(上册),中国法制出版社 2020 年版。
5. 黄薇主编:《中华人民共和国民法典人格权编解读》,中国法制出版社 2020 年版。
6.《民法典立法背景与观点全集》编写组编:《民法典立法背景与观点全集》,法律出版社 2020 年版。
7. 王利明、程啸、朱虎:《中华人民共和国民法典人格权编释义》,中国法制出版社 2020 年版。
8. 王利明:《人格尊严:民法典人格权编的首要价值》,《当代法学》2021 年第 1 期。
9. 王泽鉴:《人格权法:法释义学、比较法、案例研究》,北京大学出版社 2013 年版。
10. 杨立新、李怡雯:《论〈民法典〉规定生命尊严的重要价值》,《新疆师范大学学报(哲学社会科学版)》2020 年第 6 期。
11. 袁雪石:《民法典人格权编释论:条文缕析、法条关联与案例评议》,中国法制出版社 2020 年版。
12. 张红:《民法典之生命权、身体权与健康权立法论》,《上海政法学院学报(法治论丛)》2020 年第 2 期。
13. 最高人民法院民事审判一庭编著:《最高人民法院人身损害赔偿司法解释的理解与适用》,人民法院出版社 2015 年版。

案例索引

1. 北京市第二中级人民法院(2019)京 02 民终 13918 号民事判决书,赵某姣与陈某等合同纠纷案。
2. 广东省广州市中级人民法院(2020)粤 01 民终 16040 号民事判决书,张某某、美泰海外医疗旅游集团有限公司合同纠纷案。
3. 黑龙江省大庆市中级人民法院(2020)黑 06 民终 907 号民事判决书,纪某、胡某生命权、健康权、身体权纠纷案。

4. 湖北省武汉市中级人民法院(2018)鄂01民终9799号民事判决书,胡某某与吴某某其他合同纠纷案。

5. 吉林省吉林市中级人民法院(2015)吉中民三终字第102号民事判决书,上海金丰裕米业有限公司与益海嘉里(吉林)粮油食品工业有限公司买卖合同纠纷案。

6. 山东省武城县人民法院(2015)武刑初字第10号刑事判决书,冯某故意杀人案。

7. 山东省鱼台县人民法院(2017)鲁0827刑初42号刑事判决书,高某协助组织卖淫案。

8. 浙江省台州市路桥区人民法院(2018)浙1004刑初254号刑事判决书,张某祥、樊某庆、凡某露故意杀人案。

第九百九十三条 【人格要素许可使用】

民事主体可以将自己的姓名、名称、肖像等许可他人使用，但是依照法律规定或者根据其性质不得许可的除外。

目　录

- 一、规范意旨 …………………………………………………………… 302
  - (一)规范意义与目的 ………………………………………………… 302
  - (二)体系位置 ………………………………………………………… 303
    - 1. 与《民法典》第992条之间的规范适用关系 ………………… 304
    - 2. 与其他具体许可使用规则的规范适用关系 ………………… 305
- 二、历史沿革 …………………………………………………………… 306
- 三、人格要素许可使用的一般规定 …………………………………… 308
  - (一)许可使用的主体 ………………………………………………… 308
  - (二)许可使用的对象 ………………………………………………… 308
  - (三)许可使用的形式 ………………………………………………… 310
  - (四)许可使用的内容 ………………………………………………… 311
    - 1. 许可使用的方式 ………………………………………………… 311
    - 2. 许可使用的目的 ………………………………………………… 312
    - 3. 许可使用的费用 ………………………………………………… 312
    - 4. 许可使用的时间 ………………………………………………… 313
  - (五)许可使用的效力 ………………………………………………… 314
    - 1. 许可使用并不发生人格权转让的效果 ………………………… 314
    - 2. 权利人的主要权利与义务 ……………………………………… 314
    - 3. 被许可人的主要权利与义务 …………………………………… 315
    - 4. 对于被许可使用的权益的侵权法救济 ………………………… 315
- 四、人格要素许可使用的禁止事项 …………………………………… 315
  - (一)依照法律规定不得许可使用 …………………………………… 316
  - (二)根据其性质不得许可使用 ……………………………………… 316
- 五、人格要素许可使用的例外情形 …………………………………… 318

（一）人格要素在日常交往中的必要使用 ………………………… 319
　　（二）人格要素的合理使用 ………………………………………… 319
参考文献 ………………………………………………………………… 320
案例索引 ………………………………………………………………… 321

一、规范意旨

（一）规范意义与目的

1　　本条为授权性规范,承认民事主体享有许可他人使用其姓名、名称、肖像等人格要素的权利。〔1〕传统法律实践与理论中的人格权本质为非财产权,不能与民事主体相分离而被单独转让或许可他人使用。〔2〕但随着社会发展,实践中利用他人姓名、名称及肖像等人格要素的现象大量涌现,对人格要素的商业化利用亦逐渐获得了社会的普遍认同,如何处理人格权的专属性、非财产性与人格要素的商业化利用问题之间的冲突,成为人格权法面临的重要议题。〔3〕对此,理论上存在人格权商品化说与人格标识使用权说的争论。前者认为支配性是人格权的重要属性,在此基础上应将人格权的保护范围由精神利益扩展至财产利益,并在人格权概念之下统一保护人格要素内含的经济利益和精神利益;〔4〕后者认为,坚持人格权商品化说会危及人格权的专属性及非财产性本质,因为人格权建立在人格尊严的基础之上,专属于自然人本人而不能转让,否则会违背法律伦理,造成法理混乱,〔5〕在此基础上应当反对人格权商品化说并承认独立的人格标识使用权,后者以独立的人格标识为对象、以人格标识的商品化利用为内容,其本身并不包含精神利益的内容,是一种特殊的

---

〔1〕参见龙卫球主编:《中华人民共和国民法典人格权编与侵权责任编释义》,中国法制出版社2021年版,第15页。
〔2〕参见梁慧星:《民法总论》(第六版),法律出版社2021年版,第96页。
〔3〕参见姚辉:《人格权法论》,中国人民大学出版社2011年版,第359页。
〔4〕参见王利明:《人格权法研究》(第三版),中国人民大学出版社2018年版,第28—30页;张红:《人格权总论》,北京大学出版社2012年版,第224页。
〔5〕参见孙宪忠:《我动议——孙宪忠民法典和民法总则议案、建议文集》,北京大学出版社2018年版,第288页。

财产权。[1] 我国在《民法典》第992条明确规定人格权的专属性,禁止人格权的放弃、转让或继承,同时又在本条明确承认民事主体在法律及人格权性质允许的范围内可以将自己的姓名、名称及肖像等人格要素许可他人使用,实质上是采折中主义立场,即原则上承认人格权的非财产本质而在《民法典》第992条强调其专属性,又承认特定人格权内含财产性利益属性而在例外情形下允许权利人在不违反法律及权利自身性质的前提下依本条许可他人使用。此即表明,本条是第992条的例外规定,[2] 这种例外规定并不违反第992条保护和促进自然人人格尊严的核心目的。这是因为:

第一,本条明确规定民事主体有权许可他人使用特定人格要素,是对人之现实需求的及时回应与满足,而《民法典》人格权编所保护和促进的人格尊严本身追求的就是法律对现实生活中的人的尊重,尊重并承认民事主体的现实需求本身就是保护与促进人格尊严价值的应有之义。

第二,本条规定的特定人格要素的许可使用,是法律承认民事主体有权在法律和人格权性质允许的范围内自主决定自身人格利益的享有与实现方式,是其意志自由的表现形式,而人格尊严本身即包括对于此种自主决定的自由意志的尊重,因此本条亦与第992条一致,都是对《民法典》第109条与第990条第2款宣示的人格尊严的保护与促进。

第三,本条一方面许可民事主体有权许可他人使用其人格要素,一方面又对许可使用进行必要限制,对于依照法律规定或根据其性质不得许可使用的人格权益,民事主体不能许可他人使用,这可以有效协调作为例外规定的本条与作为原则性规定的《民法典》第992条,从而共同作用于《民法典》第109条与第990条第2款宣示的自然人人格尊严的保护与促进这一首要价值目标的实现。

(二)体系位置

本条在现行法律体系下的位置主要表现在两个方面:一是本条是作

---

[1] 参见房绍坤、曹相见:《标表型人格权的构造与人格权商品化批判》,《中国社会科学》2018年第7期,第139页。

[2] 参见袁雪石:《民法典人格权编释论:条文缕析、法条关联与案例评议》,中国法制出版社2020年版,第105页。

为《民法典》第992条的例外规定而存在,这涉及与第992条之间的规范适用关系问题;二是本条作为人格要素许可使用的一般规定而存在,[1]这涉及与法律规定的关于人格要素许可使用的具体规定之间的规范适用关系处理问题。

1. 与《民法典》第992条之间的规范适用关系

6 《民法典》第992条是关于人格权专属性的规定,人格权基于专属性而不得与主体本身相分离,因此不能被放弃、转让和继承。但在对该条进行解释适用时不能囿于文义而罔顾该条的立法意旨及其所处的时代背景。立法者通过《民法典》明确规定人格权的专属性,旨在强调人格尊严的优先性,但如果完全不顾当代经济社会发展及现实生活中的人的现实需求而固守《民法典》第992条的人格权的专属性,则可能会反过来戕害立法者通过第992条所要保护和促进的人格尊严。因此,《人格权编室内稿》在2002年《中华人民共和国民法(草案)》承认人格权专属性可以通过法律规定而有例外情形的基础上,进一步将人格要素许可使用这种例外情形规定为独立条款,并不是立法者否认人格权财产化理论而将人格标识使用权作为一种独立于姓名权和肖像权等人格权之外的财产权,[2]其实质上反映了法典起草者将规定人格权专属性的条款作为原则性规定、而非完全封闭的在形式逻辑构成上属于全称否定判断条款的初衷。嗣后民法典草案的各审稿及最终的《民法典》接受室内稿的这种立场,实际上亦表明法典草案起草者及立法者承认《民法典》第992条与本条之间的原则与例外的关系。[3]因此,在《民法典》第992条与本条的具体适用关系上应注意:

7 一方面,应当依据原则与例外的关系来确定本条相对于《民法典》第992条的优先适用性,即立法者通过本条承认人格要素的许可使用规则优先于《民法典》第992条的禁止性规定,本条以及作为本条具体规定的

---

[1] 参见最高人民法院民法典贯彻实施工作领导小组主编:《中华人民共和国民法典人格权编理解与适用》,人民法院出版社2020年版,第58页;王利明、程啸、朱虎:《中华人民共和国民法典人格权编释义》,中国法制出版社2020年版,第60页。

[2] 参见曹相见、杜生一、侯圣贺编著:《〈中华人民共和国民法典·人格权编〉释义》,人民出版社2020年版,第16页。

[3] 参见袁雪石:《民法典人格权编释论:条文缕析、法条关联与案例评议》,中国法制出版社2020年版,第105页。

【人格要素许可使用】

《民法典》第1012条至第1013条、第1016条至第1023条、第1035条以及第1038条等人格要素许可使用规则并不在《民法典》第992条的否定性评价范围内。

另一方面,本条既规定了民事主体有权许可他人使用其人格标识,同时也规定"依照法律规定或者根据其性质不得许可的除外",该但书规定构成了人格要素许可使用否定性法律效果的核心评价标准。其中,"根据其性质"即包括《民法典》第992条规定的人格权的专属性,根据本条结合第992条,违反人格权专属性的不得许可。例如,借腹生子、借种生子以及商业代孕等即因违反本条规定而无效。就此而言,《民法典》第992条的禁止性规定是本条但书规定的核心构成部分,适用本条对相应法律行为进行法律效果评价时,亦包括经由本条但书规定从而进入法律评价过程的《民法典》第992条。

2. 与其他具体许可使用规则的规范适用关系

本条构成人格要素许可使用的一般规定,《民法典》第1012条至第1013条、第1016条至第1017条的姓名、名称及笔名、艺名、名称的简称等许可使用规则,第1018条至第1023条的肖像、声音等许可使用规则,第1035条、第1038条的个人信息许可使用规则,《广告法》第2条第5款结合第38条规定的广告代言人对其姓名及形象的许可使用规则,《商标法》第32条结合第45条等规定的商标注册损害他人在先权利的救济规则等,是人格要素许可使用的具体规定。二者的适用关系具体包括两个方面:

一方面,对于特定人格要素的许可使用存在具体规定的,优先适用该具体规定,无须再回溯到作为一般规定的本条。只有在对该特定人格要素的许可使用没有规定或相应的具体规定不完善的,才可以通过适用本条解决。例如,姓名、名称、肖像等作为商标或商标的组成部分时受《商标法》保护,依据《商标法》第32条和第45条之规定,未经权利人许可而擅自将其人格要素注册为商标的行为构成对其在先权利的侵害,受害人可以依法请求商标评审委员会宣告该注册商标无效。[1] 在"乔丹案"中,审理法院即认为美国篮球运动员迈克尔·乔丹(Michael Jordan)在我国具有较高的知名度、为相关公众所熟悉,我国相关公众通常以"乔丹"

---

[1] 参见黄薇主编:《中华人民共和国民法典人格权编解读》,中国法制出版社2020年版,第25页。

指代迈克尔·乔丹,并且"乔丹"已经与迈克尔·乔丹之间形成了稳定的对应关系,后者就"乔丹"享有姓名权。乔丹体育未经权利人许可擅自将他人享有在先姓名权的姓名注册为商标,容易导致相关公众误认为标记有该商标的商品或服务与该自然人存在代言、许可等特定联系,应认定该商标的注册损害他人的在先姓名权,违反《商标法》第32条之规定,应依照《商标法》第45条第2款予以撤销,而由国家知识产权局就争议商标重新作出裁定。[1] 如果被许可使用的人格要素已被注册为商标,在嗣后的人格要素的许可使用合同中双方并未约定对相应商标的使用问题的情形下,权利人许可他人有权在特定商品上使用其已被注册为商标的人格要素,此时权利人不得以被许可人的使用行为侵害其商标权而请求相应的救济,因为于此情形下的商标以被许可使用的人格要素为基础权源,对于已被许可使用相应人格要素的被许可人而言,其在许可使用合同约定的范围内使用其人格要素并不涉及对商标权的侵害。[2]

11　　另一方面,本条但书规定属于禁止性规定,其对人格要素的许可使用作了明确限制。基于《民法典》法律评价体系一致性的考虑,依据其他法律规定的具体许可使用规则评价相应具体民事行为的法律效果时,亦必须遵循本条但书的禁止事项,该禁止事项不仅构成对人格要素许可使用一般性规定的限制,亦构成对具体许可使用规则的限制,违反本条但书规定的行为无效。

二、历史沿革

12　　对于本条采取了何种立法模式,学理上主要存在两种观点。独立的财产权说认为,我国借鉴了美国法上的公开权模式而在本条明确规定了独立的财产权类型即公开权[3]或人格标识使用权[4],对人格要素的利

---

[1] 参见迈某乔丹与国家知识产权局商标争议行政纠纷案,中华人民共和国最高人民法院(2018)最高法行再32号行政判决书。

[2] 参见最高人民法院民法典贯彻实施工作领导小组主编:《中华人民共和国民法典人格权编理解与适用》,人民法院出版社2020年版,第60页。

[3] 参见杨立新:《人格权法》,法律出版社2020年版,第81页。

[4] 参见曹相见、杜生一、侯圣贺编著:《〈中华人民共和国民法典·人格权编〉释义》,人民出版社2020年版,第16页。

【人格要素许可使用】

用问题作出了明确规定;[1]人格权统一保护说认为,一方面,由于公开权概念是美国法律中的特有概念,是该国在没有完整人格权体系背景下从隐私权规则中发展出来的,完全照搬到我国存在困难。另一方面,我国长期以来受德国人格权理论影响,并且我国《民法典》编纂之前的法律实践亦一直采取统一保护模式,本条是对已有法律实践的全面总结,其规定的人格要素的许可使用仍在统一的人格权概念之下,是对人格权利用权能的扩张而非生成了一种独立于人格权的新型权利类型。[2]

我国《民法典》之前的法律实践长期以来受德国人格权理论影响而在人格要素的许可利用问题上采一元论的模式,如《民法通则》(已失效)第100条、《民通意见》(已失效)第139条以及《广告法》第33条等,即已承认民事主体的姓名、肖像等内含经济利益而允许其可以许可他人使用。这些法律实践并没有在姓名权、肖像权之外创设类似于美国法上的公开权一样的独立权利类型。[3]受此影响,我国《民法典》编纂过程中自始至终即在统一的人格权概念体系下讨论人格要素的商业化利用问题,并没有在统一的人格权概念之外创设一个类似于美国公开权一样的独立的关于经济性人格利益的财产权的意愿。这可以从法典立法过程中各草案的具体规定中直观反映出来。另外,从立法过程中的争议及草案条文的变化来看,对人格要素的许可使用问题,学理与实务上争议的核心并不在于人格权是否可以许可使用及该许可使用是否为独立的权利类型,而是在于许可使用的范围与程度上。对此,反映在草案具体条文表述之上的变化就是,最早仅被作为人格权专属性条款的例外规定的许可利用,最后被作为独立的条款加以规定,其在规范地位上既是人格权专属性规定的例

---

[1] 参见陈甦、谢鸿飞主编:《民法典评注:人格权编》,中国法制出版社2020年版,第33页。

[2] 参见黄薇主编:《中华人民共和国民法典人格权编解读》,中国法制出版社2020年版,第23页;最高人民法院民法典贯彻实施工作领导小组主编:《中华人民共和国民法典人格权编理解与适用》,人民法院出版社2020年版,第53页;王利明、程啸、朱虎:《中华人民共和国民法典人格权编释义》,中国法制出版社2020年版,第57页;龙卫球主编:《中华人民共和国民法典人格权编与侵权责任编释义》,中国法制出版社2021年版,第15—16页。

[3] 参见王利明、程啸、朱虎:《中华人民共和国民法典人格权编释义》,中国法制出版社2020年版,第57页。

外,又构成人格要素许可利用的一般规定。在此意义上,对于本条理解与适用的核心即在于处理该条作为例外与原则的具体界限与标准。

三、人格要素许可使用的一般规定

14　　本条主文为授权性规定,承认民事主体许可他人使用其姓名、名称、肖像等人格要素的权利;本条但书为禁止性规定,对民事主体的许可使用其人格要素的权利进行了限制,不得对法律禁止许可或者依据人格权的性质不得许可的人格要素进行许可使用。

15　　本条确立的人格要素许可使用规定可以从人格要素许可使用的主体、对象、形式、内容和效力等方面展开讨论。

(一)许可使用的主体

16　　许可使用的主体包括权利主体和义务主体。义务主体是许可他人使用其人格要素的民事主体,权利主体是经权利人许可而有权使用后者人格要素的民事主体。由于本条使用了民事主体概念,因此自然包括自然人、法人及非法人组织。无论是对自然人、法人还是其他非法人组织而言,人格要素的许可使用均涉及法律行为的效力认定问题。依据《民法典》第143条第1项关于法律行为的效力判断要件的规定,许可使用的义务人必须具有相应的民事行为能力;若其不具备从事相应法律行为的行为能力,则需要其监护人以其最大利益为标准而判断是否代理相应的许可行为。对许可使用的权利人而言,需要判断相应的许可使用行为对其而言是否纯获利益,若属于纯获利益则不需要考虑相应的民事行为能力,相反则需要具备相应的民事行为能力。

(二)许可使用的对象

17　　关于许可使用的对象,在法典编纂过程中曾存在争议,核心争议点是姓名和个人信息是否应被明确列举出来作为许可使用的对象。[1] 立法

---

[1] 参见《地方人大、中央有关部门和单位以及有关方面对民法典各分编草案(征求意见稿)人格权编的意见》,载《民法典立法背景与观点全集》编写组编:《民法典立法背景与观点全集》,法律出版社2020年版,第379页。

【人格要素许可使用】

者最后将姓名、名称、肖像作为明确列举出来的事项并采取具体列举+概括规定的立法模式,使该条规定的关于许可使用的对象在具备明确性的同时又向丰富的现实生活开放。[1] 问题是,由于立法者最后放弃《民法典各分编征求意见稿》人格权编第一章第4条将个人信息与名称、肖像明确并列规定为许可使用对象的做法,使本条列举出来的人格要素都是标表型人格要素,由此在解释论上可能导致的疑问是:本条许可使用的对象是否仅限于标表型人格要素的范围?

从文义解释的视角来看,汉语语法规则中对句子中使用"等"的释义有两种:一种是表示列举未尽;二是表示列举煞尾。若是第一种意思,则表明该条所涵摄的人格要素类型不限于前面所列举的3种;若是第二种意思,则表明该条所涵摄的人格要素类型就仅限于前面所列举的3种。由于本条为人格要素许可使用的一般规定,除了本条列举的可以许可使用的人格要素,在《民法典》人格权编及其他制定法中还存在着其他可以许可使用的人格要素类型,如《民法典》第1023条第2款规定的声音。因此若本条的"等"表示列举煞尾,则显然与本条作为一般规定的定位不相吻合,也就是说其只能是表示列举未尽。以此为基础,从语义学角度看,被列举且能被并列置于同等位置的内容,必然存在着可以共约的因素,这种因素共存于列举的内容与列举未尽的内容之间。[2] 从本条具体列举的人格要素类型看,它们之间可以共约的因素主要有两个:一个是它们都属于标表型人格要素,都可以作为主体的人格标识而在共同的社会生活中将彼此区分开来;另一个是它们在性质上都内含经济利益,可以与主体本身相分离而有被他人使用的现实可能性。本条列举未尽的内容原则上只要满足前述任一种共约的因素即可被纳入"等"的范畴。另外,结合体系解释方法,在现行法律体系下,人格要素的许可使用事实上不限于人格标识,论者所认为的可以用于许可使用的人格权范围仅有"姓名、与之相类似的名称或称号、肖像以及典型身体特征等标表型人格

---

〔1〕 参见王利明、程啸、朱虎:《中华人民共和国民法典人格权编释义》,中国法制出版社2020年版,第63页。

〔2〕 参见朱晓峰:《论〈侵权责任法〉第2条的保护范围》,载梁慧星主编:《民商法论丛》第63卷,法律出版社2017年版,第262—276页。

权所保护的人格利益",[1]并不符合《民法典》及本条的立法意旨,那些内含经济利益而又可以与主体相分离并单独使用的人格要素在不违反相应人格权本身性质的前提下,法律通常并不禁止权利人许可他人使用之,[2]如《民法典》第1035条、第1038条的个人信息。因此,在解释论上可以将本条"等"所涵摄的对象确定为内含经济利益且可与主体相分离而单独使用的人格要素。[3]据此,包括声音、个人信息等内含经济利益的人格要素原则上都可以纳入本条的涵摄范围而作为许可使用的对象。至于学理上有观点认为,名誉、荣誉、隐私等皆能许可他人使用,[4]尚需依据本条但书规定进行判断。

19 另外,本条是授权性规定,是关于人格要素许可使用的一般规定,因此对人格要素的许可使用范围即哪些人格要素可以被许可使用的判断,应遵循法不禁止即自由的原则,当不存在违反本条但书规定的情形即不存在"依照法律规定或者根据其性质不得许可的"情形时,权利人依据本条规定对那些内含经济利益的人格要素享有是否许可他人使用的自主决定权。

(三)许可使用的形式

20 人格要素的许可使用行为是民事法律行为的一种,即使其与权利主体本身紧密相关而具有特殊性,但在人格权编对此无特别规定时,自然亦应适用《民法典》总则编、合同编关于法律行为的一般规定,[5]不应采用学理上关于排除合同编规则适用于人格要素许可使用合同领域的观

---

[1] 参见龙卫球主编:《中华人民共和国民法典人格权编与侵权责任编释义》,中国法制出版社2021年版,第16页。

[2] 参见最高人民法院民法典贯彻实施工作领导小组主编:《中华人民共和国民法典人格权编理解与适用》,人民法院出版社2020年版,第57页。

[3] 参见王利明、程啸、朱虎:《中华人民共和国民法典人格权编释义》,中国法制出版社2020年版,第63页。

[4] 参见张红:《〈民法典(人格权编)〉一般规定的体系构建》,《武汉大学学报(哲学社会科学版)》2020年第5期,第168页。

[5] 参见黄薇主编:《中华人民共和国民法典人格权编解读》,中国法制出版社2020年版,第23页。

点。[1] 人格要素的许可使用要求民事主体以意思表示为之,既可以是权利人以单方允诺的方式向不特定人作出许可使用其人格要素的意思,也可以是权利人与被许可人之间就特定人格要素的使用通过双方意思表示以合同的方式进行许可。[2] 由于《民法典》并未对人格要素的许可使用的具体形式作出规定,因此,除非其他法律如《著作权法》第24条结合《著作权法实施条例》第23条及《著作权法》第25条等存在关于书面许可的特别规定,否则人格要素的许可使用既可以采口头方式,也可以采书面形式。另外,于此的许可使用,原则上应是权利人明示为之,在例外情形下如人格要素的许可使用期限届满,被许可人继续使用该人格要素且权利人并未明确表示反对,应认为权利人默示许可他人对其人格要素的使用行为。[3]

(四)许可使用的内容

若权利人通过单方允诺的方式许可他人使用其人格要素,那么许可使用的方式、目的、费用、时间、地域等内容由权利人自主决定,只要不违反法律规定或者公序良俗即可;若权利人与被许可人通过双方法律行为建立许可使用关系,那么许可使用的内容由双方当事人在不违反法律规定及公序良俗的前提下自由约定,生效的许可使用合同对双方产生约束力,主要内容包括:

1. 许可使用的方式

人格要素是否可以采取专有许可使用方式,《民法典》未予规定。对此学理上有观点认为,与著作权一样,权利人可进行排他性许可授权或独占性许可授权,被授权人因此取得的使用权具有准物权效力,但人格权上的财产利益许可使用仍是以将保护人身自由、人格尊严作为中心的人格权为基础。因此,即使双方在许可使用合同中约定独占许可,权利人仍能非商业性地使用其人格要素,且只要权利人认为约定内容有损人格尊

---

[1] 参见张红:《〈民法典(人格权编)〉一般规定的体系构建》,《武汉大学学报(哲学社会科学版)》2020年第5期,第167页。

[2] 参见王利明、程啸、朱虎:《中华人民共和国民法典人格权编释义》,中国法制出版社2020年版,第65页。

[3] 参见陈甦、谢鸿飞主编:《民法典评注:人格权编》,中国法制出版社2020年版,第37页。

严,伤害人格权上的精神利益,仍能限制或干涉被授权人的经济利用。[1]该观点有进一步讨论的空间。由于独占许可使用方式涉及被许可人对被许可使用的人格要素的排他使用权,此种排他性既包括禁止许可人之外的其他人使用,也包括禁止许可人本人使用。鉴于人格要素与权利人本身存在的密切关系,若允许在人格要素的许可使用领域采取独占许可使用方式,那么可能构成对《民法典》人格权编第109条与第990条第2款宣示的人格尊严目的的违反,亦不符合《民法典》第992条明确规定的人格权专属性要求。因此,除非其他法律特别规定特定人格要素可被独占许可使用且该规定不违反本条规定的人格权的基本性质要求,否则人格要素的许可使用原则上仅能以一般许可使用方式为之而禁止独占许可使用方式在本领域的适用。

2. 许可使用的目的

人格要素的许可使用是权利人许可他人使用其人格要素的行为,其核心内容在于被许可人通过权利人的许可而获得后者所享有的内含经济利益且可与权利人之人身相分离的人格要素的使用权,至于被许可人是将该人格要素用于商业目的还是非营利目的则在所不问,只要相应的使用行为不违反当事人的约定且不违反法律的禁止性规定及公序良俗即可。是否以营利为目的,更多是在涉及赔偿损失的数额中予以考量。[2]因为依据《民法典》第1182条,侵害他人人身权益如姓名权、名称权、肖像权等造成财产损失的,按照被侵权人因此受到的损失或侵权人因此获得的利益赔偿;被侵权人因此受到的损失以及侵权人因此获得的利益难以确定,被侵权人和侵权人就赔偿数额协商不一致,向法院提起诉讼的,由法院根据实际情况确定赔偿数额。

3. 许可使用的费用

人格要素的许可使用的本质是人格要素内含的经济利益的可交易性,但许可使用并不必然是有偿的,权利人可以许可他人无偿使用其人格要素,也可以与他人约定使用的费用。若权利人以单方允诺的方式许可

---

[1] 参见张红:《〈民法典(人格权编)〉一般规定的体系构建》,《武汉大学学报(哲学社会科学版)》2020年第5期,第167页。

[2] 参见黄薇主编:《中华人民共和国民法典人格权编解读》,中国法制出版社2020年版,第23页。

他人使用其人格要素而没有明确表示被许可人是否为有偿使用,那么基于对被许可人的信赖利益保护,该许可使用应是无偿的,当然权利人可以类推适用《民法典》第 1022 条而终止许可使用关系。若当事人通过合同约定人格要素的许可使用,在其对许可使用费用有明确约定的情形下自然应依据该约定确定相应使用费用;若当事人没有约定或约定不明且对合同条款的理解存在争议,此时对肖像的许可使用费用应依据《民法典》第 1021 条规定的有利于肖像权人的解释规则来确定相应合同条款的内容,对肖像之外的其他人格要素则应该依据《民法典》第 1023 条结合第 1021 条确定。

4. 许可使用的时间

权利人可以在允诺他人使用其人格要素时明确规定使用时间,当事人也可以在许可使用合同中明确约定人格要素的使用时间。若未明确使用时间,在权利人依据《民法典》第 1022 条解除许可使用合同或类推该条终止许可使用关系前,被许可人有权使用相应人格要素。由于人格权不能脱离民事主体而单独存在,其与民事主体相伴始终。在自然人死亡或法人资格终止后,通常情形下即不存在对其人格要素的许可使用问题。因此,人格要素的许可使用是有期限的,原则上并不存在永久使用问题。[1] 但要注意的是,依据《民法典》第 994 条,死者人格利益由死者近亲属保护,在死者近亲属生存期间,对于死者内含财产利益的人格要素的使用,应经过死者近亲属同意;在死者近亲属死亡后,对于死者内含财产利益的人格要素的使用即不需要其他人许可。[2] 例如,司法实践中法院通常会认为,死者虽然不享有肖像权,但其肖像作为一种客观存在并不会消亡,死者的肖像会对其近亲属产生精神及经济上的利益:一方面,因死者生前与其近亲属之间存在着紧密的身份关系和情感联系,对死者肖像的侮辱、贬损等不当使用会降低其社会评价,造成近亲属的精神痛苦;另一方面,有些死者的肖像因死者生前的特定身份可能具有一定商业价值,由此而生的财产利益通常应归属于近亲属,他人不得擅自使用死者肖像进行牟利。故对死者肖像的侵害可能会造成近亲属精神利益或财产利

---

[1] 参见杨立新:《人格权法》,法律出版社 2020 年版,第 82 页。
[2] 参见朱晓峰:《论死者人格利益的保护人》,《上海政法学院学报(法治论丛)》2022 年第 6 期,第 129 页。

益的损害。[1] 该观点与本条及《民法典》第 994 条的立场一致,值得肯定。

(五)许可使用的效力

26 对于内含经济利益的人格要素,若权利人许可他人使用且该许可使用行为有效,那么相应的许可使用即对权利人与被许可使用人产生约束力。

1. 许可使用并不发生人格权转让的效果

27 人格要素的许可使用并不改变人格权的归属,被许可人通过人格要素许可使用合同或权利人的单方允诺所获得的仅是依据该许可行为所确定的在特定期间、特定范围以特定方式等对权利人的人格要素的使用权,以该人格要素为载体的人格权仍属于权利人。

2. 权利人的主要权利与义务

28 权利人有权自主决定其内含经济利益的人格要素的商业化利用问题,若其许可他人使用其人格要素的,那么权利人即受该许可约束并享有因许可所生的利益,如向被许可人收取使用费等。当然,即使权利人许可他人使用其人格要素,但该人格要素仍是权利人独立人格的构成性要素,[2] 而为充分保护权利人的人格尊严、人身自由,《民法典》明确规定权利人有权在具备条件时解除许可使用合同。依据《民法典》第 1022 条之规定,当事人对肖像许可使用期限没有约定或约定不明确的,任何一方当事人都可以随时解除肖像许可使用合同,但应当在合理期限之前通知对方;当事人对肖像许可使用期限有明确约定,肖像权人有正当理由的,可以解除肖像许可使用合同,但应当在合理期限之前通知对方。为平衡合同解除自由与对方当事人信赖利益的保护,《民法典》第 1022 条同时还规定,因解除合同造成对方损失的,除不可归责于肖像权人的事由外,应赔偿损失。另外,基于《民法典》第 1023 条,对姓名等的许可使用,参照适用肖像许可使用的有关规定。因此,在肖像之外的其他人格要

---

[1] 参见周某飞、周某斐等与贵州人民出版社图书发行公司、无锡当当网信息技术有限公司等一般人格权纠纷案,上海市黄浦区人民法院(2014)黄浦民一(民)初字第 1245 号民事判决书。

[2] 参见陈甦、谢鸿飞主编:《民法典评注:人格权编》,中国法制出版社 2020 年版,第 33 页。

素的许可利用领域,许可人皆享有《民法典》第1022条规定的解除权。

3. 被许可人的主要权利与义务

许可使用行为使被许可人取得对他人特定人格要素的使用权,其可依据自主意志行使该项权利以获取其中的经济利益。与此同时,被许可人亦受许可使用合同约束,应以合同约定的方式在约定的期限、地域等使用权利人的人格要素,并且不得擅自超出许可使用合同约定使用权利人的人格要素,这既包括被许可人不能擅自将自己享有的使用权许可他人使用,也不能禁止权利人将同样的权利以完全相同的方式,在相同的地域和期限内许可被许可人之外的他人使用等。

4. 对于被许可使用的权益的侵权法救济

当被许可使用的权利被第三人侵犯时,被许可人通常情形下并不能以自己的名义向第三人主张侵权法上的救济,因为被许可人并非被侵害权益的主体,此时有权主张侵权法救济的只能是许可人。对后者而言,在他人未经其同意而擅自使用其人格要素时,其既可依据《民法典》第995条结合第998条主张人格权请求权,亦可依据《民法典》第1165条第1款结合第998条确定的侵权损害赔偿请求权,于此的损害赔偿请求权既包括《民法典》第1182条规定的人身权益侵害场合导致财产损失的赔偿请求权,也包括第1183条第1款规定的精神损害赔偿请求权。[1] 若被许可人违反合同约定而使用权利人的人格要素,此时出现请求权竞合,权利人有权依据《民法典》第186条选择请求被许可人承担违约责任或侵权责任,只是在权利人选择向被许可人主张违约责任时,并不影响其依《民法典》第996条主张精神损害赔偿请求权。[2]

四、人格要素许可使用的禁止事项

本条规定的人格要素的许可使用规则是对《民法典》第992条人格权专属性规定的例外规定。作为对该例外的控制,本条但书进一步规定

---

[1] 参见王利明、程啸、朱虎:《中华人民共和国民法典人格权编释义》,中国法制出版社2020年版,第65—69页。

[2] 参见最高人民法院民法典贯彻实施工作领导小组主编:《中华人民共和国民法典人格权编理解与适用》,人民法院出版社2020年版,第59页。

了人格要素许可使用不得违反法律规定及人格权自身性质两项禁止事项,由此确保人格权专属性所内含的人格尊严目的的实现。[1]

(一)依照法律规定不得许可使用

32　　基于保护和促进人格尊严价值实现的目的,立法者既可以通过制定法律的形式明确规定何种类型的人格要素不得许可使用,也可以对那些可以许可使用的人格要素划定具体的使用界限。由于本条既属于《民法典》第992条人格权专属性规定的例外规定,也属于人格要素许可利用的一般规定,因此,对于本条规定的"法律"应结合《立法法》第11条所作的法律保留从严解释,即人格要素的许可使用属于民事基本制度,本条的"法律"只能是由全国人民代表大会及其常务委员会制定的法律。亦即,禁止人格要素许可使用的法律不能是全国人民代表大会及其常务委员会之外的其他主体制定的广义上的法律。在此意义上,在借腹生子场合,虽然我国现行法律体系内的《人类辅助生殖技术管理办法》第3条第1句、《人类辅助生殖技术规范》第三部分"实施技术人员的行为准则"第(五)项、《人类辅助生殖技术和人类精子库伦理原则》第一部分第(三)项保护后代原则第5条等明确禁止代孕,但这些规范性法律文件的制定主体并非本条意义上的法律。因此,对于出租子宫供他人孕育胎儿之用的行为效力,不应直接依据这些效力等级较低的规范性法律文件判断,而是应将之纳入本条"根据其性质不得许可"的调整范畴,并通过与《民法典》第143条第3项规定的公序良俗原则相结合的方式,来评价于此的代孕行为效力。另外,《英雄烈士保护法》第22条第2款第3句规定:"任何组织和个人不得将英雄烈士的姓名、肖像用于或者变相用于商标、商业广告,损害英雄烈士的名誉、荣誉。"该条禁止将英雄烈士的姓名、肖像用于商业目的,属于本条但书规定中依照法律规定不得许可使用的情形,在商业目的之外许可使用英雄烈士姓名、肖像的,由于法律并未作特别规定,对此应依据本条但书规定中根据其性质不得许可使用的标准判断。

(二)根据其性质不得许可使用

33　　由法律明确规定人格要素不得许可使用固然清晰明确,但社会生活

---

[1] 参见黄薇主编:《中华人民共和国民法典人格权编解读》,中国法制出版社2020年版,第24页。

的纷繁复杂性使立法者不可能对所有悖于人格尊严目的实现的人格要素许可使用情形一一进行明确的规定。因此,本条规定"根据其性质不得许可"可以作为本条"根据法律规定不得许可"的补充,在立法者未通过制定法对特定人格要素的许可使用作出明确规定时,可以通过相应人格要素的性质来判断其是否可以许可使用。

在依据人格要素的性质对相应的许可行为展开法律效果评价时,首先应将本条规定的人格要素许可使用规则与作为原则性规定的《民法典》第992条所称的人格权的专属性与非财产性结合起来,即人格要素的许可使用不得违反第992条明确的人格权专属性与非财产性质。本条主文列举规定的可以许可他人使用的姓名、名称、肖像等人格要素内含的经济利益可以与主体相分离,因此对相应的人格要素的许可使用并不违反作为原则性规定的《民法典》第992条。同样地,声音、个人信息等因为具有与姓名等人格要素相同的属性即内含经济利益且可以与权利主体相分离而使用,因此亦可以许可使用。与此相对应,生命、身体、健康等物质性人格要素既不可以与权利主体人身相分离而供他人使用,又不具备以货币进行衡量的经济属性,因此属于本条规定的依其性质不得许可使用的对象。至于是不是必须通过立法将这些物质性人格要素明确规定为不得许可使用的对象,[1]事实上并不影响通过本条为相应人格要素的充分保护提供规范基础。

其次,应将人格要素的许可使用与《民法典》所要保护和促进的人格尊严目的相联系,[2]在助益于这一目的实现的前提下判断相应人格要素是否可以许可使用。据此,隐私虽然与个人信息一样内含经济利益且可与主体相分离,但许可他人使用隐私,与人格尊严目的明显相违背,并且可能因此构成对公序良俗原则的违反,[3]属于本条规定的依其性质不得许可使用的范畴。另外,名誉、荣誉等非物质性人格要素与权利人的人身密切相关而不得分离,对其许可使用亦与人格尊严目的本身相违

---

[1] 参见王利明、程啸、朱虎:《中华人民共和国民法典人格权编释义》,中国法制出版社2020年版,第64页。

[2] 参见黄薇主编:《中华人民共和国民法典人格权编解读》,中国法制出版社2020年版,第24页。

[3] 参见程啸:《我国〈民法典〉个人信息保护制度的创新与发展》,《财经法学》2020年第4期,第38页。

背,因此属于本条但书规定的依其性质不得许可的对象。[1]

36　　最后,应综合把握本条但书规定的"依照法律规定"不得许可与"根据其性质"不得许可的关系。虽然立法者在制定法律时原则上亦需尊重人格权的性质而不得违反其性质作出相反规定,但在例外情形下立法者亦可在不违背人格尊严这一基本目的的前提下基于法政策的考量而通过制定法明确承认违反人格权性质的许可使用行为。例如,《民法典》第1007条即基于人格权的专属性和非财产性而禁止以任何形式买卖人体细胞、人体组织、人体器官、遗体,但第1008条却又规定,为研制新药、医疗器械或者发展新的预防和治疗方法,需要进行临床试验的,在依法经相关主管部门批准并经伦理委员会审查同意,向受试者或受试者的监护人告知试验目的、用途和可能产生的风险等详细情况并经其书面同意之后,可以进行人体临床试验。该条显然违反了身体、健康等物质性人格要素的性质而承认权利人可以许可特定机构以研制新药、医疗器械或发展新的预防和治疗方法为目的的使用其身体的行为。立法者在受试者的人格尊严、具体享有的人格权的专属性以及社会公共利益等利益群之间进行立法政策上的权衡,在坚持尊重受试者基本人格尊严的前提下,为保护和促进社会公共利益的实现而允许满足严格条件限制的人体临床试验,[2]值得肯定。

五、人格要素许可使用的例外情形

37　　人格要素特别是标表型人格要素是民事主体在日常社会交往中将彼此予以区别而作为独立存在的标识或符号,其主要功能即在于将处于各种社会关系中的个体区别开来。因此,现实生活中不可避免地会发生为正常社会交往而使用他人人格要素的情形,甚至有些人格要素如姓名本

---

[1] 参见王利明、程啸、朱虎:《中华人民共和国民法典人格权编释义》,中国法制出版社2020年版,第64页。

[2] 参见曹相见:《物质性人格权的尊严构成与效果》,《法治研究》2020年第4期,第62页;齐晓丹:《〈民法典〉人格权编理解与适用应注意的十个问题》,《法律适用》2020年第17期,第48页。

【人格要素许可使用】

身即是供他人使用的。[1] 对这些人格要素而言,他人在社会交往中的正常使用本身即为其内含之人格尊严的应有之义,因而,于此对姓名等的使用并不需要权利人的许可。[2] 从《民法典》的规定来看,使用他人人格要素而无须其许可的情形,以是否为日常社会交往所必须可以区分为两种情形:一种是依人格要素本身之社会功能而在日常社会交往中必须使用的情形;一种是非为日常社会交往所必须但为保护和促进社会公共利益等可以合理使用的情形。

(一) 人格要素在日常交往中的必要使用

对于那些存在本身即为日常社会交往的人格要素如姓名、名称而言,他人在日常社会交往中正常使用该人格要素,无须取得权利人的许可。于此的日常社会交往中的正常使用强调依据一般人的生活经验判断相应的人格要素的使用行为是否为社会交往所必须:若依据一般人的生活经验判断相应的行为是日常社会交往所必须,如将友人的电话号码以其姓名为标识储存在自己的手机通信录里供私人联系使用,那么相应的使用行为并不需要权利人的许可;若依据一般人的社会经验判断相应的行为并非日常社会交往所必须,如某手机 APP 在被安装使用前要求取得访问该手机用户通信录信息的权限,则相应的使用行为如访问通信录信息的行为即需要权利人的许可。于此的一般人社会经验以及日常社会交往必须具有弹性,由法官在个案中结合具体案情判断。

(二) 人格要素的合理使用

对于他人人格要素的使用,若超出日常社会交往必须,只有在存在着合理使用理由的情形下才可以不经权利人的许可。为了平衡保护人格尊严与行为自由,对于合理使用的判断,通常情形下应考虑是否存在保护公共利益及权利人本人的利益保护的需要等。对此,《民法典》第 999 条确立了人格要素合理使用的一般规则,即"为公共利益实施新闻报道、舆论监督等行为的,可以合理使用民事主体的姓名、名称、肖像、个人信息等;

---

[1] 参见黄薇主编:《中华人民共和国民法典人格权编解读》,中国法制出版社 2020 年版,第 23 页。

[2] 参见最高人民法院民法典贯彻实施工作领导小组主编:《中华人民共和国民法典人格权编理解与适用》,人民法院出版社 2020 年版,第 59 页。

使用不合理侵害民事主体人格权的,应当依法承担民事责任"。另外,《民法典》第1020条规定了肖像的合理使用情形。从《民法典》第999条与第1020条的具体规定看,判断合理使用的核心标准在于对公共利益与权利人合法利益的保护,同时适当兼顾行为人的行为自由及人格自由发展,如第1020条第1项规定的为个人学习、艺术欣赏等在必要范围内使用肖像权人已经公开的肖像的行为。关于这两条的评述,详见本评注相应条款。

参考文献

1. 陈甦、谢鸿飞主编:《民法典评注:人格权编》,中国法制出版社2020年版。
2. 程啸:《人格权研究》,中国人民大学出版社2022年版。
3. 曹相见:《物质性人格权的尊严构成与效果》,《法治研究》2020年第4期。
4. 房绍坤、曹相见:《标表型人格权的构造与人格权商品化批判》,《中国社会科学》2018年第7期。
5. 黄薇主编:《中华人民共和国民法典人格权编解读》,中国法制出版社2020年版。
6. 龙卫球主编:《中华人民共和国民法典人格权编与侵权责任编释义》,中国法制出版社2021年版。
7. 齐晓丹:《〈民法典〉人格权编理解与适用应注意的十个问题》,《法律适用》2020年第17期。
8. 石佳友:《人格权立法的进步与局限——评〈民法典人格权编草案(三审稿)〉》,《清华法学》2019年第5期。
9. 王利明、程啸、朱虎:《中华人民共和国民法典人格权编释义》,中国法制出版社2020年版。
10. 王泽鉴:《人格权法:法释义学、比较法、案例研究》,北京大学出版社2013年版。
11. 姚辉:《人格权法论》,中国人民大学出版社2011年版。
12. 袁雪石:《民法典人格权编释论:条文缕析、法条关联与案例评议》,中国法制出版社2020年版。
13. 张红:《人格权总论》,北京大学出版社2012年版。
14. 张红:《〈民法典(人格权编)〉一般规定的体系构建》,《武汉大学学报(哲学社会科学版)》2020年第5期。
15. 朱晓峰:《论死者人格利益的保护人》,《上海政法学院学报(法治论丛)》

【人格要素许可使用】 第 993 条

2022 年第 6 期。

16. 最高人民法院民法典贯彻实施工作领导小组主编:《中华人民共和国民法典人格权编理解与适用》,人民法院出版社 2020 年版。

案例索引

1. 上海市黄浦区人民法院(2014)黄浦民一(民)初字第 1245 号民事判决书,周某飞、周某斐等与贵州人民出版社图书发行公司、无锡当当网信息技术有限公司等一般人格权纠纷案。

2. 最高人民法院(2018)最高法行再 32 号行政判决书,迈某乔丹与国家知识产权局商标争议行政纠纷案。

第九百九十四条 【死者人格利益保护】

死者的姓名、肖像、名誉、荣誉、隐私、遗体等受到侵害的,其配偶、子女、父母有权依法请求行为人承担民事责任;死者没有配偶、子女且父母已经死亡的,其他近亲属有权依法请求行为人承担民事责任。

目　录

一、规范意旨 ·· 323
　(一)规范意义与目的 ·· 323
　(二)体系位置 ·· 324
　(三)规范性质 ·· 326
二、历史沿革 ·· 327
三、死者人格利益被侵害 ·· 329
　(一)前提:自然人已经死亡 ·· 329
　(二)事实:死者人格利益被侵害 ·· 330
　　1. 标表型人格利益 ·· 330
　　2. 尊严型人格利益 ·· 334
　　3. 物质型人格利益 ·· 336
　　4. 其他人格利益 ·· 339
四、适格的请求权人 ·· 341
　(一)理论分歧与本条选择 ·· 341
　(二)请求权人的基本范围 ·· 344
　(三)请求权人范围的扩展 ·· 346
　　1. 死者人格利益保护人范围扩张的合法性基础 ·············· 347
　　2. 通过死者生前的委托确定死者人格利益的保护人 ······ 347
　　3. 受托管理人与近亲属之间的关系 ·································· 349
　　4. 侵害死者人格利益损害社会公共利益时的保护人 ······ 350
　(四)请求权行使顺位 ·· 351
　　1. 权利行使顺位的一般规则 ·· 352

2. 权利行使顺位的特别规则 …………………………………… 352
五、死者人格利益的保护期限 …………………………………… 354
六、证明责任 ……………………………………………………… 356
参考文献 …………………………………………………………… 356
案例索引 …………………………………………………………… 358

一、规范意旨

(一)规范意义与目的

本条为死者人格利益保护条款,是对自然人人格尊严的延伸保护,[1]是《民法典》第109条与第990条第2款明确宣示出来的保护自然人人格尊严的题中之义。作为《民法典》人格权编的首要价值,人格尊严以对个人本身主体性的尊重为核心,不仅关注活着的人,也关注自然人出生之前的状态(如胎儿、体外胚胎甚至人体基因),也关注自然人死亡之后的人格利益的保护问题,本条与《民法典》第16条的胎儿利益保护条款等一起构成《民法典》保护人格尊严的全面规范体系。另外,从活着的人的视角来看,法律上尊重和保护死者,对活着的人亦有重要意义:对于那些活着并为法律所保护的自然人而言,即使有朝一日死亡了,不再是民法上具备权利能力的主体了,民法依然承认并保护其遗存的人格利益,使其能够生活在即使其死亡以后依然能被法律尊重并被保护的这种期望当中。[2] 就此而言,对死者人格利益的承认与保护,无论是对于生者,还是对于死者,都具有重要意义。

---

[1] 参见最高人民法院民法典贯彻实施工作领导小组主编:《中华人民共和国民法典人格权编理解与适用》,人民法院出版社2020年版,第61页;龙卫球主编:《〈中华人民共和国民法典〉人格权编与侵权责任编释义》,中国法制出版社2021年版,第17页。

[2] 在德国,慕尼黑上诉法院曾在一个判决(1994年1月26日)中也持同样的观点:一个人活着时的尊严及人格自由发展,只有当他能够期待在其死后也能获得法律对该权利至少是在遭到他人严重侵害情况下的保护,并且能在这种期待中生活时,才能算是获得了法律的充分保护。相关讨论参见 Christian v. Bar, Gemeineuropäisches Deliktsrecht, Bd. 2, C.H. Beck, 1999, S. 61, Fn. 307。

(二)体系位置

2 　　对死者人格利益的保护,除本条外,《民法典》总则编第185条及《英雄烈士保护法》等对英雄烈士等人格利益的保护又专门进行了规定。对这两者之间的规范关系,学理上存在平行关系论以及一般与特殊规定论的分歧。[1] 本评注认为,理解《民法典》第994条与第185条及《英雄烈士保护法》等相关规定之间的规范适用关系时,应当将之与相关条款确立的历史背景联系起来。

3 　　如前所述,《民法典》中关于死者人格利益保护的规则主要来源于司法实践,在《民法典》之前的制定法中一直没有关于死者人格利益保护的规定,直到2017年《民法总则》(已失效)才在第185条规定保护英雄烈士等的人格利益,并且2018年制定的《英雄烈士保护法》在《民法总则》(已失效)第185条的基础上对英雄烈士的人格利益的保护作了详尽的规定。制定法之所以给予英雄烈士人格利益以特别的关注,是因为在现实生活中出现了大量的利用歪曲事实、诽谤抹黑等方式恶意诋毁侮辱英雄烈士名誉、荣誉的案件,如"葛某生与洪某快名誉权、荣誉权纠纷案"[2],社会影响恶劣,损害了社会公共利益。[3] 对于司法实践中涉及英雄烈士人格利益侵害的案件的审理,法院通常会认为:"根据英雄烈士获得个人名誉及荣誉的历史事实、英雄烈士在历史上发挥的作用,可以将其事迹和精神认定为民族精神和社会主义核心价值观的重要体现,因而构成社会公共利益的一部分。歪曲、丑化、亵渎、否定英雄烈士的事迹和精神,不仅侵害英雄烈士个人的名誉及荣誉,也损害了社会公共利益,应当承担法律责任。"[4] 这种观点获得了普遍认同,在《民法总则》编纂过

---

[1] 参见黄薇主编:《中华人民共和国民法典人格权编解读》,中国法制出版社2020年版,第30页。

[2] 比较典型的案件参见葛某生与洪某快名誉权、荣誉权纠纷案,北京市第二中级人民法院(2016)京02民终6272号民事判决书,该案入选指导案例99号;邱某华与孙某等一般人格权纠纷案,北京市大兴区人民法院(2015)大民初字第10012号民事判决书。

[3] 参见杜涛主编:《民法总则的诞生:民法总则重要草稿及立法过程背景介绍》,北京大学出版社2017年版,第414页。

[4] 葛某生与洪某快名誉权、荣誉权纠纷案,北京市第二中级人民法院(2016)京02民终6272号民事判决书。

【死者人格利益保护】

程中即有代表提出,现实生活中一些人利用歪曲事实、诽谤抹黑等方式恶意诋毁侮辱英烈的名誉、荣誉等,损害了社会公共利益,社会影响很恶劣,对此应予规范。[1] 在此背景下,原全国人民代表大会法律委员会即认为:"英雄和烈士是一个国家和民族精神的体现,是引领社会风尚的标杆,加强对英烈姓名、名誉、荣誉等的法律保护,对于促进社会尊崇英烈、扬善抑恶、弘扬社会主义核心价值观意义重大",因此在草案修改中增加了英雄烈士人格利益保护条款。[2] 嗣后通过的《民法总则》(已失效)第185条接受了这一观点,明确规定了对英雄烈士等的人格利益进行保护。

在《民法典》编纂过程中,虽然《人格权编室内稿》《民法典各分编征求意见稿》都在死者人格利益保护条款之后规定了独立的英雄烈士人格利益保护条款,但反对意见认为,在《民法总则》(已失效)第185条以及《英雄烈士保护法》对后者已作明确规定的情形下应删除人格权编的重复规定,[3]立法者接受了这一意见而在嗣后的人格权编草案中删除了关于英雄烈士人格利益的保护规定,仅保留死者人格利益的保护规定。[4]

显然,从立法者先在《民法总则》(已失效)第185条及《英雄烈士保护法》规定英雄烈士人格利益的保护条款,再在《民法典》人格权编规定死者人格利益保护条款的整体立法思路来看,突出英雄烈士人格利益保护的核心目的在于保护社会公共利益,因此相应的法律规则的具体构造都围绕着社会公共利益的保护展开:第一,人格利益的保护范围限于英雄烈士的姓名、肖像、名誉和荣誉,其他的人格利益如遗体、遗骨等并不在这些法律规则的调整范围内;第二,适用这些法律规则以社会公共利益的损害为前提,若不存在社会公共利益的损害则不能适用《民法典》第185条

---

〔1〕 参见《第十二届全国人民代表大会法律委员会关于〈中华人民共和国民法总则(草案)〉审议结果的报告——2017年3月12日第十二届全国人民代表大会第五次会议主席团第二次会议通过》,载《民法总则立法背景与观点全集》编写组:《民法总则立法背景与观点全集》,法律出版社2017年版,第32页。

〔2〕 参见李适时主编:《中华人民共和国民法总则释义》,法律出版社2017年版,第580页。

〔3〕 参见《地方人大、中央有关部门和单位以及有关方面对民法典各分编草案(征求意见稿)人格权编的意见》,载《民法典立法背景与观点全集》编写组:《民法典立法背景与观点全集》,法律出版社2020年版,第380页。

〔4〕 参见黄薇主编:《中华人民共和国民法典人格权编解读》,中国法制出版社2020年版,第30页。

以及《英雄烈士保护法》;第三,为充分保护社会公共利益,除了英雄烈士的近亲属,检察机关亦可以对侵害行为依法提起诉讼;第四,除了侵害英雄烈士的姓名、肖像、名誉、荣誉的行为属于《民法典》第185条及《英雄烈士保护法》的调整对象,为保护社会公共利益,法律还禁止将英雄烈士的姓名、肖像用于或变相用于商标、商业广告。若采取平行保护论,可能会造成英雄烈士人格利益保护的漏洞,例如,侵害英雄烈士遗体、遗骨等但又未导致社会公共利益损害,此时相应的侵害行为既不在《民法典》第185条以及《英雄烈士保护法》的调整领域,又不在《民法典》第994条的调整范畴。而一般与特别规定论则可解决这些问题,即当存在以侮辱、诽谤或者以其他方式侵害英雄烈士姓名、肖像、名誉、荣誉,损害社会公共利益的,[1]应当适用特别规定处理;当相应侵害行为不在特别规定调整范畴时,则可以依据《民法典》第994条之一般规定补充特别规定的不足,为英雄烈士的人格利益提供保护。

(二)规范性质

本条为授权性条款,承认死者近亲属对侵害死者人格利益的行为有权请求行为人承担民事责任,之所以如此规定是因为:一方面,自然人死亡之后即无权利能力,因此自无以权利能力为前提而存在的人格权,但自然人死亡后仍会有物质性人格遗存如遗体、遗骨或骨灰存在于世,也有精神性人格要素如姓名、肖像、名誉、荣誉、隐私等在自然人死亡之后继续存在,[2]这些物质性人格遗存及精神性人格要素仍有被他人擅自使用甚至侵害的现实可能,此时基于人格尊严的周延保护,仍应在民法上承认保护死者人格利益;另一方面,自然人死亡之后自然不能再就侵害自己人格利益的行为采取任何措施,于此情形下,若能承认与死者生前通常存在密切生活关系而可能更关注死者人格利益保护,且可能因死者人格利益侵害而遭受损害的近亲属向行为人主张承担民事责任的请求权,[3]则既

---

[1] 参见张新宝:《〈中华人民共和国民法总则〉释义》,中国人民大学出版社2017年版,第402—403页。

[2] 参见陈信勇:《论对死者生命痕迹的法律保护——兼与孙加锋同志商榷》,《法律科学》1992年第3期,第71页。

[3] 参见黄薇主编:《中华人民共和国民法典人格权编解读》,中国法制出版社2020年版,第26页。

解决了自然人死亡之后因不具备权利能力而不能保护其人格尊严的技术难题,又与当代中国社会的一般社会观念相吻合,值得肯定。

本条是死者人格利益保护的一般规定。除了本条规定的对死者人格利益的保护,《民法典》第185条规定了对英雄烈士等的姓名、肖像、名誉、荣誉的保护,《英雄烈士保护法》则对英雄烈士人格利益的保护作了更详尽的规定,这些规定构成本条的特别规定。二者共同构成现行法律体系下保护死者人格利益的规范体系。

二、历史沿革

以人格尊严为核心而重视对死者人格利益的保护,是文明国家普遍遵循的伦理观念,即"一个一生无可指责的人,死后也应该受到尊重"[1]。在我国的传统尊严观中,死者为大、入土为安等尊重和保护死者人格尊严的观念同样影响深远。在人死之后,与死者有特定法律关系的人,尤其是五服以内的亲属需要遵照死者遗愿,为其穿戴整齐并将之装殓入棺、葬入坟墓。依据一般社会观念,出于保护死者人格尊严的目的,死者的遗体及遗体上的衣服、棺材、坟墓都处于不能冒犯、不能亵渎的状态。以此为基础,我国传统社会的法律都明确规定挖坟掘墓属于重罪。[2] 我国当代法律体系中关于死者人格利益保护的基本规则就是在这种一般社会观念及相应的法律实践经验基础上发展起来的。

对死者人格利益的保护,在《民法典》颁布前主要是通过司法实践的努力来完成的,制定法上并不存在明确的关于死者人格利益保护的规定。[3] 在司法实践中,对死者人格利益的保护主要经历了三个阶段。[4] 在第一个阶段,法院在给予死者人格利益以保护时,并不区分死者因死亡丧失权利能力与保护对象是否可以为权利本身之间的内在规范关系,而是直

---

〔1〕 [德]康德:《法的形而上学原理——权利的科学》,沈叔平译,林荣远校,商务印书馆1991年版,第141页。

〔2〕 参见肖泽晟:《墓地上的宪法权利》,《法学》2011年第7期,第73页。

〔3〕 参见张红:《死者人格精神利益保护:案例比较与法官造法》,《法商研究》2010年第4期,第143页。

〔4〕 参见最高人民法院民法典贯彻实施工作领导小组主编:《中华人民共和国民法典人格权编理解与适用》,人民法院出版社2020年版,第63—65页。

接确认侵害行为系对死者人格权的侵犯；[1]到了第二个阶段，法院普遍接受死者不再是权利能力的享有者而不再享有人格权的观点，因此仅承认死者的名誉而非名誉权应受到法律保护；[2]在第三个阶段，最高人民法院通过颁布2001年《精神损害赔偿解释》而将对死者人格利益的保护予以了扩展，依据该解释第3条，死者近亲属因侵害死者人格利益而精神痛苦的，可以向法院主张精神损害赔偿。[3]

10 　　受前述司法实践保护死者人格利益的影响，21世纪以来公布的各部民法典草案皆明确规定保护死者人格利益。从立法过程中的争议及草案条文的变化来看，学理与实务争议的核心有四项，部分争议被本条所解决，但仍有争议未被该条充分顾及而留有进一步发展完善的空间：

11 　　一是死者人格利益保护范围列举规定的内容。对于该条争议，草案各审稿都给予了较为积极的回应，并且最后通过的本条也采纳了新增遗体、隐私等人格利益的建议。当然，即使这些建议未被采纳，由于本条采取具体列举+概括规定的立法模式，因此在解释上也可以将那些未被明确列举的人格利益如个人信息等纳入本条的保护范围。

12 　　二是死者人格利益保护模式。民法典草案经历了从直接保护模式到间接保护模式、又回到直接保护模式的转变，最后《民法典》采纳了一种折中保护的立场，即对死者人格利益保护不再要求以导致死者近亲属遭受损害为前提，但有权请求行为人承担民事责任的必须为死者近亲属的折中模式。

13 　　三是对死者配偶、父母、子女在保护死者人格利益方面享有的权利的适当限制。即法律是否承认权利人请求行为人承担民事责任时存在顺位限制以及当配偶、父母、子女侵害死者人格利益或其在死者人格利益被侵害时不积极主张相应民事责任的，其他近亲属以及有权机关或相关组织是否可以向行为人主张承担民事责任？尽管法典编纂过程中学理与实务

---

[1] 参见陈某琴诉魏某林、《今晚报》社侵害名誉权纠纷案，《最高人民法院公报》1990年第2期；《最高人民法院关于范应莲诉敬永祥等侵害海灯法师名誉权一案有关诉讼程序问题的复函》（[90]民他字第30号）。

[2] 参见《最高人民法院关于审理名誉权案件若干问题的解答》第5条。

[3] 参见唐德华主编、最高人民法院民事审判第一庭编著：《最高人民法院〈关于确定民事侵权精神损害赔偿责任若干问题的解释〉的理解与适用》，人民法院出版社2015年版，第37—39页。

【死者人格利益保护】

上提出了各种完善建议,但这些建议皆未被采纳。民法典草案一开始即认为应当存在顺位限制,即配偶、父母、子女为第一顺位的请求权人,只有这些主体不存在或已经死亡时,其他近亲属才可以请求行为人承担民事责任,并且对于配偶、父母、子女侵害死者人格利益的,相应草案亦未明确规定解决方案。民法典草案的这种保守立场最后亦被本条完全接受,实为立法上的漏洞。

四是请求权人的范围。法典编纂过程中的各部草案自始至终仅承认死者近亲属为有权请求承担民事责任的主体。对此,尽管学理与实务上提出应扩大请求权人范围,将司法机关、检察机关或其他组织纳入进来,作为死者没有近亲属或近亲属不积极保护死者人格利益的补充,但这些意见未被各部草案所接受,并且最后本条亦仅规定请求权人为近亲属,并不利于对死者人格利益的充分保护。

三、死者人格利益被侵害

本条为死者人格利益保护的一般规定,确立了死者人格利益保护规定适用的基本构成,包括死者人格利益被侵害、存在适格的请求权人、在死者人格利益的保护期间内主张相应的法律救济。

本条适用的前提是死者人格利益被侵害,对此包括两层判断:一是自然人已经死亡;二是死者人格利益被侵害。

(一)前提:自然人已经死亡

本条适用于自然人死亡之后的人格利益被侵害场合的救济,以自然人死亡为前提。[1] 在自然人死亡之前人格权益被侵害,未及向行为人主张承担相应的民事责任即死亡,或者自然人因侵害行为而死亡等情形中,死者近亲属向行为人主张承担相应的民事责任,应以《民法典》第990条第1款结合其他法律规定的具体人格权规则或第990条第2款规定的一般人格权规则为基础展开,而非依据本条向行为人主张承担民事责任。

---

[1] 参见黄薇主编:《中华人民共和国民法典人格权编解读》,中国法制出版社2020年版,第27页。

(二)事实:死者人格利益被侵害

18 死者人格利益被侵害是本条适用的事实基础。对应受法律保护的死者人格利益的范围,本条采具体列举+概括规定的方式予以了明确,既包括姓名、肖像、名誉、荣誉、隐私、遗体,也包括经由概括规定进入本条保护范围的个人信息、坟墓、祭奠仪式等。对本条具体列举出来的这些人格利益,可以类推适用自然人的人格权益依构成要素进行划分的标准而区分为标表型人格利益、尊严型人格利益和物质型人格利益,另外还包括那些不在本条具体列举的人格利益范畴,但属于本条涵摄范围内的其他人格利益类型。

1. 标表型人格利益

19 姓名、肖像、声音等属于标表型人格要素。其中,姓名是通过社会属性将社会关系中的人彼此区分出来的人格要素;肖像、声音是通过自然属性将社会中的人彼此区分出来的人格要素。在自然人死亡后,死者姓名、肖像、声音等标表型人格要素并不因此当然被湮没,基于人格尊严延伸保护的需要,也应予以保护。与尊严型人格利益及物质型人格利益不同,由于标表型人格要素内含的经济利益可以脱离主体而单独存在,对标表型人格要素应区分内含的精神利益与财产利益的不同而适用不同的保护规则。这种区分保护的思路在死者人格利益保护中并无实质不同。

(1)精神利益

20 对于死者人格利益中内含的精神利益而言,正如德国联邦最高法院在墨菲斯托(Mephisto)案中承认的:死者不仅遗留下了可让与的财产利益,其精神利益也超越死亡继续存在,故仍有受侵害的可能而值得在死后予以保护。在这种可能受到侵害而值得保护的利益仍存在的情况下,却因为死者生命结束无法为自身辩护,而使相应的请求权消灭,这并无道理。因此该院以《德国基本法》第 1 条第 1 款的人的尊严及第 2 条第 1 款的人格自由发展为依据,认为人只有在相信即使在其死后其人格形象依然会受到法律保护并因此而活着时,其受《德国基本法》保护的人的尊严以及人格自由发展才能得到充分的保护,判决原告所主张的停止侵害请求权等应予支持。[1] 对于《民法典》第 994 条规定的死者人格利益,虽然我国立法者并未明确宣示其价值基础,但由于死亡是《民法典》第 990

---

[1] Vgl. BGH 20.3.1968, BGHZ 50, S.133.

条第 2 款规定的自然人的必然结局,因此本条在规范关系上属于第 990 条第 2 款的延展,作为第 990 条第 2 款的其他人格权益的价值基础的人格尊严等亦当然构成第 994 条死者人格利益保护的价值基础。因此,基于对人格尊严的充分保护,对于死者姓名、肖像中内含的精神利益自应予以保护。在"周海婴诉绍兴越王珠宝金行侵犯鲁迅肖像权案"的审理过程中,最高人民法院针对浙江省高级人民法院的请示所作出的答复即指出,自然人死亡后其肖像权仍应受法律保护。对于侵害死者肖像权的,死者近亲属有权主张相应的法律救济。[1] 显然,最高人民法院此种立场背后的正当性基础与德国墨菲斯托案的并无不同。

(2)财产利益

对于死者人格利益中内含的财产利益而言,理论上存在继承论[2]和不当得利返还论[3]的分歧。与学理上的分歧相对,司法实务上对于死者标表型人格利益中内含的财产利益是否应予保护及如何保护,也存在非财产责任救济说[4]、财产责任救济说[5]的分歧。本评注认为,直接以人格权不具有可继承性而拒绝死者人格利益被他人擅自商业利用场合下死者亲属的财产损害赔偿请求权,并不利于对死者生前可推知的意思的保护,与民法关于人格尊严保护的宗旨不相吻合。亦正因如此,承认死者近亲属财产损害赔偿请求权的观点日益成为主流。[6] 在《民法典》

---

[1] 参见《最高人民法院关于周海婴诉绍兴越王珠宝金行侵犯鲁迅肖像权一案应否受理的答复意见》([1998]民他字第 17 号)。

[2] 参见王泽鉴:《侵权行为》,北京大学出版社 2009 年版,第 147 页;张红:《死者生前人格上财产利益之保护》,《法学研究》2011 年第 2 期,第 100 页。

[3] 参见赵轩毅:《论死者人格财产利益保护的请求权基础及其内在限度》,《学术交流》2020 年第 6 期,第 35 页。

[4] 参见周某婴诉梁华计算机网络域名侵权纠纷案,北京市高级人民法院(2011)高民终字第 76 号民事判决书。

[5] 参见周某飞、周某斐等与贵州人民出版社图书发行公司、无锡当当网信息技术有限公司等肖像权纠纷案,上海市第二中级人民法院(2015)沪二中民一(民)终字第 553 号民事判决书;邓某诉南京独加试唱餐饮管理有限公司人格权纠纷案,江苏省南京市玄武区人民法院(2015)玄民初字第 1257 号民事判决书。

[6] 参见黄某达等诉养天和集团姓名权纠纷案,湖南省长沙市雨花区人民法院(2012)雨民初字第 2297 号民事判决书以及湖南省长沙市中级人民法院(2013)长中民一终字第 02518 号民事判决书。

中,虽然立法者并未在本条明确规定死者近亲属在死者人格利益被侵害后有权主张的责任承担方式中包括财产损害赔偿请求权,但通过体系解释、目的解释等解释方法的综合运用,依然可以推导出立法者对司法实践中的财产责任救济说的支持立场,[1]即《民法典》并不否认对于死者人格利益中内含的财产性利益的侵害可以导致死者近亲属财产损害赔偿请求权发生的观点,理由在于:

第一,《民法典》在第992条规定"人格权不得放弃、转让或者继承"的同时又在第993条规定自然人可以将自己的姓名、肖像等许可他人使用,这显然意味着第993条是第992条的例外。亦即,对可以商业化利用的标表型人格要素而言,虽然不能放弃、转让或继承,但可以在性质和法律允许的范围内许可他人进行商业化利用,并收取许可使用费,获取财产利益。《民法典》第993条的例外性规定表明标表型人格要素内含的经济利益在商业化利用场合可以和主体分离,这种可分离性并不会因自然人的死亡而在生前死后有所不同。[2]若自然人许可他人使用其标表型人格要素后死亡,其继承人自然有权依有效的许可使用合同而在许可使用期内主张许可使用费。若此种情形下因许可权人死亡而以其人格权不能继承为由拒绝继承人依许可使用合同主张许可使用费,那么显然与继承人概括继承死者生前享有的债权规则相悖。

第二,《民法典》第993条允许自然人许可他人使用其肖像、姓名等标表型人格要素,因此若自然人在生前通过自主意思在法律许可的范围内委托他人在其生前及死后代为处理与其肖像、姓名等人格要素的许可使用等商业化利用相关的事宜,那么自然应尊重自然人的这种安排。在委托人死亡后,依据《民法典》第934条但书之规定,于此情形下委托人死亡并不导致委托合同终止。[3]若于此情形下,死者对因其人格利益的商业化利用所取得的财产利益的归属作出了安排,自应依死者的意志予以

---

[1] 参见最高人民法院民法典贯彻实施工作领导小组主编:《中华人民共和国民法典人格权编理解与适用》,人民法院出版社2020年版,第68页;王利明、程啸、朱虎:《中华人民共和国民法典人格权编释义》,中国法制出版社2020年版,第78页。

[2] 参见张红:《死者生前人格上财产利益之保护》,《法学研究》2011年第2期,第100页。

[3] 参见黄薇主编:《中华人民共和国民法典人格权编解读》,中国法制出版社2020年版,第29页。

【死者人格利益保护】

处分;若死者并未对此予以安排,那么自应由死者继承人依继承规则取得该财产利益。若此种情形下不承认继承人对该项财产享有的继承权,显然有违我国当前社会的一般观念以及民法关于继承的一般理念。[1]

第三,如若自然人生前既未许可他人使用其标表型人格要素以获取相应的财产利益,亦未依自主意志预先安排相应受托人在其死后处理其人格利益的商业化利用以及因此所生之财产利益的归属,于此情形下,若不承认死者近亲属在死者人格利益被他人擅自商业化利用后有权向擅自利用死者标表型人格利益而获益的第三人主张损害赔偿责任或不当得利之返还,而仅是支持死者近亲属的非财产责任请求权,那么显然会助长擅自对死者人格利益进行商业化利用以获利的不正之风,[2]不利于本条关于保护死者人格利益以延长保护自然人人格尊严的立法目的之实现。[3]

至于依据本条结合第993条所推导出来的对于死者人格利益商业化利用所导致的财产损害赔偿请求权的基础,究竟是死者继承人依据继承规则享有的财产权规则还是不当得利返还规则,还应结合死者人格利益内含的财产利益的本质属性进行判断。在我国现行法律体系中,与具备精神利益及财产利益双重属性的标表型人格权益最类似的权利类型是著作权。对著作权的保护,在著作权人死亡后,其著作人身权应具有永续性而相应的著作财产权原则上以著作权人死亡后50年为限,由此实现对死者人格利益、死者继承人财产利益和社会公共利益三者之间的平衡保护。[4]与著作权相似,对于可以商业化利用的标表型人格权而言,在自然人死亡之后,基于对自然人人格尊严的延伸保护,其精神性人格利益的保护不应受时间限制,对此学理上认为的"死后人格权的保护程度一般会随着死亡时间的推移而降低,并不一定要限于特定的时间"的观

---

[1] 参见最高人民法院民法典贯彻实施工作领导小组主编:《中华人民共和国民法典人格权编理解与适用》,人民法院出版社2020年版,第55页。

[2] 参见赵轩毅:《论死者人格财产利益保护的请求权基础及其内在限度》,《学术交流》2020年第6期,第42页。

[3] 参见最高人民法院民法典贯彻实施工作领导小组主编:《中华人民共和国民法典人格权编理解与适用》,人民法院出版社2020年版,第62—63页。

[4] 参见冯晓青、刘瑞琪:《作品著作权保护期限届满后再保护之探讨——利益平衡视野下的判断逻辑》,《苏州大学学报(法学版)》2020年第3期,第82页。

点,[1]颇值赞同;其财产性人格利益的保护亦应类推适用著作财产权的保护期限,以本条规定的死者近亲属的生存期间为限。[2]

26 于此之所以不适用不当得利返还规则作为死者近亲属主张法律救济的请求权基础,核心理由在于:第一,《民法典》第985条规定的不当得利返还规则以得利人没有法律上的原因为返还前提,主张返还的一方亦须证明自己因得利人的行为而遭受财产损失。[3] 若不承认死者近亲属于此可以通过继承规则继承死者标表型人格利益中内含的财产性利益,其自然也不会因他人商业化利用死者的标表型人格要素而遭受财产损失,因此即使于此场合第三人确实因使用死者姓名、肖像等标表型人格要素而获益,死者的继承人亦不得以《民法典》第985条来主张不当得利的返还。亦即,承认死者继承人依本条结合第993条而享有对死者人格利益内含的财产性利益是适用《民法典》第985条的前提,不能否认前者而直接依据后者主张法律救济。第二,若承认死者继承人对死者人格利益内含的财产性利益享有继承权,那么在第三人未经其同意而擅目对死者利益进行商业化利用时,于此场合死者继承人在第三人侵权责任成立的基础上有权依据《民法典》第1182条主张侵害他人人身权益造成损失的赔偿,而该条确立的财产损害赔偿计算标准包括被侵权人因侵权行为受到的损失或者侵权人因此获得的利益,这在实际法律效果上与适用《民法典》第985条的不当得利返还规则并无不同。因此,这种情形下即使确实存在着依据本条结合第1182条主张死者人格利益侵害场合的财产损失赔偿请求权与依据《民法典》第985条的不当得利返还请求权的竞合,实际上也没有区分的必要。

2. 尊严型人格利益

27 在《民法典》颁布之前,对于死者名誉、荣誉、隐私的民法保护,在学说理论上存在争议。死者名誉保护否定论认为,侮辱人格必须以有生命的人存在为前提,只有对死者的诽谤同时也构成对与死者有特定法律关系的人的诽谤时,该诽谤才能成为后者主张相应法律上应受保护的权利

---

[1] 参见陈甦主编:《民法总则评注》(下册),法律出版社2017年版,第752页。
[2] 参见最高人民法院民法典贯彻实施工作领导小组主编:《中华人民共和国民法典人格权编理解与适用》,人民法院出版社2020年版,第68页。
[3] 参见黄薇主编:《中华人民共和国民法典合同编解读》(下册),中国法制出版社2020年版,第1580—1581页。

的诉因,但该现象只在极特别的情况下才可以得到证明。因此,对死后人格的侵犯,即使是严重侵犯死者名誉,也很难获得侵权法上的救济。[1]相反的观点则认为,一个人活着时的尊严以及人格的自由发展,只有当他能够期待,在死后也能够获得法律对该权利至少是在他遭到他人严重侵害情况下的保护,并且他能在这种期待中生活时,才算是获得了充分保护。因此,应给予死者人格以充分保护,在死者人格遭受侵害的情况下,亦应将被侵害的人格纳入侵权法救济的体系。[2] 从《民法典》第990条第2款规定的自然人以人格尊严等为价值基础的其他人格权益与本条规定的死者人格利益之间的内在规范关系来看,我国现行立法显然赞同给予死者尊严型人格要素以保护的观点,这值得肯定。

本条对死者尊严型人格要素给予保护的立场是对我国司法实践长期经验的总结。在司法实践中,"桃花女案"首次将死者人格利益保护与名誉权侵害的侵权法救济联系起来,法院通过扩张解释《民法通则》(已失效)第120条认为,该条规定的公民享有的名誉权在公民死后仍然受法律保护。在该案审理法院看来,纳入名誉保护范畴的死者人格利益并非是对与死者有特定法律关系的主体的法律保护,而是对死者本身的保护。由于对死者人格利益的侵害只能发生在死亡事实发生之后,所以因死者人格利益受侵害而有权请求法律救济的请求权,就被法律赋予给与死者有特定法律关系的主体如死者的近亲属。另外侵害死者人格利益,同时也会造成对与死者有特定法律关系的自然人本身的人格利益的侵害,因此法院也承认于此情形下特定自然人因死者人格利益被侵害而遭受的精神损害属于法律上的损害,受害人有权主张侵权法上的损害赔偿请求权。[3] 1993年《名誉权解答》第5条将之前司法实践如"桃花女案""海灯法师案"等保护的死者名誉权修改为保护死者的名誉,确定了民法保护死者人格利益而不是人格权的立场,更符合民事法律规范体系的内在构成。2001年《精神损害赔偿解释》则突破了之前司法实践仅关注死者名誉的做法,将对死者名誉的保护扩展至对包括死者名誉、隐私等人格要素在内的更广泛的人格利

---

[1] See Michael A. Jones/Anthony M. Dugdale et al. eds., Clerk & Lindsell on Torts, 20th, Sweet & Maxwell Ltd, 2010, p. 1080(21-01).
[2] Vgl. OLG München 26. 1. 1994, NJW-RR 1994, S. 925.
[3] 参见陈某琴诉魏某林、《今晚报》社侵害名誉权纠纷案,《最高人民法院公报》1990年第2期。

益的保护,扩大了死者人格利益的保护范围。2020年《民法典》第994条在此基础上更进一步,在立法模式上并未完全依循2001年《精神损害赔偿解释》第3条的完全列举模式,而是采具体列举+概括规定的模式,规定死者人格利益的保护范围,在解释论上既可以将死者人格利益纳入进来,甚至也可以包括对死者近亲属自身之人格利益的保护,更具开放性。

29 　　与标表型人格利益不同,由于名誉、隐私等尊严型人格利益直接与自然人的人格尊严关联,其与人格尊严的依存度更紧密,因此不能与自然人相分离而成为供他人进行商业化利用的对象,[1]属于《民法典》第993条规定的"根据其性质不得许可"的对象。死者尊严型人格利益中仅存在精神性利益而没有财产性利益,不发生因侵害行为导致的财产损失赔偿请求权问题,死者近亲属只能依据《民法典》第995条主张停止侵害、排除妨碍、恢复名誉等非财产责任的请求权以及相应的侵害死者人格利益导致近亲属严重精神损害场合的精神损害赔偿请求权。

3. 物质型人格利益

30 　　于此的物质型人格利益是指自然人死后的物理遗存,本条将之规定为"遗体",其通常意义上即指尸体。依据2001年《精神损害赔偿解释》第3条第3项以及2020年《精神损害赔偿解释》第3条,本条的"遗体"应作扩大解释,也包括遗骨和骨灰,其中,前者是人体腐烂后遗留的残骸,后者是人体焚烧后遗留的残骸。如何对待人的遗体这种自然人死亡后的物理遗存,反映了人类文明的进步程度。[2]

(1)遗体的法律属性

31 　　对遗体的法律属性,学理与实务上存在争议,主要存在着特殊之物说[3]和非民法上之物说[4]的分歧。理论与司法实践关于死者遗体法

---

[1] 参见程啸:《我国〈民法典〉个人信息保护制度的创新与发展》,《财经法学》2020年第4期,第32页。

[2] 参见唐德华主编、最高人民法院民事审判第一庭编著:《最高人民法院〈关于确定民事侵权精神损害赔偿责任若干问题的解释〉的理解与适用》,人民法院出版社2015年版,第40页。

[3] 参见史尚宽:《民法总论》,中国政法大学出版社2000年版,第251页;刘善书:《论人的尸体的物权属性》,《上海政法学院学报(法治论丛)》2006年第3期,第37页。

[4] 参见吴文珍:《论人体组成部分的法律地位及其归属》,《河北法学》2011年第5期,第24页。

律属性的争议的核心在于,如何在现行法律体系中适当确定自然人出生前及死亡后人格尊严的延伸保护状态。对此,在现行法律体系依然坚持人、物二元划分的基本背景下,对于因死亡而发生的由自然人到遗体的转换结果,应以物的基本属性结合自然人的人格尊严价值要求来构造遗体的法律属性。亦即,将遗体作为一种民法上的特殊物对待,也能够充分体现"保护生者的人格尊严和精神利益"的目的,[1] 在现行法律体系下更具有正当性基础,且更有利于相应纠纷的规范解决。

(2) 遗体的处理规则

从民法上的特殊的物的基本属性出发,对于包括遗骨、骨灰在内的遗体的处理,通常应当依照法律、法规,尊重公序良俗,参照结合死者遗嘱、亲属间的意愿以及继承法的相关规定予以合情合理的处理。[2] 以不违反法律及公序良俗为前提,首先应尊重死者遗嘱;若死者没有留下遗嘱,而亲属间又不能就骨灰的处置达成一致意见时,则应优先考虑与死者有最密切关系的亲属的精神利益,将骨灰交由该亲属处置管理。此时的管理权利,应限于埋葬、祭祀,保证死者人格尊严不受侵犯等,并且不得妨碍其他亲属对死者同样享有的哀悼、祭奠权利。[3] 例如,对遗体的解剖必须符合现有的规范条件、权限和程序的规定,禁止对遗体进行商业化利用的行为。[4]

(3) 侵害遗体的民事责任

自然人的人格尊严在其死亡之后并不立即消灭,自然人的遗体仍有

---

[1] 参见《〈关于确定民事侵权精神损害赔偿责任若干问题的解释〉的起草说明》,载唐德华主编、最高人民法院民事审判第一庭编著:《最高人民法院〈关于确定民事侵权精神损害赔偿责任若干问题的解释〉的理解与适用》,人民法院出版社2015年版,第9页。

[2] 参见黄薇主编:《中华人民共和国民法典人格权编解读》,中国法制出版社2020年版,第67页。

[3] 参见张某与沈某等一般人格权纠纷案,江苏省无锡市滨湖区人民法院(2012)锡滨民初字第1288号民事判决书,江苏省无锡市中级人民法院(2013)锡民终字第0219号民事判决书;于某明等诉于某林骨灰安置纠纷案,江苏省宿迁市中级人民法院(2011)宿中民终字第0161号民事判决书。

[4] 参见黄薇主编:《中华人民共和国民法典人格权编解读》,中国法制出版社2020年版,第67页。

一定利用价值,对于遗体的不当行为会涉及对自然人人格尊严的侵害,[1]相应行为人自然应当对侵害承担民事法律责任。依据本条结合《民法典》第1165条第1款或者第1167条等之规定,死者近亲属可以要求行为人承担停止侵害、排除妨碍、消除危险等非财产责任。[2]另外,依据《民法典》第1165条第1款并结合第1183条第1款以及《精神损害赔偿解释》第3条之规定,当存在非法利用、损害或以违反社会公共利益、社会公德的方式侵害遗体的行为时,死者近亲属有权主张精神损害赔偿请求权。[3]

34 对于侵害行为的认定,司法实务上通常会区分究竟是对狭义的遗体即尸体的侵害还是对遗骨和骨灰的侵害而有不同的判断标准。

35 对于前者,依据一般社会观念,"保护尸体的完整,不受任何非法的毁损和利用,这是人类社会共同的道德理念,也受到法律的保护。侵犯尸体,伤害了死者近亲属的感情,既是对民法中公序良俗原则的违反,亦是对死者近亲属人格尊严的侵犯"。[4]因此,因重大过失碾压已死亡之自然人的尸体、[5]因过失而使死者尸体被刮擦,导致尸体完整性被损害的,实务上通常认为相应的行为侵犯了死者的人格尊严,也给死者的家属精神上造成了痛苦。[6]

36 对于后者,依据当前的一般社会观念,遗骨、骨灰等"作为死者的物质性人身遗存,包含有特定的人格尊严和伦理因素,是亲属缅怀、祭奠死者的精神象征物,承载着死者亲属的精神利益,对死者亲人有特殊的精神

---

[1] 参见唐德华主编、最高人民法院民事审判第一庭编著:《最高人民法院〈关于确定民事侵权精神损害赔偿责任若干问题的解释〉的理解与适用》,人民法院出版社2015年版,第40页。

[2] 参见王利明、程啸、朱虎:《中华人民共和国民法典人格权编释义》,中国法制出版社2020年版,第78页。

[3] 参见黄薇主编:《中华人民共和国民法典人格权编解读》,中国法制出版社2020年版,第29页。

[4] 罗某平、吴某仙诉新华医院、顾某范其他人身权案,上海市杨浦区人民法院(2005)民一(民)初字第551号民事判决书。

[5] 参见中国太平洋财产保险股份有限公司瓦房店支公司与李某琴等人格权纠纷案,辽宁省大连市中级人民法院(2014)大民一终字第477号民事判决书。

[6] 参见宋某山、雷某连一般人格权纠纷案,河南省南阳市中级人民法院(2018)豫13民终5796号民事判决书。

价值"[1],对遗骨的侵害,实际上是"侵害了我国民族传统意识中死者的尊严和安宁,导致死者近亲属精神上和心理上的痛苦"[2]。如行为人在施工过程中挖出他人棺木、遗骨后,不仅未及时停工妥善处理,反而将棺木、遗骨随意抛弃,这显然"违反社会公德,侵害了死者的遗骨"[3]。

4. 其他人格利益

对死者人格利益的保护,本条采取了具体列举+概括规定的模式,极大地提高了该条的涵摄能力,对死者人格利益的保护更充分。这意味着,除该条具体列举的死者姓名、肖像、名誉、荣誉、隐私、遗体外,实践中存在的其他表现形式如丧葬仪式以及墓穴等,亦可以通过该条而纳入民法的保护范畴。

(1)丧葬仪式

在我国当前的社会生活中,为死者举行丧葬仪式,这一方面是对死者的致敬和尊重,涉及死者的社会评价和人格尊严;另一方面,丧葬仪式是体现死者亲属寄托哀思、表达孝心、报答恩情等特殊精神利益的程序,死者亲属基于亲属关系而产生的一种对已故亲人表示追思和敬仰的人身利益应受法律保护。

对他人而言,丧葬仪式既应受习惯和公序良俗的限制,也应受死者生前意志的约束。在确定死者遗体、遗骨、骨灰等的安葬方案时应尊重其生前明示或者可得而知的意思,同时亦符合公序良俗原则。例如,在"缪某与于某华一般人格权纠纷案"中,死者于某莲没有以遗嘱形式明确表达死后跟谁合葬的意思,但于某莲的保姆及邻居均证实,于某莲生前一直认为王某建系其丈夫,并表达过去世后与王某建合葬的意愿。于某莲生前的视频录像显示,虽然王某建先于其去世,于某莲后又改嫁缪某,但于某莲一直认为王某建系其丈夫。在法院看来,死者与前夫合葬的意愿并不

---

[1] 张某与沈某等一般人格权纠纷案,江苏省无锡市中级人民法院(2013)锡民终字第0219号民事判决书。
[2] 陆某、陆某家一般人格权纠纷案,广西壮族自治区百色地区(市)中级人民法院(2017)桂10民终1832号民事判决书。
[3] 王某来与陶某福等一般人格权纠纷案,湖南省益阳市中级人民法院(2016)湘09民终692号民事判决书;王某国与陶某福一般人格权纠纷案,湖南省益阳市中级人民法院(2016)湘09民终683号民事判决书;王某华与陶某福等一般人格权纠纷案,湖南省益阳市中级人民法院(2016)湘09民终685号民事判决书。

违反法律规定,且符合当地风俗习惯,因此应予尊重。并且鉴于骨灰是一种具有强烈社会伦理意义的特殊物,骨灰作为逝者躯体延伸的载体,具有极强的人身依附性,在确定由何人行使安葬权利时,首先应遵从或尊重死者生前的意愿。因此在处理此类案件时,行使安葬事务的人员应根据与死者遗愿最具关联性原则来确认,以确保死者生前的意愿得以实现与尊重。[1]

40 对死者的亲属而言,祭奠权是其基于特定亲属关系而享有的对死者表示追悼、纪念的权利,核心内容包括处理死者遗体、举行悼念及丧葬仪式等。亦即,祭奠权既为保护死者人身权益所需,又是与死者存在特定身份关系的自然人的情感所系。对此,有法院便认为:老人去世后,其子女等近亲属按照习俗进行安葬是其近亲属的人格利益,若行为人违反公序良俗而阻碍他人正在举办的丧礼,则构成对该人格利益的侵犯。[2]

(2)坟墓

41 通常而言,坟墓作为埋葬死者尸骨的特殊场所,是人们悼念死者、寄托哀思的精神载体。[3] 由于坟墓寄托了死者亲属的个人感情、对死者的怀念、死者与生者的尊严等,[4]所以对坟墓的保护,既涉及对死者人格利益的尊重,也与死者亲属人格利益的充分实现密切相关。

42 对死者而言,其遗体、遗骨中内含应受保护的人格利益,当损毁坟墓的破坏行为导致死者遗体或遗骨发生变动、减少或灭失,对坟墓的毁损即是对死者人格利益的侵害。[5] 例如,行为人在施工中因违反公序良俗而致他人祖坟内埋葬的遗骸全部丢失,法院即认为于此场合的行

---

[1] 参见缪某与于某华一般人格权纠纷案,江苏省南通市中级人民法院(2014)通中民终字第 0188 号民事判决书。

[2] 参见刘某 5 等与忠县汝溪镇三河村村民委员会等一般人格权纠纷案,重庆市高级人民法院(2012)渝高法民提字第 218 号民事判决书。

[3] 参见龚某与陈某民一般人格权纠纷案,北京市第三中级人民法院(2014)三中民终字第 05390 号民事判决书。

[4] 参见刘某平、孙某毛财产损害赔偿纠纷、一般人格权纠纷案,江西省赣州地区(市)中级人民法院(2018)赣 07 民终 447 号民事判决书。

[5] 参见赵某与刘某存一般人格权、财产损害赔偿纠纷案,河南省商丘市中级人民法院(2014)商民二终字第 691 号民事判决书;龚某与陈某民一般人格权纠纷案,北京市第三中级人民法院(2014)三中民终字第 05390 号民事判决书。

为侵害了死者人格利益而导致了其亲属的精神痛苦,依法应承担侵权责任。[1]

对死者亲属而言,坟墓作为埋葬死者遗体、遗骨的特殊建筑物,是后代追忆、祭祀已逝祖先的特定场所,死者亲属对它不仅享有有限的财产权,而且它还承载着死者亲属对先人的缅怀之情,承载着死者近亲属特殊的以人格尊严为基础的人格利益。[2] 以此为基础,维护坟墓的完好是一种公序良俗,毁坏坟墓则会侵害死者的人格利益,影响死者亲属的祭祀,导致死者亲属的精神损害。[3] 例如,行为人在安葬自己父亲时未经认真勘察而将之葬于他人祖父母坟墓内,以致毁坏了他人祖父母的双葬坟墓,法院即以该行为侵害了死者遗体、遗骨,伤害了生者的感情为由,认定行为人应承担相应责任。[4] 另外,如果死者亲属采取合理措施以维护祖坟的完整性而不被侵害,亦应允许。在法院看来,"祖坟是亲人寄托感情、悼念的客观载体,纪念祖先是中华民族的传统美德,拜祭祖坟是亲人纪念先祖的一种传统表达方式。侵害祖坟,便伤害了亲人的感情,违反了社会公德和善良风俗。本案中,被告为保护自己的权利,避免祖坟受侵害,离祖坟边缘约一米处设立边界保护祖坟并无不当"。[5]

四、适格的请求权人

(一)理论分歧与本条选择

传统民法关注的是活着的人,尚未出生和已经死去的人并非传统

---

[1] 参见刘某平、孙某毛财产损害赔偿纠纷、一般人格权纠纷,江西省赣州地区(市)中级人民法院(2018)赣07民终447号民事判决书。
[2] 参见罗某花等与罗某超等人格尊严权纠纷案,广西壮族自治区来宾市中级人民法院(2016)桂13民终1164号民事判决书。
[3] 参见符某建等诉符某康等一般人格权纠纷案,海南省第一中级人民法院(2017)琼96民初199号民事判决书。
[4] 参见肖某安、萧某文一般人格权纠纷案,广东省茂名市中级人民法院(2018)粤09民终654号民事判决书。
[5] 孙某江与宋某超排除妨害纠纷案,云南省永善县人民法院(2019)云0625民初834号民事判决书。

民法关注的核心。[1] 在现代民法理论中,人格尊严是民法关注的核心价值,自然人死亡之后当然亦应被法律关注。但存在争议的是,自然人死亡之后法律保护的对象是什么?应如何认识法律保护死者人格利益的本质?对此,学理与实务上主要有死者权利保护论[2]、死者人格利益保护论[3]、死者生前形象论[4]、死者法益及社会公共利益保护论[5]、死者遗属人格权益保护论[6]、死者遗属人格权益及社会公共利益保护论[7]、人格利益继承论[8]、人格权延伸保护论[9]、死者与近亲属利益双重保护论[10]等。与前述学理分歧相对应,在《民法典》编纂之前的司法实践中,法院在死者人格利益保护问题的基本立场上一直游移

---

[1] 参见朱晓峰:《民法典编纂视野下胎儿利益的民法规范——兼评五部民法典建议稿胎儿利益保护条款》,《法学评论》2016年第1期,第179页。

[2] 参见彭万林主编:《民法学》(修订本),中国政法大学出版社1999年版,第85—86页。相关判决参见"荷花女案""海灯法师案"。

[3] 参见代瑞:《死者生前人格利益民法保护新探》,《法学杂志》2009年第2期,第120页。

[4] 参见曹相见:《死者"人格"的规范本质与体系保护》,《法学家》2021年第2期,第13页;曹相见、杜生一、侯圣贺编著:《〈中华人民共和国民法典·人格权编〉释义》,人民出版社2020年版,第22页。

[5] 参见王利明、程啸、朱虎:《中华人民共和国民法典人格权编释义》,中国法制出版社2020年版,第73页。

[6] 参见袁雪石:《民法典人格权编释论:条文缕析、法条关联与案例评议》,中国法制出版社2020年版,第114页;龙卫球主编:《中华人民共和国民法典人格权编与侵权责任编释义》,中国法制出版社2021年版,第17页;张红:《人格权总论》,北京大学出版社2012年版,第373—374页;张新宝:《名誉权的法律保护》,中国政法大学出版社1997年版,第36—37页;葛云松:《死者生前人格利益的民法保护》,《比较法研究》2002年第4期,第23页;魏振瀛:《侵害名誉权的认定》,《中外法学》1990年第1期,第7页。

[7] 参见姚辉:《人格权法论》,中国人民大学出版社2011年版,第128页。

[8] 参见麻昌华:《论死者名誉的法律保护——兼与杨立新诸先生商榷》,《法商研究》1996年第6期,第40页。

[9] 参见最高人民法院民法典贯彻实施工作领导小组主编:《中华人民共和国民法典人格权编理解与适用》,人民法院出版社2020年版,第62页;杨立新:《人格权法》,法律出版社2020年版,第113—115页。

[10] 参见刘云生:《民法典的民族性表达与死者的人格权益保护——〈民法典〉第994条的文化解释》,《法商研究》2021年第2期,第159页。

不定,既有采直接保护模式的[1],也有采间接保护模式的[2],还有直接保护和间接保护模式混用[3],对此学理上有非常详尽的认识和阐释。[4] 从本条的构成来看,其一方面承认死者人格利益受法律保护,此种保护不以近亲属人格权益因侵害行为遭受损害为要件,采取了直接保护模式的基本立场,区分了对死者人格利益的保护和对其近亲属人格权益的保护;[5]另一方面,本条规定对死者人格利益的保护需经由死者近亲属向行为人提起主张来实现,若死者没有近亲属或者近亲属不向行为人请求承担民事责任,那么死者人格利益即使被侵害了也无法获得现实的保护,[6]这显然又采纳了间接保护模式的立场。

因此,本条是兼采直接保护模式与间接保护模式的折中或者混用立场,学理上也有将之称为双重保护机制的观点。[7] 这种立场一方面以死者利益本身为出发点,克服了间接保护模式的出发点和落脚点都建立在死者遗属利益或社会公共利益的基础上而被批评者认为偏离了保护死者人格利益初衷的缺点,[8]因为在自然人死亡后其"自我发展的过程将不再受到影响,但如果自然人在有生之年可以预料到其死亡即刻会成为他人任意揭穿或贬低的对象,那么这种预期对其人格之自由发展不可能没有影响……保护死后的非物质性人格利益是法律秩序所确保的生存期

---

[1] 参见陈某琴诉魏某林、《今晚报》社构成侵害名誉权纠纷案,《最高人民法院公报》1990年第2期;《最高人民法院关于范应莲诉敬永祥等侵害海灯法师名誉权一案有关诉讼程序问题的复函》([90]民他字第30号);彭某惠诉《中国故事》杂志社名誉权纠纷案,《最高人民法院公报》2002年第6期。

[2] 参见《最高人民法院关于确定民事侵权精神损害赔偿责任若干问题的解释》(法释[2001]7号)第3条与第7条。

[3] 参见李某诉《新生界》杂志社、何某明侵害名誉权纠纷案,《最高人民法院公报》1998年第2期;徐某雯诉宋某德等名誉权纠纷案,上海市静安区人民法院(2009)静民一(民)初字第779号民事判决书;上海市第二中级人民法院(2010)沪二中民一(民)终字第190号民事判决书。

[4] 参见张红:《人格权总论》,北京大学出版社2012年版,第361—367页。

[5] 参见王利明、程啸、朱虎:《中华人民共和国民法典人格权编释义》,中国法制出版社2020年版,第73页。

[6] 参见杨立新:《人格权法》,法律出版社2020年版,第124页。

[7] 参见刘云生:《民法典的民族性表达与死者的人格权益保护——〈民法典〉第994条的文化解释》,《法商研究》2021年第2期,第159页。

[8] 参见沈建峰:《一般人格权研究》,法律出版社2012年版,第102页。

间人格自由发展的必要结果";[1]另一方面又原则性地将死者人格利益的保护与其近亲属联系起来,虽然关照了生活实践中近亲属更关注死者人格利益保护的现实,[2]但也限缩了对死者人格利益的保护范围,对现实生活中出现的诸多侵害死者人格利益的情形,如在死者近亲属不向行为人请求承担民事责任或死者没有近亲属的场合,或在死者近亲属侵害死者人格利益的场合,无法起到延伸保护自然人人格尊严的作用,存在法律漏洞。

(二)请求权人的基本范围

46 本条承认保护死者人格利益受法律保护,但其又将对死者人格利益的保护与死者近亲属关联起来,认为仅有近亲属有权对侵害死者人格利益的行为人主张侵权责任,从而将死者人格利益的保护人限制在近亲属范围内,并对该范围内的近亲属主张请求权的顺位进行了限制,由此导致本条所要保护的价值与其采用的具体方法之间存在冲突:

47 一方面,在保护死者人格利益的具体目的上,本条确立的死者人格利益保护规则以对自然人人格尊严的延伸保护为目的,其所保护的死者人格利益是对死者本身的尊重与保护,亦即法律"保护个人的人格尊严,这种人格尊严不仅要在自然人生前获得保护,在其死后也应当获得保护。……法律保护其生前的人格尊严与保护死后的人格尊严,二者乃是一个不可分割的整体"。[3] 这与立法者在编纂《民法典》过程中表明的"保护人格权、维护人格尊严"的基本目标相一致,[4]其所要实现的首要

---

[1] Vgl. Andereas Heldrich, Der Persönlichkeitsschutz Verstorbener, in: Festschrift für Heinrich Lange zum 70. Geburtstag, C.H. Beck, 1970, S. 167.
[2] 参见黄薇主编:《中华人民共和国民法典人格权编解读》,中国法制出版社2020年版,第27—28页。
[3] 参见王利明、程啸、朱虎:《中华人民共和国民法典人格权编释义》,中国法制出版社2020年版,第70页。
[4] 参见王晨:《关于〈中华人民共和国民法典(草案)〉的说明——2020年5月22日在第十三届全国人民代表大会第三次会议上》,载《民法典立法背景与观点全集》编写组:《民法典立法背景与观点全集》,法律出版社2020年版,第13页;沈春耀:《关于〈民法典各分编(草案)〉的说明——2018年8月27日在第十三届全国人民代表大会常务委员会第五次会议上》,载《民法典立法背景与观点全集》编写组:《民法典立法背景与观点全集》,法律出版社2020年版,第21页。

目的依然是《民法典》第109条与第990条第2款宣示的人格尊严价值。[1] 这种延伸保护自然人人格尊严的观点也为当前的司法实践所支持,而《民法典》的这一立场则是对既有司法实践经验的总结。在《民法典》编纂之前最高人民法院发布的2001年《精神损害赔偿解释》的权威释义书中即表明了这样的观点,即"法律和司法解释保护的,不是死者近亲属的民事权利。……自然人生命终止以后,继续存在着某些与该自然人作为民事主体存续期间已经取得和享有的与其人身权相联系的利益,损害这些利益,将直接影响到曾经作为民事主体存在的该自然人的人格尊严。……确认对自然人的人身权益给予民法的延伸保护,体现了法律对民事主体权益保护的完整性"[2]。亦即,本条所保护的死者人格利益以延伸保护自然人人格尊严为基本目标,符合立法者法典编纂的基本目的,亦与司法实践的基本立场相吻合,值得肯定。

另一方面,在死者人格利益的具体保护方法上,立法者在法典编纂过程中又没有接受理论与实务上关于扩大死者人格利益保护场合请求权人范围并删除请求权行使顺位限制的建议。法典草案的起草者认为:"如果对请求权主体不加以限制,过于泛化,不利于社会关系的稳定。一般而言,近亲属与死者具有在共同生活中形成的感情、亲情或者特定的身份关系,最关心死者人格利益保护的问题,死者人格利益被侵害时受到的伤害最大、感到的痛苦最深,最需要慰藉和赔偿。因此,本条将请求权主体限于近亲属。"[3] 而依据《民法典》第1045条第2款的规定,近亲属包括配偶、父母、子女、兄弟姐妹、祖父母、外祖父母、孙子女、外孙子女。该范围

---

[1] 关于人格尊严在《民法典》中的规范地位的详细论述可参见朱晓峰:《人身自由作为一般人格权价值基础的规范内涵》,《浙江大学学报(人文社会科学版)》2021年第4期。

[2] 唐德华主编、最高人民法院民事审判第一庭编著:《最高人民法院〈关于确定民事侵权精神损害赔偿责任若干问题的解释〉的理解与适用》,人民法院出版社2015年版,第39页。学理上对于这一立场亦表示赞同,相关讨论参见李锡鹤:《胎儿不应有法律上利益——〈民法总则草案〉第16条质疑》,《东方法学》2017年第1期;孙维飞:《弹性的法学移植——以侵权行为法学中"法益"学说之发展为个案的考察》,《中外法学》2009年第6期。

[3] 石宏:《〈民法典〉视角下的名誉权保护制度》,《上海政法学院学报(法治论丛)》2021年第1期,第38页;黄薇主编:《中华人民共和国民法典人格权编解读》,中国法制出版社2020年版,第27—28页。

对死者人格利益的保护而言显然过于狭窄,若严格依据本条的文义来解释本条,那么在死者人格利益被侵犯而死者又无近亲属或近亲属不主张相应法律救济的情形下,立法者通过本条保护死者人格利益从而实现对自然人人格尊严充分周延之保护的立法目的即会落空。

49　　还要注意的是,将死者人格利益的保护人依本条的文义严格限定在近亲属范围内,还会出现同一法律价值评判不一的问题。这种评判不一的问题主要表现在两个方面:一是对有近亲属的自然人在其死后人格利益的保护天然优于没有近亲属的自然人,对于同样基于人格尊严而在死后应被尊严对待的自然人而言,这显然存在享有同样的人格尊严却获得了不同法律对待的尴尬;二是对英雄烈士等人格利益的保护与对普通人死后人格利益的保护因法律所采取的具体保护方法的不同而存在差异,因为依据《民法典》第185条结合《英雄烈士保护法》第25条之规定,检察机关在英雄烈士人格利益被侵害场合可以弥补近亲属保护规则不足存在的漏洞,这就给予了英雄烈士人格利益以更周延的保护。[1]而由于《民法典》第109条与第990条第2款所保护的自然人的人格尊严具有平等性,不能因其身份、地位、社会贡献等而有差别,[2]若将《民法典》第994条死者人格利益的保护人限定在死者近亲属范围内,那么实践中就会出现自然人平等享有的人格尊严会因其身份的不同而在其死后获得差别保护,违反了对作为《民法典》基本价值的人格尊严的统一价值评判标准。

(三)请求权人范围的扩展

50　　本条追求的人格尊严延伸保护的目的与其采取的通过死者近亲属请求行为人承担民事责任的具体方法之间存在的紧张关系,本质上反映为法秩序内在体系与外在体系之间的矛盾,即作为法典外在体系构成部分的死者人格利益保护规则的具体构造与作为法典内在体系构成的基本价值人格尊严之间未能有效地融贯。对于这一问题,亦应在法典内外在体系融贯的视角下来解决。

---

〔1〕参见王春梅:《〈民法典〉框架下英烈与死者人格利益保护的立法调适》,《烟台大学学报(哲学社会科学版)》2020年第5期,第35页。

〔2〕参见黄薇主编:《中华人民共和国民法典总则编解读》,中国法制出版社2020年版,第343页。

1. 死者人格利益保护人范围扩张的合法性基础

从解释论视角看，围绕《民法典》构造的现行法律体系中依然存在着解决死者人格利益保护目的与具体方法之间矛盾的空间，这主要反映在两个方面：

一方面，《民法典》第 5 条承认意思自治为其基本原则并且在整个法典体系内贯彻这一原则，自然人在不违反法律规定和公序良俗的前提下有权根据自主意志安排自己包括死后利益保护的所有事宜。据此，对于自然人死后人格利益的保护，自然人可以在生前通过自主意思预先安排，由此使那些并非死者近亲属的主体可以通过死者生前的委托而成为死者人格利益的保护人，填补本条存在的漏洞。

另一方面，本条属于赋权性规范，其规定配偶、子女、父母及其他近亲属在死者人格利益被侵害时有权主张相应的法律救济以及主张权利时的顺位，核心目的是保护死者人格利益，本条并未因此排除且不能排除死者生前通过自主意思预先安排的管理人对其死后人格利益进行管理的自主决定权。

在此背景下，对于本条规定的死者人格利益保护人范围过窄的问题，应在法典内外在体系融贯的目的下解决。具体而言，应以对立法者通过《民法典》第 109 条与第 990 条第 2 款所宣示保护的自然人的人格尊严这一法律基本价值的同一性评价为基准，在内在价值上将本条保护的死者人格利益作为保护自然人人格尊严的延伸，[1] 在外在体系构造上将本条死者人格利益保护人范围的扩展与《民法典》第 5 条所遵循和保护的意思自治原则联系起来，承认自然人依自主意志在生前预先安排的受托管理人可以在委托人死后作为其人格利益的保护人，从而填补本条规定的死者人格利益保护人范围过窄的漏洞。

2. 通过死者生前的委托确定死者人格利益的保护人

以承认《民法典》第 5 条意思自治原则在死者人格利益保护领域亦存在适用空间为前提，通过自然人生前预先安排确定死者人格利益被侵害时有权请求行为人承担民事责任的主体时，应当在考虑如下因素的基

---

[1] 参见陈甦主编：《民法总则评注》（上册），法律出版社 2017 年版，第 751—752 页；最高人民法院民法典贯彻实施工作领导小组主编：《中华人民共和国民法典人格权编理解与适用》，人民法院出版社 2020 年版，第 62 页。

础上平衡法律规定与当事人意思自治之间的紧张关系：

（1）死者生前的预先安排

首先应承认自然人生前对于自己死后人格利益保护主体的自主安排，即自然人通过意思自治的方式预先安排了在其死亡之后人格利益被侵害时可以主张相应法律救济的受托管理人时，应在此种安排不违反《民法典》第143条规定的法律行为生效要件的情形下予以尊重，即使这里的受托管理人并不属于本条规定的近亲属。

（2）死者生前的生活事实

在死者生前未通过明示方式预先安排死后保护其人格利益的管理人时，当存在其他可推知其意思的默示授权如存在与之有密切生活关系的人时，应基于《民法典》第990条第2款规定的自然人人格尊严的充分保护而承认这种可推知的死者人格利益管理人在死者人格利益侵害场合有权主张相应的请求权以保护死者的精神性人格利益。支持该推论的正当性基础在于，"这种精神遗产受托管理人的委任源于一般人格权条款上广泛的对人格的保护。出于同样的理由，默示的授权也应被许可，这种默示授权特别可以从当事人之间事实上密切的生活关系中产生"。[1] 本条规定的配偶、子女、父母优先于其他近亲属的请求权顺序正是立法者对死者与生者之间可能存在的事实上的密切生活关系的推认。[2] 并且司法实践上亦承认规定由死者近亲属行使保护死者人格利益的请求权是因为其与死者具有特定身份关系而最关注死者人格利益的保护。[3] 亦即，于此场合下死者人格利益保护问题"涉及亲属持有的他人利益，亲属为了死者的利益受其之托行使权利"[4]，尽管这里的委托可能是在死者没有明示其委托意思的情形下由制定法依据亲属与死者生前可能存在的

---

〔1〕 Andreas Heldrich, Der Persönlichkeitsschutz Verstorbener, in: Festschrift für Heinrich Lange zum 70. Geburtstag, C.H. Beck, 1970, S. 171.

〔2〕 参见黄薇主编：《中华人民共和国民法典人格权编解读》，中国法制出版社2020年版，第27页。

〔3〕 参见唐德华主编、最高人民法院民事审判第一庭编著：《最高人民法院〈关于确定民事侵权精神损害赔偿责任若干问题的解释〉的理解与适用》，人民法院出版社2015年版，第40页；石宏：《〈民法典〉视角下的名誉权保护制度》，《上海政法学院学报（法治论丛）》2021年第1期，第38页。

〔4〕 Schack, Das Persönlichkeitsrecht der Urheber und ausübenden Künstler nach dem Tode, in: GRUR, 1958, S. 361.

3. 受托管理人与近亲属之间的关系

对于自然人生前预先安排处理其死后人格利益保护的受托管理人与本条规定的近亲属在涉及死者人格利益保护时的关系,应在延伸保护自然人人格尊严的目的下与《民法典》第990条第2款规定的人格尊严结合起来作出解释:

第一,当死者生前预先安排的受托管理人属于本条规定的近亲属范围,由于本条并没有对请求权人可以主张的责任承担方式作出限制,从死者及其近亲属人格利益双重保护的目的出发,应当以本条作为死者人格利益受托管理人的请求权基础。

第二,当死者生前安排的受托管理人不属于本条规定的近亲属范围,且受托管理人是基于死者生前明示的意思来保护其死后人格利益的,那么当死者人格利益被侵害而需向行为人请求承担非财产责任时,任何一方都可以主张。亦即,对接受死者生前委托的人有权主张的责任方式,应当以保护死者人格利益为目的而在借鉴比较法经验的基础上将之限于停止侵害、排除妨碍、消除危险、消除影响、恢复名誉等,并不包括精神损害赔偿。[1] 当涉及死者人格利益中的财产利益保护时,若死者在生前已经对相应财产利益的保护及相应的归属作出了明确安排,那么法律自然应当尊重这种安排;若死者并未对相应的财产利益的保护及归属作出明确安排,此时受托管理人亦可以向行为人请求承担相应的赔偿责任,只是最后的经济赔偿应由死者继承人依据《民法典》继承规则分配,[2]以兼顾对立法者明确列举出来的近亲属利益的保护。

第三,当死者生前未明示安排受托管理人而是通过默示推知其死后人格利益保护的管理人时,若管理人不属于本条规定的近亲属范围,由于该条规定的近亲属是立法者基于通常的社会认知而在制定法中明确规定的死者人格利益的管理人,于此情形下制定法上的推定优先于通过其他与死者生前存在亲密关系而推知的管理人。就像《英雄烈士保护法》第25条第2款规定的特定情形下检察机关有权提起诉讼以保护英雄烈士

---

[1] Vgl. BGH NJW 1974, S. 1371; NJW 2006, S. 606 ff.
[2] 参见最高人民法院民法典贯彻实施工作领导小组主编:《中华人民共和国民法典人格权编理解与适用》,人民法院出版社2020年版,第67页。

人格利益一样，于此通过默示推知的死者人格利益管理人仅具有补充性质，只有在本条规定的死者近亲属不提起诉讼或死者压根就没有近亲属的场合，才有权就相应的侵害死者人格利益的行为向行为人请求承担民事责任，且其可以主张的责任也应限于侵害死者人格利益的非财产责任，不包括精神损害赔偿，也不包括对死者人格利益中的财产利益的损害赔偿责任。

4. 侵害死者人格利益损害社会公共利益时的保护人

除了通过死者生前的意思自治扩展死者人格利益的保护人范围，还应当考虑侵害死者人格利益涉及损害社会公共利益的情形。于此场合若死者近亲属不向行为人请求承担民事责任或死者没有近亲属的，应如何保护受损的社会公共利益？本评注认为，死者人格利益保护规则的核心意旨虽然在于延伸保护自然人的人格尊严，但是其同时也涉及对死者近亲属等主体利益的保护和社会公共利益的保护。[1] 因此，当行为人侵害死者人格利益不涉及社会公共利益时，自然应由死者生前预先安排的受托管理人或本条规定的近亲属来请求行为人承担相应的民事责任；如果侵害死者人格利益的行为同时亦涉及对社会公共利益的侵害时，此时是否可以类推适用《民法典》第185条并结合《英雄烈士保护法》第25条第2款，允许检察机关就社会公共利益损害向行为人提出请求？虽然学理上有观点认为，《民法典》第994条具有基础地位，第185条则起补充作用，旨在通过公益诉讼保护无近亲属的英雄烈士，因此应将具有重大贡献的历史人物通过漏洞填补的方式纳入第185条的保护范围。该观点虽然意识到可以通过扩大解释"英雄烈士等"的范畴而将历史人物纳入进来，但忽略了通过类推解释方法将之适用于一般死者人格利益侵害导致社会公共利益受损的情形。[2] 事实上，《民法典》第185条结合《英雄烈士保护法》第25条第2款所保护的核心在于社

---

[1] 参见刘云生：《民法典的民族性表达与死者的人格权益保护——〈民法典〉第994条的文化解释》，《法商研究》2021年第2期，第159页；王利明、程啸、朱虎：《中华人民共和国民法典人格权编释义》，中国法制出版社2020年版，第73页；姚辉：《人格权法论》，中国人民大学出版社2011年版，第128页。

[2] 参见曹相见：《死者"人格"的规范本质与体系保护》，《法学家》2021年第2期，第13页。

会公共利益,[1]这就为侵害一般死者人格利益导致社会公共利益受损情形下类推适用该条提供了解释空间。当然,检察机关于此主张的责任承担并不影响死者近亲属等向行为人请求承担相应的民事责任。亦即,此时两种请求权的目的不同,功能各异,并不存在包含关系和次序关系,可以同时行使。[2]

整体而言,以《民法典》第990条第2款的人格尊严为正当性论证基础,将《民法典》第994条与第5条的意思自治原则以及《民法典》第185条侵害英雄烈士等人格利益损害社会公共利益规则结合起来理解,从而将《民法典》第994条所规定的死者人格利益侵害场合的保护人范围予以适当地扩展,就可以为"祭祀祖先是中华民族的传统美德,维护祖坟的完好也是一种公序良俗"这种法院在裁判书中经常使用的论据提供更充分的合法性基础,[3]从而解决司法实践中诸如因为属于高祖而非祖父的祖坟被破坏场合的死者人格利益保护问题,[4]同时也可以解决没有近亲属或者近亲属不向行为人请求承担民事责任场合的死者人格利益保护问题,实现本条保护死者人格利益的目的,最终助益于《民法典》第990条第2款所追求的对于人格尊严的充分保护的立法目的的实现。

(四)请求权行使顺位

依据本条规定,死者人格利益被侵害时,有权向行为人请求承担民事责任的近亲属存在顺位限制,该顺位限制规则存在的弊端可能导致的问题包括:第一,第一顺位的近亲属不积极行使权利,可能也会阻碍第二顺

---

[1] 参见庞伟伟:《认真对待英烈保护——从〈民法总则〉第185条的解释论展开》,《新疆社会科学》2018年第6期,第98页;王叶刚:《论侵害英雄烈士等人格权益的民事责任——以〈民法总则〉第185条为中心》,《中国人民大学学报》2017年第4期,第31页。

[2] 参见王叶刚:《论侵害死者人格利益的请求权主体——兼评《民法典》第994条》,《清华法学》2021年第1期,第181页。

[3] 参见党某能、何某琼一般人格权纠纷案,四川省巴中市中级人民法院(2020)川19民终239号民事判决书。

[4] 在司法实践中,有法院因为被破坏的祖坟属于原告的高祖而非近亲属的祖坟,因此不承认原告主张的赔礼道歉等请求权。相关判决参见吕某志、吕某2等与雷某一般人格权纠纷案,河南省南阳市宛城区人民法院(2019)豫1302民初8140号民事裁定书。

位的近亲属行使权利;第二,第一顺位的近亲属侵害死者人格利益,若第一顺位的其他近亲属不行使权利或不存在其他第一顺位的近亲属,第二顺位的近亲属也无法行使权利保护死者人格利益。对此,应在结合前述死者人格利益保护人范围扩张的基础上重新厘定死者人格利益保护人行使权利的具体顺位。

1. 权利行使顺位的一般规则

65　　本条规定的居于第一顺位的是配偶、子女和父母,在第一顺位的保护人之间再无顺序限制,即只要存在侵害行为,居于第一顺位的任何一方皆可独立向行为人主张权利,并不需要居于第一顺位的各方合意并共同向行为人主张权利。

66　　本条规定的居于第二顺位的是配偶、子女和父母之外的其他近亲属,包括兄弟姐妹、祖父母、外祖父母、孙子女、外孙子女。第二顺位的权利人向行为人请求承担民事责任的前提是死者没有配偶、子女且父母已经死亡。〔1〕

67　　若死者有第一顺位的近亲属但其选择不请求行为人承担民事责任或共同决定放弃向行为人主张承担民事责任,此时除非有特别规定,如依据《英雄烈士保护法》第25条第2款之规定,检察机关在英雄烈士近亲属不提起诉讼时可依法对侵害英雄烈士的姓名、肖像、名誉、荣誉等损害社会公共利益的行为向法院提起诉讼,否则第二顺位的近亲属即不得向行为人主张承担民事责任。但如果死者在生前已预先安排受托管理人在其死后保护其人格利益的,此时即使处于第一顺位的近亲属不提起诉讼,受托管理人也有权向行为人请求承担民事责任。

2. 权利行使顺位的特别规则

68　　对于近亲属侵害死者人格利益场合谁有权向行为人请求承担民事责任的问题,虽然在法典编纂过程中理论与实务上有观点提出以不规定近亲属请求权行使顺位的做法解决之,〔2〕但立法者并未采纳这些意见,最

---

〔1〕 参见王利明、程啸、朱虎:《中华人民共和国民法典人格权编释义》,中国法制出版社2020年版,第77页。

〔2〕 参见《地方人大、中央有关部门和单位以及有关方面对民法典各分编草案(征求意见稿)人格权编的意见》,载《民法典立法背景与观点全集》编写组编:《民法典立法背景与观点全集》,法律出版社2020年版,第380页。

[死者人格利益保护]

终本条亦仅模糊规定了死者人格利益侵害场合有权请求行为人承担民事责任的主体为近亲属,将相关问题的解决交给了法学与司法实践。在此背景下,对于前述问题的解决,应在死者人格利益保护与近亲属之间的身份关系对此种人格利益的适当限制之间寻求平衡,具体而言:

一方面,对于近亲属侵害死者人格利益场合的民事责任承担问题,原则上亦应依据人格尊严延伸保护的基本目的而在本条文义的范围内解释相应的请求权主体问题,即当第一顺位的近亲属有侵害死者人格利益的行为时,其他第一顺位的近亲属可以依据本条请求行为人承担民事责任;[1]当第二顺位的近亲属有侵害死者人格利益的行为时,第一顺位的近亲属可以依据本条请求行为人承担民事责任;当死者没有配偶、子女且父母已经死亡的,若第二顺位的近亲属有侵害死者人格利益的行为时,则其他第二顺位的近亲属可以依据本条请求行为人承担民事责任;当第一顺位的近亲属侵害死者人格利益,第一顺位的其他近亲属不主张相应的民事责任或者没有其他第一顺位的近亲属时,则死者生前预先安排的受托管理人有权请求行为人承担民事责任;当死者没有配偶、子女且父母已经死亡的,第二顺位的近亲属侵害死者人格利益,第二顺位的其他近亲属不主张相应的民事责任或者没有其他第二顺位的近亲属时,则死者生前预先安排的受托管理人有权请求行为人承担民事责任;当死者生前预先安排的受托管理人侵害死者人格利益的,则依据本条规定的请求权顺位来确定相应的行使请求权的主体。

另一方面,在死者生前并未预先安排受托管理人时,若死者第一顺位的近亲属侵害死者人格利益而没有其他第一顺位的近亲属或其他第一顺位的近亲属不向行为人请求承担民事责任的,基于第一顺位的近亲属与死者之间的特殊身份关系对死者人格利益保护构成特殊限制的考虑,此时原则上禁止第二顺位的近亲属向行为人请求承担民事责任。同理,在死者生前并未预先安排受托管理人时,若死者没有配偶、子女且父母死亡而其第二顺位的近亲属侵害其人格利益的,若死者没有其他第二顺位的近亲属或其他第二顺位的近亲属不向行为人请求承担民事责任,此时应

---

[1] 例如对于骨灰,司法实践中法院通常会认为配偶、子女等近亲属是平等地、不分顺序地享有悼念、祭扫的权利。相关判决参见刘某英诉王某莲、王某东其他侵权纠纷案,云南省昆明市盘龙区人民法院(2003)盘法民一初字第119号民事判决书以及云南省昆明市中级人民法院(2003)昆民二终字第678号民事判决书。

禁止其他人向行为人请求承担民事责任。

71 　　同时,由于侵害死者人格利益的行为同时也可能会构成对社会公共利益的侵害,此时即使死者没有受托管理人或者其近亲属不向行为人请求承担民事责任,又或者死者没有生存的近亲属,也可以类推适用《民法典》第185条结合《英雄烈士保护法》第25条第2款,由检察机关向行为人请求承担责任。[1]

五、死者人格利益的保护期限

72 　　由于本条属于死者人格利益保护的一般规定,因此若其他法律对死者人格利益的保护期有明确规定时,则应依据其他法律确定相应的具体人格利益的保护期限。例如,依据《著作权法》第22条、第23条之规定,作者的署名权、修改权、保护作品完整权的保护期不受限制;自然人的作品,其发表权、复制权等的保护期为作者终生及其死亡后50年,截止于作者死亡后第50年的12月31日等。若其他法律对死者人格利益的保护期限没有规定时,则应当依据本条确定相应人格利益的保护期。

73 　　对于适用本条确定的死者人格利益保护期限,学理与实务上主要存在死者近亲属生存期间论与区别处理论两种观点。前者内部又区分为一元对待论与肖像例外对待论。一元对待论认为,本条虽然没有明确规定死者人格利益的保护期限,但由于其规定了有权向行为人请求承担民事责任的主体为死者近亲属,因此对于死者人格利益的保护期限自应以其最后一个近亲属的生存期为限,当死者的近亲属全部死亡时,则死者人格利益即不再受法律保护。[2] 肖像例外对待论认为,死者在有近亲属存在的期限内,其人格利益受保护,在没有近亲属存在时,就超出了保护

---

〔1〕 参见袁雪石:《民法典人格权编释论:条文缕析、法条关联与案例评议》,中国法制出版社2020年版,第116页。

〔2〕 参见黄薇主编:《中华人民共和国民法典人格权编解读》,中国法制出版社2020年版,第30页;最高人民法院民法典贯彻实施工作领导小组主编:《中华人民共和国民法典人格权编理解与适用》,人民法院出版社2020年版,第68页;王利明、程啸、朱虎:《中华人民共和国民法典人格权编释义》,中国法制出版社2020年版,第77页;袁雪石:《民法典人格权编释论:条文缕析、法条关联与案例评议》,中国法制出版社2020年版,第116页。

[死者人格利益保护]

期限,但对死者肖像利益的保护期限应当缩短,一般以10年为限,以保护肖像制作人的著作权,但他人对死者肖像进行商业化使用的,不受这个期限限制。[1] 区别处理论认为,应当依据死者人格利益内含的精神利益与经济利益在性质上的不同而做区分处理,即对死者人格精神利益的保护实质上是对近亲属精神利益的保护,应以死者近亲属的生存时间为限;死者人格的财产利益是其生前人格权的财产权能的转化,对其可以区分商业化利用程度的高低而进行不同保护,利用程度高的类推适用著作权的50年保护期限,利用程度低的则由法官在个案中具体确定保护期限。[2]

本评注认为,死者人格利益保护期限的确定亦应与人格尊严的延伸保护宗旨结合起来,在死者人格利益保护仅涉及私益保护的前提下区分死者生前有无预先安排而将保护期限区分为两种情形:

第一种情形是,当死者生前已经通过自己的意思对死后人格利益的保护问题做了预先安排,且相应的意思表示并不违反法律或者公序良俗的,那么包括死者人格利益的保护期限等亦应依据死者生前的意思来确定。

第二种情形是,当死者生前未对死后人格利益的保护做出明确安排时,则应依据本条来确定死者人格利益的保护期限。从本条的文义来看,其并未明确规定死者人格利益保护期限,而是在确定死者人格利益侵害场合的请求权人范围中间接规定了相应的保护期限。换言之,本条将死者人格利益侵害场合的请求权赋予了死者近亲属,因此在侵害死者人格利益仅涉及私益侵害而未导致社会公共利益损害时,只要死者有近亲属生存,则死者人格利益即受法律保护;若死者近亲属皆已死亡,那么此时即使承认其人格利益受法律保护,在受侵害时也会因不存在适格的请求权人而无法实现最终的保护目的,因此为了保持统一法秩序内的法律评价的一致性,此时应认为死者人格利益已经超出保护期限。

与私益的保护受期限限制不同,当侵害死者人格利益导致社会公共利益损害时,此时并不存在期限限制问题,此时可类推适用《民法典》第185条结合《英雄烈士保护法》第25条而由检察机关向行为人主张承担

---

[1] 参见杨立新:《人格权法》,法律出版社2020年版,第124页。

[2] 参见龙卫球主编:《中华人民共和国民法典人格权与侵权责任编释义》,中国法制出版社2021年版,第18页;杨巍:《死者人格利益之保护期限》,《法学》2012年第4期,第147页。

78 　　依据《民法典》第992条人格权的专属性和第993条的许可使用之一般规定,对于已经超出保护期限的死者人格利益,任何人皆可在不违反法律规定和公序良俗的前提下使用其经济利益,[1]但不得商业化利用其精神利益,从而在人格尊严的延伸保护和经济自由之间实现平衡。

六、证明责任

79 　　死者人格利益侵害场合,请求权人应就其与死者存在近亲属关系以及死者人格利益被侵害的事实负举证责任。对于停止侵害、排除妨碍、消除危险等人格权请求权而言,请求权人仅需要依《民法典》第1165条第1款证明存在侵害行为、人格利益被侵害及二者之间存在因果关系,无须证明行为人的过错。对于损害赔偿责任等债权请求权,请求权人还需要证明损害存在,具体而言,对于侵害死者人格利益导致的经济损害,应当依据《民法典》第1182条证明因侵害行为受到的损失或者侵权人因侵害行为获得的利益,若请求权人对此无法证明且其无法和侵权人就赔偿数额协商一致,则由法院根据实际情况确定赔偿数额。对于精神损害,请求权人应依据《民法典》第1183条证明严重精神损害存在,具体的判断标准可结合《精神损害赔偿解释》第5条规定的因素确定,具体包括:侵权人的过错程度(但是法律另有规定的除外)、侵权行为的目的、方式、场合等具体情节,侵权行为所造成的后果,侵权人的获利情况,侵权人承担责任的经济能力,受理诉讼法院所在地的平均生活水平。

参考文献

1. 陈甦主编:《民法总则评注:全2册》,法律出版社2017年版。
2. 陈甦、谢鸿飞主编:《民法典评注:人格权编》,中国法制出版社2020年版。
3. 陈信勇:《论对死者生命痕迹的法律保护——兼与孙加锋同志商榷》,《法律科学》1992年第3期。
4. 曹相见:《死者"人格"的规范本质与体系保护》,《法学家》2021年第2期。

---

〔1〕 参见黄薇主编:《中华人民共和国民法典人格权编解读》,中国法制出版社2020年版,第30页。

5. 葛云松:《死者生前人格利益的民法保护》,《比较法研究》2002年第4期。

6. 黄薇主编:《中华人民共和国民法典人格权编解读》,中国法制出版社2020年版。

7. 李锡鹤:《胎儿不应有法律上利益——〈民法总则草案〉第16条质疑》,《东方法学》2017年第1期。

8. 刘云生:《民法典的民族性表达与死者的人格权益保护——〈民法典〉第994条的文化解释》,《法商研究》2021年第2期。

9. 龙卫球主编:《中华人民共和国民法典人格权编与侵权责任编释义》,中国法制出版社2021年版。

10. 麻昌华:《论死者名誉的法律保护——兼与杨立新诸先生商榷》,《法商研究》1996年第6期。

11. 《民法总则立法背景与观点全集》编写组编:《民法总则立法背景与观点全集》,法律出版社2017年版。

12. 沈建峰:《一般人格权研究》,法律出版社2012年版。

13. 唐德华主编、最高人民法院民事审判第一庭编著:《最高人民法院〈关于确定民事侵权精神损害赔偿责任若干问题的解释〉的理解与适用》,人民法院出版社2015年版。

14. 王春梅:《〈民法典〉框架下英烈与死者人格利益保护的立法调适》,《烟台大学学报(哲学社会科学版)》2020年第5期。

15. 王利明、程啸、朱虎:《中华人民共和国民法典人格权编释义》,中国法制出版社2020年版。

16. 王叶刚:《论侵害英雄烈士等人格权益的民事责任——以〈民法总则〉第185条为中心》,《中国人民大学学报》2017年第4期。

17. 王泽鉴:《侵权行为》,北京大学出版社2009年版。

18. 姚辉:《人格权法论》,中国人民大学出版社2011年版。

19. 袁雪石:《民法典人格权编释论:条文缕析、法条关联与案例评议》,中国法制出版社2020年版。

20. 张红:《死者生前人格上财产利益之保护》,《法学研究》2011年第2期。

21. 张红:《死者人格精神利益保护:案例比较与法官造法》,《法商研究》2010年第4期。

22. 张红:《人格权总论》,北京大学出版社2012年版。

23. 赵轩毅:《论死者人格财产利益保护的请求权基础及其内在限度》,《学术交流》2020年第6期。

24. 最高人民法院民法典贯彻实施工作领导小组主编:《中华人民共和国民法典人格权编理解与适用》,人民法院出版社2020年版。

案例索引

1. 北京市高级人民法院(2011)高民终字第 76 号民事判决书,周某婴诉梁华计算机网络域名侵权纠纷案。

2. 北京市第二中级人民法院(2016)京 02 民终 6272 号民事判决书,葛某生与洪某快名誉权、荣誉权纠纷案。

3. 北京市第三中级人民法院(2014)三中民终字第 05390 号民事判决书,龚某与陈某民一般人格权纠纷案。

4. 北京市大兴区人民法院(2015)大民初字第 10012 号民事判决书,邱某华与孙某等一般人格权纠纷案。

5. 重庆市高级人民法院(2012)渝高法民提字第 218 号民事判决书,刘某 5 等与忠县汝溪镇三河村村民委员会等一般人格权纠纷案。

6. 广东省茂名市中级人民法院(2018)粤 09 民终 654 号民事判决书,肖某安、萧某文一般人格权纠纷案。

7. 广西壮族自治区百色地区(市)中级人民法院(2017)桂 10 民终 1832 号民事判决书,陆某、陆某家一般人格权纠纷案。

8. 广西壮族自治区来宾市中级人民法院(2016)桂 13 民终 1164 号民事判决书,罗某花等与罗某超等人格尊严权纠纷案。

9. 海南省第一中级人民法院(2017)琼 96 民初 199 号民事判决书,符某建等诉符某康等一般人格权纠纷案。

10. 河南省南阳市中级人民法院(2018)豫 13 民终 5796 号民事判决书,宋某山、雷某连一般人格权纠纷案。

11. 河南省商丘市中级人民法院(2014)商民二终字第 691 号民事判决书,赵某与刘某存一般人格权、财产损害赔偿纠纷案。

12. 河南省南阳市宛城区人民法院(2019)豫 1302 民初 8140 号民事裁定书,吕某志、吕某 2 等与雷某一般人格权纠纷案。

13. 湖南省长沙市雨花区人民法院(2012)雨民初字第 2297 号民事判决书,黄某达等诉养天和集团姓名权纠纷案。

14. 湖南省长沙市中级人民法院(2013)长中民一终字第 02518 号民事判决书,黄某达等诉养天和集团姓名权纠纷案。

15. 湖南省益阳市中级人民法院(2016)湘 09 民终 692 号民事判决书,王某来与陶某福等一般人格权纠纷案。

16. 江苏省南通市中级人民法院(2014)通中民终字第 0188 号民事判决书,缪某与于某华一般人格权纠纷案。

17. 江苏省宿迁市中级人民法院(2011)宿中民终字第 0161 号民事判决书,于某明等诉于某林骨灰安置纠纷案。

18. 江苏省无锡市滨湖区人民法院(2012)锡滨民初字第 1288 号民事判决书,张某与沈某等一般人格权纠纷案。

19. 江苏省无锡市中级人民法院(2013)锡民终字第 0219 号民事判决书,张某与沈某等一般人格权纠纷案。

20. 江苏省南京市玄武区人民法院(2015)玄民初字第 1257 号民事判决书,邓某富诉南京独加试唱餐饮管理有限公司人格权纠纷案。

21. 江西省赣州地区(市)中级人民法院(2018)赣 07 民终 447 号民事判决书,刘某平、孙某毛财产损害赔偿纠纷、一般人格权纠纷。

22. 辽宁省大连市中级人民法院(2014)大民一终字第 477 号民事判决书,中国太平洋财产保险股份有限公司瓦房店支公司与李某琴等人格权纠纷案。

23. 上海市静安区人民法院(2009)静民一(民)初字第 779 号民事判决书,徐某雯诉宋某德等名誉权纠纷案。

24. 上海市第二中级人民法院(2010)沪二中民一(民)终字第 190 号民事判决书,徐某雯诉宋某德等名誉权纠纷案。

25. 上海市第二中级人民法院(2015)沪二中民一(民)终字第 553 号民事判决书,周某飞、周某斐等与贵州人民出版社图书发行公司、无锡当当网信息技术有限公司等肖像权纠纷案。

26. 上海市杨浦区人民法院(2005)民一(民)初字第 551 号民事判决书,罗某平、吴某仙诉新华医院、顾某范其他人身权案。

27. 四川省巴中市中级人民法院(2020)川 19 民终 239 号民事判决书,党某能、何某琼一般人格权纠纷案。

28. 云南省昆明市盘龙区人民法院(2003)盘法民一初字第 119 号民事判决书,刘某英诉王某莲、王某东其他侵权纠纷案。

29. 云南省昆明市中级人民法院(2003)昆民二终字第 678 号民事判决书,刘某英诉王某莲、王某东其他侵权纠纷案。

30. 云南省永善县人民法院(2019)云 0625 民初 834 号民事判决书,孙某江与宋某超排除妨害纠纷案。

31. 《最高人民法院公报》1990 年第 2 期,陈某琴诉魏某林、《今晚报》社侵害名誉权纠纷案。

32. 《最高人民法院公报》1998 年第 2 期,李某诉《新生界》杂志社、何某明侵害名誉权纠纷案。

33. 《最高人民法院公报》2002 年第 6 期,彭某惠诉《中国故事》杂志社名誉权纠纷案。

第九百九十五条 【人格权请求权】

人格权受到侵害的，受害人有权依照本法和其他法律的规定请求行为人承担民事责任。受害人的停止侵害、排除妨碍、消除危险、消除影响、恢复名誉、赔礼道歉请求权，不适用诉讼时效的规定。

目 录

- 一、规范意旨 ······ 361
  - （一）规范意义与目的 ······ 361
    1. 作为参引规范的第 1 句 ······ 361
    2. 作为抗辩排除规范的第 2 句 ······ 362
  - （二）体系位置 ······ 363
- 二、历史沿革 ······ 365
- 三、人格权侵害民事责任认定的规范基础 ······ 366
  - （一）本条参引的法律规定的性质 ······ 367
    1. 参引条款 ······ 367
    2. 行为规则条款 ······ 368
    3. 裁判规则条款 ······ 370
  - （二）本条参引的请求权基础规范确定的请求权的性质 ······ 370
- 四、人格权请求权的确立及其规范基础 ······ 371
  - （一）人格权请求权的具体类型 ······ 372
  - （二）人格权请求权的规范基础 ······ 376
  - （三）人格权请求权的行使要件 ······ 379
- 五、人格权侵害场合请求权行使中的诉讼时效限制 ······ 380
  - （一）人格权请求权 ······ 380
  - （二）损害赔偿请求权 ······ 382
- 六、证明责任 ······ 383
- 参考文献 ······ 383
- 案例索引 ······ 384

【人格权请求权】 1—2 第 995 条

一、规范意旨

(一)规范意义与目的

从法律规范的逻辑结构看,本条为辅助性规范,需要结合其他法律规则才能确定特定行为是否符合法律规定的行为模式并因此产生相应的法律后果。〔1〕从法律规范的主要功能看,本条第 1 句和第 2 句分别承担了不同功能:第 1 句为参引规范,〔2〕在人格权侵害场合,通过本规定将人格权侵害民事责任认定的行为规则与裁判规则体系性地整合在一起,展现人格权民法保护的层次性与全面性;第 2 句为抗辩排除规范,明确人格权侵害民事责任的请求权中不适用诉讼时效规则的类型,强化对人格权的保护力度。另外,本条第 1 句和第 2 句结合起来亦可推导出立法者通过本条承认人格权请求权的意旨,从而赋予人格权更充分的保护手段以落实尊重和保护人格尊严的立法目的。〔3〕

1. 作为参引规范的第 1 句

就本条第 1 句所表明的人格权侵害民事责任认定的请求权基础而言,给予人格权以充分保护是现行法所追求的核心目标,因此,对人格权的保护应当贯穿于现行法律体系:一方面,不仅《民法典》人格权编专门规定了人格权的享有与保护规则,而且《民法典》其他各编如总则编、物权编、合同编、婚姻家庭编、继承编和侵权责任编也都有与人格权的享有与保护相关的规则;另一方面,《民法典》之外的其他法律如《道路交通安全法》第 76 条、《铁路法》第 58 条、《民用航空法》第 124 条、《海商法》第 163 条、《环境保护法》第 64 条、《水污染防治法》第 96 条、《大气污染防治法》第 125 条、《固体废物污染环境防治法》第 122 条至第 123 条、《放射性

---

〔1〕 参见王利明、程啸、朱虎:《中华人民共和国民法典人格权编释义》,中国法制出版社 2020 年版,第 81 页。

〔2〕 参见吴香香编:《民法典请求权基础检索手册》,中国法制出版社 2021 年版,第 141 页。

〔3〕 参见王晨:《关于〈中华人民共和国民法典(草案)〉的说明——2020 年 5 月 22 日在第十三届全国人民代表大会第三次会议上》,载《民法典立法背景与观点全集》编写组:《民法典立法背景与观点全集》,法律出版社 2020 年版,第 13 页。

污染防治法》第59条、《献血法》第22条、《食品安全法》第147条、《消费者权益保护法》第49条至第51条及第55条第2款、《安全生产法》第116条、《旅游法》第70条、《建筑法》第80条、《电力法》第60条等,也都规定了人格权侵害场合民事责任的认定规则。《民法典》内部体系中的人格权享有与保护规则以及外部的其他法律规定的保护规则,共同构成了现行法秩序下人格权的享有与保护规范体系。[1] 在此意义上,立法者通过本条第1句将《民法典》与其他法律规定的关于人格权侵害民事责任的认定规则联系起来,在形式上表明现行法秩序下人格权的享有与保护规则体系的周延性。

2. 作为抗辩排除规范的第2句

本条第2句具有抗辩排除功能,对于行为人针对请求权提出的诉讼时效已经经过的抗辩,受害人可以依据本句排除行为人的抗辩。就本条第2句所表明的不适用诉讼时效规定的请求权类型而言,其意在通过两个方面体现立法者对人身权益的高度尊重,[2] 贯彻尊重人格尊严、保护人格权的基本立法目的:一是人格权侵害场合的部分请求权区别于单纯的损害赔偿请求权,后者受诉讼时效限制,而前者不受诉讼时效限制;二是人格权虽与物权等一样同属绝对权而在被侵害时可以通过绝对权请求权规则救济,并且学理上有观点认为"每种绝对权都可类推适用物权请求权以达保护之效"[3],但相较于物权请求权而言,人格权请求权直接关系民事主体的生存及人格尊严本身,因此应赋予人格权保护场合的请求权以更强的效力。

另外,本条第2句的抗辩排除功能与其他规范相结合,可以共同作用于人格权侵害场合的责任认定。具体来讲,依据本条第1句参引的《民法典》第1165条第1款的侵权损害赔偿请求权规则、第1167条的保护性请求权规则、第997条的人格权禁令规则及类推适用第236条的物权请求权规则等并结合本条第2句,在人格权侵害场合,可以区分如下两种情形

---

〔1〕 参见最高人民法院民法典贯彻实施工作领导小组主编:《中华人民共和国民法典人格权编理解与适用》,人民法院出版社2020年版,第71页。

〔2〕 参见黄薇主编:《中华人民共和国民法典人格权编解读》,中国法制出版社2020年版,第32页。

〔3〕 [德]M.沃尔夫:《物权法(2004年第20版)》,吴越、李大雪译,法律出版社2004年版,第145页。

确定相应的民事责任;第一,如果因行为人过错造成权利人损害的,在法律无其他特别规定时,受害人有权依据《民法典》第1165条第1款向行为人主张损害赔偿请求权及相应的其他请求权;第二,如果行为人没有过错或没有损害发生,那么权利人既可以依据《民法典》第997条向法院申请人格权禁令,也可以直接依据本条并结合《民法典》第1167条主张停止侵害、排除妨碍、消除危险等非财产性的请求权。亦即,本条虽不是人格权的请求权基础,但本条结合其他法律规定可以推导出人格权请求权的行使条件及其区别于其他请求权的特征,因此本条构成人格权请求权基础的组成部分,表达了立法者承认人格权请求权的基本立场。[1]

(二)体系位置

正如在法典编纂争议中所显现出来的问题一样,在《民法典》第995条的具体解释适用问题上,应结合体系解释与目的解释方法来理顺第995条与《民法典》其他内外部法律规则之间的具体适用关系。具体而言,本条第1句为参引条款,将现行法律体系下人格权侵害民事责任认定的行为规则与裁判规则整合到统一的人格权保护规则体系之下,关于侵害人格权导致的民事责任认定及相应的具体责任承担,由本条第1句所参引的法律规定加以确定。由于现行法律体系下人格权侵害民事责任的具体承担方式散见于《民法典》内外部的不同规则之中,并且其他民事权益的保护亦涉及责任形式的问题,因此立法者延续《民法通则》(已失效)第134条第1、2款和《侵权责任法》(已失效)第15条的立法模式,从科学、体系立法的角度出发,通过提取公因式的立法技术将民事责任承担方式统一规定在《民法典》总则编第179条。[2] 由于该条在民事责任承担方式的规定上并未区分被保护的民事权益是绝对权还是相对权,亦未明确相应的责任方式是针对财产权益还是人身权益,而是采取了概括性规定,这就给保护民事权益的各具体行为规则和裁判规则的解释适用预留了空间。因此,通过本条第1句参引的人格权侵害民事责任的认定规则中明确规定的具体责任承担方式,正是《民法典》第179条规定的责任

---

[1] 参见王利明、程啸、朱虎:《中华人民共和国民法典人格权编释义》,中国法制出版社2020年版,第84页。

[2] 参见最高人民法院民法典贯彻实施工作领导小组主编:《中华人民共和国民法典总则编理解与适用》,人民法院出版社2020年版,第897页。

承担方式的具体体现与运用。

6 根据人格权侵害民事责任承担方式所担负的主要功能的不同,可以将本条第1款参引的作为请求权基础的法律规则中的具体责任承担方式区分为两种:一种以填补损害为核心,旨在使受害人已遭受的损害恢复到损害发生前的状态,典型的是赔偿损失这一责任承担方式,其与损失赔偿请求权相对应,在法律无特别规定时即以《民法典》第1165条第1款为请求权基础;一种以"权利实现"[1]或"恢复人格权的圆满状态"[2]为核心,并不以受害人是否遭受实际损害为前提,典型的如停止侵害、排除妨碍、消除危险的责任承担方式,这些责任承担方式与人格权请求权相对应,服务于具有人格尊严的主体本身。[3]

7 当然,随着社会经济的不断发展,现实中人的需求呈现出多元化的特征,这要求民事责任承担方式亦应适应此种多元化的需求。[4] 因此,经由本条第1句参引的具体法律规则所规定的责任承担方式并不必然全部被《民法典》第179条具体列举规定的责任承担方式所涵盖。从《民法典》第179条对于责任承担方式的规定来看,其一方面规定了主要是以恢复原状为目的的责任承担方式,具有事后救济的特点,这对人格权的保护有时可能过于消极而不能完全满足民事主体的现实需求,因为现代社会背景下对人格权的侵害往往具有不可逆性,[5]无法通过以恢复原状为目的的责任方式来救济,这就要求制定法适当突破传统责任承担方式的限制而使人格权侵害场合的责任承担方式具有事先预防的功能,变得更为积极主动;另一方面,《民法典》第179条第1款对责任承担方式的类型亦采取了开放式规定,从该款的具体表述看,其仅规定了"主要"责任承担方式,并不排除在该款具体列举的主要责任承担方式之外还存在的其

---

[1] 参见[德]卡尔·拉伦茨:《德国民法通论》(上册),王晓晔、邵建东、程建英、徐国建、谢怀栻译,法律出版社2003年版,第322页。

[2] 参见王利明、程啸、朱虎:《中华人民共和国民法典人格权编释义》,中国法制出版社2020年版,第87页。

[3] 参见[德]卡尔·拉伦茨:《德国民法通论》(上册),王晓晔、邵建东、程建英、徐国建、谢怀栻译,法律出版社2003年版,第325页。

[4] 参见黄薇主编:《中华人民共和国民法典总则编解读》,中国法制出版社2020年版,第580页。

[5] 参见王利明:《论人格权请求权与侵权损害赔偿请求权的分离》,《中国法学》2019年第1期,第224页。

[人格权请求权]

他责任承担方式,给其他法律在本条第 1 款列举的主要责任承担方式之外规定其他方式预留了空间。在此意义上,本条第 1 句参引的法律规定的责任承担方式可以不限于《民法典》第 179 条第 1 款具体列举规定范围内的方式,还可以是其他类型的方式,如通过《民法典》第 997 条的人格权禁令制度而得以适用的停止侵害、排除妨碍、消除危险请求权,《民法典》第 1028 条、第 1029 条与第 1037 条规定的更正请求权、异议请求权与删除请求权等,这些人格权请求权与人格权领域的具体责任承担方式相对应,[1]比《民法典》第 179 条第 1 款规定的各种责任方式更加直接、具体和积极,能最大限度地保护民事主体人格权益不受侵害。[2]

整体而言,本条并非理论上部分观点所认为的属于人格权请求权的独立规范基础,而是作为提示参引规范和抗辩排除规范将人格权侵害民事责任认定规则联系起来,并通过《民法典》第 179 条第 1 款规定的责任承担方式的具体运用而在这些具体规则之间形成关于人格权侵害民事责任认定的统一规范体系。

二、历史沿革

在《民法典》之前,对于人格权的保护,在其他法律没有特别规定时,主要是通过《民法通则》(已失效)第 106 条第 2 款及《侵权责任法》(已失效)第 6 条第 1 款结合第 2 条所确立的一般侵权条款来实现,与这些一般侵权条款相对应的责任承担方式亦未被明确区分为绝对权请求权和损害赔偿请求权等。虽然《物权法》(已失效)第 34 条、第 35 条等确立了返还原物、排除妨害和消除危险请求权为物权请求权,在责任成立等方面区别于损害赔偿请求权,[3]但鉴于作为财产权的物权与作为人身权

---

[1] 参见张红:《民法典之名誉权立法论》,《东方法学》2020 年第 1 期,第 80 页。

[2] 参见张红:《〈民法典(人格权编)〉一般规定的体系构建》,《武汉大学学报(哲学社会科学版)》2020 年第 5 期,第 165 页。

[3] 参见朱虎:《物权请求权的独立与合并——以返还原物请求权为中心》,《环球法律评论》2013 年第 6 期,第 17 页;周友军:《我国物权请求权制度的解释论》,《社会科学研究》2008 年第 3 期,第 11 页;王轶:《物权请求权与诉讼时效制度的适用》,《当代法学》2006 年第 1 期,第 74 页;刘凯湘:《论基于所有权的物权请求权》,《法学研究》2003 年第 1 期,第 25 页。

的人格权存在的巨大差异,适用于财产权的绝对权请求权规则是否也可以适用于人格权的保护,学理上存在不同观点,法律实践中对此也存在分歧。[1]受这种学理观念的影响,2002年《中华人民共和国民法(草案)》第四编人格权法第5条仅规定了"侵害自然人、法人人格权的,应当承担停止侵害、恢复名誉、消除影响、赔礼道歉、赔偿损失、支付精神损害赔偿金等民事责任",[2]其并未承认独立的人格权请求权,而是如《侵权责任法》(已失效)一样将其涵盖在侵权请求权之中,被称为吸收模式。[3]《人格权编室内稿》第50条[4]、《民法典各分编征求意见稿》人格权编第8条第1款一方面延续之前草案的做法而采取吸收模式,另一方面又在第2款规定"被侵权人依照前款规定提出的停止侵害、排除妨碍、消除危险、消除影响、恢复名誉、赔礼道歉请求权不受诉讼时效限制",[5]承认人格权侵害场合的特定请求权不受诉讼时效限制,区别于损害赔偿请求权等。[6]嗣后民法典各草案在基本保持《民法典各分编征求意见稿》第8条规定的基础上略作修改,最终形成了本条。

三、人格权侵害民事责任认定的规范基础

如前所述,本条共两句,第1句为提示参引规范,仅表明人格权侵害

---

[1] 参见袁雪石:《民法典人格权编释论:条文缕析、法条关联与案例评议》,中国法制出版社2020年版,第125—130页。

[2] 参见何勤华、李秀清、陈颐编:《新中国民法典草案总览(增订本)》(下卷),北京大学出版社2017年版,第1525页。

[3] 参见王利明:《论人格权请求权与侵权损害赔偿请求权的分离》,《中国法学》2019年第1期,第224页。

[4] 参见何勤华、李秀清、陈颐编:《新中国民法典草案总览(增订本)续编》,北京大学出版社2020年版,第84页。

[5] 参见何勤华、李秀清、陈颐编:《新中国民法典草案总览(增订本)续编》,北京大学出版社2020年版,第187页。

[6] 对此,学理上存在不同观点。肯定意见具体参见王利明:《论人格权请求权与侵权损害赔偿请求权的分离》,《中国法学》2019年第1期,第224页;反对观点具体参见陈甦、谢鸿飞主编:《民法典评注:人格权编》,中国法制出版社2020年版,第47—48页;龙卫球主编:《中华人民共和国民法典人格权编与侵权责任编释义》,中国法制出版社2021年版,第21页。

民事责任的认定应当依据本法及其他法律的具体规定来判断,并未表明相应的民事责任判定的具体构成要件与标准;第 2 句为典型的抗辩排除规范,仅表明人格权侵害场合的部分请求权不受诉讼时效限制,并未表明那些受诉讼时效规则限制的请求权类型皆属于人格权请求权。因此,本条并未如学理上有观点认为的属于对人格权请求权基础的规定。[1] 当然,对于学理与实务上颇多关切的人格权请求权基础问题,本条虽未明确予以规定,但经由本条的提示参引则可以确定。

学理上有观点认为,本条构成独立的人格权请求权基础,是受害人主张人格权请求权的一般规定,其明确了人格权请求权的行使不以过错和损害为要件,只要存在侵害行为即可。[2] 但从法律规则的形式逻辑构成角度来看,本条第 1 句并没有关于行为模式的规定,其并未明确人格权侵害民事责任的构成要件,不能据以直接产生某特定请求权;从功能上来讲,本条第 1 句仅是提示参引条款,其将人格权侵害民事责任的认定与《民法典》内外部涉及人格权侵害民事责任认定的具体行为规则与裁判规则联系起来,为人格权侵害民事责任认定法律规则的体系化提供了规范基础,但其自身并不构成独立的请求权基础。[3] 从体系化视角出发,可以将现行法中通过本条第 1 句参引到的关于人格权侵害民事责任认定的条款进行区分处理。

(一) 本条参引的法律规定的性质

以法律规则是否可以独立作为人格权侵害民事责任认定场合的请求权基础为标准进行区分,可以将本条第 1 句参引到的法律规则区分为参引条款、行为规则条款及纯粹的裁判规则条款三种类型,不同的类型据以发挥法律效果评价作用的方式并不相同。

1. 参引条款

参引条款是指通过本条第 1 句提示参引到的一类具体法律规则,其

---

[1] 参见王利明:《民法典人格权编的亮点与创新》,《中国法学》2020 年第 4 期,第 16 页。
[2] 参见张红:《〈民法典(人格权编)〉一般规定的体系构建》,《武汉大学学报(哲学社会科学版)》2020 年第 5 期,第 164 页。
[3] 参见王利明、程啸、朱虎:《中华人民共和国民法典人格权编释义》,中国法制出版社 2020 年版,第 81 页。

并不构成人格权侵害民事责任的独立认定条款,而是作为中介,再次发挥参引功能并转引到能够作为人格权侵害场合受害人主张民事法律救济的独立请求权规则。例如,《环境保护法》第 64 条规定的"因污染环境和破坏生态造成损害的,应当依照《中华人民共和国侵权责任法》的有关规定承担侵权责任",[1]《大气污染防治法》第 125 条规定的"排放大气污染物造成损害的,应当依法承担侵权责任",[2]《固体废物污染环境防治法》第 123 条规定的"违反本法规定……造成人身、财产损害的,依法承担民事责任"[3]《放射性污染防治法》第 59 条规定的"因放射性污染造成他人损害的,应当依法承担民事责任"[4]等等,都未直接规定相应侵害行为的民事责任成立与承担规则,而是统一参引到《民法典》侵权责任编的具体规则来调整。

2. 行为规则条款

行为规则条款是指经本条第 1 句参引的规定了请求权的具体法律规则,通常具备行为模式和法律后果要件,构成独立的请求权基础,人格权侵害场合的权利人可以直接依其向行为人请求承担民事责任。例如,《民用航空法》第 124 条规定的"因发生在民用航空器上或者在旅客上、下民用航空器过程中的事件,造成旅客人身伤亡的,承运人应当承担责任;但是,旅客的人身伤亡完全是由于旅客本人的健康状况造成的,承运人不承担责任",[5]《海商法》第 163 条规定的"在海上拖航过程中,由于

---

[1] 参见江苏省南京市人民检察院诉王某林生态破坏民事公益诉讼案,江苏省南京市中级人民法院(2020)苏 01 民初 798 号民事判决书;湖南省益阳市人民检察院诉夏某安等 15 人生态破坏民事公益诉讼案,湖南省高级人民法院(2020)湘民终 1862 号民事判决书。

[2] 参见北京市朝阳区自然之友环境研究所诉江苏大吉发电有限公司环境污染民事公益诉讼案,江苏省高级人民法院(2020)苏民终 158 号民事判决书;中国生物多样性保护与绿色发展基金会与深圳市速美环保有限公司、浙江淘宝网络有限公司大气污染责任纠纷案,浙江省杭州市中级人民法院(2016)浙 01 民初 1269 号民事判决书。

[3] 参见张式军、田亦尧:《后民法典时代民法与环境法的协调与发展》,《山东大学学报(哲学社会科学版)》2021 年第 1 期,第 131 页。

[4] 参见杨某华与重庆市环境保护局行政撤销案,重庆市第五中级人民法院(2017)渝 01 行终 350 号行政判决书。

[5] 参见金某萍与中国国际航空股份有限公司航空旅客运输合同纠纷案,北京市顺义区人民法院(2021)京 0113 民初 21085 号民事判决书。

承拖方或者被拖方的过失,造成第三人人身伤亡或者财产损失的,承拖方和被拖方对第三人负连带赔偿责任。除合同另有约定外,一方连带支付的赔偿超过其应当承担的比例的,对另一方有追偿权",[1]《铁路法》第58条规定的"因铁路行车事故及其他铁路运营事故造成人身伤亡的,铁路运输企业应当承担赔偿责任;如果人身伤亡是因不可抗力或者由于受害人自身的原因造成的,铁路运输企业不承担赔偿责任。违章通过平交道口或者人行道,或在铁路线路上行走、坐卧造成的人身伤亡,属于受害人自身的原因造成的人员伤亡"[2]等等,都属于独立的请求权基础。

对于同一人格权侵害行为引发的若干个行为规则都可以适用的情形,通常应依据特殊法律规则优先于一般法律规则适用的规则处理。例如,《消费者权益保护法》第55条第2款规定:"经营者明知商品或者服务存在缺陷,仍然向消费者提供,造成消费者或者其他受害人死亡或者健康严重损害的,受害人有权要求经营者依照本法第四十九条、第五十一条等法律规定赔偿损失,并有权要求所受损失二倍以下的惩罚性赔偿。"该条即构成《民法典》侵权责任编第1207条"明知产品存在缺陷仍然生产、销售,或者没有依据前条规定采取有效补救措施,造成他人死亡或者健康严重损害的,被侵权人有权请求相应的惩罚性赔偿"的特别规定,应优先于后者适用。[3] 若具体法律规则之间并不存在特殊与一般的规则适用关系,此种情形构成规则竞合,受害人有权依据《民法典》第186条选择其一主张。[4] 例如,依据《民法典》第823条第1款"承运人应当对运输过程中旅客的伤亡承担赔偿责任;但是,伤亡是旅客自身健康原因造成的

---

[1] 参见中国平安财产保险股份有限公司上海分公司与交通运输部南海救助局海上、通海水域拖航合同纠纷案,广东省高级人民法院(2019)粤民终1289号民事判决书。

[2] 参见杨某波、侯某素与中国铁路上海局集团有限公司、中国铁路上海局集团有限公司南京站铁路运输人身损害责任纠纷案,《最高人民法院公报》2019年第10期,第45—48页。

[3] 参见朱晓峰:《论〈民法典〉对惩罚性赔偿的适用控制》,《暨南学报(哲学社会科学版)》2020年第11期,第62页。

[4] 参见黄薇主编:《中华人民共和国民法典总则编解读》,中国法制出版社2020年版,第613页。

或者承运人证明伤亡是旅客故意、重大过失造成的除外"之规定,[1]若因承运人的原因导致旅客人身伤亡的,受害人享有选择权,其既可以主张侵权责任请求权,亦可以主张违约责任请求权。[2]

3. 裁判规则条款

裁判规则条款是指经本条第1句参引的一类具体法律规则,其既不是参引条款而可以转参引其他可以作为请求权基础的具体规则,也不可以直接作为人格权侵害场合受害人向行为人主张承担民事责任的请求权基础,而仅仅是作为裁判规则在法院具体认定人格权侵害民事责任的过程中发挥法律效果评价的功能。这样的法律规则并非行为规则,不具备由行为模式和法律后果构成的形式逻辑结构,而是在人格权侵害民事责任认定中作为一般侵权条款或其他独立的请求权基础条款的辅助规则发挥作用。[3] 例如,《民法典》第998条规定的"认定行为人承担侵害除生命权、身体权和健康权外的人格权的民事责任,应当考虑行为人和受害人的职业、影响范围、过错程度,以及行为的目的、方式、后果等因素",[4]即仅能助益于法院在个案中依据《民法典》第1165条第1款等展开法律效果评价的过程中发挥作用,不能作为独立的请求权基础而由受害人依据该条向行为人主张承担侵权责任。[5]

(二) 本条参引的请求权基础规范确定的请求权的性质

人格权为绝对权,对于因人格权保护所生的请求权可依其性质而区分为人格权请求权和损害赔偿请求权两种类型。本条第1句所参引的确

---

[1] 参见吕某1等城市公交运输合同纠纷案,北京市第二中级人民法院(2023)京02民终7360号民事判决书。

[2] 参见叶名怡:《违约与侵权竞合实益之反思》,《法学家》2015年第3期,第124页;汪世虎:《合同责任与侵权责任竞合问题研究》,《现代法学》2002年第4期,第109页。

[3] 参见朱晓峰:《人格权侵害民事责任认定条款适用论》,《中国法学》2021年第4期,第48页。

[4] 参见钟某良与《上海电视》杂志社肖像权、姓名权纠纷案,上海市第二中级人民法院(2022)沪02民终4039号民事判决书。

[5] 参见王泽鉴:《中国民法的特色及解释适用》,《法律适用》2020年第13期,第11—12页。

定人格权侵害民事责任的行为规则,既包括损害赔偿请求权规则,如《消费者权益保护法》第49条规定"经营者提供商品或者服务,造成消费者或者其他受害人人身伤害的,应当赔偿医疗费、护理费、交通费等为治疗和康复支出的合理费用,以及因误工减少的收入。造成残疾的,还应当赔偿残疾生活辅助具费和残疾赔偿金。造成死亡的,还应当赔偿丧葬费和死亡赔偿金",[1]于此的损害赔偿请求权受《民法典》总则编诉讼时效规则的调整;也包括绝对权请求权规则,如《民法典》第1167条规定"侵权行为危及他人人身、财产安全的,被侵权人有权请求侵权人承担停止侵害、排除妨碍、消除危险等侵权责任",于此的绝对权请求权规则不受诉讼时效规则的限制;还包括混合规定损害赔偿请求权与人格权请求权的,如《消费者权益保护法》第50条规定的"经营者侵害消费者的人格尊严、侵犯消费者人身自由或者侵害消费者个人信息依法得到保护的权利的,应当停止侵害、恢复名誉、消除影响、赔礼道歉,并赔偿损失"以及第51条规定的"经营者有侮辱诽谤、搜查身体、侵犯人身自由等侵害消费者或者其他受害人人身权益的行为,造成严重精神损害的,受害人可以要求精神损害赔偿",于此的请求权应区分其具体类型而确定是否受诉讼时效规则限制。

四、人格权请求权的确立及其规范基础

人格权请求权是在人格权受到侵害或有侵害之虞时,权利人有权请求加害人停止侵害、排除妨碍、消除危险等以恢复人格权的圆满状态的请求权。[2]在民事权利体系中,存在原权与救济权的区分,物权、人格权等属于前者,损害赔偿请求权等属于后者,基于合同所生的履行请求权自身即具有请求他人为或不为特定行为的效力,属于原权请求权。就原权

---

[1] 参见张某梅诉南京港华燃气有限公司产品生产者责任纠纷案,载《最高人民法院公报》2019年第9期,第41—43页。

[2] 参见王泽鉴:《人格权法:法释义学、比较法、案例研究》,北京大学出版社2013年版,第387页;王利明、程啸、朱虎:《中华人民共和国民法典人格权编释义》,中国法制出版社2020年版,第84页;崔建远:《债法总则与中国民法典的制定——兼论赔礼道歉、恢复名誉、消除影响的定位》,《清华大学学报(哲学社会科学版)》2003年第4期,第67页。

与救济权二者的关系来看,后者系从前者派生而来,基于尊重前者的义务被违反而产生,旨在保护前者。[1] 因此,人格权请求权属于从人格权派生出来的救济人格权的权利,但与物权请求权会面临"原权不复存在,物权请求权能否存在"的问题不同,基于人格权的观念性,人格权请求权始终与其人格权同时存在,具有逻辑上的独立性。[2]

(一)人格权请求权的具体类型

19　　对人格权请求权的具体类型,学理观点存在着分歧,主要表现为三种:

20　　最广义的观点认为,人格权请求权是一种独立的请求权,具体包括排除妨害请求权、停止妨害请求权和人身损害赔偿请求权,其主要功能是预防和保全。人格权请求权与其他请求权的规范关系可区分为两种,一种是与人格权侵权请求权的聚合关系,一种是与物权请求权、知识产权请求权的竞合关系。[3] 对此的反对观点认为,侵害人格权的民事责任应区分为非债权性质的"退出式"请求权和债权性质的"割让式"请求权,前者包括停止侵害、赔礼道歉、恢复名誉和消除影响,后者即损害赔偿,由于后者具有债权性质,因此在民法的抽象技术下能被纳入侵权之债的组成部分,而前者则保留在人格权章节中,成为人格权请求权。

21　　持中义的观点认为,人格权请求权的主要目的在于预防和停止侵害以及弥补损害,是一种特殊的请求权,不能将侵权请求权纳入其中,而损害赔偿请求权在性质上属于侵权请求权,不能为人格权请求权所包含。本条第2句规定的不受诉讼时效限制的停止侵害、排除妨碍、消除危险、消除影响、恢复名誉、赔礼道歉请求权,既是侵害人格权的责任承担方式,

---

[1] 参见马俊驹:《民法上支配权与请求权的不同逻辑构成——兼论人格权请求权之独立性》,《法学研究》2007年第3期,第37页。

[2] 参见马俊驹:《人格和人格权理论讲稿》,法律出版社2009年版,第343页;杨立新、袁雪石:《论人格权请求权》,《法学研究》2003年第6期,第57页。

[3] 参见杨立新、袁雪石:《论人格权请求权》,《法学研究》2003年第6期,第57页。持该观点的学者在最新的著述中已放弃了原有立场,最新论述见杨立新:《中华人民共和国民法典条文要义》,中国法制出版社2020年版,第697页;袁雪石:《民法典人格权编释论:条文缕析、法条关联与案例评议》,中国法制出版社2020年版,第138页。

【人格权请求权】

也是人格权请求权的内容。[1]

狭义的观点认为,本条第 2 句只是明确了停止侵害、排除妨碍、消除危险、消除影响、恢复名誉、赔礼道歉请求权不适用诉讼时效,但不意味着这几类不适用诉讼时效的请求权都属于人格权请求权。在这几类请求权中,只有停止侵害、排除妨碍、消除危险属于人格权请求权,至于消除影响、恢复名誉、赔礼道歉,性质上属于侵权赔偿请求权,而非人格权请求权。[2]

本评注持狭义论,具体理由在于:

第一,从人格权请求权与损害赔偿请求权的主要功能来看,人格权请求权主要发挥的是预防功能,而损害赔偿请求权的基本功能是补偿功能,需要由赔偿义务人采取恢复原状或金钱赔偿的方法来填补损害。在人格权遭受侵害时,仅使用经济手段对受害人遭受的损害予以填补可能并不充分,消除影响、恢复名誉、赔礼道歉等请求权都是为了补充经济手段即狭义的损害赔偿在恢复原状功能上的不足而产生的,在性质上属于广义的损害赔偿请求权,是受害人在人格权被侵害且遭受损害时才能适用的,其发挥的主要是填补功能。这在比较法上亦被广泛支持。例如,《日本民法典》第 723 条规定:"对于损害他人名誉的人,法院根据受害人的请求,可以替代损害赔偿或与损害赔偿一起责令其作出有利于回复名誉的适当处理。"对此,在日本学理看来,名誉损毁时仅适用经济赔偿原则对受害人的救济并不充分,因此认可恢复原状的救济方法,而道歉广告作为一种恢复名誉的适当处分被广泛接受,其与经济赔偿特别是精神抚

---

[1] 参见王利明、程啸、朱虎:《中华人民共和国民法典人格权编释义》,中国法制出版社 2020 年版,第 90 页;龙卫球主编:《中华人民共和国民法典人格权编与侵权责任编释义》,中国法制出版社 2021 年版,第 21 页;最高人民法院民法典贯彻实施工作领导小组主编:《中华人民共和国民法典总则编理解与适用》,人民法院出版社 2020 年版,第 73 页;杨立新:《中华人民共和国民法典条文要义》,中国法制出版社 2020 年版,第 697 页;袁雪石:《民法典人格权编释论:条文缕析、法条关联与案例评议》,中国法制出版社 2020 年版,第 138 页;张红:《〈民法典(人格权编)〉一般规定的体系构建》,《武汉大学学报(哲学社会科学版)》2020 年第 5 期,第 164 页;曹相见、杜生一、侯圣贺编著:《〈中华人民共和国民法典·人格权编〉释义》,人民出版社 2020 年版,第 22 页。

[2] 参见程啸:《我国民法典中的人格权请求权》,《人民法院报》2020 年 10 月 22 日,第 5 版。

慰金并列,构成侵权行为造成损害时请求赔偿的一个组成部分。[1] 我国台湾地区"民法"第 195 条第 1 项后段也规定"其名誉被侵害者,并得请求回复名誉之适当处分",学理上对此同样也认为:"法院得命为回复名誉之适当处分,须金钱赔偿不足以保护名誉,此为名誉受侵害的特色,该侵害名誉乃贬损社会对个人的评价,例如在报纸刊载不实的事实(贪污、婚外情等)。在此等损人名誉的情形,仅对被害人为金钱赔偿,常未能回复其受贬损的名誉,故得命为登报道歉等适当处分,此乃名誉受侵害回复原状的一种特殊方式。"[2] 另外,在法国,虽然立法上明确规定在损害赔偿之外的其他可替代的救济措施,但在法院对损害赔偿的评估过程中,也会考虑其他民事救济方式的可行性,如更正申明或公开发表法院判决书可能因减轻了受害人的损害而被认为是一种行为赔偿或代物赔偿。[3]

第二,从我国现行法律体系中关于人格权请求权与诉讼时效规则的规范关系来看,尽管本条第 2 句明确规定停止侵害、排除妨碍、消除危险、消除影响、恢复名誉、赔礼道歉请求权不适用诉讼时效规则,但这并不意味着人格权请求权与诉讼时效限制规则之间构成一一对应的关系,不能以停止侵害、排除妨碍、消除危险、消除影响、恢复名誉、赔礼道歉请求权不适用诉讼时效规则来推导这些请求权都是人格权请求权的结论。因为从《民法典》总则编第 196 条规定的不受诉讼时效限制的请求权类型来看,该条列举的 4 项内容包括:第 1 项是普遍适用于所有绝对权的请求权类型,包括停止侵害、排除妨碍、消除危险;第 2 项是仅适用于不动产物权和登记的动产物权的财产返还请求权;第 3 项是基于特定身份关系而生的债权请求权,包括抚养费、赡养费或扶养费的支付请求权;第 4 项是概括性规定,使不受诉讼时效规则限制的请求权类型具有向现实开放的可能性,法律可以基于其他正当事由而将未在本条列举规定的请求权类型

---

[1] 参见[日]五十岚清:《人格权法》,[日]铃木贤、葛敏译,北京大学出版社 2009 年版,第 194—195 页。

[2] 王泽鉴:《人格权法:法释义学、比较法、案例研究》,北京大学出版社 2013 年版,第 430 页。

[3] 参见[法]加兰·卡瓦尔:《法国法律中的非金钱损失》,载[英]W. V. 霍顿·罗杰斯主编:《比较法视野下的非金钱损失赔偿》,许翠霞译,中国法制出版社 2012 年版,第 145 页。

纳入不受诉讼时效规则限制的领域。[1] 例如，《诉讼时效制度规定》第1条规定的支付存款本金以及利息请求权，兑付国债、金融债券以及向不特定对象发行的企业债券本息请求权，基于投资关系产生的缴付出资请求权等，在立法过程中即有观点认为应将之明确规定在本条而不受诉讼时效规则限制，[2] 虽然立法者没有采纳此种观点，但经体系解释与目的解释，依然可以通过《民法典》第196条第4项而作为不受诉讼时效规则限制的请求权类型对待。[3] 这表明不适用诉讼时效规则的既有债权请求权，又有绝对权请求权，因此不能以《民法典》第995条第2句规定了停止侵害、排除妨碍、消除危险、消除影响、恢复名誉、赔礼道歉请求权不适用诉讼时效而直接认为这些请求权即为人格权请求权。

第三，从人格权请求权预防功能的发挥机制看，人格权请求权作为一种区别于传统的以恢复原状为目的的事后填补型保护规则，核心特征在于通过事先主动的预防机制阻止侵害的发生，与此相对应的请求权仅包括停止侵害、排除妨碍和消除危险三种类型，这三种请求权既可以与《民法典》第997条规定的人格权禁令制度结合起来，也可以与《民法典》第1167条规定的保护性请求权规则相结合适用，在请求权行使的要件与程序上都更为简洁方便，更有利于人格权的充分保护。[4] 与这些可以和《民法典》第997条、第1167条等结合起来作用于人格权保护的请求权不同，消除影响、恢复名誉、赔礼道歉请求权的行使都以损害的发生为前提，这些请求权的行使都具有事后救济的特征，以损害填补为目的，属于侵权请求权的构成部分，而非可以通过人格权禁令规则发挥人格权侵害预防功能的人格权请求权。

---

[1] 参见黄薇主编：《中华人民共和国民法典总则编解读》，中国法制出版社2020年版，第660页。

[2] 参见《张德江委员长主持召开民法总则草案成都座谈会简报》，载《民法总则立法背景与观点全集》编写组编：《民法总则立法背景与观点全集》，法律出版社2017年版，第95页。

[3] 参见最高人民法院民法典贯彻实施工作领导小组主编：《中华人民共和国民法典总则编理解与适用》，人民法院出版社2020年版，第990页。

[4] 参见程啸：《我国民法典中的人格权请求权》，《人民法院报》2020年10月22日，第5版。

(二)人格权请求权的规范基础

27 人格权请求权的规范基础是指权利人人格权被侵害或有被侵害之虞时向行为人主张人格权请求权的规范依据,或者权利人向行为人主张人格权请求权所依据的具体法律规则。《民法典》对该问题并未作出明确规定,导致我国学理上存在较大分歧。

28 一般规范说认为,本条是人格权请求权的一般规范,其与《民法典》第997条人格权禁令规则共同构成人格权请求权的一般规范体系,并与基于具体人格权特性所生的人格权请求权如《民法典》第1028条的更正与删除请求权、第1029条的提出异议并请求更正与删除的权利、第1037条的提出异议并请求更正的权利等,共同构成完整的人格权请求权规范体系。[1] 换言之,此种观点认为本条本身即构成人格权请求权的完整基础,在法律对人格权请求权没有特别规定时,权利人即可依本条向行为人主张人格权请求权。

29 不完全法条说认为,本条并非完全法条,其适用需要结合其他法律规范,才能确定评价具体行为法律效果的行为模式和法律后果,成为完整的请求权基础。于此需要结合的法律既包括本编的其他规定,也包括其他各编的规定,还包括《民法典》之外的其他法律规定。在此意义上,本条体现了人格权编的主要功能是划定权利义务的边界,但并不能仅依此来完成对人格权的保护,而应与其他法律结合适用。当然,此种结合区别于双重适用,其是根据不同的规范目的进行具体化的过程。[2]

30 一般来看,作为请求权基础的具体法律规则,是可以直接产生请求权且在逻辑构造上通常要具备行为模式和法律后果要件的。本条的逻辑构造表明,其既不可以直接产生权利人可以主张的请求权,也不具备行为模式和法律后果要件。因此本条并非人格权请求权的独立规范基础,而是通过本条第1句参引到的其他具体法律规则,来确定相应人格权请求权的规范基础。如前所述,在现行民事法律体系中,通过本条第1句参引到的确定人格权侵害民事责任认定的行为规则可以区分为损害赔偿请求权

---

[1] 参见张红:《〈民法典(人格权编)〉一般规定的体系构建》,《武汉大学学报(哲学社会科学版)》2020年第5期,第164页。

[2] 参见王利明、程啸、朱虎:《中华人民共和国民法典人格权编释义》,中国法制出版社2020年版,第81页。

【人格权请求权】

规则与人格权请求权规则,其中人格权请求权规则又因适用范围而区分为一般性人格权请求权规则和特别人格权请求规则,前者包括《民法典》第997条的人格权禁令规则和第1167条的保护性请求权规则,适用于停止侵害、排除妨碍、消除危险三项请求权,后者是第997条和第1167条两条一般性规定之外的其他特别人格权请求权规则,包括《民法典》第1028条的媒体报告失实的更正与删除请求权规则、《民法典》第1029条的不当信用评价的异议及更正与删除的请求权规则、第1037条的个人信息的异议并请求更正的请求权规则等。[1]

虽然《民法典》第997条、第1167条以及第1028条、第1029条、第1037条等在人格权请求权的成立上都不要求过错和损害结果,[2]但第997条人格权禁令制度的适用通常需要满足行为人正在或即将实施侵害行为、不及时制止将使权利人的合法权益受到难以弥补的损害、受害人有证据证明三项要件,[3]第1167条通常需要满足的"危及"标准要求侵权行为正在实施和持续且已经对被侵权人的人身产生现实的侵害或即将产生侵害,[4]第1028条等则仅适用于名誉权、个人信息保护等个别领域。因此,相较于《民法典》第236条规定的物权妨害排除和危险消除请求权的适用核心关注点为现实的妨碍和可能的妨碍而言,[5]前述条款确立的人格权请求权基础规范在具体适用上存在过于严格的问题。[6] 这与立法者通过本条第2句扩大不受诉讼时效规则限制的请求权范围以高度尊重和充分保护人身权益的目的并不相符。由于物权与人格权同属绝对

---

[1] 参见程啸:《侵权责任法》(第三版),法律出版社2021年版,第749页。
[2] 参见张红:《〈民法典(人格权编)〉一般规定的体系构建》,《武汉大学学报(哲学社会科学版)》2020年第5期,第164页;程啸:《我国民法典中的人格权请求权》,《人民法院报》2020年10月22日,第5版。
[3] 参见黄薇主编:《中华人民共和国民法典人格权编解读》,中国法制出版社2020年版,第42—43页;最高人民法院民法典贯彻实施工作领导小组主编:《中华人民共和国民法典人格权编理解与适用》,人民法院出版社2020年版,第92—94页。
[4] 参见黄薇主编:《中华人民共和国民法典侵权责任编解读》,中国法制出版社2020年版,第18—19页。
[5] 参见最高人民法院民法典贯彻实施工作领导小组主编:《中华人民共和国民法典物权编理解与适用》,人民法院出版社2020年版,第195页。
[6] 参见张红:《〈民法典(人格权编)〉一般规定的体系构建》,《武汉大学学报(哲学社会科学版)》2020年第5期,第162—163页。

权,且对人格尊严的保护是民法典编纂的核心目标,相比于物权,人格权在权利价值上更具有基础性,因此,对其的保护强度应不低于物权的保护强度。[1] 鉴于此,在人格权请求权问题上,若相应的具体行为可以纳入《民法典》第 997 条、第 1167 条或者第 1028 条等的调整范畴,那么应当依据这些法律规则确立的请求权基础规范来评价相应行为的法律效果;若相应的行为无法满足前述请求权基础规范的构成性条件,则可"举轻以明重"而适用《民法典》第 236 条的物权请求权规则,从而将这些不能纳入前述请求权基础规范调整范畴的行为通过该条纳入法律的调整范畴,为人格权的保护奠定了坚实的基础。

32　　整体而言,现行民事法律体系下可以直接作为人格权请求权基础规范的《民法典》第 997 条、第 1167 条、第 1028 条、第 1029 条、第 1037 条等以及通过解释而得以适用的第 236 条,共同构成人格权请求权的基础规范体系。以人格权的充分保护为目的,在人格权请求权基础规范体系内部,各具体法律规则的适用关系是:

33　　第一,相较于其他请求权基础规范,《民法典》第 1028 条、第 1029 条与第 1037 条构成人格权请求权在名誉权与个人信息保护领域的特别规定,因此应依据特别规定优先适用的规则而在适用上优先于其他请求权基础规范。

34　　第二,在第 997 条、第 1167 条与第 236 条之间,由于第 997 条与第 1167 条在构成要件方面比第 236 条更严格,因此为填补第 997 条与第 1167 条在人格权保护方面可能存在的漏洞,可以基于目的解释而通过当然解释方法将第 236 条引入人格权请求权基础规范体系,填补第 997 条与第 1167 条的立法漏洞。就此而言,第 997 条与第 1167 条优先于第 236 条而适用,只有无法通过前者为人格权提供保护时,才可以考虑是否适用第 236 条。

35　　第三,第 997 条与第 1167 条都是关于停止侵害、排除妨碍、消除危险请求权的基础规范,但二者适用的条件及程序不同:前者在满足第 997 条规定的构成要件时即可通过非讼程序实现,以实现对人格权的高效便捷

---

[1] 参见张红:《〈民法典(人格权编)〉一般规定的体系构建》,《武汉大学学报(哲学社会科学版)》2020 年第 5 期,第 162 页。

[人格权请求权]

保护;[1]后者在满足第1167条规定的构成要件时,权利人可以通过普通诉讼程序主张实现相应的请求权,并在条件具备时可依据《民事诉讼法》第104条主张诉前行为保全。相较于第1167条,第997条在人格权请求权成立要件上更严格,因此满足第997条人格权请求权行使要件的,必然同时也会满足第1167条的行使要件,此种情形下第997条与第1167条存在竞合关系,由权利人选择其中之一主张;对不在第997条调整范围的,则由第1167条调整。

(三)人格权请求权的行使要件

通过本条第1句参引的人格权请求权的基础规范,在关于人格权请求权行使条件的设置上,除了以充分保护人格权为目的并强调事先预防的功能,还基于各自的特别立法目的而在构成要件上有不同的考量,这就导致各人格权请求权的基础规范在具体构造上既存在共同性,也存在着各自的特殊性。

具体来讲,这种共同性核心表现在两个方面:一是损害结果的问题,无论是可以直接适用的《民法典》第997条、第1167条、第1028条、第1029条与第1037条,还是在前述条款出现立法漏洞的情形下通过解释得以填补漏洞的第236条,都不要求相应的停止侵害、排除妨碍、消除危险等请求权的行使应满足损害结果的要求;二是过错的问题,前述基础规范仅要求存在侵害行为或者对人格权有侵害之虞,权利人即可主张相应的请求权,至于行为人是否存在过错则在所不问。[2] 这种立场的核心在于给予人格权以更积极充分的保护,实现立法者保护人格尊严的目的。而这种差异性主要表现在各人格权请求权基础规范基于不同的立法目的而给予了人格权请求权的行使以不同的限制,意在将对人格权的充分保护和尊重具体化而具有可操作性,防止抽象一般的人格权请求权基础规范在解释适用时赋予法官过大的自由裁量权,从而在人格权的充分保护

---

[1] 参见朱晓峰:《〈民法典〉人格权禁令规范适用论》,《中国政法大学学报》2022年第3期,第145页。

[2] 参见最高人民法院民法典贯彻实施工作领导小组主编:《中华人民共和国民法典人格权编理解与适用》,人民法院出版社2020年版,第76—77页;张红:《〈民法典(人格权编)〉一般规定的体系构建》,《武汉大学学报(哲学社会科学版)》2020年第5期,第164页。

与行为自由之间维持适当的平衡。

38　　对于人格权请求权行使要件的共同性与差异性所表现出来的内在矛盾,则通过《民法典》第998条引入的利益权衡规则来控制。依据第998条之规定,认定行为人承担侵害除生命权、身体权和健康权外的人格权的民事责任,应考虑行为人和受害人的职业、影响范围、过错程度及行为的目的、方式、后果等因素。该条在区分人格权类型的基础上而给予法院在具体案件审理中认定人格权侵害责任时以不同的自由裁量权,从而将人格权请求权行使要件设置中所体现出来的在人格权保护与行为自由之间进行利益权衡的观念扩展至整个人格权侵害民事责任的认定中,是民法典内外在体系融贯的一种表现。

五、人格权侵害场合请求权行使中的诉讼时效限制

39　　为给予人格权以更充分的保护,针对人格权侵害场合的诸请求权是否适用诉讼时效限制规则的问题,本条第2句进行了区分处理。从本条第2句规定的具体请求权类型来看,不适用诉讼时效限制规则的既包括人格权请求权类型如停止侵害、排除妨碍、消除危险,也包括广义的损害赔偿请求权类型如消除影响、恢复名誉、赔礼道歉等,从而仅将狭义的损害赔偿请求权包括财产损失赔偿请求权和精神损害赔偿请求权排除出去。

(一)人格权请求权

40　　对于停止侵害、排除妨碍、消除危险请求权不适用诉讼时效的问题,《民法典》第196条第1项即作了明确规定。在《民法总则》制定时,学理上即有观点提出:诉讼时效制度对民事主体特定类型的请求权进行限制的正当性基础主要在于保护第三人利益,而非针对当事人利益进行保护。不特定第三人对权利人长期不行使权利的事实可能并不知情,而误以为义务人享有物权,从而基于信赖与之发生法律关系。于此的不特定第三人的信赖利益是社会公共利益的重要构成部分,法律理应予以保护。而停止侵害、排除妨碍及消除危险请求权由于并不涉及不特定第三人,即使权利人长期不行使亦不影响对不特定第三人信赖利益的保

[人格权请求权]

护,对其自不应适用诉讼时效规则进行限制。[1] 另外,与物权等绝对权一样,停止侵害、排除妨碍和消除危险亦是人格权的核心功能,其目的在于维持人格完整,[2] 充分实现权利人的人格利益。根据人格尊严保护理论,无论经过多长时间,法律皆不能放任侵害人格权的行为而使之具有合法性,若允许停止侵害、排除妨碍、消除危险请求权适用诉讼时效规则,将会发生权利人必须容忍他人侵害其人格权的结果,[3] 违反立法者保护人格尊严的目的。亦即,人格权请求权系为维护人格利益而生,与诉讼时效对权利行使作出时间限制的基本宗旨相悖,所以应允许权利人随时主张妨碍之去除。[4] 正是基于诉讼时效制度的核心功能以及人格权保护的目的,《民法典》第196条第1项与本条第2句明确规定停止侵害、排除妨碍、消除危险请求权不适用诉讼时效规则。

当然,在《民法典》总则编第196条第1项已明确规定前述请求权不受诉讼时效规则限制的情形下,再在本条第2句规定,确实存在学理上指出的重复规定问题,[5] 与法典编纂的体系性、科学性目的并不完全吻合。[6] 但在《民法典》已就二者作了重复规定的情形下,在理解《民法典》第196条第1项与本条第2句二者的规范关系时,可以将后者作为前者的特殊规定而在适用时优先适用后者。后者的特殊性体现在,其不仅规定了人格权请求权不受诉讼时效规则限制,还基于人格权充分保护的目的而进一步规定消除影响、恢复名誉、赔礼道歉请求权亦不适用诉讼时效,从而将这两种不同性质的请求权统一规定在一起,使人格权侵害场合

---

[1] 参见《民法总则学者座谈会简报》,载《民法总则立法背景与观点全集》编写组编:《民法总则立法背景与观点全集》,法律出版社2017年版,第233页。

[2] 参见黄薇主编:《中华人民共和国民法典人格权编解读》,中国法制出版社2020年版,第32页。

[3] 参见李适时主编:《中华人民共和国民法总则释义》,法律出版社2017年版,第623页;石宏主编:《〈中华人民共和国民法总则〉条文说明、立法理由及相关规定》,北京大学出版社2017年版,第471页。

[4] 参见张红:《〈民法典(人格权编)〉一般规定的体系构建》,《武汉大学学报(哲学社会科学版)》2020年第5期,第164页。

[5] 参见陈甦、谢鸿飞主编:《民法典评注:人格权编》,中国法制出版社2020年版,第48页。

[6] 参见孙宪忠:《我国民法立法的体系化与科学化问题》,《清华法学》2012年第6期,第46页。

的请求权不受诉讼时效限制的类型清晰明确,更有助于人格权充分保护目的的实现。

(二)损害赔偿请求权

42 对于消除影响、恢复名誉、赔礼道歉请求权的性质,尽管存在人格权请求权与损害赔偿请求权的争议,但立法者基于人格权充分保护的目的,认为这三项请求权的行使并不涉及财产方面的内容,受害人不会因为这些请求权的行使而直接得到财产利益,即使请求权人长期不行使权利,亦不存在特定第三人对义务人的资历产生错误判断的问题,因此在本条第 2 句规定这些请求权不受诉讼时效规则限制。[1]

43 在体系定位上,本条第 2 句规定的消除影响、恢复名誉、赔礼道歉请求权属于《民法典》第 196 条第 4 项规定的"依法不适用诉讼时效的其他请求权",是对不适用诉讼时效限制规则兜底性规定的具体化,体现了总则编一般性规定与各分编具体规定之间的体系关系。从功能定位来看,本条第 2 句将不适用诉讼时效限制的具体请求权类型扩展到人格权侵害场合所产生的具有损害填补性质的消除影响、恢复名誉、赔礼道歉领域,强化了民法对人格权的保护力度。尽管理论上仍有观点认为,规定消除影响与恢复名誉不适用诉讼时效并无必要,因为若权利人在一般诉讼时效期间未主张相应的请求权,那么表示侵害行为所致的损害已经消除,而一般诉讼时效期间经过之后又主张这些请求权,除使已遭受的名誉等再遭受损害外,并无实际意义。[2] 但对权利人而言,法律明确规定这些请求权不因诉讼时效经过而不受法律保护,实际上给予了权利人更多的选择权,[3] 并使义务人能更谨慎地对待他人应受尊重的人格权,降低因懈怠和侥幸之心侵害他人人格权的可能性,这更有助于立法者充分保护人格尊严的立法目的之实现,应予肯定。

---

〔1〕参见黄薇主编:《中华人民共和国民法典人格权编解读》,中国法制出版社 2020 年版,第 32 页。

〔2〕参见陈甦、谢鸿飞主编:《民法典评注:人格权编》,中国法制出版社 2020 年版,第 48 页。

〔3〕参见王利明、程啸、朱虎:《中华人民共和国民法典人格权编释义》,中国法制出版社 2020 年版,第 100 页。

六、证明责任

本条并非独立的请求权基础，而仅是作为参引条款和说明条款存在，因此关于证明责任的问题，亦由本条第1句参引的可以作为请求权基础的具体法律规则确定。至于人格权侵害场合所产生的请求权，若其属于本条第2句规定的不受诉讼时效限制的类型，那么请求权人在主张相应权利时仅须依据本条第1句参引的具体法律规则来证明是否存在满足相应请求权行使要件的事实。如主张停止侵害请求权时，请求权人仅须证明行为人正在实施侵害自己人格权的行为，而无须证明损害已经发生和行为人具有过错，这降低了请求权人的举证负担，[1]有助于人格权的保护。

参考文献

1. [日]五十岚清：《人格权法》，[日]铃木贤、葛敏译，北京大学出版社2009年版。
2. 陈甦、谢鸿飞主编：《民法典评注·人格权编》，中国法制出版社2020年版。
3. 程啸：《我国民法典中的人格权请求权》，《人民法院报》2020年10月22日。
4. 程啸：《侵权责任法》（第三版），法律出版社2021年版。
5. 黄薇主编：《中华人民共和国民法典人格权编解读》，中国法制出版社2020年版。
6. 龙卫球主编：《中华人民共和国民法典人格权编与侵权责任编释义》，中国法制出版社2021年版。
7. 马俊驹：《民法上支配权与请求权的不同逻辑构成——兼论人格权请求权之独立性》，《法学研究》2007年第3期。
8. 马俊驹：《人格和人格权理论讲稿》，法律出版社2009年版。
9. 《民法典立法背景与观点全集》编写组编：《民法典立法背景与观点全

---

[1] 参见最高人民法院民法典贯彻实施工作领导小组主编：《中华人民共和国民法典人格权编理解与适用》，人民法院出版社2020年版，第74页；袁雪石：《民法典人格权编释论：条文缕析、法条关联与案例评议》，中国法制出版社2020年版，第137页。

集》,法律出版社 2020 年版。

10. 石佳友:《人格权立法的进步与局限——评〈民法典人格权编草案(三审稿)〉》,《清华法学》2019 年第 5 期。

11. 王利明:《论人格权请求权与侵权损害赔偿请求权的分离》,《中国法学》2019 年第 1 期。

12. 王利明、程啸、朱虎:《中华人民共和国民法典人格权编释义》,中国法制出版社 2020 年版。

13. 王泽鉴:《人格权法:法释义学、比较法、案例研究》,北京大学出版社 2013 年版。

14. 王泽鉴:《中国民法的特色及解释适用》,《法律适用》2020 年第 13 期。

15. 杨立新、袁雪石:《论人格权请求权》,《法学研究》2003 年第 6 期。

16. 袁雪石:《民法典人格权编释论:条文缕析、法条关联与案例评议》,中国法制出版社 2020 年版。

17. 张红:《民法典之名誉权立法论》,《东方法学》2020 年第 1 期。

18. 张红:《〈民法典(人格权编)〉一般规定的体系构建》,《武汉大学学报(哲学社会科学版)》2020 年第 5 期。

19. 最高人民法院民法典贯彻实施工作领导小组主编:《中华人民共和国民法典人格权编理解与适用》,人民法院出版社 2020 年版。

案例索引

1. 北京市第二中级人民法院(2023)京 02 民终 7360 号民事判决书,吕某 1 等城市公交运输合同纠纷案。

2. 北京市顺义区人民法院(2021)京 0113 民初 21085 号民事判决书,金某萍与中国国际航空股份有限公司航空旅客运输合同纠纷案。

3. 重庆市第五中级人民法院(2017)渝 01 行终 350 号行政判决书,杨某华与重庆市环境保护局行政撤销案。

4. 广东省高级人民法院(2019)粤民终 1289 号民事判决书,中国平安财产保险股份有限公司上海分公司与交通运输部南海救助局海上、通海水域拖航合同纠纷案。

5. 湖南省高级人民法院(2020)湘民终 1862 号民事判决书,湖南省益阳市人民检察院诉夏某安等 15 人生态破坏民事公益诉讼案。

6. 江苏省高级人民法院(2020)苏民终 158 号民事判决书,北京市朝阳区自然之友环境研究所诉江苏大吉发电有限公司环境污染民事公益诉讼案。

7. 江苏省南京市中级人民法院(2020)苏 01 民初 798 号民事判决书,江苏省南京市人民检察院诉王某林生态破坏民事公益诉讼案。

8. 上海市第二中级人民法院(2022)沪02民终4039号民事判决书,钟某良与《上海电视》杂志社肖像权、姓名权纠纷案。

9. 浙江省杭州市中级人民法院(2016)浙01民初1269号民事判决书,中国生物多样性保护与绿色发展基金会与深圳市速美环保有限公司、浙江淘宝网络有限公司大气污染责任纠纷案。

10.《最高人民法院公报》2019年第10期,杨某波、侯某素与中国铁路上海局集团有限公司、中国铁路上海局集团有限公司南京站铁路运输人身损害责任纠纷案。

11.《最高人民法院公报》2019年第9期,张某梅诉南京港华燃气有限公司产品生产者责任纠纷案。

第九百九十六条 【违约之诉中的精神损害赔偿】

因当事人一方的违约行为,损害对方人格权并造成严重精神损害,受损害方选择请求其承担违约责任的,不影响受损害方请求精神损害赔偿。

目 录

一、规范意旨 …………………………………………………………… 387
　(一)规范目的 …………………………………………………… 387
　(二)体系位置 …………………………………………………… 387
　(三)规范性质 …………………………………………………… 389
二、历史沿革 …………………………………………………………… 390
三、本条的适用条件 …………………………………………………… 392
　(一)有效的合同 ………………………………………………… 392
　　1. 第三人导致合同一方违约的赔偿责任 ………………… 393
　　2. 违约行为致相对人死亡时的精神损害赔偿 …………… 394
　(二)违约行为 …………………………………………………… 395
　(三)损害后果 …………………………………………………… 397
　(四)因果关系 …………………………………………………… 399
　(五)责任判断中的考量因素 …………………………………… 401
四、规范适用关系 ……………………………………………………… 402
　(一)与《民法典》相关条款的规范关系 ……………………… 402
　　1. 本条与第1183条之间的规范关系 ……………………… 402
　　2. 本条与第583条之间的规范关系 ……………………… 403
　(二)精神损害赔偿规则调整范围的确定 ……………………… 405
　　1. 侵权责任领域的精神损害赔偿 ………………………… 405
　　2. 违约责任领域的精神损害赔偿 ………………………… 406
　　3. 责任竞合领域的精神损害赔偿 ………………………… 407
五、证明责任 …………………………………………………………… 407
　(一)违约行为 …………………………………………………… 407

(二)人格权损害 …………………………………………… 408
　　(三)严重精神损害 ………………………………………… 408
　　　1. 物质性人格权 ………………………………………… 408
　　　2. 精神性人格权 ………………………………………… 409
　　　3. 身份权益 ……………………………………………… 410
　　(四)因果关系 ……………………………………………… 410
参考文献 ……………………………………………………… 411
案例索引 ……………………………………………………… 412

一、规范意旨

(一)规范目的

本条是违约行为侵害合同相对人人格权并导致其遭受严重精神损害时,受害人主张精神损害赔偿请求权的规范基础,[1]其规定了违约行为损害合同相对人人格权场合的精神损害赔偿请求权行使的构成要件,意在指引和教育合同当事人在履行合同时全面、及时、充分履行合同约定,预防违约行为对合同相对人人格权的侵害,并在损害发生时为因违约行为而人格权遭受损害的合同相对人提供更多的选择,[2]有助于立法者充分保护自然人人格尊严、人身自由之立法目的的实现。[3]

(二)体系位置

本条规范作用的发挥,与其在《民法典》损害赔偿规范体系中的定位密切相关。依据《民法典》第186条之规定,若合同当事人一方的违约行为损害了合同相对人的民事权益,那么合同相对人对主张违约之诉还是

---

[1] 参见肖建国、丁金钰:《程序法视域下民法典违约精神损害赔偿制度的解释论》,《苏州大学学报(哲学社会科学版)》2020年第4期,第27页。
[2] 参见黄薇主编:《中华人民共和国民法典人格权编解读》,中国法制出版社2020年版,第38页。
[3] 参见朱晓峰:《人身自由作为一般人格权价值基础的规范内涵》,《浙江大学学报(人文社会科学版)》2021年第2期,第130页。

侵权之诉享有选择权。[1] 若相对人选择请求违约人承担违约责任,则相应的损害赔偿原则上为财产损失赔偿,不包括精神损害赔偿;[2]若选择侵权责任的救济途径,那么在满足《民法典》侵权责任编第 1183 条规定的构成要件时才可以主张精神损害赔偿。本条承认选择违约责任救济途径的受害人有权主张精神损害赔偿请求权,事实上是立法者承认,例外情形下若违约行为导致合同相对人人格权受损且因此遭受严重精神损害,那么即使相对人选择违约之诉,也可依该条主张精神损害赔偿请求权。这也就意味着,在《民法典》确立的损害赔偿体系中,本条属于违约损害赔偿的例外规定,其确定的精神损害赔偿在本质上仍属侵权责任范畴。[3] 本条承认非违约方在违约之诉中可以主张本质上属于侵权之债的精神损害赔偿请求权,正当性理由在于:一方面,违约责任的核心目的是填补损失,而精神损害赔偿的本质在于精神慰藉,其目的和功能并非财产损失赔偿中的损失填补,因此在违约之诉中支持例外情形下的精神损害赔偿不会发生受害人基于同一法律事实获得双重赔偿而获利的问题;另一方面,避免僵化地贯彻《民法典》第 186 条一事不再诉的理念导致的对受害人救济不力的问题,真正落实充分保护人格尊严的立法目的。[4]

由于本条确定的精神损害赔偿请求权属于违约损害赔偿的例外规定,在本质上仍属于侵权责任范畴,因此违约责任中的可预见性规则(《民法典》第 584 条)、减损规则(《民法典》第 591 条)及与有过错规则(《民法典》第 592 条)等,并不适用于本条规定的精神损害赔偿请求权。[5] 若如学理上有观点认为的于此情形下亦应适用违约责任中的前

---

[1] 参见张平华:《违约责任与侵权责任竞合:理想模式、现实状态与未来趋向》,《北方法学》2019 年第 5 期,第 5 页。

[2] 参见王利明、程啸、朱虎:《中华人民共和国民法典人格权编释义》,中国法制出版社 2020 年版,第 101 页。

[3] 参见柳经纬:《违约精神损害赔偿立法问题探讨——以〈民法典各分编(草案)〉第七百七十九条为对象》,《暨南学报(哲学社会科学版)》2019 年第 7 期,第 57 页。

[4] 参见吴庆宝:《论侵权责任与违约责任竞合的限制》,《法律适用(国家法官学院学报)》2002 年第 8 期,第 36 页。

[5] 参见最高人民法院民法典贯彻实施工作领导小组主编:《中华人民共和国民法典人格权编理解与适用》,人民法院出版社 2020 年版,第 83 页。

述限制性规定,[1]则既悖于该条规定的精神损害赔偿的侵权责任本质,亦构成对受害人行使相应精神损害赔偿请求权的过重限制,与立法者通过该条承认责任竞合场合的选择权人在违约之诉中有权主张精神损害赔偿请求权以充分保护人格权的根本目的相违背。而侵权责任中的人格权侵害民事责任认定规则(《民法典》第 998 条)、[2]责任不成立或减免的抗辩规则以及确定精神损害赔偿数额时应予考量的因素(《精神损害赔偿解释》第 5 条)等,则可适用于本条规定的精神损害赔偿,用来适当控制违约行为损害相对人人格权场合的精神损害赔偿的范围,[3]从而在人格权的充分保护和行为自由之间维持平衡。

(三)规范性质

关于本条的基本属性,我国学理上存在辅助规范论[4]与请求权基础规范论[5]两种观点。从这两种观点的主要分歧来看,本条是否产生并支持精神损害赔偿请求权构成二者的关注核心。对此应从如下两方面加以判断:一方面,判断某法律条款是否属于请求权基础的核心在于该条是否产生某项请求权,依据本条的文义表述来看,"受害方选择请求其承担违约责任的,不影响受损害方请求精神损害赔偿"涉及两项请求权,一项是"不影响"概念前面的请求违约人承担违约责任的请求权,一项是"不影响"概念后面的请求违约人承担精神损害赔偿责任的请求权。受"不影响"概念约束,请求承担违约责任的请求权并非本条规范的核心意旨,而是用来说明请求承担精神损害赔偿责任的请求权独立于前

---

[1] 参见黄薇主编:《中华人民共和国民法典人格权编解读》,中国法制出版社 2020 年版,第 40 页。

[2] 参见朱晓峰:《人格权侵害民事责任认定条款适用论》,《中国法学》2021 年第 4 期,第 46 页。

[3] 参见黄薇主编:《中华人民共和国民法典人格权编解读》,中国法制出版社 2020 年版,第 40 页。

[4] 参见吴香香:《民法典请求权基础检索手册》,中国法制出版社 2021 年版,第 141 页。

[5] 参见许素敏:《〈民法典〉违约精神损害赔偿条款的司法适用——基于〈民法典〉生效后 202 个案例的实证考察》,《财经法学》2023 年第 1 期。

面的请求承担违约责任的请求权;[1]另一方面,从法律规范的逻辑构成角度来看,本条以"受损害方选择请求其承担违约责任的"为界限,将该条区分为两部分,其中该句前面的部分规定了请求承担精神损害赔偿责任的构成要件,为行为模式部分,后面的部分规定了构成要件满足后可以请求承担精神损害赔偿责任,为法律后果部分,在逻辑构成上属于完全性法律规范,可以作为违约行为致人格权侵害场合的精神损害赔偿请求权的基础规范,展开相应的法律效果评价。就此而言,本条作为请求权基础规范而非辅助规范发挥作用。

司法实践中法院在审理违约行为侵害合同相对人人格权并致其严重精神损害的案件中,实际上也多以本条作为裁判依据展开相应的法律效果评价。[2]当然从文义上看,由于该条是关于违约场合因一方违约行为导致对方人格权受损时判定是否给予受害人在违约之诉中以精神损害赔偿的一般规定,所以对其规定的"违约行为""损害""人格权""严重精神损害"等概念的界定,尚需与《民法典》违约责任的一般规定(第577条)、侵权责任的一般规定(第1165条第1款)、人格权的一般保护规定(第990条)以及精神损害赔偿的一般规定(第1183条第1款)等结合起来进行判断,[3]才能最终完成在个案中支持或拒绝某项具体精神损害赔偿请求权的法律效果评价任务,但这种结合并不影响本条自身作为独立的请求权基础发挥规范作用。

二、历史沿革

在《民法典》之前,对于违约行为导致的精神损害,一方面制定法层面并未明确规定违约行为导致的精神损害是否可以赔偿,另一方面《合同法》(已失效)又明确规定因当事人违约行为侵害对方人身、财产权益的,受害人必须在违约责任或侵权责任中择一主张。这导致司法实践与

---

[1] 参见张卫平:《民法典的实施与民事诉讼法的协调和对接》,《中外法学》2020年第4期,第941页。

[2] 相关判决的数据统计参见许素敏:《〈民法典〉违约精神损害赔偿条款的司法适用——基于〈民法典〉生效后202个案例的实证考察》,《财经法学》2023年第1期。

[3] 参见曹险峰、程奕翔:《因违约而生之精神损害的救济路径——以〈民法典〉第996条的功能分析为中心》,《北方法学》2022年第3期,第17页。

【违约之诉中的精神损害赔偿】

相应的学理在对待违约行为导致的精神损害是否可以在违约之诉中主张损害赔偿的问题上,分歧颇为严重。[1]

受前述既有法律实践的影响,2002 年《中华人民共和国民法(草案)》第一编"总则"第 95 条继续维持了《合同法》(已失效)第 122 条在违约责任与侵权责任竞合时的立场,[2] 依然未明确解决违约行为导致的精神损害是否可赔的问题。在《民法总则》(已失效)制定过程中,有观点认为,关于违约责任和侵权责任的规定属于分则的内容,可以不在总则中规定。[3] 但此种观点并未被立法者接受,《民法总则》(已失效)第 186 条继续维持了《合同法》(已失效)第 122 条规定的责任竞合制度,[4] 以利于对受害人的保护。[5]

在《民法典》编纂过程中,《民法典各分编征求意见稿》人格权编第 12 条一改之前立法态度不够明朗的立场而明确承认违约行为导致的精神损害在条件具备时亦可在违约之诉中主张。[6] 虽然学理与实务对该规定存在着不同意见,[7] 但是《民法典各分编草案一审稿》第 782 条、《人格

---

[1] 反对合同领域适用精神损害赔偿的观点参见陆某诉美国联合航空公司国际航空旅客运输损害赔偿纠纷案,《最高人民法院公报》2002 年第 4 期;郑某峰、陈某青诉江苏省人民医院医疗服务合同纠纷案,《最高人民法院公报》2004 年第 8 期。支持的观点参见肖青、刘某伟诉国营旭光彩色扩印服务部丢失交付冲印的结婚活动照胶卷赔偿纠纷案,《人民法院案例选》(总第 11 辑),人民法院出版社 1994 年版;王某云诉美洋达摄影有限公司丢失其送扩的父母生前照片赔偿案,《人民法院案例选》(总第 26 辑),人民法院出版社 1996 年版。

[2] 参见何勤华、李秀清、陈颐编:《新中国民法典草案总览(增订本)》(下卷),北京大学出版社 2017 年版,第 1492 页。

[3] 参见《张德江委员长主持召开民法总则草案成都座谈会简报》,载《民法总则立法背景与观点全集》编写组:《民法总则立法背景与观点全集》,法律出版社 2017 年版,第 328 页。

[4] 参见张新宝:《〈中华人民共和国民法总则〉释义》,中国人民大学出版社 2017 年版,第 404 页。

[5] 参见李适时主编:《中华人民共和国民法总则释义》,法律出版社 2017 年版,第 584 页。

[6] 该条的具体表述参见何勤华、李秀清、陈颐编:《新中国民法典草案总览(增订本)续编》,北京大学出版社 2020 年版,第 187 页。

[7] 参见《地方人大、中央有关部门和单位以及有关方面对民法典各分编草案(征求意见稿)人格权编的意见》,载《民法典立法背景与观点全集》编写组:《民法典立法背景与观点全集》,法律出版社 2020 年版,第 380—381 页。

权编草案二审稿》第779条、《人格权编草案三审稿》《民法典草案》第996条都坚持了《民法典各分编征求意见稿》的基本立场,仅在具体表述上做了调整,形成了最终的《民法典》第995条。[1]

9 　　从《民法典》编纂中的争议及草案条文的具体变化来看,为学理与实务所关注的违约行为致相对人精神损害是否可赔的问题,本条予以了回答。依据该条规定,违约行为侵害相对人人格权,使相对人遭受严重精神损害的,该精神损害属于可赔损害。这就将违约行为致精神损害的可赔损害限制在一定范围之内,部分回答了学理与实务上的关切。但本条作为违约行为致人格权侵害的精神损害赔偿条款,其基本属性及在《民法典》精神损害赔偿规范体系中的地位究竟为何?是否属于可以产生精神损害赔偿请求权的规范基础而发挥作用?若其作为请求权基础而存在,那么究竟应如何理解该条作为请求权基础的诸构成要件以及该条与其他精神损害赔偿规则之间的规范适用关系?上述问题在学理与实务上仍存在较大分歧。

三、本条的适用条件

10 　　本条作为独立的请求权基础,其不但明确规定了违约行为导致精神损害场合的相应精神损害赔偿请求权可以在违约之诉中主张,并且明确了违约之诉中主张精神损害赔偿请求权的条件。另外,考虑到本条规定精神损害赔偿请求权的本质在于保护合同当事人因违约行为而遭受损害的人格权,因此人格权编关于人格权侵害的民事责任认定条款即《民法典》第998条在判断相应精神损害赔偿请求权的成立与承担时亦应予以考量。

(一)有效的合同

11 　　依据本条规定,合同当事人一方的违约行为损害合同相对人人格权并使其遭受严重精神损害的场合,相对人的精神损害赔偿请求权可以在违约之诉中主张的条件包括:有效的合同、违约行为、双重后果和因果关系。

---

〔1〕 相关条款的具体表述,参见何勤华、李秀清、陈颐编:《新中国民法典草案总览(增订本)续编》,北京大学出版社2020年版,第290、401、446、572页。

【违约之诉中的精神损害赔偿】

侵权法原则上仅保护具有对世性的绝对权,[1]并不强调侵权人和被侵权人在侵害行为实施前是否处于特定的法律关系中。与此不同,本条调整因违约行为导致的合同相对人人格权受损害场合的精神损害赔偿问题,因此受害人要依据本条主张精神损害赔偿请求权,首先需要与行为人之间存在着有效的合同,原则上既不存在着受害人依据本条向并非违约人的第三人主张精神损害赔偿请求权的情形,也不存在人格权被侵害的受害人之外的其他人向违约人主张精神损害赔偿请求权的情形。但在例外情形下,基于对受害人人格权的充分保护,在确定是否依据本条主张精神损害赔偿请求权时,合同关系之外的其他利害关系人也应考虑进来,以使其承担相应的责任或享有相应的权利。

1. 第三人导致合同一方违约的赔偿责任

如果第三人(如履行辅助人)导致合同一方违约并使合同相对人的人格权遭受损害,应当考虑如下情形,然后来确定精神损害赔偿责任:

第一,在违约人和人格权遭受损害的相对人之间,依据《民法典》第593条第1句"当事人一方因第三人的原因造成违约的,应当依法向对方承担违约责任",由于本条规定的精神损害赔偿责任属于违约责任承担方式的例外,因此相应违约行为如果符合本条规定的构成要件,则受害人可以依据本条向违约人主张精神损害赔偿请求权,对此,《民法典》生效之前的司法实践中即有法院在具体案件的审理中持此立场;[2]

第二,第三人是否需要向人格权遭受损害的相对人承担法律责任?由于此二者之间并不存在相对性法律关系,因此在损害发生后应依侵权责任编中的规则(如《民法典》第1165条第1款等)来确定第三人是否需要为受害人遭受的损害承担侵权责任,[3]而无须考虑本条规定的情形;

第三,依据《民法典》侵权责任编之规定向受害人承担侵权责任的第三人与依据《民法典》合同编第577条以下及本条之规定向受害人承担违约责任的违约人,此二者构成不真正连带责任关系,若其中一方因受害

---

[1] 参见吴香香:《中国法上侵权请求权基础的规范体系》,《政法论坛》2020年第6期,第176页。

[2] 参见卜某与焦某晓、魏某云运输合同纠纷案,河南省泌阳县人民法院(2018)豫1726民初212号民事判决书。

[3] 参见程啸:《侵权责任法》(第三版),法律出版社2021年版,第362页。

人请求而承担了相应责任,那么受害人对另一方的请求权亦得消灭;[1]

17　　第四,若受害人选择向违约人主张承担本条规定的精神损害赔偿责任等,违约人在承担责任之后,对于其与第三人之间的法律纠纷,依据《民法典》第593条第2句,应依照法律规定或按照约定处理;[2]若受害人选择向第三人主张侵权责任,依据《民法典》第1175条之规定,此时承担侵权责任的第三人是责任的终局承担者,违约人通常无须再对受害人或第三人承担责任。

18　　第五,对于违约人而言,在第三人构成侵权且其因受害人请求而承担了侵权责任的场合下,若违约人因为第三人的行为还遭受了其他损失,那么依据《民法典》第593条第2句,违约人依然有权依照法律规定或按照其与第三人之间的约定向对方主张承担相应的法律责任,如依法向对方行使追偿权等。

2. 违约行为致相对人死亡时的精神损害赔偿

19　　依据本条,合同相对人因对方的违约行为而人格权受损并因此遭受严重精神损害时,其向违约人主张精神损害赔偿请求权自无疑问。有疑问的是,若违约行为导致合同相对人死亡,受害人近亲属可否依本条向违约人主张精神损害赔偿请求权? 对此,应考虑两个方面:

20　　一方面,尽管在自然人生命权被侵害场合承认其享有精神损害赔偿请求权在事实与规范层面皆存在难题,[3]但《民法典》第1183条第1款并没有否定生命权侵害场合受害人的精神损害赔偿请求权,并且2020年修订的《人身损害赔偿解释》删除了原第18条第2款,清除了生命权遭受侵害场合受害人主张精神损害赔偿请求权的障碍。依据《民法典》第1183条第1款及《精神损害赔偿解释》第1条,受害人生命权受侵害场合,其近亲属可以向法院起诉请求赔偿精神损害。

21　　另一方面,由于本条规定精神损害赔偿请求权的核心在于给予违约责任与侵权责任竞合场合下选择违约责任的受害人的人格权以更充分的保护,在违约行为损害相对人人格权并导致严重精神损害发生时,立法者

---

[1] 参见杨立新:《论不真正连带责任类型体系及规则》,《当代法学》2012年第3期,第57页。

[2] 参见韩世远:《合同法总论》(第四版),法律出版社2018年版,第756页。

[3] 参见朱晓峰:《侵权可赔损害类型论》,法律出版社2017年版,第460页。

【违约之诉中的精神损害赔偿】

通过本条保护受害人人格权的请求权即已产生,此时无须考虑被侵害的人格权类型。换言之,此种请求权不因受害人已死亡而当然消灭,否则立法者通过本条而在违约责任场合充分保护人格权的目的即无从实现。因此,若违约行为侵害合同相对人生命权并致其死亡,受害人近亲属依《民法典》第577条等向违约人主张违约责任的,亦不影响其依据本条向违约人主张精神损害赔偿请求权。[1]

(二)违约行为

本条规定的是违约责任与侵权责任竞合场合下的精神损害赔偿请求权在违约之诉中是否可以主张的问题,因此,在责任成立的行为要件方面,要求相应行为既是《民法典》合同编调整的违约行为,又属于侵权责任编调整的侵权行为。[2] 若特定行为仅构成违约,则因此所生的精神损害应依《民法典》第583条来确定其可赔性;若特定行为仅构成侵权,那么因此所生的精神损害应依《民法典》第1183条来确定其可赔性。对于本条规定的违约行为是否满足《民法典》侵权责任编规定的侵权责任成立构成要件而构成侵权责任的判断,学理与实务上并无争议。存在争议的是对于本条规定的"违约行为"概念本身的理解。

依据《民法典》第577条之规定,违约行为是当事人一方违反合同约定,不履行合同义务或履行合同义务不符合约定,包括两项构成:一是有效合同的存在;二是合同当事人一方违反合同约定,主要表现为不履行合同义务或履行合同义务不符合约定。这两项构成都涉及合同。依据《民法典》第464条第1款,合同是指民事主体之间设立、变更、终止民事法律关系的协议,同时依据该条第2款,合同排除了婚姻、收养、监护等有关身份关系的协议,对有关该身份关系的协议的违反,依据《民法典》第464条,首先应适用婚姻家庭编等关于身份关系的法律规定,只有在后者没有规定的情形下才可以根据其性质参照适用合同编的规定。由此引发的问题是,对于违反人身关系的协议如婚约、忠诚协议等导致人格权损害并造

---

[1] 参见石冠彬:《民法典精神损害赔偿制度的规范构造与价值定位》,《学术月刊》2022年第4期,第121页。

[2] 参见黄薇主编:《中华人民共和国民法典人格权编解读》,中国法制出版社2020年版,第39页;最高人民法院民法典贯彻实施工作领导小组主编:《中华人民共和国民法典人格权编理解与适用》,人民法院出版社2020年版,第83页。

成严重精神损害的,受害人一方可否依《民法典》第464条而参照适用本条,向违反人身关系协议的一方主张违约责任的同时主张精神损害赔偿请求权?对此,应在明确如下内容的前提下展开讨论:

24 第一,依据《民法典》第464条第2款,关于身份关系的协议在其他法律没有规定时可以根据其性质参照适用合同编的规定,这表明立法者并不禁止在身份关系协议中的一方违反协议时,相对方可以参照适用合同编的相关规定向协议违反方主张相应的违约责任。对此,指导案例50号中的人工授精协议即涉及这一问题。[1] 最高人民法院通过该指导案例表达出来的态度是,即使人工授精协议是属于身份关系的协议,但生效协议仍对协议双方产生约束力,在男方明确表示不履行协议时,女方依据协议约定有权参照《民法典》第577条违约责任一般条款规定的继续履行规则要求继续履行协议并使男方承受继续履行导致的法律后果。这实质上彰显了《民法典》合同编第509条规定的合同全面履行原则及诚信履行原则内含的私法精神。

25 第二,尽管《民法典》第464条表明,关于身份关系的协议仅在其他法律没有规定时才可以根据其性质参照适用合同编的规定,但本条的精神损害赔偿并非合同编的规定,立法者将其规定在人格权编而非合同编,亦考虑到了合同编对于合同之外的其他协议适用该规则存在的障碍问题,[2]因此在涉及违反人身关系的协议并导致人格权损害的精神损害赔偿时,并不需要经由《民法典》第464条来参照适用合同编的规定。[3]

26 第三,从目的解释的视角来看,立法者通过本条承认违约场合对因违约行为而人格权受损并遭受严重精神损害的当事人的精神损害赔偿请求权,核心意旨在于给予选择违约之诉的受害人的人格权以更充分的保护,以彰显强化人格权保护的价值追求。[4] 相较于纯粹的合同义务而

---

〔1〕 参见李某、郭某阳诉郭某和、童某某继承纠纷案,江苏省南京市秦淮区人民法院(2006)秦民一初字第14号民事判决书。

〔2〕 参见王利明、程啸、朱虎:《中华人民共和国民法典人格权编释义》,中国法制出版社2020年版,第106页。

〔3〕 参见王雷:《婚姻、收养、监护等有关身份关系协议的法律适用问题——〈合同法〉第2条第2款的解释论》,《广东社会科学》2017年第6期,第222页。

〔4〕 参见黄薇主编:《中华人民共和国民法典人格权编解读》,中国法制出版社2020年版,第38页。

言,关于人身关系的协议所涉及的义务的履行可能与人格权的保护及实现关系更为密切,依据"举轻以明重"的解释规则,既然立法者通过本条给予因相对人违反合同义务而遭受人格权损害及相应的严重精神损害的一方当事人以救济,那么在因相对人违反人身协议而遭受人格权损害及相应的严重精神损害的场合,自应承认该精神损害的可救济性。

因此,以充分保护人格权这一基本目的为出发点,对本条规定的"违约行为"应做扩张解释,即于此的协议既包括《民法典》第464条第1款规定的合同,也包括该条第2款规定的身份协议。违反身份关系的协议所导致的法律责任能否适用《民法典》合同编中关于违约责任的规定,从而与本条规定的"受损害方选择请求其承担违约责任的"规定相协调,取决于该协议是否满足第464条第2款关于参照适用合同编规定的要件;在受害人参照适用合同编的规定主张违约责任救济时,对于因相对人违反身份关系协议所导致的人格权损害及相应的严重精神损害,可以直接依本条向相对人主张精神损害赔偿请求权。

(三)损害后果

本条在后果要件方面的要求有二:一是人格权因违约行为遭受损害;二是造成严重精神损害。这与《民法典》第1183条第1款规定的精神损害赔偿请求权的要求一致。[1] 但需要澄清的是,因当事人一方违约损害合同相对人身份权益并造成严重精神损害的,相对人在主张违约责任时是否可以请求对方承担精神损害赔偿责任?依据《民法典》第1001条之规定,人格权编关于人格权保护的规则在符合条件时亦可参照适用于对身份权益的保护,于此的参照适用条件包括:

第一,自然人享有因婚姻家庭关系等产生的身份权益,存在于受法律保护的身份关系(如配偶关系、亲子关系、监护关系等)当中,同居关系、同性伴侣关系等在我国当前法律实践中并不属于受法律保护的身份关系,[2]因此不存在参照适用人格权编保护规则的问题。

第二,对于自然人因婚姻家庭关系等所生的身份权益的保护,首先应

---

[1] 参见朱震:《论侵害人格权精神损害赔偿中的"严重"》,《法制与社会发展》2022年第2期,第136页。

[2] 参见朱晓峰:《民法家庭概念论》,《清华法学》2020年第5期,第85页。

优先适用《民法典》第一编、第五编及其他法律的相关规定,如对监护关系的保护优先适用总则编规定,对配偶关系的保护优先适用婚姻家庭编的规定等,只有在这些法律没有规定时,才应考虑参照适用人格权编保护规则的问题。

31　　第三,应当根据其性质参照适用。身份权益与人格权虽然均属与自然人本身关系密切且同具伦理性的权利类型,对于身份权益的保护亦涉及对人格尊严、人身自由等法律基本价值的维护,但二者并非完全相同,并且在个案中可能存在冲突。[1] 例如,人格权均具对世性而身份权益并非皆具有对世性,如配偶权即因非当然具备为第三人知晓的权利外观,而不属于绝对权,[2] 亲权则具有为第三人知晓的权利外观而具有对世性,属于绝对权范畴。在此意义上,只有在相应权利性质相同或相容的前提下才可以参照适用相关规则,才可以更好地贯彻立法者制定相应法律规则以保护人格尊严、人身自由的基本目的。[3]

32　　因此,结合《民法典》第1001条,对自然人因婚姻家庭关系所生的身份权益的保护在满足前述条件时即可以参照适用人格权编的保护规则,其中即包括本条的精神损害赔偿规则。例如,在"串子案"中,[4] 因医院过失致亲子关系被侵害而使医疗服务合同相对人遭受严重精神损害的,相对人即有权依据本条,在向医院主张违约责任的同时向其请求

---

[1] 参见王雷:《〈民法典〉人格权编中的参照适用法律技术》,《当代法学》2022年第4期,第116页。

[2] 参见朱晓峰:《配偶权侵害的赔偿责任及正当性基础》,《浙江大学学报(人文社会科学版)》2017年第6期,第103页。

[3] 参见朱晓峰:《论一般人格权条款与具体人格权条款的规范适用关系》,《比较法研究》2021年第3期,第153页。

[4] 引起社会关注的典型串子案是2002年吉林省通化市中级人民法院审理的通化特大串子案,案件详情参见赵盛强:《血与缘——中国首例特大连环串子案纪实》,华艺出版社2004年版。另外,备受社会关注的串子案参见:《"错换人生28年"案:医院承担姚策治疗费用等60余万》,央视网2021年2月8日,https://news.cctv.com/2021/02/08/ARTIw0qa2k8F3hQWAkbA7tiu210208.shtml,最后访问日期:2023年10月25日。该案的一审法院判决参见:姚某与河南大学淮河医院侵权责任纠纷案,河南省开封市鼓楼区人民法院(2020)豫0204民初1485号民事判决书;郭某宽、杜某枝、姚某与河南大学淮河医院侵权责任纠纷案,河南省开封市鼓楼区人民法院(2020)豫0204民初1484号民事判决书。

承担精神损害赔偿责任。在《民法典》施行前,"串子案"中遭受严重精神损害的当事人所主张的精神损害赔偿请求权通常亦会获得法院的支持,但法院通常会认为于此被侵害而应予保护的是人格利益,这种认识并不准确。例如,在"杜某辉等与安康市中心医院医疗损害赔偿纠纷案"中,法院即认为:"父母对子女监护、教育以及子女被父母照顾、呵护,是基于血缘关系而与生俱来的权利,该权利与身份关系密切相连,是一种人格利益,应受法律保护。由于医院工作人员过错,使受害人理应享有的前述权利在行使层面被直接阻碍。"[1]在《民法典》中,若"串子案"的受害人选择向医院主张违约责任,那么可以依据《民法典》第1001条而参照适用本条,支持其在违约责任中向违约人主张精神损害赔偿,无须再论证其于此遭受的损害是因人格利益被侵害所导致,从而使相应的法律效果评价过程和结果更具可反驳性和说服性。对此,《精神损害赔偿解释》第2条亦采同样的立场,可以与本条结合起来,作为合同关系中非违约方身份权益因违约行为而遭受损害时主张精神损害赔偿请求权的合法性基础。

(四)因果关系

依据本条规定,合同关系中一方当事人的人格权被侵害并遭受的严重精神损害,应当与对方当事人的违约行为之间存在因果关系。于此的因果关系应强调直接性,[2]即当事人的违约行为应直接作用于相对人的人格权并导致其损害,如医疗服务合同纠纷中因医院工作人员在手术中的过错行为导致患者身体健康受损。要注意的是,于此的直接性判断标准通常应以事实因果关系为核心,例外情形下才可通过相当因果关系标准来解决因事实因果关系标准的不足所导致的问题,[3]以提升受害

---

[1] 杜某辉等与安康市中心医院医疗损害赔偿纠纷案,陕西省高级人民法院(2010)陕民提字第00004、00005号民事判决书;付某国、谭某云与中国医科大学附属第四医院侵权责任纠纷案,辽宁省沈阳市和平区人民法院(2019)辽0102民初4669号民事判决书。

[2] 参见袁雪石:《民法典人格权编释论:条文缕析、法条关联与案例评议》,中国法制出版社2020年版,第161页。

[3] 参见王磊:《相当因果关系的现代变迁与本土抉择》,《财经法学》2022年第1期,第76页。

人侵权法保护的强度。若违约行为并未直接作用于合同相对人的人格权,而是仅导致其遭受严重精神损害,亦即违约行为并未直接侵害绝对权属性的人格权而仅导致受害人的纯粹精神损害,那么此种情形下的精神损害原则上不应通过本条来调整,因为于此情形下亦不存在侵权责任,不符合本条适用于违约责任与侵权责任竞合场合的立法预设。在例外情形下,如果存在以精神利益的实现为主给付内容的合同,那么相应违约行为虽未直接导致具有绝对权属性的人格权益的损害,但合同当事人如因违约行为而遭受精神损害,其亦可基于《民法典》第583条主张违约责任中的精神损害赔偿,而非依据本条规定的责任竞合场合的精神损害赔偿规则主张法律救济。

34   在婚礼服务合同纠纷中,有法院认为:婚礼录像记录的是人生中的重大活动,具有永久纪念意义,当时的场景、人物和神态具有时间性、珍贵性和不可再现性,是无法补救、不可替代的特定纪念物品,其承载的人格和精神利益要远大于其本身的价值。被告的违约行为导致原告的婚礼视频缺少重要内容,丧失了原本应有的纪念价值和意义,造成了无法弥补的损失,给原告造成了极大的精神损害,因此被告应适当赔偿原告精神抚慰金。[1] 该观点承认婚礼服务合同中违反合同义务场合的精神损害的可赔性,值得肯定,但于此将精神损害赔偿与具有人格象征意义的纪念物品的毁损灭失联系起来并引用2001年《精神损害赔偿解释》第4条(现为《民法典》第1183条第2款),支持非违约方的精神损害赔偿请求权并不适当,因为于此场合下并不存在着具有绝对权属性的特定物的毁损灭失,依据该条进行判决并不符合立法意旨。[2] 实践中也有法院明确承认此类合同当中的精神利益应予保护,在合同当事人违反合同义务致相对人精神损害时,有法院认为:"婚庆服务合同,是双方当事人的真实意思表示,具有法律效力,应当受法律保护。被告在刻录光盘时遗失了部分摄影内容,导致婚礼过程记录不完整,违反了双方的约定,被告的行为构成了违约,应承担违约责任。同时,婚庆服务是一种特殊服务,由于被告

---

[1] 参见李某峰等诉遵义市天赐良缘文化传媒有限公司服务合同纠纷案,贵州省遵义市汇川区人民法院(2018)黔0303民初262号民事判决书。
[2] 参见唐德华主编、最高人民法院民事审判第一庭编著:《最高人民法院〈关于确定民事侵权精神损害赔偿责任若干问题的解释〉的理解与适用》,人民法院出版社2015年版,第44页。

的违约行为给原告造成了无法弥补的损失及严重的精神损害,被告应适当赔偿原告精神抚慰金。"[1]这种观点并未囿于违约责任中不应赔偿作为间接损失的精神损害的陈见,而是以充分保护受害人为目的,承认合同责任在例外情形下亦涵盖可予赔偿的精神损害,更值赞同。

因此,即使不像我国学理上有观点认为的在违约责任中将违约行为导致的精神损害赔偿问题全盘纳入考量范畴那样全面承认违约责任中精神损害的可赔性,[2]在一些特殊合同中,如旨在提供游乐、休闲、心理安慰、医疗服务、饮食服务、婚庆服务等主要为了满足当事人的某种精神利益的合同中,支持受害人基于违约而提出的精神损害赔偿请求权也具备充分的正当性基础,[3]应予肯定。

(五)责任判断中的考量因素

本条规定的精神损害赔偿属于侵害人格权的救济措施,因此《民法典》人格权编规定的关于人格权侵害民事责任的认定规则亦适用于本条规定的精神损害赔偿请求权。关于《民法典》第998条规定的人格权侵害民事责任认定规则,详见第998条评注。

关于本条规定的精神损害赔偿在具体数额的确定方面所应当考量的因素,《精神损害赔偿解释》第5条作了明确规定。依据该规定,精神损害的赔偿数额根据以下因素确定:侵权人的过错程度,但法律另有规定的除外;侵权行为的目的、方式、场合等具体情节;侵权行为所造成的后果;侵权人的获利情况;侵权人承担责任的经济能力;受理诉讼法院所在地的平均生活水平。该条规定的前三项考量因素与《民法典》第998条规定的法定考量因素"影响范围、过错程度,以及行为的目的、方式、后果等因素"重合,在就生命权、身体权、健康权之外的其他人格权侵害进行相应法律效果评价时应做统一判断;对于生命权、身体权、健康权侵害的精神

---

[1] 冉某等诉袁某婚庆服务合同纠纷案,重庆市涪陵区人民法院(2009)涪法民初字第470号民事判决书;赵某新等诉李某国侵权纠纷案,河南省洛阳市洞西区人民法院(2007)洞民二初字第63号民事判决书。

[2] 参见薛军:《〈民法典〉对精神损害赔偿制度的发展》,《厦门大学学报(哲学社会科学版)》2021年第3期,第95页。

[3] 参见张红:《中国七编制〈民法典〉中统一损害概念之证成》,《上海政法学院学报(法治论丛)》2021年第1期,第118页。

损害赔偿责任,在依据本条规定的责任成立要件予以确定之后,在相应的责任承担问题即具体赔偿数额的判断上,可以以《精神损害赔偿解释》第5条为依据确定。

38 　　由于本条规定的精神损害赔偿与《民法典》侵权责任编第1183条的精神损害赔偿在本质上并无区别,因此关于责任判断中的考量因素及其具体作用方式可见《民法典》第1183条的评注。

四、规范适用关系

39 　　《民法典》确立的精神损害赔偿规范体系中,除本条明确规定的精神损害赔偿规则外,还有第1183条第1款、第2款,其中第1款规定了人身权益侵害场合的一般精神损害赔偿规则,第2款规定了具有人身意义的特定物的侵害场合的特殊精神损害赔偿规则。另外,《民法典》第577条以下特别是第583条虽然没有明确规定精神损害赔偿,但其是否可以作为该等损害救济的请求权基础,仍有进一步讨论的空间。在此意义上,明确本条与第583条、第1183条在规范适用上的关系,有助于理解现行法律体系下的精神损害赔偿规则的整体构造及具体适用问题。

（一）与《民法典》相关条款的规范关系

1. 本条与第1183条之间的规范关系

40 　　对于本条和《民法典》第1183条第1款的规范关系,学理上存在引致关系说[1]与特殊条款说[2]的分歧。本评注认为,本条可以产生精神损害赔偿请求权,并且在规范构造上具备完整的行为模式和法律后果要件,可以作为人格权因违约行为遭受损害的合同相对人主张精神损害赔偿的请求权基础,而非仅发生引致功能的辅助规范,因此引致关系说难以成立。特殊条款说以目的解释方法为主要论证方法,认为在违约之诉中

---

〔1〕 参见《地方人大、中央有关部门和单位以及有关方面对民法典各分编草案（征求意见稿）人格权编的意见》,载《民法典立法背景与观点全集》编写组：《民法典立法背景与观点全集》,法律出版社2020年版,第380—381页。

〔2〕 参见王利明、程啸、朱虎：《中华人民共和国民法典人格权编释义》,中国法制出版社2020年版,第106页。

拒绝因违约行为侵害人格权而遭受严重精神损害的合同相对人所主张的精神损害赔偿请求权,难以实现充分救济受害人的目的,因此应当允许原则上仅适用于侵权之诉的精神损害赔偿请求权在例外情形下于违约之诉中主张,以充分实现救济受害人的目的,且于此情形下受害人也不会因此不当得利。[1] 问题是,特殊条款说仅在违约责任和侵权责任竞合时承认选择通过违约之诉主张法律救济的受害人有权就其因违约行为遭受的精神损害向违约人主张赔偿,实质上仍然是将精神损害赔偿置于侵权责任体系中,排除了违约行为导致精神损害但并不存在侵权责任时受害人主张精神损害赔偿的可能性。

2. 本条与第583条之间的规范关系

对本条与《民法典》第583条之间的规范关系,学理上也存在不同观点。限缩适用本条的观点认为,本条仅处理违约责任和侵权责任竞合场合的精神损害赔偿问题,对违约行为并未侵害合同相对人人格权但导致其遭受严重精神损害的,应通过扩展解释《民法典》第583条的"损失"概念来涵摄。[2] 扩张适用本条的观点认为,《民法典》第583条的"损失"应理解为财产损失,不包括精神损害,[3] 若将《民法典》第996条的适用范围严格限制在违约行为侵害相对人人格权场合的精神损害赔偿问题上,将会导致违约行为未造成相对人人格权损害场合的精神损害难以被救济,因此应采目的性扩张解释方法,将本条改造为违约行为致相对人精神损害场合的一般精神损害赔偿规则,解决《民法典》第583条不能赔偿精神损害的问题。[4]

从这两项观点来看,二者都承认应当对违约场合非违约方遭受的精神损害予以关注,区别是二者采取了不同的保护路径。但是,扩展适用说限缩《民法典》第583条"损失"的内涵而将本条确定的精神损害赔偿规

---

[1] 参见最高人民法院民法典贯彻实施工作领导小组主编:《中华人民共和国民法典人格权编理解与适用》,人民法院出版社2020年版,第82页。
[2] 参见张红:《〈民法典(人格权编)〉一般规定的体系构建》,《武汉大学学报(哲学社会科学版)》2020年第5期,第171页。
[3] 参见蒋某红、蒋某文公路旅客运输合同纠纷、责任保险合同纠纷案,湖北省荆门市中级人民法院(2021)鄂08民终361号民事判决书。
[4] 参见许素敏:《〈民法典〉违约精神损害赔偿条款的司法适用——基于〈民法典〉生效后202个案例的实证考察》,《财经法学》2023年第1期。

则扩张为违约场合精神损害赔偿的一般规则的观点,既不符合本条之文义及立法目的,也与我国当前司法实践中通过《民法典》第583条承认以精神利益的实现为主要内容的合同也适用精神损害赔偿规则调整的合理作法,[1]以及司法实践中承认当事人可以合理约定是否赔偿违约行为导致的精神损害的立场相悖,[2]更与"例外条款应作狭义解释且不具备类推能力"的原理相冲突。[3] 相比较而言,限缩适用说的观点一方面更符合本条之文义及立法目的,另一方面也与当前比较法上的经验相吻合。例如,在大陆法系的德国法中,即使一直以来对非财产损害的金钱赔偿采严格限制立场,[4]但其也通过修订《德国民法典》第253条而承认在法律有规定的情形下,受害人可以对非财产损害主张金钱赔偿请求权,[5]这就使旅游合同等以精神给付为主要内容的合同义务违反所导致的精神损害赔偿,亦被纳入了可赔损害范围;[6]《墨西哥民法典》甚至明确规定精神损害可以在所有类型的责任中获得赔偿,这意味着合同一方违约导致相对人精神损害时,相对人在符合条件时可以向违约人主张精神损害赔偿请求权。[7] 同样,在英美法系的英国法中,即使法院已通过判例确立了"远隔性检验"(remoteness test)标准而以违约中的精神损害对违约方来说不可预见为由,拒绝了合同相对人的精神损

---

[1] 参见李某峰等诉遵义市天赐良缘文化传媒有限公司服务合同纠纷案,贵州省遵义市汇川区人民法院(2018)黔0303民初262号民事判决书。

[2] 最高人民法院认为,当事人之间约定的违约金的性质以补偿为主,惩罚为辅;恶意违约者约定违约金比例一般不予调整,并且违约金与赔偿金可同时使用。至于违约金是用来赔偿受害人的财产损失还是精神损害,则在所不问。相关判决见雷某杰与鞠某全、鞠某辉股权转让纠纷再审案件。

[3] Vgl. Rolf Wank, Die Auslegung von Gesetzen, 6. Aufl., Franz Vahlen, 2015, Rn. 46.

[4] Vgl. Nils Jansen, Die Struktur des Haftungsrechts: Geschichte, Theorie und Dogmatik außervertraglicher Ansprüche auf Schadensersatz, Tübingen: Mohr Siebeck, 2003, S. 364.

[5] Vgl. Hans Brox/Wolf-Dietrich Walker, Allgemeines Schuldrecht, 45. Aufl., C.H. Beck, 2021. S. 359.

[6] Vgl. Ansgar Staudinger, Staudinger (2016) §§ 651a-651m (Reisevertragsrecht), Sellier-Gruyter, 2016, BGB § 651f, Rn. 1.

[7] See Vernon Valentine Palmer ed., The Recovery of Non-Pecuniary Loss in European Contract Law, Cambridge University Press, 2015, p. 8.

害赔偿请求权,[1]但在例外情形下,即违约行为致相对人的精神损害对违约人来讲是可预见的,即使该违约行为并未损害相对人的人格权益,判例也承认相对人可以对违约人主张精神损害赔偿请求权。[2]这实际上也表明,英美法系下的精神损害和财产损失一样,是否可赔主要取决于该损害是否具有可预见性,而非该损害是在侵权之诉还是违约之诉中被主张。因此,应在限缩适用说下,一方面依据本条的文义及立法目的严格限制本条的适用范围,另一方面适当承认我国既有司法实践做法中的有益经验并合理借鉴比较法上的做法,在精神损害赔偿规则的适用中不以是否存在侵权责任为前提,而是应以受害人充分救济为核心目的,适当兼顾对违约人行为自由的平衡保护,扩展《民法典》第583条"损失"的内涵,从而在条件具备时将精神损害纳入该条的调整范畴。

(二)精神损害赔偿规则调整范围的确定

以受害人充分救济为核心目的并适当兼顾对行为自由的平衡保护,在《民法典》损害赔偿规则体系下可以将不同精神损害赔偿规则的调整范围区分如下:

1. 侵权责任领域的精神损害赔偿

侵权责任领域的精神损害赔偿以侵权责任的成立为前提,可以依据《民法典》第1183条区分为两种情形:一种是该条第1款调整的因人身权益侵害导致受害人严重精神损害场合的精神损害赔偿,该规则将受精神损害赔偿规则保护的对象限定在人身权益范畴内,不满足这一条件的,即不能依据该款主张精神损害赔偿请求权;另一种是该条第2款调整的因故意或重大过失侵害自然人具有人身意义的特定物造成受害人严重精神损害场合的赔偿,该款不要求侵害行为直接作用于人身权益,而是要求侵害行为作用于自然人具有人身意义的特定物,从而将精神损害赔偿规则

---

[1] See Nelson Enonchong, Breach of Contract and Damages for Mental Distress, *Oxford Journal of Legal Studies,* Vol. 16: 617, pp. 638-639 (1996).

[2] 相关判例主要参见 Baillargeon v. Zampano, 1995 Conn. Super. LEXIS 3275; Diesen v. Samson [1971] S.L.T. 49; Mitchell v. Shreveport Laundries, 61 So.2d 539 (La. App. 2d Cir.1952)。

的适用范围扩展至财产领域。从第1183条的内部构造来看,第1款属于侵权责任精神损害赔偿的一般规定,第2款属于第1款的特别规定,在责任成立的构成要件上区别于第1款,要求更为严格,目的在于合理控制精神损害赔偿规则的适用。[1]

2. 违约责任领域的精神损害赔偿

在违约责任领域,虽然《民法典》第577条以下的违约损害赔偿规则特别是第583条依然保持了《合同法》(已失效)第112条的基本立场而没有明确规定违约行为导致的精神损害是否属于可赔损害,但从司法实务上的做法及与之相适应的学理观点来看,我国合同类法律所保护的合同当事人的合法权益并不以财产利益或履行利益为限,也包括固有利益,其内容既有财产利益,也有生命、身体、健康等非财产利益,对于违约行为导致的相应的非财产利益的侵害以及与之相适应的精神损害,亦可以依据《合同法》(已失效)第112条(现为《民法典》第583条)为依据来主张。[2] 特别是以实现特定精神利益为主要订约目的的合同,如在旅游合同、婚庆服务合同、观看演出合同等特殊类型的合同中,债权人的主要目的是追求非财产利益,履行利益主要表现为这些非财产利益的实现,在违约行为导致合同目的不能实现的场合,合同相对人遭受的精神损害通过《民法典》第583条进行调整,更符合《民法典》合同编保护当事人人身权益和财产权益的基本目的。[3] 另外,若当事人在合同中约定对违约行为导致的精神损害给予金钱赔偿时,不管此种赔偿是以违约金形式出现,还是以精神抚慰金形式出现,只要其符合法律行为生效要件,那么法律即应对之予以尊重而承认其对当事人产生的约束力,在一方违约时支持因此遭受损害的相对方依据合同约定主张精神损害赔偿,而不能如学理上有观点认为的那样,"因精神损害缺乏客观的认定标准,难以准确确定,允许当事人就精神损害赔偿约定此类违约金,则可能使违约金具有一定的赌博性质,也将会违反等

---

[1] 参见最高人民法院民法典贯彻实施工作领导小组主编:《中华人民共和国民法典侵权责任编理解与适用》,人民法院出版社2020年版,第178—179页。

[2] 参见韩世远:《合同法总论》(第四版),法律出版社2018年版,第783页。

[3] 参见张红:《中国七编制〈民法典〉中统一损害概念之证成》,《上海政法学院学报(法治论丛)》2021年第1期,第118页。

价交换的法则",[1]而拒绝承认此种约定的效力。对此,学理上有观点认为,根据本条规定,《民法典》第577条规定的赔偿损失已不限于财产损失,而是包括了符合特定条件限制的精神损害,而第583条的"损失"概念亦应包括因违约而导致的精神损害。[2] 在该观点看来,《民法典》合同编关于违约责任的相关规定原则上皆可适用于精神损害赔偿问题。[3] 该观点与充分救济受害人的思想一致,应予赞同。

3. 责任竞合领域的精神损害赔偿

若违约行为同时构成侵权行为,那么此种情形下存在责任竞合,依据《民法典》第186条,此时受害人享有选择权,既可以主张违约责任,也可以主张侵权责任。若主张违约责任,那么因违约行为侵害人格权而遭受严重精神损害的当事人,可以直接以第996条作为请求权基础而主张相应的精神损害赔偿请求权,于此场合无须再通过解释《民法典》第583条来类推适用《精神损害赔偿解释》的具体赔偿规则来支持受害人的权利主张。

五、证明责任

因对方违约行为遭受损害的一方当事人依据本条规定主张精神损害赔偿请求权,就下列事项负证明责任:

(一)违约行为

受害人应证明对方当事人存在违约行为,既包括完全不履行,也包括履行不符合约定。[4]

---

〔1〕 王利明、程啸、朱虎:《中华人民共和国民法典人格权编释义》,中国法制出版社2020年版,第105页。

〔2〕 参见刘小璇、郑成良:《〈民法典〉视域下违约精神损害赔偿制度的适用困境与消解路径》,《当代法学》2022年第3期,第91页。

〔3〕 参见薛军:《〈民法典〉对精神损害赔偿制度的发展》,《厦门大学学报(哲学社会科学版)》2021年第3期,第95页。

〔4〕 参见袁雪石:《民法典人格权编释论:条文缕析、法条关联与案例评议》,中国法制出版社2020年版,第160页。

(二)人格权损害

49 　　受害人须证明自己的人格权遭受损害,此种损害原则上应是因违约行为受到的直接损害,而非间接损害;[1]间接损害原则上不在本条调整范畴,例外情形下可纳入《民法典》第583条规定的违约责任的"其他损失"范畴而获得救济。[2]

(三)严重精神损害

50 　　受害人应证明自己遭受的精神损害的严重性。关于严重性的判断,一般以社会一般人的容忍限度为标准进行确定。[3] 具体而言,应区分人格权的类型而分别确定其证明标准。另外,考虑到身份权益亦属本条的保护范围,因此对于身份权益侵害场合的严重精神损害的证明,亦应在参考人格权益侵害场合的考量因素与标准的基础上展开。

1. 物质性人格权

51 　　当违约行为导致受害人死亡或达到伤残等级标准时,于此当然存在严重精神损害。[4] 在此意义上,2002年《四川省高级人民法院贯彻执行最高人民法院〈关于确定民事侵权精神损害赔偿责任若干问题的解释〉的意见》第2条第1款第1项规定的"侵犯他人物质性人格权利,凡具备下列情形之一的,应认定为因侵权致人精神损害已造成严重后果:1.侵权行为人侵害生命权造成他人死亡的;2.侵权行为人侵害人健康权、身体权致人残疾已达到评残等级的,或者虽未达到评残程度但造成受害人永久性伤痕,严重影响其工作、生活的,应认定为因侵权致人精神损害已造

---

[1] 参见唐德华主编、最高人民法院民事审判第一庭编著:《最高人民法院〈关于确定民事侵权精神损害赔偿责任若干问题的解释〉的理解与适用》,人民法院出版社2015年版,第42页。

[2] 参见于风卫:《因违反具有人格象征意义的合同给他人造成的精神损害应予赔偿》,《人民司法·案例》2008年第4期。

[3] 参见黄薇主编:《中华人民共和国民法典侵权责任编解读》,中国法制出版社2020年版,第79页。

[4] 参见最高人民法院民法典贯彻实施工作领导小组主编:《中华人民共和国民法典侵权责任编理解与适用》,人民法院出版社2020年版,第178页;程啸:《侵权责任法》(第三版),法律出版社2021年版,第862页。

成严重后果",在证明责任上更有利于受害人保护,更具合理性而值得赞同。而 2001 年《山东高级人民法院关于审理人身损害赔偿案件若干问题的意见》第 87 条要求的条件即"侵害自然人的生命权、健康权、身体权,受害人要求精神损害抚慰金赔偿的,应当符合以下条件:(1)侵害人必须具有故意或重大过失;(2)侵害行为的方式、手段比较恶劣;(3)损害后果比较严重,不仅影响受害人自身的正常工作、生活和学习,而且造成社会和他人对其人格评价的降低",显然提高了受害人生命权、身体权、健康权侵害场合的精神损害赔偿的证明标准,不利于受害人保护,并不适当。

当违约行为并未导致受害人死亡或达到伤残等级标准的,是否构成严重性标准,受害人应当就受到什么样的损害、是否住院、住院时间长短、是否影响受害人的饮食起居、病例记录等进行举证,由法院综合考虑这些因素确定受害人是否遭受了本条规定的"严重精神损害"。[1] 另外,例外情形下即使违约行为并未导致人身残疾,也可结合其他情形如容貌毁损等认定存在严重精神损害。2001 年《福建省高级人民法院关于审理人身损害赔偿案件若干问题的意见》第 24 条第 2 款即规定:"造成受害人容貌受到伤害而留下不良后果、人体功能受损,或者虽未造成容貌、人体功能受损,但确实给受害人在精神上造成长久、深刻痛苦的,受害人的精神损害赔偿请求应予支持。"

2. 精神性人格权

在精神性人格权受侵害场合,考虑到此类人格权益很难外化且存在个体之间的主观差异,因此受害人需要证明加害行为的性质、程度和方式,侵权人的主观过错程度,损害后果的类型以及被侵权人的精神状态等,[2]以供法院在依据《民法典》第 998 条以及《精神损害赔偿解释》第 5 条等进行法律效果评价时进行综合考量。例如,《四川省高级人民法院贯彻执行最高人民法院〈关于确定民事侵权精神损害赔偿责任若干问题的解释〉的意见》第 2 条第 2 款明确规定了精神性人格权侵害场合的精神损害严重性的判断标准,依据该款规定:"侵犯他人精神性人格权利,凡

---

[1] 参见最高人民法院侵权责任法研究小组编著:《〈中华人民共和国侵权责任法〉条文理解与适用》,人民法院出版社 2016 年版,第 172 页。

[2] 参见程啸:《侵权责任法》(第三版),法律出版社 2021 年版,第 862 页。

具备下列情形之一的,应认定为因侵权致人精神损害造成严重后果:1.造成受害人自杀自伤的;2.造成受害人精神失常的;3.严重影响受害人正常工作、生活的;4.在公共场所公然侮辱、诽谤、贬损、丑化受害人的姓名、肖像、名誉、荣誉,或者公开披露受害人的隐私,导致受害人社会评价降低的;5.非法使被监护人脱离监护,导致亲子关系或者近亲属间的亲属关系破裂、恶化的;6.具有人格象征意义的特定纪念物品如祖传遗物、荣誉证书、功勋章等,因侵权行为而永久性灭失、毁损不能修复的;7.非法肢解尸体,非法披露、利用死者的隐私,或者非法利用、损害死者的遗体(遗骨),或者以侮辱、诽谤、贬损、丑化等方式侵害死者姓名、肖像、名誉、荣誉,造成其近亲属的社会评价降低、受到社会歧视或者不公正待遇的;8.其他致人精神损害造成严重后果的。"再如 2001 年《山东高级人民法院关于审理人身损害赔偿案件若干问题的意见》第 86 条规定:"受害人因侵害行为影响正常工作、生活、学习的,为一般性精神损害;受害人因侵害行为导致工作失误、学习成绩下降、生活失常或者自杀等严重后果的,为严重损害。"

3. 身份权益

就受害人因纳入本条保护范畴的身份权益被侵害而遭受的精神损害的严重性证明,通常情形下应参照精神性人格权侵害场合的考量因素及标准,由法院在个案中综合考量具体案涉因素进行判断。例如,在亲子关系侵害场合,受害人需要就其遭受的严重精神损害进行举证,若受害人仅是表现为精神不安、情绪不宁、哀伤烦恼、愤懑不平而不能证明其他恶劣后果的,通常情形下法院会通过要求加害人承担赔礼道歉、消除影响及恢复名誉等责任的方式给予受害人以救济,而不会支持其精神损害赔偿请求权;若受害人可以证明其因侵害行为名誉受损、人格被贬损甚至出现神经错乱、精神分裂等严重影响个人正常工作、学习、劳动和生活秩序等情形的,那么其主张的精神损害赔偿请求通常会获得法院支持。[1]

(四)因果关系

依据本条规定,受害人需证明其所遭受的人格权损害及相应的严

---

[1] 参见最高人民法院侵权责任法研究小组编著:《〈中华人民共和国侵权责任法〉条文理解与适用》,人民法院出版社 2016 年版,第 172 页。

重精神损害系因违约行为引起,并且此种引起关系系直接因果关系而非间接因果关系。[1] 亦即,受害人需要证明违约行为直接作用于其应受本条保护的人格权而导致相应的人格权损害和严重精神损害,若违约行为并未直接作用于人格权而仅使相对人遭受纯粹的精神损害,那么此种损害原则上并不属于本条的保护范畴。

参考文献

1. 曹险峰、程奕翔:《因违约而生之精神损害的救济路径——以〈民法典〉第996条的功能分析为中心》,《北方法学》2022年第3期。
2. 程啸:《侵权责任法》(第三版),法律出版社2021年版。
3. 韩世远:《合同法总论》(第四版),法律出版社2018年版。
4. 黄薇主编:《中华人民共和国民法典人格权编解读》,中国法制出版社2020年版。
5. 柳经纬:《违约精神损害赔偿立法问题探讨——以〈民法典各分编(草案)〉第七百七十九条为对象》,《暨南学报(哲学社会科学版)》2019年第7期。
6. 刘小璇、郑成良:《〈民法典〉视域下违约精神损害赔偿制度的适用困境与消解路径》,《当代法学》2022年第3期。
7. 《民法总则立法背景与观点全集》编写组编:《民法总则立法背景与观点全集》,法律出版社2017年版。
8. 石冠彬:《民法典精神损害赔偿制度的规范构造与价值定位》,《学术月刊》2022年第4期。
9. 王利明、程啸、朱虎:《中华人民共和国民法典人格权编释义》,中国法制出版社2020年版。
10. 吴庆宝:《论侵权责任与违约责任竞合的限制》,《法律适用》2002年第8期。
11. 吴香香:《中国法上侵权请求权基础的规范体系》,《政法论坛》2020年第6期。
12. 肖建国、丁金钰:《程序法视域下民法典违约精神损害赔偿制度的解释论》,《苏州大学学报(哲学社会科学版)》2020年第4期。
13. 许素敏:《〈民法典〉违约精神损害赔偿条款的司法适用——基于〈民法

---

[1] 参见袁雪石:《民法典人格权编释论:条文缕析、法条关联与案例评议》,中国法制出版社2020年版,第161页。

典〉生效后 202 个案例的实证考察》,《财经法学》2023 年第 1 期。

14. 薛军:《〈民法典〉对精神损害赔偿制度的发展》,《厦门大学学报(哲学社会科学版)》2021 年第 3 期。

15. 袁雪石:《民法典人格权编释论:条文缕析、法条关联与案例评议》,中国法制出版社 2020 年版。

16. 张红:《〈民法典(人格权编)〉一般规定的体系构建》,《武汉大学学报(哲学社会科学版)》2020 年第 5 期。

17. 张平华:《违约责任与侵权责任竞合:理想模式、现实状态与未来趋向》,《北方法学》2019 年第 5 期。

18. 朱晓峰:《论一般人格权条款与具体人格权条款的规范适用关系》,《比较法研究》2021 年第 3 期。

19. 朱晓峰:《人格权侵害民事责任认定条款适用论》,《中国法学》2021 年第 4 期。

20. 朱震:《论侵害人格权精神损害赔偿中的"严重"》,《法制与社会发展》2022 年第 2 期。

21. 最高人民法院民法典贯彻实施工作领导小组主编:《中华人民共和国民法典人格权编理解与适用》,人民法院出版社 2020 年版。

案例索引

1. 重庆市涪陵区人民法院(2009)涪法民初字第 470 号民事判决书,冉某等诉袁某婚庆服务合同纠纷案。

2. 贵州省遵义市汇川区人民法院(2018)黔 0303 民初 262 号民事判决书,李某峰等诉遵义市天赐良缘文化传媒有限公司服务合同纠纷案。

3. 河南省开封市鼓楼区人民法院(2020)豫 0204 民初 1484 号民事判决书,郭某宽、杜某枝、姚某与河南大学淮河医院侵权责任纠纷案。

4. 河南省开封市鼓楼区人民法院(2020)豫 0204 民初 1485 号民事判决书,姚某与河南大学淮河医院侵权责任纠纷案。

5. 河南省洛阳市涧西区人民法院(2007)涧民二初字第 63 号民事判决书,赵某新等诉李某国侵权纠纷案。

6. 河南省泌阳县人民法院(2018)豫 1726 民初 212 号民事判决书,卜某与焦某晓、魏某云运输合同纠纷案。

7. 湖北省荆门市中级人民法院(2021)鄂 08 民终 361 号民事判决书,蒋某红、蒋某文公路旅客运输合同纠纷、责任保险合同纠纷案。

8. 辽宁省沈阳市和平区人民法院(2019)辽 0102 民初 4669 号民事判决书,付某国、谭某云与中国医科大学附属第四医院侵权责任纠纷案。

9. 陕西省高级人民法院(2010)陕民提字第 00004、00005 号民事判决书,杜某辉等与安康市中心医院医疗损害赔偿纠纷案。

10.《最高人民法院公报》2002 年第 4 期,陆某诉美国联合航空公司国际航空旅客运输损害赔偿纠纷案。

11.《最高人民法院公报》2004 年第 8 期,郑某峰、陈某青诉江苏省人民医院医疗服务合同纠纷案。

第九百九十七条 【人格权禁令】

民事主体有证据证明行为人正在实施或者即将实施侵害其人格权的违法行为,不及时制止将使其合法权益受到难以弥补的损害的,有权依法向人民法院申请采取责令行为人停止有关行为的措施。

目 录

一、规范意旨 …………………………………………………… 415
　（一）规范意义与目的 ………………………………………… 415
　（二）体系位置 ………………………………………………… 416
　（三）规范性质 ………………………………………………… 418
二、历史沿革 …………………………………………………… 418
三、人格权禁令的申请 ………………………………………… 421
　（一）申请人范围 ……………………………………………… 421
　（二）申请条件 ………………………………………………… 422
　　1. 行为人正在实施或者即将实施侵害人格权的行为 ……… 423
　　2. 侵害行为具有不法性 ……………………………………… 424
　　3. 若不及时制止违法行为将导致权利人遭受难以弥补的损害 … 4254
　　4. 权利人有证据证明 ………………………………………… 425
四、人格权禁令的作出程序 …………………………………… 426
　（一）申请方式与管辖法院 …………………………………… 427
　（二）审理程序 ………………………………………………… 427
　（三）审理方式 ………………………………………………… 428
　（四）审查内容 ………………………………………………… 428
　　1. 正在实施或即将实施侵害人格权之行为的判断 ………… 429
　　2. 行为违法性的判断 ………………………………………… 429
　　3. 急迫性的判断 ……………………………………………… 430
　　4. 难以弥补的损害的判断 …………………………………… 430
　　5. 对被申请人利益影响的判断 ……………………………… 431
　　6. 对社会公共利益影响的判断 ……………………………… 432

【人格权禁令】　　　　　　　　　　　　　　　　　1　第 997 条

　　　　7. 对申请人的胜诉可能性判断 …………………… 433
　　（五）禁令的作出形式 ……………………………………… 433
　　（六）禁令的作出时间 ……………………………………… 434
五、人格权禁令的执行与程序保障 ………………………………… 434
　　（一）禁令的效力与执行 ………………………………… 434
　　　　1. 禁令的效力 ……………………………………… 435
　　　　2. 禁令的执行 ……………………………………… 435
　　（二）程序保障 …………………………………………… 436
　　（三）损害救济 …………………………………………… 437
六、规范适用关系 ………………………………………………… 438
　　（一）人格权禁令与诉讼行为保全 ……………………… 438
　　（二）人格权禁令与人身安全保护令 …………………… 441
　　（三）人格权禁令与人格权请求权 ……………………… 442
七、证明责任 ……………………………………………………… 442
　　（一）申请人的证明责任 ………………………………… 443
　　（二）被申请人的异议 …………………………………… 445
参考文献 …………………………………………………………… 446
案例索引 …………………………………………………………… 447

一、规范意旨

（一）规范意义与目的

　　《民法典》人格权编的重要成果之一是完善了人格权请求权规范体系。[1] 在人格权请求权规范体系内部,本条确立的人格权禁令是人格权请求权的保障性规范,其虽然不是对人格权请求权本身的规定,[2]但是,其与《民法典》第 1167 条的停止侵害、排除妨碍、消除危险请求权,第 1028 条的更正与删除请求权、第 1029 条的提出异议并请求更正与删除的权利、第 1037 条的提出异议并请求更正的权利等结合,共同构成人格

---

〔1〕　参见张红:《论〈民法典〉之人格权请求权体系》,《广东社会科学》2021 年第 3 期,第 235 页。
〔2〕　参见程啸:《论我国民法典中的人格权禁令制度》,《比较法研究》2021 年第 3 期,第 138 页。

权请求权保护体系。其中,《民法典》第 1167 条规定的是包括人格权请求权在内的绝对权请求权,第 1028 条、第 1029 条、第 1037 条等规定的权利为人格权请求权本身,而本条规定的人格权禁令则是保障人格权请求权得以实现的程序性规定。

2　　立法者创设人格权禁令制度的核心考虑在于人格权与财产权不同,财产权侵害所导致的损害通常情形下可以通过恢复原状的救济方式予以填补,事后救济模式原则上即可以为受害人提供充分的法律保护。而人格权侵害若不及时制止则可能导致难以救济或恢复的损害发生,如生命一旦被侵害则无法通过事后救济模式给予已经丧失生命的受害人以保护,隐私一旦被泄露则事后救济模式也无法使隐私权人的隐私恢复到不被他人知晓的状态,于此情形下传统的以恢复原状为目的的事后救济模式与当代社会背景下立法者追求的给予人格权以充分保护的立法目的并不完全吻合。[1] 而人格权禁令制度强调事前预防,可以在侵害发生前或者侵害虽已发生但尚未导致更严重的损害前及时制止侵害行为,弥补以恢复原状为目的的事后救济模式过于消极而导致的人格权保护不周延的制度缺陷,为人格权的保护提供更积极、及时、充分的规范基础。[2]

(二) 体系位置

3　　从本条规定的文义及其提高人格权保护效率的目的来看,人格权禁令制度发挥规范作用并不必然要与民事诉讼程序建立关系,因此其既区别于《民事诉讼法》第 104 条确立的诉前行为保全制度,也区别于该法第 109 条的先予执行制度,可以为《民法典》规定的停止侵害、排除妨碍、消除危险等人格权请求权在民法保护领域的高效实现提供保障。[3] 换言之,本条旨在解决《民法典》第 1167 条等规定的绝对权请求权经由普通

---

〔1〕参见陈甦、谢鸿飞主编:《民法典评注·人格权编》,中国法制出版社 2020 年版,第 53—54 页。

〔2〕参见龙卫球主编:《中华人民共和国民法典人格权编与侵权责任编释义》,中国法制出版社 2021 年版,第 25—26 页。

〔3〕参见张素华:《论人格权禁令的性质及司法适用》,《比较法研究》2021 年第 6 期,第 72 页。

诉讼程序方能实现在人格权保护领域不够便捷的问题,〔1〕并未创设独立于停止侵害、排除妨碍、消除危险等请求权之外的新的人格权请求权类型,而是创设了一种独立于民事程序法规定的诉前行为保全程序的非讼程序,并且该条亦非实体法和程序法的衔接条款,不存在经由本条将《民法典》中的人格权请求权与《民事诉讼法》中的程序规定直接联系起来,进而依据《民事诉讼法》的规定来确定相应人格权禁令的实现程序问题。民事主体可以依据本条规定的申请条件直接请求法院颁发禁令以制止侵害行为,法院颁发禁令后该禁令立即生效并产生拘束力,权利人在申请禁令后并不当然负有在法院提起诉讼的义务,因为法院依据本条作出的人格权禁令是一种具有既判力的终局性的救济措施,〔2〕而非一种临时性救济措施。〔3〕亦即,本条并非诉前禁令条款,不在《民事诉讼法》的诉前保全制度范畴,〔4〕它是一种"独立于先予执行和普通的行为保全,是不必然伴随诉讼程序、具有非暂时性和非保全性的人格权独立保护制度"〔5〕。

---

〔1〕 参见程啸:《我国民法典中的人格权请求权》,《人民法院报》2020 年 10 月 22 日,第 05 版。

〔2〕 学理上对人格权禁令是否有既判力存在分歧,反对人格权禁令有既判力的观点参见吴英姿:《民事禁令程序构建原理》,《中国法学》2022 年第 2 期,第 82 页。支持人格权禁令有既判力的观点参见郭小冬:《人格权禁令的基本原理与程序法落实》,《法律科学》2021 年第 2 期,第 152 页;毋爱斌、范响:《〈民法典〉人格权侵害禁令溯源、性质及其制度构建》,《重庆大学学报(社会科学版)》2023 年第 5 期,第 243 页;程啸:《民法典人格权编的若干重点问题》,广东财经大学法学院官网 2020 年 9 月 12 日,https://law.gdufe.edu.cn/2020/0912/c892a121541/page.htm,最后访问日期:2023 年 10 月 25 日。不过程啸教授在之后的论文中推翻了前述观点,认为人格权禁令并不具有既判力。相关论述参见程啸:《论我国民法典中的人格权禁令制度》,《比较法研究》2021 年第 3 期,第 138 页。

〔3〕 参见严仁群:《人格权禁令之程序法路径》,《法学评论》2021 年第 6 期,第 119 页。

〔4〕 参见王利明:《论侵害人格权的诉前禁令制度》,《财经法学》2019 年第 4 期,第 3 页。

〔5〕 朱虎:《人格权侵害禁令的程序实现》,《现代法学》2022 年第 1 期,第 173 页。

(三)规范性质

4　　由于本条属于人格权禁令的一般规定,仅规定了权利人向法院申请采取责令行为人停止特定行为的一般条件,对作出人格权禁令的具体程序、法院的审查标准及相应禁令的效力等问题,本条并未涉及。在《民法典》等未就相关问题作出明确规定之前,考虑到本条规定的人格权禁令制度与《反家庭暴力法》规定的人身安全保护令制度内在性质的一致性,本着类似事物应予平等对待的一般法律思想,于此可以类推适用人身安全保护令的相关程序规则。[1]

5　　对于人身安全保护令申请所涉及的程序性规定,《反家庭暴力法》第23条以下作了较为详细的规定。另外,最高人民法院于2016年在《人身安全保护令批复》中就涉及人身安全保护令的裁决程序等作了规定,认为在《反家庭暴力法》就相关问题没有规定时可以比照适用《民事诉讼法》的规定。[2] 尽管学理上对该批复不乏批评声音,但在立法上未对人格权禁令的程序性规则作出明确规定的背景下,该批复中所持的立场仍具重要意义,其为法院作出人格权禁令的程序及相应的法律依据提供了规范性基础。同样地,最高人民法院在2022年发布的《人身安全保护令规定》中,就人身安全保护令的适用问题作了进一步的规定,亦可以在人格权禁令的适用中作为参照的对象。亦即,考虑到人身安全保护令是人格权禁令的一种,因此在制定法未对人格权禁令的程序性问题作出明确规定时,类推适用《反家庭暴力法》关于人身保护令的规定并经由《人身安全保护令批复》而比照适用《民事诉讼法》的具体程序规则,来解决一般规定缺乏程序性规则的问题,是一种值得考虑的作法。

二、历史沿革

6　　在《民法典》颁行前,知识产权领域明确规定了诉前行为保全制

---

[1] 参见吴英姿:《人格权禁令程序研究》,《法律科学》2021年第2期,第141页。
[2] 《人身安全保护令批复》认为人身安全保护令的程序"可以比照特别程序进行审理。家事纠纷案件中的当事人向人民法院申请人身安全保护令的,由审理该案的审判组织作出是否发出人身安全保护令的裁定;如果人身安全保护令的申请人在接受其申请的人民法院并无正在进行的家事案件诉讼,由法官以独任审理的方式审理"。

度,如《专利法》第 72 条、《商标法》第 65 条、《著作权法》第 56 条等。除此之外,2019 年生效的《最高人民法院关于审查知识产权纠纷行为保全案件适用法律若干问题的规定》在总结知识产权纠纷行为保全案件审查经验和借鉴域外类似制度的基础上,对行为保全所涉及的申请主体、管辖法院、审查程序、保全必要性的考量因素、保全措施的效力期限、申请有错误的认定及保全措施的解除等作出了详细规定。[1] 除了知识产权法中规定了诉前行为保全制度,《民通意见》(已失效)第 162 条第 1 款还规定"在诉讼中遇有需要停止侵害、排除妨碍、消除危险的情况时,人民法院可以根据当事人的申请或者依职权先行作出裁定"。但此时民事程序法上与之对接的只有 2007 年《民事诉讼法》第 92 条至第 96 条规定的诉讼财产保全制度与第 97 条规定的先予执行制度,但是这两项制度与行为保全明显不同,[2]并不能解决人格权保护所面临的问题。[3] 在此背景下,2017 年《民事诉讼法》在修订时增加了诉讼行为保全制度,2021 年、2023 年两次修改的《民事诉讼法》在第 104 条第 1 款继续保持了前述规定。但问题是,诉讼行为保全制度仍然属于民事诉讼程序,争讼性与对席等诉讼程序的基本特征使其与人格权保护领域所要求的高效便捷并不完全吻合。[4] 这种差异为《民法典》中规定独立于诉讼程序的人格权行为禁令制度留下了制度空间。

另外,反家庭暴力领域的人身安全保护令对人格权禁令的制定及理解适用也有借鉴意义。前者最早出现在 2008 年最高人民法院发布的《涉及家庭暴力婚姻案件审理指南》第 31 条,[5] 2015 年颁行的《反家庭暴力

---

[1] 参见宋晓明、王闯、夏君丽、郎贵梅:《〈关于审查知识产权纠纷行为保全案件适用法律若干问题的规定〉的理解与适用》,《人民司法·应用》2019 年第 7 期,第 19 页。

[2] 参见王利明、程啸、朱虎:《中华人民共和国民法典人格权编释义》,中国法制出版社 2020 年版,第 118—119 页。

[3] 参见袁雪石:《民法典人格权编释论:条文缕析、法条关联与案例评议》,中国法制出版社 2020 年版,第 166—167 页。

[4] 参见郭小冬:《人格权禁令的基本原理与程序法落实》,《法律科学》2021 年第 2 期,第 148—149 页。

[5] 对人身安全保护令的缺陷的批评,参见李瀚琰:《人身安全保护令独立性的制度价值及其实现》,《安徽大学学报(哲学社会科学版)》2017 年第 2 期,第 123 页;郭小冬:《人格权禁令的基本原理与程序法落实》,《法律科学》2021 年第 2 期,第 146 页。

法》第23条第1款正式规定了人身安全保护令,该条放弃了将人身保护令与诉讼制度完全捆绑的制度安排,使人身安全保护令成为一种可以独立申请的制度,在申请、审查、执行、变更和撤销方面均具有一定的独立性,不以提起家事诉讼或家事诉讼程序进行为前提条件。[1] 这就大大释放了人身安全保护令制度在反家庭暴力,维护受害人人身安全权、身体健康权、人身自由权上的效能。[2] 整体来看,人身安全保护令在本质上属于人格权禁令,[3]其在反家庭暴力领域的法律实践,为《民法典》中规定一般性的人格权禁令制度提供了经验。

8 受前述法律实践影响,《人格权编室内稿》即在第52条明确规定人格权禁令,嗣后《民法典各分编征求意见稿》人格权编第10条、《民法典各分编草案一审稿》第780条、《人格权编草案二审稿》第780条、《人格权编草案三审稿》第780条、《民法典草案》第997条、《民法典草案大会审议稿》第997条等虽在不同程度上接受了实务与学理的意见而作了修改,[4]但基本上都保持了室内稿的观点,最终形成了本条。

9 从立法过程中的争议及草案条文的变化来看,学理与实务普遍支持在《民法典》中规定人格权禁令以落实立法者通过编纂民法典充分保护人格权的立法目的,[5]存在分歧的是如何具体规定这一制度以更好地

---

[1] 参见王亚新、陈杭平、刘君博:《中国民事诉讼法重点讲义》,高等教育出版社2017年版,第192—193页。

[2] 参见吴英姿:《人格权禁令程序研究》,《法律科学》2021年第2期,第138页。

[3] 参见吴英姿:《人格权禁令程序研究》,《法律科学》2021年第2期,第137页。

[4] 参见《地方人大、中央有关部门和单位以及有关方面对民法典各分编草案(征求意见稿)人格权编的意见》,载《民法典立法背景与观点全集》编写组编:《民法典立法背景与观点全集》,法律出版社2020年版,第380页;《地方人大、中央有关部门和单位以及有关方面对民法典各分编(草案)人格权编的意见》,载《民法典立法背景与观点全集》编写组编:《民法典立法背景与观点全集》,法律出版社2020年版,第401页;《部分学者对民法典(草案)人格权编的意见》,载《民法典立法背景与观点全集》编写组编:《民法典立法背景与观点全集》,法律出版社2020年版,第456页。

[5] 参见王晨:《关于〈中华人民共和国民法典(草案)〉的说明——2020年5月22日在第十三届全国人民代表大会第三次会议上》,载《民法典立法背景与观点全集》编写组编:《民法典立法背景与观点全集》,法律出版社2020年版,第13页;沈春耀:《关于〈民法典各分编(草案)〉的说明——2018年8月27日在第十三届全国人民代表大会常务委员会第五次会议上》,载《民法典立法背景与观点全集》编写组编:《民法典立法背景与观点全集》,法律出版社2020年版,第21页。

保护人格权。其中,对于人格权禁令与诉讼行为保全制度的关系,本条最后采《反家庭暴力法》第 23 条规定的人身安全保护令的分离立场而不再将人格权禁令与诉讼程序绑定,将人格权禁令从诉讼行为保全制度中独立出来,有助于提高人格权禁令适用的效率,与立法者通过人格权禁令制度为人格权提供便捷高效的保护的立法目的相吻合,[1]值得肯定。但是,由于本条属于一般规定,对人格权禁令的具体适用问题并未作详细规定,并且《民事诉讼法》上也不存在直接和人格权禁令适用相衔接的具体规定,因此本条的具体适用仍有进一步解释的空间。[2]

三、人格权禁令的申请

作为人格权请求权的非诉讼法上的实现机制,本条规定了权利人申请人格权禁令的条件,对于其他与人格权禁令适用相关的问题,在制定法未作明确规定的情形下,可以考虑通过类推《反家庭暴力法》人身安全保护令和《民事诉讼法》诉讼行为保全的相关规则来处理。[3]

本条对人格权禁令申请作了一般规定,主要包括两方面:一是主体问题,即有权申请人格权禁令的申请人资格和范围;二是申请条件,即具备何种条件时权利人可以向法院申请人格权禁令。

(一)申请人范围

依据本条规定,申请人格权禁令的应当是人格权被侵害或者有被侵害之虞的民事主体本人。在例外情形下,申请人可以不是被保护的权利人本人,具体包括:

第一,涉及死者人格利益保护场合的人格权禁令申请,依据《民法典》第 994 条之规定,处于第一顺位的申请人是死者的配偶、子女、父

---

[1] 参见王利明、程啸、朱虎:《中华人民共和国民法典人格权编释义》,中国法制出版社 2020 年版,第 118 页。

[2] 参见郭小冬:《人格权禁令的基本原理与程序法落实》,《法律科学》2021 年第 2 期,第 145 页;黄薇主编:《中华人民共和国民法典人格权编解读》,中国法制出版社 2020 年版,第 43—44 页。

[3] 参见黄薇主编:《中华人民共和国民法典人格权编解读》,中国法制出版社 2020 年版,第 43—44 页。

母,若死者没有配偶、子女且父母已经死亡的,那么其他近亲属有权依据本条向法院申请人格权禁令。对此,学理上有观点认为,应将本条的申请人范围严格限定在人格权被侵害者本人,从而达到控制人格权禁令适用以平衡保护行为自由的目的。[1] 从人格权禁令及时预防损害发生或扩大的基本目的来看,对于人格权和行为自由的平衡保护,主要应由法院于审查申请时通过对本条规定的适用条件的具体标准进行控制予以实现。[2] 如果通过区分人格权益保护力度的强弱及限定申请人范围的方式来控制人格权禁令的申请,可能会不当限制人格权禁令的适用范围,与立法者创设人格权禁令制度的初衷并不协调。

14　　第二,涉及无民事行为能力人和限制民事行为能力人之人格权保护场合的人格权禁令申请,应当依据《民法典》第 23 条、第 34 条、第 35 条之规定而承认其监护人享有代其申请的资格;若涉及监护人侵害被监护人的人格权或对被监护人人格权有侵害之虞的,在监护人之监护资格依《民法典》第 36 条被撤销前,可以参照适用《反家庭暴力法》第 23 条第 2 款并结合《民法典》第 35 条确立的被监护人最大利益原则而允许被监护人的其他近亲属、其他依法具有监护资格的人及组织代为申请。[3] 2022 年《人身安全保护令规定》第 2 条即遵循这一立场来确定人身安全保护令的申请主体。依据该规定,当事人因年老、残疾、重病等原因无法申请人身安全保护令的,其近亲属、公安机关、民政部门、妇女联合会、居民委员会、村民委员会、残疾人联合会、依法设立的老年人组织和救助管理机构等,根据当事人意愿,依照《反家庭暴力法》第 23 条之规定代为申请的,人民法院应当依法受理。

(二) 申请条件

15　　学理上有观点认为,本条规定的人格权禁令的申请条件具体包括:第一,人格权被侵害或有被侵害之虞;第二,有明确具体的请求;第三,能提

---

[1] 参见程啸:《论我国民法典中的人格权禁令制度》,《比较法研究》2021 年第 3 期,第 138 页。

[2] 参见吴英姿:《民事禁令程序构建原理》,《中国法学》2022 年第 2 期,第 82 页。

[3] 参见王广聪:《未成年人监护监督法律体系解释》,《国家检察官学院学报》2023 年第 1 期,第 140 页。

供证据证明特定违法行为导致的损害是否已发生或即将发生,且不采取措施将导致难以弥补的损害;第四,被申请法院有管辖权。[1] 其中,第一项和第二项涉及具体人格权请求权的行使,包括停止侵害、排除妨碍和消除危险请求权,申请人可以依据案件具体情形结合相应人格权请求权条款并通过人格权禁令条款主张实现其中某项具体请求权;第四项涉及管辖权问题,不应作为申请条件对待。第三项申请条件具体可以分解为四项子要件:一是侵害行为正在实施或即将实施;二是行为人的该侵害行为具有不法性;三是若不及时制止违法行为将导致权利人遭受难以弥补的损害;四是权利人有证据证明。至于学理上有观点认为申请人还应具备较大的胜诉可能性等,[2] 实质上并不属于权利人申请人格权禁令的条件,而是法院在审查相应申请时应予考虑的因素。

1. 行为人正在实施或者即将实施侵害人格权的行为

人格权禁令属于行为禁令的范畴,其申请以侵害行为已经在实施或即将实施为前提。其中,侵害行为即将实施强调相应行为尚未发生但极有可能发生,传统侵权法通常对此类行为并未予以过多关注。但是,人格权禁令的核心目的在于预防,旨在通过法院颁布禁令的方式积极防止损害的发生或扩大,防患于未然,给人格权以更充分的保护,所以人格权禁令的申请不以侵害行为已发生为限,于此的侵害行为既可以是已经实施并给权利人造成了现实侵害的行为,也可以是即将实施但尚未实施的将来发生的行为,如"钱锺书书信案"中的被申请人仅是发布拍卖钱锺书书信的公告而尚未将相应书信拍卖。[3] 于此情形下,由于相应侵害行为尚未实施,不存在侵权行为,难以通过传统侵权法上的消极防御性的救济

---

[1] 参见陈甦、谢鸿飞主编:《民法典评注·人格权编》,中国法制出版社 2020 年版,第 58—59 页;黄薇主编:《中华人民共和国民法典人格权编解读》,中国法制出版社 2020 年版,第 42—43 页;吴英姿:《人格权禁令程序研究》,《法律科学》2021 年第 2 期,第 141 页;王利明、程啸、朱虎:《中华人民共和国民法典人格权编释义》,中国法制出版社 2020 年版,第 123—125 页;曹相见、杜生一、侯圣贺编著:《〈中华人民共和国民法典·人格权编〉释义》,人民出版社 2020 年版,第 29 页。

[2] 参见最高人民法院民法典贯彻实施工作领导小组主编:《中华人民共和国民法典人格权编理解与适用》,人民法院出版社 2020 年版,第 93 页。

[3] 参见杨季康(笔名杨绛)与中贸圣佳国际拍卖有限公司、李国强诉前禁令案,《最高人民法院公报》2014 年第 10 期,第 34 页。

措施予以救济,而人格权禁令却可以为相应人格权的积极保护提供救济途径。

2. 侵害行为具有不法性

17 本条要求人格权禁令的申请必须是针对违法行为。于此的违法性即不法性要求现行法对侵害行为存在否定性评价,若相应侵害行为在现行法内未被否定,而是存在违法阻却事由,[1]那么即使该侵害行为已经实施或者即将实施,权利人亦不能申请人格权禁令。亦即,当特定行为被认定为侵害行为的,其本身即已内含了对于违法性的判断,而当存在违法阻却事由时,相应的行为即不再具有违法性,亦非侵害行为。因此,本条对于在性质上已被界定为具有违法性的侵害行为再次强调违法性,存在同义反复的嫌疑,并无必要。这就意味着,在理解本条的违法概念时应仅将之作为提示性表述,要求法院审查是否存在违法阻却事由。若无违法阻却事由存在,那么侵害了具有绝对权属性的人格权即应被认为满足不法性的要求。[2]

3. 若不及时制止违法行为将导致权利人遭受难以弥补的损害

18 本条要求通过人格权禁令保护的人格权必须具备急迫性,此种急迫性应从两个方面来理解:一是时间上的紧迫性,即侵害行为已实施或即将实施,由此难以通过一般的诉讼程序及时制止侵害行为,因为诉讼程序强调以争讼性、对审性和公开性为特征的程序正义,[3]而这通常需要花费较长时间,对亟须保护的人格权而言,这显然无法满足需求;二是损害结果上的难以弥补性,人格权区别于财产权的核心在于无法通过货币来衡量,因此人格权侵害场合的损害尤其是精神损害具有不可逆性,难以通过金钱赔偿等方式恢复原状,即使存在着消除影响、恢复名誉、赔礼道歉等救济方式,但这些救济方式对人格权被侵害后的受害人而言更倾向于精神抚慰,无法解决损害填补问题。若损害的发生不具有急迫性,或者即便

---

[1] 参见王泽鉴:《人格权法:法释义学、比较法、案例研究》,北京大学出版社2013年版,第387页。

[2] 参见程啸:《侵权责任法》(第三版),法律出版社2021年版,第278—279页。

[3] 参见张卫平:《仲裁裁决撤销程序的法理分析》,《比较法研究》2018年第6期,第13页。

损害已发生但也可以通过其他方式如赔偿损失等予以救济,则权利人可以通过普通诉讼程序请求法院判决而获得救济,不得通过本条规定的人格权禁令主张救济。另外,学理上有观点认为应区分人格权的类型以正确理解"难以弥补的损害",建议将人格权区分为物质性人格权和精神性人格权两类。对侵害前者所涉及的"难以弥补的损害"的论证应区别于对后者的论证,前者只需证明存在紧迫性即可,无须进一步论证损害是否可以弥补,因为对物质性人格权的侵害所导致的损害都是难以弥补的;而对后者的侵害只有在导致精神损害的情形下才存在难以弥补的问题,在财产损失场合并无难以弥补的问题,因此对后者而言,既要解决难以弥补性,也要解决紧迫性。[1] 该观点应予赞同。

4. 权利人有证据证明

本条要求申请人在向法院申请人格权禁令时,应提供证据证明前述三项条件存在:一是行为人正在实施或即将实施侵害其人格权的行为;二是该侵害行为具有违法性;三是不及时制止将使其合法权益受到难以弥补的损害。要求权利人提供证据的核心理由在于:第一,人格权禁令与行为自由密切相关,应在人格权保护与行为自由的保护之间作出平衡,避免为保护人格权而过分限制行为自由;第二,人格权禁令的作出程序与一般诉讼程序不同,前者强调高效便捷因而在保障被申请人权利的程序性规则上较为简便,后者强调争讼性与对席性,强调通过诉讼程序平等保护诉讼双方当事人的合法权益,[2] 而前者在程序上的便捷性可能导致对被申请人合法权益的保护不足,因此强调人格权禁令申请人的证明责任,有助于解决因程序简化所导致的对被申请人合法权益保护不足的问题,从而在申请人与被申请人的合法权益保护之间形成平衡。

最后需要讨论的是人格权禁令的申请是否应以提供担保为条件?本条对此并未作明确规定,导致学理上存在分歧。支持申请人应提供担保的观点从保障被申请人合法权益的视角出发,认为若申请人在提出申请

---

[1] 参见程啸:《论我国民法典中的人格权禁令制度》,《比较法研究》2021 年第 3 期,第 138 页。

[2] 参见郭小冬:《人格权禁令的基本原理与程序法落实》,《法律科学》2021 年第 2 期,第 148—149 页。

时没有提供担保,那么在申请人不当申请导致被申请人遭受损害时,则后者难以获得充分救济。[1] 对此的反对观点认为,财产保全通常不会给被申请人造成难以弥补的损害,且相应保全行为具有秘行性要求,但人格权禁令通常需要被申请人配合,不像财产保全一样要求秘行性。尤为关键的是人格权禁令指向行为人的自由,这通常会给行为人造成较大影响,因此人格权禁令应注重对被申请人的程序性保障而非通过财产担保进行财产保护。亦即行为保全准用财产保全的规定本身有失程序正当性。该观点值得赞同。因为人格权禁令对被申请人的行为自由进行限制通常并非直接作用于其财产利益,让申请人提供担保在加重申请人申请困难的同时又未给被申请人提供更多的保障,缺乏正当性基础,如《人身安全保护令批复》即明确规定,申请人请求法院作出人身安全保护令的,既不需要其缴纳诉讼费用,也不需要提供财产担保。因此,申请人申请人格权禁令时一般情形下亦不需要提供担保,但在例外情形下,如被申请人提出的异议有相当理由和依据,则法院在认为必要时可以要求申请人提供担保,以保护被申请人并督促权利人慎重提起申请。[2]

四、人格权禁令的作出程序

21　　作为一种非讼程序,本条只规定了权利人申请人格权禁令的条件,对于相关程序性问题并未规定。对此,如前所述,可以考虑类推适用人身安全保护令的相关规定。通常而言,法律规则的类推适用以类似事物应予平等对待的一般法律思想为基础,[3] 而人身安全保护令是人格权禁令的一种,[4]《反家庭暴力法》第 23 条以下规定的人身安全保护令制度与本条规定的人格权禁令制度在规范适用上存在特殊与一般的关系,应当

---

[1] 参见徐伟:《〈民法典〉人格权侵害禁令的法律适用》,《法制与社会发展》2021 年第 6 期,第 200 页。
[2] 参见张素华:《论人格权禁令的性质及司法适用》,《比较法研究》2021 年第 6 期,第 72 页。
[3] 参见王泽鉴:《举重明轻、衡平原则与类推适用》,载《民法学说与判例研究》(重排合订本),北京大学出版社 2015 年版,第 71 页。
[4] 参见王利明、程啸、朱虎:《中华人民共和国民法典人格权编释义》,中国法制出版社 2020 年版,第 120 页。

【人格权禁令】 第 997 条

依据特殊规定优先于一般规定适用的法律规则确定人身安全保护令与人格权禁令的适用关系。这就意味着,在作为一般规定的人格权禁令未就其适用问题作明确规定而作为特殊规定的人身安全保护令就其适用问题存在明确规定时,将后者的规定在与前者不相冲突的情形下类推适用于前者,在法律解释方法上并不存在技术性难题。当然,考虑到新法和旧法的规范适用问题,即《反家庭暴力法》属于旧法而《民法典》属于新法,因此当二者在规则的具体适用上存在冲突时,并不能当然优先适用人身安全保护令制度,而应依据《立法法》第 105 条第 1 款之规定确定是否优先适用人身安全保护令制度。另外,对于《反家庭暴力法》没有规定的其他与人格权禁令适用相关的问题,依据《人身安全保护令批复》《人身安全保护令规定》等,可以在不与人格权禁令的基本性质相冲突的前提下比照《民事诉讼法》的相关规则来处理。[1]

(一)申请方式与管辖法院

以平衡保护人格权和行为自由为判断标准,对人格权禁令的申请方式可以参照《反家庭暴力法》第 24 条申请人身安全保护令的方式,申请人申请人格权禁令时应当以书面方式提出,若书面申请确有困难的,可以口头申请,由法院记入笔录。同时,依据本条规定的立法意旨,在人格权禁令的管辖问题上,一方面应符合及时充分保护人格权的基本目的,另一方面也要便于法院的程序性处理等,因此可以参照《反家庭暴力法》第 25 条,将申请人、被申请人住所地或侵害人格权行为地法院作为管辖法院。[2]

(二)审理程序

人格权禁令申请的审理程序应与人格权禁令的便捷高效性特点相适应而更突出地强调便捷性。对此,法院可以参照《人身安全保护令批复》,通常情形下应和审查人身安全保护令申请一样比照特别程序审理,即当申请人在没有提起诉讼的情况下申请人格权禁令的,一般可以采

---

[1] 参见黄薇主编:《中华人民共和国民法典人格权编解读》,中国法制出版社 2020 年版,第 43—44 页。
[2] 参见吴英姿:《人格权禁令程序研究》,《法律科学》2021 年第 2 期,第 142 页。

用简易程序审理人格权禁令申请,并由审判员一人独任审理,实行一审终审。若涉及重大、疑难的申请时,则应由合议庭审理。值得注意的是,由于人格权禁令的裁决具有终局性效力,因此在程序设置上应给予当事人双方尤其是被申请人以最低限度的程序保障。[1] 法院应听取双方的陈述,审查双方的证据,并在权衡各方利益的基础上作出是否支持申请人之申请的裁决。在例外情形下,如存在紧急情况时,那么法院可在仅审查申请人提交的材料的基础上作出裁决,但在作出支持申请人申请的裁决之后,仍然要给予被申请人及时陈述的机会以平衡保护其合法权益。

(三) 审理方式

24　人格权禁令的核心目的在于给予申请人人格权以及时的保护,但同时也应兼顾保护被申请人合法权益及社会公共利益等。因此,法院对人格权禁令的申请的具体审查方式不应仅是形式审查,条件允许时还应在形式审查的基础上进一步对人格权禁令的申请条件以及相关利益进行实体审查,以实现各方主体利益的平衡保护,防止人格权禁令的滥用。亦即,对人格权禁令申请的审查应区分形式审查和实体审查两个步骤展开:

25　第一步是形式审查。法院依据本条确定的形式要件审查申请人提交的书面申请或者口头申请的内容,从而判断申请人格权禁令的相应主体是否适格、申请人是否以该条为依据提起申请、其提出的申请事项是否属于该条调整的人格权请求权范畴等。

26　第二步是实体审查。对于通过形式审查的申请,法院应当就申请人所主张的事实、提交的证据以及涉及的利益的保护等进行实体审查,以判断人格权侵害行为是否已经实施或者即将实施,是否存在不及时制止将导致难以弥补的损害发生等情形并权衡申请人与被申请人的利益保护状态等。

(四) 审查内容

27　对法院就实体审查阶段所涉实体问题的判断,应在前述申请条件的基础上展开,同时考虑人格权禁令裁决的终局性效力,从平衡保护申请人

---

[1] 参见朱虎:《人格权侵害禁令的程序实现》,《现代法学》2022 年第 1 期,第 173 页。

和被申请人合法权益的视角出发,在强调给予申请人人格权及时保护的同时兼顾被申请人合法权益及社会公共利益的保护,[1]增加审查禁令的作出对被申请人和公共利益的影响的判断。当前司法实践中,法院在审查人格权禁令申请时亦在比照诉讼行为保全程序的基础上强调对作出禁令是否会使申请人与被申请人之间的利益失衡或损害社会公共利益等因素进行审查。[2] 因此,法院的审查内容主要包括如下方面:

1. 正在实施或即将实施侵害人格权之行为的判断

"正在实施"表明侵害行为已发生,易于判断。难以判断的是即将实施,学理上有观点认为于此的"即将实施"强调行为发生的盖然性,应在具体案件中依社会一般观念来判断。[3] 该观点值得赞同。一般来讲,对生命、身体、健康、行动自由的侵害之虞应当从宽认定;对名誉、隐私、姓名、肖像等的侵害,多涉及言论自由及其他社会公共利益等领域,事先干预应更审慎,申请人需证明具体侵害的危险性,使法院获得确信。[4] 但使法院获得确信比证明的要求要低,法院不必对申请人的陈述产生严格意义上的确信,但应认为其为极有可能发生的事实。[5]

2. 行为违法性的判断

人格权禁令的申请与作出以人格权请求权存在为基础,因此并不要求行为人的过错,[6]对作出人格权禁令所需的违法性的判断,主要是从应受法律保护的人格权是否被侵害本身进行判断。因此,在行为违法性的判断上,若被申请人不能使人相信其存在正当事由以排除行为违法

---

[1] 参见郭小冬:《人格权禁令的基本原理与程序法落实》,《法律科学》2021年第2期,第149—150页。

[2] 参见许燕玲:《人格权侵害禁令首案:自由与法治,边界在哪里?》,《人民法院报》2021年2月5日,第03版。

[3] 参见最高人民法院民法典贯彻实施工作领导小组主编:《中华人民共和国民法典人格权编理解与适用》,人民法院出版社2020年版,第89页。

[4] 参见王泽鉴:《人格权法:法释义学、比较法、案例研究》,北京大学出版社2013年版,第390页。

[5] 参见[瑞]贝蒂娜·许莉蔓-高朴、[瑞]耶尔格·施密特:《瑞士民法:基本原则与人法(第二版)》,纪海龙译,中国政法大学出版社2015年版,第323页。

[6] 参见王利明、程啸、朱虎:《中华人民共和国民法典人格权编释义》,中国法制出版社2020年版,第116页。

性,即应认为人格权侵害行为具有违法性。当然,考虑到《民法典》第998条对人格权侵害场合民事责任的认定是在区分物质性人格权和精神性人格权的基础上分别运用了不同的判断标准,[1]同时基于法典体系内价值评判标准一致性的考量,对本条规定的人格权禁令申请场合的违法性判断,亦应与《民法典》第998条保持一致,即对生命权、身体权、健康权的侵害行为本身在通常情形下就应被认定存在不法性,而对其他人格权益的侵害则需要考虑第998条规定的考量因素,由法官在个案中通过利益衡量以确定违法性,从而通过对违法性的控制实现人格权禁令场合的行为自由与人格权保护二者之间的平衡。另外,考虑到人格权的绝对权属性,侵犯人格权的行为本身通常会与结果不法联系起来,因此从平衡保护申请人和被申请人合法权益的角度来看,应当将行为违法性的判断与被申请人有权作出陈述联系起来,允许其对申请人提出的主张和事实进行反驳并进行质证,若被申请人使法院相信其有正当事由,那么申请人的"使人相信"即不成立。[2]即使在例外情形下法院仅能在审查申请人提交的材料的基础上作出裁决,也仍然要给予被申请人及时陈述的机会。

3. 急迫性的判断

对此通常应与"正在实施""即将实施"相结合,当侵害行为正在实施,则急迫性即已满足;而在"即将实施"场合,由于侵害行为尚未实施,其对申请人的人格权仅具有威胁性而没有现实侵害,因而于此场合急迫性的判断标准是:只有达到"如果不颁发命令,'威胁'很有可能转变为'实际侵害'的程度,才会被认为具有急迫性",并且此种急迫是一目了然、通过形式审查就能判断的显著情形,这就对证明有了较高的要求。一般来讲,申请人提出的申请是否迟延,会影响法院对急迫性的判断。[3]

4. 难以弥补的损害的判断

对此,应将本条与《民事诉讼法》第104条的相关概念作一样的解

---

[1] 参见朱晓峰:《人格权侵害民事责任认定条款适用论》,《中国法学》2021年第4期,第47页。

[2] 参见[瑞]贝蒂娜·许莉蔓-高朴、[瑞]耶尔格·施密特:《瑞士民法:基本原则与人法(第二版)》,纪海龙译,中国政法大学出版社2015年版,第323页。

[3] 参见郭小冬:《人格权禁令的基本原理与程序法落实》,《法律科学》2021年第2期,第151—152页。

释,即法院如果不立即采取禁令以制止侵害行为,将会对权利人造成严重的、不可修复的和不可逆转的损害,难以通过金钱赔偿的方式恢复原状,因此其判断因素主要包括"侵犯人格权、身份权等人身权利,难以恢复圆满的情形"。[1] 在企业法人名誉权被侵犯时,由于侵害行为导致的通常是财产损失,所以不存在该条规定的会"受到难以弥补的损害"。[2]

5. 对被申请人利益影响的判断

人格权禁令限制被申请人的行动自由,若人格权禁令适用不当,势必会导致对被申请人合法权益的严重影响。因此,在人格权禁令申请的实体审查过程中应从两个方面来保护被申请人的合法利益,防止人格权禁令的滥用。

第一,人格权禁令的审查程序必须给予被申请人最低的程序保障,这通常意味着应给予被申请人陈述意见的机会,虽然此举通常会影响人格权禁令的作出效率,但是出于程序正义的要求,人格权禁令的作出程序的效率性仍应做出适当的让步。即使例外情形下法院在被申请人未作出陈述时即已作出人格权禁令的裁定,但裁定作出后仍应保障被申请人有及时陈述的机会。

第二,由于人格权禁令涉及对受影响之人格权和行为自由两种冲突权益关系的协调,法院必须平衡保护而进行"度"的判断,凡是未过度的都属于当事人必须容忍的范围。法院对于个案中人格权禁令申请的审查即应在权衡案涉利益的基础上依比例原则判断哪一利益应予优先保护而作出妥适裁定。[3] 具体而言,法官应在权衡作出禁令可能给双方造成的损害大小的基础上来决定是否作出相应的禁令。例如,在《民法典》生效后的首个人格权禁令中,被申请人在其注册的自媒体公众号中陆续发布了多篇涉及某房地产公司的文章,内容主要是对其购房遭遇的描述和对房产质量的主观感受,其中包含一些情绪化用语,该房地产公司向法院申请人格权侵害禁令,请求禁止被申请人在某自媒体平台发布侵害该房

---

[1] 参见江伟、肖建国主编:《民事诉讼法》(第八版),中国人民大学出版社2018年版,第289—290页。

[2] 参见许燕玲:《人格权侵害禁令首案:自由与法治,边界在哪里?》,《人民法院报》2021年2月5日,第003版。

[3] 参见朱晓峰:《人格权侵害民事责任认定条款适用论》,《中国法学》2021年第4期,第60页。

地产公司名誉权的文章、言论。法院经利益权衡认为：申请人请求法院禁止被申请人发布的文章、言论除某特定文章外，还包括其他侵害申请人名誉权的文章和言论，但哪些文章和言论涉嫌侵害其名誉权，仍需要对具体文章或言论进行分析和认定。如果作出禁令，被申请人发布的每一篇涉申请人的文章，都可能被纳入审查范围，将对被申请人通过网络发表对申请人的评论，造成很大的限制和影响。因此，在被申请人不具有侵害申请人名誉权较大可能性的情况下，作出禁令将严重限制被申请人作为购房者评论房地产开发商的权利，从而导致双方的利益失衡，因此对申请人的申请不予支持。

6. 对社会公共利益影响的判断

社会公共利益与人格权的享有和保护关系密切，二者有时会存在激烈冲突。亦即，在行使人格权请求权的过程中，通过颁发人格权禁令的方式制止特定行为不仅会限制被申请人的行为自由，还可能对与该行为自由密切关联的社会公共利益产生影响。因此，法院在个案中审查人格权禁令申请时亦应在综合考量人格权保护、行为自由限制与社会公共利益保护诸因素的基础上依比例原则作出妥当裁定。[1] 例如，在前述人格权禁令案中，法院即认为：住房是与人民群众生活密切相关的民生问题，当禁令内容可能涉及购房者基于维权目的发布的言论时，法院应当慎重并从严审查，充分考虑禁令的社会影响。结合本案情形，若法院作出禁令，可能会产生房地产开发商可以利用人格权禁令阻止购房者发布相关言论的不良示范效应。因此，审理法院以作出禁令可能会有损社会公共利益为由驳回申请人的申请。[2] 当然，对于社会公共利益的保护并不意味着个人权利在与公共利益相碰触时完全不受保护。为保护社会公共利益，个人尤其是公众人物应对轻微侵害其人格权益的行为予以必要的容忍，[3] 但如果此种侵害超出了合理限度而对其人格权益造成严重侵害，那么就不能以社会公共利益受损为由拒绝申请人的申请。

---

〔1〕 参见黄薇主编：《中华人民共和国民法典人格权编解读》，中国法制出版社2020年版，第44页。

〔2〕 参见许燕玲：《人格权侵害禁令首案：自由与法治，边界在哪里？》，《人民法院报》2021年2月5日，第003版。

〔3〕 参见朱晓峰：《人格权侵害民事责任认定条款适用论》，《中国法学》2021年第4期，第61页。

7. 对申请人的胜诉可能性判断

本条规定的禁令制度与诉讼制度及诉讼行为保全制度等在法律适用上存在竞合关系,民事主体选择依据该条申请人格权禁令的,若其申请被法院支持,则法院颁发的禁令产生既判力效果,除非出现民事诉讼法规定的再审条件,否则当事人不得再就同一事实向法院提起诉讼。因此,学理上有观点以嗣后的判决可能推翻之前作出的判决为由,认为应当将胜诉可能性作为法院审理中应予考量的因素甚至作为申请人提起禁令申请的条件,这种观点并不准确。[1] 当然,考虑到对被申请人行为自由的保护及具有既判力效果的人格权禁令作出后仍有可能在嗣后的审判监督程序中被撤销从而损害司法权威性的问题,法院可以结合具体案情对申请人的胜诉可能性进行初步判断,从而助益于最终作出的裁定的稳妥性。

(五)禁令的作出形式

关于人格权禁令的作出形式,当前司法实践中主要表现为裁定。[2] 如前所述,本条是实现停止侵害、排除妨碍、消除危险请求权的程序保障,所以人格权禁令具体又可依申请人主张的人格权请求权的具体类型而区分为停止侵害禁令、排除妨碍禁令和消除危险禁令三种。[3] 例如,依据《人身安全保护令规定》第10条,法院可以作出禁止被申请人以电话、短信、即时通信工具、电子邮件等方式侮辱、诽谤、威胁申请人及其相关近亲属的禁令,也可以作出禁止被申请人在申请人及其相关近亲属的住所、学校、工作单位等经常出入场所的一定范围内从事可能影响申请人及其相关近亲属正常生活、学习、工作的活动的禁令。[4]

---

[1] 参见张素华:《论人格权禁令的性质及司法适用》,《比较法研究》2021年第6期,第72页。

[2] 参见周某玥与徐某英、朱某萍侵犯名誉权纠纷案,江苏省南京市鼓楼区人民法院(2021)苏0106民初1106号民事裁定书。

[3] 参见程啸:《我国民法典中的人格权请求权》,《人民法院报》2020年10月22日,第5版。

[4] 参见吴某智与祁某人身安全保护令申请人格权保护禁令案,上海市闵行区人民法院(2023)沪0112民保令8号民事裁定书;奉某华与黄某荣申请人身安全保护令案,湖南省祁阳市人民法院(2023)湘1121民初674号之一民事裁定书。

(六)禁令的作出时间

38　由于人格权禁令的作出强调高效迅捷性,因此在禁令的作出时间上应根据所涉人格权的具体类型而区分为两种:

39　第一种是涉及生命、身体、健康等物质性人格权的,对于这些居于人格权体系核心位置的人格权,应与《民法典》第998条、第1005条等保持一致而给予其最高程度的保护,因此应类推适用《反家庭暴力法》第28条,法院在受理申请后,应当在72小时内作出人格权禁令或者驳回申请;情况紧急的,应当在24小时内作出。

40　第二种是非物质性人格权,由于这些人格权的保护通常会涉及利益平衡的问题,因此应当给予法院较为充足的时间以便于其在充分考量各方利益的基础上作出妥适判断,因此应类推适用《民事诉讼法》第104条第2款,法院在接受申请后,对情况紧急的,必须在48小时内作出裁定,对此之外的则应类推适用《人身安全保护令批复》而比照特别程序中规定的时间规则进行审理。

五、人格权禁令的执行与程序保障

41　人格权禁令的核心意义在于给予申请人以及时的保护,因此已作出的禁令的效力与执行至关重要。《民法典》对该问题并未明确规定,由于人格权禁令与诉前行为保全及人身安全保护令皆属于行为禁令,在效力与执行问题上亦应类推适用诉前行为保全及人身安全保护令的相关规定。

(一)禁令的效力与执行

42　比照《反家庭暴力法》第30条、第31条等规定,人格权禁令自作出之日起即生效力,被申请人对人格权禁令不服的,可以自裁定生效之日起5日内向作出裁定的法院申请复议1次,[1]但复议期间不停止人格权禁令的执行。对于这一规定,应从效力和执行两方面进行理解。

---

〔1〕 参见周某玥与徐某英、朱某萍侵犯名誉权纠纷案,江苏省南京市鼓楼区人民法院(2021)苏0106民初1106号民事裁定书。

【人格权禁令】

1. 禁令的效力

由于人格权禁令独立于诉讼制度,不依赖于嗣后是否有诉讼发生,具有终局性效力,于此场合既不需要法院在作出禁令时类推适用《反家庭暴力法》第30条给人格权禁令规定有效期间,也不需要类推适用《民事诉讼法》第104条第2款而要求申请人在禁令发布后于法定期间内依法提起诉讼或仲裁。[1] 这也决定了人格权禁令的生效及失效。首先是禁令的生效。人格权禁令预防损害和提供救济的功能决定了其必须满足及时性要求,因此可类推适用《反家庭暴力法》第30条将人格权禁令的生效时间确定为禁令作出之日,当其到达行为人时即对其产生约束力,后者应按照禁令要求停止相关侵害行为。然后是禁令的失效,学理上有观点认为申请人未在法定期间内提起诉讼及法院作出终局裁判后都会导致人格权禁令的失效,该观点实质上是将人格权禁令视为暂时性禁令和诉前禁令,并不准确。如前所述,人格权禁令制度是独立于诉讼制度的为人格权请求权之实现提供保障的机制,其并不依赖于嗣后是否提起诉讼,依据该条作出的人格权禁令仅在程序上具有特殊性,在法律效果上具有既判力,[2] 具有可以终局性地确定行为自由界限的效力,因此关于其失效的核心事由应当是撤销禁令。[3] 对于行为禁令的撤销,《反家庭暴力法》并未规定,对此可经由《人身安全保护令批复》而比照《民事诉讼法解释》第171条处理,即法院在被申请人提出复议后,在审查过程中发现禁令颁发不当的,可以撤销禁令。[4]

2. 禁令的执行

由于禁令是法院发布的生效裁定,具有法律效力,因此如果被申请人拒不执行的,法院即可依据《民事诉讼法》第263条决定强制执行或代履行,由此所生费用由被申请人承担。另外,鉴于人格权禁令制度的核心目

---

[1] 参见最高人民法院民法典贯彻实施工作领导小组主编:《中华人民共和国民法典人格权编理解与适用》,人民法院出版社2020年版,第96页。

[2] 参见袁雪石:《民法典人格权编释论:条文缕析、法条关联与案例评议》,中国法制出版社2020年版,第170页。

[3] 参见吴英姿:《民事禁令程序构建原理》,《中国法学》2022年第2期,第99页。

[4] 参见王利明、程啸、朱虎:《中华人民共和国民法典人格权编释义》,中国法制出版社2020年版,第128页。

的在于为人格权提供便捷高效之保护,因此当人格权禁令作出之后即生效力,即使被申请人对相应裁定不服而依法提起复议,复议期间也不停止人格权禁令的执行。若被申请人拒不停止禁令禁止的侵害行为,那么法院即可以根据情节严重与否而依据《民事诉讼法》第114条等对被申请人予以训诫、责令具结悔过、处以罚款甚至拘留;情节严重,构成犯罪的,依法追究刑事责任。《人身安全保护令规定》第12条亦规定,被申请人违反人身安全保护令,符合《刑法》第313条规定的,以拒不执行判决、裁定罪定罪处罚;同时构成其他犯罪的,依照刑法有关规定处理。[1]

(二)程序保障

45 人格权禁令制度旨在减缓冗长的诉讼程序可能导致的对人格权保护不够及时的问题,为人格权提供便捷高效的保护机制。尽管该制度在实践运行中确实存在着重实体轻程序的问题,但这并不意味着依据本条申请人格权禁令即不存在着对被申请人的程序性保障。如前所述,在人格权禁令案的审理中,可类推适用《反家庭暴力法》人身安全保护令制度等规定而给被申请人提供最低限度的程序性保障,[2]在申请人的人格权和被申请人的行为自由之间实现平衡保护。

46 学理上有观点以人格权禁令并非终局性禁令为由拒绝在禁令作出过程中给予被申请人以程序性保障,认为人格权禁令的签发不需要开庭审理,也不需要当事人进行充分的举证、质证等。[3]尽管人格权禁令独立于诉讼程序而意在高效便捷地实现人格权请求权,但是,于此并不能因为人格权禁令作出程序的高效便捷而排除被申请人针对该人格权请求权享有的抗辩权,其可以主张的抗辩事由主要包括:妨害情节轻微,没有超过权利人应该忍受的程度;被申请人的行为是基于申请人在先的不当行为;禁令内容与公共利益相冲突;其他符合法律规定的理由,如有申请人允

---

[1] 参见吴某慧申请人格权保护禁令审查案,湖北省蕲春县人民法院(2023)鄂1126民保令6号民事裁定书;李某、舒某申请人身安全保护令案,江西省婺源县人民法院(2022)赣1130民保令3号民事裁定书。

[2] 参见黄薇主编:《中华人民共和国民法典人格权编解读》,中国法制出版社2020年版,第44页。

[3] 参见曹相见、杜生一、侯圣贺编著:《〈中华人民共和国民法典·人格权编〉释义》,人民出版社2020年版,第30页。

诺、禁令不具有可操作性等。[1] 而这些抗辩权在人格权禁令的作出程序中自然不能被当然剥夺。其中,被申请人的听审和异议权是程序保障的重心。[2] 由于人格权禁令是终局性裁定,具有既判力,因此,即使在禁令已经作出且生效的情形下,亦应给予被申请人以最低限度的程序保障。具体可以区分两种情形:第一种是例外情形下法院在被申请人未作出陈述时即已作出人格权禁令的裁定,但裁定作出后仍应保障被申请人及时陈述的机会;第二种是法院裁定颁发人格权禁令或裁定驳回申请后,申请人、被申请人对人格权禁令的裁定不服的,可以自裁定生效之日起5日内向作出裁定的法院申请复议1次,[3] 任何一方都可以以对方当事人为被告提起诉讼。

(三) 损害救济

如果因申请人错误申请人格权禁令,给被申请人造成损害的,申请人亦应承担相应的民事责任。一方面,考虑到人格权禁令制度的核心在于给予人格权以便捷高效的保护,若对申请人因错误申请人格权禁令导致的损害科以严厉的赔偿责任,难免影响申请人通过人格权禁令制度主张人格权保护,与立法者创设该制度的初衷相悖。[4] 另一方面,若像有观点认为的于此场合不承认错误申请人的赔偿责任,对相应的行为自由保护难免不周。因此,出于平衡保护人格权和行为自由的考虑,在申请错误导致行为人遭受损害的场合,可以考虑借鉴瑞士法的有关做法,若申请人能够证明其系基于诚实信用而提出申请,那么法院可以根据个案情形决定减少或免除其赔偿义务,以保护诚实信用的申请人。[5] 或者说,对于

---

[1] 参见杨立新、袁雪石:《论人格权请求权》,《法学研究》2003年第6期,第68页。

[2] 参见朱虎:《人格权侵害禁令的程序实现》,《现代法学》2022年第1期,第173页。

[3] 参见周某玥与徐某英、朱某萍侵犯名誉权纠纷案,江苏省南京市鼓楼区人民法院(2021)苏0106民初1106号民事裁定书。

[4] 参见程啸:《论我国民法典中的人格权禁令制度》,《比较法研究》2021年第3期,第138页。

[5] 参见[瑞]贝蒂娜·许莉蔓-高朴、[瑞]耶尔格·施密特:《瑞士民法:基本原则与人法(第二版)》,纪海龙译,中国政法大学出版社2015年版,第326页。

没有过错或仅有一般过错的申请人,法院则可以减轻或免除其赔偿责任。[1]

六、规范适用关系

本条规定的人格权禁令制度,既涉及人格权请求权等实体法问题,也涉及具体如何适用的程序性问题,而在现行法律体系下,关于人格权请求权的适用及相应的程序性问题亦存在着具体的调整规范,因此,如何处理这些规范与本条规定的人格权禁令之间的关系,是准确理解适用本条的重要基础。

(一)人格权禁令与诉讼行为保全

《民事诉讼法》第103条、第104条分别规定了诉讼行为保全制度和诉前行为保全制度,其在制止相对人实施特定行为方面,与本条规定的人格权禁令制度在功能上存在交叉,但互不冲突。本条规定的人格权禁令并非如学理上有观点认为的属于诉前禁令的范畴,[2]也不属于诉讼行为保全制度的范畴,[3]因为无论是诉前禁令还是诉讼行为保全都与嗣后要发生的或正在进行中的诉讼存在系属关系,相应的请求权基础是诉权,法律属性上都属于诉讼保全,[4]在法律无特别规定时都应适用《民事诉讼法》上确立的关于诉讼保全的管辖,申请条件,作出裁定的程序,保全措施的执行、变更、废止以及不当保全措施导致的损害赔偿等规

---

[1] 参见袁雪石:《民法典人格权编释论:条文缕析、法条关联与案例评议》,中国法制出版社2020年版,第170页。

[2] 参见龙卫球主编:《中华人民共和国民法典人格权编与侵权责任编释义》,中国法制出版社2021年版,第25页;杨立新:《我国民法典人格权立法的创新发展》,《法商研究》2020年第4期,第24—25页;姚辉:《当理想照进现实:从立法论迈向解释论》,《清华法学》2020年第3期,第58—59页;王利明:《论侵害人格权的诉前禁令制度》,《财经法学》2019年第4期,第3页;石佳友:《守成与创新的务实结合:〈中华人民共和国民法人格权编(草案)〉评析》,《比较法研究》2018第2期,第16页。

[3] 参见袁雪石:《民法典人格权编释论:条文缕析、法条关联与案例评议》,中国法制出版社2020年版,第166—167页。

[4] 参见吴英姿:《人格权禁令程序研究》,《法律科学》2021年第2期,第134页。

则。而人格权禁令的请求权基础是人格权请求权,属于《民法典》确立的保护人格权的程序规范,〔1〕其并不必然与诉讼发生关系。换言之,《民法典》规定的人格权禁令独立于《民事诉讼法》的诉讼行为保全制度。〔2〕

本条规定的申请人格权禁令的条件与《民事诉讼法》第 104 条规定的申请诉前行为保全的条件存在相近之处,导致二者在人格权保护领域存在重合之处,因此对于二者在具体的适用中究竟是何种关系,我国理论与实务上存在不同认识。有观点认为,应将本条规定的人格权禁令理解为一种临时性救济措施,即权利人依据本条向法院申请责令行为人停止侵害行为,若法院作出裁定支持此种请求,那么相应的禁令的效力可以持续到法院作出的终局判决的生效之日,由法院的最终判决来确定申请人与被申请人之间的权利义务关系。〔3〕 该观点实质是在将本条规定的人格权禁令视为诉前行为保全制度的基础上确定相应规则的具体适用关系,并不符合《民法典》将人格权禁令独立于诉前行为保全制度进行规定的立法意旨。如前所述,由于本条规定的人格权禁令制度与《民事诉讼法》规定的诉前行为保全制度二者在人格权保护领域并无统属关系,而是彼此独立发挥作用,因此二者在具体的规范适用关系上,应区分两种情形处理:

若权利人同时具备本条规定的申请条件与《民事诉讼法》第 104 条规定的申请条件,那么其享有自主选择权,既可依本条规定的人格权禁令制度向法院申请采取责令行为人停止有关行为的措施(如停止侵害、排除妨碍、消除危险等),也可依据《民事诉讼法》第 104 条向法院申请采取行为保全措施。〔4〕 若权利人提出申请时的依据不清楚,那么法院应当对其释明法律;若权利人选择同时援引本条和《民事诉讼法》第 104 条向

---

〔1〕 参见程啸:《我国民法典中的人格权请求权》,《人民法院报》2020 年 10 月 22 日,第 5 版。

〔2〕 参见王利明、程啸、朱虎:《中华人民共和国民法典人格权编释义》,中国法制出版社 2020 年版,第 118 页;郭小冬:《人格权禁令的基本原理与程序法落实》,《法律科学》2021 年第 2 期,第 147 页。

〔3〕 参见最高人民法院民法典贯彻实施工作领导小组主编:《中华人民共和国民法典人格权编理解与适用》,人民法院出版社 2020 年版,第 90—91 页。

〔4〕 参见周某玥与徐某英、朱某萍侵犯名誉权纠纷案,江苏省南京市鼓楼区人民法院(2021)苏 0106 民初 1106 号民事裁定书。

法院申请禁令,那么法院应告知当事人在法定期间内提起诉讼。[1]

52　若权利人仅具备本条规定的申请条件或《民事诉讼法》第104条规定的申请条件,那么此时不存在法条竞合的问题,权利人仅能依据可以涵摄其所具备的条件的规定向法院提出申请。亦即,区分本条规定的人格权禁令和《民事诉讼法》第104条规定的诉前行为保全措施的核心在于权利人选择依据何种规范提出相应的申请以及法院依据何种规范作出相应的禁令。在此意义上,最高人民法院公报案例"杨季康与中贸圣佳国际拍卖有限公司、李国强诉前禁令案"(钱锺书书信案)尽管被评价为法院作出的首例涉及著作权人格权的"临时禁令",[2]但本案的法律依据是《民事诉讼法》第104条规定的诉前行为保全,而非本条规定的人格权禁令。

53　尽管本条规定的人格权禁令与《民事诉讼法》第104条规定的诉前行为保全存在区分且前者是独立于普通诉讼程序的一项人格权司法保护制度,但考虑到前者是实体法上规定的落实人格权请求权保护的程序性规定,兼具实体与程序的双重特征,并且前者仅规定了权利人申请人格权禁令的条件,对于其他程序性内容基本没有涉及,而后者则对诉前行为保全的具体适用作了详细规定,因此为了更好地落实立法者通过人格权禁令和诉讼行为保全保护民事主体合法权益的立法目的,在本条规定的人格权禁令制度的具体适用过程中,对于相应的程序性问题如管辖、审查、执行、变更、废止、效力以及因错误申请导致的损害的赔偿等问题,在本条规定的人格权禁令制度没有规定的情形下,可以在与人格权禁令本身的性质及目的不相冲突的前提下类推适用《民事诉讼法》关于诉前行为保全制度的具体适用规则。例如,对于人格权禁令的作出程序,学理上有观点认为,其在基本属性上仍具有诉讼性质,因此参照诉前行为保全制度的作出程序,在人格权禁令制度的作出程序的设置上,亦必须给予申请人和被申请人尤其是后者最低程度的程序保障,以确保前者的申请能够及时准确地到达被申请人,同时给予被申请人以表达观点的机会,法院应听取双方的陈述并审查各自提交的证据,然后以此为基础进行利益权衡以作

---

[1] 参见吴英姿:《人格权禁令程序研究》,《法律科学》2021年第2期,第138页。
[2] 参见杨季康(笔名杨绛)与中贸圣佳国际拍卖有限公司、李某强诉前禁令案,《最高人民法院公报》2014年第10期。

出最终的裁决。当然,在例外情形下,如发生《民事诉讼法》第 104 条第 2 款规定的紧急情况时,法院可以仅审查申请人提交的材料而在 48 小时内作出裁决并予以执行。但在裁决之后,仍然要给申请人以及时答辩的机会。[1]

(二)人格权禁令与人身安全保护令

如前所述,人身安全保护令是人格权禁令的一种,其亦是作为独立的诉讼行为保全制度而发挥作用。[2] 在此意义上,《反家庭暴力法》第 23 条以下规定的人身安全保护令制度与本条规定的人格权禁令制度存在具体与一般的关系,对此应当依据具体规定优先于一般规定适用的法律规则而确定人身安全保护令与人格权禁令的适用关系。同时,考虑到新法和旧法的规范适用问题,即《反家庭暴力法》属旧法而《民法典》属新法,因此,当二者在适用的具体规则上存在冲突时,应当依据《立法法》第 105 条第 1 款之规定,即"法律之间对同一事项的新的一般规定与旧的特别规定不一致,不能确定如何适用时,由全国人民代表大会常务委员会裁决"。

考虑到《反家庭暴力法》第 23 条以下对人身安全保护令的具体申请与适用有具体的规定,在作为人格权禁令之一般规定的本条未明确规定具体如何适用该制度的背景下,可以比照《反家庭暴力法》人身安全保护令的相关规定而在其与本条规定的人格权禁令不相冲突的情形下对之予以适用。其中,依据《人身安全保护令批复》规定,法院可以比照特别程序进行审理。当事人在家事纠纷诉讼中向法院申请人身安全保护令的,由审理该案的审判组织作出是否发出人身安全保护令的裁定;如果申请人在没有提起诉讼的情况下申请保护令的,采用独任制进行审理。至于是否需要听取被申请人的意见,由承办法官视案件的具体情况决定。[3] 对于本条规定的人格权禁令亦可参照该批复确定相应的审理与裁定程序。

最后,对于本条未规定的关于人格权禁令具体适用的程序性问题,既

---

〔1〕 参见郭小冬:《人格权禁令的基本原理与程序法落实》,《法律科学》2021 年第 2 期,第 149 页。

〔2〕 参见王利明、程啸、朱虎:《中华人民共和国民法典人格权编释义》,中国法制出版社 2020 年版,第 120 页;吴英姿:《人格权禁令程序研究》,《法律科学》2021 年第 2 期,第 137 页。

〔3〕 参见吴英姿:《人格权禁令程序研究》,《法律科学》2021 年第 2 期,第 141 页。

可以类推适用《民事诉讼法》关于诉讼程序保全的规定,也可以比照适用《反家庭暴力法》关于人身安全保护令的规定,在后两者存在不同规定时,应由法院以《民法典》第990条规定的人格尊严、人身自由为基本价值基础而依据《民法典》第998条进行利益权衡再行确定。

(三)人格权禁令与人格权请求权

57　如前所述,本条并未确立独立的人格权请求权类型,其仅是《民法典》第1167条规定的绝对权请求权在人格权保护领域的实现程序。[1]在此意义上,本条属于《民法典》确立的人格权请求权制度的辅助规范,[2]但非独立的人格权请求权基础,认为本条属于独立的停止侵害请求权条款的观点,并不完全准确。[3]

58　基于本条与规定绝对权请求权的《民法典》第1167条之间存在实体权利与程序实现机制的关系,因此权利人既可以依据《民法典》第1167条结合本条规定向法院申请人格权禁令,也可依据《民法典》第1167条而通过诉讼程序主张诉讼行为保护措施。由于本条规定的人格权禁令与《民事诉讼法》第104条规定的诉前行为保全在申请条件等方面存在差异,权利人可以自主选择其中一项提起申请。

七、证明责任

59　本条规定了申请人的证明责任,同时亦未否定被申请人就申请人所申请的事项享有提出异议及抗辩等权利,其可以通过证明使法院相信申请人的申请条件不成立而驳回其人格权禁令的申请。因此,对本条规定的证明责任应从两个方面来理解。

---

[1] 参见程啸:《我国民法典中的人格权请求权》,《人民法院报》2020年10月22日,第5版。

[2] 参见吴香香编:《民法典请求权基础检索手册》,中国法制出版社2021年版,第141页。

[3] 参见陈甦、谢鸿飞主编:《民法典评注·人格权编》,中国法制出版社2020年版,第54页。

（一）申请人的证明责任

本条规定申请人需要就被申请人正在实施或者即将实施侵害其人格权的行为、该侵害行为具有不法性以及若不及时制止违法行为将导致其遭受难以弥补的损害提供证明。关于申请人提供证据的证明标准,学理上有观点认为应采取盖然性标准,即申请人只要证明行为人的侵害行为可能造成损害或有损害之虞,那么即应认为满足了相应的证明标准,并不要求必须达到民事诉讼的证明标准,不必适用《民事诉讼法解释》第108条第1款规定的"高度可能性"标准。[1] 这种观点实际上是将本条规定的人格权禁令看作一种临时性措施的观点的延续,其将相关行为的终局性定性,交由嗣后的法院判决。[2] 该观点值得讨论。因为本条规定的人格权禁令与《民事诉讼法》第104条规定的诉前行为保全的核心区别即在于是否与已经进行或嗣后即将进行的诉讼存在系属关系,本条并不与诉讼存在系属关系。另外,依据本条作出的禁令与《反家庭暴力法》第23条的人身安全保护令并不完全一样,人身安全保护令因为申请人与被申请人之间通常存在特定的人身关系,此种人身关系会影响甚至在特定情形下限制人格权的享有及行使,[3]因此依据《反家庭暴力法》第30条,人身安全保护令为临时性禁令,但本条规定的人格权禁令并不当然涉及特定身份权对人格权的限制问题,因此并不排除法院可以作出具有既判力的终局性禁令。[4] 而此种终局性禁令的作出会让裁判者面临很大的风险,因为该禁令会显著影响被申请人的行动自由,所以这种禁令更关注实体正义而强调对双方的平等保护,由此导致对证明度的要求较高。

---

〔1〕 参见王利明、程啸、朱虎:《中华人民共和国民法典人格权编释义》,中国法制出版社2020年版,第125页。

〔2〕 参见最高人民法院民法典贯彻实施工作领导小组主编:《中华人民共和国民法典人格权编理解与适用》,人民法院出版社2020年版,第90页;王利明、程啸、朱虎:《中华人民共和国民法典人格权编释义》,中国法制出版社2020年版,第117页;曹相见、杜生一、侯圣贺编著:《〈中华人民共和国民法典·人格权编〉释义》,人民出版社2020年版,第30页。

〔3〕 参见最高人民法院民法典贯彻实施工作领导小组主编:《中华人民共和国民法典人格权编理解与适用》,人民法院出版社2020年版,第122—123页。

〔4〕 参见郭小冬:《人格权禁令的基本原理与程序法落实》,《法律科学》2021年第2期,第152页。

亦即,并不能因人格权禁令是临时性措施而在依据本条申请人格权禁令时降低申请人的证明标准,毋宁依据人格权禁令的便捷性与实体正义二者的平衡而从两个方面作出要求:一方面是不必要求申请人依据本条申请人格权禁令时其证明标准要达到普通诉讼中高度盖然性的要求,只需要达到"大致如此"的较高盖然性程度即可;[1]另一方面也要强调对被申请人的保护而要求证据的充分性,[2]从而达到使人相信的程度;[3]对此二者的平衡关系由法官在个案中依职权自由使用一切有利于其对案件事实形成内心确信的证明方式予以把握,不适用严格的证据主义。[4]

61　　另外,依据《人身安全保护令规定》第 5 条,一方面,当事人及其代理人对因客观原因不能自行收集的证据,亦可申请法院调查收集。若符合《民事诉讼法解释》第 94 条第 1 款规定情形的,法院应当调查收集;另一方面,法院经审查,认为办理案件需要的证据符合《民事诉讼法解释》第 96 条规定的,应当调查收集。于此场合的依当事人申请调查和依职权调查两种证据收集方式,亦可类推适用于人格权禁令案件中。

62　　依据《人身安全保护令规定》第 6 条,在人身安全保护令案件中,如果法院根据相关证据,认为申请人遭受家庭暴力或面临家庭暴力现实危险的事实存在较大可能性的,则可依法作出人身安全保护令。于此的"相关证据"包括:当事人的陈述;公安机关出具的家庭暴力告诫书、行政处罚决定书;公安机关的出警记录、讯问笔录、询问笔录、接警记录、报警回执等;被申请人曾出具的悔过书或保证书等;记录家庭暴力发生或解决过程等的视听资料;被申请人与申请人或其近亲属之间的电话录音、短信、即时通信信息、电子邮件等;医疗机构的诊疗记录;申请人或被申请人

---

　　[1]　参见龙卫球主编:《中华人民共和国民法典人格权编与侵权责任编释义》,中国法制出版社 2021 年版,第 26 页。
　　[2]　参见郭小冬:《人格权禁令的基本原理与程序法落实》,《法律科学》2021 年第 2 期,第 151—152 页。
　　[3]　参见黄薇主编:《中华人民共和国民法典人格权编解读》,中国法制出版社 2020 年版,第 43 页。
　　[4]　参见吴英姿:《人格权禁令程序研究》,《法律科学》2021 年第 2 期,第 141 页;最高人民法院民法典贯彻实施工作领导小组主编:《中华人民共和国民法典人格权编理解与适用》,人民法院出版社 2020 年版,第 94 页。

所在单位、民政部门、居民委员会、村民委员会、妇女联合会、残疾人联合会、未成年人保护组织、依法设立的老年人组织、救助管理机构、反家暴社会公益机构等单位收到投诉、反映或求助的记录；未成年子女提供的与其年龄、智力相适应的证言或亲友、邻居等其他证人证言；伤情鉴定意见；其他能够证明申请人遭受家庭暴力或面临家庭暴力现实危险的证据。此种情形在最相类似的前提下亦可类推适用于人格权禁令案件中。[1]

（二）被申请人的异议

被申请人有权对申请人的申请事项提出异议，该异议应以书面形式提出，陈述其所依据的事实与理由。由于人格权禁令场合的异议所涉及的一般是被申请人所主张的"没有实施或没有意图实施侵害"，或者"相应行为不会造成妨碍"以及"侵害行为不具有违法性"等，多数属于消极事实，因此客观上难有证据提交。于此场合，对于被申请人所提出的异议，不能苛求其提供证据。但法官可以在听证过程中，让申请人与被申请人当面对质。[2] 例如，对于申请人主张侵害行为具有违法性，应允许被申请人对申请人的主张和事实进行反驳并进行质证，若申请人使法院相信其有正当事由，那么申请人的"使人相信"即不成立。[3] 依《人身安全保护令规定》第7条至第9条规定，法院可通过在线诉讼平台、电话、短信、即时通信工具、电子邮件等简便方式询问被申请人。被申请人未发表意见的，不影响法院依法作出人身安全保护令；[4] 被申请人认可存在家庭暴力行为，但辩称申请人有过错的，不影响法院依法作出人身安全保护令。[5] 离婚等案件中，当事人仅以法院曾作出人身安全保护令为由，主

---

[1] 参见李某、舒某申请人身安全保护令案，江西省婺源县人民法院（2022）赣1130民保令3号民事裁定书。

[2] 参见吴英姿：《人格权禁令程序研究》，《法律科学》2021年第2期，第144页。

[3] 参见郭小冬：《人格权禁令的基本原理与程序法落实》，《法律科学》2021年第2期，第152页；[瑞]贝蒂娜·许莉蔓-高朴、[瑞]耶尔格·施密特：《瑞士民法：基本原则与人法（第二版）》，纪海龙译，中国政法大学出版社2015年版，第323页。

[4] 参见徐某花与李某桓申请人格权侵害禁令人格权保护禁令案，上海市嘉定区人民法院（2022）沪0114民保令2号民事裁定书。

[5] 参见孙某1等与刘某1申请人身安全保护令案，北京市西城区人民法院（2023）京0102民保令10号民事裁定书；孙某与王某申请人身安全保护令案，北京市朝阳区人民法院（2022）京0105民保令20号民事裁定书。

张存在家庭暴力事实的,法院应根据《民事诉讼法解释》第108的规定,综合认定是否存在该事实。这些规定在最相类似的前提下亦可类推适用于人格权禁令案件中。

参考文献

1. [瑞]贝蒂娜·许莉蔓-高朴、[瑞]耶尔格·施密特:《瑞士民法:基本原则与人法(第二版)》,纪海龙译,中国政法大学出版社2015年版。
2. 陈甦、谢鸿飞主编:《民法典评注:人格权编》,中国法制出版社2020年版。
3. 程啸:《侵权责任法》(第三版),法律出版社2021年版。
4. 程啸:《论我国民法典中的人格权禁令制度》,《比较法研究》2021年第3期。
5. 毋爱斌、范响:《〈民法典〉人格权侵害禁令溯源、性质及其制度构建》,《重庆大学学报(社会科学版)》2023年第5期。
6. 郭小冬:《人格权禁令的基本原理与程序法落实》,《法律科学》2021年第2期。
7. 黄薇主编:《中华人民共和国民法典人格权编解读》,中国法制出版社2020年版。
8. 李瀚琰:《人身安全保护令独立性的制度价值及其实现》,《安徽大学学报(哲学社会科学版)》2017年第2期。
9. 龙卫球主编:《〈中华人民共和国民法典〉人格权编与侵权责任编释义》,中国法制出版社2021年版。
10. 《民法典立法背景与观点全集》编写组编:《民法典立法背景与观点全集》,法律出版社2020年版。
11. 严仁群:《人格权禁令之程序法路径》,《法学评论》2021年第6期。
12. 王广聪:《未成年人监护监督法律体系解释》,《国家检察官学院学报》2023年第1期。
13. 王利明:《论侵害人格权的诉前禁令制度》,《财经法学》2019年第4期。
14. 王利明、程啸、朱虎:《中华人民共和国民法典人格权编释义》,中国法制出版社2020年版。
15. 王泽鉴:《人格权法:法释义学、比较法、案例研究》,北京大学出版社2013年版。
16. 吴英姿:《民事禁令程序构建原理》,《中国法学》2022年第2期。
17. 徐伟:《〈民法典〉人格权侵害禁令的法律适用》,《法制与社会发展》2021

18. 袁雪石:《民法典人格权编释论:条文缕析、法条关联与案例评议》,中国法制出版社 2020 年版。

19. 张红:《论〈民法典〉之人格权请求权体系》,《广东社会科学》2021 年第 3 期。

20. 张素华:《论人格权禁令的性质及司法适用》,《比较法研究》2021 年第 6 期。

21. 朱虎:《人格权侵害禁令的程序实现》,《现代法学》2022 年第 1 期。

22. 最高人民法院民法典贯彻实施工作领导小组主编:《中华人民共和国民法典人格权编理解与适用》,人民法院出版社 2020 年版。

案例索引

1. 北京市朝阳区人民法院(2022)京 0105 民保令 20 号民事裁定书,孙某与王某申请人身安全保护令案。
2. 北京市西城区人民法院(2023)京 0102 民保令 10 号民事裁定书,孙某 1 等与刘某 1 申请人身安全保护令案。
3. 湖北省蕲春县人民法院(2023)鄂 1126 民保令 6 号民事裁定书,吴某慧申请人格权保护禁令审查案。
4. 湖南省祁阳市人民法院(2023)湘 1121 民初 674 号之一民事裁定书,奉某华与黄某荣申请人身安全保护令案。
5. 江苏省南京市鼓楼区人民法院(2021)苏 0106 民初 1106 号民事裁定书,周某玥与徐某英、朱某萍侵犯名誉权纠纷案。
6. 江西省婺源县人民法院(2022)赣 1130 民保令 3 号民事裁定书,李某、舒某申请人身安全保护令案。
7. 上海市嘉定区人民法院(2022)沪 0114 民保令 2 号民事裁定书,徐某花与李某桓申请人格权侵害禁令人格权保护禁令案。
8. 上海市闵行区人民法院(2023)沪 0112 民保令 8 号民事裁定书,吴某智与祁某人身安全保护令申请人格权保护禁令案。
9. 《最高人民法院公报》2014 年第 10 期,杨季康(笔名杨绛)与中贸圣佳国际拍卖有限公司、李某强诉前禁令案。

第九百九十八条 【人格权侵害责任认定】

认定行为人承担侵害除生命权、身体权和健康权外的人格权的民事责任，应当考虑行为人和受害人的职业、影响范围、过错程度，以及行为的目的、方式、后果等因素。

目 录

一、规范意旨 ··· 449
　（一）规范目的 ··· 449
　（二）体系位置 ··· 449
　（三）规范性质 ··· 451
二、历史沿革 ··· 453
三、适用范围 ··· 455
　（一）适用对象 ··· 455
　（二）适用阶段 ··· 457
四、基本结构 ··· 457
　（一）法官享有自由裁量权 ·· 458
　（二）自由裁量权的适用范围受限 ··································· 458
　（三）考量因素的法定性与开放性 ··································· 458
五、利益权衡时应当考量的因素 ·· 460
　（一）本条列举的考量因素 ·· 461
　　1. 行为人和受害人的职业 ··· 461
　　2. 影响范围 ·· 466
　　3. 过错程度 ·· 468
　　4. 行为的目的、方式、后果 ·· 470
　（二）考量因素彼此之间的作用关系 ································ 473
六、利益权衡应当遵循的一般原则 ····································· 475
　（一）一般原则的主要类型 ·· 475
　　1. 合法性原则 ··· 475
　　2. 价值位阶原则 ··· 476

3. 比例原则 …………………………………… 478
  4. 权利适当限制原则 …………………………… 479
 (二)各一般原则的适用关系 …………………………… 480
七、证明责任 ……………………………………………… 481
参考文献 ………………………………………………… 482
案例索引 ………………………………………………… 483

一、规范意旨

(一)规范目的

本条主要目的有二:其一,适度保护非物质性人格权。与生命权、身体权、健康权等物质性人格权及财产权不同,非物质性人格权在享有和保护上多涉及权利冲突的权衡处理问题,本条承认法院在人格权侵害民事责任的认定上享有自由裁量权,首先意在协调人格权及与之冲突的其他利益的保护之间的紧张关系,既要给予人格权以充分及时的保护,又不能保护过度而构成对其他合法利益的戕害。[1] 其二,适度控制法官自由裁量权。为了在法官自由裁量权和制定法的安定性之间实现平衡,本条一方面承认法官在认定侵害非物质性人格权的民事责任时享有自由裁量权,另一方面又通过具体列举作用于民事责任认定之法律效果评价的法定考量因素来限制法官在个案审理中可能存在的司法恣意,[2] 与学理上追求的"为尽量减少司法的恣意以实现司法的统一并保护法的权威,法院应提出较为明确的判断因素,透明化其衡量过程"的目的相符合。[3]

(二)体系位置

从法律规则彼此之间的规范关系角度看,本条在作用于人格权侵

---

[1] 参见黄薇主编:《中华人民共和国民法典人格权编解读》,中国法制出版社2020年版,第45页。
[2] 参见王利明、程啸、朱虎:《中华人民共和国民法典人格权编释义》,中国法制出版社2020年版,第133—134页。
[3] 参见王泽鉴:《侵权行为》(第三版),北京大学出版社2016年版,第170页。

害民事责任认定这一法律效果评价的过程中,必须以特定行为被纳入侵权法的评价范围为前提。依据《民法典》侵权责任编之规定,要纳入该法涵摄范围的具体行为若没有其他特别法律规则调整,那么都在作为一般侵权条款的第 1165 条第 1 款的调整范畴。《民法典》第 1165 条第 1 款规定了侵权请求权,并且在逻辑构成上满足行为模式与法律后果的基本要求,属于兼具行为规则和裁判规则功能的完全法条,人格权益遭受侵害的受害人有权以该条作为请求权基础向法院提起诉讼请求。[1] 只有受害人在依据第 1165 条第 1 款向法院提起诉讼后,法院在案件审理中才有权依据本条来认定相应的民事责任。在此意义上,本条并非独立的请求权规范,而是作为《民法典》第 1165 条第 1 款的辅助规范发生作用。

3　　从法律规则适用范围角度看,作为一般侵权条款辅助规范的本条明确将其适用范围排除在生命权、身体权和健康权之外,这一方面固然是为了强调对于处在整个权利体系核心位置的物质性人格权的格外珍重和保护,[2] 不允许法官在个案审理中因自由裁量权的运用而戕害生命权、身体权和健康权;另一方面也是为了缓和《民法典》第 1165 条第 1 款在人格权保护方面过于绝对和宽泛的立场所导致的紧张,因为生命权、身体权和健康权之外的其他非物质性人格权在享有和保护过程中多会出现彼此冲突的情形,当然地承认或否认侵害人格权的特定行为的民事责任而不考虑个案具体情形,并不利于实现立法者平衡保护包括人格权在内的各项合法权益的立法目的。[3] 因此,就本条的适用范围看,在我国现行民事侵权责任体系中,其并未否定围绕《民法典》第 1165 条第 1 款构建起来的基本体系,充其量也仅是对后者僵硬的构成要件主义的缓和与补充。

4　　基于上述理由,作为不完全法条的本条是裁判规则而非行为规则,其在作用于人格权侵害民事责任认定的法律效果评价过程中,并未完全摆

---

〔1〕 参见中国审判理论研究会民事审判理论专业委员会编著:《民法典侵权责任编条文理解与司法适用》,法律出版社 2020 年版,第 32、33、35 页。

〔2〕 参见孟勤国、牛彬彬:《论物质性人格权的性质与立法原则》,《法学家》2020 年第 5 期,第 10—11 页。

〔3〕 参见黄薇主编:《中华人民共和国民法典人格权编解读》,中国法制出版社 2020 年版,第 45—46 页。

脱构成要件主义的全有或全无立场，[1]而是依然在采构成要件主义立场的《民法典》第 1165 条第 1 款的框架内作为辅助规范发挥作用。在人格权侵害案件的审理中，法院只能在受害人依《民法典》第 1165 条第 1 款主张侵权责任的前提下，依据本条规定的内容进行综合考量以支持或拒绝受害人的主张。[2] 就此而言，本条规定的裁判者应予综合考量的因素所发挥的规范作用，就如同《瑞士民法典》第 28 条一样，[3]是关于侵权责任构成要件体系的例外规定，法官在依据侵权责任构成要件判断人格权侵害责任时，需要将这些例外情形与具体构成要件如违法性结合起来以增强其论证效果。就此而言，这些法律规定的法官必须加以考量的例外情形亦可被称为正当化事由。[4]

换言之，法院在个案中具体适用本条时不宜将之与《民法典》第 1165 条第 1 款相分离而孤立地在侵害民事责任认定中发挥规范作用，而是应当在第 1165 条第 1 款的框架下依据本条来鉴别并确认用于民事责任法律效果评价的各项条件，以增强相应法律效果的正当性论证，否则在法典的外在体系上就无法理解仅作为裁判规则的本条发生作用的基本机制。以本条与《民法典》第 1165 条第 1 款的此种规范关系为前提，再来讨论本条的具体理解和适用，才会避免建设空中楼阁的谬误。

(三)规范性质

从法律规则的基本逻辑构造来看，一项完整的法律规则有行为模式和法律后果两项基本构成，其中行为模式是法律规则中规定主体具体行为方式的部分，有可为模式、应为模式与勿为模式三种；法律后果是法律

---

[1] 参见王利明：《民法典人格权编中动态系统论的采纳与运用》，《法学家》2020 年第 4 期，第 5 页。

[2] 参见杨立新主编：《中华人民共和国民法典释义与案例评注：人格权编》，中国法制出版社 2020 年版，第 79 页；中国审判理论研究会民事审判理论专业委员会编著：《民法典人格权编条文理解与司法适用》，法律出版社 2020 年版，第 72 页。

[3] 《瑞士民法典》第 28 条："人格有受不法侵害之虞者，得请求法院采取措施，以防止发生任何侵害。一切侵害，除经受害人同意，或者基于重大的私益或公益，或者依法律而可认为正当合理外，均为不法侵害。"参见《瑞士民法典》，戴永盛译，中国政法大学出版社 2016 年版，第 12 页。

[4] Vgl. Bettina Hürlimann-Kaup/ Jörg Schmid, Einleitungsartikel des ZGB und Personenrecht, 2. Aufl., Schulthess Juristische Medien AG, 2010, Nr. 893.

规则中规定主体在做出符合或者不符合行为模式的要求时所应承担的相应结果,包括肯定后果和否定后果。以法律规则的基本逻辑构成为标准将本条予以解构并在此基础上从不同的视角来观察,可以确定:

7 　　一方面,作为人格权侵害民事责任认定条款的本条是裁判规则而非行为规则。〔1〕在法理上,行为规则是指特定法条要求受规范的主体以该规则为取向而为相应行为,裁判规则是指法条要求裁判者以相应的规则为裁判的标准进行裁判。我国民法理论上普遍认为,民法兼具行为规则和裁判规则的双重功能。〔2〕确实,一般情形下法官在裁判时"当然必须以行为规范为其裁判的标准,故行为规范在规范逻辑上当同时为裁判规范,否则,若行为规范不同时为裁判规范,则行为规范所预示之法律效果不能在裁判中被贯彻,从而它便失去命令或诱导人们从事其所欲命令或诱导之作为或不作为的功能"〔3〕,但裁判规则调整的是裁判者的裁判行为,其并不必然具备行为规则的功能。亦即,行为规则通常情形下又是裁判规则,〔4〕但裁判规则并非当然是行为规则。〔5〕由于本条并非针对行为人的特定行为而明示与之相对应的法律效果,而是直接要求裁判者对涉诉行为进行法律效果评价时应当遵循的规则,因此显然属于裁判规则而非行为规则。

8 　　另一方面,从法律规则逻辑构成的完整性角度看:第一,作为裁判规则的本条规定的行为模式是一种应为/义务模式,要求裁判者在认定人格权侵害责任时必须在考量本条明确规定的诸因素的基础上作出对相应具体涉诉行为的法律效果评价;〔6〕第二,本条对于与行为模式相对应的法律后果没有规定,因此在逻辑构成上属于不完全法条,需要与其他法律规

---

〔1〕 参见中国审判理论研究会民事审判理论专业委员会编著:《民法典人格权编条文理解与司法适用》,法律出版社2020年版,第70页。

〔2〕 参见梁慧星:《民法总论》(第六版),法律出版社2021年版,第36页;王利明:《民法总则》,中国人民大学出版社2017年版,第16—17页。

〔3〕 黄茂荣:《法学方法与现代民法》,中国政法大学出版社2001年版,第100—111页。

〔4〕 参见[德]卡尔·拉伦茨:《法学方法论(全本·第六版)》,黄家镇译,商务印书馆2020年版,第319页。

〔5〕 参见陈绍松:《规范分离与裁判接受》,《政法论丛》2016年第1期,第106页。

〔6〕 参见最高人民法院民法典贯彻实施工作领导小组主编:《中华人民共和国民法典人格权编理解与适用》,人民法院出版社2020年版,第101页。

[人格权侵害责任认定]

则结合才能发生规范作用,"才能获得决定性的、法律后果的建构力量"[1]。具体而言,一方面,作为裁判规则的本条是不完全法条,其仅规定裁判者在人格权侵害民事责任认定的法律效果评价过程中应为特定行为的义务,但何谓人格权侵害,仍需要结合其他法律规则尤其是《民法典》第1165条第1款确定;[2]另一方面,由于本条属于裁判规则而非行为规则,人格权被侵害而向法院提起诉讼主张法律救济的权利人的请求权基础亦只能是行为规则(如《民法典》第1165条第1款),本条规范作用的发挥以第1165条第1款等为前提。在此意义上,本条要发挥规范作用,实现立法者通过该条承认但合理控制裁判者认定人格权侵害责任时的自由裁量权,从而在人格权及与之冲突的合法权益之间进行平衡保护的立法目的,[3]就必须将之与其他行为规则结合起来运用。

二、历史沿革

本条属于制定法上的新增规定。《民法典各分编征求意见稿》第9条第1款首次将人格权侵害责任的认定规则独立规定为一条。[4]该规定受2001年《精神损害赔偿解释》第10条影响,尽管后者规定的是人格权益侵害场合精神损害赔偿金的认定因素,但实践中法院通常会依据该条列举的具体考量因素确定生命权、身体权、健康权之外的其他人格权益侵害的赔偿责任成立问题。[5]但与2001年《精神损害赔偿解释》第10条存在不同的是,《民法典各分编征求意见稿》并未明确对人格权的类型进行区分,而是统一交由法官依据自由裁量权在具体案件中进行处理。

---

[1] [德]卡尔·拉伦茨:《法学方法论(全本·第六版)》,黄家镇译,商务印书馆2020年版,第328页。

[2] 参见程啸:《侵权责任法教程》(第四版),中国人民大学出版社2020年版,第23页。

[3] 参见黄薇主编:《中华人民共和国民法典人格权编解读》,中国法制出版社2020年版,第45—46页。

[4] 参见何勤华、李秀清、陈颐编:《新中国民法典草案总览(增订本)续编》,北京大学出版社2020年版,第78、187页。

[5] 参见唐德华主编、最高人民法院民事审判第一庭编著:《最高人民法院〈关于确定民事侵权精神损害赔偿责任若干问题的解释〉的理解与适用》,人民法院出版社2015年版,第63页。

对此,学理上有观点认为,生命权、身体权和健康权等物质性人格权在权利位阶体系中居于基础和核心位置,在发生权利冲突时通常应优先予以保护;[1]即使例外情形下应予限制,也属于法律保留范围,[2]应当由法律作出明确规定而非由法官在个案中自由衡量决定。另外,对民事侵权责任成立的判断,在法律未作特别规定时,过错程度高低原则上并不影响责任的成立,[3]将人格权侵害民事责任的认定统一交由法官在个案中综合考虑包括过错程度在内的多项因素进行确定,与侵权责任成立的一般法理不符。[4]

《民法典各分编草案一审稿》第779条第1款部分接受了学理上的批评意见而在《民法典各分编征求意见稿》第9条的基础上删除了该条第1款第3项关于过错程度的表述并稍微作了文字上的调整。[5] 该稿并没有解决不区分人格权类型而统一将之交由法官自由裁量的问题。如前所述,这种不予区分可能导致对居于权利体系核心位置的物质性人格权的保护不周,[6]难谓合理,因此在征求意见过程中受到了普遍质疑。[7] 鉴于此,《人格权编草案二审稿》转而接受了明确区分人格权类型并分别处理的意见,将《民法典各分编草案一审稿》第779条第1款独立规定为一条(第781条),并在表述上不再具体分项而是整体规定。《人格权编

---

[1] 参见韩大元:《生命权与其他权利的冲突及其平衡》,《人权》2020年第3期,第17—18页。
[2] 参见王利明、程啸、朱虎:《中华人民共和国民法典人格权编释义》,中国法制出版社2020年版,第130页。
[3] 参见张红:《民法典人格权编立法论》,法律出版社2020年版,第14页。
[4] 参见《地方人大、中央有关部门和单位以及有关方面对民法典各分编(草案)人格权编的意见》,载《民法典立法背景与观点全集》编写组编:《民法典立法背景与观点全集》,法律出版社2020年版,第399页。
[5] 参见何勤华、李秀清、陈颐编:《新中国民法典草案总览(增订本)续编》,北京大学出版社2020年版,第289页。
[6] 参见王利明:《民法典人格权编中动态系统论的采纳与运用》,《法学家》2020年第4期,第5页。
[7] 参见《地方人大、中央有关部门和单位以及有关方面对民法典各分编(草案)人格权编的意见》,载《民法典立法背景与观点全集》编写组编:《民法典立法背景与观点全集》,法律出版社2020年版,第399—400页。

草案三审稿)》第781条〔1〕、《民法典草案》第998条基本上保持了之前的规定,仅做了个别文字上的调整,最终形成了本条。

三、适用范围

关于本条的适用范围,应区分两个层面讨论:第一个层面以规范的作用对象为标准区分,可区分为对侵害生命权、身体权、健康权等物质性人格权益的民事责任认定与侵害其他非物质性人格权益的民事责任认定两个领域;第二个层面以规范作用于法律效果评价的阶段为标准区分,可以区分为对侵害人格权益民事责任成立的认定与对侵害人格权益民事责任承担的认定两个领域。

(一)适用对象

本条明确排除了其在生命权、身体权、健康权侵害民事责任认定领域的适用性,这是因为:第一,生命权、身体权、健康权等物质性人格权居于自然人民事权利的核心,构成其他人格权益的物质基础,〔2〕对其法律保护应当更为充分和严格,在侵害生命权、身体权和健康权的民事责任认定场合排除法院依本条享有的自由裁量权,有助于防止法院自由裁量权对立法者尤为重视的物质性人格权的侵害;第二,相比于非物质性人格权,生命权、身体权、健康权等物质性人格权的内涵外延更清晰明确,排除法院的自由裁量权不仅不影响对具体法律规则的准确理解适用,而且有助于防止法院自由裁量权对法之安定性的侵害。当然,立法者虽然禁止法官依据本条而在生命权、身体权、健康权侵害场合享有对相应人格权益侵害民事责任认定的自由裁量权,但这并不意味着在生命权、身体权、健康权侵害场合的民事责任认定上不存在着利益衡量的问题,只是鉴于这些物质性人格权益对于自然人之生存本身的重要性,立法者对能否适用

---

〔1〕 相关条文的具体表述,参见何勤华、李秀清、陈颐编:《新中国民法典草案总览(增订本)续编》,北京大学出版社2020年版,第401、446页。

〔2〕 参见王泽鉴:《人格权法:法释义学、比较法、案例研究》,北京大学出版社2013年版,第99页。

利益衡量的权力进行了严格控制和保留,[1]只有在法律明确规定特定场合可以对这些人格权益的保护进行利益衡量以确定相应民事责任时,才可以依利益衡量方法进行相应的法律效果评价。例如,依据《民法典》第182条进行紧急避险,避险人为保护本人或他人的生命权而对其他人的身体权、健康权等造成伤害的,相应的物质性人格权益的侵害是否导致民事责任的成立与承担问题,即属于制定法明确规定的关于物质性人格权侵害场合民事责任认定的利益衡量规则。

13　　对于侵害生命权、身体权、健康权之外的其他非物质性人格权益的民事责任的认定,不论是《民法典》990条第1款明确规定的姓名权、名称权、肖像权、名誉权、荣誉权、隐私权等具体人格权,还是《民法典》第990条第2款规定的以"人身自由、人格尊严"为价值基础的自然人的其他人格权益,又或者是人格权编之外其他法律规定的具体人格权如《民法典》总则编第110条结合婚姻家庭编第1046条规定的婚姻自主权、《人口与计划生育法》第17条规定的生育权等,法院都可以依据本条赋予的自由裁量权而在考量本条具体列举的因素的前提下确定。

14　　对于侵害自然人因婚姻家庭关系等产生的身份权利的民事责任认定,依据《民法典》第1001条之规定,在《民法典》总则编、婚姻家庭编以及其他法律没有规定的情形下,可以根据其性质参照适用《民法典》人格权编中关于人格权保护的有关规定。亦即,本条关于人格权侵害民事责任认定的裁判规则通过《民法典》第1001条可以扩展至因婚姻家庭关系等产生的身份权利侵害场合的民事责任认定领域,如医院因过失导致新生儿被抱错场合受害人的亲权被侵害的民事责任认定。[2]

---

[1]　参见最高人民法院民法典贯彻实施工作领导小组主编:《中华人民共和国民法典人格权编理解与适用》,人民法院出版社2020年版,第100页。

[2]　参见杜某辉、李某艳、马某、刘某梅与安康市中心医院医疗损害赔偿纠纷案,陕西省高级人民法院(2010)陕民提字第00004、00005号民事判决书。司法实践中甚至有法院直接认为:"父母对子女监护、教育及子女被父母照顾、呵护,是基于血缘关系而与生俱来的一种权利,这种权利与身份关系密切相连,是一种人格利益,应当受到保护。"参见付某国、谭某云与中国医科大学附属第四医院侵权责任纠纷案,辽宁省沈阳市和平区人民法院(2019)辽0102民初4669号民事判决书。

(二)适用阶段

对于本条究竟是作用于人格权侵害民事责任成立的认定,还是作用于相应的责任承担的认定,抑或是不区分责任成立与承担问题而由法院在责任认定中综合考虑,立法者并未予以明确。[1] 学理上因此亦存在综合考量论[2]与区分适用论[3]的分歧。本评注认为,本条究竟是否应区分不同的因素类型而分别将之作用于民事责任认定的不同阶段,应当与本条本身的规范属性联系起来判断。虽然立法者并未明确本条在责任认定时的具体适用阶段,但通过文义、体系及目的解释方法的运用,可以确定本条为不完全法条,其不能独立作用于相应法律效果评价,而是作为辅助规范发挥作用。当法官依据本条在具体案件的审理中运用利益权衡方法以确定相应的民事责任时,应分别在判断责任成立的一般构成要件(如《民法典》第1165条第1款)与确定责任承担的规范构成(如《民法典》第1182条)的框架内展开。对于本条规定的法官应予考量的因素,则应依其性质而分别作用于责任成立和承担的判断。在此意义上,区分适用论的观点更为契合本条的规范意旨,应予肯定。

四、基本结构

由于本条属于单纯的裁判规则而不具有行为规则的属性,[4]因此

---

[1] 参见张红:《〈民法典(人格权编)〉一般规定的体系构建》,《武汉大学学报(哲学社会科学版)》2020年第5期,第155页。

[2] 参见黄薇主编:《中华人民共和国民法典·人格权编解读》,中国法制出版社2020年版,第46—47页;最高人民法院民法典贯彻实施工作领导小组主编:《中华人民共和国民法典人格权编理解与适用》,人民法院出版社2020年版,第101页;王利明、程啸、朱虎:《中华人民共和国民法典人格权编释义》,中国法制出版社2020年版,第131—132页;陈甦、谢鸿飞主编:《民法典评注:人格权编》,中国法制出版社2020年版,第61—62页。

[3] 参见张红:《民法典人格权编立法论》,法律出版社2020年版,第14—15页;曹相见、杜生一、侯圣贺编著:《〈中华人民共和国民法典·人格权编〉释义》,人民出版社2020年版,第30—32页。

[4] 参见中国审判理论研究会民事审判理论专业委员会编著:《民法典人格权编条文理解与司法适用》,法律出版社2020年版,第70页。

在人格权侵害民事责任的认定中需要作为《民法典》第1165条第1款的辅助规则而发挥作用。依据本条的逻辑构成,法官在认定人格权侵害民事责任时,应当遵守的行为模式在具体构造上包括三层:

(一)法官享有自由裁量权

17 作为纯粹的裁判规则,本条承认法官在个案中认定人格权侵害民事责任的自由裁量权。这主要是考虑到人格权本身的特性即人格权内部的各项权利在位阶上存在差异,在与其他权利共存时经常会发生冲突,并且现行法给予不同类型的人格权的保护程度并不完全相同,而且人格权侵害的不同情形亦会导致不同的救济方式,[1] 这就要求立法者必须承认法官的自由裁量权而使人格权侵害责任的认定与个案中的具体情形有机结合起来,避免概念法学及构成要件主义的僵化立场所可能导致的谬误。

(二)自由裁量权的适用范围受限

18 立法者采取区分原则而将生命权、身体权和健康权排除在外,使法官依据本条认定人格权侵害民事责任的自由裁量空间被限制在非物质性人格权的范畴之内,既考虑了物质性人格权与精神性人格权在权利位阶体系中的差异性而给予位阶更高者以更严格的保护,又照顾到了精神性人格权在权利享有和行使上与其他权益冲突的现实可能性而给予法官在个案中的自由裁量空间,进而防止因对个案中的具体人格权的过度保护而戕害其他权益。[2]

(三)考量因素的法定性与开放性

19 一方面,立法者将人格权侵害民事责任认定中必须予以考量的因素明确列举出来,法官在个案的法律效果评价过程中对这些列举出来的因素必须予以考量而不能回避或无视,这与最高人民法院在2001年《精神损害赔偿解释》第10条所表达出来的目的一致,即采取"由法官根据确

---

[1] 参见王利明、程啸、朱虎:《中华人民共和国民法典人格权编释义》,中国法制出版社2020年版,第134—137页。
[2] 参见最高人民法院民法典贯彻实施工作领导小组主编:《中华人民共和国民法典人格权编理解与适用》,人民法院出版社2020年版,第100页。

定的因素进行裁量的办法……尽可能降低裁量的主观性和任意性"[1];另一方面,考虑到涉及人格权益侵害的具体情形复杂多样,每个案件中涉及的侵害具体人格权益的情形不尽相同,采取完全列举的方式难以穷尽人格权益侵害场合认定民事责任的考量因素,因此本条采取了具体列举+概括规定的立法模式,除了规定法院在个案审理中必须考量的具有普遍性、典型性的法定因素,还将考量因素的范围予以开放,法官可以在个案审理中因具体案情需要而将相关的法定考量因素之外的其他因素纳入认定范围。这种立法模式实质上是立法者在制定法规则的确定性与灵活性之间进行平衡的结果。

显然,本条的基本构造所显现出来的立法者在人格权侵害责任认定场合的基本立场是:承认但应适当控制法官在个案审理中对人格权侵害民事责任认定的自由裁量权。这种控制主要体现在对自由裁量权适用的人格权类型的区分限制和对必须予以考量的因素的明确列举上,法官审理个案时在遵循法定控制标准的前提下,有权综合考量各种因素以认定人格权侵害的民事责任。立法者的这一立场表明,其并未采纳纯粹的利益权衡论给法官以不受限制的自由裁量权观点,而是对法官的自由裁量权予以了明确限制,以确保法秩序的安定性和法律规则适用的相对确定性和可预见性;同时,在允许法官自由裁量的非物质性人格权侵害范围内的民事责任认定上,对法官必须考量的因素如"行为人和受害人的职业、影响范围、过错程度,以及行为的目的、方式、后果"及未被该条列举而由法官在个案中予以认定的其他考量因素,规定它们在形式逻辑上处于平等的并列状态,在具体的适用上亦不存在着优先性上的排序问题,并且对作用于人格权侵害民事责任认定的因素所占的权重与具体赋值问题,[2]本条都未予以规定,而是交由法官在个案审理中自由裁量。在此意义上,该条亦未完全采纳动态体系论的观点。

本评注认为,立法者在人格权侵害责任认定问题上既未完全采纳纯粹的利益权衡论观点,亦未完全采纳动态体系论的观点,而是在这两种观

---

[1] 唐德华主编、最高人民法院民事审判第一庭编著:《最高人民法院〈关于确定民事侵权精神损害赔偿责任若干问题的解释〉的理解与适用》,人民法院出版社2015年版,第63页。
[2] 参见王利明:《民法典人格权编中动态系统论的采纳与运用》,《法学家》2020年第4期,第2页。

点的基础上采取了折中立场,既赋予了法官自由裁量权,又对该项权利予以了适当限制,可以有效避免采纳纯粹利益权衡论观点所可能导致的法的安定性受损问题;同时对纳入自由裁量范畴的因素不再预先排序、赋值并确定权重等,而是交由法官在个案中综合考量确定,既尊重了法官个案审理中的积极主动性,也省去了个案中给纳入考量范围的因素具体赋值并确定其权重等难以实际操作的程序性麻烦,有助于立法者承认法官自由裁量权以平衡保护人格权及与之冲突的其他利益的基本目的的实现。

五、利益权衡时应当考量的因素

22 　　从法律论证方法来讲,立法者通过本条所强调的法律论证方法,既不是以概念法学所强调的构成要件主义的涵摄教条为出发点,也不是自由法学所倾向的法律非理性主义的主题。[1] 本条采纳的基本立场要求法官在人格权侵害民事责任认定中采取的法律论证方法,既不是对法律的单纯机械僵硬适用,也不是依其自主意志的任意行为,而是一种并没有被法律完全确定但是可以经由法官理性证立的决定。这就要求,法官在个案中依本条赋予的自由裁量权而将作用于人格权侵害民事责任认定的评价因素结合具体案情予以运用时,应将考量因素作用于法律效果评价的过程显现出来,使法律评价过程去神秘化、让评价过程看得见、可予反驳且能经得住反驳,正当化评价过程,避免立法者担心的法官自由裁量权滥用所可能导致的司法恣意问题。[2] 具体而言,法官既应关注本条规定的因素在单独作用于人格权侵害民事责任认定时的影响,亦应注重多个因素共同存在时的作用方式,从而在整体上把握人格权侵害民事责任的认定。

23 　　本条列举的具体认定因素彼此之间一方面并不存在价值位阶和适用上的优先顺序,而是处于并列的平等地位,在个案中究竟是作用于人格权侵害民事责任成立的认定,还是影响民事责任的具体承担,通常情形下需

---

[1] Vgl. Martina Renate Deckert, Folgenorientierung in der Rechtsanwendung, C.H. Beck, 1995, S. 76; Kent D. Lerch, Lesarten des Rechts: Sprache und Medien der Jurisprudenz, Avinus-Verlag, 2008, S. 19.

[2] 参见朱晓峰:《抚养纠纷中未成年人最大利益原则的评估准则》,《法律科学》2020年第6期,第86页。

【人格权侵害责任认定】

要结合具体案情进行判断;[1] 另一方面,正如动态体系论者所强调的,作用于人格权侵害民事责任认定之法律效果评价的因素或者动态力量并非构成要件,不是绝对的和僵化的,在法律效果的评价过程中,若某一因素能够以特殊强度作用于法律效果评价的过程与结果,那么其本身甚至就足以使法律效果正当化,[2] 但通常情况下这些因素主要是通过彼此之间的协动来展现自身之于法律效果评价的影响,此种影响取决于因素的数量、强度和彼此结合的方式。诸考量因素彼此之间的协动是指因素之间的互补,这种互补性的存在以因素背后所隐藏的原理为基础。[3] 对同一评价对象而言,有可能同时存在多个具备妥当性的原理。这些原理在功能上可能是同质的,亦可能是异质的而彼此之间存在冲突和矛盾。在同质时,某一原理的充足度可推知其他同质原理的充足度;而在异质时,由于具有妥当性的原理均应尽可能地被满足,所以必须在相互矛盾的原理中经过权衡而实现具有更高充足度的原理,以限制与之矛盾的原理。[4]

并且,纳入本条评价体系的因素亦是开放的,能够包容所有可以想象到的情形及其特殊性质。[5] 在此意义上,本条将作用于人格权侵害民事责任认定的因素加以规定并在立法技术上采取开放模式,有助于促成个案中进行利益权衡的法官正确处理自由裁量权和法的安定性的关系。

(一)本条列举的考量因素

1. 行为人和受害人的职业

将行为人和受害人职业作为认定人格权侵害民事责任的考量因

---

[1] 参见黄薇主编:《中华人民共和国民法典人格权编解读》,中国法制出版社2020年版,第49页。

[2] 参见解亘、班天可:《被误解和被高估的动态体系论》,《法学研究》2017年第2期,第50页。

[3] 参见[日]山本敬三:《民法中的动态系统论——有关法律评价及方法的绪论性考察》,解亘译,载梁慧星主编:《民商法论丛》总第23卷,金桥文化出版(香港)有限公司2003年版,第203页以下。

[4] 参见雷磊:《法律推理基本形式的结构分析》,《法学研究》2009年第4期,第22页以下。

[5] 参见[奥]瓦尔特·维尔伯格:《私法领域内动态体系的发展》,李昊译,《苏州大学学报(法学版)》2015年第4期,第112页。

素,学理上存在不同观点。反对观点认为,人格权侵害民事责任的认定与行为人和受害人的职业无关,绝不能因行为人具有某种职业、社会身份、社会影响范围而不承担责任,亦不能因行为人的职业差异、社会地位高低、社会影响大小而影响责任方式或赔偿数额。[1] 支持观点则认为,行为人的职业与责任的认定、影响的范围都有联系,而考虑受害人职业因素的目的并不在于对某些职业的人提供有区别的特殊保护,而是旨在平衡职业背后的社会公共利益与个人利益。[2] 本条采纳了支持者的观点。将人格权侵害民事责任的认定与行为人和受害人的职业结合起来判断,与我国当前一般社会观念将人格尊严与人的社会地位相联系并进行主客观评价的客观现实密切相关。在我国司法实务上看来,因人格尊严而生的人格权益是指"作为一个人所应有的最起码的社会地位及应受到社会和他人最起码的尊重",[3] 或是自然人"基于自己所处的社会环境、地位、声望、工作环境、家庭关系等各种客观条件而对自己或他人的人格价值或社会价值的认识和尊重"[4]。这种观念与秩序性尊严观相吻合,后者强调社会共同体中的个人因特定社会秩序、规则及人身属性或特别的伦理禁忌而享有的地位、权威或状态而具有的不可冒犯性、不可亵渎性和不可侵越性。[5] 这种尊严的享有及保护与个人在社会上从事的职业密切相关,在社会上从事特定职业即应享有与之相对应的社会地位及尊严。[6] 因此,秩序性尊严的目的在于维护共同体的井然秩序,而这必然导致现实生活中自然人的人格权益保护受其影响。本条明确将行为人

---

[1] 参见张红:《民法典人格权编立法论》,法律出版社 2020 年版,第 14 页。

[2] 参见王利明:《民法典人格权编中动态系统论的采纳与运用》,《法学家》2020 年第 4 期,第 2 页;最高人民法院民法典贯彻实施工作领导小组主编:《中华人民共和国民法典人格权编理解与适用》,人民法院出版社 2020 年版,第 103 页。

[3] 参见张某红与袁某兰一般人格权纠纷案,山东省乳山市人民法院(2018)鲁1083 民初 2542 号民事判决书;卢某梅、宋某一般人格权纠纷案,湖北省襄阳市中级人民法院(2019)鄂 06 民终 2064 号民事判决书。

[4] 李某君与周某英一般人格权纠纷案,辽宁省抚顺市中级人民法院(2018)辽04 民终 2330 号民事判决书。

[5] 参见朱晓峰:《中国语境下人格尊严的民法保护》,知识产权出版社 2019 年版,第 36 页。

[6] 参见史志磊:《论罗马法中人的尊严及其影响——以 dignitas 为考察对象》,《浙江社会科学》2015 年第 5 期,第 88—91 页。

和受害人的职业列举出来作为判断人格权侵权责任成立的考量因素,当然会影响对个案中具体的人格权侵害行为是否应承担人格权侵权责任的具体判断。对行为人和受害人而言,其具体从事的特定职业及与此相适应的社会身份,既可能成为强化认定特定侵害行为承担民事责任的事实基础,亦可能构成不承担民事责任的正当性论证事由。

对于特定职业及与此相适应的社会身份成为强化认定特定侵害行为承担民事责任之事实基础的,例如在"陈某与付某、金某、武某等人身损害赔偿纠纷案"中,法院认为:"柳某谦、付某作为具有完全民事行为能力的比赛运动员,在比赛之际为发泄个人不满,到比赛检录处吵闹,当众辱骂、殴打当值裁判,无视国家法律,置运动员职业道德于不顾,更为恶劣的是付某在被公安人员拉住制止后仍不罢休,继续冲上前去踢踩受害人。这种行为对社会公众对受害人业已树立的人格尊严以及名誉的社会评价产生负面影响。"[1]另外,如果特定职业与社会公众人物形象联系起来,那么该职业对侵权责任成立的认定就尤其重要。例如,在"北京金山安全软件有限公司诉周某祎侵犯名誉权案"中,法院认为,在判断周某祎微博言论是否构成侵权时,"应注意周某祎的特殊或者双重身份。周某祎并非普通公民,而是金山系竞争对手360公司的董事长,还是微博上被新浪认证加'V'的公众人物。周某祎在将个人对于竞争对手的负面评价公之于众时,更应三思而行、克制而为。周某祎在微博上拥有众多粉丝,更多话语权,理应承担更多的责任,对于微博上的个人言行及其后果有更为自觉的认识,注意克服自己对于竞争对手主观臆断、意图恶意打压的内在冲动,更加自觉地对自己的言论予以克制,避免因不实或不公正客观的言论构成对竞争对手的诋毁,进而损害其商誉。故周某祎对微博言论自由的注意义务要适当高于普通网民或消费者"。[2]相应地,如果行为人是普通人或一般消费者,那么其从事相应行为的注意义务即较低,在认定相应侵害行为是否构成侵权时就会宽松一些。[3]

---

〔1〕 陈某诉付某、金某、武某、柳某谦人身损害赔偿纠纷案,广东省江门市蓬江区人民法院(2002)蓬民初字第736号民事判决书。

〔2〕 北京金山安全软件有限公司与周某祎侵犯名誉权纠纷案,北京市第一中级人民法院(2011)一中民终字第09328号民事判决书。

〔3〕 参见黄薇主编:《中华人民共和国民法典人格权编解读》,中国法制出版社2020年版,第47页。

特定职业构成不承担民事责任的正当性论证事由，主要是考虑到相应职业内容的履行和公共利益的保护与实现密切相关。例如，在认定从事新闻报道、舆论监督等职业的行为人的具体新闻报道、舆论监督等行为是否构成侵权从而承担民事责任时，应考虑相应职业的特殊性而在公共利益和个人利益之间进行平衡保护。对此，《民法典》第999条明确表达了法官于此有权进行平衡处理的基本立场。结合本条，《民法典》第999条规定的因从事特定职业而产生的公共利益保护需要与个人尤其是公众人物的人格权益保护需要之间的利益权衡，并不存在着公共利益必然优先于个人人格权益的价值位阶判断，[1]其毋宁是既需要考虑保护公共利益，也需要保护个人之基本人格权益，对此的合理界限则由法官在个案中予以把握。[2] 其中，优先保护公共利益的，例如，在"范某毅诉文汇新民联合报业集团名誉侵权案"中，法院认为："公众人物较之于非公众人物，应该对媒体在行使正当舆论监督过程中所可能造成的轻微损害以必要的容忍和理解。因此，即使被告明确披露原告姓名等个人信息的行为给原告确实造成了一定的损害，但鉴于原告公众人物这一特殊身份与公共利益保护的需要，所以对原告主张的损害赔偿请求不予支持。"[3]法院在该案审理中判断人格权侵害所具体考量的因素就包括了受害人职业以及因此而生的身份上的特殊性。[4] 当然，对于人格权益的适当限制并不意味着个人权利在与公共利益相碰触时即完全不受保护。为保护公共利益，个人尤其是公众人物应对轻微侵害其人格权益的行为给予必要的容忍，但如果此种侵害超出了合理限度而对人格权益造成严重侵害，那

---

［1］ 对于个人利益与公共利益之间并不存在着必然优先保护的关系，学理上亦普遍予以认可。相应的论述，参见杨立新、曹英博：《论人格权的冲突与协调》，《河北法学》2011年第8期，第27页；刘召成：《基本权利对民法人格权构造的发展与限定》，《福建师范大学学报（哲学社会科学版）》2020年第5期，第154页；［德］卡尔·拉伦茨：《法学方法论（全本·第六版）》，黄家镇译，商务印书馆2020年版，第517—518页。

［2］ 参见最高人民法院民法典贯彻实施工作领导小组主编：《中华人民共和国民法典·人格权编理解与适用》，人民法院出版社2020年版，第108页。

［3］ 参见范某毅诉文汇新民联合报业集团名誉侵权纠纷案，上海市静安区人民法院（2002）静民一（民）初字第1776号民事判决书。

［4］ 参见朱晓峰：《比较法视野下隐私保护机制的分歧与效果：以中德比较为例》，《兰州学刊》2016年第10期，第137页。

么即不能以公共利益为由而使相应的行为人免于承担责任。[1]

关于合理的界限,我国司法实务上通常认为应当满足获取方式合理和实施方式合理的双重界定标准;[2]也有观点从比例原则的视角出发,认为应依据本条而运用比例原则,在综合考量各种评价因素的前提下,分析目的是否妥当、使用是否有助于实现目的及使用是否在必要范围内的三阶构造来判断合理性问题。[3]将本条与此处的合理判断结合起来,以引入比例原则作为合理性问题的判断标准,在相应的法律效果评价上具有较强的说服力。以隐私权保护为例,对于基于特定职业或者社会身份而成为公众人物的个人隐私和公共利益的平衡保护而言,通常情形下如果个人隐私对于社会公众相应的信息需求的价值越大,则相应公众人物应予保护的价值即越小;反过来讲亦然。因为与保护公众人物的隐私等人格权益相比较,凭借该隐私等而得以塑造并形成的现代民主社会的公共性观点,具有更重要的价值,而公众好奇心的满足以及闲谈需求等则是微不足道的。[4] 基于此种考虑,在"臧某朔诉北京网蛙数字音乐技术有限公司等侵害名誉权、人格权、肖像权案"中,法院认为:作为知名歌手的公众人物仍然是社会中的一般自然人,其人格尊严同样受到法律保护,本案中臧某朔因受他人无端干扰,产生不安和痛苦,已超越了其作为公众人物的正常承受范畴,属于正常的内心感受,行为人评丑的行为侵犯了臧某朔作为社会一般人的应受尊重的权利,构成了对臧某朔人格尊严的侵害。[5] 显然,对于因从事特定职业而成为公共人物的自然人的人

---

[1] 参见王利明、程啸、朱虎:《中华人民共和国民法典人格权编释义》,中国法制出版社2020年版,第148—149页。

[2] 参见最高人民法院民法典贯彻实施工作领导小组主编:《中华人民共和国民法典人格权编理解与适用》,人民法院出版社2020年版,第112页。

[3] 参见黄薇主编:《中华人民共和国民法典人格权编解读》,中国法制出版社2020年版,第53页。

[4] 参见朱晓峰:《侵权可赔损害类型论》,法律出版社2017年版,第598页。

[5] 在本案中,被告在未告知知名歌手臧某朔并征得其同意的情形下,擅自将其列为"国内歌坛十大丑星评选"活动的候选人之一,并在相应图片上加配了涉及臧某朔人身的调侃性文字,让网民发表评选意见,最后根据选票给臧某朔冠以"国内歌坛十大丑星第三名"的称谓。案件详情参见臧某朔诉北京网蛙数字音乐技术有限公司等侵害名誉权、人格权、肖像权案,北京市朝阳区人民法院(2001)民第1935号民事判决书;北京市第二中级人民法院(2002)民第397号民事判决书。

格权侵害责任认定而言,其从事的职业以及公众人物的身份不能当然成为侵权人免于承担民事责任的抗辩。

2. 影响范围

29　　将影响范围作为人格权侵害民事责任认定的考量因素,学理上存在着较大分歧。反对观点认为,无论是从行为人还是受害人角度看,影响范围都不能作为影响责任成立和具体责任承担方式的考量因素,[1]否则构成对人格权平等性以及绝对性特质的违反。支持者则认为,不同行为导致的侵权后果的严重程度不同,这必然会使相应的侵权责任在程度上存在差异,而影响范围与侵害的严重程度相关,因此其对评价行为人相应行为是否构成侵权以及承担何种责任具有重要意义。[2]折中观点认为,影响范围不是认定人格权侵害民事责任成立的构成要件,但属于认定责任范围的考量因素,因为权利人基于人格权的绝对权属性而在自身被侵害时就可以向行为人主张承担相应的民事责任,但行为人在何种范围内承担责任则与侵害程度相关。[3]本条显然并未接受反对观点,其将影响范围作为认定人格权侵害民事责任的考量因素明确规定下来,但对其究竟是作用于责任成立还是责任范围的法律效果评价,则交由法官在个案中予以判断。《民法典》的这种立场应予赞同。因为在以人格尊严为价值基础的人格权益的保护问题上,将行为的影响范围作为人格权侵害民事责任认定的考量因素,主要与一般社会观念对人格尊严本身的认识相关。

30　　在我国当前的一般社会观念中,"人格尊严是指公民基于自己所处的社会环境、地位、声望、工作环境、家庭关系等各种客观条件而对自己或他人的人格价值或社会价值的认识和尊重"[4],"人格尊严的内容包含

---

[1] 参见张红:《民法典人格权编立法论》,法律出版社2020年版,第14页。
[2] 参见王利明:《民法典人格权编中动态系统论的采纳与运用》,《法学家》2020年第4期,第2页;最高人民法院民法典贯彻实施工作领导小组主编:《中华人民共和国民法典人格权编理解与适用》,人民法院出版社2020年版,第103页。
[3] 参见曹相见、杜生一、侯圣贺编著:《〈中华人民共和国民法典·人格权编〉释义》,人民出版社2020年版,第31页。
[4] 李某君与周某英一般人格权纠纷案,辽宁省抚顺市中级人民法院(2018)辽04民终2330号民事判决书。

权利主体自身的人格价值和社会价值得到他人的认识和尊重"[1]。亦即,"人格尊严具有主观因素,又具有客观因素,其中主观因素反映的是民事主体对自身价值的认识,客观因素是社会对特定主体作为人的尊重,是对人的价值的评价"[2]。因此,当人格尊严侵害行为的社会影响范围越大,那么其对于相应人格尊严的贬损则越严重。在此意义上,在侵害人格权民事责任认定时考察具体行为的影响范围,应从两个方面展开:

一方面,如果侵害行为是在公众场合,那么相应的社会影响越是恶劣,其作用于民事责任认定的积极影响就越是强烈。例如,行为人当众抽人耳光[3]、搜包[4]、公然在他人大门以及院内倾倒污秽物[5]、当众向他人泼洒尿液和粪便[6]、在他人上班时间毫无事实根据地冲入他人办公室拉扯他人[7]、将他人名字刻在石碑上并放置于公众场合令人观看[8]、

---

[1] 徐某诉北京燕莎中心有限公司侵犯人格权案,北京市朝阳区人民法院(2000)朝民初字第120号民事判决书。

[2] 胡某卫与于某亮一般人格权纠纷案,天津市第二中级人民法院(2015)二中民一终字第1388号民事判决书。

[3] 参见卞某付与吴某华健康权、一般人格权纠纷案,江苏省泰州市中级人民法院(2017)苏12民终472号民事判决书。

[4] 参见张某与广州达意隆包装机械股份有限公司一般人格权纠纷案,广东省广州市中级人民法院(2012)穗中法民一终字第1661号民事判决书;夏某华与孙某苹一般人格权纠纷案,上海市第二中级人民法院(2009)沪二中民一(民)终字第451号民事判决书。

[5] 参见彭某华、刘某华一般人格权纠纷案,江西省吉安市中级人民法院(2018)赣08民终1932号民事判决书。

[6] 参见廖某莲等诉邝某秀一般人格权纠纷案,湖南省株洲市中级人民法院(2016)湘02民终990号民事判决书;张某英与姚某芳一般人格权纠纷案,江苏省镇江市中级人民法院(2015)镇民终字第00695号民事判决书。

[7] 参见廖某娟诉朱某祥人身损害赔偿纠纷案,广西壮族自治区南宁市新城区人民法院(2002)新民初字第1597号民事判决书以及广西壮族自治区南宁市中级人民法院(2002)南市民终字第1136号民事判决书。

[8] 参见赵某1、陈某、赵某、杨某1、李某、孙某、王某与付某名誉权纠纷案,吉林省吉林市龙潭区人民法院(2018)吉0203民初1402号民事判决书。

散布他人已死的虚假信息[1]、扰乱他人正常依民俗而进行的丧葬活动等[2],由于"这些行为通常会给受害人以难堪,造成其当众形象受损,出丑丢人,给其在社会生活中的地位、尊严造成不良影响",因此法院于此情形下通常会认为相应行为构成对受害人人格权益的侵害,应承担侵权责任。[3]

另一方面,影响范围的判断应与法院对人格尊严以及行为自由的平衡保护相适应。在司法实践中,法院通常会认为,"人格尊严具有基本性和主客观价值复合性,判断自然人人格尊严是否受到侵害,不能仅考虑该自然人的主观自尊感受,更要从客观角度考虑其在通常社会范围内所享有的作为'人'之最基本尊重是否被贬损;如果是,则其人格尊严遭受侵害"。[4] 因此,如果网络平台经人举报而依法封禁某网络用户博客并删除其博文,由于该行为并未使用户在通常社会范围内所享有的作为"人"之最基本的尊重遭受贬损,那么法院通常会认为此种情形下相应的侵害行为未构成对用户人格权益的侵犯。[5]

3. 过错程度

将过错程度作为认定人格权侵害民事责任的考量因素予以规定,学理上并无疑义。存在分歧的是,于此的过错程度究竟影响的是责任的成立还是责任的具体承担方式:统一适用论认为,于此并不需要区分责任成立和具体责任承担方式,而是应由法官在个案中综合把握,统一适用;[6] 区分

---

[1] 参见钟某昭与唐某荣一般人格权纠纷案,重庆市第五中级人民法院(2018)渝05民终4584号民事判决书。

[2] 参见周某与俞甲一般人格权纠纷案,浙江省舟山市中级人民法院(2011)浙舟民终字第86号民事判决书。

[3] 参见李某臣、李某广与张某一般人格权纠纷案,河南省濮阳市中级人民法院(2011)濮中法民一终字第842号民事判决书。

[4] 邵某某、广州网易计算机系统有限公司一般人格权纠纷案,山东省济宁市中级人民法院(2018)鲁08民终1462号民事判决书。

[5] 参见邵某某、广州网易计算机系统有限公司一般人格权纠纷案,山东省济宁市中级人民法院(2018)鲁08民终1462号民事判决书。

[6] 参见王利明、程啸、朱虎:《中华人民共和国民法·人格权编释义》,中国法制出版社2020年版,第140页;张红:《民法典人格权立法论》,法律出版社2020年版,第14页;最高人民法院民法典贯彻实施工作领导小组主编:《中华人民共和国民法典人格权编理解与适用》,人民法院出版社2020年版,第104页。

适用论认为,基于人格权的绝对权属性,停止侵害等人格权请求权的成立与承担不应考虑行为人的主观过错,但损害赔偿、赔礼道歉的责任的成立与具体承担可以通过考量主观过错程度来确定。[1] 从人格权的绝对权属性及《民法典》第995条明确规定人格权请求权以强化人格权保护的立法意旨来看,区分适用论更符合该意旨,应予肯定。

将过错程度作为评价人格权侵害民事责任之法律效果的法定考量因素的正当性基础在于:行为人的过错程度越高,法律上的可谴责性越强,这在本质上是因为行为人故意甚至恶意侵害他人时,相应的侵害行为实质上表达了行为人认为被害人不具有作为人本应具有的值得被尊重的权利。这种过错程度较高的侵害行为表现了行为人对受害人作为人的价值的蔑视,它否认了个人彼此之间在道德上的平等性和每一个人所拥有的自主独立的人类价值,因此会构成对他人人格尊严的侵犯。[2]

在我国的司法实务中,过错程度的高低主要通过客观行为的悖俗性来加以判断。通常认为,违背民风习俗在他人门前烧"黄纸"[3]、向受害人身上倾倒尿液和炉灰[4]、将人尿泼洒在他人身上[5]、认为他人有精神疾病而强行将之送往精神病医院[6]、反复砸人窗户并在上面吐痰[7]、

---

[1] 参见曹相见、杜生一、侯圣贺编著:《〈中华人民共和国民法典·人格权编〉释义》,人民出版社2020年版,第31页。

[2] See Jean Hampton, Correcting Harms Versus Righting Wrongs: The Goal of Retribution, *UCLA Law Review*, Vol. 39 (1992), p. 1659; Amir Nezar, Reconciling Punitive Damages with Torts Law's Normative Framework, *Yale Law Journal*, Vol. 121 (2011), p. 678.

[3] 参见王某等与郭某兰生命权、健康权、身体权纠纷案,江苏省南通市中级人民法院(2017)苏06民终4834号民事判决书;刘某1与王某1一般人格权纠纷案,山东省青岛市中级人民法院(2016)鲁02民终7460号民事判决书。

[4] 参见周某娟诉潘某儿一般人格权纠纷案,浙江省高级人民法院(2015)浙民申字第1331号民事裁定书。

[5] 参见洪某花与张某娟一般人格权纠纷案,浙江省金华市中级人民法院(2013)浙金民终字第426号民事判决书。

[6] 参见张某珍诉杨某作为配偶四处散布其有精神问题并当众强行将其送往精神病院侵害名誉权案,湖北省武汉市汉阳区人民法院民事判决书。法宝引证码:CLI.C.22562。

[7] 参见李某林、张某一般人格权纠纷案,山东省烟台市中级人民法院(2018)鲁06民终4102号民事判决书。

在他人家门口泼屎尿甚至撒尿[1]、向他人裤腿及鞋上撒尿[2]、故意用不洁液体泼洒他人[3]、将屎糊在他人脸上[4]、频繁给受害人发送恐吓短信[5]、上门辱骂[6]或在公众场合辱骂[7],会构成对受害人人格尊严的侵害;对通过短信、电子邮件、微信等方式进行辱骂的,通常需要在程度上更为恶劣,如时间上的持续性,频率上的频繁性,言辞内容上的恶毒性等,若行为人仅向他人发送含有不当言语的短信及邮件且内容未达到侮辱程度,那么法院通常认为该行为并未使信息接受方丧失了社会的尊重而人格尊严受损;[8]若行为人在其家中发表个人观点且事出有因,[9]那么法院依据日常经验法则,一般认为行为人缺乏践踏、贬损受害人人格尊严的主观恶意。

4. 行为的目的、方式、后果

是否将行为的目的、方式、后果作为人格权侵害民事责任认定的考量因素加以规定,学理上存在较大分歧。反对观点认为,民事责任的成立仅需考虑相应行为是否符合特定行为要件,行为目的、方式和后果等只能是在认定责任已经成立的基础上由法院酌情考虑的内容,并不影响民事责

---

[1] 参见时某宝、时某国一般人格权纠纷案,河南省新乡市中级人民法院(2018)豫07民终3760号民事判决书。
[2] 参见王某虎与江苏汇金人力资源服务有限公司、陈某民一般人格权纠纷案,江苏省南京市中级人民法院(2019)苏01民终3468号民事判决书。
[3] 参见骆某某与吕某某一般人格权纠纷案,浙江省绍兴市中级人民法院(2012)浙绍民终字第965号民事判决书。
[4] 参见李某臣、李某广与张某一般人格权纠纷案,河南省濮阳市中级人民法院(2011)濮中法民一终字第842号民事判决书。
[5] 参见白某梅与崔某玲一般人格权纠纷案,山西省晋中市中级人民法院(2013)晋中中法民终字835号民事判决书。
[6] 参见卢某梅、宋某一般人格权纠纷案,湖北省襄阳市中级人民法院(2019)鄂06民终2064号民事判决书;杨某、杨某2一般人格权纠纷案,天津市第一中级人民法院(2018)津01民终7033号民事判决书。
[7] 参见刘某与肖某芬一般人格权纠纷案,北京市第二中级人民法院(2016)京02民终10385号民事判决书。
[8] 参见胡某卫与于某亮一般人格权纠纷案,天津市第二中级人民法院(2015)二中民一终字第1388号民事判决书。
[9] 参见张某红、袁某兰一般人格权纠纷案,山东省威海市中级人民法院(2018)鲁10民终2423号民事判决书。

【人格权侵害责任认定】

任的承担,将这些因素作为认定特定行为侵害人格权民事责任的法定考量因素,违反民法基本原理,对受害人极为不利。[1] 支持者则笼统地指出行为目的、方式和后果等会对侵害人格权民事责任的认定产生一定影响,但并未指出具体的支持理由。[2] 事实上,由于行为目的、方式和后果等以不同形态表现了具体行为的行为自由与被侵害人格权益在个案中应予平衡考虑以确定优先保护何者的正当性基础,在认定人格权侵害民事责任时将之纳入考量范围有助于提高法官作出相应法律效果评价的说服力。或许正是基于此种考虑,本条将行为目的、方式、后果规定下来,由法官在个案审理中具体从如下两个方面加以把握:

第一,对行为目的、方式、后果的综合考量。例如,若行为人以侮辱[3]、诅咒[4]、恐吓[5]、贬损[6]等为目的,在行为方式上表现为多次给受害人发送带有淫秽、侮辱字眼的短信[7],持续给受害人发送带有侮辱、诅咒字眼的短信[8],在通话中使用"'没有一个好东西''下三烂'

---

[1] 参见张红:《民法典人格权编立法论》,法律出版社2020年版,第15页;曹相见、杜生一、侯圣贺编著:《〈中华人民共和国民法典·人格权编〉释义》,人民出版社2020年版,第32页。

[2] 参见王利明、程啸、朱虎:《中华人民共和国民法典人格权编释义》,中国法制出版社2020年版,第140—141页;最高人民法院民法典贯彻实施工作领导小组主编:《中华人民共和国民法典人格权编理解与适用》,人民法院出版社2020年版,第104—105页。

[3] 参见周某某与陆某某一般人格权纠纷案,上海市第二中级人民法院(2009)沪二中民一(民)终字第4468号民事判决书。

[4] 参见李某与Franck名誉权、一般人格权纠纷案,江苏省泰州市中级人民法院(2017)苏12民终234号民事判决书。

[5] 参见白某梅与崔某玲一般人格权纠纷案,山西省晋中市中级人民法院(2013)晋中中法民终字835号民事判决书。

[6] 参见卢某梅、宋某一般人格权纠纷案,湖北省襄阳市中级人民法院(2019)鄂06民终2064号民事判决书。

[7] 参见江某等与黄某一般人格权纠纷案,山东省青岛市中级人民法院(2017)鲁02民终3204号民事判决书;于某英与战某增等一般人格权纠纷案,山东省青岛市中级人民法院(2017)鲁02民终3114号民事判决书;战某与战某增、战某国一般人格权纠纷案,山东省青岛市中级人民法院(2017)鲁02民终3156号民事判决书。

[8] 参见高某生与郁某华一般人格权纠纷案,上海市第二中级人民法院(2019)沪02民终8375号民事判决书。

'狗X'等不文明语言"[1],或在他人居所墙壁上涂写具有诅咒、诽谤、侮辱、贬损内容的标语[2],那么法院通常认为于此情形下存在对受害人人格权益的严重侵犯,行为人需要承担相应的侵权责任。[3]

第二,对行为方式的认定需与具体侵害行为的类型结合起来判断。例如,对于言辞侵害,相应的言辞应直接指向受害人本人,[4]在未指名道姓场合,如果可以证明存在确定的辱骂对象,受害人所主张的人格权益被侵犯的事实亦会被法院支持。例如,行为人向受害人的同事发送微信,虽未指名道姓,但通过微信内容及双方当事人陈述可以认定辱骂对象是受害人,并且该行为给受害人的工作生活造成了困扰,于此情形下法院即认为该行为对受害人的人格尊严造成了损害;[5]如果行为人面向受害人家门口方向进行辱骂且可通过录像及双方当事人陈述认定辱骂对象为受害人及其家人,此种情形下法院亦认为该辱骂行为侵害了受害人的人格尊严。[6]对于相互辱骂的行为,法院通常并不支持其中一方基于人格尊严被侵犯而主张的损害救济请求权。例如,行为人在林业部门工作人员丈量占用林地面积时,因争执继而与之相互辱骂并因辱骂行为而已遭受行政处罚,法院认为在当时的特定情况下以及特定范围内,辱骂行为不足以使对方社会评价降低、人格利益受损,不存在人格尊严被侵犯的问题。[7]一方在就交通事故的处理事宜与另一方进行电话沟通时发生

---

〔1〕 魏某燕与梁某一般人格权纠纷案,山东省淄博市中级人民法院(2017)鲁03民终748号民事判决书。

〔2〕 参见薛某林诉杨某风侮辱诅咒其房屋侵害人格尊严精神损害赔偿案,江苏省丹阳市人民法院(2006)丹民一初字第41号民事判决书以及江苏省镇江市中级人民法院(2006)镇民一终字第339号民事判决书。

〔3〕 参见张某红与袁某兰一般人格权纠纷案,山东省乳山市人民法院(2018)鲁1083民初2542号民事判决书。

〔4〕 参见魏某燕与梁某一般人格权纠纷案,山东省淄博市中级人民法院(2017)鲁03民终748号民事判决书。

〔5〕 参见张某蕾与马某一般人格权纠纷案,北京市第一中级人民法院(2019)京01民终666号民事裁定书。

〔6〕 参见刘某与肖某芬一般人格权纠纷案,北京市第二中级人民法院(2016)京02民终10385号民事判决书。

〔7〕 参见张某建、孙某然一般人格权纠纷案,天津市第一中级人民法院(2018)津01民终2692号民事判决书。

争执继而使用脏话的,法院认为,此举虽然给另一方造成了不愉快的感觉,但由于持续时间很短,且系双方在言语上互相刺激的结果,因此尚不足以认定该不当言语已构成对对方人格尊严的侵犯而需承担侵权责任。[1] 另外,若行为人通过言辞表达出来的内容是客观事实,如学校出具关于某位同学在校内的意外伤害报告,那么该报告"仅是原告自身主观感知人格尊严受到侵犯,社会和他人并没有因该报告而不尊重原告",因此法院在对相应的行为进行法律效果评价之后认为其并不涉及对该同学之人格权益的侵害。[2]

(二)考量因素彼此之间的作用关系

一方面,本条列举的具体考量因素彼此之间并不存在价值位阶和适用上的优先顺序,而是处于并列的平等地位,在个案中究竟是作用于人格权侵害民事责任成立的认定,还是影响民事责任的具体承担,通常情形下需要结合具体案情进行判断;另一方面,正如动态体系论强调的,作用于人格权侵害民事责任认定法律效果评价的因素或动态力量并非构成要件,不是绝对的和僵化的,在法律效果的评价过程中,若某一因素能够以特殊强度作用于法律效果评价的过程与结果,那么其本身甚至就足以使法律效果评价正当化。[3] 但通常情况下,这些因素主要通过彼此之间的协动来展现自身之于效果评价的影响,此种影响取决于因素的数量、强度和彼此结合的方式。

诸考量因素彼此之间的协动是指因素之间的互补,这种互补性的存在以因素背后所隐藏的原理为基础。[4] 对同一评价对象而言,有可能同时存在多个具备妥当性的原理。这些原理在功能上可能是同质的,亦

---

[1] 参见李某前与朱某弟一般人格权纠纷案,浙江省温州市中级人民法院(2016)浙03民终5211号民事判决书。

[2] 参见曾某祺诉龙海市某中心小学人格权纠纷案,福建省龙海市人民法院(2012)龙民初字第2835号民事判决书。

[3] 参见解亘、班天可:《被误解和被高估的动态体系论》,《法学研究》2017年第2期,第50页。

[4] 参见[日]山本敬三:《民法中的动态系统论——有关法律评价及方法的绪论性考察》,解亘译,载梁慧星主编:《民商法论丛》总第23卷,金桥文化出版(香港)有限公司2002年版,第203页。

可能是异质的,因而彼此之间存在冲突。在同质时,某一原理的充足度可推知其他同质原理的充足度;而在异质时,则必须在相互冲突的原理中经过权衡而适用具有更高充足度的原理,以使相应的法律效果评价更具正当性基础。[1] 因此,对于本条规定的考量因素而言,一方面要关注主、客观因素内部的规范关联和其作用于相应民事责任认定时的协动关系,例如,在客观因素内部,因主体职业的社会公共属性或社会关注度而呈现出来的与影响范围之间的强正相关性,可被视为二者具有相同或相近的原理而同向协动作用于相应法律效果的评价;另一方面,还要关注主、客观因素彼此之间的规范关系,以在各因素背后的同质或异质的原理协动或冲突之间进行利益权衡并作出取舍。例如,行为人的过错程度与相应侵害的影响范围并不总是呈现出正相关关系,亦可能出现过错程度高而影响范围小或者相反的过错程度低而影响范围大的情形,此时应以相冲突的因素各自的充足度为基础,并结合其他因素进行综合考量后作出相应法律效果评价,以增强相应法律效果评价的可反驳性和说服力。例如,行为人为曝光不法行为而将其拍摄的视频在网络上公开,但因其过失而未对被曝光的不法行为的受害人之形象作模糊处理,由此导致受害人的人格尊严再次被侵害,[2] 在认定人格权侵害民事责任时,尽管行为人过错程度不高且其目的在于曝光不法行为,但其过失行为导致未被模糊处理的受害人形象在网络上广为流传,影响范围大,因此影响范围即以特殊强度正向作用于相应责任成立的法律效果评价,降低了正当性论证中过错程度不足所可能导致的质疑,强化了相应责任成立之法律效果评价结果的说服力。

另外,从本条的文字表述来看,纳入该条评价体系的考量因素是开放的,能够包容所有可以想象得到的情形及其特殊性质,在这一点上,该条所表达出来的立场与动态体系论的立场一致。[3] 这种将作用于人格权

---

[1] 参见雷磊:《法律推理基本形式的结构分析》,《法学研究》2009 年第 4 期,第 22 页以下。

[2] 参见林某某、陈某某诉蔡某某一般人格权纠纷案,《最高人民法院公报》2020 年第 11 期,第 45 页。

[3] 参见[奥]瓦尔特·维尔伯格:《私法领域内动态体系的发展》,李昊译,《苏州大学学报(法学版)》2015 年第 4 期,第 112 页;石宏:《〈民法典〉视角下的名誉权保护制度》,《上海政法学院学报(法治论丛)》2021 年第 1 期,第 37 页。

侵害民事责任认定的因素明确加以列举并采取开放模式的立法技术,有助于个案中进行利益权衡的法官正确处理自由裁量权和法的安定性之间的关系。

六、利益权衡应当遵循的一般原则

如前所述,本条既承认法官在个案中进行利益权衡的自由裁量权而弱化了僵化的构成要件的束缚,又将法官进行利益权衡的领域和应予考量的因素予以明确规定而适当限制了自由裁量权。而协调本条规则的灵活性和确定性的核心,在于法官在人格权侵害民事责任认定中通过对诸考量因素的综合运用以确定相应法律效果评价的具体规则构造。对于个案中人格权侵害民事责任的认定而言,相应的法律效果评价过程与结果是本条规定的诸考量因素协动的过程与结果。这些考量因素在综合作用于人格权侵害民事责任认定过程时并非是杂乱无章的,而应在遵循制定法已明确给定或学理与实务上所普遍认可的一般原则的前提下有序展开。

（一）一般原则的主要类型

1. 合法性原则

合法性原则要求人格权侵害民事责任认定过程中的利益权衡应符合法律要求,其在逻辑体系上是本条适用时应遵循的前提性原则,同时亦构成对其他原则的限制,具体包括两个方面：

其一,法官在个案中进行利益权衡的自由裁量权之行使必须基于法律明确规定,具体包含正反两面的法律规定。就正面规定而言,若在具有绝对权属性的人格权被侵害时不依第1165条第1款规定的构成要件进行涵摄,而是直接进行利益权衡以认定相应侵害责任,就会构成对《民法典》第3条民事主体合法权益受法律保护原则以及第991条人格权益受法律保护规则的违反,违背立法者关于"更好地维护人民权益……促进人的全面发展"[1]的立法目的。对此,143号指导案例的裁判要点指

---

[1]《民法典立法背景与观点全集》编写组编:《民法典立法背景与观点全集》,法律出版社2020年版,第5页。

出,"认定微信群中的言论构成侵犯他人名誉权,应当符合名誉权侵权的全部构成要件,还应当考虑信息网络传播的特点并结合侵权主体、传播范围、损害程度等具体因素进行综合判断"[1],这与合法性原则的内在要求一致。就反面规定而言,法官依其享有的自由裁量权在个案中进行利益权衡时应受法律规定的明确限制,如本条排除利益权衡在物质性人格权侵害责任认定领域的适用并规定利益权衡时必须考量的因素、第999条的合理使用、第1020条的合理实施以及第1025条的公共利益保护条款等,都构成对本条法官自由裁量权行使的限制。

其二,民事主体的权利享有与行使应符合法律规定,即使权利人对特定义务人享有请求其为特定行为的权利,其主张权利的方式亦应合法,如债权人以明显不当的方式向债务人主张债权导致债务人名誉受损的,则法院会在权衡考虑本条规定之行为的目的、方式、后果以及影响范围等因素的基础上认定相应的名誉权侵害责任。[2] 但若债权人因债权未能实现而公开失信人信息并将之称为骗了、老赖等,法院则可能依本条综合考虑原/被告职业、影响范围、过错程度以及行为的目的、方式、后果等因素,认定债权人对债务人的负面评价系出于债务人自身而不具有违法性,并因此认定名誉权侵害责任不成立。[3]

2. 价值位阶原则

价值位阶原则的主旨是在法律体系的价值秩序中判断一种权益较他种权益是否具有明显的优越性而给予更充分的保护。在《民法典》人格权的价值体系中,一方面,依据本条及第1005条,生命权、身体权和健康权等物质性人格权的价值位阶较非物质性人格权更高,而在物质性人格权内部又以生命权为最高。当价值位阶较高的权益与价值位阶较低的权益发生冲突时,通常应优先保护价值位阶较高的权益。另一方面,对生命权等物质性人格权之外的人格权益,《民法典》并未明确其在价值秩序中的位阶。对此,尽管有观点认为应按照"自由型人格权高于评价型人格权,评价型人

---

〔1〕 指导案例143号:北京兰世达光电科技有限公司、黄某兰诉赵某名誉权纠纷案,北京市第三中级人民法院(2018)京03民终725号民事判决书。

〔2〕 参见孙某平与朱某虎名誉权纠纷案,安徽省颍上县人民法院(2021)皖1226民初257号民事判决书。

〔3〕 参见王某、孙某花等与张某华名誉权纠纷案,河北省隆化县人民法院(2021)冀0825民初38号民事判决书。

【人格权侵害责任认定】

格权高于标表型人格权"的位阶来确定法律上的优先保护顺序,[1]但该观点并未取得学理上的普遍认同,亦未有司法案例予以支持。

从现行民事权利体系的既有规定来看,立法者除明确规定物质性人格权具有较高的价值位阶应予优先保护而无须进行利益权衡外,[2]并未再对其他人格权益彼此间的位阶作出明确规定。在此背景下,对于非物质性人格权益彼此之间的冲突,特别是对于权益之间因异质性而根本无法作抽象比较时的冲突,如名誉权与艺术创作自由之间的冲突,法官在依本条进行利益权衡以认定人格权侵害民事责任时,应在被侵害的人格权益所遭受的侵害程度与假使某种权益让步时该让步的权益可能遭受的损害程度二者之间斟酌把握。[3] 例如在可识别人物原型的文艺作品中的艺术创作自由所涉及的名誉权侵害民事责任认定问题,依前述判断标准,除非相应的文艺作品丑化或严重扭曲人物原型的人格形象,或者导致人物原型的社会评价严重降低,否则,对人物原型的人格形象的轻微扭曲或者对其社会评价有轻微负面影响,通常不会被认定为构成名誉权侵害。[4]

因此,在价值位阶原则之下,本条的客观考量因素(如影响范围、损害后果)和主观考量因素(如过错程度、行为的目的和方式)等,通常应与冲突着的各项权益的性质及受损程度相结合而作用于相应人格权侵害民事责任的法律效果评价。在物质性人格权侵害场合,通常因该类权益在现行法上具有优先位阶而不得适用本条的利益权衡规则认定相应的责任;在非物质性人格权侵害场合,通常无须再考虑被侵害权益的价值位阶,而是应当以侵害的严重程度为着眼点,在综合考量案涉因素的基础上确定相应的责任,从而平衡保护冲突的各方利益。

---

[1] 参见杨立新主编:《中华人民共和国民法典释义与案例评注:人格权编》,中国法制出版社 2020 年版,第 81 页。

[2] 生命权之间尤其无法进行利益权衡。对此的论述参见[德]卡斯腾·格德、米夏埃尔·库比策尔等:《优先救治决策困境中的合法行为》,郑童译,《财经法学》2020 年第 6 期,第 127 页。

[3] 参见[德]卡尔·拉伦茨:《法学方法论(全本·第六版)》,黄家镇译,商务印书馆 2020 年版,第 517—518 页。

[4] 参见刘召成:《基本权利对民法人格权构造的发展与限定》,《福建师范大学学报(哲学社会科学版)》2020 年第 5 期,第 154—155 页。

3. 比例原则

49 比例原则是现代行政法上的帝王原则,具体包含了目的正当性、适当性、必要性以及均衡性四项子原则,[1]其主要是通过对手段与目的二者之间的关联性的考察来判断具体行政行为对基本权利的影响是否超越了必要限度,其核心意旨在于控制国家权力对基本权利的过度干预。[2]对于比例原则是否可以在民法领域普遍适用,学理上存在着不同观点,但对于法官在依据本条赋予的自由裁量权认定人格权侵害民事责任的过程中可以运用比例原则展开相应的法律效果评价,我国学理与实务上普遍予以认可。比例原则在人格权侵害民事责任的法律效果评价中所显现出来的优势在于:其将法官在个案审理中的利益权衡过程清楚地显现出来,充分表明法官自由裁量权的运用并非单纯地依据其自然法感,利益权衡亦并非完全无法合理掌握的神秘过程,同样也须遵守若干具体可视的原则。在此意义上,比例原则的运用较好解决了通过利益权衡进行相应法律效果评价的神秘化问题,使相应法律论证具有可反驳性且可能经受得住反驳,增强了相应法律效果评价结果的说服力和可接受度,[3]具有其合理性,值得肯定。

50 在将比例原则运用到人格权侵害民事责任认定的利益权衡过程中,亦应按照比例原则具体运用中应当遵循的四阶分析法,分别考虑行为人为特定行为的目的是否正当、相应的手段是否有助于实现该目的、在具体的手段运用中是否遵循了对他人权利的最小限制原则、因相应手段的运用所取得的成效是否大于因此的付出。[4]在人格权侵害民事责任的认定中,可以将本条规定的考量因素特别是行为目的、方式、后果分别嵌入比例原则的四阶分析中,以综合判断相应行为能否经受住法律上的评价。在此意义上,比例原则主要是从行为人角度展开相应的法律效果

---

[1] 参见刘权:《目的正当性与比例原则的重构》,《中国法学》2014年第4期,第133页。

[2] 参见郑晓剑:《比例原则在民法上的适用及展开》,《中国法学》2016年第2期,第143页。

[3] 参见[德]卡尔·拉伦茨:《法学方法论(全本·第六版)》,黄家镇译,商务印书馆2020年版,第518页。

[4] 参见黄薇主编:《中华人民共和国民法典人格权编解读》,中国法制出版社2020年版,第49页。

评价。例如,在债权人向债务人催收金钱债务案件中,对其在微信公众号、朋友圈等公布债务人信息并将之称为老赖等行为是否侵害债务人名誉权进行责任认定时:第一步是判断催收债务的目的是否正当,如催收合法债务为目的正当,而催收赌债等则为目的不当,只有目的正当才可以进入下一步。第二步即判断公布债务人信息是否有助于目的的实现,若公布债务人相关信息能够使其产生精神压力从而及时清偿债务,则应认为该手段有助于目的之实现。第三步是判断采取的具体手段如在微信公众号、朋友圈公布相关个人信息并对其冠以老赖称号等行为是否遵循了对他人权利的最小限制原则。若在微信公众号等公布的是已被生效判决所确认的失信执行人的信息等,那么即使债权人宣称债务人为老赖、骗子,亦不涉及对权利最小限制原则的违反;[1]反之,若是将那些尚未被法院确认为失信执行人的债务人信息予以公开并称其为骗子等,[2]则可能导致对债务人名誉权等合法权益的侵害,违反对其权利的最小限制原则。第四步是判断因公布相应信息等手段的运用所取得的成效是否大于债务人因此付出的代价。相比较于应受保护的合法债权而言,若债务人仅是届期未依约履行债务但尚未被依法确认为失信执行人,此时公开债务人信息并将之称为老赖、骗子等,显然是以牺牲债务人人格权益为代价来保障债权人之债权的实现,取得的成效显然小于付出的代价;相反,若是公开已被生效判决确认为失信执行人的债务人信息并称其为老赖,则不涉及对债务人合法权益的侵害。

4. 权利适当限制原则

尽管人格权是绝对权,但就非物质性人格权益而言,多数情形下其往往因开放性、流动性特征而欠缺清晰的构成要件,因此也就无法一次性确定相应权益受法律保护的边界及自始即确定该权益的效力范围,这就导致相应权益彼此之间的冲突频繁发生。[3] 非物质性人格权益的这种特性也就决定了在涉及权益冲突时应进行利益权衡并在特定情形下对相应

---

[1] 参见王某、孙某花等与张某华名誉权纠纷案,河北省隆化县人民法院(2021)冀0825民初38号民事判决书。

[2] 参见孙某平与朱某虎名誉权纠纷案,安徽省颍上县人民法院(2021)皖1226民初257号民事判决书。

[3] 参见[德]卡尔·拉伦茨:《法学方法论(全本·第六版)》,黄家镇译,商务印书馆2020年版,第508页。

52　　　一方面,法官可以根据受害人作为社会公共人物的职业身份而认定其对公众的批评、信息披露等负有必要的容忍义务,即使特定情形下的批评可能对公共人物的人格形象产生一定的负面影响。法院通常会认为:"公众人物较之于非公众人物,应该对媒体在行使正当舆论监督过程中所可能造成的轻微损害以必要的容忍和理解。因此,即使被告明确披露原告姓名等个人信息的行为给原告确实造成了一定的损害。但鉴于原告公众人物这一特殊身份与公共利益保护的需要,所以本院对原告主张的损害赔偿请求不予支持。"[1]

的权利以适当的限制。因此,权利适当限制原则要求法官在依据本条规定的考量因素综合认定相应责任时,应在"限制"和"适当"之间作出平衡。以本条规定的"行为人和受害人的职业"为例:

53　　　另一方面,对社会公共人物而言,即使基于言论自由及社会公共利益等限制其人格权益,亦应有一定限度,若相应侵害行为超出该限度,则应依本条认定行为人承担民事责任。例如,对于行为人在网络上公开评选最丑歌星并将臧某朔列入其中供网民调侃的行为,法院即认为:作为知名歌手的公众人物仍然是社会中的一般自然人,其人格尊严同样受法律保护,臧某朔因受他人无端干扰,产生不安和痛苦,已超越了其作为公众人物的正常承载范畴,行为人评丑的行为侵犯了臧某朔作为社会一般人的应受尊重的权利,构成了对其人格尊严的侵害。[2]

(二)各一般原则的适用关系

54　　　法官在依据本条规定的考量因素综合认定相应人格权侵害民事责任时,前述四项一般原则的具体适用关系是:

55　　　第一,合法性原则是现行法秩序之基础的法治原则,是价值位阶原则、比例原则和权利适当限制原则的基础,后三项原则在人格权侵害民事责任法律效果评价的具体运用中应以遵守合法性原则为前提,不得构成对合法性原则的违反。亦即,人格权侵害民事责任认定中的自由裁量权

---

〔1〕　范某毅诉文汇新民联合报业集团名誉侵权纠纷案,上海市静安区人民法院(2002)静民一(民)初字第1776号民事判决书。

〔2〕　参见臧某朔诉北京网蛙数字音乐技术有限公司等侵害名誉权、人格权、肖像权案,北京市朝阳区人民法院(2001)民第1935号民事判决书以及北京市第二中级人民法院(2002)民第397号民事判决书。

行使和利益权衡应始终贯彻合法性原则,违此则构成对人格权侵害民事责任认定规范体系的违反。

第二,价值位阶原则是合法性原则在人格权侵害民事责任认定中允许法官进行利益权衡的具体展开,主要表现在两个层面:一是法律对彼此冲突着的人格权价值位阶已有明确规定的,此时法官的利益权衡严格受制于法律的明确规定,法律明确规定的价值位阶原则是法官个案利益权衡中必须遵守的合法性原则的具体体现;二是法律对彼此冲突着的人格权价值位阶没有规定或者规定不明的,法官依本条明确授予的自由裁量权在综合考量诸案涉因素的基础上进行利益权衡并作出相应的法律效果评价时,应当遵循比例原则和权利适当限制原则,贯彻合法性原则。

第三,比例原则与权利适当限制原则在人格权侵害民事责任认定规范体系构造中形成并列但互补的关系,分别在责任认定的不同阶段和领域贯彻并保障合法性原则的实现。其中,比例原则主要从行为人角度出发,考察对侵害他人人格权益的具体行为的法律效果评价问题,而权利适当限制原则主要从受害人角度出发,讨论人格权侵害场合受害人人格权保护的限度,二者分别从不同方向控制人格权侵害民事责任认定中的法官自由裁量权,共同构成合法性原则的重要保障。另外,当依据价值位阶原则在彼此冲突的权益之间确定优先保护顺序时,比例原则和权利适当限制原则通常在个案权衡中为支持被优先保护的权益以及最大程度减少对低位阶权益的限制提供正当性论证基础;当处在同一价值位阶上的权益之间发生冲突,或者发生冲突的权益所涉及的价值是法律未明确界定其位阶的,法官可以依其享有的自由裁量权在遵循比例原则和权利适当限制原则的前提下进行利益权衡以确定优先实现何种权益。

法官通过本条规定的考量因素对人格权侵害民事责任进行认定时,前述四项一般原则的协同运用有助于公开法官进行法律效果评价的过程,增强相应法律效果评价的说服力,实现最高人民法院在93号指导案例中提出的"确保司法裁判既要经得起法律检验,也符合社会公平正义观念"的基本目标。

七、证明责任

本条是纯粹的裁判规则,但其是作为人格权侵害请求权基础的辅助规范而存在,因此亦遵循举证责任的一般规则,由主张人格权侵害民事责任成立的一方负举证责任,证明本条规定的行为人和受害人的职业、影响范围、过错程度,以及行为的目的、方式、后果等因素。另外,法院依据本条有义务在综合考虑案涉各项因素的前提下自主认定相应人格权侵害民事责任的成立及具体承担问题,因此其亦可以依据自己发现的因素进行相应的法律效果评价。

参考文献

1.[德]卡尔·拉伦茨:《法学方法论》,陈爱娥译,商务印书馆 2003 年版。

2.[日]山本敬三:《民法中的动态系统论——有关法律评价及方法的绪论性考察》,解亘译,载梁慧星主编:《民商法论丛》(总第 23 卷),金桥文化出版(香港)有限公司 2002 年版。

3. 曹相见、杜生一、侯圣贺编著:《〈中华人民共和国民法典·人格权编〉释义》,人民出版社 2020 年版。

4. 陈甦、谢鸿飞主编:《民法典评注:人格权编》,中国法制出版社 2020 年版。

5. 黄薇主编:《中华人民共和国民法典人格权编解读》,中国法制出版社 2020 年版。

6. 刘权:《目的正当性与比例原则的重构》,《中国法学》2014 年第 4 期。

7. 刘召成:《基本权利对民法人格权构造的发展与限定》,《福建师范大学学报(哲学社会科学版)》2020 年第 5 期。

8. 孟勤国、牛彬彬:《论物质性人格权的性质与立法原则》,《法学家》2020 年第 5 期。

9.《民法典立法背景与观点全集》编写组编:《民法典立法背景与观点全集》,法律出版社 2020 年版。

10. 唐德华主编、最高人民法院民事审判第一庭编著:《最高人民法院〈关于确定民事侵权精神损害赔偿责任若干问题的解释〉的理解与适用》,人民法院出版社 2015 年版。

11. 王利明、程啸、朱虎:《中华人民共和国民法典人格权编释义》,中国法制出版社 2020 年版。

12. 王利明:《民法典人格权编中动态系统论的采纳与运用》,《法学家》2020 年第 4 期。

13. 王泽鉴:《侵权行为》(第三版),北京大学出版社 2016 年版。

14. 王泽鉴:《人格权法:法释义学、比较法、案例研究》,北京大学出版社 2013

15. 解亘、班天可:《被误解和被高估的动态体系论》,《法学研究》2017 年第 2 期。

16. 杨立新主编:《中华人民共和国民法典释义与案例评注:人格权编》,中国法制出版社 2020 年版。

17. 张红:《民法典人格权编立法论》,法律出版社 2020 年版。

18. 张红:《〈民法典(人格权编)〉一般规定的体系构建》,《武汉大学学报(哲学社会科学版)》2020 年第 5 期。

19. 中国审判理论研究会民事审判理论专业委员会编著:《民法典侵权责任编条文理解与司法适用》,法律出版社 2020 年版。

20. 朱晓峰:《抚养纠纷中未成年人最大利益原则的评估准则》,《法律科学》2020 年第 6 期。

21. 朱晓峰:《人格权侵害民事责任认定条款适用论》,《中国法学》2021 年第 4 期。

22. 最高人民法院民法典贯彻实施工作领导小组主编:《中华人民共和国民法典人格权编理解与适用》,人民法院出版社 2020 年版。

案例索引

1. 安徽省颍上县人民法院(2021)皖 1226 民初 257 号民事判决书,孙某平与朱某虎名誉权纠纷案。

2. 北京市第一中级人民法院(2011)一中民终字第 09328 号民事判决书,北京金山安全软件有限公司与周某祎侵犯名誉权纠纷案。

3. 北京市第一中级人民法院(2019)京 01 民终 666 号民事裁定书,张某蕾与马某一般人格权纠纷案。

4. 北京市第二中级人民法院(2002)民第 397 号民事判决书,臧某朔诉北京网蛙数字音乐技术有限公司等侵害名誉权、人格权、肖像权案。

5. 北京市第二中级人民法院(2016)京 02 民终 10385 号民事判决书,刘某与肖某芬一般人格权纠纷案。

6. 北京市朝阳区人民法院(2000)朝民初字第 120 号民事判决书,徐某诉北京燕莎中心有限公司侵犯人格权案。

7. 重庆市第五中级人民法院(2018)渝 05 民终 4584 号民事判决书,钟某昭与唐某荣一般人格权纠纷案。

8. 福建省龙海市人民法院(2012)龙民初字第 2835 号民事判决书,曾某祺诉龙海市某中心小学人格权纠纷案。

9. 广东省广州市中级人民法院（2012）穗中法民一终字第 1661 号民事判决书，张某与广州达意隆包装机械股份有限公司一般人格权纠纷案。

10. 广东省江门市蓬江区人民法院（2002）蓬民初字第 736 号民事判决书，陈某诉付某、金某、武某、柳某谦人身损害赔偿纠纷案。

11. 广西壮族自治区南宁市中级人民法院（2002）南市民终字第 1136 号民事判决书，廖某娟诉朱某祥人身损害赔偿纠纷案。

12. 河北省隆化县人民法院（2021）冀 0825 民初 38 号民事判决书，王某、孙某花等与张某华名誉权纠纷案。

13. 河南省濮阳市中级人民法院（2011）濮中法民一终字第 842 号民事判决书，李某臣、李某广与张某一般人格权纠纷案。

14. 河南省新乡市中级人民法院（2018）豫 07 民终 3760 号民事判决书，时某宝、时某国一般人格权纠纷案。

15. 湖北省襄阳市中级人民法院（2019）鄂 06 民终 2064 号民事判决书，卢某梅、宋某一般人格权纠纷案。

16. 湖南省株洲市中级人民法院（2016）湘 02 民终 990 号民事判决书，廖某莲等诉邝某秀一般人格权纠纷案。

17. 吉林省吉林市龙潭区人民法院（2018）吉 0203 民初 1402 号民事判决书，赵某 1、陈某、赵某、杨某 1、李某、孙某、王某与付某名誉权纠纷案。

18. 江苏省南京市中级人民法院（2019）苏 01 民终 3468 号民事判决书，王某虎与江苏汇金人力资源服务有限公司、陈某民一般人格权纠纷案。

19. 江苏省南通市中级人民法院（2017）苏 06 民终 4834 号民事判决书，王某等与郭某兰生命权、健康权、身体权纠纷案。

20. 江苏省泰州市中级人民法院（2017）苏 12 民终 234 号民事判决书，李某与 Franck 名誉权、一般人格权纠纷案。

21. 江苏省泰州市中级人民法院（2017）苏 12 民终 472 号民事判决书，卞某付与吴某华健康权、一般人格权纠纷案。

22. 江苏省镇江市中级人民法院（2006）镇民一终字第 339 号民事判决书，薛某林诉杨某凤侮辱诅咒其房屋侵害人格尊严精神损害赔偿案。

23. 江西省吉安市中级人民法院（2018）赣 08 民终 1932 号民事判决书，彭某华、刘某华一般人格权纠纷案。

24. 辽宁省抚顺市中级人民法院（2018）辽 04 民终 2330 号民事判决书，李某君与周某英一般人格权纠纷案。

25. 辽宁省沈阳市和平区人民法院（2019）辽 0102 民初 4669 号民事判决书，付某国、谭某云与中国医科大学附属第四医院侵权责任纠纷案。

26. 山东省济宁市中级人民法院（2018）鲁 08 民终 1462 号民事判决书，邵某

【人格权侵害责任认定】 第 998 条

某、广州网易计算机系统有限公司一般人格权纠纷案。

27. 山东省青岛市中级人民法院(2017)鲁 02 民终 3204 号民事判决书,江某等与黄某一般人格权纠纷案。

28. 山东省烟台市中级人民法院(2018)鲁 06 民终 4102 号民事判决书,李某林、张某一般人格权纠纷案。

29. 山东省淄博市中级人民法院(2017)鲁 03 民终 748 号民事判决书,魏某燕与梁某一般人格权纠纷案。

30. 山东省乳山市人民法院(2018)鲁 1083 民初 2542 号民事判决书,张某红与袁某兰一般人格权纠纷案。

31. 山西省晋中市中级人民法院(2013)晋中中法民终字 835 号民事判决书,白某梅与崔某玲一般人格权纠纷案。

32. 上海市第二中级人民法院(2019)沪 02 民终 8375 号民事判决书,高某生与郁某华一般人格权纠纷案。

33. 上海市静安区人民法院(2002)静民一(民)初字第 1776 号民事判决书,范某毅诉文汇新民联合报业集团名誉侵权纠纷案。

34. 天津市第一中级人民法院(2018)津 01 民终 2692 号民事判决书,张某建、孙某然一般人格权纠纷案。

35. 天津市第二中级人民法院(2015)二中民一终字第 1388 号民事判决书,胡某卫与于某亮一般人格权纠纷案。

36. 浙江省高级人民法院(2015)浙民申字第 1331 号民事裁定书,周某娟诉潘某儿一般人格权纠纷案。

37. 浙江省金华市中级人民法院(2013)浙金民终字第 426 号民事判决书,洪某花与张某娟一般人格权纠纷案。

38. 浙江省绍兴市中级人民法院(2012)浙绍民终字第 965 号民事判决书,骆某某与吕某某一般人格权纠纷案。

39. 浙江省温州市中级人民法院(2016)浙 03 民终 5211 号民事判决书,李某前与朱某弟一般人格权纠纷案。

40. 浙江省舟山市中级人民法院(2011)浙舟民终字第 86 号民事判决书,周某与俞甲一般人格权纠纷案。

41.《最高人民法院公报》2020 年第 11 期,林某某、陈某某诉蔡某某一般人格权纠纷案。

42. 最高人民法院指导案例 143 号,北京市第三中级人民法院(2018)京 03 民终 725 号民事判决书,北京兰世达光电科技有限公司、黄某兰诉赵某名誉权纠纷案。

第九百九十九条 【人格要素的合理使用】

为公共利益实施新闻报道、舆论监督等行为的，可以合理使用民事主体的姓名、名称、肖像、个人信息等；使用不合理侵害民事主体人格权的，应当依法承担民事责任。

目 录

一、规范意旨 …………………………………………………………… 486
　（一）规范目的 ……………………………………………………… 486
　（二）体系位置 ……………………………………………………… 487
　（三）规范性质 ……………………………………………………… 488
二、历史沿革 …………………………………………………………… 489
三、构成要件与法律效果 ……………………………………………… 489
　（一）为公共利益 …………………………………………………… 489
　（二）实施新闻报道、舆论监督等行为 …………………………… 490
　　　1. 新闻报道 …………………………………………………… 491
　　　2. 舆论监督 …………………………………………………… 492
　（三）使用民事主体的姓名、名称、肖像、个人信息等 ………… 493
　（四）合理使用 ……………………………………………………… 494
四、证明责任 …………………………………………………………… 497
参考文献 ………………………………………………………………… 498

一、规范意旨

（一）规范目的

本条的主要目的在于平衡标表型人格权益保护与公共利益冲突。[1]

---

[1] 参见最高人民法院民法典贯彻实施工作领导小组主编：《中华人民共和国民法典人格权编理解与适用》，人民法院出版社2020年版，第106页。

【人格要素的合理使用】

由于标表型人格权益具有需要经常容忍他人施加之不利影响的特性,因此对其保护不能如生命权、身体权、健康权这样的物质性人格权一样具有绝对性,[1]否则可能对他人行为自由及公共利益产生不利影响。另外,标表型人格权益的人格标识可以与主体本身相分离而被单独使用,[2]因此区别于尊严型人格权益、自由型人格权益等而存在着为实现公共利益被他人合理使用的可能。当然,对于他人人格标识的使用应符合合理性要求,若超出合理界限,则依据本条第 2 分句应承担相应的民事责任。

(二)体系位置

本条为标表型人格要素合理使用的一般规定。[3] 除本条外,《民法典》《个人信息保护法》等还规定了关于各具体标表型人格要素或人格标识的具体合理使用规则,主要包括《民法典》第 1020 条的肖像合理使用规则、第 1036 条第 3 项的个人信息合理使用规则及《个人信息保护法》第 13 条第 1 款第 2 项至第 5 项的个人信息合理使用规则。从这些具体规定的调整对象看,无论是《民法典》第 1036 条第 3 项,还是《个人信息保护法》第 13 条,规定的都是关于个人信息合理使用的情形,都是对《民法典》第 999 条确定的人格标识合理使用规则在个人信息保护领域的具体化。[4] 因此,在规范适用上通常依据特别规定优先于一般规定的规则确定适用顺序。需要特别注意的是,《民法典》第 1036 条第 3 项属于关于个人信息合理使用的兜底规定,是《民法典》第 999 条关于人格标识合理使用这个一般规定在个人信息领域的具体化,但与第 999 条规定不同,第 1036 条第 3 项明确规定,为维护自然人合法权益的,亦可以合理使用个

---

[1] 参见王利明、程啸、朱虎:《〈中华人民共和国民法典·人格权编〉释义》,中国法制出版社 2020 年版,第 145 页。
[2] 参见曹相见、杜生一、侯圣贺编著:《〈中华人民共和国民法典·人格权编〉释义》,人民出版社 2020 年版,第 33 页。
[3] 参见姜战军:《民法典人格利益合理使用一般条款研究》,《中国法学》2023 年第 3 期,第 82 页。
[4] 参见刘磊:《论私密个人信息的合理使用困境与出路》,《财经法学》2023 年第 2 期,第 47 页。

人信息,从而将合理使用个人信息的目的从公共利益扩展至私人合法权益。〔1〕另外,《个人信息保护法》第13条第1款第2项至第5项规定的个人信息合理使用情形之中,除该款第2项规定的为订立、履行合同所必需或者实施人力资源管理所必需之外,其余3项与《民法典》第1036条第3项的规定具有内在的一致性,均属于《民法典》第999条规定的为公共利益合理使用人格标识规则在个人信息领域的具体化,也适用于私密信息的合理使用问题。

(三)规范性质

3　　关于本条的规范属性,我国学理上有不同观点。有观点认为,本条是原则性的宣示条款,不具有直接适用的效力;〔2〕也有观点认为,本条第1分句是授权性规范,第2分句依反对解释规则为抗辩事由。〔3〕本评注认为,本条赋予行为人以抗辩权,其依据本条第1分句之规定,可以针对标表型人格要素侵害所生之请求权主张违法阻却的抗辩。因此,本条并非请求权基础,而是辅助性规范,需要与人格权侵害民事责任认定的主要规范结合发挥法律效果评价的作用。具体而言,本条第1分句规定的标表型人格要素的合理使用系行为人针对民事责任成立的抗辩事由;第2分句则明确了标表型人格要素的合理使用亦有其界限,若行为人违反合理使用界限即不再产生针对权利人请求权的抗辩效果,需依法承担责任。

4　　由于本条规定的公共利益、合理使用等概念均属不确定概念,需要法官在个案中依据具体案情加以确定,这实质上赋予了法官在个案中进行利益权衡的自由裁量权,法官可以将本条与《民法典》第998条结合起来,在个案的利益权衡中综合认定相应的人格权益侵害行为是否导致民事侵权责任成立。〔4〕

---

〔1〕参见程啸:《人格权研究》,中国人民大学出版社2022年版,第615页。

〔2〕参见龙卫球主编:《中华人民共和国民法典人格权编与侵权责任编释义》,中国法制出版社2021年版,第30页。

〔3〕参见徐涤宇、张家勇主编:《〈中华人民共和国民法典〉评注(精要版)》,中国人民大学出版社2022年版,第1034页。

〔4〕参见杨代雄主编:《袖珍民法典评注》,中国民主法制出版社2022年版,第872页。

二、历史沿革

人格标识的合理使用规则是《民法典》首次明确规定的规则,在此之前的制定法中并没有相应的规定。但在司法实践中,为解决新闻报道引起的名誉权纠纷,最高人民法院在 1998 年发布了《关于审理名誉权案件若干问题的解释》(已失效),[1]该解释承认了新闻单位在为公共利益实施新闻报道的场合,无须对合理使用他人姓名、肖像等人格标识而产生的名誉权损害承担侵权责任。受此影响,2002 年之后的历次民法典草案虽然在具体表述上有所差异,但都明确规定了人格标识的合理使用规则。《民法典》最后亦将人格标识合理使用规则明确规定在人格权编,以为标表型人格权益与公共利益二者的平衡保护提供规范基础。

三、构成要件与法律效果

本条有 2 个分句,共同规定了人格标识合理使用抗辩权行使的构成要件与法律效果。行为人要依据本条第 1 分句取得合理使用的抗辩效果,需要满足的构成要件包括:为公共利益;实施新闻报道、舆论监督等行为;使用民事主体的姓名、名称、肖像、个人信息等;使用具有合理性。依据本条第 2 分句,若行为人的使用不符合这些要件,则相应行为不属于本条第 1 分句规定可以产生抗辩效果的违法阻却事由,应当依据《民法典》第 1165 条第 1 款以及第 998 条等认定其侵权责任。[2]

(一)为公共利益

"为公共利益"是人格标识合理使用规则关于目的的限制,非以公共利益为目的的人格标识使用行为不得依据本条主张抗辩。例如,为商业目的使用他人人格标识,当权利人依据《民法典》第 1165 条第 1 款主张人格权侵害责任时,行为人即不得援引《民法典》第 999 条规定的人格标识

---

[1] 参见法释〔1998〕26 号。
[2] 参见黄薇主编:《中华人民共和国民法典人格权编解读》,中国法制出版社 2020 年版,第 53 页。

合理使用规则作为抗辩。

8　　由于公共利益是不确定概念,需要法官在个案中结合具体案情进行认定,这就赋予了法官较大的自由裁量权。为控制法官自由裁量权之滥用,对公共利益的确定,应注意从如下四个方面展开:

9　　第一,公共利益必须具有公共性,即受益对象应具有广泛性和不特定性,或者说公共利益是为实现不特定多数人利益的公共事务。[1]

10　　第二,公共利益必须具有利益上的重要性,通常而言此的重要性应体现出公共利益明显大于需被牺牲的私益且被一定区域的人所共同认可。由于公共利益的实现通常会涉及私益的让步和牺牲,因此要在具体案件中借助利益衡量的方式来确定公共利益在何种场合中具有重要性。[2] 学理上有观点认为,对"公共利益"的范围应宽泛界定,具体涵盖从公共利益属性最强的"公序良俗利益"到最弱的"娱乐利益"的阶梯体系。[3] 其中,娱乐利益是否属于本条规定的公共利益,值得斟酌。

11　　第三,公共利益必须具有现实性,应是现实可见的或者经过一定时间的努力可以实现的,而不是虚无缥缈或者可望不可即的。[4]

12　　第四,公共利益必须通过正当程序实现。[5] 这就要求,即便有实现公共利益的目的或需求,通常也不能通过偷拍、偷录、窃听等方式获得他人的私密信息。[6]

(二)实施新闻报道、舆论监督等行为

13　　虽然本条采用具体列举+概括规定的表达方式,将新闻报道、舆论监督之外其他可能的为公共利益而合理使用他人人格标识的行为纳入本条

---

〔1〕 参见徐涤宇、张家勇主编:《〈中华人民共和国民法典〉评注(精要版)》,中国人民大学出版社 2022 年版,第 1034 页。

〔2〕 参见杨代雄主编:《袖珍民法典评注》,中国民主法制出版社 2022 年版,第 872 页。

〔3〕 参见姜战军:《民法典人格利益合理使用一般条款研究》,《中国法学》2023 年第 3 期,第 82 页。

〔4〕 参见曹相见、杜生一、侯圣贺编著:《〈中华人民共和国民法典·人格权编〉释义》,人民出版社 2020 年版,第 34 页。

〔5〕 参见黄学贤:《公共利益界定的基本要素及应用》,《法学》2004 年第 10 期。

〔6〕 参见最高人民法院民法典贯彻实施工作领导小组主编:《中华人民共和国民法典人格权编理解与适用》,人民法院出版社 2020 年版,第 112 页。

【人格要素的合理使用】 14-15 第999条

的涵摄范围,如具有公益性的教学研究、社会管理等其他性质相同的行为,[1]但本条规定的人格标识的合理使用主要指在新闻报道、舆论监督中使用他人的人格标识。

1. 新闻报道

新闻报道有广义和狭义之分,结合《民法典》第1020条第2项和第1025条的规定,我国《民法典》上的"新闻报道"仅指狭义上的新闻报道,主要指新闻单位对新近发生的事实的报道,一般应解释为行为人对公序良俗许可范围内有一定数量的人关注的信息的发布,[2]主要包括有关政治、经济、军事、外交等社会公共事务的报道及有关社会突发事件的报道。[3] 在理解"新闻报道"概念时,尤应注意如下两个方面:

一方面,新闻报道的主体是新闻单位,主要包括依法设立的报刊社、电视台、广播电台、通信社和新闻电影制片厂等。我国对新闻单位的设立实行行政许可制度。[4] 例如,《出版管理条例》第12条即规定:"设立出版单位,由其主办单位向所在地省、自治区、直辖市人民政府出版行政主管部门提出申请;省、自治区、直辖市人民政府出版行政主管部门审核同意后,报国务院出版行政主管部门审批。"数字化时代背景下的互联网新闻报道也有单独行政许可,例如,《互联网用户公众账号信息服务管理规定》第5条第2款规定:"公众账号信息服务平台和公众账号生产运营者向社会公众提供互联网新闻信息服务,应当取得互联网新闻信息服务许可。"《互联网新闻信息服务管理规定》第5条第1款规定:"通过互联网站、应用程序、论坛、博客、微博客、公众账号、即时通信工具、网络直播等形式向社会公众提供互联网新闻信息服务,应当取得互联网新闻信息服务许可,禁止未经许可或超越许可范围开展互联网新闻信息服务活动。"根据《国务院对确需保留的行政审批项目设定行政许可的决定》等规定,由国家和省、自治

---

[1] 参见最高人民法院民法典贯彻实施工作领导小组主编:《中华人民共和国民法典人格权编理解与适用》,人民法院出版社2020年版,第108页。

[2] 参见姜战军:《民法典人格利益合理使用一般条款研究》,《中国法学》2023年第3期,第82页。

[3] 参见黄薇主编:《中华人民共和国民法典人格权编解读》,中国法制出版社2020年版,第52页。

[4] 参见袁雪石:《民法典人格权编释论:条文缕析、法条关联与案例评议》,中国法制出版社2020年版,第178页。

区、直辖市互联网信息办公室实施互联网新闻信息服务许可。未取得行政许可擅自从事新闻报道的,不但不能依据《民法典》第999条主张人格标识合理使用的抗辩,可能还要承担其他法律责任。[1]

16　　另一方面,新闻报道的目的以及具体内容具有特殊性。其中,新闻报道的目的是满足公众需要,体现公共利益属性,单纯以营利或损害他人为目的的新闻报道不属于本条规定的新闻报道。新闻报道的具体内容应客观真实,不得含有侮辱、诽谤的内容,[2]当然于此的判断标准是法律上的基本真实,而非事实层面的真实。并且,新闻报道必须遵守新闻的时效性,限于对新近发生事实的报道。[3]

2. 舆论监督

17　　舆论监督是社会公众运用各种传播媒介对社会运行过程中出现的现象表达信念、意见和态度,从而进行监督的活动,主旨在于通过社会舆论而达到监督的目的。因此,舆论监督区别于新闻报道,后者是通过传播意见进而形成舆论的工具,因此通常侧重对新近发生事实的客观陈述,较少涉及或不涉及主观评价,对新闻单位而言,其通过新闻报道进行的监督亦只是舆论监督的一种。[4] 相比较而言,舆论监督则带有鲜明的价值立场与主观评价,在内容上通常体现为对违法违纪行为的检举、对社会不良现象的批评以及与之相关的建议或意见,由此方可达到监督的效果。[5] 另外,相较于新闻报道在报道主体上受到的严格限制,进行舆论监督的既可以是新闻单位,也可以是公民个人,如数字时代的自然人个人可以通过短视频、博客、公众号、论坛等媒介进行舆论监督。

18　　舆论监督的对象应与《宪法》第41条结合起来理解。《宪法》第41条

---

[1] 参见袁雪石:《民法典人格权编释论:条文缕析、法条关联与案例评议》,中国法制出版社2020年版,第178页。

[2] 参见最高人民法院民法典贯彻实施工作领导小组主编:《中华人民共和国民法典人格权编理解与适用》,人民法院出版社2020年版,第112页。

[3] 参见温世扬、袁野:《人格标识合理使用规则的教义展开——〈民法典〉第999条评析》,《法学论坛》2022年第5期,第40页。

[4] 参见黄薇主编:《中华人民共和国民法典人格权编解读》,中国法制出版社2020年版,第52页。

[5] 参见温世扬、袁野:《人格标识合理使用规则的教义展开——〈民法典〉第999条评析》,《法学论坛》2022年第5期,第40页。

规定了宪法上的监督权,是言论自由权的延伸,[1]是《民法典》第999条舆论监督的宪法依据。依据该条所具体列举的6项具体权利,可以将该条的监督权区分为参政型监督权和权利救济型监督权,前者包括批评权、建议权和检举权,后者包括控告权、申诉权和获得赔偿权。[2] 从参政型监督权的外在表现来看,主要是针对国家机关以及国家公职人员的行为,但究其本质,却主要是为了彰显民主参与价值,鼓励公民对涉及公共利益的社会公共事务建言献策,彰显人民当家作主的政治内涵。[3] 因此,以《宪法》第41条为依据的《民法典》第999条中的舆论监督是宪法所保护的公民言论自由中不可或缺的重要组成部分,其对象亦不应局限于国家机关以及公职人员的行为,其他关乎公共利益的社会公共事务或社会风气等事项,尤其是与公众人物相关的事件,同样属于舆论监督的范畴。[4] 对此,我国学理上有观点认为,本条的"舆论监督"的范围应参考性质和场所双重标准,解释为对有公共性的社会事务和发生在公共场所的私人事务的监督,该观点应予赞同。[5]

(三)使用民事主体的姓名、名称、肖像、个人信息等

本条对合理使用的对象采取列举+概括的立法模式予以确定。其中,具体列举的内容包括姓名、名称、肖像、个人信息,这些人格要素的共同特征是可以与主体本身相分离而为他人使用,并且这种使用通常也不会影响主体本身作为独立的存在而继续享有和使用基于这些人格要素而生的权益。这一特征也决定了本条"等"的解释限度,[6]即只有那些能与自然人本身相分离的人格要素才可以纳入"等"的涵摄范围,从而适用

---

[1] 参见最高人民法院民法典贯彻实施工作领导小组主编:《中华人民共和国民法典人格权编理解与适用》,人民法院出版社2020年版,第107页。

[2] 参见林来梵:《宪法学讲义》(第三版),清华大学出版社2018年版,第421—422页。

[3] 参见王仕勇、李进:《习近平关于舆论监督的重要论述探析》,《新闻爱好者》2019年第10期。

[4] 参见温世扬、袁野:《人格标识合理使用规则的教义展开——〈民法典〉第999条评析》,《法学论坛》2022年第5期,第40页。

[5] 参见姜战军:《民法典人格利益合理使用一般条款研究》,《中国法学》2023年第3期,第82页。

[6] 参见王利明、程啸、朱虎:《中华人民共和国民法典人格权编释义》,中国法制出版社2020年版,第148页。

合理使用规则。依此,自然人的声音可以经由该条而适用合理使用规则调整。隐私则因其特殊性而在可否合理使用的问题上存在分歧,主要表现为肯定论[1]、否定论[2]和区分处理理论[3]三种。本评注赞同区分处理论的观点,因为其承认数字时代应适当优先考虑特定情形下公共利益的优先性,进而认为可以基于公共利益的保护需要合理使用隐私,既与隐私权应容忍他人施加的影响这一特性相容,也尊重了隐私背后的人格尊严保护要求,不会导致隐私权与公共利益冲突时的保护失衡,符合现行法律体系下隐私权与个人信息二者区分立法并采取不同保护思路的立法目的与技术方案。当然,承认隐私内部应当区分处理并将作为隐私的私密信息纳入可予合理使用的范围,并不意味着私密信息的合理使用规则即应与其他人格标识的合理使用规则做完全相同的理解,于此还应考虑私密信息作为隐私而在合理使用问题上的特殊处理方案,以在保护公共利益的同时尊重和保护隐私背后的人格尊严。

(四)合理使用

20　　合理使用是一个不确定概念,如何界定"合理",是学理与实务上关注的重点,存在通过比例原则[4]、利益权衡[5]和类型化具体界定事

---

[1] 参见王利明主编:《中国民法典评注·人格权编》,人民法院出版社2021年版,第149—150页;杨代雄主编:《袖珍民法典评注》,中国民主法制出版社2022年版,第872页;王利明、程啸、朱虎:《中华人民共和国民法典人格权编释义》,中国法制出版社2020年版,第148页;陈甦、谢鸿飞主编:《民法典评注·人格权编》,中国法制出版社2020年版,第67页。

[2] 参见冷传莉、曾清河:《人格权合理使用制度的立法检视与司法展开》,《福建师范大学学报(哲学社会科学版)》2021年第6期,第115页。

[3] 参见温世扬、袁野:《人格标识合理使用规则的教义展开——〈民法典〉第999条评析》,《法学论坛》2022年第5期,第38—39页。

[4] 参见龙卫球主编:《中华人民共和国民法典人格权编与侵权责任编释义》,中国法制出版社2021年版,第31页;王利明、程啸、朱虎:《中华人民共和国民法典人格权编释义》,中国法制出版社2020年版,第148页;黄薇主编:《中华人民共和国民法典人格权编解读》,中国法制出版社2020年版,第53页;徐涤宇、张家勇主编:《〈中华人民共和国民法典〉评注(精要版)》,中国人民大学出版社2022年版,第1034页。

[5] 参见陈甦、谢鸿飞主编:《民法典评注·人格权编》,中国法制出版社2020年版,第70—71页。

【人格要素的合理使用】

由[1]等方法来界定此处的"合理"概念。

比例原则的方法认为,应依次通过检视目的正当性原则、适当性原则、最小伤害性原则和狭义比例原则四个子原则来判断合理与否。[2] 其中,目的正当性审查是运用比例原则的首要步骤,即要求首先查明和判断在具体限制公民权利的情形中存在正当性目的,这是后续"三阶"比例原则的前提。本条中的正当性目的体现为公共利益,非为公共利益的不在本条涵摄范围。当满足第一阶的判断后,即进入第二阶的适当性原则,要求此种权利限制手段适合目的的达成。对本条规定的人格标识的使用而言,这就要求行为人的相应使用行为符合维护或促进公共利益的正当性目的。如使用系单纯地为谋取私利或损害他人,则构成对适当性原则的违反。满足第二阶的判断后即进入第三阶最小伤害性原则,该原则又称必要性原则,要求在数个可达到目的的手段之间,选择对他人权利限制最小的手段。通常要求在既有可选择的干预手段中,并无其他伤害性更弱的替代性方案,如有则应采用该替代性方案,否则即构成对该原则的违反。满足该原则的判断后即进入最后一阶即狭义比例原则,该原则又称均衡性原则,要求干预手段与所追求的目的之间必须相称,二者在效果上不能不成比例。例如,在为展示特定公共环境而摄入他人肖像情形中,若他人肖像已经构成整个摄录作品突出的主体部分,且行为人以此营利,则超出了肖像权人应负担的容忍义务,而行为人的目的也溢出了社会活动的必要性需求,构成手段与目的的不合比例,有违狭义比例原则。[3]

21

与比例原则严格遵循的四阶步骤不同,利益权衡方法更强调法官依据《民法典》第998条等规定的考量要素在个案中进行利益权衡以综合确定。具体来讲,法官在利益权衡时首先应考虑的要素是使用人格标识

22

---

〔1〕 参见杨立新:《论中国新闻侵权抗辩及体系与具体规则》,《河南省政法管理干部学院学报》2008年第5期,第1—17页;杨代雄主编:《袖珍民法典评注》,中国民主法制出版社2022年版,第872—873页;袁雪石:《民法典人格权编释论:条文缕析、法条关联与案例评议》,中国法制出版社2020年版,第181页。

〔2〕 当然也有认为比例原则具体包括目的性、必要性和均衡性三阶而非四阶。具体讨论参见龙卫球主编:《中华人民共和国民法典人格权编与侵权责任编释义》,中国法制出版社2021年版,第31页。

〔3〕 参见温世扬、袁野:《人格标识合理使用规则的教义展开——〈民法典〉第999条评析》,《法学论坛》2022年第5期,第42—43页。

的目的,公共利益属性愈强,则行为被认定为合理使用的可能性愈强,反之则愈弱;其次是被使用的人格标识与行为目的之间的关联性,二者的关联性愈强则愈是可能被认定为合理使用,反之则愈弱;再次是使用他人人格标识的必要性,必要性越大被认定为合理使用的可能性愈大,反之则否;最后是使用他人人格标识对权利人造成的影响。[1] 从利益权衡方法具体考量的要素来看,其与比例原则的四阶判断中所关注的内容并无本质区分,但二者的核心区分在于比例原则所关注的各要素判断是依次展开的,难以满足其中一项即构成不合理使用,相应的过程较为清晰。相比较而言,利益权衡方法并不要求这些要素在作用于相应的法律效果评价时遵循一定的顺序,而是强调法官在这些要素作用于合理性判断时的自由裁量权。

23 　　类型化具体界定事由的方法则根据相关法律实践及相应理论,将可以认定是否存在合理使用的具体事由类型化为两种:一种是无须考虑其他因素即可直接认定合理与否的事由,具体包括事实基本真实、权威消息来源、连续报道、报道特许发言、公正评论、满足公众知情权、公众人物、批评公权力机关、公共利益目的、新闻性、受害人承诺、为本人利益或第三人利益、对号入座、报道批评的对象不特定、配图与内容无关和配图与内容有关;另一种是须具备特别理由或具体条件时才能成立并据此认定合理与否,或者仅能对抗部分新闻侵权请求权以减轻使用人责任的事由,具体包括已尽审查义务、已经更正道歉、如实报道、推测事实与传闻、转载、读者来信来电及直播、文责自负。[2] 也有观点认为这种分类过于冗余而建议将合理使用的具体事由简化为4种情形:一是实施舆论监督行为,报道事实真实;二是公众人物报道;三是受害人同意;四是参照适用本法规定的其他"合理使用"的情形,如《民法典》第1020条肖像权合理使用之规定,典型事由包括教学科研活动以及具有公益性质的社会管理活动等。[3]

---

〔1〕参见陈甦、谢鸿飞主编:《民法典评注:人格权编》,中国法制出版社2020年版,第70—71页。

〔2〕参见杨立新:《论中国新闻侵权抗辩及体系与具体规则》,《河南省政法管理干部学院学报》2008年第5期,第1—17页。

〔3〕参见杨代雄主编:《袖珍民法典评注》,中国民主法制出版社2022年版,第874页。

本评注认为,这三种方法在作用于《民法典》第999条规定的"合理使用"认定时可以相互协作。对此,首先应承认对法律规定的不确定概念的理解事实上是承认了法官在个案中的自由裁量权,因此在认定《民法典》第999条规定的"合理使用"时应承认和尊重法官综合考量个案具体因素进行利益权衡的自由裁量权。在此基础上亦应承认,如不适当对法官在个案中综合考量案涉各种因素进行利益权衡时的自由裁量权加以控制,可能导致司法裁判的不统一,影响个案法律效果评价的可预见性并危及法的安定性和权威性。对此,比例原则清晰的阶层构造式分析方法可以将法官在个案审理中的利益权衡过程清楚地显现出来,充分表明法官自由裁量权的运用并非单纯地依据其自然法感,利益权衡亦并非完全无法合理掌握的神秘过程,同样也需要遵守若干具体可视的原则,[1]从而达到使法官通过利益权衡方法展开的法律效果评价过程去神秘化,进而使相应的法律论证具有可反驳性且可能经受得住反驳,最终达到增强相应法律效果评价结果的说服力和可接受度的目的。[2]另外,通过利益权衡方法认定合理使用的短期目标是妥善协调个案中冲突的不同利益,并在相应的法律效果评价上通过对过程的控制使相应的评价结果为当事人和社会公众所接受,而于此所引入的比例原则的阶层构造式分析方法即指向该目标。但是,在中长期目标上,还应考虑经由指导性案例及类案检索规则等途径,将法官通过利益权衡方法解决的具体案件予以比较、整理以建立起案例类型,以在该框架当中向那些具有清晰事实构成的目标靠近,并逐渐形成对相对明确的事实构成的归纳。因为只有通过这种方式才会明确"合理使用"这样的不确定概念内部的清晰事实构成,并因此提高此类"合理使用"认定时的确定性和可预见性,并在此基础上实现不确定概念在理解与适用层面的统一性。

四、证明责任

本条规定的合理使用系针对权利人因人格权益被侵害而生的请求权

---

[1] 参见[德]卡尔·拉伦茨:《法学方法论(全本·第六版)》,黄家镇译,商务印书馆2020年版,第518页。

[2] 参见朱晓峰:《个人信息侵权责任构成要件研究》,《比较法研究》2023年第4期。

所设,因此在受害人依据《民法典》第1165条第1款等提供了侵权责任成立的初步证明后,应由行为人提供自己的使用行为符合本条规定的合理使用的证据。另外,由于《个人信息保护法》第69条第1款规定了个人信息处理者的过错证明责任,因此在涉及个人信息的合理使用问题时,行为人证明自己没有过错或者证明其系合理使用,皆可抗辩受害人的请求权。

参考文献

1. 曹相见、杜生一、侯圣贺编著:《〈中华人民共和国民法典·人格权编〉释义》,人民出版社2020年版。
2. 陈甦、谢鸿飞主编:《民法典评注:人格权编》,中国法制出版社2020年版。
3. 程啸:《人格权研究》,中国人民大学出版社2022年版。
4. 程啸:《论人格权的商业化利用》,《中国法律评论》2023年第1期。
5. 黄薇主编:《中华人民共和国民法典人格权编解读》,中国法制出版社2020年版。
6. 姜战军:《民法典人格利益合理使用一般条款研究》,《中国法学》2023年第3期。
7. 冷传莉、曾清河:《人格权合理使用制度的立法检视与司法展开》,《福建师范大学学报(哲学社会科学版)》2021年第6期。
8. 刘磊:《论私密个人信息的合理使用困境与出路》,《财经法学》2023年第2期。
9. 龙卫球主编:《中华人民共和国民法典人格权编与侵权责任编释义》,中国法制出版社2021年版。
10. 王利明主编:《中国民法典评注:人格权编》,人民法院出版社2021年版。
11. 王利明、程啸、朱虎:《中华人民共和国民法典人格权编释义》,中国法制出版社2020年版。
12. 温世扬、袁野:《人格标识合理使用规则的教义展开——〈民法典〉第999条评析》,《法学论坛》2022年第5期。
13. 徐涤宇、张家勇主编:《〈中华人民共和国民法典〉评注(精要版)》,中国人民大学出版社2022年版。
14. 杨代雄主编:《袖珍民法典评注》,中国民主法制出版社2022年版。
15. 杨立新:《论中国新闻侵权抗辩及体系与具体规则》,《河南省政法管理干部学院学报》2008年第5期。
16. 袁雪石:《民法典人格权编释论:条文缕析、法条关联与案例评议》,中国

【人格要素的合理使用】 第 999 条

法制出版社 2020 年版。

17. 朱晓峰:《个人信息侵权责任构成要件研究》,《比较法研究》2023 年第 4 期。

18. 最高人民法院民法典贯彻实施工作领导小组主编:《中华人民共和国民法典人格权编理解与适用》,人民法院出版社 2020 年版。

第一千条 【消除影响、恢复名誉、赔礼道歉等民事责任的承担】

行为人因侵害人格权承担消除影响、恢复名誉、赔礼道歉等民事责任的，应当与行为的具体方式和造成的影响范围相当。

行为人拒不承担前款规定的民事责任的，人民法院可以采取在报刊、网络等媒体上发布公告或者公布生效裁判文书等方式执行，产生的费用由行为人负担。

目 录

- 一、规范意旨 ································· 501
  - (一)规范意义与目的 ······················· 501
  - (二)体系位置 ····························· 502
  - (三)规范性质 ····························· 503
- 二、历史沿革 ································· 503
- 三、适用本条责任方式的人格权类型 ·············· 505
- 四、行为给付相当性的认定 ······················ 508
  - (一)与侵害行为的具体方式相当 ············· 509
  - (二)与侵害行为造成的影响范围相当 ········· 514
- 五、行为给付替代执行的构成要件与法律后果 ······ 516
  - (一)行为给付替代执行的构成要件 ··········· 517
    - 1. 行为人依法应承担以行为给付为内容的责任 ··· 517
    - 2. 行为人拒不履行以行为给付为内容的责任 ····· 518
  - (二)行为给付替代执行的选择及具体方式 ····· 518
    - 1. 行为给付替代执行的选择 ··················· 518
    - 2. 行为给付替代执行的具体方式 ··············· 520
  - (三)行为给付替代执行的法律后果 ··········· 521
- 六、证明责任 ································· 522
- 参考文献 ····································· 523
- 案例索引 ····································· 524

一、规范意旨

(一)规范意义与目的

本条第1款是人格权侵权责任认定的辅助规范,主要目的是明确在人格权侵害场合,与消除影响请求权、恢复名誉请求权、赔礼道歉请求权相对应的责任承担应当符合民事侵权责任的填平原则,即消除影响、恢复名誉、赔礼道歉旨在使因人格权侵害而导致的损害恢复到损害发生前的状态,属于恢复原状原则在人格权侵害场合的特别运用。[1] 因为人格权与财产权虽然存在显著不同,特别是精神性人格权在遭受侵害场合事实上难以通过作为一般等价物的货币赔偿在价值上得到等量恢复,但通过消除影响、恢复名誉、赔礼道歉等非财产责任承担方式,可以使特定人格权益遭受侵害的受害人的处境得到改善、精神得到抚慰,[2] 达到与损害赔偿等财产责任承担方式基本相同的恢复原状效果。[3] 因此,本条第1款要求承担消除影响、恢复名誉、赔礼道歉等责任的,应当与行为的具体方式和造成的影响范围相当,从而与民事责任的填平原则相协调。

本条第2款是在行为人拒不履行消除影响、恢复名誉、赔礼道歉等非财产责任承担方式或以行为给付为内容的责任承担方式时,适用替代执行方式的构成要件及相应的法律后果的规定,明确消除影响、恢复名誉、赔礼道歉等专属于人身权保护的责任承担方式,[4] 可以通过转换为"在报刊、网络等媒体上发布公告或者公布生效裁判文书等方式"而得以执行,从而使其具有强制执行性,[5] 解决责任人拒不承担民事责任时的执行难问题。

---

[1] 参见王泽鉴:《人格权法:法释义学、比较法、案例研究》,北京大学出版社2013年版,第430页。

[2] 参见杨代雄主编:《袖珍民法典评注》,中国民主法制出版社2022年版,第875页。

[3] 参见袁雪石:《民法典人格权编释论:条文缕析、法条关联与案例评议》,中国法制出版社2020年版,第187页。

[4] 参见张某等业主知情权纠纷案,北京市第三中级人民法院(2023)京03民终862号民事判决书。

[5] 参见黄薇主编:《中华人民共和国民法典人格权编解读》,中国法制出版社2020年版,第58页。

(二)体系位置

3　　现行法中关于人格权侵害民事责任的承担方式既包括损害赔偿这样的财产性责任承担方式,也包括消除影响、恢复名誉、赔礼道歉等非财产性责任承担方式,本条即是人格权侵害场合关于消除影响、恢复名誉、赔礼道歉等非财产性责任承担方式的使用规则及执行问题的一般规定。[1] 在其他法律有特别规定时适用相应特别规定,如《反不正当竞争法》第 11 条、第 23 条等规定的商誉侵害场合的消除影响责任承担规则[2]及《著作权法》第 52 条等规定的著作权侵害场合的消除影响、赔礼道歉责任承担规则[3]等。如果法律没有特别规定,则应回溯到本条来确定相应责任承担方式的适用及执行方式。

4　　本条第 2 款是《民事诉讼法》第 263 条规定的替代执行方式在人格权侵害民事责任承担问题上的具体化。所谓替代执行是指由第三人代为履行义务,相应的费用由责任人承担的执行方式。《民事诉讼法》第 263 条规定:"对判决、裁定和其他法律文书指定的行为,被执行人未按执行通知履行的,人民法院可以强制执行或者委托有关单位或者其他人完成,费用由被执行人承担。"这是民事执行程序领域关于替代执行的一般规定。而《民法典》第 1000 条第 2 款规定行为人拒不承担消除影响、恢复名誉、赔礼道歉的行为,属于前述第 263 条规定的"被执行人未按执行通知履行的"具体情形,由此产生的费用由行为人承担。

5　　本条第 2 款规定的替代执行方式与《民事诉讼法》第 114 条、第 266 条等规定的间接执行方式可以结合适用。所谓间接执行是指通过使责任人负担一定的不利后果,以迫使其履行义务的执行方式。其中,第 114 条第 1 款第 6 项规定,拒不履行人民法院已经发生法律效力的判决、裁定

---

[1] 参见最高人民法院民法典贯彻实施工作领导小组主编:《中华人民共和国民法典人格权编理解与适用》,人民法院出版社 2020 年版,第 115 页。

[2] 参见湖北必拓必环境科技有限公司诉武汉必拓环境科技有限公司等不正当竞争纠纷案,湖北省武汉市中级人民法院(2021)鄂 01 知民初 12009 号民事判决书。

[3] 参见北京美好景象图片有限公司与上海球圣信息技术有限公司侵害作品信息网络传播权纠纷案,上海知识产权法院(2023)沪 73 民终 13 号民事判决书;东阳正午阳光影视有限公司诉北京叁零壹文化传播有限公司等著作权侵权及不正当竞争纠纷案,上海市杨浦区人民法院(2021)沪 0110 民初 17435 号民事判决书。

【消除影响、恢复名誉、赔礼道歉等民事责任的承担】 6-8 第1000条

的,人民法院可以根据情节轻重予以罚款、拘留;构成犯罪的,依法追究刑事责任。第266条规定:"被执行人不履行法律文书确定的义务的,人民法院可以对其采取或者通知有关单位协助采取限制出境,在征信系统记录、通过媒体公布不履行义务信息以及法律规定的其他措施。"这里的生效判决、裁定所确定的人格权侵害民事责任之外的因被执行人拒不执行所导致的行政责任、刑事责任以及其他相关措施,旨在迫使被执行人积极主动地履行生效裁判文书规定的义务。因此,若行为人拒不承担消除影响、恢复名誉、赔礼道歉等责任的,法院既可以选择依据《民事诉讼法》第114条第1款第6项以及第266条等使行为人负担一定的不利后果,迫使其履行义务。当然,法院也可以直接依据本条第2款选择替代执行方式。

(三)规范性质

本条第1款是人格权侵害民事责任认定的辅助性规范,旨在依据《民法典》第1165条第1款及第998条等在确定人格权侵害民事责任成立之后,明确消除影响、恢复名誉、赔礼道歉等非财产性责任承担方式的具体适用范围与措施,保障人格权侵害场合的非财产性责任承担方式的具体适用与侵权责任场合的恢复原状目标协调一致。[1]   6

本条第2款是在以行为给付为内容的手段性救济方式因行为人拒绝履行而难以实现目的时,赋予人民法院采取替代执行方式的权力,解决消除影响、恢复名誉、赔礼道歉等以行为给付为内容的责任承担方式的执行难问题,并使拒绝承担消除影响、恢复名誉、赔礼道歉的行为人负有支付因替代执行而生之费用的义务。因此,本款是主要规范,[2]使实际采取措施消除影响、恢复名誉、赔礼道歉的替代执行人取得向拒绝承担责任的行为人主张支付相应费用的请求权。   7

二、历史沿革

我国民事制定法上规定人格权侵害场合可以适用恢复名誉、消除影   8

---

〔1〕 参见徐涤宇、张家勇主编:《〈中华人民共和国民法典〉评注(精要版)》,中国人民大学出版社2022年版,第1034页。
〔2〕 参见吴香香编:《民法典请求权基础检索手册》,中国法制出版社2021年版,第142页。

响、赔礼道歉方式救济受害人的,最早可以追溯至《民法通则》(已失效)。该法第120条规定公民的姓名权、肖像权、名誉权、荣誉权受到侵害或者法人的名称权、名誉权、荣誉权受到侵害的,有权要求停止侵害,恢复名誉,消除影响,赔礼道歉,并可以要求赔偿损失。这种做法在比较法上亦有迹可循。例如,德国司法实践以《德国民法典》第249条第1款为基础发展出来的恢复原状的撤回请求权,既有侵害名誉不实陈述的撤回及不当意见的更正或者补充说明等责任方式,也有将判决书进行全文或摘要刊登的方式。[1]《日本民法典》第723条也规定:对于损坏他人名誉的人,法院根据受害人的请求,可以在判处替代损害赔偿或与损害赔偿同时命令其作出有利于恢复名誉的适当处理。依日本法学理上的主流观点,该条的"恢复名誉的适当处理"主要包括公开的法庭上的道歉、报纸上的道歉启事、道歉状的交付、侵害名誉言辞撤回的通知等。[2]《韩国民法典》第764条同样规定:侵害他人名誉者,除命以替代损害赔偿或损害赔偿外,法院尚得依被害者之请求,命其为恢复名誉之适当处分。该适当处分包括谢罪广告。[3]《法国新闻自由法》第12条、第13条等分别规定了责令新闻媒体公开他人针对其具有名誉毁损性的报道所作出的回应、责令行为人矫正自己的陈述以及责令行为人撤回自己的陈述等。[4] 与《民法通则》(已失效)稍有不同的是,前述比较法上的恢复名誉等,主要适用于名誉权侵害场合。

9　　考虑到消除影响、恢复名誉、赔礼道歉这种非以财产给付为内容的救济方式在具体适用上存在难以操作的问题,最高人民法院在1993年发布的《名誉权解答》第10条第3款规定:"恢复名誉、消除影响的范围,一般应与侵权所造成不良影响的范围相当。"该条规定在恢复名誉、消除影响范围的认定问题上采取了相当性标准,该立场被《民法典》第1000条第1

---

〔1〕 参见[德]克里斯蒂安·冯·巴尔:《欧洲比较侵权行为法(下卷)》,焦美华译,张新宝审校,法律出版社2004年版,第163页以下。

〔2〕 参见王泽鉴:《人格权法:法释义学、比较法、案例研究》,北京大学出版社2013年版,第432页。

〔3〕 参见郭小冬:《〈民法典〉第1000条(侵害人格权民事责任)诉讼评注》,《法学杂志》2023年第3期。

〔4〕 参见张民安主编:《名誉侵权的法律救济:损害赔偿、回应权、撤回以及宣示性判决等对他人名誉权的保护》,中山大学出版社2011年版,第9—21页。

【消除影响、恢复名誉、赔礼道歉等民事责任的承担】

款所接受。另外,该司法解释第 11 条规定:"侵权人拒不执行生效判决,不为对方恢复名誉、消除影响的,人民法院可以采取公告、登报等方式,将判决的主要内容和有关情况公布于众,费用由被执行人负担,并可依照民事诉讼法第一百零二条第六项的规定处理。"〔1〕这就明确了行为给付场合的替代执行机制,为非财产性责任承担方式的落实提供了制度保障。该司法解释的做法在最高人民法院 2014 年发布的《利用信息网络侵害人身权益规定》第 16 条得到了进一步完善。〔2〕这些司法解释中要求消除影响、恢复名誉、赔礼道歉等在具体承担和影响范围上应当满足相当性标准,是对我国司法实践经验的总结,既有利于强化对人格权的保护,也可以避免给行为人强加过重负担,与侵权责任填补损害、恢复原状的基本目标相吻合。〔3〕因此,《民法典》在前述司法解释所取得的有益经验的基础上,将消除影响、恢复名誉、赔礼道歉等非财产性责任承担方式扩展至整个人格权保护领域,整体上有利于人格权的保护这一立法目的的实现。〔4〕

三、适用本条责任方式的人格权类型

《民法典》并未对何种人格权可以适用本条作出明确规定,这导致学理与实务上对本条的理解存在分歧。其中,非物质性人格权论认为,本条虽然没有和《民法通则》(已失效)第 120 条一样,将适用恢复名誉、消除影响、赔礼道歉的人格权类型限定为自然人的姓名权、肖像权、名誉权、荣誉权和法人的名称权、名誉权、荣誉权,但通过文义、体系以及历史解释等方法的运用,可以得出本条适用范围及于所有的非物质性人格权而不包括物质性人格权。〔5〕名誉受损论认为,无论何种人格权侵害,只要导致

---

〔1〕 袁雪石:《民法典人格权编释论:条文缕析、法条关联与案例评议》,中国法制出版社 2020 年版,第 186 页。

〔2〕 该条规定因被《民法典》第 1000 条吸收而于 2020 年修改此司法解释时被删除。

〔3〕 参见王利明主编:《中国民法典评注·人格权编》,人民法院出版社 2021 年版,第 157 页。

〔4〕 参见最高人民法院民法典贯彻实施工作领导小组主编:《中华人民共和国民法典人格权编理解与适用》,人民法院出版社 2020 年版,第 118 页。

〔5〕 参见陈甦、谢鸿飞主编:《民法典评注·人格权编》,中国法制出版社 2020 年版,第 73 页。

受害人名誉受损,即可适用本条,其中赔礼道歉应主要适用于精神性人格权。[1] 区分适用论内部有两种观点:一种认为,消除影响、恢复名誉应主要适用于名誉权侵害,不适用于隐私权侵害,赔礼道歉则主要适用于名誉权、荣誉权、隐私权、姓名权、肖像权等人格权侵害。[2] 另一种则认为,消除影响泛指人格权受侵害时,为消除对受害人造成的一切影响所采取的一切措施的总称,于此的影响包括两个层次的含义:一是侵权行为对受害人自身精神上的影响,二是侵权行为在社会上给受害人的名誉、荣誉等造成的负面影响;恢复名誉系专门针对侵害名誉权所应承担的责任形式,是消除影响的一种具体表现形式;赔礼道歉的适用范围则主要包括具体人格权、身份权、知识产权受侵害的情形,不包括财产权受侵害。[3] 本评注认为,非物质性人格权论与名誉受损论在具体适用时固然存在着简洁且易于操作的优点,但其采用一元化的认定标准,模糊了人格权内部各种类型的界限,可能并不完全适应人格权侵害场合的复杂情形,难以满足充分救济受害人的立法目标。相比较而言,区分适用论考虑到了人格权内部的复杂情形以及消除影响、恢复名誉、赔礼道歉三种责任承担方式的具体特点,分别针对具体的责任承担方式确定其适用的人格权类型,整体上更具合理性。当然,区分适用论内部的两种观点亦有进一步改进的空间,主要包括如下几个方面:

第一,消除影响、恢复名誉、赔礼道歉虽然为非财产性责任承担方式,但其与财产性责任承担方式的目的与功能是一致的,都是旨在使受害人遭受的损害恢复到损害发生前的状态,属于恢复原状原则在人格权侵害场合的特别运用。[4] 这就意味着,在人格权侵害场合,若损害可以通过财产性责任承担方式的运用而恢复原状,则不存在消除影响、恢复名誉、赔礼道歉的适用空间;若人格权侵害既让受害人遭受财产损失,又遭受精

---

[1] 参见王利明主编:《中国民法典评注:人格权编》,人民法院出版社 2021 年版,第 154—155 页。

[2] 参见黄薇主编:《中华人民共和国民法典人格权编解读》,中国法制出版社 2020 年版,第 54—55 页。

[3] 参见最高人民法院民法典贯彻实施工作领导小组主编:《中华人民共和国民法典人格权编理解与适用》,人民法院出版社 2020 年版,第 116 页。

[4] 参见王泽鉴:《人格权法:法释义学、比较法、案例研究》,北京大学出版社 2013 年版,第 430 页。

神损害,虽然精神损害依据《民法典》第1183条可以获得赔偿,但由于此种情形下的精神损害赔偿主要是抚慰性质的,因此其可以与非财产性责任承担方式共存,共同作用于对受害人精神损害的救济。并且,由于人格权侵害场合的损害并非都能满足精神损害赔偿规则的要件而可以通过赔偿的方式获得救济,此时亦可以通过非财产性责任承担方式对之进行救济。

第二,对于因人格权侵害而遭受精神损害的受害人来讲,无论其何种人格权遭受侵害,不论是物质性人格权还是非物质性人格权,不论是具体人格权还是一般人格权,只要有精神损害,不论该精神损害是否可以获得赔偿,皆可以主张消除影响请求权;只要该请求权符合本条规定的相当性标准,通常即会获得法院的支持。亦即,消除影响责任承担方式既可与精神损害赔偿共同作用于人格权遭受侵害场合的受害人的精神损害救济,亦可以在受害人遭受精神损害但尚不严重的情形下独立发挥其抚慰功能。在此意义上,消除影响责任承担方式原则上不受人格权类型的限制。唯一例外的是,在隐私权被侵害场合,由于侵害行为使私密信息等不再具有私密性,而消除影响通常采取公开方式进行,此时事实上难以通过消除影响来使已经产生的损害恢复到损害发生前的状态,[1]亦即于此情形下只能采取其他责任承担方式来救济受害人。

第三,相对于消除影响,恢复名誉的适用范围会受到较大限制。此种限制主要是因为恢复名誉以人格权侵害导致受害人名誉受损为前提,而非仅仅是遭受精神损害。对名誉受损而言,固然名誉权侵害场合通常会使受害人遭受名誉受损的不利后果,但并非所有的名誉受损都是因名誉权侵害而来,在姓名权、名称权、肖像权、荣誉权、隐私权以及其他人格权益侵害场合,甚至在物质性人格权侵害场合如当众扇人耳光、给人剃阴阳头等侵害身体权的场合,亦可能使受害人的名誉受损,此时即有恢复名誉责任承担方式的适用空间。亦即,人格权侵害场合的受害人只要名誉受损,即可主张恢复名誉请求权,无须考虑于此的名誉受损系侵害何种人格权所致。

第四,与消除影响、恢复名誉强调通过外在的具有客观性的行为或者举措对受害人遭受的精神损害进行救济不同,赔礼道歉主要源于人的内

---

〔1〕 参见黄薇主编:《中华人民共和国民法典人格权编解读》,中国法制出版社2020年版,第54—55页。

疚感且与尊严感相关,[1]更强调行为人对自身错误的承认以及对因其错误行为而遭受损害的受害人的歉疚与忏悔,因此具有内在性和主观性。赔礼道歉的这一特性一方面决定了人格权侵害场合的受害人只要遭受精神损害,即有权向行为人主张赔礼道歉,而无须考虑何种类型的人格权被侵害;另一方面也决定了赔礼道歉责任承担方式在具体适用时可能面临难以强制执行的问题。[2] 因此,对于赔礼道歉应否作为责任承担方式而予规定,学理上存在分歧。[3] 在《民法典》继续将赔礼道歉作为一种责任承担方式加以规定的背景下,基于赔礼道歉的前述特性,在适用赔礼道歉责任承担方式救济受害人时应注意从如下几个方面对之予以控制:一是请求权人只能是自然人受害人,不能是法人及非法人组织,并且受害人必须明确提出赔礼道歉的诉讼请求,法院不能主动适用;二是适用赔礼道歉原则上应以行为人有过错为前提,至于过错是否严重则不做要求;三是法院在确定是否支持受害人赔礼道歉请求权时可以考虑《民法典》第998条规定的考量因素,其中损害后果是否严重应予重点考虑;[4]四是赔礼道歉是具有专属性的债务,在义务人死亡以及丧失行为能力等情形下,该债务虽不能让与或继承,但法院可以经由本条规定而采取替代执行的方式予以实现,从而解决学理上担忧的"无法强制被执行人真诚悔过并致歉,只能通过判决宣示正义"[5]的难题。

四、行为给付相当性的认定

本条第1款规定人格权侵害场合消除影响、恢复名誉、赔礼道歉等以

---

[1] 参见郭小冬:《〈民法典〉第1000条(侵害人格权民事责任)诉讼评注》,《法学杂志》2023年第3期。

[2] 参见张红:《不表意自由与人格权保护——以赔礼道歉民事责任为中心》,《中国社会科学》2013年第7期。

[3] 反对观点参见杨彪:《论恢复原状独立性之否定——兼及我国民事责任体系之重构》,《法学论坛》2009年第5期;支持观点参见王利明主编:《中国民法典评注:人格权编》,人民法院出版社2021年版,第154—155页。

[4] 参见葛云松:《赔礼道歉民事责任的适用》,《法学》2013年第5期。

[5] 参见张红:《不表意自由与人格权保护——以赔礼道歉民事责任为中心》,《中国社会科学》2013年第7期。

行为给付为内容的责任承担方式,在具体承担上应与行为人实施侵害行为的具体方式相当,并且这些行为给付的影响范围亦应与侵害行为造成的影响范围相当。由于本条规定的"相当"具有不确定性,在具体认定中需法官通过综合考量诸案涉因素进行利益权衡确定。

(一)与侵害行为的具体方式相当

如前所述,与狭义上的恢复原状与损害赔偿等责任承担方式目的相同,本条第 1 款规定的消除影响、恢复名誉、赔礼道歉等,亦旨在消除人格权侵害场合受害人遭受的不利影响,[1]使其遭受的损害尽可能地得到恢复或降低后续的不利影响等。这就要求消除影响、恢复名誉、赔礼道歉等责任承担方式在具体方式和范围上具有相当性、适当性。[2] 例如,就具体方式而言,行为人如果以口头方式侵害他人人格权的,则通常亦应采取口头方式消除影响;行为人如果以书面方式侵害他人人格权的,则通常应当采取书面方式消除影响;[3]在微信群[4]或微信公众号[5]发布虚假信息或侮辱他人的言论,则应在该微信群或微信公众号发布澄清声明、赔礼道歉;如果行为人发表不当言论的载体为某网络平台上的某论坛,相应的不利影响系经由该论坛而造成,则行为人即应在该论坛上就其不当行为赔礼道歉、消除影响,[6]受害人要求行为人在其他主流媒体赔礼道歉的,通常会被认为超出了本条规定的相当性标准而难以被法院

---

[1] 参见王泽鉴:《人格权法:法释义学、比较法、案例研究》,北京大学出版社 2013 年版,第 388 页。

[2] 参见最高人民法院民法典贯彻实施工作领导小组主编:《中华人民共和国民法典人格权编理解与适用》,人民法院出版社 2020 年版,第 117 页。

[3] 参见杨代雄主编:《袖珍民法典评注》,中国民主法制出版社 2022 年版,第 875 页。

[4] 参见高某、张某名誉权纠纷案,辽宁省辽阳市中级人民法院(2023)辽 10 民终 233 号民事判决书。

[5] 参见张某诉北京尤伦斯美术馆名誉权纠纷案,北京市朝阳区人民法院(2020)京 0105 民初 32289 号民事判决书;青岛优佳商务有限公司、陈某恩等姓名权纠纷案,山东省青岛市中级人民法院(2023)鲁 02 民终 1283 号民事判决书。

[6] 参见高某芳诉长兴雉城永建和茶馆等名誉权纠纷案,浙江省长兴县人民法院(2021)浙 0522 民初 1 号民事判决书。

支持。[1]另外,如果人格权侵害的负面影响仅限于特定民事主体的亲朋好友之间,范围有限,此时,受害人若主张在大型媒体平台上赔礼道歉,则法院通常认为于此的赔礼道歉超出了"相当"的界限而不予支持。[2]

当然,本条第1款规定的"相当"并非相同,若完全以与侵害行为方式相同的标准来认定"相当",在特定情形下可能难以实现立法者通过该条填补损害、恢复原状的目的。例如,在微信群内发布侮辱、诽谤他人名誉的言论,若在法院所作裁判文书生效之前,该微信群即已解散,或者侵权的网络平台已被封禁等,此时要求行为人以与侵权行为方式相同的方式消除影响、恢复名誉、赔礼道歉几无可能,属于事实上的"履行不能"。另外,完全按照形式相同的标准来认定"相当",并使行为人以与侵权行为相同的方式消除影响、恢复名誉,特定情形下可能恰恰无法实现消除影响、恢复名誉的目的。因为相较于赔礼道歉这种手段性责任承担方式,消除影响、恢复名誉主要从恢复原状的目的上强调责任承担的结果,如行为人在微博上发布虚假信息,该虚假信息引发社会关注并被新闻媒体客观报道,使行为人微博侵权产生的影响因新闻媒体的报道得以扩大,此时若因与侵权行为方式相同的要求而判决行为人仅需在微博平台发布澄清说明并赔礼道歉,显然难以达到充分消除影响、恢复名誉的目的。于此场合,对于侵权行为方式与责任承担方式二者之间是否满足相当性要求的判断,司法实务中法院通常采取在综合考案案涉各考量因素的基础上通过利益权衡方式确定,如在"北京望京搜候公司诉珠海市神棍网络公司名誉权案"中,法院即认为:"考虑到案涉文章造成的社会影响,神棍网络公司之《致歉声明》不足以消除影响、恢复名誉,综合神棍网络公司侵权行为、损害结果、微信公众号被封等因素,依法确定赔礼道歉的具体方式。"[3]但由于法官

---

[1] 参见唐闻声、张计玉:《网络言论侵犯公益组织名誉权的判定》,《人民司法·案例》2023年第2期,第65页。相关判决参见湖北必拓必环境科技有限公司诉武汉必拓环境科技有限公司等不正当竞争纠纷案,湖北省武汉市中级人民法院(2021)鄂01知民初12009号民事判决书。

[2] 参见张某、张某2一般人格权纠纷案,湖北省武汉市中级人民法院(2023)鄂01民终491号民事判决书。

[3] 北京望京搜候公司诉珠海市神棍网络公司名誉权纠纷案,北京市朝阳区人民法院(2019)京0105民初14316号民事判决书。

进行利益权衡的过程通常难以在判决中以清晰可见的方式呈现出来,影响相应法律效果评价结果的可接受度。因此,学理上有观点认为于此应采比例原则的利益权衡方式,[1]将法官通过利益权衡认定"相当性"的过程以清晰可见的方式呈现出来,增强相应法律效果评价过程和结果的可反驳性与说服力,值得赞同。

将比例原则适用于本条第1款规定的消除影响、恢复名誉、赔礼道歉的具体承担方式与侵权行为的具体方式之间是否"相当"的认定上,首先应当明确,于此的"相当"并不要求消除影响、恢复名誉、赔礼道歉的手段与侵权行为的具体方式之间保持形式上的一致性,事实上,只要是能够实现行为目的的方式,都因具备"相当性"而为法律所支持。当然,因为用于消除影响、恢复名誉的澄清声明的发布通常关涉行为人的不表意自由,所以不表意自由被干涉的程度也应以损失弥补为限,并在此基础之上尽可能地对行为人产生最低影响,否则即非为"适当的澄清方式"。[2] 反之,如果相应澄清声明或道歉声明仅是将对行为人可能产生的影响降至最低而不能满足填补损害、恢复原状的目的,则该行为方式亦非"适当的澄清方式"。例如,行为人在其微信公众号发布侵害权利人的文章,法院判定其在该微信公众号赔礼道歉,但行为人将发布的道歉声明附在其他文章底部,不易被发现,此时其赔礼道歉、消除影响的方式,与其侵权行为的方式并不相当。[3]

其次,对具体责任承担方式是否"相当"的判断,可以通过比例原则的四阶审查即目的正当性原则、适当性原则、最小伤害原则和狭义比例原则来完成。[4] 其中,目的正当性审查是比例原则适用的首要步骤,即要求首先查明和判断个案中适用消除影响、恢复名誉、赔礼道歉的责任承担方式的目的是否正当,这是后续三阶比例原则的前提。在人格权侵害场

---

[1] 参见郭小冬:《〈民法典〉第1000条(侵害人格权民事责任)诉讼评注》,《法学杂志》2023年第3期。

[2] 参见温世扬、刘昶:《消除影响请求权的体系整合与制度构造》,《财经法学》2023年第4期。

[3] 参见万某雯与天津岩浆互动科技有限公司网络侵权责任纠纷案,天津市第三中级人民法院(2023)津03执复38号执行裁定书。

[4] 当然也有认为比例原则具体包括目的性、必要性和均衡性三阶而非四阶。具体讨论参见龙卫球主编:《中华人民共和国民法典人格权编与侵权责任编释义》,中国法制出版社2021年版,第31页。

合,适用消除影响、恢复名誉、赔礼道歉等非财产性责任承担方式的目的主要是通过行为给付解决财产性责任承担方式在非物质性损害救济上的先天不足问题,达到填补损害、恢复原状的目的。[1] 在此意义上,人格权侵害场合,为充分救济人格权益遭受侵害的受害人,让行为人在条件满足时承担以行为给付为主要内容的责任,符合目的正当的要求。

当满足第一阶的判断后,即进入第二阶的适当性原则判断,该原则要求对行为人之履行义务的强制适合目的的达成。对本条第1款规定的三种责任承担方式而言,消除影响、恢复名誉属于目的性责任承担方式,通常情形下只要行为人的具体行为能够达到消除影响、恢复名誉的目的,即可认定该行为对目的的实现具有促进作用,符合适当性要求。这也意味着,即便行为人以口头方式散播了虚假信息,但通过使其撰写书面澄清声明并予公开发布的方式来消除影响,也完全满足行为适当性的要求。毕竟,目的性责任承担方式场合的行为人具体行为给付义务的履行,就是为了消除不良影响,而书面表达方式可以产生消除不良影响的结果;并且相较于口头澄清方式,书面形式具有一定的证明与公示效力,也是令第三人产生确信并消除不良影响的温和手段。[2] 值得注意的是,在赔礼道歉这样的手段性责任承担方式的适用中,即使让行为人承担赔礼道歉的责任并要求其履行该义务确实涉及对行为人不表意自由的干涉,但只要受害人接受,那么哪怕是行为人非真心实意地道歉,也符合于此的手段与目的相符合的要求,因为即使强制行为人赔礼道歉涉及侵害其之不表意自由,但赔礼道歉这项责任成立时的过错以及行为不法性等已将行为人赔礼道歉的责任承担正当化,强制行为人赔礼道歉,符合立法者通过承认赔礼道歉此种责任承担方式救济人格权益遭受侵害的受害人的基本目的,并不会因赔礼道歉义务的强制履行限制行为人的不表意自由,而使赔礼道歉此种手段性责任承担方式不适于此种场合的受害人救济,[3]从而使其不符合比例原则第二阶"适当性"的判断要求。

[1] 参见[日]五十岚清:《人格权法》,[日]铃木贤、葛敏译,北京大学出版社2009年版,第189页。

[2] 参见温世扬、刘昶:《消除影响请求权的体系整合与制度构造》,《财经法学》2023年第4期。

[3] 参见黄忠:《一个被遗忘的"东方经验"——再论赔礼道歉的法律化》,《政法论坛》2015年第4期。

满足第二阶的判断之后即进入第三阶最小伤害原则的判断。该原则又称必要性原则,要求在数个可达到特定目的的手段之间,选择对他人合法权益限制最小的手段。通常要求在既有的可选择的干预手段中,并无其他伤害性更弱的替代性方案,如有则应采用该替代性方案,否则即构成对该原则的违反。对于人格权侵害场合的消除影响、恢复名誉、赔礼道歉而言,法院在具体的案件判决上无论是选择让行为人承担消除影响、恢复名誉这样的目的性责任承担方式,[1]还是选择让其承担赔礼道歉这样的手段性责任承担方式,[2]抑或不区分目的与手段的责任承担方式而让行为人全部承担,[3]实际上都要求行为人完成以行为给付为内容的义务,这就涉及这些责任承担方式在满足充分救济受害人目的的同时,也不能对行为人之行为自由、人格尊严的影响过大。即如果可以通过当面向受害人口头赔礼道歉的方式或者在微信公众号赔礼道歉即能达到救济受害人并使其遭受的损害恢复原状的目的时,就无须在大型新闻媒体上通过发布书面澄清声明,[4]因为后者虽然符合第二阶的适当性原则,但可能造成对行为人的过重限制,不符合最小伤害原则的要求。[5] 当然,如果行为人承担责任的具体方式对其而言是最小伤害,如将道歉声明置于公众号最不显著的位置[6]而非显著位置[7],则该方式不足以充分

---

[1] 参见周某聪与华音鼎天(北京)音乐文化有限公司等网络侵权责任纠纷案,北京市第四中级人民法院(2023)京04民终104号民事判决书。

[2] 参见张某予与中国联合网络通信有限公司河北省分公司网络侵权责任纠纷案,北京市第四中级人民法院(2023)京04民终198号民事判决书;林某旗诉汤某军名誉权纠纷案,湖南省湘阴县人民法院(2022)湘0624民初2306号民事判决书。

[3] 参见刘某、刘某玥等名誉权纠纷案,山东省莱州市人民法院(2023)鲁0683民初906号民事判决书;蔡某莉诉洪某环名誉权纠纷案,福建省晋江市人民法院(2022)闽0582民初15218号民事判决书。

[4] 参见佟某娅与新疆优驼生物科技有限公司网络侵权责任纠纷案,北京互联网法院(2023)京0491民初917号民事判决书;张某、张某2一般人格权纠纷案,湖北省武汉市中级人民法院(2023)鄂01民终491号民事判决书。

[5] 参见朱晓峰:《个人信息侵权责任构成要件研究》,《比较法研究》2023年第4期。

[6] 参见万某雯与天津岩浆互动科技有限公司网络侵权责任纠纷案,天津市第三中级人民法院(2023)津03执复38号执行裁定书。

[7] 参见王某萍与上海折耳根信息科技有限公司肖像权纠纷案,上海市浦东新区人民法院(2023)沪0115民初9795号民事判决书。

救济受害人,则亦不符合于此的最小伤害原则或必要性原则。

22　　满足第三阶的最小伤害原则的判断后即进入最后一阶即狭义比例原则的判断。该原则又称均衡性原则,要求干预手段与所追求的目的之间必须相称,二者在效果上不能不成比例。在人格权侵害场合,对于法院认定行为人应承担消除影响、恢复名誉、赔礼道歉责任的,由于现行法上并未明确规定对行为人不表意自由的保护与对受害人人格权益的救济存在价值位阶与次序上的差异,因此只要在通常意义上达到让社会一般人认为并不存在"因小失大"的不良后果,即可认为相应的责任承担方式与对行为人的不利影响二者之间符合均衡性的基本要求。尤其是对消除影响来讲,原则上具体澄清方式的选择都符合狭义的比例原则。毕竟只要没有侵害行为人以人格尊严、人身自由为价值基础的人格权益,行为方式的选择本就应始终附随于恢复原状这一责任承担的终极目的。

23　　也正是因为对恢复原状的遵循与坚守,行为方式与侵害行为之间的相当性要求事实上仅是一项"底线要求",只有当澄清声明公告等超出恢复原状的范畴而有损义务人他种人格法益时(如自我侮辱),[1]才会构成对本条第1款规定的相当性要求的违反。

(二)与侵害行为造成的影响范围相当

24　　如前所述,由于在责任承担方式的选择上通常不会违反本条第1款关于和侵害行为方式相当的要求,所以对相当性的认定,事实上主要集中在侵害行为造成的影响范围与相应责任承担方式所产生的影响范围的这种结果的判断上。结合消除影响、恢复名誉以及赔礼道歉的特性,可以发现:第一,恢复名誉虽然与消除影响同为目的性责任承担方式,但恢复名誉通常表现为消除影响的一种具体表现形式,即消除影响本就包括恢复名誉在内;[2]第二,赔礼道歉作为一种手段性责任承担方式,其主要功

---

[1] 参见温世扬、刘昶:《消除影响请求权的体系整合与制度构造》,《财经法学》2023年第4期。

[2] 参见最高人民法院民法典贯彻实施工作领导小组主编:《中华人民共和国民法典人格权编理解与适用》,人民法院出版社2020年版,第116页。当然,学理上并未对恢复名誉与消除影响的关系多加讨论,而是通常将二者一并列举。相关讨论参见葛云松:《赔礼道歉民事责任的适用》,《法学》2013年第5期;张红:《不表意自由与人格权保护——以赔礼道歉民事责任为中心》,《中国社会科学》2013年第7期。

能及履行结果主要表现为教育、预防、安抚和制裁,[1]消除影响、恢复名誉仅表现为赔礼道歉的一种客观结果,[2]特别是让责任人当众赔礼道歉,其消除影响、恢复名誉的效果可能更为突出,但是除了这种客观结果,赔礼道歉更主要还是满足受害人的心理需要,产生精神抚慰效果。[3]在此意义上,本条第1款要求行为人承担消除影响、恢复名誉、赔礼道歉的,应当与行为造成的影响范围相当,核心是指责任人承担消除影响责任的,应当与行为造成的影响范围相当。

与前述行为方式的相当性判断方法一样,于此责任人承担的消除责任的影响范围与行为造成的影响范围之间的相当性判断,亦可以通过比例原则的四阶审查来展开。例如,通过发布澄清声明的方式消除影响,则该澄清声明应产生使之前受责任人之侵权行为影响而产生错误认知的社会公众知晓事情真相并因此消除错误认知的效果,达到消除影响、恢复原状的目的。而澄清声明的影响范围如果小于因侵害行为产生的不利影响的范围,则难以实现消除错误认知的效果,与比例原则第二阶的适当性原则不相吻合。因此,删除错误的网络发帖、断开侵权网络链接等因不能令相关主体完全恢复正确认识,故应被排除出消除影响的外延。相反,如为消除影响而采取的措施所导致的影响范围大于侵权行为产生的不利影响范围,则会违反比例原则第三阶必要性原则的要求,如侵权行为仅在亲戚朋友之间产生影响,若要求行为人在大型新闻媒体上发布澄清声明,则该责任承担方式的影响范围明显大于侵权行为产生的不利影响范围,违反必要性原则。[4]

当侵权行为产生的影响范围因其他介入行为如第三人转述或者转载而超出侵权行为初始影响范围时,行为人是否亦应对因此产生的全部不利影响负有消除的义务?支持侵权人对全部不利后果承担恢复原状的责任的观点认为即便二次转载仅是事实报道,并不涉及对事件真伪的评价,但

---

[1] 参见王利明:《人格权重大疑难问题研究》,法律出版社2019年版,第324页。

[2] 参见黄薇主编:《中华人民共和国民法典人格权编解读》,中国法制出版社2020年版,第58页。

[3] 参见郭小冬:《〈民法典〉第1000条(侵害人格权民事责任)诉讼评注》,《法学杂志》2023年第3期。

[4] 参见张某、张某2一般人格权纠纷案,湖北省武汉市中级人民法院(2023)鄂01民终491号民事判决书。

报道实质上有利于错误认知的传播,在客观层面难以完全遮蔽侵害行为本身的"违法性",故对于造成的全部损害,对错误认知的产生有"过错"的侵权人均应承担消除影响义务,需要在转载媒体上刊登澄清声明。在该观点看来,行为人的主观过错程度不应作为消除影响责任承担范围的权衡因素,因为无论行为人的主观状态是故意还是过失,过错要素的存在足以表明其未尽到理性人的注意义务,并对损害后果的发生具有预见可能性,其自然应弥补产生的全部损害,此乃"过错归责"固有的要义所在。并且消除影响仅存在有全有全无的问题,既无法根据过错程度而选择具体责任方式的承担,也不能因为权利人对损害发生与有过失而要求二者的过失相抵,进而要求责任人仅承担消除部分影响的责任。因此,消除影响的范围应着眼于客观的损害后果(范围)而非主观的过错状态。[1] 该观点有斟酌空间。因为介入行为导致侵权行为的影响范围扩大,此时的责任承担应考虑介入行为人是否因其过错而承担非财产性责任。若不考虑介入行为人的过错而让行为人承担全部非财产责任,亦违反过错归责原则之本质。具体来讲,在介入行为人无过错时,此时行为人应对因介入行为而使不利影响扩大的那一部分承担消除影响的责任;但若介入行为人在转述或转载时亦有过错,特别是在故意场合,则受害人既有权向行为人主张承担消除全部不利影响的责任,也可以向介入行为人就不利影响扩大部分主张承担消除影响的责任。

五、行为给付替代执行的构成要件与法律后果

本条第 2 款规定的行为给付替代执行的构成要件包括:第一,行为人负有消除影响、恢复名誉、赔礼道歉的责任;第二,行为人拒不承担消除影响、恢复名誉、赔礼道歉的责任。当满足这两项构成要件时,即产生使法院有权选择替代执行措施的后果,法院可以自主决定是否采取在报刊、网络等媒体上发布公告或者公布生效裁判文书等方式替代执行以行为给付为内容的责任。若法院采取替代执行措施并予以了实施,则发生消灭行为人与受害人之间债之关系以及产生因执行所生之费用由行为人负担的法律效果。

---

[1] 参见温世扬、刘昶:《消除影响请求权的体系整合与制度构造》,《财经法学》2023 年第 4 期。

(一)行为给付替代执行的构成要件

1. 行为人依法应承担以行为给付为内容的责任

行为人负有消除影响、恢复名誉、赔礼道歉的责任,系法院依《民法典》第1165条第1款结合第998条加以确定的结果。在认定行为人人格权侵害场合的消除影响、恢复名誉、赔礼道歉责任时,应注意如下三点:

第一,《民法典》在消除影响、恢复名誉、赔礼道歉等民事责任的适用问题上,相比较之前的司法解释如《名誉权解答》《利用信息网络侵害人身权益规定》等,在可以适用的人格权范围上作了扩展,并不限于姓名权、肖像权、名誉权等非物质性人格权益类型,物质性人格权侵害场合亦有这些以行为给付为内容的责任承担方式的适用空间。[1] 另外,隐私权侵害通常亦不涉及通过消除影响、恢复名誉的责任承担方式救济,因为隐私在披露后不再是隐私,难以恢复原状,[2]但可以使行为人承担赔礼道歉的侵权责任,以使遭受精神损害的受害人的精神得到抚慰。

第二,在消除影响、恢复名誉、赔礼道歉等责任的归责原则上,仍主要是过错责任原则。因为与这些责任相对应的请求权虽是非财产性的,但其本质上仍与损害赔偿请求权等债权请求权相同,[3]区别于《民法典》第1167条的停止侵害、排除妨碍、消除危险等绝对权请求权。另外,在个人信息侵害场合,由于《个人信息保护法》第69条第1款规定了过错推定原则,需要行为人证明自己没有过错,区别于依据《民法典》第1165条第1款规定的一般过错责任。[4]

第三,依据《民法典》第1165条第1款以及第998条等确定的人格权

---

[1] 参见陈甦、谢鸿飞主编:《民法典评注:人格权编》,中国法制出版社2020年版,第72—73页;袁雪石:《民法典人格权编释论:条文缕析、法条关联与案例评议》,中国法制出版社2020年版,第187页。

[2] 参见徐涤宇、张家勇主编:《〈中华人民共和国民法典〉评注(精要版)》,中国人民大学出版社2022年版,第1034页。

[3] 参见程啸:《我国民法典中的人格权请求权》,《人民法院报》2020年10月22日,第5版。

[4] 参见朱晓峰:《个人信息侵权责任认定中的过错》,《国家检察官学院学报》2023年第4期。

侵害场合的消除影响、恢复名誉、赔礼道歉等责任,应当符合本条第1款关于相当性的要求。

2. 行为人拒不履行以行为给付为内容的责任

行为人拒不履行责任的构成要件包括主客观两个方面。就主观方面而言,本条第2款规定的替代执行方式的选择及实施以责任人存在过错为前提。从本条第2款的文义来看,"拒不"表明责任承担者主观上存在故意,即责任人知晓生效裁判文书等认定其负有履行消除影响、恢复名誉、赔礼道歉的责任。若行为人主观上并不知晓其依生效法律文书所负之责任,则不符合该条规定的主观要求。就客观方面而言,"拒不承担"表明责任承担者未依法承担生效裁判文书等认定的责任,[1]既包括完全不承担责任,也包括不完全承担责任,如在"庄某诉郭某明等著作权纠纷案"中,法院生效裁判文书认定行为人郭某明负有在侵权的网络平台消除影响并当面向受害人庄某赔礼道歉的责任,但行为人仅在相应的网络平台采取了消除影响的措施,拒不赔礼道歉。[2]

(二)行为给付替代执行的选择及具体方式

1. 行为给付替代执行的选择

依据本条第2款,在人格权侵害场合,如果满足前述两项构成要件,即依法负有消除影响、恢复名誉、赔礼道歉责任的责任人拒不承担责任,则产生法院有权选择替代执行方式的后果。即本条第2款在特定条件下赋予了法院以自由裁量权,使其可以自主决定是否采取替代执行措施来完成责任人的行为给付。这一规定一方面有助于以行为给付为内容的责任承担方式的强制执行,从而实现充分保护受害人人格权益的立法目的;另一方面,也有助于法院在司法实践中灵活应对人格权侵害场合特别是名誉权、隐私权侵权的复杂现实。因为名誉权、隐私权侵权情形下发布公告或公布裁判文书可能会导致受害人遭受的损害扩大,如侵权行为

---

[1] 参见黄薇主编:《中华人民共和国民法典人格权编解读》,中国法制出版社2020年版,第59页。
[2] 参见最高人民法院民法典贯彻实施工作领导小组主编:《中华人民共和国民法典人格权编理解与适用》,人民法院出版社2020年版,第118页。

【消除影响、恢复名誉、赔礼道歉等民事责任的承担】

已经停止且相关侵权信息已经删除,此时再发布公告或公布生效裁判文书可能将损害结果进一步扩大。此时,法院可以在尊重受害人意愿的基础上根据实际情况酌情处理。在现行法律体系中,除《民法典》第1000条第2款外,《民事诉讼法》第263条也规定了被执行人不履行生效法律文书确定的义务时,法院可以依职权选择包括替代执行等在内的履行生效法律文书确定之义务的其他措施,解决执行难的问题。因此,以行为给付为内容的手段性救济方式在强制执行层面亦存在两种可供选择的方案:一是间接执行,即通过使行为人负担民事、行政或刑事上的不利后果而迫使其履行生效法律文书确定的义务;二是替代执行,如本条第2款规定的由第三人代为履行义务而使责任人承担相应费用的执行方式。若法院仅选择间接执行方式,则不存在本款规定的适用空间;若法院选择间接执行方式,同时也选择替代执行方式,由于现行法律体系下这两种执行方式可以并存,因此符合本款规定的构成要件,由此产生的费用自应由责任人承担。

除了《民事诉讼法》第263条、《民法典》第1000条第2款规定法院可以依职权决定替代执行方式,《民事诉讼法执行程序解释》第26条第1款还规定了法院可以依申请执行人的申请而将被执行人不履行法律文书确定义务的信息通过报纸、广播、电视、互联网等媒体公布,这实质上是在前述制定法规定的职权主义模式之外对申请执行人的选择权的尊重。因此,结合前述制定法规定及司法解释,对于是否采用替代执行措施的问题,整体上应由执行法院依比例原则等利益权衡方法决定,〔1〕同时也要充分尊重权利人的选择权。〔2〕事实上,从司法实践中法院的具体做法来看,其通常会在判决中明确指出,若行为人拒不履行生效判决书中确定的赔礼道歉、恢复名誉等义务,则法院将根据受害人的申请而在全国发行

---

〔1〕 参见郭小冬:《〈民法典〉第1000条(侵害人格权民事责任)诉讼评注》,《法学杂志》2023年第3期。

〔2〕 我国司法实践中,有法院会尊重申请执行人的选择权,参见周某聪与华音鼎天(北京)音乐文化有限公司等网络侵权责任纠纷案,北京市第四中级人民法院(2023)京04民终104号民事判决书。也有法院不考虑申请执行人的意愿而径直选择替代执行措施,参见高某、张某名誉权纠纷案,辽宁省辽阳市中级人民法院(2023)辽10民终233号民事判决书。

的媒体上公布相关判决内容,费用由行为人承担。[1] 这实际上是对受害人选择权的承认与尊重,值得肯定。

2. 行为给付替代执行的具体方式

依据本条第 2 款,替代执行方式主要有二:一是在报刊、网络等媒体上发布公告;二是在报刊、网络等媒体上发布生效裁判文书。其中,发布公告既可以是受害人发布谴责公告,也可以是法院发布判决情况的公告。于此需要注意的是,对于赔礼道歉,一般不采取受害人或者法院以被告名义拟定道歉启事并予公布这种道歉广告或道歉启示的方式,因为赔礼道歉具有人身属性,通常需要责任人亲力亲为,[2] 若责任人拒绝履行义务,则通常的替代执行方式是法院依职权[3] 或根据执行申请人申请[4],选择在报刊或网络等媒体上刊登相关判决的主要内容,费用由责任人承担。另外,为防范责任人所拟的道歉广告在内容上轻描淡写或因为受害人的压力而涉及自我羞辱等损及人格尊严的表达,[5] 法院在认定责任人应承担赔礼道歉之责任时亦通常会在判决书中写明"道歉内容需经人民法院审核"。[6] 公布生效裁判文书是法院将生效的裁判文书予以公布并使公众知晓,因此这里的公布既可以是在报刊[7]、网络[8]

---

[1] 参见张某与广州市燕景科技有限公司等网络侵权责任纠纷案,北京互联网法院(2023)京 0491 民初 922 号民事判决书;葛某与洛阳魅力网络信息服务有限公司网络侵权责任纠纷案,北京互联网法院(2022)京 0491 民初 28361 号民事判决书。

[2] 参见黄忠:《一个被遗忘的"东方经验"——再论赔礼道歉的法律化》,《政法论坛》2015 年第 4 期。

[3] 参见江西潘峰家居有限公司、刘某网络侵权责任纠纷案,广东省广州市中级人民法院(2023)粤 01 民终 3837 号民事判决书。

[4] 参见王某等与赵某网络侵权责任纠纷案,北京市第四中级人民法院(2023)京 04 民终 304 号民事判决书。

[5] 参见黄忠:《一个被遗忘的"东方经验"——再论赔礼道歉的法律化》,《政法论坛》2015 年第 4 期。

[6] 参见高某、张某名誉权纠纷案,辽宁省辽阳市中级人民法院(2023)辽 10 民终 233 号民事判决书。

[7] 参见王某霞、抚顺豪庭装饰设计工程有限公司名誉权纠纷案,辽宁省抚顺市中级人民法院(2023)辽 04 民终 626 号民事判决书。

[8] 参见青岛优佐商务有限公司、陈某恩等姓名权纠纷案,山东省青岛市中级人民法院(2023)鲁 02 民终 1283 号民事判决书。

上的公布,也可以是以书面形式在特定范围内张贴公告的形式公布;公布的生效裁判文书既可以是文书的全部内容,也可以是文书的摘要,只要能达到澄清事实、消除错误认知的效果即可。

(三)行为给付替代执行的法律后果

替代执行完成的法律后果有二:一方面,替代执行措施执行完毕后,责任人即无须再向受害人继续履行消除影响、恢复名誉、赔礼道歉的义务,因为作为执行机关的法院亲自或经由第三人如报刊、网络等媒体实施执行措施,履行生效法律文书规定的以行为给付为内容的义务,使生效法律文书规定的履行义务全部消灭,执行程序亦因为前述执行目的的实现而结束。另一方面,依据《民法典》第1000条第2款及《民事诉讼法执行程序解释》第26条第2款的规定,替代执行完成,将产生因媒体公布而应支付的有关费用由责任人负担的法律后果。由于依据该解释第26条之规定,当责任人拒不履行生效法律文书确定的义务时,申请执行人也可以向执行法院申请通过报纸、广播、电视、互联网等媒体公布,此时若因媒体公布而需要花费的费用应由申请执行人垫付。若申请执行人垫付了相关费用,则其可以因此而依据《民法典》第1000条第2款向责任人主张支付费用的请求权。在此意义上,本款也是关于替代执行场合的费用支付的规定。

依据本条第2款之规定,于此的费用应当与法院选择的替代执行措施的实施相关,二者之间应存在引起与被引起的关系,非因替代执行措施之实施而发生的费用,不属于本款规定的应由行为人支付的"费用"。另外,从本款的文义看,"产生的费用"既指向前已述及的因果关系,也指向费用发生的具体性、客观性,排除抽象的、主观的费用。基于此种理解,"产生的费用"是指事前或事后向行为人收取的执行费用,[1]因此应当包括已经实际产生了的费用,也包括确定将产生但尚未实际产生的费用。尤其值得注意的是,本款虽然未对"产生的费用"在范围上作出限制,但考虑到本条的替代执行的目标主要是救济受害人并使其遭受的损害尽可能地因为执行措施的实施而恢复原状,并不以对行为人的制裁或惩罚为

---

[1] 参见许士宦:《强制执行法》(第3版),新学林出版股份有限公司2021年版,第58页。

目的，[1]因此因替代执行措施所生之费用的支付，亦应以必要为限。在司法实践中，较为常见的费用有诉前律师咨询费、案件调查费、证据保全费、公证费、律师代理费、法院案件受理费、财产保全费、鉴定费等，这些费用中的前三项通常是权利人为赢得诉讼所支出的费用，我国法律目前并未规定这些费用由败诉人负担，因此实践中若申请执行人主张这些费用由被执行人负担，其通常的结果是诉讼请求被法院驳回；[2]但对法院案件受理费、财产保全费、鉴定费等，《诉讼费用交纳办法》明确规定由败诉方负担。要注意的是，这些费用均非因实施替代执行措施而生，不能通过本款规定获得支持。从司法实践中获得支持的费用范围来看，于此的费用主要是指《民事诉讼法执行程序解释》第26条第2款规定的"媒体公布的有关费用"，亦即《民法典》第1000条第2款规定的"在报刊、网络等媒体上发布公告或者公布生效裁判文书"产生的费用。

38   在司法实践中，为解决因前述垫付可能引发的执行难问题，在人格权侵害场合的以消除影响、恢复名誉及赔礼道歉等行为给付为内容的责任承担问题上，尽管执行标的是行为给付，但执行法院仍会通知被执行人申报财产并通过财产查控系统查找被执行人名下财产。若财产查找无果且被执行人仍不履行或不能履行(如下落不明)赔礼道歉义务的，则执行法院就会将被执行人列为失信被执行人，限制高消费，并在征求申请执行人意见后以裁定终结本次执行的方式结案。[3]

六、证明责任

39   本条第1款是人格权侵权场合非财产责任认定的辅助性规范，对于本款规定的责任承担方式与侵害行为的具体方式和造成的影响范围是否相当的判断，由法官在个案中综合各案涉考量因素并通过比例原则的利益权衡方法进行判断，因此对于案涉相关因素的证明应当由双方当事人

---

[1] 参见郭小冬：《〈民法典〉第1000条(侵害人格权民事责任)诉讼评注》，《法学杂志》2023年第3期。

[2] 参见张某诉北京尤伦斯美术馆名誉权纠纷案，北京市朝阳区人民法院(2020)京0105民初32289号民事判决书。

[3] 参见郭小冬：《〈民法典〉第1000条(侵害人格权民事责任)诉讼评注》，《法学杂志》2023年第3期。

各自完成,法官在双方举证证明的基础上依利益权衡方法认定相当性。

本条第 2 款的申请执行人提出行为人未履行生效裁判文书确定的履行义务后,行为人应当就自己已经承担法律责任举证,若其不能证明已经承担责任,则法院即可以依职权或被执行人申请而选择替代执行方式履行义务。若法院依被执行人申请选择替代执行方式,此时产生的费用由其垫付,因此其在向行为人主张支付费用的返还时,应当证明其已经因替代执行而支出了实际费用。

参考文献

1. [日]五十岚清:《人格权法》,[日]铃木贤、葛敏译,北京大学出版社 2009 年版。
2. 陈甦、谢鸿飞主编:《民法典评注:人格权编》,中国法制出版社 2020 年版。
3. 郭小冬:《〈民法典〉第 1000 条(侵害人格权民事责任)诉讼评注》,《法学杂志》2023 年第 3 期。
4. 黄薇主编:《中华人民共和国民法典人格权编解读》,中国法制出版社 2020 年版。
5. 黄忠:《一个被遗忘的"东方经验"——再论赔礼道歉的法律化》,《政法论坛》2015 年第 4 期。
6. 龙卫球主编:《中华人民共和国民法典人格权编与侵权责任编释义》,中国法制出版社 2021 年版。
7. 王泽鉴:《人格权法:法释义学、比较法、案例研究》,北京大学出版社 2013 年版。
8. 王利明主编:《中国民法典评注:人格权编》,人民法院出版社 2021 年版。
9. 温世扬、刘昶:《消除影响请求权的体系整合与制度构造》,《财经法学》2023 年第 4 期。
10. 徐涤宇、张家勇主编:《〈中华人民共和国民法典〉评注(精要版)》,中国人民大学出版社 2022 年版。
11. 杨代雄主编:《袖珍民法典评注》,中国民主法制出版社 2022 年版。
12. 袁雪石:《民法典人格权编释论:条文缕析、法条关联与案例评议》,中国法制出版社 2020 年版。
13. 朱晓峰:《个人信息侵权责任构成要件研究》,《比较法研究》2023 年第 4 期。
14. 朱晓峰:《个人信息侵权责任认定中的过错》,《国家检察官学院学报》

2023 年第 4 期。

15. 最高人民法院民法典贯彻实施工作领导小组主编:《中华人民共和国民法典人格权编理解与适用》,人民法院出版社 2020 年版。

案例索引

1. 北京市第三中级人民法院(2023)京 03 民终 862 号民事判决书,张某等业主知情权纠纷案。

2. 北京市第四中级人民法院(2023)京 04 民终 104 号民事判决书,周某聪与华音鼎天(北京)音乐文化有限公司等网络侵权责任纠纷案。

3. 北京市第四中级人民法院(2023)京 04 民终 198 号民事判决书,张某予与中国联合网络通信有限公司河北省分公司网络侵权责任纠纷案。

4. 北京市第四中级人民法院(2023)京 04 民终 304 号民事判决书,王某等与赵某网络侵权责任纠纷案。

5. 北京市朝阳区人民法院(2019)京 0105 民初 14316 号民事判决书,北京望京搜候公司诉珠海市神棍网络公司名誉权纠纷案。

6. 北京市朝阳区人民法院(2020)京 0105 民初 32289 号民事判决书,张某诉北京尤伦斯美术馆名誉权纠纷案。

7. 北京互联网法院(2023)京 0491 民初 917 号民事判决书,佟某娅与新疆优驼生物科技有限公司网络侵权责任纠纷案。

8. 北京互联网法院(2023)京 0491 民初 922 号民事判决书,张某与广州市燕景科技有限公司等网络侵权责任纠纷案。

9. 北京互联网法院(2022)京 0491 民初 28361 号民事判决书,葛某与洛阳魅力网络信息服务有限公司网络侵权责任纠纷案。

10. 福建省晋江市人民法院(2022)闽 0582 民初 15218 号民事判决书,蔡某莉诉洪某环名誉权纠纷案。

11. 广东省广州市中级人民法院(2023)粤 01 民终 3837 号民事判决书,江西潘峰家居有限公司、刘某网络侵权责任纠纷案。

12. 湖北省武汉市中级人民法院(2023)鄂 01 民终 491 号民事判决书,张某、张某 2 一般人格权纠纷案。

13. 湖北省武汉市中级人民法院(2021)鄂 01 知民初 12009 号民事判决书,湖北必拓必环境科技有限公司诉武汉必拓环境科技有限公司等不正当竞争纠纷案。

14. 湖南省湘阴县人民法院(2022)湘 0624 民初 2306 号民事判决书,林某旗诉汤某军名誉权纠纷案。

15. 辽宁省抚顺市中级人民法院(2023)辽 04 民终 626 号民事判决书,王某

【消除影响、恢复名誉、赔礼道歉等民事责任的承担】　　　　　　　　第 1000 条

霞、抚顺豪庭装饰设计工程有限公司名誉权纠纷案。

16. 辽宁省辽阳市中级人民法院(2023)辽 10 民终 233 号民事判决书,高某、张某名誉权纠纷案。

17. 山东省青岛市中级人民法院(2023)鲁 02 民终 1283 号民事判决书,青岛优佐商务有限公司、陈某恩等姓名权纠纷案。

18. 山东省莱州市人民法院(2023)鲁 0683 民初 906 号民事判决书,刘某、刘某玥等名誉权纠纷案。

19. 天津市第三中级人民法院(2023)津 03 执复 38 号执行裁定书,万某雯与天津岩浆互动科技有限公司网络侵权责任纠纷案。

20. 浙江省长兴县人民法院(2021)浙 0522 民初 1 号民事判决书,高某芳诉长兴雉城永建和茶馆等名誉权纠纷案。

21. 上海市杨浦区人民法院(2021)沪 0110 民初 17435 号民事判决书,东阳正午阳光影视有限公司诉北京叁零壹文化传播有限公司等著作权侵权及不正当竞争纠纷案。

22. 上海知识产权法院(2023)沪 73 民终 13 号民事判决书,北京美好景象图片有限公司与上海球圣信息技术有限公司侵害作品信息网络传播权纠纷案。

23. 上海市浦东新区人民法院(2023)沪 0115 民初 9795 号民事判决书,王某萍与上海折耳根信息科技有限公司肖像权纠纷案。

第一千零一条 【身份权保护的法律适用】

对自然人因婚姻家庭关系等产生的身份权利的保护,适用本法第一编、第五编和其他法律的相关规定;没有规定的,可以根据其性质参照适用本编人格权保护的有关规定。

目 录

- 一、规范意旨 ⋯⋯⋯⋯⋯⋯⋯⋯⋯⋯⋯⋯⋯⋯⋯⋯⋯⋯⋯⋯⋯⋯⋯⋯ 526
  - (一)规范目的 ⋯⋯⋯⋯⋯⋯⋯⋯⋯⋯⋯⋯⋯⋯⋯⋯⋯⋯⋯⋯⋯ 526
  - (二)体系位置 ⋯⋯⋯⋯⋯⋯⋯⋯⋯⋯⋯⋯⋯⋯⋯⋯⋯⋯⋯⋯⋯ 527
  - (三)规范性质 ⋯⋯⋯⋯⋯⋯⋯⋯⋯⋯⋯⋯⋯⋯⋯⋯⋯⋯⋯⋯⋯ 527
- 二、历史沿革 ⋯⋯⋯⋯⋯⋯⋯⋯⋯⋯⋯⋯⋯⋯⋯⋯⋯⋯⋯⋯⋯⋯⋯⋯ 527
- 三、关于身份权保护之法律规定的适用顺序 ⋯⋯⋯⋯⋯⋯⋯⋯⋯⋯⋯ 528
  - (一)调整对象 ⋯⋯⋯⋯⋯⋯⋯⋯⋯⋯⋯⋯⋯⋯⋯⋯⋯⋯⋯⋯⋯ 528
  - (二)调整依据 ⋯⋯⋯⋯⋯⋯⋯⋯⋯⋯⋯⋯⋯⋯⋯⋯⋯⋯⋯⋯⋯ 530
- 四、参照适用人格权编关于人格保护规定的前提 ⋯⋯⋯⋯⋯⋯⋯⋯⋯ 532
  - (一)法律没有关于身份权保护的规定 ⋯⋯⋯⋯⋯⋯⋯⋯⋯⋯⋯ 532
  - (二)身份权的性质使其适于通过人格权保护规则调整 ⋯⋯⋯⋯ 532
- 参考文献 ⋯⋯⋯⋯⋯⋯⋯⋯⋯⋯⋯⋯⋯⋯⋯⋯⋯⋯⋯⋯⋯⋯⋯⋯⋯⋯ 535

一、规范意旨

(一)规范目的

1 本条是关于身份权保护法律适用规则的规定,主要规范目的在于进行漏洞填补,解决身份权立法规定不足的问题,避免因制定法不足以应对复杂多变之现实生活而要频繁地修改法律,保持制定法规定的稳定性。[1]

---

[1] 参见王利明主编:《中国民法典评注:人格权编》,人民法院出版社 2021 年版,第 164—165 页。

(二)体系位置

本条虽然是关于法律适用规则的规定,但其采用的参照适用技术打破了法律规则适用时的先分则后总则的基本规则,使身份权利的保护在法律适用上首先考虑《民法典》总则编、婚姻家庭编以及其他特别法如《老年人权益保障法》等的规定,只有在这些法律没有就身份权利的保护作出规定时,才适用人格权编的保护规定作为补充,打破了先分则后总则的法律适用顺序,以填补前述专门调整身份权利的法律规定存在的漏洞,因此其弱化了《民法典》总则编规定的补充适用地位,使人格权编在身份权保护问题上具有了类似于"小总则"的功能。[1]

(三)规范性质

本条是说明性条文,并未赋予民事主体权利或使其负担义务,而是指引法官在解决涉及身份权利保护问题的法律纠纷时如何适用法律,[2]因此本条是辅助性规范,需要与其他规定民事主体权利义务的主要规范结合才能共同展开法律效果评价。

二、历史沿革

本条是新增规定。《民法典各分编草案一审稿》及其之前的各草案并没有相关规定。但是,在《民法典各分编草案一审稿》公开征求意见期间,有观点认为:"自然人因婚姻家庭关系产生的身份权利,与人格权在保护上具有一定相似性。对这些身份权利的保护,除了适用婚姻家庭编的规定,还应当参照适用人格权保护的相关规定。"全国人民代表大会宪法和法律委员会经研究采纳了这一观点,在《人格权编草案二审稿》第782条之一规定:"自然人因婚姻、家庭关系等产生的身份权利的

---

[1] 参见王雷:《〈民法典〉人格权编中的参照适用法律技术》,《当代法学》2022年第4期,第117—118页。

[2] 参见龙卫球主编:《中华人民共和国民法典人格权编与侵权责任编释义》,中国法制出版社2021年版,第36页。

保护,参照适用本编人格权保护的有关规定。"[1]《人格权编草案三审稿》第782条之一在此基础上进一步明确了身份权利法律适用的顺序。[2] 最后《民法典草案修改稿》在前面的基础上增加了"可以根据其性质",并做了文字上的调整,对参照适用的条件进行了明确,最终形成了本条。

三、关于身份权保护之法律规定的适用顺序

5   本条共有两个分句,分别规定了关于身份权保护的法律规定的适用及参照适用人格权编关于人格权保护之规定的条件。其中,第1分句关于身份权保护法律规定的适用规则是第2分句关于参照适用人格权编对人格权保护之规定的前提条件之一。

6   本条第1分句规定了身份权保护场合的调整对象是"自然人因婚姻家庭关系等产生的身份权利",调整目标是"保护",调整依据是"适用本法第一编、第五编和其他法律的相关规定"。

(一)调整对象

7   对于调整对象,本条第1分句采具体列举+概括规定的方式予以了明确。其中,具体列举出来的自然人因婚姻家庭关系产生的身份权,该身份权以身份利益为客体,包括配偶利益、亲子利益和亲属利益。[3] 以这些利益为客体的身份权包括夫妻基于配偶关系产生的权利、父母与未成年子女基于父母子女关系产生的身份权利、父母与成年子女基于父母子女关系产生的身份权利和祖父母/外祖父母与孙子女/外孙子女基于近亲属关系产生的身份权利、兄弟姐妹之间基于近亲属关系产生的身份权利等。这种以狭义的婚姻家庭关系为基础确立的身份权在我国当前的法律实践

---

〔1〕《全国人民代表大会宪法和法律委员会关于〈民法典人格权编(草案)〉修改情况的汇报》,载《民法典立法背景与观点全集》编写组编:《民法典立法背景与观点全集》,法律出版社2020年版,第37页。

〔2〕参见袁雪石:《民法典人格权编释论:条文缕析、法条关联与案例评析》,中国法制出版社2020年版,第192页。

〔3〕参见杨立新:《民事权利客体:民法典规定的时隐时现与理论完善》,《清华法学》2022年第3期,第38页。

中面临着保护范围过窄的问题。在我国当前的司法实践中，有法院将特定情形下的同居关系纳入家庭关系的涵摄领域，从而将同居关系中的男女朋友视为《刑法》第260条"虐待罪"规定的"家庭成员"，并在一方虐待另一方时适用《刑法》第260条进行调整。[1] 该院在判决书中认为："牟某翰与被害人不但主观上有共同生活的意愿，而且从见家长的时点、双方家长的言行、共同居住的地点、频次、时长以及双方经济往来支出的情况可以反映出客观上二人已具备了较为稳定的共同生活事实，且精神上相互依赖，经济上相互帮助，牟某翰与被害人之间的共同居住等行为构成了具有实质性家庭成员关系的共同生活基础事实，二人的婚前同居关系应认定为虐待罪中的家庭成员关系。"[2] 指导性案例226号"陈某某、刘某某故意伤害、虐待案"的裁判要点也认为："与父（母）的未婚同居者处于较为稳定的共同生活状态的未成年人，应当认定为刑法第二百六十条规定的'家庭成员'。"这与《办理家庭暴力犯罪案件的意见》所持的立场基本一致，也与《反家庭暴力法》的立场吻合。其中，《办理家庭暴力犯罪案件的意见》开宗明义地指出："发生在家庭成员之间，以及具有监护、扶养、寄养、同居等关系的共同生活人员之间的家庭暴力犯罪，严重侵害公民人身权利，破坏家庭关系，影响社会和谐稳定。"这实质上是承认狭义的家庭成员与广义的家庭成员一样，在家庭暴力犯罪问题上应被统一对待。与此稍有不同，《反家庭暴力法》第37条明确规定"家庭成员以外共同生活的人之间实施的暴力行为，参照本法规定执行"，这实际上是承认狭义的家庭成员与广义的家庭成员在法律适用上存在差异，对于广义的家庭成员之间实施的暴力行为只能参照适用《反家庭暴力法》的规定。刑事法律实践在家庭关系领域的新发展给予民事法律实践的启示是，自然人因家庭关系产生的身份权利会因为家庭关系本身的扩展而有发展。

除了自然人因婚姻家庭关系等产生的身份权利，本条的"等"是否还包括其他身份权利，我国学理上存在不同观点。有观点认为，此处的"等"是"等内等"即列举煞尾，因此这里的身份权利就是指自然人因婚姻

---

[1] 参见吴文诩：《被告人牟林翰虐待案一审宣判》，新华网2023年6月15日，www.news.cn/legal/2023-06/15/c_1129695739.htm，最后访问日期：2023年10月25日。

[2] 朱立：《被告人牟林翰虐待案一审宣判》，中国长安网2023年6月15日，www.chinapeace.gov.cn/chinapeace/c100007/2023-06/15/content_12665042.shtml，最后访问日期：2023年10月25日。

家庭关系产生的权利,不包括婚姻家庭关系之外的其他身份权利。[1]也有观点认为此处的"等"是"等外等"即列举未尽,除了自然人因婚姻家庭关系产生的身份权利,还包括自然人因其他关系产生的身份权利,典型的如成员权。[2]考虑到身份权的本质在于自然人所具有的特定身份,而此种身份并不仅存在于婚姻家庭关系中,如果将本条的身份权利限缩在婚姻家庭关系之内,将会使立法者通过本条规定而使人格权编成为保护人身权的"小总则"的目的落空,并使那些未能在其他法律获得充分保护的身份权难以通过本条之规定而获得人格权编的保护,难谓合理。因此,本条的"等"不应局限在自然人因婚姻家庭关系产生的身份权范围之内,而是应当具有向丰富社会开放的特性,可以将那些自然人因特定身份而享有的身份权纳入进来,从而为这些身份权的充分保护提供规范基础。

(二)调整依据

9　　依据本条第1分句规定,调整身份权利的法律主要有两个部分,其一是《民法典》第一编即总则编、第五编即婚姻家庭编,其二是"其他法律",主要指《未成年人保护法》《妇女权益保障法》《老年人权益保障法》《母婴保健法》《反家庭暴力法》等。在《民法典》总则编、婚姻家庭编的法律规定与其他法律中的具体规定的适用顺序上,应当遵循特别规定优先于一般规定的法律适用规则。有疑问的是,本条第1分句仅明确规定了适用总则编、婚姻家庭编,没有将与身份权利有关的第六编即继承编列举出来,这是不是意味着关于身份权利的法律适用排除了对该编相关规定的适用?本评注认为,《民法典》继承编的规定能否适用于身份权的保护,在技术上并没有障碍,即使本条第1分句没有将之明确列举出来,但如果继承编的法律规定确实涉及对某种具体身份权利的保护,其通过本条第1分句的"其他法律规定"亦可适用。于此涉及的真正问题是,继承编保护的继承权是何种性质?如其并不具有身份权的性质,则当然无须

---

〔1〕参见徐涤宇、张家勇主编:《〈中华人民共和国民法典〉评注(精要版)》,中国人民大学出版社2022年版,第1035页。

〔2〕参见陈甦、谢鸿飞主编:《民法典评注·人格权编》,中国法制出版社2020年版,第83页;最高人民法院民法典贯彻实施工作领导小组主编:《中华人民共和国民法典人格权编理解与适用》,人民法院出版社2020年版,第121页。

【身份权保护的法律适用】

通过本条第1分句将继承编与规定身份权利的总则编和婚姻家庭编并列规定。

对于继承权的性质,我国学理上主要存在三种观点:第一种是资格说,该观点认为,继承权不是民事权利,而是一种资格,该资格由法律赋予,具有对人的排他效力,但不具有对物的排他支配效力,继承人因此取得的是一种继承遗产的资格。[1] 第二种是权利能力说,该观点将继承权区分为客观意义上的继承权和主观意义上的继承权,认为前者是继承开始前的继承权,后者是继承开始后的继承权,客观意义上的继承权本质上是继承人所具有的继承遗产的权利能力,而非权利;[2]第三种是权利说,该观点认为,继承权是指继承人享有继承被继承人遗产的权利,在继承开始前是期待权,开始之后为既得权。[3] 其中,权利说是我国学理上的通说。但在权利说内部,亦有三种学说。第一种是身份权说,该观点认为,继承权以继承人具有特定身份为前提,是专属于具有特定身份的人的权利,而取得财产只是取得财产权的结果,因此继承权是身份权而非财产权;[4]第二种是财产权说,该观点认为,继承权属于以特定身份关系为前提的财产权,或者说其是具有"身份性质的财产权";[5]第三种是取得权说,该观点认为,继承权既不是权利能力,也不是财产权或人身权,而是概括的取得权。[6] 本评注认为,从身份权的本质看,其是自然人基于在特定社会关系中所具有的地位而享有的权利,[7]因此身份权与自然人

---

[1] 参见章正璋:《继承权法律保护的六个疑难问题探析》,《现代法学》2012年第4期,第74页。

[2] 参见郭明瑞、房绍坤、关涛:《继承法研究》,中国人民大学出版社2003年版,第16页。

[3] 参见刘春茂主编:《中国民法学·财产继承》,中国人民公安大学出版社1990年版,第123页。

[4] 参见胡长清:《中国民法总论》,王涌校勘,中国政法大学出版社1997年版,第40页。

[5] 参见王雷:《〈民法典〉人格权编中的参照适用法律技术》,《当代法学》2022年第4期,第119页。

[6] 参见章正璋:《继承权法律保护的六个疑难问题探析》,《现代法学》2012年第4期,第74页。

[7] 参见最高人民法院民法典贯彻实施工作领导小组主编:《中华人民共和国民法典人格权编理解与适用》,人民法院出版社2020年版,第121页。

所享有的特定身份不可分离,与其身份相伴始终,具有一身专属性。[1]继承权虽然与特定身份相关,但转继承以及代位继承制度等表明,继承权并不具有一身专属性,故而其并非身份权。因此以继承权为保护对象的《民法典》继承编于此并无适用空间。

四、参照适用人格权编关于人格权保护规定的前提

11　　依据本条第2分句之规定,人格权编的人格权保护规定可以适用于身份权的保护,但是,这里的适用需要满足如下前提条件:第一,《民法典》总则编、婚姻家庭编以及其他法律没有关于身份权保护的规定;第二,身份权的性质适于《民法典》通过人格权编规定的人格权保护规则调整。当满足这些条件时,法官有权决定是否参照适用。

(一)法律没有关于身份权保护的规定

12　　依据本条第1分句之规定,身份权保护首先适用关于身份权保护的特别规定与一般规定,这些规定见诸于《民法典》总则编、婚姻家庭编和其他制定法如《未成年人保护法》《妇女权益保障法》《老年人权益保障法》《反家庭暴力法》等之中,只有这些法律没有关于身份权保护规定的,才有依据平等原则类推适用与身份权保护最相近似之规则调整的空间。

(二)身份权的性质使其适于通过人格权保护规则调整

13　　不管是一般的类推适用,还是法定类推即参照适用,都需要符合平等原则要求的最相类似标准。对此,本条第2分句通过身份权的性质与被参照适用的人格权保护规则建立联系,亦即身份权的性质是其可否参照适用人格权保护规定的前提条件。依据我国学理与实务上的观点,身份权具有如下性质:

14　　第一,身份权具有一身专属性,除非自然人不再具有某种特定身份,如夫妻离婚即丧失婚姻关系中的身份,基于该身份而生的配偶权即不复存在,否则身份权的专属性使其不得放弃、转让或者继承,此与人格权

---

[1] 参见史尚宽:《亲属法论》,中国政法大学出版社2000年版,第34—35页。

[身份权保护的法律适用]

的专属性相同,可以参照适用人格权编第992条人格权不得放弃、转让或者继承的规定。另外,由于身份权专属于自然人而不能继承,因此当自然人死亡之后,身份不能继承,基于身份而生的权利通常亦不复存在。但例外情形下,个别基于身份而生的权利在自然人死亡后,基于对自然人人格尊严、人格自由的充分尊重,仍应给予民法上的保护,此种情形下死者基于身份而生的利益与其死后人格利益的保护具有相同性质,因而可以参照适用人格权编第994条的死者人格利益保护规定。但要注意的是,荣誉权虽然是自然人基于特定身份而享有的身份权,[1]但在《民法典》已将之规定为具体人格权的背景下,对于荣誉权及死者死后荣誉的保护,应直接适用人格权编的规定处理。

第二,身份权具有伦理性,不具有财产属性,不能通过货币来衡量。[2]这与物质型人格权如生命权、身体权、健康权,尊严性人格权如隐私权,自由型人格权如行动自由、婚姻自主权等相同,区别于标表型人格权如姓名权、肖像权、声音权等,因此人格权编第993条以及其后各分章规定的人格标识商业化利用规则、第999条的人格标识合理使用规则等,并不适用于身份权。

第三,身份权具有不可侵性。依据《民法典》第3条之规定,与其他一切合法权益一样,自然人基于特定身份而享有的身份权受法律保护,任何个人和组织不得侵犯。但与人格权普遍具有绝对权属性不同,学理上就身份权是否具有绝对权属性存在不同观点。第一种观点认为,身份权与人格权一样都是绝对权,具有对世性,权利人可以自主行使权利,排除他人干涉,并受到排除妨碍、消除危险等绝对权请求权的保护;[3]第二种观点认为身份权并非典型的绝对权,其在对外关系上具有绝对权属性,在对内关系上属于相对权,身份权人的请求权只能向身份义务人主

---

〔1〕 参见最高人民法院民法典贯彻实施工作领导小组主编:《中华人民共和国民法典人格权编理解与适用》,人民法院出版社2020年版,第121页。

〔2〕 参见龙卫球主编:《中华人民共和国民法典人格权编与侵权责任编释义》,中国法制出版社2021年版,第36页。

〔3〕 参见王利明、程啸、朱虎:《中华人民共和国民法典人格权编释义》,中国法制出版社2020年版,第158页。

张。[1] 这两种观点均值得斟酌。身份权以自然人具有特定身份为前提,但该身份的取得与具备并不当然使第三人知晓或应当知晓,此种情形下一概认为所有身份权皆具有绝对权属性而认为其可以参照适用具有相同属性的人格权的保护规定,并不利于行为自由。因此,应当以身份是否具有使第三人知晓的品质而区分判断身份权是否具有绝对权属性。一般而言,基于夫妻关系产生的配偶权通常只具有相对权属性,[2] 因为男女之间是否具有夫妻关系通常并不必然为第三人所知晓,并且第三人即使知晓某人处于婚姻关系中,但其依然可以依据其享有的婚姻自主权在不违反公序良俗的前提下自由行为,夫妻中的一方因此违反配偶之间的忠实义务甚至使婚姻关系走向消灭,另一方通常也不能以配偶权受损害为由向第三人主张侵权责任。在例外情形下,如第三人知晓与之交往的对方为已婚人士,仍违反公序良俗与之发生不正当关系,并有其他严重情节如该已婚者欺诈无过错的配偶通奸生子,则无过错的配偶主张配偶权被侵犯的侵权责任通常会获得法院的支持。[3] 亦即,通常情形下配偶权因为与人格权具有不同的属性而无法依据本条第 2 句之规定参照适用人格权编第 995 条的人格权请求权规定、第 997 条的人格权禁令规则、第 998 条规定的人格权侵害责任认定规则、第 1000 条的非财产责任规则等。

与配偶权通常情形下仅具有相对性不同,亲权、监护权以及其他亲属权系基于家庭关系而生,具有使他人知晓的绝对权属性,可以依本条第 2 句参照适用人格权编关于人格权保护的规定。第 995 条的人格权请求权规定、第 996 条责任竞合时的精神损害赔偿规则、第 997 条的人格权禁令规则、第 998 条规定的人格权侵害责任认定规则、第 1000 条的非财产责任规则等,皆可适用。例如,父母有偿委托受托人照顾未成年子女,在照顾期间,因受托人疏忽,使未成年子女被第三人偷走,此时父母可以依据《民法典》第 996 条而在向受托人主张违约责任的同时主张亲权被侵害的精神损害赔偿请求权。法院在认定受托人损害赔偿责任时可以依据

---

[1] 参见王雷:《〈民法典〉人格权编中的参照适用法律技术》,《当代法学》2022 年第 4 期,第 119 页。
[2] 参见余延满:《亲属法原论》,法律出版社 2007 年版,第 125 页。
[3] 参见朱晓峰:《配偶权侵害的赔偿责任及正当性基础》,《浙江大学学报(人文社会科学版)》2017 年第 6 期,第 110 页。

《民法典》第 998 条规定的人格权侵害民事责任认定规则,在综合案涉考量因素如受托人的职业、过错程度、委托人的精神损害程度等的基础上,来认定相应的损害赔偿责任。当然,受害人也可以亲子关系被侵害为由,向偷盗孩子的侵权人主张相应的财产损失和精神损害赔偿请求权。对此,《民法典侵权责任编解释(一)》第 1 条至第 3 条作了明确规定。

依据本条第 2 句之规定,"可以"表明法官在个案中对于是否参照适用人格权编关于人格权保护的规定享有自由裁量权。立法者于此授予法官在法律适用上的自由裁量权,是因为身份权与人格权的性质并非一一对应,需要在个案中结合具体情形来确定具体的身份权与人格权之间是否存在相同或者相近的性质,这需要法官在个案中综合案涉因素具体认定。据此,法官可以依其认定的性质来决定是否参照适用人格权保护的规定。同时,为了保障法律适用的统一性和可预见性,避免法官自由裁量权对法律权威的冲击,法官在认定特定身份权的保护是否参照适用人格权编关于人格权保护的规定时,应承担说理义务,论证该特定身份权与相应的人格权具有相同或相似属性,以最终决定是否参照适用与该人格权保护相关的规定。[1]

参考文献

1. 陈甦、谢鸿飞主编:《民法典评注:人格权编》,中国法制出版社 2020 年版。
2. 郭明瑞、房绍坤、关涛:《继承法研究》,中国人民大学出版社 2003 年版。
3. 黄薇主编:《中华人民共和国民法典人格权编解读》,中国法制出版社 2020 年版。
4. 龙卫球主编:《中华人民共和国民法典人格权编与侵权责任编释义》,中国法制出版社 2021 年版。
5.《民法典立法背景与观点全集》编写组编:《民法典立法背景与观点全集》,法律出版社 2020 年版。
6. 史尚宽:《亲属法论》,中国政法大学出版社 2000 年版。
7. 王雷:《〈民法典〉人格权编中的参照适用法律技术》,《当代法学》2022 年第 4 期。

---

[1] 参见龙卫球主编:《中华人民共和国民法典人格权编与侵权责任编释义》,中国法制出版社 2021 年版,第 37 页。

8. 王利明主编:《中国民法典评注:人格权编》,人民法院出版社 2021 年版。

9. 徐涤宇、张家勇主编:《〈中华人民共和国民法典〉评注(精要版)》,中国人民大学出版社 2022 年版。

10. 杨立新:《民事权利客体:民法典规定的时隐时现与理论完善》,《清华法学》2022 年第 3 期。

11. 余延满:《亲属法原论》,法律出版社 2007 年版。

12. 袁雪石:《民法典人格权编释论:条文缕析、法条关联与案例评议》,中国法制出版社 2020 年版。

13. 章正璋:《继承权法律保护的六个疑难问题探析》,《现代法学》2012 年第 4 期。

14. 朱晓峰:《配偶权侵害的赔偿责任及正当性基础》,《浙江大学学报(人文社会科学版)》2017 年第 6 期。

15. 最高人民法院民法典贯彻实施工作领导小组主编:《中华人民共和国民法典人格权编理解与适用》,人民法院出版社 2020 年版。

附录一

《民法典人格权编·一般规定评注》
规范性文件名称缩略语表

全称	简称
中国法律法规	
《中华人民共和国刑法》	《刑法》
《中华人民共和国慈善法》	《慈善法》
《中华人民共和国海洋环境保护法》	《海洋环境保护法》
《中华人民共和国立法法》	《立法法》
《中华人民共和国民事诉讼法》	《民事诉讼法》
《中华人民共和国妇女权益保障法》	《妇女权益保障法》
《中华人民共和国安全生产法》	《安全生产法》
《中华人民共和国个人信息保护法》	《个人信息保护法》
《中华人民共和国教育法》	《教育法》
《中华人民共和国民用航空法》	《民用航空法》
《中华人民共和国人口与计划生育法》	《人口与计划生育法》
《中华人民共和国食品安全法》	《食品安全法》
《中华人民共和国行政处罚法》	《行政处罚法》
《中华人民共和国广告法》	《广告法》
《中华人民共和国道路交通安全法》	《道路交通安全法》
《中华人民共和国消防法》	《消防法》
《中华人民共和国固体废物污染环境防治法》	《固体废物污染环境防治法》
《中华人民共和国民法典》	《民法典》
《中华人民共和国人民武装警察法》	《人民武装警察法》

(续表)

全称	简称
《中华人民共和国未成年人保护法》	《未成年人保护法》
《中华人民共和国著作权法》	《著作权法》
《中华人民共和国专利法》	《专利法》
《中华人民共和国预防未成年人犯罪法》	《预防未成年人犯罪法》
《中华人民共和国国防法》	《国防法》
《中华人民共和国法官法》	《法官法》
《中华人民共和国反不正当竞争法》	《反不正当竞争法》
《中华人民共和国检察官法》	《检察官法》
《中华人民共和国建筑法》	《建筑法》
《中华人民共和国商标法》	《商标法》
《中华人民共和国药品管理法》	《药品管理法》
《中华人民共和国疫苗管理法》	《疫苗管理法》
《中华人民共和国宪法》	《宪法》
《中华人民共和国大气污染防治法》	《大气污染防治法》
《中华人民共和国监察法》	《监察法》
《中华人民共和国精神卫生法》	《精神卫生法》
《中华人民共和国老年人权益保障法》	《老年人权益保障法》
《中华人民共和国旅游法》	《旅游法》
《中华人民共和国义务教育法》	《义务教育法》
《中华人民共和国电力法》	《电力法》
《中华人民共和国英雄烈士保护法》	《英雄烈士保护法》
《中华人民共和国民法总则》	《民法总则》
《中华人民共和国母婴保健法》	《母婴保健法》
《中华人民共和国水污染防治法》	《水污染防治法》
《中华人民共和国网络安全法》	《网络安全法》

（续表）

全称	简称
《中华人民共和国反家庭暴力法》	《反家庭暴力法》
《中华人民共和国铁路法》	《铁路法》
《中华人民共和国环境保护法》	《环境保护法》
《中华人民共和国消费者权益保护法》	《消费者权益保护法》
《全国人民代表大会常务委员会关于加强网络信息保护的决定》	《加强网络信息保护决定》
《中华人民共和国国家赔偿法》	《国家赔偿法》
《中华人民共和国人民警察法》	《人民警察法》
《中华人民共和国居民身份证法》	《居民身份证法》
《中华人民共和国行政强制法》	《行政强制法》
《中华人民共和国涉外民事关系法律适用法》	《涉外民事关系法律适用法》
《中华人民共和国侵权责任法》	《侵权责任法》
《中华人民共和国执业医师法》	《执业医师法》
《中华人民共和国放射性污染防治法》	《放射性污染防治法》
《中华人民共和国合同法》	《合同法》
《中华人民共和国献血法》	《献血法》
《中华人民共和国海商法》	《海商法》
《中华人民共和国民法通则》	《民法通则》
最高人民法院司法解释	
《最高人民法院关于适用〈中华人民共和国民法典〉侵权责任编的解释（一）》	《民法典侵权责任编解释（一）》
《最高人民法院关于办理人身安全保护令案件适用法律若干问题的规定》	《人身安全保护令规定》
《最高人民法院关于适用〈中华人民共和国民事诉讼法〉的解释》	《民事诉讼法解释》

(续表)

全称	简称
《最高人民法院关于审理人身损害赔偿案件适用法律若干问题的解释》	《人身损害赔偿解释》
《最高人民法院关于适用〈中华人民共和国刑事诉讼法〉的解释》	《刑事诉讼法解释》
《最高人民法院关于确定民事侵权精神损害赔偿责任若干问题的解释》	《精神损害赔偿解释》
《最高人民法院关于审理民事案件适用诉讼时效制度若干问题的规定》	《诉讼时效制度规定》
《最高人民法院关于审理侵害信息网络传播权民事纠纷案件适用法律若干问题的规定》	《侵害信息网络传播权民事纠纷案件适用规定》
《最高人民法院关于适用〈中华人民共和国民法典〉婚姻家庭编的解释(一)》	《民法典婚姻家庭编解释(一)》
《最高人民法院关于适用〈中华人民共和国民事诉讼法〉执行程序若干问题的解释》	《民事诉讼法执行程序解释》
《最高人民法院关于适用〈中华人民共和国涉外民事关系法律适用法〉若干问题的解释(一)》	《涉外民事关系法律适用法解释(一)》
《最高人民法院关于审理利用信息网络侵害人身权益民事纠纷案件适用法律若干问题的规定》	《利用信息网络侵害人身权益规定》
《最高人民法院关于人身安全保护令案件相关程序问题的批复》	《人身安全保护令批复》
《最高人民法院、最高人民检察院、公安部、司法部关于依法办理家庭暴力犯罪案件的意见》	《办理家庭暴力犯罪案件的意见》
《最高人民法院关于审理侵害信息网络传播权民事纠纷案件适用法律若干问题的规定》	《侵害信息网络传播权民事纠纷案件适用规定》
《最高人民法院关于适用〈中华人民共和国婚姻法〉若干问题的解释(三)》	《婚姻法解释三》
《最高人民法院关于贯彻执行〈中华人民共和国民法通则〉若干问题的意见(试行)》	《民通意见》
《最高人民法院关于审理名誉权案件若干问题的解释》	《名誉权解释》

(续表)

全称	简称
《最高人民法院关于审理名誉权案件若干问题的解答》	《名誉权解答》
民法典各草案	
《中华人民共和国民法人格权编(草案)》(2017年11月15日)	《人格权编室内稿》
《中华人民共和国民法典草案各分编(草案征求意见稿)》(2018年3月15日)	《民法典各分编征求意见稿》
《民法典各分编(草案第一次审议稿)》(2018年8月27日)	《民法典各分编草案一审稿》
《民法典人格权编(草案第二次审议稿)》(2019年4月12日)	《人格权编草案二审稿》
《民法典人格权编(草案第三次审议稿)》(2019年8月16日)	《人格权编草案三审稿》
《中华人民共和国民法典(草案)》(2019年12月16日)	《民法典草案》
《中华人民共和国民法典(草案大会审议稿)》(2020年5月21日)	《民法典草案大会审议稿》
《中华人民共和国民法典(草案修改稿)》(2020年5月26日)	《民法典草案修改稿》

【说明】

1.《民法通则》等有关法律自2021年1月1号起失效,但行文中暂用《民法通则》《物权法》,或者为特别说明表述为《民法通则》(已失效)。

2.部分行政法规、部门规章本身名字较短,不用缩写,直接用全称,如《不动产登记暂行条例》《应收账款质押登记办法》。

3.最高人民法院颁布的个别司法解释或批复,因出现频率不高,故书中采用全称。

附录二

"中华人民共和国民法典评注系列"编写指南

(2023年10月)

中华人民共和国民法典评注研究小组

(2019年8月初定,2020年12月修订,2023年10月修订)

一、评注内容和风格总体要求

1. 评注的读者预设。民法典评注成果应成为全体法律人共同体必备的参考资料,包括学者、法官、检察官、律师、法科学生等都可使用,评注应关注实践问题及其解决方案和结果。

2. 评注的内容重点。阐述内容应针对民法典的法律适用问题,评注不宜过多聚焦理论争议,应避免没有具体实践基础的纯学理讨论,避免"论文化"评注。

3. 评注不同于一般的法律释义书或教材,要达到一定的理论深度,不能完全追随司法裁判或法律实务的观点,应基于法教义学原理进行研究写作。

4. 案例类型化整理。对于相关条文在实践中已有案例的,进行类型化整理,以达到评注整合案件裁判规则的作用,并为将来的裁判提供指引或参考。

5. 评注应有助于形成通说,或成为通说。对于已形成的通说,表明通说即可;若不赞同通说,可提出作者的观点并进行论证。

6. 评注尽量不对法条进行法政策上的批判,除非法律规定有严重瑕疵,则有必要通过评注进行法律续造。

7. 评注的结构应当合理安排,有逻辑层次;内容应当易于理解;语言文字表述尽量简明、清晰。

8. 字数。对于完全法条,阐释其规范内涵基本需1万字左右,重点条文推荐 2 万字以上,不设上限。不完全法条或内涵较少的条文,字数由作者酌定。

二、评注的形式要求

(一)导言

1. 在编、章之前应有概述性导言。
2. 导言不要成为专题性质的基础理论讨论。
3. 司法实践中可能遇到的每个问题应在具体的条文中处理,不用在导言中展开。
4. 条文所涉及法律制度的基本法理、社会基础、比较法与法律史考察等确有阐述之必要,如放在具体条文中,可能导致该条文评注过长,可以在导言中展开。

举例1:民法典第九章"诉讼时效"涉及法律上对于权利行使的时间限制的基础原理和体系,可以置于导言中进行阐述介绍。

举例2:在评注民法典农村土地承包经营权规则时,需要介绍《农村土地承包法》及土地承包制度与中国土地改革的相关内容,可以将其放于导言中。

(二)条文正文和法条的条旨(条标)

法条的标题由作者确定,也可以参考法律释义书或出版社在法律汇编中采用的标题。

(三)目录

1. 较长的条文评注,可设置层级标题,列在评注正文之前。目录对应边码。
2. 目录标题层次编号为:"一、""(一)""1.""(1)"。

(四)正文内容的结构

1. 规范意旨

(1)法条的规范目的(必备项目)。

(2) 体系位置以及相关特别法的规定(法源问题)。

(3) 规范性质。如有必要,说明是强制性/任意性规范;完全性/不完全性法条;是否为请求权基础规范;是否授予法官自由裁量权;是否为说明性法条、指示援引性法条,等等。

(4) 如有必要,介绍司法裁判现状。

(5) 如有必要,可作法政策学上的评判。

(6) 适用范围或准用范围。

2. 立法历史沿革(及比较法例)

(1) 推荐撰写。如无必要或内容太少,可不用独立作为一部分,并入规范意旨即可。

(2) 比较法只在有助于澄清我国立法问题和解释法条时进行适当撰写。

(3) 立法历史梳理的起点是 1949 年新中国成立以来。不涉及民国及古代的中国法律。

3. 构成要件和法律效果

(1) 原则上以"构成要件""法律效果"的方式引导规范内容,但标题不要僵化采取"构成要件""法律效果"的表述,可根据内容设计标题和结构。

(2) 编写时采用文义、体系、目的、历史等解释方法,以及在必要时的类推等续造方法。

(3) 构成要件和法律效果若为多重,可分层次讨论。

(4) 重要概念应当进行解释和界定。有法定定义或官方法律注释书的界定,应当援引相关文献资料。

(5) 一个法条包含多个法律规范或多层涵义的,应分层次阐述。

(6) 宣示性、倡导性规范,缺乏构成要件和法律效果,可根据其情况特殊处理。

4. 证明责任(如需)。

5. 国际私法的规则(如需)。

(五) 参考文献和案例索引

1. "参考文献"列举在每条评注内容之后。

2. 参考资料列举顺序采取：(1)先国内，后国外；(2)按作者拼音或文献拼音顺序列举。

3. "案例索引"列举于参考文献之后，列举顺序同参考资料。

（六）边码

1. 边码的编排：

（1）通常，每个自然段如果对应一个层次的内容思想，编为一个边码。

（2）例外，如果数个自然段，阐释的是一个层次内容意思，则配以一个边码。

2. 推荐每个边码所涵盖的自然段至少包括3行，最多不超过1页。

3. 撰写初稿时，暂时不用添加边码。在正式出版时，编辑会对边码进行注明。

三、若干编写说明

（一）规范目的的探求

原则上力求澄清规范的意义，做规范目的解释。首先从文义出发，然后再推进到立法史、权威的法律规范目的的解释等。尽量参考全国人大法工委出版的立法理由说明。

例如，在对《民法典》第1202条"因产品存在缺陷造成他人损害的，生产者应当承担侵权责任"评注时，会遇到产品自损的问题。就文义而言，产品缺陷造成产品自身损害时，可以适用《民法典》第1202条。但是，从立法史的角度来看，在这之前的《产品质量法》第41条规定，生产者的产品责任限于产品以外的财产、人身损害。而之前的《民法通则》（已失效）第122条并未将产品责任限于产品以外的损害，而晚近的《侵权责任法》（已失效）第41条也未做此限定。那么，从立法史的变迁可以判断出《民法典》第1202条的立法目的，即试图通过文义的改变，将产品自损纳入到生产者的产品责任中。

（二）立法历史沿革和比较法介绍

1. 如果立法史有重大意义或有助于法律目的解释时，有必要考察

《民法典》颁布之前的单行法、民法典各次草案。

2. 有必要时,可追溯1949年新中国成立以后的历次立法或草案。

3. 如果立法历史简单或没有必要的话,不用做立法史介绍。

4. 立法史的介绍,尽量援引官方的立法资料。例如,关于《民法典分编草案》,可参考的立法史资料包括:《室内稿》《征求意见稿》《一审稿》《二审稿》《三审稿》等。

5. 比较法介绍以必要性为原则,须有利于澄清我国法律规范目的、来源与适用。避免宽泛的评析介绍和资料堆积。

(三) 司法裁判引用

1. 推荐在搭好理论框架和确定阐释目的之后,收集整理司法裁判。这样可以节约时间,较快达到预期效果。

2. 司法裁判案例的作用有4种:(1)整理案型;(2)支撑自己观点;(3)批判裁判;(4)反映我国裁判特有的问题。作者根据需要使用。

3. 同类型案例,选择典型的进行列举,不必穷尽检索和列举。

4. 推荐司法判决参考顺序如下(引用时也参考本顺序):

(1) 最高人民法院指导案例;

(2) 最高人民法院公报案例;

(3) 最高人民法院公开出版物发表案例(如《民事审判指导与参考》《人民法院案例选》《人民司法·案例》《法律适用·司法案例》《审判案例要览》);

(4) 高级人民法院案例;

(5) 中级人民法院案例;

(6) 基层人民法院案例;

(7) 同一法院的判决中,按时间顺序先后排列。

5. 案例的援引,尽量完整标注案例的名称和法院裁判文书案号。

例1:完整引用,如重庆新洲实业(集团)有限公司(新洲公司)等诉重庆华通典当有限公司(华通公司)案外人执行异议之诉纠纷案,重庆市高级人民法院(2014)渝高法民终字第00273号民事判决书。

例2:刊物登载的案例,如中国农业发展银行安徽省分行与张大标民间借贷纠纷上诉案,安徽省高级人民法院(2013)皖民二终字第00261号民事判决书,参见霍楠、夏敏:《保证金账户质押生效则不能成为另案执行标的》,《人民司法·案例》2014年第4期。

例3:早期没有完整案号信息的案例,如广东国际信托投资公司破产案,《最高人民法院公报》2003年第3期,第28页。

6. 编写内容中如何使用和安排案例。

(1)重要的典型案例,在正文中写明案例名称,并在脚注中示例。

例4:在"招商银行股份有限公司长沙分行与江西煤业物资供应有限责任公司合同纠纷案"中,在保理债权让与通知以后,债权出让人一直没有交货,因此,债务人拒绝向保理人履行。

(2)非典型的案例,如只是采用或分析其裁判理由,可直接在脚注中注明案例来源。

(3)同一类型的案件,不用穷尽或大量收集,能够举出数个代表性案例即可。

四、法律法规援引和缩略语

1. 援引法条,不必使用"原《合同法》",而直接使用"《合同法》"即可。如有特别需要说明,可采用"《民法通则》(已失效)"这样的表述。

2. 关于民法典草案建议稿,统一表述如下:

《民法总则(草案)》"第一次审议稿"(以下简称"民法总则一审稿");《民法典各分编(草案)》"第二次审议稿"(以下简称"民法典各分编二审稿");全国人大法工委民法室《民法典各分编(草案)》"室内稿"(以下简称"民法典各分编室内稿")。

3. 如有必要,可参考学者起草的"建议稿"。

例如:"中国法学会民法学研究会《民法总则》(草案)建议稿"(以下简称"民法学研究会建议稿");"中国社会科学院《民法总则》(草案)建议稿"(以下简称"社科院建议稿")。

4. 外国法律或国际条约等,直接表述该法律。

例如:《德国民法典》《联合国国际货物买卖合同公约》。

5. 根据出版社发布的编辑规范,全套丛书统一法律、法规、司法解释、外国法典的缩略语。

五、注释格式

1. 具体引注格式规范,参见北京大学出版社的格式规范(《法学引注手册》)。

2. 采完整信息的脚注格式,每页重新编号。不使用"前引注＊＊"的格式。

3. 引用外国法方面的著作时,尽量引用译著,目的是方便国内读者查询;若中文译著确有翻译问题或版本过老,可援引外文原著。